Alois Mayer
Ritter, Burgen, gold'ne Schätze

Alois Mayer

Ritter, Burgen, gold'ne Schätze

Die Burgen der Eifel und ihre Sagen

KBV Edition Eyfalia

Für meine Familie, die mich während meiner zahlreichen Burgen-Ausflüge hoffentlich nicht allzu sehr vermisst hat.

1. Auflage 2013
© 2013 KBV Verlags- und Mediengesellschaft mbH, Hillesheim
Telefon: 06593-99896-0, Fax: 06593-99896-20
www.kbv-verlag.de, E-Mail: info@kbv-verlag.de
Umschlagillustration: Rheineck. Sammlung Duncker
Fotos: Alois Mayer (soweit nicht anders angegeben)
Gestaltung und Satz: typocepta, Wilhelm Schäfer, Köln
Druck: Aalexx Buchproduktion GmbH, Großburgwedel

Printed in Germany

ISBN 978-3-942446-32-7

Inhalt

Ritter, Burgen, gold'ne Schätze

*Es kommt die Zeit und geht; so wie die Blätter
der Sturm vertreibt, so schwindet das Geschlecht,
ein neues keimt und wechselt, wie das Wetter.
Wer heute Herr war, morgen ist er Knecht.
Wo ist für das Vergangene ein Retter?
Wer machte es für alle Zeiten recht?
Im steten Kampf von Stürmen und von Frieden
ist uns der flücht'ge Augenblick beschieden.*

*Denn was Jahrhunderte hier durfte schimmern,
es liegt zermorscht in riesenstarken Trümmern.
Bau', nicht dein Glück nach außen! Sieh die Mauern
wie sie, Titanen gleich, hier hingestreckt!
Sie konnten nicht im Sturm der Zeiten dauern.
Die Helden, die die Gauen rings geschreckt,
sie modern in des Grabes düsterm Schauer,
nicht vom Trompetenrufe aufgeweckt!*

*Was die Geschichte gibt, ist klein zu heißen,
wenn sie auch damals groß die Zeit erfüllt.
Sie ist vorbei, verrostet sind die Eisen;
wo sind die Rosse, wo der Helm, der Schild?
(Die Burgruine Tomberg, nach Schier, in: Joseph Pesch,
Die Vordereifel Geschichtliches und Wanderungen)*

Was? Schon wieder ein Sagenbuch? Ja! Aber diesmal eines, das sich nur um Mythen und Mären, Legenden und Sagen rund um Burgen der Eifel rankt! Angefangen bei Fliehburgen, über Adels-, Stadt- und Landesburgen bis hin zu prunkvollen Herrenhäusern und Schlössern.

Wer vermutet schon, dass die Eifel so burgenreich ist? Am Rhein, an der Mosel – ja, aber in der ruhigen, stillen, abgelegenen Eifel?

Irrtum – die Eifel ist eine kulturhistorisch reiche Region, geschichtlich geprägt durch die Arbeit und den Überlebenswillen der Bevölkerung, durch Kirchen, Klöster und Abteien. Aber auch durch zahlreiche Wehranlagen, Burgen und Schlösser, von denen die meisten im Mittelalter errichtet wurden. Die Eifel zählt zu den burgenreichsten Regionen Deutschlands. In ihr lassen sich weit über 700 Stadt- und Landesburgen, prunkvolle Herrenhäuser und dekorative Schlösser nachweisen, ohne die zahlreichen Anlagen, die urkundlich und archäologisch nicht gesichert sind, aber vielerorts dennoch in Sagen, Geschichten und Überlieferungen Erwähnung finden. (Städteregion Aachen: 48; Kreis Ahrweiler: 104; Kreis Bernkastel-Wittlich: 64; Kreis Bitburg-Prüm: 81; Kreis Cochem-Zell: 50; Kreis Daun: 56; Kreis Düren: 97; Kreis Euskirchen: 171; Kreis Mayen-Koblenz: 75; Rhein-Erft-Kreis: 41; Rhein-Sieg-Kreis: 54; Stadt Trier: 15).

Allein das ist bereits – sagenhaft! Die meisten der Eifel-Burgen sind heute nur noch Ruinen, viele zerstört durch die Franzosen in der Zeit zwischen 1688–1692, im Verlauf des Pfälzischen Erbfolgekrieges. Sie sind Zeugen von ständig wechselnder politischer Lage und zahlreichen Fehden und Streitigkeiten machthungriger Territorialherren. Aber immer noch beeindrucken und faszinieren ihre gewaltigen Reste inmitten der idyllischen Eifellandschaft. Die geheimnisvolle und magische Welt der Sagen verzaubert nicht nur Kinder. Auch viele Erwachsene können sich deren Faszination nicht entziehen. Volkssagen haben eine eigenartige Anziehungskraft, überdauern Zeiten, Kulturen und Konsumgewohnheiten. Aber das Gefühl verfestigt sich: In der heutigen Zeit, in der scheinbar nur Rationales, Nüchternes, computergesteuertes Wissen Vorrang haben, in der die jetzige Neumeldung die Nachricht von vorhin schon verdrängt, scheinen alte Sagen nur mehr geringe Überlebenschancen zu haben. Ich hoffe, ich habe Unrecht. Drum ist es ein Herzensanliegen dieses Buches, nicht nur das hohe Kulturgut überlieferter Sagen und Mythen zu sammeln und so vor dem Vergessen zu bewahren, sondern diese auch so wiederzugeben, dass es Freude macht, sich an Ort und Stelle von ihren historischen Wurzeln zu überzeugen oder vor sich hinträumend beim Lesen zu entspannen. Und dies geschieht besonders lebendig und reizvoll an »Ort und Stelle« des sagen-haften Geschehens.

In diesem Buch wurden zum ersten Male alle – fast alle – erreichbaren Sagen gesammelt und neu verfasst. Etliche werden zum ersten Male veröffentlicht. Über 220 Sagen von 130 verschiedenen Burgen sind so in diesem Eifel-Burgen-Sagen-Kompendium nun der Nachwelt erhalten. Dabei wagt es sich über die Grenzen von Rheinland-Pfalz hinaus in sein geschwisterliches Nachbarland Nordrhein-Westfalen hinein.

Und schon bewegen wir uns erneut im Sagenhaften, geht man der Frage nach: »Wo beginnt oder wo endet denn die Eifel in diesem Bundesland?« Die Begrenzung der Eifel im Osten (Rhein), im Süden (Mosel) und im Westen (Grenzen der Bundesrepublik) ist einleuchtend. Doch wo ist die nördliche Grenze? Eine eindeutige Definition gibt es (noch) nicht. Während die einen sagen, dort, wo das Mittelgebirge anfängt, meinen andere, nein, auch Städte wie Düren, Jülich, Zülpich und Teile des Rhein-Erft-Kreises zählen zur Nord- oder Voreifel.

Ich möchte wagemutig sein und habe für mich und diesen Band die nordrhein-westfälische Eifel begrenzt im Norden von der Bundesautobahn A 4 und im Osten von der Bundesautobahn A 61 und dem Rhein (ohne die Städte Köln und Bonn).

Dazu werden Informationen zur Geschichte der sagenumwobenen Burg und ihrem heutigen Ist-Zustand gegeben. Ein kleines Glossar erläutert die notwendigsten Burgen-Begriffe.

Drum stöbern Sie in diesem Buch, in den efeuumrankten Ruinen einstiger Burgen, in den prunkvollen Gemächern reicher Schlösser. Sie finden Schätze, nämlich Einblicke in die Denk- und Handlungsweise unsrer Vorfahren, in deren Leben und Wirken im frohmachenden oder angsterweckenden Schatten von Burgen und Schlössern.

Viel Freude beim Lesen und Vorlesen – und bleiben Sie weiterhin romantisch!

Alois Mayer

Königspfalz
Aachen

Kaiser Karl gründet Aachen

Kaiser Karl der Große war ein eifriger Jäger. Er liebte sehr das edle Waidwerk, bei dem er sich von seinen schweren Staatsgeschäften zu erholen pflegte. Zu seiner Zeit erstreckten sich in der Gegend des heutigen Aachen große Eichen- und Buchenforste, dichte Tannen- und Fichtenwälder als auch Sümpfe und Heidestrecken, alles vortreffliche Verstecke für Wild und Raubtiere. Wen wundert's also, dass der Kaiser, sobald er in diese Gegend kam, gerade hier am liebsten mit seinem Gefolge auf die Pirsch ging. Auf einer dieser Jagden hatte er sich jedoch bei der Verfolgung eines Hirsches allzuweit von seinen Begleitern entfernt. Bereits längere Zeit war er in den dichten Waldungen herumgeirrt, als er auf einmal vor sich die Trümmer einer alten Burg sah. Diese wollte er sich genauer ansehen. So ritt er langsam näher. Doch da sank sein Pferd plötzlich mit den Vorderfüßen tief in einem Morast ein.

Der Kaiser stieg von dem Pferde herab, um es herauszuziehen. Da bemerkte er, wie aus jener sumpfigen Erde warme Dämpfe aufstiegen und gleich darauf ein heißer Wasserstrahl hoch aus dem Boden aufspritzte. Kaiser Karl erkannte sofort, dass er eine heilbringende Quelle aufgespürt hatte. Ehrfürchtig faltete er seine Hände und dankte Gott in einem Gebete für diese Entdeckung. Gleichzeitig gelobte er, der Jungfrau Maria hier ein Gotteshaus errichten und sich aus der zerfallenen Burg ein Jagdschloss und eine Pfalz bauen zu lassen. Das war die erste Entstehung des Kaiserpalastes zu Aachen und der Liebfrauenkirche. Nach und nach wurden noch mehrere heiße Quellen in der Nähe seiner Burg entdeckt. Kaiser Karl ließ sie alle fassen und legte selbst Badehäuser an, die er später fleißig benutzte. *(nach J. Müller)*

Vom Schmied erschlagen

Eine heftige Fehde war dereinst zwischen Graf Wilhelm von Jülich und der Stadt Aachen entbrannt. Der Graf hatte versucht, eine Sondersteuer für König Rudolf I. von Habsburg einzutreiben, doch die Einwohner hatten ihn nur höhnisch ausgelacht, auf ihre verbrieften Rechte als Bürger einer Freien Reichsstadt verwiesen und den Jülicher wie einen Bettler davongejagt. Voller Zorn gegenüber dem Bürgertum, wartete Graf Wilhelm nun auf eine passende Gelegenheit, der Stadt mit Gewalt zu zeigen, wer das Sagen habe.

Die Gelegenheit schien ihm im Jahr 1278 gekommen zu sein. Nun wollte Wilhelm den Aachenern eine Lektion erteilen und die Stadt in einem Handstreich nehmen. Doch dies war leichter geplant als getan, denn die Bürger mit ihrer tapferen und gut gerüsteten Stadtmiliz fühlten sich hinter ihren hohen Mauern und wehrhaften Verteidigungstürmen sehr sicher.

Mit rund fünfhundert schwer bewaffneten Rittern und Edelleuten stand Graf Wilhelm von Jülich in der Gertrudisnacht des Jahres 1278 auf freiem Feld vor der Stadt. Unter den vielen streitbaren Kriegern war auch Wirich von Frentz, Herr auf der Stolberger Burg. Rasch erkannten Wilhelm und seine Offiziere die Aussichtslosigkeit, Aachen im Sturm zu nehmen. Der Stolberger Graf riet: »Herr Wilhelm, im Sturmangriff sind die Mauern von Aachen nicht zu nehmen, es sei denn, ihr opfert alle eure Mannen. Die Stadt zu belagern, wird Monate dauern und unsere Geduld und Geldmittel aufbrauchen. Außerdem ist damit zu rechnen, dass befreundete Grafen und Fürsten

Granusturm

Aachen (52062) · Kreis Aachen · NRW

Der Sage nach waren es heiße Quellen, die Karl den Großen veranlassten, in Aachen eine Burg gegen Ende des 8. Jahrhunderts auszubauen. Diese große Anlage mit Königshalle, Wohnturm, Garnison und Gerichtssälen wurde seine »Lieblingspfalz«.

14. Jh.: Am Standort der Königshalle wird ein neues Aachener Rathaus errichtet.

Heute: Von diesem karolingischen Königshof ist noch der älteste Teil vorhanden, der circa zwanzig Meter hohe Granusturm, in dem Karl vermutlich mit seiner Familie wohnte. Ebenso große Reste im Unterbau des heutigen Rathauses, das in seinen Fundamenten und Ausmaßen mit der einstigen Königshalle identisch sein dürfte. Besonders gut erhalten ist die oktogonale Pfalzkapelle als Zentralbau der Domkirche »St. Maria«, die Kaiser Karl neben seiner Pfalz errichten ließ. In ihr wurden über einen Zeitraum von 600 Jahren mehr als dreißig römisch-deutsche Könige gekrönt.

Das Rathaus am Markt kann täglich von 10.00–18.00 Uhr gegen Eintrittsgeld besichtigt werden.

Parkhäuser und Gastronomie in der Stadt.
www.aachen.de

der Stadt zu Hilfe eilen und uns besiegen. Sendet daher Kundschafter in die Stadt. Sie sollen nach Unzufriedenen und Verrätern suchen, die bereit sind, für viel Geld heimlich die Stadttore zu öffnen.«

Graf Wilhelm von Jülich tat, wie ihm geraten wurde. Und er fand unter den Wachleuten am Kölntor untreue Überläufer, die gierig ihre Hände dem Judaslohn entgegenstreckten. Bereits am kommenden Morgen schlichen Wilhelms Soldaten hin zum Kölntor, fanden es unverschlossen und drangen ein in die engen Gassen.

Gellend und warnend blies der Torwächter da in sein Horn. Die Bürger schreckten aus ihrem Schlaf. Doch es war schon zu spät. Die Soldaten des Jülichers, alle Ritter und auch die Mannen des Stolberger Herren rannten durch die leeren Gassen und Straßen der Stadt und stürmten hin zum Rathaus. Es fand sich kein Widerstand. Schon war Graf Wilhelm mit seinem ältesten Sohn an der Spitze seiner Reiterschar auf dem Marktplatz angelangt.

Zwischenzeitlich hatten die Bürger Aachens zu den Waffen gegriffen und sich furchtlos dem Gegner gestellt. Die Sturmglocken läuteten hilferufend und schon wurde auf dem Marktplatz erbittert gekämpft.

Die angrenzenden Straßen waren bald abgesperrt, um dem Feind die Flucht unmöglich zu machen. Alles was Arme und Beine hatte, wehrte sich tapfer. Greise, Frauen und Kinder kletterten auf Dächer, von wo aus sie Balken und Steine, Dachschiefer und Ziegel auf die feindlichen Krieger warfen und so viele kampfunfähig machten. Mittlerweile waren auch die waffenerprobten Stadtsoldaten in Kämpfe verwickelt. Die Schlacht entwickelte sich immer mehr zu Gunsten der Aachener. Die Jülicher, die an einen leichten Sieg geglaubt hatten, erlitten große Verluste. Ihr Kampfeswillen ließ nach, Verwirrung und Mutlosigkeit wuchsen. Die schmale Gasse, die zum Rathaus hinführte, ließ kein Vorwärtskommen zu. Gerümpel und hohe Barrikaden versperrten Ross und Reiter den Weg.

Graf Wilhelm erkannte, dass ein Sieg nicht mehr zu erringen war. So ließ er zum Rückzug blasen. Er und Ritter Wirich I. von Stolberg ritten mit nur mehr einer Handvoll Soldaten hin zur Jakobstraße, um von dort aus vor die Stadtmauern zu gelangen.

Schon hatten sie sich kämpfend bis zum Weißfrauenkloster Bahn gebrochen, schon sahen sie vor sich das Stadttor greifbar nahe, da trat ein Schmied, ein Hüne von Gestalt, aus seiner Werkstatt und stellte sich ihnen in den Weg. In seiner Hand schwang er eine große Eisenstange wie die Flügel einer Windmühle. Damit traf er die Beine des gräflichen Pferdes. Es knickte zusammen, und in hohem Bogen stürzte Wilhelm von Jülich zu Boden. Ein weiterer Hieb des Schmiedes löschte sein Leben aus. Nicht anders erging es seinem ältesten Sohn, der den Jülicher Thron übernehmen sollte. Der bärenstarke Schmied erschlug ihn mit gewaltiger Wucht und noch viele andere Kriegsknechte. Nun hatten die Jülicher Söldlinge keinen Anführer mehr. Kopflos und voller Schrecken rannten sie umher. Noch einmal versuchte der Stolberger Wirich von Frentz, sie um sich zu scharen, um geschlossen zum Angriff vorzugehen. Doch es war vergebens. Gegen die große Übermacht der Aachener Verteidiger war nicht anzukommen. Gegen Mittag lagen alle erschlagen vor dem Rathaus der Stadt. Darunter auch die Stolberger Soldaten mit ihrem Grafen Wirich.

An der Stelle, wo Graf Wilhelm mit seinem Sohn und Graf Wirich von Stolberg mit seinen Mannen den Tod fanden, steht heute das Denkmal »Der wehrhafte Schmied«, der durch seinen Mut und seine Tapferkeit die Stadt vor großem Schaden bewahrt hatte.   *(nach J. Müller)*

Burg Arras
Alf

Der Köhler Arras wird Ritter

Dort, wo der Uessbach in die Alf mündet, um kurze Zeit später seinen plätschernden Lauf in der Mosel zu beenden, erhebt sich auf einem steilen Schieferfelsen die Burg Arras. Ganz von Wald ist sie umstanden und schaut mit ihren Türmen und Zinnen tief hinab ins enge Tal.

Vor tausend Jahren stand hier noch keine Burg, nur einige Köhler hausten im einsamen Waldgebiet. Um das Jahr 938, als Routbertus Erzbischof in Trier war, brachen kriegerische Zeiten an im Land an der Mosel. Reiterhorden der Ungarn, eines wilden und kriegerischen Volkes, waren in deutsche Lande eingedrungen und verbreiteten durch ihr Morden, Sengen und Brennen allüberall Furcht, Schrecken, Leid und Verwüstung. Eine große Schar dieser wilden Gesellen war, vom Rhein und Hunsrück her kommend, bereits bis zur Mosel vorgedrungen! Und den breiten Fluss hatten sie auf Booten und Kähnen überquert und ritten auf ihren struppigen Pferden nun tief in die Eifel hinein, bereits bis nach Kaisersesch und Lutzerath.

In jener Zeit lebte im engen Alftal ein mutiger und aufrechter Köhler mit Namen Arras. Er hatte zwölf starke und tapfere Söhne, mit denen er in den dichten Wäldern dem rußigen Handwerk nachging und wertvolle Holzkohlen meilerte. Als Arras nun von dem Herannahen jener wilden Truppen und deren Wüten erfuhr, sandte er seine Söhne in die Dörfer des Kondelwaldes und weiter hinauf in die Eifel. Allüberall sollten sie wehrhafte Freunde und Bekannte bitten, auf dem schnellsten Weg zu ihm zu kommen, wenn sie bereit wären, Blut und Leben zu opfern für die bedrohte Heimat. Gleichzeitig ließ er dem Pfalzgrafen Hermann melden, er wolle sich mit seinen Söhnen so lange den feindlichen Eindringlingen entgegenstellen, bis dieser mit seinen Streitkräften eingetroffen sei.

Von überall eilten nun aufrechte Männer herbei und scharten sich kampfesmutig um Arras, bereit die Heimat zu verteidigen und den Feind abzuwehren. Waffen aller Arten wurden ausgeteilt, und Arras erteilte dann die Anordnung: »Keiner kennt die Wege, Höhlen und Schluchten besser als ihr. Lasst uns dort mit List verstecken und den Feind stellen. Wir werden ihn bedrängen und verfolgen, seine Vorhaben stören und hindern, unserer Heimat und ihren Bewohnern Schaden zuzufügen. Wir werden den Eindringlingen unsere Stärke und unseren Mut beweisen und ihnen die Lust am Rauben und Morden nehmen. Kämpft und haltet mutig aus, so lange bis Pfalzgraf Hermann, unser Landesherr, mit seinen Soldaten uns hier zur Hilfe angekommen ist!«

Und all die versammelten Bauern und Knechte, Köhler und Hirten fassten ihre Speere und Schwerter, ihre Äxte, Sensen und Hacken fester, und mit grimmiger Entschlossenheit riefen sie: »Ja, Arras, wir werden kämpfen! Wir wollen unsere Heimat, unsere Frauen und Kinder vor den Hunnen schützen!« Dann verteilten sie sich und suchten Versteck hinter Baum, Gebüsch und Fels, in Höhlen und Schluchten, am Bergeshang und in tiefem Tal, aufmerksam lauernd auf das Kommen der Feinde.

Burg Arras

Alf (56859) · Kreis Cochem-Zell · Rhld-Pf

um 938: Eine Urkunde aus dem Kloster Springiersbach nennt den Pfalzgrafen Hermann als Erbauer der Burg. Sie wurde errichtet als Verteidigungsanlage gegen Hunnen und diente kurtrierischen Landvögten als Niederlassung. Ihren Namen leitet sie ab von einer Wehr- und Grenzbefestigung bereits zur Römerzeit (lateinisch arrha = befestigter Berg). Dieses überlieferte Datum wird heute wissenschaftlich angezweifelt, dennoch gehört die Burg Arras zu den ältesten Befestigungsanlagen der Mosel.

1103: Erzbischof Bruno von Trier (1102–1124) weiht die Burgkapelle auf den Schutzpatron, den heiligen Laurentius.

1120 wird die Burg als »castrum atrebatum« erwähnt. Zu dieser Zeit erfolgt eine neue Besitzteilung der Burg. Einen Teil erhalten die Trierer Erzbischöfe, den anderen das Reich, das die Ritter von Arras mit ihr belehnt.

1137: Eroberung durch die Herren von Entersburg. Daraufhin belagert sie der Trierer Erzbischof Albero (1132–1152) erfolgreich, gewinnt sie für das Trierer Territorium zurück und lässt sie im kommenden Jahr wieder herstellen.

1253: Erzbischof Arnold II. (1242–1259) verstärkt die Burg mit einem weiteren Turm.

1356: Mit dem Tode des »strengen Ritters« Heinrich von Arras stirbt das ursprüngliche Geschlecht der Edlen von Arras aus.

7.3.1512: Kaiser Maximilian I. besucht die Burg und reist zusammen mit 200 Rittern und dem Burgherrn Ritter Johann von Metzenhausen zum Reichstag nach Trier.

1689: Die Franzosen zerstören im Pfälzischen Erbfolgekrieg die Burg Arras. Die Bevölkerung benutzt die Ruine als Steinbruch; der Bergfried jedoch, der im Erdgeschoss eine Stärke von vier Metern aufweist, bleibt erhalten.

1820: Fabrikbesitzer Remy aus Alf erwirbt die Burganlage und gründet unterhalb von ihr ein modernes Eisenwalzwerk.

1895: Bergwerksdirektor Traugott Wilhelm Dyckerhoff aus Herne wird neuer Besitzer. Er baut Arras in den Jahren 1907–10 unter Wahrung der alten Baureste wieder auf.

1938: Neue Besitzer sind Ernst Rademacher und Dr. Theodor Homborg.

1983: Nach deren Tod erwirbt das Ehepaar Keuthen aus Briedel die Burg Arras und nimmt umfassende Renovierungsmaßnahmen vor.

1995: Einrichtung eines Laser-Institutes für kosmetisch-medizinische Hautbehandlung im ehemaligen Torhaus.

Heute: Bei dieser langgestreckten Anlage der Burg Arras sind noch Reste der beiden Tore im Südwesten sowie Teile der Wehrmauern erhalten. Sie wird werbewirksam auch als »Dornröschen der Mittelmosel« bezeichnet, die schon von weitem einen romantischen und reizvollen Anblick bietet. Die im Privatbesitz befindliche Burg mit Museum, Rittersaal und Burgverlies kann besichtigt werden, unter anderem auch ein Teil des Nachlasses des Bundespräsidenten Heinrich Lübke (1959 bis 1969) im »Heinrich- und Wilhelmine-Lübke-Gedenkzimmer«.

Öffnungszeiten: März bis Dezember, täglich 10–18.00 Uhr; Parkplätze: nahe der Burg; 15 Minuten Fußweg; Gastronomie im Burghotel oder -restaurant; Übernachtung auf der Burg möglich. In den historischen Räumen können standesamtliche Trauungen durchgeführt werden.
www.arras.de

Und es dauerte auch nicht allzu lange, da zog bereits ein wilder Haufen rücksichtsloser Krieger das Alftal hinauf, sengend und brennend, grölend und mordend. Aber dann drangen aus dem Hinterhalt völlig unerwartet die Männer unter Führung des klugen Köhlers Arras hervor, hieben, schlugen und stachen, kämpften mit List und Mut und fügten den Hunnen eine große Niederlage bei. Pferde scheuten, Reiter stürzten. Schrecken und Verwirrung erfasste die Überfallenen. Widerstand hatten sie nicht erwartet. Da sie die Wege in der wilden Gebirgsgegend nicht kannten, wagten sie es auch nicht, ihren Eroberungszug durch das enge und dunkle Tal fortzusetzen.

Mittlerweile waren die kampferprobten Soldaten des Pfalzgrafen Hermann angekommen. Sie rückten gegen die Ungarn vor, konnten diese umzingeln und von allen Seiten einschließen. Nach heißem Kampf besiegte die pfalzgräfliche Streitmacht die Feinde vernichtend. Die meisten von ihnen wurden erschlagen, nur wenige konnten entkommen.

Der alte Arras und seine zwölf Söhne wurden für ihre außergewöhnliche Tapferkeit fürstlich belohnt. Kaiser Otto der Große schlug Vater und Söhne zu Rittern und gab ihnen den Namen »von Arras«. Auch Pfalzgraf Hermann suchte, zusammen mit dem Trierer Erzbischof Routbertus, die Hütte des Kohlenbrenners auf, um dem Mutigen für seine kluge Entschlossenheit zu danken. Darüber hinaus ordneten die beiden an, dem Ritter Arras auf dem Felsengipfel eine Burg zu erbauen, damit von dort aus jedem Hilfe und Schutz zuteil werde.

Ritter Arras wurde zum Ahnherrn eines langen und würdigen Rittergeschlechtes. In seinem Wappen führte er fortan sogenannte Spitzwecken, die an die länglichen Schilde der Ungarn erinnern sollen.

Burg Are
Altenahr

Die Gefangenen von Altenahr

Als einst der Kölner Erzbischof Konrad von Hochstaden (1238–1261) mit strenger und harter Hand regierte, erhoben sich einige gerechtigkeitsliebende Mitglieder des Rats und der Bürgerschaft Kölns gegen ihn. Da ließ der geistliche Herr elf dieser angesehenen Bürger, darunter der streitbare Kölner Recke Konrad Overstolz, gefangen nehmen und in seiner stark gesicherten Burg Are in ein sicheres Verlies werfen.

Als die Armen in Ketten den Berg hinaufgezerrt wurden, da blühte der gelbe Ginster am Wegrand, und die Lerche sang den Frühling ein. Das Getreide wogte über die Hänge und sank unter der Sense der Schnitter. Dann tauchte Maler Herbst die Hänge des Tales in bunte Farbenpracht, und das Tal entlang klang hinauf und hinab der Jubel und Trubel der Weinlese. Und der Winter zog ein mit düsteren Tagen und langen Nächten. Von all dem Spiel der Jahreszeiten sahen Overstolz und seine Freunde nichts. In dumpfer Verzweiflung waren sie mit schweren Ketten an ihren Füßen eingesperrt in einem engen Kerkerraum hoch oben im zugigen Turm. Einsam und verlassen hausten sie dort, abgesondert von ihren Lieben und dem Leben. Nur der Kerkermeister sprach ab und zu wenige Worte mit ihnen, wenn er ihnen Wasser und karges Brot als Nahrung brachte. Die Hoffnung der Kölner Bürger auf Befreiung war längst verschwunden, hatte mutloser Trostlosigkeit und schwermütiger Verzweiflung Platz gemacht. Nur der mannhafte Ritter Overstolz ließ seinen Mut nicht

sinken. Gebete zum himmlischen Vater gaben ihm Kraft und Stärke, und seine mitgefangenen Freunde ermahnte er stets zu Geduld und Ausdauer, zu beherztem Ertragen und Ausharren dieses harten Schicksals.

Ihr einziger Zeit- und Leidvertrieb war eine Maus, die sich bald an die Gefangenen gewöhnt hatte. Ohne Scheu kam sie zu ihnen, nahm dankbar die wenigen Brotkrumen an, die die Eingekerkerten ihr zuwarfen. Jedoch schlüpfte der kleine Nager immer schnell in sein Loch zurück, wenn er ein Geräusch vernahm.

Eines Tages, als Overstolz wieder Zwiegespräch mit dem Mäuslein hielt, als es mit seinem spitzen

Ruine Burg Are. Fotolia Markus Moreal

Mäulchen die wenigen Krümel einer harten Brotkruste knabberte, war Lärm draußen auf dem Flur zu vernehmen. Aufgeschreckt und hastig rannte die

Maus in ihr Loch. Dabei glaubte Overstolz, ein zartes klirrendes Geräusch vernommen zu haben. Als es schließlich wieder still und ruhig war, und der Wärter sorglos in seiner Kammer träumte, begann Overstolz in dem Mauseloch nachzusuchen. Er grub mit bloßen Händen im Boden nach, und es dauerte gar nicht lange, da fanden seine suchenden Hände im Dunkeln jener Höhle eine vor langer, langer Zeit versteckte Feile und einen Meißel. Aufrichtig dankten alle dem Himmel, der ihnen auf so wunderbar Weise diese Werkzeuge zu ihrer Befreiung gegeben hatte. Und wenn es auch Tage dauerte, es gelang ihnen, damit ihre Fesseln zu sprengen und die Gitterstäbe des Kerkerfensters zu durchtrennen.

Kleider und Schlafdecken rissen sie in Streifen, knüpften sie zu einem langen Seil und ließen sich damit heimlich des Nachts vom Turm hinab auf das Dach der Burgkapelle. Von dort gelangten sie auf si-

cheren Boden und konnten glücklich auf dem steilen Ziegenpfad hinab in den Schutz des nahen Waldes entkommen.

In Adendorf nahm sie ein Mönch auf, der dort einen Hof für sein Kloster bewirtschaftete. Er reichte ihnen Wein und Brot als Nahrung und ließ sie im warmen Heu der Scheune nächtigen. Häscher, die die Spur der Flüchtigen gefunden und sie verfolgt hatten, kamen bereits des Morgens früh in den Klosterhof. Aber sie konnten Overstolz und seine Freunde nicht finden, so gut hatte sie der Mönch versteckt. Von dort flohen sie weiter nach Remagen. Und da wurden sie von einem Mann erkannt, der sie verhaften und vor den Richter mit Namen Alef bringen ließ. Doch dieser war ebenfalls nicht mit den ungerechten Handlungen des streitsüchtigen Erzbischofs einverstanden und brachte tiefes Verständnis für die sich wehrenden Bürger auf. Drum verbarg er die Entflohenen heimlich und so lange, bis er sie im Schutze der Dunkelheit sicher beim Eisgang über den Rhein bringen konnte. So entkamen Overstolz und die übrigen Bürger mit Glück und fanden den Weg zu ihren Lieben daheim in Köln.   *(nach J. H. Schmitz)*

Altenahr (53505) · Kreis Ahrweiler · Rhld-Pf
1100: Erbauung einer Höhenburg auf einem mächtigen Felskamm durch Graf Theoderich von Are.
1121: Erste urkundliche Erwähnung als Burg »Ara«.
1246: Graf Friedrich von Hochstaden, Propst zu Xanten, überträgt seine Grafschaft mit den Burgen Are, Hart und Hochstaden dem Erzstift Köln, das in der Burg einen Verwaltungssitz und zeitweise ein Staatsgefängnis der Kölner Erzbischöfe einrichtet.
14./15. Jh.: Burg Are wird erheblich vergrößert und mit umfassender Wehrmauer verstärkt.
1690: Während des Pfälzischen Erbfolgekrieges wird die Burg durch französische Truppen eingenommen und verwüstet.
1714: Burg Are wird gesprengt und danach als Steinbruch genutzt.
1997–99: Grundlegende Restaurierungs- und Sicherungsmaßnahmen
Heute: Reste der Vorburg und eines Tores, der sogenannten Gymnichportz, sind noch vorhanden, ebenso von der Hochburg der Torturm (»Schellenturm«), die Wehrmauer und Teile der romanischen Burgkapelle unterhalb des Bergfrieds. Die unter Denkmalschutz stehende Ruine ist für die Öffentlichkeit frei zugänglich.

Kostenlose Parkplätze in Altenahr
ca. 20 Minuten Fußweg zur Burg
dort keine Gastronomie oder Übernachtung möglich
www.altenahr-ahr.de

Der Todessprung

Der letzte Graf von Altenahr hatte zwei reizende und liebenswürdige Töchter. Sie waren der einzige Stolz des greisen Vaters, der schon vor vielen Jahren seine geliebte Frau zur letzten Ruhe hatte betten müssen. Und diese beiden Edelfräulein, die so sehr ihrer Mutter glichen, liebten ihren Vater ebenfalls sehr. Sie umsorgten und hegten ihn, sie sprachen, sangen und erzählten mit ihm. Sie vergoldeten ihm sein hohes Alter mit ihrer fröhlichen Heiterkeit, so dass er sich oft äußerte, lieber möchte er sterben, als seine beiden Mädchen missen.

Eines Tages ritten zwei Edelknechte in den Burghof ein und überbrachten dem alten Graf eine Botschaft. Er brach das Siegel, las sie, und sein Gesicht wurde immer ernster und sorgenvoller. Dann ging er in die Kemenate seiner Töchter und überreichte ihnen das Schreiben. Als sie es lasen, schüttelten sie erbleichend den Kopf und schauten fragend ihren Vater an. Dieser sprach sanft: »Nun, meine Töchter, welche Antwort soll ich den wartenden Boten mitgeben?«

Da entgegnete die älteste: »Das fragst du noch? Wirf dieses Schreiben ins lodernde Feuer. Ich, die Tochter des Grafen von Altenahr, bin zu stolz, einem Raubgesellen die Hand zum Ehebund zu reichen, und wäre er der schönste und wohlhabendste.«

Und als der greise Graf seine Augen der Jüngsten zuwandte, erhob diese sich von ihrem Samtkissen, umarmte ihren Vater inniglich und sagte mit fest entschlossener Stimme: »Vater, Schwester Rosa hat Recht. Ich denke und handle ebenso. Nie werde ich die Frau jenes Unholdes werden, vor dem sich das ganze Land ängstigt!«

Tief bewegt war der Vater, als er den Brief in Stücke riss und den Boten seine abweisende Antwort mitteilte. Diese wendeten darauf ihre Pferde und preschten eilends davon.

Es dauerte nur wenige Tage, da kündete dumpfes Pferdegetrappel und Soldatengeschrei das Nahen feindlicher Heerhaufen jenes Raubgesellen an. Vor der Burg Are hielten sie, teilten sich in viele starke Gruppen auf und kesselten die Festung ringsum ein.

Auch in der Burg Are hatte das Alarmhorn des Turmwächters den Graf und alle seine treuen und kampferprobten Mannen zusammengerufen. Mit Waffen in den Händen waren sie bereit, die Burg zu schützen, ihren Herrn zu verteidigen und für die Gerechtigkeit kämpfend den Tod nicht zu scheuen.

Aber es kam zu keinem offenen Kampf. Die Belagerer machten auch keinerlei Anstalten, die wehrhafte Festung anzugreifen und zu erstürmen. Ihre Anführer hatten nämlich beschlossen, die Burg mit allen ihren Bewohnern auszuhungern.

Wochen schritten ins Land. Rund um Burg Are die johlenden Horden des Feindes, die das Land ringsum verwüsteten, und in der Burg viele Menschen, denen Nahrung und Wasser zu Ende gingen. Schon schlichen viele ermattet einher, schon war manches Hungeropfer zu beklagen, da rief der Graf eines Tages seine Leute zu sich und sprach mit gebrochener Stimme: »Freunde, die Vorräte des Schlosses sind erschöpft. Das Ende naht. Was bleibt uns nun anderes übrig, als tapfer und mannhaft und mit unsrer ganzen Kraft und Stärke einen kämpferischen Ausfall zu wagen, wenn wir nicht wie feige Memmen hier verhungern wollen? Doch dies wird ein gar mörderisches Unternehmen werden und ich stelle es jedem ohne Groll und Hader frei, sich zu ergeben.«

Mit trotziger Entschlossenheit schlugen die Ritter mit ihren Schwertern an die Schilde. Keiner wollte sich ergeben. Alle wollten für den Sieg, ihre Burg und den geliebten Grafen kämpfen.

Mutig und tapfer war ihr Ausfall, aber vergebens. Die gut genährten Feinde schlugen sie mit ihrer Übermacht zurück. Viele Tote lagen vor dem Burgtor. Ernst und hoffnungslos kehrten die Übriggebliebenen zurück und bereiteten sich auf den Tod vor. Und der kam und hielt reiche Ernte in den Zimmern und Räumen, in den Häusern und Stallungen. Einer nach dem anderen sank verhungert dahin. Das Brunnenwasser war längst nicht mehr frisch und rein, und so brach nun auch noch das hitzige Fieber aus, sprang von Kind zu Greis, von Mann zur Frau, verschonte auch nicht die beiden Töchter des Burggrafen. Kaum erblüht, sanken sie dahin in die ewige Nacht, hinweggerafft von der Sichel des Todes. Erschüttert und mit gesenktem Haupt stand der greise Burgherr vor den Leichen seiner beiden Kinder und benetzte sie mit seinen Tränen, als er sich stumm von ihnen verabschiedete.

Dann ging ein Ruck durch seinen Körper. Stolz und straff schritt er hin zur Waffenkammer und zog sich dort seine hellglänzende Rüstung an. Im Stall sattelte er dann sein Reitpferd und schwang sich mühsam in den Sattel. So ritt er hinauf auf die breite Mauerzinne und rief mit kräftiger Stimme seinen Feinden dort unten zu: »Ihr feigen Gesellen eines schändlichen Raubritters. Den ehrlichen Kampf Mann gegen Mann scheut ihr, die mannhafte Erstürmung einer Burg widerstrebt euch. Geht in alle Lande und berichtet allen von eurer unehrenhaften Feigherzigkeit und eurer Heldentat, eine Burg eingenommen zu haben, in der jedwedes Leben ausgehungert wurde. Berichtet von dem letzten Graf der Burg Are, dem der Tod lieber ist als eine schmachvolle Gefangenschaft oder geschenkte Freiheit von hündischen Feiglingen!«

Dann gab er seinem Pferd die Sporen und stürzte sich hinunter von der hohen Burgmauer in die steile Tiefe. Zerschellt lagen beide zu Füßen der stolzen Burg, die dann von den Raubrittern eingenommen und zerstört wurde.

Der Teuflische Bonschariant

Zur Zeit des Kaisers Heinrich I. (919–936) lebte auf der stolzen Burg an der Ahr der reiche Ritter Sibodo von Hochstaden, Graf und Herr von Altenahr. Von einem Leben nach christlicher Art, fromm, bescheiden und hilfsbereit, hielt er gar nicht viel. Was kümmerten ihn Gebote Gottes und der Kirche, wenn das Leben doch so viel Schönes bei Spiel und Trinken, bei Jagden und Kriegen, bei Reiten, Fechten und mit leichten Frauen zu bieten hatte.

»Lass den Becher kreisen und uns die Weiber preisen!« so hörte man ihn oft grölen, wenn wieder der Wein in Strömen floss. Und seinen Spottvers schloss er dann ab mit dem Ruf: »Hol mich doch der Teufel. Ich lebe nur einmal!«

Und der Teufel kam. Eines Tages trat er in der Gestalt eines schönen jungen Mannes, gekleidet wie ein Knappe, vor Ritter Sibodo. Er stellte sich vor mit dem Namen Bonschariant und bot ihm seine Dienste an. Seltsam klang der Name, und sein Äußeres ließ ahnen, dass dieser höflich und sicher auftretende Fremdling von weit her komme. Sibodo fand Gefallen an dem gewandten Burschen und nahm ihn als Diener in seine Burg. Es dauerte nicht lange, und er wurde für den Ritter nahezu unentbehrlich, denn er erfüllte alle Anliegen und Befehle seines Herrn mit großer Geschicklichkeit zu dessen voller Zufriedenheit. Mehr als einmal hatte Bonschariant bereits des Ritters Wünsche ausgeführt, bevor sie überhaupt ausgesprochen waren. Es schien einfach, als habe dieser Diener einen Pakt mit dem Glück, denn stets, wenn Sibodo zum Kampf oder in ein Turnier zog und Bonschariant in seiner Nähe war, waren ihm Sieg und Ehre gewiss. Einige Male bereits wurde er von ihm aus Gefahren gerettet und rechtzeitig vor nahenden Feinden gewarnt. Schon des öfteren kam Sibodo ans Grübeln, und dann schaute er seinen Diener nachdenklich an, aber rasch verscheuchte er zweifelnde Gedanken.

Nun geschah es dereinst, dass Sibodo seine eigene Herrschaft verteidigen musste. Gegnerische Truppen waren vom Rhein her in sein Gebiet an der Ahr vorgedrungen. Der Graf griff zu den Waffen. Es kam zu heftigen Kämpfen. Doch es gelang Sibodo mit der Hilfe seines Dieners, die Eindringlinge recht schnell zurückzuschlagen.

Darüber war es Abend geworden. Ritter Sibodo rastete mit seinen Mannen am nahen Waldrand. Ermüdet und erschöpft schlief er unter einem Baum ein. Das erspähten die Feinde und schlichen heran. Des Ritters Leben war in höchster Gefahr. Doch der wachsame Bonschariant eilte rechtzeitig herbei, lud seinen Herrn geschwind auf seinen Rücken und trug den Schlafenden durch die Luft davon. Hoch in den Lüften erwachte der Graf. Als er sah, wo er war und auf wessen Schultern er getragen wurde, wurde seine Vermutung zur Gewissheit. Sein Diener war der Leibhaftige. Und angstvoll rief er laut: »Gott im Himmel steh mir bei!«

Das missfiel dem Teufel sehr, und er ließ ein drohendes und fauchendes Knurren vernehmen. Von dieser Stunde an begegnete Sibodo seinem unheimlichen Diener mit Misstrauen und geheimer Sorge. Jedoch tröstete er sich selber: »Ich habe keinen Pakt mit ihm geschlossen. Also hat er auch keine Gewalt über meine Seele.«

Jahre später erkrankte die Gemahlin Sibodos schwer. Von nah und fern rief der Ritter Ärzte und Heilkundige herbei in seine Burg Are, doch keiner konnte Heilung bringen. Als sich die Krankheit der-

art verschlimmerte, dass der Tod bereits erste Anzeichen zeigte, meinte ein weiser Arzt mit besorgtem Gesicht: »In einer alten arabischen Schrift las ich von einer Mixtur, die die edle Rittersfrau heilen könnte. Jedoch ist es hierzulande unmöglich, die Zutaten für dieses Rezept zu besorgen, nämlich Milch von Löwinnen, vermischt mit Drachenblut.«

Dies hatte Bonschariant vernommen. Er schaute fragend seinen Herrn an. Als dieser voller Betrübnis zustimmend nickte, erhob sich der Teufel in die Lüfte. Nach kaum zwei Stunden kehrte er aus fernen Landen zurück, in seinen Händen die wertvolle Löwenmilch und seltenes Drachenblut. Die Gemahlin nahm die Arznei und gesundete wieder völlig nach wenigen Tagen. Als der Arzt ihr später berichtete, auf welch geheimnisvolle Weise sie geheilt worden war, erschrak sie und bat ihren Gatten, den Diener sofort zu entlassen. Der müsse zweifellos der Leibhaftige sein, wenn er in so kurzer Zeit in afrikanischen Landen eine Löwin melken und das Blut eines Drachen beschaffen könne.

Doch das fiel Sibodo schwer. Er hatte sich so an den dienstbereiten teuflischen Diener gewöhnt, dass er nicht mehr auf dessen Dienste verzichten wollte.

Um aber seine liebe Frau und auch sein unruhiges Gewissen zu beruhigen, beschloss er, zur Ehre Gottes und zu seinem Seelenheil, auf den kargen Höhen am Nordrand der Eifel ein Kloster mit Kirche zu erbauen. Den Namen Steinfeld sollte es bekommen, da die Erde dort mehr Steine ans Tageslicht brachte als fruchtbare Sträucher. Seinem Diener aber sagte er, er wolle dort ein Jagdschloss errichten, um Ruhe vor seiner Frau und für sich Vergnügen bei Jagd und fröhlichem Gelage zu finden. Als der Teufel dies hörte, freute er sich und war sofort bereit, dabei mitzuhelfen.

Als der stattliche Bau mit geräumigen Gemächern, Gängen und Hallen nahezu vollendet war, setzte Sibodo über Nacht ein geweihtes Kreuz auf die höchste Spitze. Als Bonschariant dies am nächsten Tag sah, geriet er in teuflische Wut. Sein markerschütternder Fluch durchdrang die Lüfte und ließ die Bewohner zusammenschrecken. Dann hob er vom Boden einen mächtigen Felsblock auf und schleuderte ihn mit Macht dem verhassten Gotteszeichen entgegen. Doch wie von unsichtbarer Hand abgelenkt, verfehlte der Wurf sein Ziel und bohrte sich weit entfernt bei Diefenbach in der Nähe von Kall in die Erde. Mit feurig stürmischem Brausen und dämonischem Geheul sauste der Höllenfürst Bonschariant davon und wurde von dieser Zeit an nicht mehr gesehen.

In dem »Teufelsstein«, wie er beim Volk genannt wurde, konnte man jedoch deutlich Spuren erkennen, die des Teufels Kopf und Klauen auf ihm hinterlassen haben. Heute ist er nicht mehr zu sehen, da er beim Neubau der Straße mit Erde zugedeckt wurde.

Stadtschloss
Andernach

Es war ein Gottesgericht

Als Kaiser Heinrich IV. (*1050; †1106) noch ein unmündiges Kind war, wurde als sein Vormund der Reichsverweser Anno von Köln (1056–1075) bestellt. Um bedeutsame Angelegenheiten des Reiches zu besprechen, Recht, Gesetze und Verordnungen zu erlassen, ließ er viele Fürsten und Herren nach Andernach zu einem Reichstag in die königliche Pfalz am Ufer des Rheins einladen. Alles, was Rang und Namen hatte, ward gerufen. Mit dabei auch Eberhard von Trier, der Pfalzgraf Heinrich von Aachen und der Herzog Gottfried von Lothringen. Bei dieser Versammlung durfte niemand der Geladenen ohne wichtigen Grund fehlen, wenn er nicht schlimme Strafen haben wollte. Ebenfalls nach Andernach gerufen war Pfalzgraf Heinrich der Tolle, der auf seiner Burg hoch über Cochem herrschte. Und der hatte einen Vogt, der im Cochemer Land für Recht und Ordnung sorgen sollte.

Aber dieser Vogt war ein schlimmer und hartherziger Mann, bei dem keiner Gnade fand. Rücksichtslos unterdrückte er die Untertanen, presste aus ihnen Gelder und Steuern, verlangte oft unberechtigte Frondienste, und wer nicht zahlen konnte oder sich seinen ungerechten Anordnungen widersetzte, litt unter seinen Strafen oder fand sich in feuchten Kerkern eingesperrt.

Besonders die Einwohner des Moselortes Güls bei Koblenz hatten arg unter den Unterdrückungen und Gehässigkeiten ihres Dorfvogtes zu leiden. Er quälte die Bauern und Winzer mit fast unerträglichen Lasten. Er nahm ihnen alle hergebrachten Rechte und Freiheiten und erzwang immer höhere Abgaben.

Darum wollten nun auch die Gülser hin zum Reichstag. Obwohl der Cochemer Vogt ihnen diese Reise verboten hatte, machte sich dennoch eine Abordnung wackerer Bürger auf nach Andernach, um dort vor der Reichsversammlung Klage über jenen Vogt vorzubringen und den mächtigen und gerech-

Ruinen der kurkölnischen Burg und des Koblenzer Tores um 1810. Stich von Richard Wilson

Andernach (56626) · Kreis Mayen-Koblenz · Rhld-Pf

1167: Kaiser Friedrich I. (Barbarossa; 1155–1190) schenkt Andernach samt Münze und Zoll dem Kölner Erzbischof und Reichskanzler Rainald von Dassel (1159–1167). Dieser lässt daraufhin in Andernach eine Burg erbauen, die die Grenzen des kurkölnischen Territoriums, die Stadt Andernach sowie die Handels- und Wasserstraße Rhein sichert. Der Neubau findet Erwähnung unter den Namen »Burg« oder »Kurfürstliches Schloss« oder »Stadtschloss Andernach«. Als Wasserburg ist sie durch einen mehrere Meter tiefen, bis zu 30 Meter breiten Wassergraben geschützt.

In den kommenden Jahrhunderten werden unter den jeweiligen Kurfürsten Veränderungen, Erweiterungs- und Ausbauten vorgenommen. Als Eckbastion in die spätere Stadtbefestigung einbezogen, ist sie eine der großen Grenzfesten und Stadtburgen des kurkölnischen Territoriums.

1287: Die Burg wird – wie bereits schon in früheren Jahren – von aufständischen Andernacher Zünften angegriffen und stark beschädigt. Die Bürger verlangen größere Freiheiten gegenüber der kurfürstlichen Macht. Doch ihre kämpferischen Bemühungen, den Kurfürsten aus seinem Schloss und der Stadt zu vertreiben, sind vergeblich. Gleiches geschieht nochmals 1355 und 1365.

1367: Erzbischof Engelbert III. von Köln (1364–1368) lässt die beschädigte Anlage wieder herstellen.

1491–96: Bau eines mächtigen Rundturms, eines Pulverturms und Aufstockung des Bergfrieds auf vier Stockwerke.

1633: Schweden erobern Stadt und Schloss. Um sie zu vertreiben, beschießen kaiserliche und spanische Truppen die Stadt und richten erhebliche Schäden an.

1689: Im Pfälzischen Erbfolgekrieg wird Andernach durch französische Truppen Ludwigs XIV. (*1638; †1715) geplündert und in Brand gesteckt. Die Burg und die Stadtbefestigung werden gänzlich zerstört. Der Bergfried bleibt erhalten, und auch der Runde Turm widersteht der Sprengung.

1836: Der Schlossturm (Bergfried) dient als Gefängnis.

1911–1922: Der Schlossturm findet als Jugendherberge Verwendung.

1970–86: Die Burg wird baulich gesichert. Der Batterieturm erhält ein schiefernes Zeltdach.

Seit 2006: Der Schlossturm dient als Standesamt.

Heute: Die gut erhaltene Ruine am Südrand der Altstadt, neben dem »Koblenzer Tor«, mit rundem Pulverturm, quadratischem Bergfried und zweigeschossiger Außenwand des Palas ist frei zugänglich. Der gärtnerisch gestaltete Burghof dient kulturellen Veranstaltungen der Stadt (»Andernacher Musiksommer«, mittelalterliche Märkte, Bäckerjungenfest u. a.)

Park- und Gastronomiemöglichkeiten in der Stadt.
www.andernach.de

---

ten Reichsverwalter Anno von Köln um Hilfe und Gerechtigkeit zu bitten. Als dies der Vogt erfuhr, ritt er ihnen sofort nach, um sie einzufangen, aber auch um sich zu rechtfertigen. Eine Handvoll listiger und unehrenhafter Männer hatte er in seinem Gefolge. Gegen klingende Münzen, die der Vogt ihnen heimlich in die Hand gegeben, waren sie bereit, einen heiligen Eid abzulegen, dass alles Lüge und Böswilligkeit sei, was die Gülser vortragen würden. Ihr Vogt sei die reine göttliche Güte und Milde. Und dieser trug seine schönsten Kleider und glänzende Ringe an seinen Fingern, um allen in Andernach Versammelten zu zeigen, welch bedeutende und vornehme Persönlichkeit er doch sei. Ihm, dem gräflichen Vogt, würde Anno sicherlich eher Glauben schenken als jenen nörgelnden Bauern und Winzern aus Güls.

In Andernach herrschte reger Betrieb. Viele Händler und Gaukler waren ebenfalls wegen dieses Reichstages in die Stadt gekommen, um an diesem Ereignis teilzunehmen und einige Münzen zu verdienen. Auch an der Uferstraße, nahe der Schiffsanlegestelle, hatte ein Mann sein Zelt aufgeschlagen. Wenn er sprach, hörte man, dass er aus einem anderen Land im Osten des Reiches kam. Er führte mit sich eine große Bärin, die in der Nase einen Ring trug. Mit diesem leitete der Mann das Tier im Kreise herum und ließ es tanzen und andere Kunststücke vorführen. Das erfreute die Zuschauer und Gäste, und manche Münze wanderte in den Hut des Mannes.

An diesem Vormittag nun lag die Bärin ruhig und friedvoll auf der Wiese am Rheinufer, mit einer schweren Eisenkette an einen Pflock gebunden. Da ritt mit finsterer Miene der Vogt auf seinem stolzen Ross vorbei. Kaum hatte die Bärin den Vogt erblickt, da riss sie sich ohne jede Veranlassung los und rannte tief brummend auf die kleine Reiterschar zu. Laut brüllend stellte sich das riesige Tier auf seine Hinterbeine und riss den Vogt vom Pferd, warf ihn zu Boden und zerfleischte ihn vor aller Augen. Entsetzt stoben seine verschlagenen Gesellen davon, und alle Anwesenden waren sich ohne großes Trauern sicher: »Der Himmel ist gerecht und mit ihm sein Gottesurteil. Nun muss der Blutsauger nicht mehr vor ein weltliches Gericht, Gott hat ihn bereits gerichtet!«

Burg Aremberg
Aremberg

Die Mispeln im Wappen

Das Stammwappen der Herzöge von Arenberg zeigt drei goldene Mispelblüten auf rotem Grund, die sich ebenfalls im heutigen Ortsgemeindewappen wiederfinden. Die Sage weiß dies zu deuten:

Es war zu jener Zeit, als die Ungarn, Hunnen und andere wilde slawische Völker des Ostens ins deutsche Reich einfielen und Angst, Schrecknisse, Tod und Zerstörung mit sich brachten. Da beschloss Kaiser Heinrich I. (919–936), sein Reich und seine Untertanen von dieser Bedrückung zu befreien. Er rüstete ein mächtiges Heer aus und schickte auf schnellen Pferden Boten mit flehentlichen Bittbriefen zu allen Reichsfürsten, ihm, dem Kaiser, Hilfe zu gewähren und ihn mit Waffen und wehrhaften Männern zu unterstützen.

Des Herrschers Wunsch wurde erfüllt. Auch der Bischof von Lüttich sandte ihm einen Tross tapferer Krieger. Als deren Offizier bestimmte er den edlen Herren Hartmann von Arenberg.

Aussichtsturm auf dem Aremberg

Schrecklich tobte die Schlacht, als Kaiser Heinrich seine Feinde stellte. Was war das ein Hauen, Stechen und Kämpfen! Schrecklich der Staub, Lärm und das Geschrei! Beklagenswert all die Toten und Verwundeten. Doch das Kriegsglück war dem Kaiser hold. Er konnte schließlich den Sieg erringen und den Feind aus dem Lande drängen. Bei dieser Schlacht bewiesen Hartmann von Arenberg und seine Mannen, wie furchtlos und erfahren sie kämpften. Ein besonders draufgängerischer und mutiger Haudegen war Hartmann selbst. Aber er wurde dabei sehr schwer verwundet. Ein scharfer Schwerthieb hatte seine Brustseite aufgerissen. Als er in sein Lager zurückkehren wollte, brach er ohnmächtig unter einem Mispelbaum zusammen. Blut floss aus seiner Wunde, nässte seinen Schild und färbte ihn blutig rot. Und von dem Mispelbaum lösten sich drei Mispelblüten, schwebten sanft im warmen Sommerwind und fielen hinab auf den Schild, der still den toten Körper des Ritters Hartmann deckte. Und so sah ihn Kaiser Heinrich, als er vorüberritt. Erschüttert stieg er von seinem Pferd und erwies dem gefallenen Krieger stille Ehre. Den Schild mit den drei Mispelblüten ließ er dann den Söhnen Hartmanns und seiner Familie zukommen, als Andenken an ihren kühnen Ahnen von Arenberg, der im Kampfe für Freiheit und Vaterland sein Leben hergeben musste.

Von der Zeit an bis heute führt das Haus Arenberg im Wappen drei goldene Mispelblüten im roten Feld.

Schutzengel, rette mein Kind

Nahe dem Ort Aremberg, am Waldrand, befindet sich die beliebte und viel besuchte »Kapelle zu Ehren der Schutzengel«. Sie wurde 1669 durch Pastor Lorenz Sprüncker erbaut, unter Verwendung von Baumaterialien, die von dem ehemaligen Aremberger Schloss stammen. Die Volkssage benennt einen anderen Errichtungsgrund:

Als die Franzosen einmal plündernd durch die Wälder und Täler der Eifel zogen, kamen sie auch zu dem stolzen Schloss auf dem steilen Aremberg. Es gelang ihnen, den einzigen Sohn des Herzogs in ihre Gewalt zu bekommen, einen jungen, hübschen Prinzen, an dem seine Mutter mit zärtlichster Liebe hing.

Die französischen Söldner schleppten den jungen Mann fort in die Gefangenschaft und verbannten ihn auf eine ferne, menschenleere Insel weit im Meer. Dort wäre er Hungers gestorben, wenn hier nicht zahllose Wildgänse gelebt und mit ihm ihre Beute, die meist aus Fischen bestand, geteilt hätten.

Währenddessen sandte die Herzogin weinend und flehend ihre Gebete zum Himmel und gelobte, dem Schutzengel des Prinzen eine Kapelle erbauen zu lassen, wenn er das ihm anvertraute Kind gesund und heil wieder in seine Heimat bringe.

Nach wenigen Wochen schlief der Prinz eines Nachts, von Elend und Leid ermüdet, auf seinem harten Lager am Strand des Meeres ein. Im Traum war es ihm, als ob ein mächtiges Wesen mit großen Flügeln ihn hochhebe und durch die Luft bis zum Fuß eines fernen Berges trage.

Als der junge Arenberger zu sich kam, erkannte er, dass er nicht mehr auf einer öden, einsamen Insel war, sondern inmitten eines dichten Waldes im weichen Moos lag. Welche Freude, als er, nicht allzu weit entfernt, seinen lieben Aremberg erblickte! Unverzüglich machte er sich auf den Weg. Es dauerte nicht lange, und der entführte Prinz erreichte ermüdet und erschöpft, aber gesund und wohlbehalten, seine heimatliche Burg, wo seine Mutter in seliger Freude ihren Jungen wieder an ihr Herz drücken konnte.

Ihr Gelübde hat sie gehalten und eine Schutzengelkapelle erbauen lassen, die heute noch im Walde steht. Keinem anderen als seinem hohen himmlischen Schutzengel schrieb die Herzogin die wundersame Rettung ihres Kindes zu.   *(nach P. Spülbeck)*

Aremberg (53533) · Kreis Ahrweiler · Rhld-Pf
1032: Burggraf Ulrich, ein Lehnsmann des Kölner Erzbischofs, erhält das Land am heutigen Aremberg als Lehen.
1087: Anlage der ersten Befestigungsanlagen und damit Gründung des Ortes Aremberg.
1166: Erstmalige Erwähnung der Höhenburg Aremberg, die auf dem markanten gleichnamigen Berg (623 m) im Gebiet der Ortsgemeinde Aremberg errichtet wurde. Sie war Mittelpunkt der reichsunmittelbaren Herrschaft der Herzöge von Arenberg (Schreibweise mit »n«), deren Familie heute noch in Belgien und Südamerika lebt.
1544: Die männliche Linie der Arenberger aus dem Hause von der Marck ist ausgestorben. Es erbt die 17-jährige Margarethe von Arenberg. Sie heiratet Johann von Ligne, der sich fortan auch Johann von Arenberg nennt.
1549: Kaiser Karl V. erhebt Aremberg aus Dank und Anerkennung gegenüber Johann von Ligne-Arenberg zur Reichsgrafschaft. Dieser dehnt seinen Besitz bis tief in die heutigen Niederlande aus.
09.06.1644: Aremberg wird zum Herzogtum erhoben, eine Würde, die sonst kein Eifeler Adelshaus erreichte. Es ist eine kleine Herrschaft mit 15 Dörfern und Weilern und keine 2500 Einwohner.
1682: Truppen des französischen »Sonnenkönigs« Ludwig XIV., belagern das Schloss und nehmen es ein.
1683: Zerstörung des Schlosses und seiner Anlagen durch französische Truppen; es erfolgt barocker Wiederaufbau als Schloss.

1794: Französische Revolutionsheere fallen in die Eifel und ins Herzogtum Arenberg ein. Der Herzog verlässt Aremberg und zieht sich auf sein Schloss in Westfalen zurück.
1803: Franzosen erklären Schloss als Nationaleigentum und verkaufen es für 3025 Franken an Jean Gaspard Villmart auf Abbruch, der auch 1809 erfolgt.
1854: Die Herzöge von Arenberg kaufen Berg und ihre Schlossruine zurück und errichten einen 15 Meter hohen Turm aus Ruinengestein.
Heute: Die bewaldete Bergkuppe ist im Eigentum der Arenberg-Schleiden GmbH, Düsseldorf und wird durch das Arenbergische Forstamt Eifel, mit Sitz in Schleiden, bewirtschaftet. Von dem ehemaligen großen Schloss sind nur mehr kümmerliche, frei zugängliche Reste (Aussichtsturm, Burggraben mit Mauer) vorhanden. Die Bergspitze gewährt beeindruckende Fernblicke in die Eifel. Ein Förderverein »Burgruine Aremberg«, gegründet 2003, bewahrt die Ruine vor weiterem Verfall.

Park- und Übernachtungsmöglichkeiten in Aremberg
Fußweg zur Burg; dort keine Gastronomie
www.aremberg.de
www.arenbergischegesellschaften.de
www.arenbergcenter.com

Burg Rheineck
Bad Breisig

Otto von Rheineck wird erdrosselt

Im Jahre 1124 lebte als Burgherr Graf Otto aus dem altluxemburgischen Geschlecht derer von Salm auf Rheineck. Er und sein Sohn, Otto der Jüngere genannt, wünschten sich nichts sehnlicher als die Erlangung der Pfalzgrafenwürde. Da beide aber oft in unritterliche Streitereien verwickelt waren, übertrug der damalige Staufenkönig Konrad III. (*1093, †1152) dieses Amt nicht an das Haus Rheineck, sondern an den Grafen Hermann von Stahleck, dessen Familie von jeher Feind der Rheinecker war. Dies musste unweigerlich zu heftigen Kämpfen zwischen den beiden Rivalen führen.

Auch Hermann von Stahleck war kein angenehmer Zeitgenosse. Er galt als ungestümer Haudegen, der vor nichts zurückschreckte, wenn er seine nicht immer hehren Ziele durchsetzen wollte. So hatte er seine Gemahlin Gertrude von Schwaben verstoßen und in den Kerker werfen lassen, weil sie ihm keinen Nachkommen gebar. An ihrer Stelle wollte er nun die Gräfin Luthilde, eine Nichte des Trierer Erzbischofs Albero (1132–1152), zur Frau nehmen, weswegen er um ihre Gunst warb. Luthilde allerdings wollte von Hermann nichts wissen, denn sie war in Liebe zu Otto von Rheineck entbrannt.

Der eifersüchtige Hermann ahnte von dieser Zuneigung. Voller Argwohn ließ er Luthilde überwachen. Und als die beiden Geliebten dann eines Tages zu einem zärtlichen Treffen zusammenkamen, sprangen plötzlich die vermummten Schergen von Hermann hinter den Büschen hervor, entrissen Luthilde ihrem Geliebten und entführten sie auf ein bereits wartendes Schiff. Otto versuchte sich tapfer zu weh-

Rheineck. Sammlung Duncker

ren, doch gegen die Überzahl seiner Gegner konnte er nichts ausrichten.

Hermann von Stahleck versteckte die entführte Luthilde in seiner Burg Schönburg bei Oberwesel. Verlogen und heuchlerisch, beteiligte er sich an der Suche nach der vermissten Gräfin und verstand es wohl mit hinterlistigem Sinn, dem Trierer Erzbischof einzureden, nur Graf Otto von Rheineck könne der schändliche Entführer sein. Der Bischof rief darum seine Räte und Offiziere zusammen, um einen Kriegszug gegen diesen Otto zu planen.

Als Otto davon erfuhr, blieb ihm als letzter Ausweg nur noch der Weg nach Worms an den Hof des Königs, um dort um Hilfe und Gerechtigkeit zu bitten. Auf versteckten Pfaden und durch dunkle Wälder machte er sich auf den schwierigen Weg. Unterwegs gelang es ihm, durch einen geheimen Felsengang in die Schönburg seines Gegners Hermann zu gelangen, wo er seine geliebte Luthilde eingesperrt wiederfand. Doch dabei wurde Otto entdeckt, gefesselt und ebenfalls in den Kerker geworfen.

Inzwischen hatte Erzbischof Albero in Trier das verlogene Spiel des Grafen Hermann durchschaut und sich von der Unschuld Ottos überzeugen können. Deshalb befahl er seinem Heer, gegen Hermann zu ziehen und seine Nichte Luthilde zu befreien. Die Soldaten erreichten die Schönburg und umzingelten sie. Der hinterlistige Hermann erkannte, dass ihm Luthilde als Geisel nun von Nutzen sein konnte. Schon hatte der Sturm auf die Mauern begonnen. Pfalzgraf Hermann wagte einen Ausfall, der aber nicht gelang. Er wurde in seine Burg zurückgedrängt, und schon drangen die ersten trierischen Soldaten durch das aufgebrochene Tor in den Burghof. Angesichts seiner Niederlage rannte Hermann, schäumend vor Wut, die steinernen Stufen hinab ins Verlies, wo er seinen Nebenbuhler Otto erdrosselte. Als Luthilde ihren Geliebten entseelt auf dem kalten Boden liegen sah, brach sie zusammen. Ihr Herz hatte aufgehört zu schlagen, und die Seelen der zwei Liebenden vereinten sich in einer Welt, die keinen Hass und Streit kennt. Dieses tragische Geschehen ereignete sich im Jahre 1149.

Hermann von Stahleck, der so schändlich den Landfrieden gebrochen hatte, wurde gebannt und den Rest seines Lebens von den Rittern gemieden. Einsam und kinderlos starb er am 20. September im Jahre 1156.

Beim Festmahl ermordet

Wo viel Licht ist, ist auch Schatten«, sagt ein altes Sprichwort. Und das trifft auch auf die Grafen von Rheineck zu. Denn unter den vielen aufrechten und wackeren Rittern, war einer, der seinem Namen und seinem Geschlecht Schande bereitete.

Es war dies Johann VI., der den Jähzorn und sein aufbrausendes Blut vom Vater und Großvater geerbt hatte, denn diese beiden waren viel zu oft in Streit, in Krieg und Ungemach mit Nachbarburgen und Königen gewesen. Zwar war Johann ein Günstling Kaiser Karls IV, der ihm im Jahre 1374 gar das Marktrecht für Breisig gewährte, doch wurde ihm sein hitziges Gemüt letztendlich zum Verhängnis. In weitem Umkreis tadelte man sein bewegtes Leben als Wegelagerer und Raubritter. In wie viele Streitereien und Händel er verwickelt war, weiß keine Chronik zu melden.

Johann war wie viele andere Lehensträger zum Christtag des Jahres 1381 vom Kölner Erzbischof Friedrich von Saarwerden (1370–1414) zu einem Hoffest auf die Godesburg geladen worden. Jedoch folgte er dieser Einladung mürrisch und recht unwillig. Er wollte über sein Tun und Lassen selbst bestimmen, und es missfiel ihm, durch den Erzbischof bevormundet zu werden oder nach dessen Anordnungen zu handeln, gleich ob es sich um fröhliche Einladungen oder ernste Besprechungen handelte. So verließ er mit finsterer Miene einige Tage vor dem Christfest seine Burg. Unten im Tal hatten sich die Bewohner der armseligen Hütten längst in Sicherheit gebracht, als sie den Hufschlag seines Pferdes in der Stille dieses Wintermorgens vernommen hatten. Für sie war Johann ein Tyrann, dem man besser aus dem Wege ging, wusste man doch nie, wie grausam seine Wutausbrüche enden konnten. So schien auch der gesamte Ort Breisig wie ausgestorben, als er mit seinen Mannen durch die engen Gassen ritt. In Sinzig passierte er die Burg des Ritters Rollmann, seines größten Feindes, dessen Festung er so gerne gestürmt und den er liebend gerne persönlich mit einem Schwertstreich niedergestreckt hätte. Nie würde er ihm seine Hand zur Versöhnung reichen. Da konnten die Herren der Nachbarburgen noch so eindringlich und bittend auf ihn einreden.

An der Brücke über die Ahr traf er auf Ritter aus dem Ahrtal, und mit ihnen erreichte er schließlich die Godesburg. Nachdem man dem schon wartenden Erzbischof die notwendigen Huldigungen entgegengebracht hatte, fand am Christmorgen ein feierlicher Gottesdienst statt. Dann schritt man zur festlichen Tafel im großen Rittersaal. Doch wie erbost war Johann, als er sah, dass die erzbischöflichen Diener ihm just den ihm verhassten Ritter Rollmann von Sinzig als Tischnachbarn zugeteilt hatten. Nur mit Mühe konnte er seine Wut unterdrücken.

Das Hoffest nahm seinen Lauf, und die Ritter genossen den köstlichen Wein in vollen Zügen. Und da geschah es! Johann geriet in einen argen Wortwechsel mit seinem Tischnachbarn, wobei er sich derart ereiferte, dass ihn auch die Anwesenheit des Erzbischofs nicht mehr zurückhalten konnte. Mit erhitztem Kopf griff er an seinen Gürtel, zog seinen Dolch heraus und stieß ihn dem Ritter Rollmann direkt ins Herz. Lautlos sank der Sinziger zu Boden. Empört wurde Johann, der sich wie ein wildes Tier gebärdete, von den Anwesenden gepackt und überwältigt. Erzbischof Friedrich war außer sich. Wie konnte Johann nur so den Burgfrieden und die Freude der Gäste stören? Unerhört, so die Gastfreundschaft zu brechen! Wie gotteslästerlich, den Geburtstag unseres Erlösers durch blutigen Mord zu besudeln! So erteilte er den Befehl, den Mörder sofort in das Verlies der Godesburg zu werfen. Mit Zustimmung aller sprach er dann das Urteil: »Johann, Burggraf von Rheineck, ist am kommenden Morgen dem Henker zu übergeben!«

Und so geschah es. Johann wurde öffentlich vor dem Burgtor enthauptet, und wäre er nicht ritterlichen Geblüts gewesen, so hätte man ihn an den Galgen gehängt. Den Söhnen des Mörders gegenüber zeigte sich der Kirchenfürst milde und nachgiebig. Er gewährte ihnen weiterhin den Besitz und ließ ihnen die Burg Rheineck als Lehen.

(nach Heino Möhring, in JBAW 1992)

Bad Breisig (53498) · Kreis Ahrweiler · Rhld-Pf

1047: Erstmalige Erwähnung der am Rhein und Vinxtbach liegenden Höhenburg, vermutlich durch rheinische Pfalzgrafen erbaut. Sie dient der Sicherung der Rheinstraße sowie als Grenzsicherung zwischen Kurtrier und Kurköln. Mehrere Pfalzgrafen bewohnen die Burg, darunter auch Pfalzgraf Heinrich II. (1085–1095), der 1093 das Kloster Laach gründet, und sein Stiefsohn Siegfried von Orlamünde (1095–1113). Als dieser Siegfried, jener Pfalzgraf und Held der Genovevasage, auf Burg Rheineck Wohnung bezieht, lässt er seine Burg am Ostufer des Laacher Sees abreißen.

1115: Rheineck ist im Besitz des Grafen Otto von Salm, der sich fortan »von Rheineck« nennt.

1150: Das Geschlecht derer von Rheineck stirbt in männlicher Linie aus. Kaiser Barbarossa erteilt den Befehl, die Burg Rheineck zu zerstören.

1151: Pfalzgraf Konrad, Halbbruder des Kaisers, führt den Befehl aus. Der Erzbischof von Köln und gleichzeitiger Reichskanzler Rainald von Dassel (1159–1167) weiß, dass Rheineck ein äußerst wichtiger strategischer Stützpunkt zur Verteidigung der kölnischen Besitzungen ist. Deshalb ordnet er 1164 ihren sofortigen Wiederaufbau an, versehen mit einem mächtigen quadratischen Bergfried und einer starken Burgmauer. Die häufig wechselnden Besitzer nennen sich weiterhin Burggrafen von Rheineck.

1632: Besetzung während des Dreißigjährigen Krieges durch Schweden unter General Feldmarschall Wolf Heinrich von Baudissin (1579–1646). Die Burg erleidet relativ wenig Schaden.

1689: Im Pfälzischen Erbfolgekrieg jedoch wird die durch die Franzosen in Brand gesetzt und zerstört.

1718: Wiederaufbau mit Talkapelle zu Ehren des hl. Karl Borromäus.

1785: Der Neubau, durch einen Großbrand weitgehend unbewohnbar, erfährt notdürftige Ausbesserungen für eine Verwalterwohnung.

1805: Franzosen haben das Rheinland besetzt. Das nur noch als Domäne angesehene Gut »Burg Rheineck« wird für 2550 Franken an den Sohn des Verwalters, Wenzel Schurp, versteigert.

1832: Der Bonner Universitätsprofessor und spätere preußische Kultusminister Moritz August von Bethmann-Hollweg erwirbt die Burg für 2000 Taler und lässt sie auf dem ursprünglichen Grundriss und unter Verwendung alter Bausubstanz nach Plänen des Koblenzer Architekten Johann Claudius von Lassaulx (*1781; † 1848) wieder mit reich gegliederten spätromanischen Formen aufbauen.

2000: Kai Krause, deutscher Musiker und Software-Pionier, kauft die Burg Rheineck und lässt sie grundlegend restaurieren. Er gibt ihr den Namen »ByteBurg I.« (= internationales Zentrum für Innovationen in den Bereichen Informationstechnik und Softwareentwicklung). Sie kann nicht besichtigt werden. Langer, steiler Aufstieg; ein großes Tor versperrt Zugang und Blicke auf die Burganlage.

www.bad-breisig.de

Bet', Kindchen, bet'

B et', Kindchen, bet', morgen kommt der Schwed'!« So lautete ein Spruch, den man während des Dreißigjährigen Krieges sich angstvoll zuflüsterte. Ganze Bücher sind eng beschrieben mit Schilderungen entsetzlicher Grausamkeiten. Gerade den schwedischen Truppen eilte der schlimmste Ruf voraus.

So auch im Jahre 1632. Gerade hatten schwedische Horden die Burg Olbrück erobert und verwüstet. Nun befanden sie sich auf dem Marsch hin zur Burg Rheineck, die sie ebenfalls belagern und einnehmen wollten, um in ihr reiche Beute zu finden. Der damalige Rheinecker Burggraf war jedoch rechtzeitig vorgewarnt worden und hatte deshalb zum Schutze der Burg einen mächtigen Wall anlegen lassen, der heute noch unter dem Namen »Schwedenschanze« recht gut erhalten ist. In der Burg waren tapfere Krieger versammelt, mutig und zu allem entschlossen. Die Waffenkammern waren gefüllt und die Vorratsspeicher wohl versehen mit genügend Essen und gutem Trinkwasser. Und dann kamen die Schweden und stürmten gegen die Burg an. Und immer wieder wurden sie von der tapferen Besatzung zurückgeworfen. Die Kanonen brüllten, die Gewehre peitschten ihre Schüsse. Wildes Geschrei und laute Schmerzensschreie erfüllten die Luft, verhallten im Tal des Rheins. Bereits vier gewaltige Sturmangriffe konnten die Rheinecker zurückschlagen. Vor den Burgmauern häuften sich die Verletzten und Toten, aber auch in der Burg Rheineck sanken viele Streiter entseelt danieder oder waren mit schwersten Verwundungen kampfunfähig.

Die Schweden jedoch konnten ihre lichten Angriffsreihen durch Reserven immer wieder ausfüllen. Die Lücken hinter dem schützenden Wall und in der Burg blieben jedoch unbesetzt. Nur noch wenige Verteidiger unter der persönlichen Anführung des Burggrafen standen bereit, dem fünften Anstürmen der Schweden zu trotzen. Und das war wohl der mächtigste und verlustreichste Angriff. Die tapferen Soldaten der Burg Rheineck konnten ihn nicht mehr abwehren. Sie alle erlagen der feindlichen Übermacht. Nur der Burggraf überlebte. Mit einem

Burg Rheineck

Freudengeheul stürmten die Schweden vor. Die Burg versprach fette Beute, und ein gefangener Burggraf würde eine Menge Lösegeld erbringen.

Der Rheinecker Burggraf ist erschüttert. Seine stolze Burg in den Händen der Feinde! Seine Freunde und Mitkämpfer tot oder kampfunfähig! Und er selbst in schmählicher Gefangenschaft! Niemals! Und er schwingt sich auf sein Ross, um den Schweden durch Flucht zu entkommen. Aber wohin? Vor ihm die heranstürmenden Schweden, hinter ihm die Felsenley mit ihrem jähen Abgrund und der unheimlichen Tiefe hin zum Rhein. Weit über hundert Meter geht es steil hinab, wo die Wellen des breiten Stromes gurgeln. »Lieber tot, als gefangen!« ruft der Burggraf und gibt seinem Pferd die Sporen. Laut wiehernd setzt das Ross zum Sprung an. Von Gottes Händen geschützt, gelingt der Sprung, und Ross und Reiter landen unversehrt als alleinige Überlebende der Rheinecker Burg.

Der Fels, von dem der Graf den kühnen Sprung wagte, führt heute noch den Namen »Reutersley«.

Stadtburg
Bad Münstereifel

Der Fluch des Vaters

Dereinst lebte Ritter Bodo von Jülich auf der Burg Münstereifel. Keiner kann behaupten, er wäre seinen Untertanen gegenüber gütig oder nachgiebig gewesen. Ganz im Gegenteil, er war ein wilder, rauer und streitlustiger Mann. Hart herrschte er, und bei geringsten Verfehlungen geriet er in jähzornige Wut. Auch seine Frau hatte sehr unter dem ungezügelten und herrischen Wesen ihres Mannes zu leiden und bereits viele Tränen vergossen. Aus Kummer darüber war sie bereits vor langer Zeit als recht junge Frau verstorben. Aber zwei Söhne hatte sie ihrem Mann geschenkt. Wunibald, der älteste Sohn, glich in seinem Wesen mehr seiner Mutter. Er war ein zartes Kind, gütig und ehrenhaft. Das war dem Vater gar nicht recht. Viel lieber hätte er gesehen, dass Wunibald ihm nachgeschlagen wäre. Ein kämpferischer und mutiger Ritter sollte er werden, der eines Tages die Burg erben würde. Aber so war er in seinen Augen ein Weichling.

Mit Stolz blickte Vater Bodo auf seinen zweiten Sohn Dietrich. Der war doch aus ganz anderem Holz geschnitzt, hatte des Vaters rohes und stürmisches Verhalten geerbt. Das war ein starker Raufbold und entschlossener Draufgänger.

Als nun der ältere Sohn Wunibald in Liebe zu der Tochter eines Wollwebers entbrannte und sie zur Frau nahm, kannte die Wut seines Vaters Bodo keine Grenzen. Er tobte, brüllte und schrie: »Diese Schande! Mein Sohn und Erbe entehrt unser ritterliches Geschlecht mit dieser unwürdigen Ehe. Heiratet unter seinem Stand! Irgendein hergelaufenes Weib! Setzt mich, den mächtigen Bodo, dem Gespött meiner Ritterkollegen aus. Ich höre sie bereits jetzt schon ihren lästernden Spott und Hohn-

lachen!« Und dann enterbte er seinen Sohn, jagte ihn mit Schimpf und Spott aus der Burg und rief ihm noch einen hässlichen Fluch nach: »Weiche mir aus den Augen, denn niemals mehr möchte ich dich hier lebend sehen!«

Der jüngere Sohn Dietrich wurde Erbe der Burg. Und genau wie sein Vater herrschte er unnachgiebig und hartherzig. Er liebte Trinkgelage, und gab es irgendwo Streit oder Prügeleien, er als arger Raufbold war stets dabei. Zur Frau nahm er sich ein reiches und edles Ritterfräulein aus einer Burg an der Ahr. Doch kaum waren die Hochzeitsfeierlichkeiten vorbei, offenbarte er sein wirkliches Verhalten. Mürrisch und herrisch, schlagend und bestrafend ging er mit der zarten Frau um. Ihre Bitten und Flehen rührten ihn genau so wenig wie ihre Tränen und Leid. Die junge Gräfin erlebte auf Burg Münstereifel fast nur freudlose Tage, Kummer und Herzschmerz. Deshalb setzte sie ihrem Leben selber ein Ende und ließ sich aus dem Fenster des hohen Burgturms fallen.

Das wiederum erregte den Zorn der Familie und Verwandten der jungen Gräfin. Um ihren Tod zu rächen, schlossen sie sich zusammen und zogen kriegerisch gegen die Burg in Münstereifel. Es kam zu einem harten und blutigen Gefecht in den Mauern der Burg. Der junge Herr Dietrich schlug wie wild um sich, aber ein gewaltiger Schwerthieb durchdrang seinen Brustpanzer und tötete ihn. Auch sein Vater Bodo kämpfte verzweifelt. Doch bald war er umzingelt und geriet immer mehr in harte Bedrängnis und in große Lebensgefahr.

Da preschten plötzlich zwei unbekannte Reiter in schwarzer Rüstung und mit geschlossenem Visier in den Burghof. Sie sprangen vom Pferd, zückten ihre Schwerter und kamen dem Alten zur Hilfe. Die Angreifer gerieten in Verwirrung und wandten sich zur Flucht. Dabei drehte sich noch einer um und schoss einen Pfeil auf die Ankömmlinge. Der traf, und mit einem Schmerzensschrei sank einer der schwarzen Ritter zu Boden. Dann verschwanden die Feinde vollends aus der Burg Münstereifel.

Der alte Bodo bückte sich, um nachzusehen, welcher mutige Ritter ihm das Leben gerettet hatte. Und als er das Visier des Toten hochhob, blickte er in die gebrochenen Augen seines ältesten Sohnes Wunibald. Nun nahm auch der zweite seinen Helm ab, verbeugte sich und sprach: »Graf Bodo, ich bin euer Enkel, der Sohn von Wunibald, dem man in der Taufe auch euren Namen Bodo gab!«

Erschüttert sprach der Alte: »Ich törichter und verblendeter Narr! So also ist mein unheilvoller Fluch in Erfüllung gegangen und hat mir beide Söhne genommen. Aber du, mein Enkel, in dessen Adern tapferes Ritterblut kreist, sollst mein Erbe sein und die Geschicke unseres Geschlechtes weiterführen. Heute habe ich erfahren, dass auch ein einfacher Stand wahre Tapferkeit, ritterliche Tugenden und aufrichtigen Mut besitzt.«

Bad Münstereifel (53902) · Kreis Euskirchen · NRW
um 1273: Auf einem Absatz des Radbergs über der Erft erbaut Graf Godfried von Jülich eine Höhenburg. Auf ihr residierte er von 1312 bis zu seinem Tode 1335. Sein Hochgrab befindet sich in der Stiftskirche.
1312: Die Stadt Münstereifel gelangt in den Besitz des Jülicher Herrscherhauses.
1317: Die Münstereifeler Burg wird erstmals urkundlich erwähnt.
1689: Im pfälzischen Erbfolgekrieg plündern französische Truppen die Burg und stecken sie in Brand. Sie ist seitdem Ruine, die, soweit wie möglich, von Jülicher Vögten als Wohnsitz genutzt wird.
1794: Die französische Revolutionsregierung besetzt das linke Rheinufer. Kloster- und Adelsbesitz werden verstaatlicht und veräußert. Münstereifel verliert seinen Status als Mithauptstadt des Herzogtums Jülich und seine Funktion als Gerichtsort.
1879: Ein großer Saal wird der Burg angebaut, dem 1913 erstmals eine Burgschänke hinzugefügt wurde.
nach 1955: Renovierungs- und Neubaumaßnahmen finden statt, die prägend für das heutige Erscheinungsbild der Burg sind.
Heute: Von der vieltürmigen, regelmäßigen Burganlage sind noch eine nahezu vollends erhaltene Stadtumwehrung mit vier mächtigen Toren aus dem Anfang des 13. Jh. sowie drei dachlose Rundtürme erhalten. Der Wehrgang, von dem man einen schönen Blick über die Stadt hat, ist auf einer Länge von 220 m wieder begehbar. Ebenfalls erhalten ist noch der Wallgraben an der Ost- und Westseite, der ehemals mit Wasser gefüllt werden konnte. Die ehemaligen Wirtschaftsgebäude sind seit 1984 im Privatbesitz. In der Burg befinden sich ein ganzjährig geöffnetes Restaurant mit Panoramaterrasse, mehrere Luxuswohnungen sowie eine Senfmühle.

Parkmöglichkeiten im Burghof kostenlos
www.bad-muenstereifel.de
www.eifelburg.de

Ein Toter wehrt sich

In einem kleinen, windschiefen Häuschen in Münstereifel wohnte ein Seilspinner von Münstereifel. Nun wollte er neues Haus bauen, vor dem Johannistore, nicht weit vom Judenfriedhof entfernt. Als er mit dem Ausschachten begonnen hatte, stieß er auf einmal beim Graben auf eine Steinplatte. Groß und mächtig war sie. Der Seilspinner konnte sie nicht alleine heben. Deshalb bat er seine Freunde, ihm behilflich zu sein. Diesen gelang es auch bald, mit viel Arbeit und Mühen die Platte fortzurücken.

Unter dem Stein war ein schmales Loch, das nur einen Mann durchließ. Eine glatte, steinerne Treppe zeigte sich, die in die Tiefe führte, dort jedoch nichts erkennen ließ. Da schickte der Seilspinner nach einer Fackel, mit der denn auch mehrere Männer und Frauen aus der Stadt hinzukamen. Sie alle waren neugierig, was dieser geheimnisvolle Eingang alles an Überraschungen und Schätzen zu bieten hatte.

Als der erste Mutige, es war der Flickschuster, mit dem Licht hinunterstieg, sah er plötzlich gewölbte Wände und kostbare Säulen, die einen Saal trugen. Vor deren Eingangstür stand in mattglänzender Rüstung ein Ritter, der in seiner hoch aufgereckten Hand ein mächtiges Schwert hielt. Mitten im Saal aber lag auf einem dunklen kunstvoll barocken Bett die Leiche eines Burgherren mit goldener Krone auf dem Haupte. Ihr gegenüber stand ein Jäger, der in seiner Hand einen straff gespannten Bogen mit einem Pfeil hielt.

Als dies der Flickschuster sah, blieb er erschreckt stehen und flüsterte seinem Hintermann zu, was er sehe. Der erzählte es erregt weiter, und als alle, die noch draußen standen, dies vernahmen, wollten sie so rasch als möglich dies näher betrachten und sich auch an der goldenen Krone erfreuen. Nun gab es von hinten ein Drängen, Stoßen und Drücken. Jeder wollte in den Saal hinein. Und so wurde der Flickschuster hinunter geschoben, und als er die letzte Stufe betrat, sauste das Schwert des eisernen Ritters herunter und spaltete ihm das Haupt.

Entsetzt wollte der Zweite zurück, konnte aber nicht gegen seine vordrängenden Gefährten an. Auch er wurde auf die Stufe gedrückt und lag gleich darauf ebenfalls mit gespaltenem Schädel am Boden. Da sprangen der Dritte und Vierte über die Stufe, gleich in den Saal. Sie entdeckten, dass an der beweglichen ersten Stufe ein Draht befestigt war, mit dem der Schwertarm des Ritters hochgehoben wurde und dann das Schwert wieder herabsauste. Vorsichtig lösten die Männer den Draht, und nun konnte jeder ohne Gefahr eintreten.

Schon freuten sich der Seilspinner und alle auf das kostbare Gut, das sie nun finden würden. Doch in dem Moment stieß der Schneider einen schrillen Schmerzensschrei aus. Er stand an der Leiche und wollte die goldene Krone vom Haupte der Burgherrenleiche lösen, als ihn des Jägers Pfeil mitten ins Herz traf. Tot sank er neben dem Bett zu Boden. Der Nachtwächter und der Totengräber begannen nun aus sicherer Entfernung mit einer Stange die Krone zu heben. Und wieder schwirrte ein Pfeil durch die Luft, denn ein dünner Faden war von der Krone mit dem Bogenschützen verbunden. Die beiden hoben nun so oft die Krone hoch, bis der Köcher des Jägers leer war.

Dann traten sie näher, lüfteten die Decke und fanden unter dem toten Burgherren goldenes und silbernes Tafelgeschirr, Perlen, Edelsteine, Ringe und zierliche Kronen. Es war der alte Burgschatz, der nun im Fackelschein leuchtete. Der letzte Burgherr hatte ihn vor mehr als hundert Jahren dort verborgen, bevor seine Burg zerstört und er mit seinen Söhnen im Kampf erschlagen wurde.

Nun nahmen der Seilspinner und seine Freunde die Schätze und verteilten später nahezu alles unter die Armen. Denn, so meinte der Nachtwächter, diese Schätze seien zur Freude von Lebenden geschaffen, nicht aber zur Ruhe bei Toten!

Dem Seilspinner jedoch war es nicht geheuer, und er fürchtete sich, an solchem Ort ein Haus zu bauen. Deshalb verschüttete er wieder den Eingang und wohnte weiter im kleinen Haus seiner Ahnen.

Die Stelle des unterirdischen Saales aber lässt heute noch eine Vertiefung erkennen, die rechts vom Berge zu sehen ist, der das alte Johannistor mit dem Judenfriedhof verbindet.

(nach Theodor Seidenfaden,
in Eifelkalender 1926)

Burg (Wüstung)
Bad Münstereifel-Effelsberg

Die Rache des Schwagers

In alter Zeit erhob sich in Effelsberg eine prächtige Burg mit starkem Bergfried, Zinnen und Mauern. In ihren weiten Hallen fand viel leibeigenes Dienstvolk Unterkunft.

Zähigkeit und Mut. Alles bedenkend, mochte Arnulf fast verzweifeln. Seit mehr als zehn Menschenaltern herrschte sein Geschlecht auf dieser festen Burg, hatte Freud und Leid mit dem dienstbaren Gesinde und den Untertanen in den benachbarten Dörfern geteilt und selten die Herrenrechte missbraucht, wie

Von der Effelsburg ist nichts mehr zu finden. Die ungefähre Lage muss in der Nähe des heutigen Radioteleskops gewesen sein.
Foto R. Kramp

Als Ritter Arnulf von Effelsberg einmal im abenddämmrigen Ahnensaal ruhelos auf- und niederschritt, umlagerten finstere Gedanken seine Stirn. Bereits acht lange Wochen hielt Ritter Georg von der Wenzburg mit seinen Mannen die Effelsburg belagert. Lange würde sie sich nicht mehr halten können. Die Vorräte an Lebensmitteln gingen zur Neige, und der Burgbesatzung schwanden allmählich

es andernorts häufig vorkam. Gegen seine eigene Gemahlin Aluvada war Ritter Arnulf allerdings zu ungerecht und lieblos gewesen. Das war seine ureigenste Schuld, die sich bitter zu rächen begann.

Einst war der Wenzburger sein bester Freund gewesen, und große Freude erfüllte beide Burgen, als die Schwester des Wenzburgers als Burggräfin in Effelsberg Einzug hielt. Manches Jahr lebten sie auf

Bad Münstereifel-Effelsberg (53902) · Kreis Euskirchen · NRW
Beim Bau des Pfarrhauses in Effelsberg sollen die Grundmauern einer Burg freigelegt worden sein. Der Überlieferung und Sage nach soll es dort auch einen Burgweiher gegeben haben. Heute ist von einer Burg nichts zu entdecken; nur die Straßenbezeichnung »Am Burggraben« weist noch auf sie hin.

Kostenlose Parkplätze
Imbissstände
700 Meter Fußweg zum Teleskop

der Burg einträchtig und frohherzig. Doch es verging Jahr auf Jahr, und die Ehe blieb kinderlos und einsam. Der Effelsberger hatte keine Nachkommen. Mit dieser Gewissheit schlug in seiner Seele ein arger Hass tiefgehende Wurzeln gegen seine unschuldige Gemahlin und gegen Gott. Die Burggräfin grämte sich ohnedies schon genug und litt unsagbar unter der ungerechten, hasserfüllten Rachsucht des Gatten. Unablässig haderte er mit ihr und wetterte gegen Gott.

Dem Ritter von Wenzburg blieb das alles nicht verborgen, obwohl seine unglückliche Schwester nie ein Sterbenswörtchen verriet. Nachdem nun Gott die Burgherrin Aluvada durch Umnachtung ihres Geistes von allen bewussten Leiden erlöst hatte, sagte der Wenzburger seinem ehemaligen Freund den Kampf an. Er brachte ein wackeres Fähnlein kampferprobter Mannen zusammen und fand Hilfe bei benachbarten Rittern. Zwar hatte Ritter Arnulf einen harten Kampf erwartet, doch diese hartnäckige und ausdauernde Belagerung durchkreuzte alle seine Pläne. Es gab für ihn schließlich nur zwei Möglichkeiten, entweder zu verhungern oder bei einem tollkühnen Ausfall die Gegner niederzukämpfen. Die ganze Nacht über rang Ritter Arnulf mit Gott und mit sich. Als fern im Osten der Morgen graute, sank er reumütig auf seine Knie, bat Gott um Vergebung seiner Schuld und vertraute ihm ergebungsvoll sein Leben an.

Dann zog er seine Rüstung an, setzte seinen Helm auf und schritt zu seinen Mannen. In wenigen Worten überzeugte er sie von der Notwendigkeit eines alles entscheidenden Ausfalls. Alle stimmten dieser Lösung zu. Lieber tapfer sterben, als kampflos und elend verhungern. Mauern und Zinnen wurden überstiegen, Leitern zu Brücken über den Burggraben ge-

schoben, behutsam die Zugbrücke am Burgtor abgesenkt, und dann stürmte Ritter Arnulf an der Spitze seiner Burgbesatzung hinaus.

Dieser überraschende Ausfall brachte die Reihen der Wenzburger zunächst in arge Verwirrung. Doch ihre Übermacht war zu groß. Bald drängten sie das tapfer kämpfende Häuflein der Effelsberger zurück. Das Kampfgetümmel wogte hin und her. Der nahe Wald echote das laute Kampfgeschrei. Dann lichteten sich allmählich die Reihen der Effelsberger, und Ritter Arnulf fiel im Kampf. Den überlebenden mutigen Recken gewährte der Wenzburger Graf einen ehrenvollen Abzug.

Während des Kampfgetümmels hatten die Wenzburger an etlichen Stellen die Burg in Brand gesetzt. Die Kapelle, in der Aluvada stets gebetet und Gott um seine Gnade und Barmherzigkeit angefleht hatte, blieb unversehrt. Ringsum gab es nur rauchende Trümmer. In der Gruft der Kapelle fand Arnulf, der letzte Burggraf von Effelsberg, neben dem seiner Gattin seine letzte Ruhestätte.   *(nach G. Laue)*

Burg Landskron
Bad Neuenahr

Die Krone des Landes

Wuchtig und gewaltig erheben sich die hohen Ahrberge, zwischen denen sich der munter fließende Fluss Ahr seinen Weg hin zum Rheine sucht. Auf einem der schönsten Gipfel ließ sich der Hohenstauferkönig Philipp, Barbarossas Sohn, eine Burg erbauen. Als sie fertig war, und Philipp hoch oben auf dem mit Fahnen geschmückten Bergfried stand und staunend in die sanften Täler und weit über die liebliche Ahr- und Rheinlandschaft hinweg schaute, rief er voller Begeisterung aus: »Diese Burg hier, die schönste und stolzeste weit und breit, ist des Landes Krone!« Und diesen herrlichen Namen trägt sie noch in die Zukunft hinein, selbst wenn die Trümmer jenes prächtigen Baues nur mehr von vergangenen Zeiten träumen.

Lieber tot, als geschändet

Etwas unterhalb der Spitze der Landskron befindet sich am westlichen Bergeshang eine Kapelle, die mit ihrem weißen Gemäuer weit sichtbar ist. Sie gehört zur Pfarrei Heimersheim. Vereine der Gemeinde Heppingen kümmern sich um das Bauwerk und sorgen für ihren Erhalt. Es wird vermutet, dass an ihrem Standort eine antike heidnische Kultstätte bestand. Die der Muttergottes geweihte Kapelle, die auch »Drei Jungfern«, »Jungfernkapelle« oder »Marienkapelle« genannt wird, ist bereits vor 1212 nachweisbar. Die Sage gibt die Deutung:

Auf der Burg Landskron herrschte einst ein mächtiger Graf. Er hatte drei Töchter, von denen die eine immer schöner und tugendsamer war als die andere. Auf die Jüngste hatte der Ritter von Tomburg sein Auge geworfen und begehrte sie zur Gattin. Zu seiner großen Enttäuschung wurde er aber abgewiesen. Das erzürnte ihn, und von dieser Stunde an wartete er auf eine günstige Gelegenheit, um blutige Vergeltung zu üben. Eines Tages ritt der Herr von Landskron mit großem Geleit auf die Jagd und ließ nur wenige Knechte zur Bewachung der Burg zurück. Davon hatte der Tomburger erfahren. Ohne zu zögern, fiel er mit seinen Leuten in die Feste ein und durchstöberte sie vom obersten Turmgemach bis zum tiefsten Verlies. Was er suchte, lässt sich schnell erraten: es war das holdselige Ritterfräulein. Als er das Mädchen nicht fand, befahl er, Fackeln anzuzünden und das Schloss in Brand zu stecken.

Die Schwestern waren rechtzeitig durch ein Schlupfpförtchen der Burg geflohen und hielten sich angstvoll im Schatten der äußeren Ringmauer verborgen. Als nun aber der grelle Feuerschein ihr Versteck erleuchtete, wurden sie bald bemerkt. Doch als der Wütende sich ihnen näherte, da übermannte die Jungfrauen der Mut der Verzweiflung. Sie kletterten auf die Mauerzinne, umarmten sich und stürzten

Landskron. Postkarte um 1900

sich mit den Worten »Lieber den Tod als Schmach und Schande!« die steile Wand hinab auf den Felsen, der jetzt die Kapelle trägt. Aber der Himmel hatte Erbarmen. Gottes Macht hemmte den jähen Fall, und die drei Mädchen fielen unverletzt zu Boden. Dankbar knieten sie nieder, und als sie Gottes Güte priesen, öffnete sich vor ihnen der starre Fels. Eine Grotte wurde sichtbar, in die die Drei hinein flüchteten und dort sicheren Schutz fanden, da das Felsgestein sich wieder verschloss. In ohnmächtigem Zorn stand der rasende Verfolger vor der Felswand und ließ dann seine blutige Wut an armen Gefangenen und seinen Leuten aus.

Inzwischen war der Herr von Landskron mit seinen Getreuen zurückgekehrt und stand nun erschüttert vor den rauchenden Trümmern seiner Burg. Sofort nahm er die Verfolgung seines Feindes auf und stellte ihn, bevor dieser noch seine Tomburg erreichen konnte. Es kam zu einem bitteren Gefecht und einem harten Zweikampf. Der Raubritter von der Tomburg verlor ihn und musste verblutend sein Leben lassen. Seine verführten Soldaten ergaben sich auf Recht und Gnade.

Nun suchte der Graf nach seinen Töchtern. Doch alles Forschen und Fragen blieben vergeblich. Schmerz und Trauer bemächtigten sich seiner, raub-

ten ihm Ruhe und Schlaf. In der dritten Nacht jedoch erschien ihm im Traum ein Engel, der ihm den Weg zur schützenden Felswand vor der Höhle wies. Rasch eilte der Landskroner anderentags dorthin. Er fand die Grotte, die sich seinem Öffnen nicht verweigerte. Überglücklich konnte er seine drei Töchter unversehrt in die Arme schließen. Voller Freude über dieses Wiedersehen und zum Andenken an die wunderbare Rettung gelobte er, an dieser Stelle dem Allerhöchsten zum Dank eine Kapelle zu errichten. Und diese dicht an die Felswand erbaute Kapelle nannte er Jungfrauenkapelle. Mit ihren weißen Mauern schaut sie noch immer stillmahnend ins Tal der Ahr.   *(nach Zender u. Walther Ottendorff-Simrock, in Heimatjahrbuch des Kreises Ahrweiler 1963)*

Die Brücke der Liebe

Als die beiden Burgen Neuenahr und Landskron noch stolz und kühn als eindrucksvolle Nachbarburgen einander gegenüber standen, lebten dereinst in ihnen zwei Burgherren in so guter Freundschaft und Nachbarschaft, dass sie sich, hoch über die Ahr hinweg, von Burg zu Burg eine luftige Brücke mit

Bad Neuenahr (53474) · Kreis Ahrweiler · Rhld-Pf
1206: Der Staufer König Philipp von Schwaben (1198–1208) erbaut in exponierter Lage auf einem 272 Meter hohen Basaltkegel (früher »Gimmiger Berg«; heute »Landskron« genannt) im unteren Ahrtal die Burg Landskron. Sie dient als Schutz des Amtes Sinzig, der Heerstraße Frankfurt-Aachen und der Ahrmündung sowie als Bollwerk gegen die Erzbischöfe von Köln. Sie wird dem Gerhard (Gerichwin) von Sinzig und seinen Nachfolgern, den Grafen von Neuenahr, zu Lehen gegeben.
1369: Mit dem Tode Gerhards IV. endet die männliche Linie der Neuenahrer Grafen und Reichsritter von Landskron. Burg und Herrschaft erben dessen Schwiegersohn Friedrich von Tomburg und seine Frau Kunigunde.
1616: Belagerung durch die Spanier.
1632/33: Belagerung durch schwedische, spanische und kurkölnische Truppen während des Dreißigjährigen Krieges.
Ab 1659: Landskron dient dem Herzogtum Jülich als Garnison, das Teile der Reichsburg durch Gebietstausch erhalten hatte.
1677: Ein Großbrand zerstört die Burg.
1682: Burgbesitzer Philipp von Pfalz-Neuburg lässt Landskron

sprengen und abbrechen, um eine Einnahme und Besetzung durch die Franzosen während des Pfälzischen Erbfolgekrieges zu verhindern.
1798: Heinrich Friedrich Karl vom und zum Stein (1757–1831), berühmter preußischer Staatsminister, übernimmt die ihm durch Erbfolge zugefallenen Güter der Herrschaft Landskron, die er jedoch wenige Jahrzehnte später verkauft.
Heute: Von der ehemals umfangreichen staufischen Anlage, zur Gemarkung Lohrsdorf gehörend, sind nur spärliche Reste als frei zugängliche Ruine erhalten. Diese ist im Eigentum von Sebastian Graf von Kanitz auf Schloss Cappenberg bei Lünen. Die Stadtverwaltung Bad Neuenahr-Ahrweiler hat die Fläche gepachtet und sorgt auch für Ordnung und Pflege.

Parkplätze und Gastronomie in allen Dörfern und Stadtteilen im Umkreis; mehrere Wanderwege führen zur Ruine mit traumhaften Aussichten ins Ahrtal und die umliegenden Ortschaften.
www.ahrweiler.city-map.de
www.lohrsdorf.com
www.bad-neuenahr-ahrweiler.de

kunstvoller Wölbung bauen ließen, die die beide Herrensitze miteinander verband. Nun konnten
sich die beiden Familien einander
recht schnell und bequem zu jeder
Stunde besuchen. Ihre Nachkommen vertrugen sich aber leider
nicht so gut. Neid und Missgunst
zerstörten Eintracht und Frieden.
Die Brücke wurde nicht mehr benutzt, und Wind und Wetter und
viele kommende Jahre ließen sie
zerfallen und in Trümmern tief ins
Tal stürzen.

Doch die Zeit heilt nicht nur
Wunden, sie lässt auch eine Jugend heranwachsen, die nicht immer das Verhalten ihrer Vorfahren
versteht oder gutheißt. So verliebte sich auch ein junger Ritterssohn
von Landskron in die bildhübsche

und blutjunge Gräfin von Neuenahr. Gerne hätten sie sich häufiger getroffen und noch öfter miteinander gesprochen. Doch die Wege von der einen
Burg zur anderen waren steil und weit, mühselig
und beschwerlich. Nun tat es den beiden Liebenden
sehr leid, dass die verbindende Brücke nicht mehr
war, um Sehnsüchte zu stillen. Weil aber unschuldige Liebe auch sehr erfinderisch sein kann, wusste
die junge Gräfin bald guten Rat. Mit einer Armbrust
ließ sie ein dickes Garnknäuel, dessen eines Ende
sie fest in ihren Händen behielt, hoch über die
Ahr hinweg zur Burg ihres Geliebten schießen. An
dem Garnfaden befestigten die beiden einen Ring,
den sie mit einem Faden hin- und herziehen konnten. Und von nun ab schickten sie sich einander
Briefe, verliebte Botschaften, kleine Geschenke und
heiße Schwüre. Das Jahr hatte sich noch nicht verabschiedet, da spendete der Priester in feierlichem
Hochzeitsamte den zwei Verliebten den himmlischen
Hochzeitssegen. Als zärtliches Ehepaar und gütige
Herrscher ließen sie die Brücke wieder erbauen und
hielten sie in gutem Zustand, solange sie lebten.

Freundschaft und Liebe, die die schönsten Brücken bauen, wurden jedoch leider von nachkom-
menden Geschlechtern wieder vernachlässigt. So
zerfiel diese verbindende Luftbrücke zum zweiten
Male und ist bis heute auch nicht wieder aufgebaut
worden.

Der goldene Pflug im Brunnen

Heute weiß niemand mehr, wie die Burg Neuenahr dereinst aussah. Nur noch geringe Trümmerreste künden von ihr. Aber ein jeder im Ahrtal
erinnert sich noch, dass die stolzen Ritter sehr reich
waren. Viele Schätze an Gold, Silber und Geschmeide hatten sie angehäuft und in Kisten, Kasten und
Truhen aufbewahrt. Sie waren sogar so reich, dass sie
von goldenen Tellern und aus wertvollsten Schüsseln
aßen. Ihre Gewänder und sogar das Zaumzeug ihrer
Pferde waren mit funkelnden Edelsteinen besetzt. Ja,
ihr Reichtum soll so groß gewesen sein, dass sogar
der Pflug aus purem Gold gewesen sei.

Aber dann wurde eines Tages die Burg erstürmt
und in Brand gesteckt. Die Feinde raubten und plünderten alle Schätze und entführten als Beute volle
Kästen und Behälter mit Schmuck und Prunk. Aber
den goldenen Pflug fanden sie nicht, so viel sie auch
suchten. Der war nämlich, als der Bergfried krachend
zusammenbrach, in den tiefen Burgbrunnen hinab
gefallen, und alles wurde dann von den Trümmer-
bergen zugeschüttet.

Die Zeit schritt ins Land, und als die Kinder von
den Kindern geboren wurden, wusste niemand mehr,
wo dieser Burgbrunnen gewesen war. Nur die Erzählungen der Alten gaben es immer weiter, dass dort
droben oben auf dem Burgberg irgendwo ein wert-

voller Schatz, ein goldener Pflug sei, der auf sein Wiederentdecken warte. Immer wieder forschten und suchten Bauern und Winzer nach ihm, doch all ihr Graben war umsonst. Der verschüttete Brunnen gab sein Geheimnis nicht preis.

Nun lebte aber in Neuenahr ein armer Winzer. Beschwerlich und mühselig war sein Leben, und sein Rücken war schon arg gekrümmt von der harten Arbeit in Feld und Hof. Stets fleißig und sparsam waren er und seine Frau, und dennoch wurden sie und ihre große Kinderschar nicht immer satt. Als er eines Tages wieder mühsam seinen kleinen steinigen Acker für die Einsaat vorbereitete, setzte er sich nur wenige Minuten in den Schatten eines Baumes, um zu verschnaufen und Kühlung zu finden vor der brennend heißen Sonne. Da stand auf einmal ein kleiner alter Mann vor ihm, der mit schwacher Stimme um Trank und Nahrung bat. Der Winzer besah sich das Männlein, das mit seinen verschlissenen Kleidern und dem verfilzten Haar keinen vertrauenerweckenden Eindruck machte. Dessen ungeachtet, teilte der Winzer mit ihm seine letzte Schnitte Brot und gab ihm aus seiner Flasche mit dem Wasser zu trinken.

Kaum hatte der Alte getrunken, da straffte sich sein Körper, und sein Gesicht wurde frisch und rein. Dann sprach er mit leisen Worten: »Weil du ein guter und rechtschaffener Mann mit lauterem Herzen bist, und weil du mir ohne Zögern und Zaudern geholfen hast, sollst du auch von mir den Dank erhalten. Komme in der nächsten Vollmondnacht zur Ruine der Burg. Du weißt, dass dort auf dem Grunde eines tiefen Brunnens ein goldener Pflug liegt. Diesen versunkenen Schatz kannst du heben.«

»Ach«, meinte da der Winzer, »wie soll ich in all dem Schutt und Gemäuer den Brunnen finden? Monate werde ich benötigen, all die Trümmer fortzuräumen. Das ist in einer Vollmondnacht schier unmöglich.«

Wie kicherte da der Alte, als er in leisem Singsang meinte: »Wo die Haselnuss vom Berge rollt, da liegt vergraben vieles Gold!« Und er winkte ihm zu folgen und führte ihn durch das Gestrüpp zu einer Stelle, wo ein Haselnussstrauch zwischen den Eichen und Buchen im vollen Blätterschmuck stand.

»Hier«, sprach das Männlein, »ist die Stelle des alten Schlossbrunnens. Grabe nach ihm, aber bei der Arbeit darf kein Laut über deine Lippen kommen, was auch geschehe, sonst werden die Erdgeister nichts hergeben!«

Ehe der Winzer alles begriff, war der kleine Mann bereits wie vom Erdboden verschluckt. Aber er tat, wie ihm geraten. In der kommenden Vollmondnacht begab er sich heimlich zur Burg, auf seinen Schultern Spaten und Schaufel. An der angegebenen Stelle grub er rastlos und fand auch recht schnell den verschütteten Brunnen. Auf einmal sah er es in der Tiefe schimmern, es hub ein Glitzern und Leuchten an wie von Gold und Edelstein. Der Schein des Mondes brach sich im tiefen Brunnenschacht und ließ dort unten den goldenen Pflug zurückglänzen. Vorsichtig und behutsam kletterte der Winzer den Schacht hinab, packte den Pflug mit fester Hand und stieg langsam wieder hinauf in die Kühle der Nacht. Sein Herz klopfte wie wild vor Freude, bald diesen Schatz sein eigen nennen zu können. Nur noch einige Augenblicke, dann würde er den Brunnenrand erreicht haben.

Doch da erscholl plötzlich ein Lärmen und Brausen wie bei einem mächtigen Unwetter. Gerappel und Getrappel ertönten und störten die stille Nacht. Der Winzer riss seine Augen auf und erstarrte vor Schreck. Denn er sah einen riesigen feurigen Ritter vor sich, der ihm drohend sein blitzendes Schwert entgegenstreckte. Er war ganz von lodernden Flammen umgeben und aus seinen Augen sprühten Funken. Voller Furcht und starr vor Angst rief der Winzer aus mit gellendem Schrei: »Himmlische Mächte! Steht mir bei!«

Im gleichen Augenblick stürzte der goldene Pflug aus seinen Händen und fiel wieder in die Tiefe des Brunnens hinab, und ein gellendes Hohngelächter schallte aus der Brunnentiefe empor und brach sich in den Bergen wider.

Ganz verstört eilte der zitternde Winzer nach Hause. Sein schwarzes Haar war über Nacht so weiß wie Schnee geworden. Viele haben ihn befragt, doch niemandem hat er erzählt, was ihm Schreckliches widerfahren war. Und nie mehr hat er es gewagt, nach dem goldenen Pflug zu graben, der bis heute noch im dunklen Schoß der Erde liegt und darauf wartet, wieder ans Tageslicht zu gelangen.

Burg Blankenheim
Blankenheim

Die Zwerge retten Sophie

Damals, als das mächtige Schloss zu Blankenheim noch von den Grafen bewohnt war, lebten dort auch neben dem vielen Gesinde, den Knappen und Mägden zahlreiche kleine Wesen, die allgemein nur Zwerge genannt wurden. Sie fühlten sich wohl im Schloss und auch im Ort. Räume und Kammern, Speicher und Keller standen ihnen offen. Auch in den kleinen Häusern in den engen Stadtstraßen konnten sie ein und aus gehen. Keiner war ihnen gram, keiner neidete ihnen die wenigen Speisen und Getränke, die sie zur Stillung ihres Hungers hier oder dort stibitzten. Im Gegenteil, alle waren froh mit den Kleinen, spürte man doch deutlich ihre helfenden Hände, und mancher Arme fand schon in seiner Kammer eine goldene Münze, die ihm über Kummer und Not hinweghalf.

Besonders Graf Richard mochte die Zwerge sehr. Er ließ ihnen nachts sogar Speisen und Getränke hinstellen, und einmal im Monat musste der Koch einen Rosinenkuchen backen, denn den mochten die Winzlinge besonders gern. Und diese erwiesen sich auch stets dankbar. Manches drohende Unheil konnten sie von der gräflichen Familie abwenden, und vor mancher Gefahr warnten sie rechtzeitig.

Dem Grafenehepaar wurde nach Jahren des Wartens nur ein einziges Kind geboren. Ein kleines hübsches Mädchen, das sie Sophie nannten. Elterlicher Stolz und Zärtlichkeit ruhten auf der Kleinen. Aber auch die Schlosszwerge schenkten ihre ganze Fürsorge und Liebe der kleinen Grafentochter. Sie bewachten sie, als wäre sie ein Kind ihres Zwergenvolkes, spielten mit ihr und sangen sie in den Schlaf.

Aber jedes Mal, wenn ein Fremder sich näherte, machten sie sich schnell unsichtbar. Erst wenn sie von dessen Redlichkeit überzeugt waren, wich das Misstrauen und sie zeigten sich auch ihm.

Eines Tages betrat ein Fremdling den Schlosshof. Er trug Pilgerkleider und stützte sich auf einen knorrigen Pilgerstab. Er sprach beim Grafen Richard vor und erzählte ihm, dass er aus dem Heiligen Land komme. Eine jahrelange Wanderung habe er hinter sich und fühle sich jetzt sehr schwach und krank. Darum bitte er um Obdach und Nahrung. Der mildherzige Graf, der noch nie einen Armen und Hilfesuchenden abgewiesen hatte, gewährte auch diesem Pilger Unterkunft und Speise. Und der Unbekannte wusste so trefflich von fernen Gegenden, von Abenteuern und fremden Menschen zu erzählen, dass der Graf stundenlang beim Wein mit ihm zusammensaß. Bald besaß der Pilger dessen ganzes Vertrauen und konnte frei im Schloss umhergehen. Besonders im Kinderzimmer der kleinen Sophie hielt er sich gerne und oft auf. Auch ihr erzählte er lustige Geschichten, schnitzte ihr aus weichem Holz kleine Spielzeugvögelchen und gewann immer mehr ihre Zuneigung.

Dies entging den kleinen Wesen nicht. Sie wurden eifersüchtig, da Sophie immer weniger nach ihnen verlangte und mit ihnen spielte. Aber mit ihrer Eifersucht wuchs auch ihr Misstrauen, und sie achteten

nunmehr besser denn je auf die kleine Grafentochter und den seltsamen Pilger, der sich so auffällig in die Gunst der gräflichen Familie einschmeichelte.

Eines Tages kam nun dieser Fremde, fertig gerüstet wie zu einer großen Wanderung, in den Burggarten, wo Sophie spielte. Nachdem er eine Weile sich deren kindlichem Spiel widmete und ihr ständig freundliche Worte sagte, fragte er: »Kleine Sophie, hättest du Lust, mit mir zu gehen? Ich zeige dir wunderschöne Spielsachen. Und auch ein ganz besonderes Geschenk habe ich noch für dich. Alle hier im Schloss werden dich deswegen beneiden.«

Froh stimmte das kleine Mädchen zu. Der Pilger nahm es an der Hand und verbarg es unter seinen weiten Mantel. So konnte niemand recht sehen, was er verhüllt hielt, auch die Wachen nicht. Damit hatte jener Arglistige gerechnet, als er mit Sophie die Burg verlassen wollte. Aber er hatte nicht bedacht, dass viele kleine Augen ihn sehr aufmerksam beobachteten. Hinter den Hecken und Blumenstauden hockten die kleinen Männer, unsichtbar für den Fremden. Rasch durchschauten sie die Absicht des Fremden.

»Eilt euch, auf gar keinen Fall darf er den Schlossgarten verlassen!« wisperte einer dem anderen zu.

»Ich spute mich und werde die Alarmglocke läuten«, flüsterte ein anderer.

Im Nu waren die kleinen Gesellen allesamt auf den Beinen und rannten hinter dem Kindesentführer

her. Schon wuselten einige ihm zwischen den Beinen, andere zerrten ihn am Mantel. Der Fremde stolperte, strauchelte, fiel zu Boden. Sein Mantel öffnete sich, und schon griff ein Zwerglein nach der kleinen Sophie und brachte sie zurücklaufend in Sicherheit. Währenddessen sprangen die übrigen auf dem Mann herum, rüttelten und schüttelten ihn, schlugen ihn mit Stöcken und trampelten auf ihm herum.

Vergebens wandte und sträubte er sich, wehrte sich aus Leibeskräften, stöhnte und schrie. Doch bekam er keines der kleinen Wesen zu fassen. Diese rissen ihm die Perücke vom Kopf, den falschen Bart aus dem Gesicht und die Pilgerkutte vom Leib. Nun konnte jeder sehen, dass der Eindringling in seinem breiten Gürtel mehrere Dolche trug.

Durch den entstandenen Lärm und den Alarm der Glocke waren nun das Schlossgesinde und das Grafenpaar herbeigeeilt. Schreckensbleich starrten sie auf den wild dreinschauenden Entführer, der sich auf dem Boden wälzte, sahen dessen Waffen, vernahmen den Tumult und konnten sich nicht recht erklären, was denn vorgefallen war. Schluchzend berichtete die kleine Sophie:

»Er wollte mich mitnehmen und mir viele schöne Sachen zeigen. Aber unter seinem dunklen Mantel wurde mir Angst.«

Als die Gräfin das hörte, erkannte sie die Gefahr, in der ihr Kind geschwebt hatte. Nur durch die

Blankenheim (53945) · Kreis Euskirchen · NRW

Um 1115: Auf einem schmalen Bergrücken oberhalb der Stadt erbaut das Grafengeschlecht von (Manderscheid-Kail-) Blankenheim eine Burg. Sie wird Stammsitz einer der bedeutendsten mittelalterlichen Dynastenfamilien in der Eifel. Die Burg gliedert sich in zwei Teile, in die ungefähr rechteckige Oberburg und in die auf der Südseite darunter gelegene, im 17. Jahrhundert neu befestigte Unterburg.

1406: Graf Gerhard VII. (*1341) stirbt ohne männlichen Erben. Seine Erbtochter Elisabeth heiratet 1415 Wilhelm von Loen, der sich fortan ebenfalls »von Blankenheim« nennt.

1450: Die Adelsdynastie der Herren von Blankenheim wird in den Reichsgrafenstand erhoben. Graf Gerhard VIII. (1438–1460) lässt die Burg zu einem Barockschloss mit südlich vorgelagerter Vorburg, Garten und einer Orangerie umgestalten.

1468: Die Linie Blankenheim-Loen stirbt mit Wilhelm II. (1460–1468) im Mannesstamm aus. Die Herrschaft kommt nun an die Grafen von Manderscheid. Eine Zeit wirtschaftlichen Wohlstands und politischer Macht beginnt.

1794: Einfall französischer Revolutionstruppen; Gräfin Augusta von Manderscheid-Blankenheim (*28.01.1744; †19.11.1811), Ehefrau des Grafen Christian von Sternberg (*05.03.1732; †22.08.1798), flieht mit ihrer Familie nach Böhmen. Ihre Burg wird auf Abbruch verkauft und als Steinbruch genutzt. Erhalten bleiben der dreigeschossige Palas, ein Burghaus und Reste der Unterburg.

1894: Das bis dahin unbewohnte und schadhafte Schloss erfährt durch die preußische Regierung erhebliche Sicherungsmaßnahmen.

1926–28: Die Deutsche Turnerschaft erwirbt die Ruine und baut sie aus zu einer Jugendherberge.

1950–52: Restaurierung und Beseitigung starker Schäden, entstanden durch den Zweiten Weltkrieg.

1990–96: Grundlegende Sanierung und Wiedereröffnung als Jugendherberge (September 1996). Der »Tiergartentunnel« wird wieder entdeckt. Es ist eine bemerkenswerte Wasserversorgung für die Burg, die Graf Dietrich III. von Manderscheid-Blankenheim 1469 graben ließ. Info-Tafeln geben ausführliche Hinweise zu dieser Sehenswürdigkeit.

Heute: Die Burg (Jugendherberge) gewährt herrliche Ausblicke auf die Stadt und Umgebung. Eine öffentliche Besichtigung ist nicht möglich.

Parkplätze und Gastronomie sind in der Stadt reichhaltig vorhanden.

www.burg-blankenheim.jugendherberge.de
www.blankenheim.de
www.blankenheim-info.de

Wachsamkeit der guten Zwerge allein war diese Entführung verhindert worden. Während die Mutter ihr Kind tröstend ans Herz drückte, befahl Graf Richard:

»Bringt den Mann in sicheres Gewahrsam. Das Gericht wird über seine Schuld entscheiden.«

Und bei dieser Verhandlung ergab sich, dass der angebliche Pilger ein lang gesuchter und berüchtigter Räuber war. Er hatte sich ins Schloss geschlichen mit dem Vorhaben, das Grafenkind zu entführen und ein hohes Lösegeld zu erpressen. Schöffen und Richter waren sich rasch einig, und der Räuber fand am Galgen seine verdiente Strafe. Die Zwerge aber wurden von jenem Tag an in noch höheren Ehren gehalten.

Als die Blankenheimer Grafenfamilie Generationen später ausstarb und das Schloss im vorigen Jahrhundert zum Abbruch kam, verließen die Blankenheimer Zwerge klagend die so liebgewordene Stätte, um weit, weit fortzuziehen. Und nur der Wind weiß, wo sie eine neue Bleibe fanden.

(nach C. von Eynatten)

Schlossthal
Blankenheim-Dollendorf

Die Wunderveilchen

Zur Zeit der Kreuzzüge hatte Gerlach, Herr von Dollendorf, wie viele andere Ritter der Eifel, ebenfalls das Kreuz genommen, um das Heilige Land wieder für die Christen zu gewinnen.

Unter den Tränen der Seinen nahm er Abschied und ritt zusammen mit den Herren von Kerpen

Am liebsten war ihm der Samen von wunderbaren Veilchen, den er in Brindisi gekauft hatte. Er wollte damit seinem Töchterchen Friedhilda eine besondere Freude bereiten.

Dichter Schnee deckte schon die Eifelberge, als Gerlach sich seiner Stammburg in Dollendorf näherte. Dann zog das Frühjahr ins Land. Der Veilchensamen wurde sorgfältig in den Gärten ausgesät.

Ruine Schlossthal mit »Finger Gottes«

und Nürburg ahrabwärts. In Remagen vereinten sie sich mit den niederrheinischen Rittern. Gemeinsam zogen sie über die Alpen nach Italien. Als man sich in Brindisi zur Überfahrt nach Ägypten rüstete, wurde Gerlach krank. Er konnte die Schiffsreise nicht mitmachen und musste nach Hause zurückkehren. Vielerlei brachte er aus dem sonnigen Italien mit.

Doch die junge Friedhilda streute den Samen auch in die Blumentöpfe ihrer Kemenate. Mit besonderer Liebe pflegte sie die Schösslinge. Mehrere Male am Tage wechselte sie die Standplätze der Blumen, damit sie möglichst lange von der Sonne beschienen wurden. Die Veilchen gediehen sehr schön, ihr Duft war dem der in Italien gewachsenen Geschwisterblumen gleich. Aber die Veilchen in den Schlossgärten verkümmerten. Sie waren noch nicht genügend an das rauere Eifelklima gewöhnt.

Gerlach, der Vater von Friedhilda, hatte unter den Mühseligkeiten seiner weiten Reise viel gelitten. Bereits ein Jahr nach seiner Rückkehr schloss er die Augen zur ewigen Ruhe.

Da wurde es still auf Burg Dollendorf. Die zwölfjährige Friedhilda pflegte zum Andenken an ihren so früh verstorbenen Vater umso sorgfältiger ihre Veilchen. Nach drei Jahren pflanzte sie die Blümchen auch in die Gärten an Stelle der verkümmerten Blumen aus. Und siehe da, sie gediehen prächtig zur Freude aller Burgbewohner. Einige Frühjahre kamen und gingen. Sie zauberten immer von neuem die Wunderveilchen aus dem Schoß der Erde. Als sie aber zum fünften Mal erschienen, war Friedhilda krank. Mit zwanzig Jahren folgte sie dem Vater in den Tod. Auf ihren weißen Sarg legte man einen Kranz von Wunderveilchen.

Die Veilchen auf der Burg aber wachsen weiter im Schutz der alten Gemäuer und erfreuen Jahr für Jahr als immer wiederkehrender Gruß aus dem Süden die Kinder von Dollendorf.

(nach H. Bungartz)

Ein Krieg in Dollendorf

So wird eine Auseinandersetzung zwischen zwei Herrscherhäusern bezeichnet, die sich auf Dollendorfer Bann ereignete. Der gesamte Krieg dauerte noch keine Stunde, forderte aber das Leben eines Unschuldigen. Was war der Anlass zu dieser Feindseligkeit?

Anna von Salm (1495–1557) hatte Graf Jakob von Manderscheid-Kail (1509–1562) geheiratet und die Schlösser und Besitzungen Bettingen, Falkenstein, Brandenburg, Fischbach, Evelingen, Esch und Dollendorf mit in diese Ehe gebracht. Als rund 200 Jahre später deren Nachkomme Graf Wolfgang Heinrich von Manderscheid-Kail im Juli 1742 ohne männlichen Erben starb, setzte sich Graf Johann Wilhelm Franz von Manderscheid-Blankenheim, Ehemann der Gräfin Maria Franziska von Manderscheid-Kail, in den Besitz des ganzen Erbes. Sofort fuhr er in einer Kutsche in alle seine Ortschaften, um sich dort den Untertanen als Herr zu zeigen. So ließ er sich auch am 18. Juli 1742 zu Dollendorf huldigen.

Dagegen protestierte nun aber aufs Heftigste Graf August Eugen von Salm-Dyck (1727–1767) und erhob, sich beschwerend, Klage und Einspruch. Er legte eine Urkunde vor. Aus dieser ging hervor, dass

---

Blankenheim-Dollendorf (53945) · Kreis Euskirchen · NRW

9. Jh.: Die Herren von Dollendorf erbauen auf dem Burgberg hoch über dem Ahrtal, etwa zwei Kilometer nördlich von Dollendorf, eine Burg mit dem Namen »castrum Dollindorp« als ihren Stammsitz. Um sie entwickelt sich die Siedlung Schloßthal, die zusammen mit der Burg von einer Ringmauer umgeben ist. Ein »vir nobilis de dollendorpt« (edler Herr von Dollendorf) wird 893 im Güterverzeichnis der Abtei Prüm genannt.

1077 wird Ritter »Arnold de dollendorpht« erwähnt.

Nach 1250 kommt es zu Auseinandersetzungen zwischen Kurköln und Luxemburg. Die Besitzer der Burg verschulden sich sehr und müssen ihren Besitz verpfänden.

Im 15. Jh. stirbt die männliche Linie der Dollendorfer aus.

16. Jh.: Die Burg geht in das Eigentum der Grafen von Manderscheid-Schleiden über.

1742 fand der »Dollendorfer Krieg« zwischen den Grafen von Salm-Dyck und von Blankenheim statt. Blankenheim siegte. Seitdem gehört die Herrschaft Dollendorf trotz gegenteiligen Urteils des Reichskammergerichts Wetzlar endgültig zu Blankenheim.

1810: Nach der Enteignung durch die französische Revolutionsregierung wird die bereits ruinöse Burg auf Abbruch verkauft und abgebrochen.

1977–80: Reste der Hauptburg werden ausgegraben und gesichert.

Heute: Neben einer ausgeschilderten Autostraße führt auch ein alter Kreuzweg zu der Burgruine. Auf halber Strecke die besichtigungswerte Antoniuskapelle, die auf Fundamentresten eines römischen Marstempels stehen soll. Die Burgruine, auch mit dem volkstümlichen und malerischen Prädikat »Finger Gottes« bezeichnet, ist frei zugänglich. Erhalten sind noch Teile des ursprünglich 20 Meter hohen Bergfrieds und Mauerreste.

Kostenfreie Parkplätze nahe der Burgruine; keine Gastronomie; legale Feuerstelle vorhanden. Nahe der Burgruine befindet sich ein Jugendzeltplatz, der über das Verkehrsbüro der Gemeinde Blankenheim gemietet werden kann. www.blankenheim-ahr.de

seine Großmutter, die Gräfin Magdalena Clara von Manderscheid-Falkenstein (†16. Juli 1727), bei ihrer Vermählung schon auf all die Orte und Besitzungen verzichtet hatte. Aber nur unter der Bedingung, dass im Fall des Aussterbens des Hauses Manderscheid in männlicher Linie der gesamte Besitz wieder zurück als Erbe für ihre Nachkommen fallen solle.

Überzeugt von seinem Recht, begab sich der Graf von Salm ebenfalls nach Dollendorf, wo er am 21. August 1742 die dortigen Bewohner zwang, ihm als neuem rechtmäßigem Herren und Besitzer zu huldigen. Dies wiederum rief den Zorn des Blankenheimer Amtmannes Dr. Schäpp hervor. Er befahl einige Soldaten zu sich und gemeinsam vertrieben sie den Salmer Grafen mit seinen Mannen. Dabei lösten sich Schüsse, die das Leben eines Salmers forderten. Dollendorf blieb vorerst vollständig beim Hause Blankenheim.

Nun ging es vors Gericht. Das Gegenargument des Grafen von Blankenheim lautete: »Graf Dietrich IV. von Manderscheid-Schleiden hat das Majorat in unserem Hause eingeführt, also das so genannte Ältes-

tenrecht, nach dem allein der nächste männliche Verwandte oder bei gleichem Verwandtschaftsgrad der Älteste erben solle. Da gibt es keinen Zweifel, denn Graf Wolfgang Heinrich von Manderscheid-Falkenstein habe im Jahre 1728 mit dem Grafen Franz Georg von Blankenheim deswegen eine Erbeinigung geschlossen. Diese Urkunde kann jederzeit vorgelegt werden, genauso wie deren Testament, in dem genau das gleiche beurkundet ist.«

Das Kammergericht zu Wetzlar teilte am 13. April 1753 seine Entscheidung mit: »Der Graf von Salm hat Recht. Deswegen hat der Graf von Blankenheim auf seine Besitzansprüche auf Dollendorf zu verzichten und diese Herrschaft dem Grafen von Salm zu überlassen.« Zusätzlich verurteilte das Gericht den Grafen und seinen Amtmann Dr. Schäpp wegen der zu Dollendorf verübten Gewalttätigkeiten zu einer Buße von je zwei Goldmark.

Aber damit war der Streit noch lange nicht beigelegt. Der Graf von Blankenheim legte Widerspruch ein, bestand auf Rücknahme des Urteils und beharrte auf seinem Recht als alleiniger und rechtmäßiger Erbe und Landesherr. So vererbte er auch Dollendorf auf seinen Bruder und seine Nichte.

Gottes Mühlen mahlen langsam, die der weltlichen Gerichte noch langsamer. Der Rechtsstreit vor dem Kammergericht zog sich hin, ein endgültiges Urteil war noch nicht gefällt. Da drangen die Franzosen 1794 ins Land, beschlagnahmten allen feudalen Besitz, auch Dollendorf und sein Schloss, das sie versteigern ließen. Einige Bauern erhielten es zu einem Spottpreis, und rissen es auch im Jahre 1810 ab. Aus dem Gestein errichteten sie die bescheidenen Bauernhäuser im »Schlosstal«.

Burghaus (Wüstung)
Blankenheim-Freilingen

Mit den eigenen Haaren erdrosselt

Vor langen Zeiten stand tief im Freilinger Wald eine Burg, die vom Volk »Judenburg« genannt wurde. Hier lebten zwei Schwestern, die anfangs einander sehr zugetan waren. Doch dann kam eines Tages ein hübscher junger Reitersmann, der die jüngere zu seiner Frau haben wollte. Darauf wurde die ältere so von Eifersucht gepackt, dass sie ihre eigene Schwester umbringen wollte. Doch ließ sie sich ihren bösen Sinn nicht anmerken, so dass die jüngere nichts Böses ahnte.

Eines Tages meldete sich der stolze Freier erneut zu Besuch an, um gemeinsam die festliche Hochzeit zu überlegen. Da forderte die böse Schwester die schöne Braut auf, sich niederzusetzen, damit sie ihr das seidenblonde Haar kämme. Sie solle dem Ritter in voller Schönheit entgegen treten. Die Jüngere löste ihr herrliches Haar, und als die schönen, langen Flechten herunterfielen, stellte sich die Bösartige hinter die junge Braut und erdrosselte sie mit deren eigenen Haaren.

Als der Bräutigam kam, heuchelte die Falsche Tränen und Herzeleid. Schluchzend klagte sie: »O, Himmel, welches Leid ist über uns und unsere Burg hereingebrochen. Meine über alles geliebte Schwester ist erstickt. Als sie in einen herrlich duftenden Apfel biss, blieb wohl ein Stück im Hals stecken. Alles Würgen und Schlucken halfen nichts mehr. Der Tod nahm sie mit seiner knochigen Hand von mir hinweg! O, meine gute Schwester! Welch eine liebe Seele! Und nun bin ich allein.«

Der Ritter suchte sie zu trösten und zu beruhigen. Gemeinsam begruben sie die Tote in der Nähe der

Nahe dieser sagenumwobenen Dorfkapelle Freilingen stand bis vor rund 200 Jahren ein Burghaus.

Kapelle Freilingen

Hass und ihre Wut aus an unschuldiger Kreatur und an den Dienern und Mägden. Die arglistige Burgherrin weinte sich die Augen rot und jammerte sich ins Grab hinein, von keinem betrauert.

Und auch dort hat sie keinen Frieden gefunden, die falsche Hexe und Mörderin. Seit ihrem Tode geistert sie herum in Wald und Feld, stößt jämmerliche, klagende Rufe aus und schreckt die Leute, die noch spät durch den Wald kommen. Und selbst als das Rittergeschlecht vergangen, und die Burg in Schutt und Trümmern lag, von Moos und dichtem Wald überwachsen, hat man noch oft und deutlich die Stimme und das Rufen der Verdammten vernommen, vor allem in der Nähe der »Judenburg«, wie später die Leute den Wald und die kümmerlichen Burgreste nannten.

Manche, die abends noch spät von Reetz nach Freilingen herüberkamen, haben die verfluchte Seele in Gestalt einer weißgekleideten »Juffer« gesehen und sind voller Grausen davongerannt. Selbst heute ist es nicht ganz geheuer an der Judenburg, und wer es nicht glauben will, gehe nur um Mitternacht einmal hin.   *(nach P. Spülbeck)*

Burg. Und als die Trauerzeit vorüber war, ward dennoch Hochzeit gehalten: Die Mörderin wurde des Ritters Gemahlin.

Doch wer meint, sie sei jetzt glücklich geworden, irrt sich. Der Ritter war gar nicht so lieb und edel, wie er als Freier tat. Im Gegenteil, er war ein Raufbold und Trinker, ein jähzorniger Herr und ein gefürchteter Frauenjäger. In seiner Burg herrschte Unfrieden und Jammern. Und des Ritters Frau war auch nicht besser. Sie keifte und fauchte, schrie und wütete. Alle Tage gab es Streit und Zank. Und oftmals wurde sie von ihm sogar blutig geschlagen. Dann schlich sie durch die Burg, fluchte vor sich hin und ließ ihren

Blankenheim-Freilingen (53945) · Kreis Euskirchen · NRW
Freilingen, heute Stadtteil von Blankenheim, entsteht zur Zeit der fränkischen Landnahme auf dem Gelände eines römischen Gutshofes. Darauf weisen Grabfunde aus der fränkisch-merowingischen Zeit hin. Territorial gehört der Ort bis zur Französischen Revolution zum Herzogtum Arenberg.
1366 wird erwähnt, dass ein Dietrich von Freilingen in Freilingen ein Burghaus bewohnt. Dieses liegt südwestlich der Dorfkapelle »St. Martin«. In den folgenden Jahrhunderten wechselt es durch Heirat und Erbfolge mehrfach die Besitzer.
1826: Die letzte Erbin verkauft ihr Burghaus.

1829/30: Die ruinösen Reste werden abgetragen.
Heute: Von diesem ehemaligen Burghaus ist absolut nichts mehr zu erkennen. Dennoch ist Freilingen besuchenswert, allein wegen seiner herrlich barocken Dorfkirche aus dem Jahre 1684 und dem Freizeit- und Erholungszentrum mit einem 9 Hektar großen Stausee, Park mit Ferienhäusern und einem eigenem Schwimmbad und Tennisplätzen.

Genügend freie Parkplätze und Gastronomie im Ort.
www.eifel.de
www.blankenheim-ahr.de

Burg Neuweiler (Wüstung)
Blankenheim-Hüngersdorf

Der Kapellenschatz

In der Burg Neuweiler war dereinst eine herrliche Kapelle, die prachtvollste weit und breit. Schmuck, Gold und Silber zierten ihr Innerstes. Wertvolle Figuren und Kelche mit Edelsteinen hatten die Tempelritter erworben und sie in einer Schatztruhe in der Kapelle verborgen. Brokatene Gewänder, mit zierlichen Goldfäden bestickt, füllten kunstvoll geschnitzte Schränke.

Doch als die Burg von Feinden zerstört wurde, fielen die rauchenden Trümmer auch auf die Kapelle und bedeckten sie. Die Burg wurde gänzlich dem Erdboden gleichgemacht, aber die prächtige Burgkapelle ist immer noch da. Wohl ist sie tief in der Erde verborgen und harrt noch immer ihrer Entdeckung.

Von all den Schätzen und der großen Pracht dieser Kapelle hatte auch vor mehr als hundert Jahren ein Bergmann aus dem nahen Lommersdorf berichten gehört. Er war ein erfahrener Bergmann, kannte sich bestens aus unter der Erde und wusste Stollen und Schächte zu graben und zu sichern. Deshalb machte er sich eines Tages in aller Heimlichkeit auf, um diese Kapelle zu

suchen und Schätze zu finden. Mit großer Mühe und nach stundenlanger Arbeit gelang es ihm schließlich, einen Gang in die Tiefe freizulegen. Er fand auch eine Steintreppe, die er hinunterstieg. Kalt, dunkel und eng war es im Schoß der Erde. Von den Wänden tropfte es feucht, und die steinernen Felswände schimmerten moosig-grün in dem Licht der kleinen Öllampe. Endlich stand der Bergmann vor einer geschnitzten Eichentür. Als er sie aufgebrochen hatte, stand er für einen Augenblick stumm und starr. Staunend entrang sich ihm ein überraschter Ruf, denn im Licht seiner Laterne sah er, dass er mitten in der Kapelle stand. Bunt verzierte Decken, leuchtende Gemälde von Heiligen, die ihn von den Wänden an-

Die Burg Neuweiler gibt es nicht mehr; dafür aber sehenswert die Hermann-Joseph-Kapelle, die zwischen Hüngersdorf und Ripsdorf romantisch unter einer mächtigen Baumgruppe liegt. Sie wurde 1864 von der Familie von Roesgen, Vellerhof, gestiftet, in dessen Nähe in fränkischer Zeit auch die *Burg Neuweiler* stand.

Blankenheim-Hüngersdorf (53945) · Kreis Euskirchen · NRW

Auf einem Sporn über der Mündung des Lampertsbaches in die Ahr, ca. 100 Meter nördlich der Burg Dollendorf, soll zur Zeit der Franken eine kleine Burg, Neuweiler genannt, gestanden haben, von der bis auf einen Halsgraben und geringe Mauerreste nichts mehr erhalten ist. Es ist möglich, dass sie eine fränkische Gründung war. Der Überlieferung nach soll sie unter anderem auch für den in der Nähe liegenden Vellerhof als Schutzburg gedient haben. Unter Erzbischof Philipp von Heinsberg (1167–1191) wird ein Ulrich von Neuweiler (»Nuwilre«) genannt, der den Besitz verkaufte. Vermutlich wurde sie dann im 12./13. Jh. zerstört.

www.hüngersdorf.de

»Bezüglich der Burg Neuweiler geht in der Ahrgegend die Sage, in ihr hätten zur Zeit, als noch alles heidnisch war, Tempelritter gewohnt, die in Kreuzweingarten die Kirche besuchen mussten, da keine nähergelegene bestand. Um ihre heidnischen Feinde zu täuschen, schlugen sie ihren Pferden die Hufeisen umgekehrt an und konnten so ungehindert ihrer Pflicht genügen.«
(Johannes Becker, Geschichte des Dekanates Blankenheim, Pfarrei Dollendorf)

schauten, auf dem Altar große prachtvolle Kerzenleuchter und goldene Messgeräte. Die Monstranz funkelte mit rubinroten Steinen, und an den Stufen vor der Predigtkanzel stand eine Kirchentruhe mit Eisenbeschlägen. Sie war angefüllt mit Münzen, Edelsteinen, Schmuck und wertvollem Geschmeide. Was war das für ein Glänzen und Glitzern!

Als der Bergmann näher zur Kiste schritt, um sich seine Taschen vollzustopfen, hörte er plötzlich ein unheimliches Rauschen wie von herabstürzenden Wassern. Da war ein Knistern und Knacken, ein Brausen und Tosen, ein Krachen und Gepolter, so als ob alles zusammenstürzen und noch tiefer in die Erde versinken wolle. Risse zeigten sich an den Wänden, und weißer Putz bröckelte. Da hielt es den Bergmann nicht länger hier unten. Voller Schrecken rannte er gebückt durch den dunklen Schacht zurück und erreichte mit Mühe das Tageslicht. Dann wieder ein dumpfer Knall. Die Erde unter seinen Füßen zitterte, und eine Staubwolke drang aus dem gegrabenen Gang, der sich erneut mit Geröll und Gestein verschloss. »Nun ist die Kapelle eingestürzt und für immer in tiefer Erde verschüttet«, wusste der Bergmann, der dem Himmel dankte, noch einmal dem Tode entronnen zu sein.

Seitdem hatten weder er noch irgendein anderer je den Wunsch verspürt, im tiefen Erdreich unter der Burg Neuweiler nach verborgenen Schätzen der untergegangenen Burgkapelle zu suchen.

Alte Burg (Wüstung)
Blankenheim-Lommersdorf

Der glühende Ritter

Auf der Alten Burg, von der heute nur mehr wenige Trümmer zwischen der Jodokuskapelle von Lommersdorf und dem Mühlenbachtal im Wald künden, lebte in alten Zeiten ein hartherziger Ritter, der keinem Armen etwas geben wollte, obwohl er selbst im Überfluss schwelgte. Wenn Bedürftige aus den Dörfern zu ihm kamen und um ein Almosen ba-

Nahe dieser Jodokuskapelle stand dereinst die Alte Burg von Lommersdorf.

ten, verhöhnte er die armen Leute sogar. Eines Tages schrie der Burgherr eine alte Frau aus Lommersdorf hart an, weil sie es gewagt hatte, an der Burg anzuklopfen und um eine milde Gabe zu bitten. Er drohte, die großen Wachhunde gegen sie loszulassen, wenn sie sich nicht schnell fortmache. Da packte die alte Frau, die von Not und Hunger gequält wurde, der gerechte Zorn, und sie verfluchte den geizigen Ritter, er solle im Grab keine Ruhe finden, weil er sein Herz vor der Not seiner Mitmenschen verschlossen habe.

Bald ging der Fluch in Erfüllung. Kurze Zeit später starb der geizige Ritter, plötzlich und unerwartet. Und wirklich, er fand im Tode keine Ruhe. Jede Nacht muss er sein Grab verlassen und durch Feld und Flur als »Glühender Mann« mit einem feurigen Kopf irren. Leute versetzt er so in Angst und Schrecken und wartet noch immer auf den Tag, an dem er Erlösung findet.

Vielen ist dieser »Glöhnige Mann« (= glühender Mann) bereits erschienen und hat sie erschreckt, wenn sie spätabends die Straße nach Lommersdorf herauf kamen. Oft hat man ihn dort als ein schwebendes schwefelgelb leuchtendes Licht gesehen, das unruhig über der Flur umherzuckte.

Ein Fuhrmann hatte einst eine Karre Eisensteine nach Stahlhütte im Ahrtal gefahren. Erst spät am Abend machte er sich auf den Heimweg und trieb die Pferde an, um bald wieder unter Christenmenschen zu sein. Da sah er vom Waldrand her über die Wiesen eine feurige Kugel daherschwirren, groß wie ein Menschenkopf. Sie kam näher und immer näher und setzte sich mit Schwung auf den Nacken seines Pferdes. Das Tier bäumte sich auf und jagte dann mit Fuhrmann und Karre über den holprigen Weg, als ob der Teufel es reite.

Der Fuhrmann machte ein großes Kreuz über sich und schlug mit der Peitsche gegen die feurige Kugel, um sie zu vertreiben. Sobald die Peitschenschnur die Kugel berührte, sprangen feurige Funken und glühende Spritzer nach allen Seiten.

Blankenheim-Lommersdorf (53945) · Kreis Euskirchen · NRW

975: Lommersdorf wird erstmals urkundlich erwähnt als »in villa Lumeresdorph in comitatu Zulpiche«. Allerdings beweisen Funde bereits eine römische Besiedlung vor dem 5. Jahrhundert.

11. Jh.: Im Ort entsteht ein Burghaus als Sitz der Grafen von Are. Von diesen geht das Anwesen über an die Herrschaft Arenberg. Lommersdorf entwickelt sich zu einem Hauptort dieser Herrschaft. Als erster bekannter Herrscher wird ein Heinrich von Arenberg (1166–1197) genannt, der gleichzeitig Burggraf von Köln war. Wann, warum und wie dessen Burghaus in Lommersdorf vernichtet wurde, ist bisher unbekannt.

Heute: Eine kaum befahrene Straße führt in die freie Flur zu der achteckigen Barockkapelle Jodokus aus dem Jahre 1750, Ziel der alljährlichen Lommersdorfer Bittprozessionen. Zwischen ihr und dem Mühlenbachtal im Wald künden heute nur mehr spärliche Mauerreste und Gräben von jener kleinen Befestigungsanlage, die noch nicht erforscht wurde.

www.blankenheim-ahr.de

In seiner Angst begann der Mann ein Vaterunser nach dem andern zu beten, doch die Feuerkugel ließ sich dadurch nicht vertreiben, sondern rückte immer näher. Als die unheimliche Erscheinung fast dicht vor ihm stand, nahm der Fuhrmann seine Zuflucht zu einem Fluch und schrie: »Wenn denn alles Beten nichts nützt, dann soll der Teufel dich holen!«

Augenblicklich entschwebte die Feuerkugel, und eine klagende Stimme war zu vernehmen: »Ach, hättest du noch ein Vaterunser mehr gebetet, dann wäre ich erlöst gewesen!«

Eine Weile noch schwebte die Kugel über den Wiesen und verschwand in der Ferne im Wald.

(nach P. Spülbeck)

Burg Neuerburg (Wüstung)
Bombogen

Der Schatz vom Neuerburger Kopf

Aus dem weiten Wittlicher Tal ragt ein 86 Meter hoher, von wilden Büschen und Dornhecken überwucherter Bergkegel empor, der Neuerburger Kopf. Bereits im 12. Jahrhundert hatte der damalige Landesherr, Graf Wilhelm von Luxemburg, die vorzügliche strategische Lage dieses Bergkegels erkannt und auf dem Gipfel eine Burg erbaut, die er »Bumage« nannte. Graf Wilhelm aber war ein Raubritter und lebte von der Plünderung und Ausbeutung seiner Untergebenen. Bei zahllosen Raubzügen überfiel er die Stadt Wittlich und die Dörfer des Wittlicher Tales, aber auch Bauern, Händler und Kaufleute auf dem Weg zum Markt waren Opfer seiner Übergriffe.

Das wilde Treiben des Raubgrafen war Erzbischof Meginher von Trier ein Dorn im Auge, und er beschloss, dem Räuber das Handwerk zu legen. Im Jahre 1128 erstürmte er mit starken Truppen den Neuerburger Kopf, eroberte die Burg und schleifte die Mauern bis auf den Grund.

Nach dem Verfall der mächtigen Burg verfestigte sich bei den Einwohnern von Neuerburg der Glaube, im Gemäuer hausten Geister und Gespenster. Manch einer wusste von einem riesengroßen, scharfen Hund zu berichten, der in den Mauerresten sein Unwesen trieb. Dieser wache bei Tag und Nacht über einer großen Schatzkiste, die unter Schutt tief im Erdreich begraben liege. Zutritt zu den geheimen Gemächern im Erdinneren erhalte aber nur ein beherzter Bursche in einer einzigen Nacht des Jahres, nämlich in der Osternacht, aber dann auch nur Schlag zwölf. Um diese Stunde, so erzählten sich die Neuerburger seit alters her, erstrahlten die Goldstücke in der Kiste wie glühende Kohlen bei Nacht, und auch die unterirdischen Schliche und Gänge stünden sperrangelweit offen. Als erstes musste aber der Schatzsucher zwei Bedingungen erfüllen: Zum einen durfte er kein

Auf dem Neuerburger Kopf, einem erloschenen Vulkankegel, sollen die Burgen »Bumaga« und »Novum Castrum« gestanden haben.

böser Mensch sein, zum anderen musste er ein hübsches Aussehen haben.

Eines Tages, das durfte an die 250 Jahre her sein, wagte sich ein junger, hübscher Bursche aus Neuerburg in der Osternacht zur vorgeschriebenen Stunde in die verfallene Burg. Nach wenigen Schritten schlug ihm böses Hundegebell ans Ohr, das lauter und lauter wurde, je näher er einer versteckten Tür kam, die ins Erdinnere führte. Die Tür stand sperrangelweit auf, und der junge Mann schritt unbehelligt durch dumpfe Flure, die in einen hell erleuchteten, prächtigen Saal führten. Mitten darin stand eine reichverzierte Schatzkiste, bewacht von einem gefährlich kläffenden Hund, der lang ausgestreckt auf dem Kistendeckel lag. Als der junge Bursche mutig auf die Kiste zuging, sprang der Hund knurrend herunter und verschwand in einem dunklen Seitengang. Wie von Geisterhand öffnete sich der Kistendeckel, und drinnen erstrahlten die prächtigsten Schätze: schneeweiße Perlen, funkelnde Edelsteine, goldene Ketten und Ringe, Geldstücke aus purem Gold und Silber. Spornstreichs fasst der forsche Bursche in den Zierrat und stopfte davon in seine Taschen, soviel er konnte. Schließlich machte er sich ohne langes Federlesen davon und eilte ohne einen einzigen Blick zurück aus dem unheimlichen Gemäuer.

Der glückliche junge Mann behielt das Geheimnis seiner gelungenen Schatzsuche nicht bei sich. Bald suchten viele andere auf dem Burgkopf, doch allen blieb der heimliche Zugang in die unterirdischen Gemächer verschlossen, da sie die strengen Bedingungen des glücklichen Finders nicht erfüllen konnten. Manch hübscher und anständiger Bursche kam in der falschen Nacht oder zur falschen Stunde, andere waren böse Naturen oder hatten ein hässliches Aussehen.   *(nach R. Wagner)*

Neuerburg (Wittlich-) (54516) · Kreis Bernkastel-Wittlich · Rhld-Pf

um 1100: Auf dem Neuerburger Kopf, einem auffallenden erloschenen Vulkankegel von 286 Meter Höhe inmitten der Wittlicher Senke, besitzen die Grafen von Luxemburg (Wilhelm von Luxemburg) eine Höhenburg. Angeblich soll sie bereits der Frankenkönig Childerich I. (501–588) unter dem Namen »Burg Bumaga« erbaut haben, von dem sich der heutige Ortsname Bombogen ableitet.

1128 wird sie durch Erzbischof Meginher von Trier (1127–1130) erobert und zerstört. Der Burgberg geht über in den Besitz des Trierer Erzbistums

1140–46: Der Trierer Erzbischof Albero (1132–1152) erbaut während des Krieges gegen den Grafen von Namur hier eine neue Burg. Sie wird »Novum Castrum« (= Neuerburg) genannt und dient vor allem zur Sicherung der Verkehrs- und Handelswege Wittlich-Trier, Wittlich-Mosel als auch zur Einziehung von Zöllen.

Der Überlieferung nach siedeln sich im Schutz der Burg die letzten Überlebenden des an der Pest zugrunde gegangenen Dorfes Hatzdorf an und gründen ein Dorf, das ebenfalls den Namen Neuerburg erhält.

1689: Mit hoher Wahrscheinlichkeit wird die Neuerburg durch den französischen Marschall François Créqui (*1624; † 1687) auf seinem Zerstörungszug (Wittlich, Mont Royal u. a.) gänzlich vernichtet und danach nicht wieder aufgebaut.

1759 wird sie nur mehr als Ruine bezeichnet.

Heute sind auf dem frei zugänglichen Gelände verschwindend wenige Mauerreste zu entdecken.

Schloss Brohleck (Augustaburg)
Brohl

Das Hüh-Männchen

Oberhalb Brohl, am Eingang zum Brohltal, erhebt sich das Schloss Brohleck. Vor vielen hundert Jahren lebte in ihm ein kleiner Mann. Man sagt, er sei ein Kind des Grafen gewesen, das er mit einer hübschen Dienerin gezeugt hatte. Aber von Gestalt her war er nicht nur klein, sondern überhaupt kein schöner Mann. Er hatte ungleiche Füße, ein hässliches Gesicht und schielende Augen. Zwischen seinen Schultern wuchs ein Buckel, gewaltig wie ein kleines Fass. Der Zwerg hatte viel auszustehen und war dem Spott der Burgbewohner und der Brohler Bürger wehrlos ausgesetzt. Kinder neckten und foppten ihn, riefen ihm Spottverse zu oder bewarfen ihn mit faulem Obst oder Steinchen. Dieser Hohn nahm so

zu, dass er es schließlich nicht mehr ertragen konnte. Er flüchtete deshalb in die nahegelegenen Wälder des Hellersberges und sann, wie er sich an den Brohlern rächen könne. Er beschloss nun, ihnen allerhand Streiche zu spielen. Wenn die Brohler nach Niederlützingen gingen, lief er auf sie zu und stellte ihnen ein Bein. Manchmal stürzte er sie den Abhang hinunter. Dasselbe tat das Männlein mit den Lützingern. Wenn diese nach Bohl kamen, um dort herrlichen Wein zu kosten, dann ärgerte und bedrückte der kleine Kerl sie, wenn die angeheiterten Zechbrüder nachts auf dem holprigen Heimweg waren. Mit Stöcken schlug er ihnen auf die Rücken, ließ sie stolpern oder lenkte sie mit Kerzenschein in falsche Richtungen. Steine oder Tannenzapfen flogen ihnen um die Ohren oder nasses Moos klatschte ins Gesicht. Meist

Auf einem Parkplatz, nahe der katholischen Pfarrkirche »St. Johannes der Täufer« in Brohl, steht eine seltsam verbuckelte Brunnenfigur, die die Brohler »das Hüh-Männchen« nennen. Um diese Gestalt ranken sich Sagen.

sprang er ihnen auf den Rücken, so dass sie von der Last zusammenbrachen und ganz erschöpft am Boden liegen blieben. Oder er saß ihnen im Nacken wie ein fester Reiter auf seinem Pferde. Dann peitschte er sie mit einer Gerte und schrie mit meckernder Stimme: »Hüh! Hüh! Hott!« Die so Gepeinigten konnten sich dann schütteln so viel sie wollten. Der Kleine war nicht abzuwerfen. Bis zur Erschöpfung trieb er sie an, bis sie zusammenbrachen und am Wegesrand einschliefen, wo sie dann am anderen Morgen von Arbeitern oder Händlern gefunden wurden. Jahrein und jahraus trieb er so seinen Unfug und Schabernack mit allen, die nur in die Nähe des Schlosses kamen. Aus diesem Grunde wurde er von allen nur das »Hüh-Männchen« genannt.

Brohl (56656) ·Kreis Ahrweiler · Rhld-Pf
11. Jh.: In Brohl lebt ein Rittergeschlecht; Vermutungen weisen auf eine Burggründung um 1089 oberhalb des Ortes Brohl hin.
1289 wird erstmals Ritter Sifrid zu Broil mit seiner Frau Lukardis und Sohn Conrad urkundlich erwähnt.
1325: Johann V., Burggraf von Rheineck, trägt seine Burg (»castrum Brule«) dem Erzbischof Balduin von Luxemburg (1307–1354) zu Lehen auf.
1428: Nach den kurkölnischen Burggrafen von Rheineck erscheint als neuer Besitzer die Fürstenfamilie von Metternich. In den folgenden Jahrhunderten wechseln durch Lehen, Erbschaften und Heiraten mehrmals die Besitzverhältnisse, bis die Burg Brohleck 1888 von der Familie J. B. Michiels erworben wird. Diese vergrößert und baut das verwahrloste Burghaus zu einem villenartigen Schloss um und verpachtet es 1904 als katholisches Knabenpensionat. Der Ostflügel des Hauses enthält noch wenige Reste der Burganlage.

Ab nun nennt sie sich Augustaburg.
1938: Das Schloss ist im Besitz einer Münchener Bank und dient als Führerinnenschule des Reichsarbeitsdienstes (RAD).
Nach 1950: Mehrere Brohler Familien wohnen in Mietswohnungen in dem Schlosskomplex.
Nach 1990: Schloss Augustaburg ist seit 1958 im Besitz der Gemeinde Brohl und seitdem mehrmals renoviert worden.
Heute: Schloss Augustaburg, seit März 2003 im Eigentum des Brohler Ehepaares Sabine und Ulrich Liebsch, wird seitdem ständig renoviert. Um die Anlage wurde ein neuer Weinberg angelegt. Im Burghof findet jährlich ein gutbesuchter Weihnachtsmarkt statt. Die Schlossanlage ist nur von außen zu besichtigen.

Parkplätze und Gastronomie in Brohl-Lützing
www.bad-breisig.de
www.burgbrohleck.de

Schloss Schweppenburg
Brohl-Lützing

Frauenkleider statt Weihwasser

Zur Zeit, als französische Revolutionstruppen in die Eifel eingefallen und auf ihren Plünderungszügen bis zum Rhein vorgedrungen waren, stand die Schweppenburg verwaist da. Lediglich der ältere Priester Pankratius Sackmann bewohnte sie. Auf Wunsch seiner Eltern hatte er Theologie studieren müssen, obwohl er so gerne ein bedeutender Soldat und Feldherr geworden wäre. Nun aber war er Hausgeistlicher auf der Schweppenburg und mit seinem dortigen Leben ganz und gar nicht zufrieden.

Aber als die plündernden Franzosen immer näher kamen und auf ihrem Vormarsch nahezu alle Burgen plünderten und zerstörten, sah Pankratius Sackmann seine Chance als großer Feldherr gekommen. Mutterseelenallein wollte er seine Schweppenburg verteidigen.

Das war allerdings leichter gesagt als getan, denn außer ein paar Gewehren aus dem Waffenschrank des Schlossherrn hatte er nichts. Aber im Burghof lag ein Haufen Pflastersteine, mit denen der Hofraum befestigt werden sollte. Diese schienen ihm zur Verteidigung gut geeignet. So schleppte er sie alle mühselig ins Innere des Gebäudes, um sie als Wurfgeschosse zu benutzen. In einer Dachkammer fand er noch eine alte, schon verrostete Ritterrüstung. Diese säuberte er und zog sie an. Zum Schluss verriegelte er noch alle Fenster und Türen und wartete dann geduldig auf den Feind.

Und dieser kam. Eine kleine Gruppe französischer Soldaten näherte sich der Burg. Sie staunten nicht schlecht, als sie mit Gewehrschüssen und Steinwürfen empfangen wurden. Vorsichtshalber zogen sie sich in sichere Deckung zurück. Herr Hochwürden Sackmann hatte sich ebenfalls eine Menge Kleider bereit gelegt. Damit wollte er die Franzosen glauben machen, in der Burg seien eine Menge Leute. So erschien er verkleidet mal als Burgherr, mal als Knecht, mal als Geistlicher und auch mal als Burg-

Schweppenburg. Sammlung Duncker

fräulein oder als Magd am Fenster. Die Franzosen erkannten allerdings schnell, dass es sich dabei immer um ein und dieselbe Person handelte. Sie kamen aus dem Lachen und Spott nicht heraus, war das doch die lustigste Burgbelagerung, die sie jemals erlebt hatten.

Bald hatte der geistliche Herr Sackmann seinen gesamten Steinvorrat verbraucht und die wenigen Patronen verschossen. Nun war es für die Franzosen ein Leichtes, ins Burginnere einzudringen und den wild strampelnden Priester zu fesseln. Sie brachten ihn nach Burgbrohl und von dort aus nach Koblenz zum kommandierenden General. Dieser wollte ihn kurzerhand erschießen lassen, fragte ihn aber nach dem Grund seiner Komödie. Sackmann, noch immer mit der alten Rüstung bekleidet, entgegnete in geradezu stoischer Ruhe: »Mon général, un bon commandant défend sa forteresse!« (Ein guter Kommandant verteidigt seine Festung!)

Der General brach in lautes Lachen aus, zum einen wegen der schlagfertigen Antwort, zum anderen, weil er erkannte, welch närrischen Sonderling er vor

sich hatte. So begnadigte er »den Kommandanten Sackmann«, verurteilte ihn jedoch, zur Strafe für seine Tat, einige Male in seiner Rüstung um den Freiheitsbaum herum zu tanzen. Das tat Sackmann, und in der festen Überzeugung, er habe eine Heldentat vollbracht, kehrte er auf die Schweppenburg zurück. Diese schützte er nun noch eifriger als zuvor. Sogar dem Schlossherrn selbst verwehrte er mehrere Male den Eintritt zur Burg, so dass dieser wohl oder übel im benachbarten Brohl eine Bleibe suchen musste.

(nach Achim Schmitz, in JbAW 1987)

Brohl-Lützing (56656) · Kreis Ahrweiler · Rhld-Pf
1365 wird die Schweppenburg erstmals erwähnt. Sie kontrolliert und beherrscht den Engpass des Brohltals.
1377: Die Burg gerät mitsamt der Schweppenburger Mühle als kurkölnisches Lehen in den Besitz des Andernacher Schöffen Arnold von Schweppenburg.
1637–39: Die alte Wehrburg wird unter Bertram von Metternich ausgebaut und erhält ihre heutige Gestalt als hochaufragendes Schloss mit Volutengiebeln und mit Hauben gekrönten Ecktürmen.
1716 erwirbt der Kölner Kaufmann Adolf von Geyr das Schlossanwesen, das sich seitdem in dessen Familienbesitz befindet.
1717 Adolf von Geyr erreicht seine Erhebung in den Reichsritterstand und 1743 sogar in den erblichen Reichsfreiherrenstand. Seitdem führt die Familie den Zusatz »von Schweppenburg«.
1785 werden größere Teile der Burganlage unter Rudolf Constanz, Freiherr Geyr von Schweppenburg, niedergelegt und durch die jetzt vorhandenen Bauten ersetzt.
Heute: Die Schweppenburg befindet sich im Privatbesitz der Familie (Karl-Theodor Freiherr) Geyr zu Schweppenburg. Es ist nur eine Außenbesichtigung möglich.

Parkmöglichkeit an der Schweppenburg
dort keine Gastronomie
www.bad-breisig.de

Burg Bruch
Bruch

Die Brucher Fehde

Im 14. Jahrhundert hatten Johann von Rheineck, Burggraf von Bruch, und Dietrich I., Burggraf von Oberkail, einander den Kampf angesagt. Jeder von beiden beanspruchte die Gebietshoheit über Ländereien und Besitztümer des anderen, und beide sannen lange auf eine günstige Gelegenheit für die offene Fehde.

In einer finsteren Herbstnacht machte sich gegen Mitternacht Graf Dietrich I. in Begleitung einer großen Schar Kriegsknechte auf nach Bruch, um den verhassten Burggrafen Johann im Schlaf zu überraschen und die Burg zu erobern.

Als sich die Oberkailer der Brucher Burg näherten, wachte der Turmwächter vom Klappern der Pferdehufe auf. Wie von einer Tarantel gestochen fuhr

er in die Höhe, sprang mit großen Sätzen ins Burginnere und weckte den Grafen, die Knappen und die Krieger. Wenig später standen alle auf ihren Posten an den Schießscharten und auf der Mauer.

Als Graf Dietrich ganz nahe an die Burg herangekommen war, bemerkte er zu seiner großen Überraschung die lauernden Gestalten am Burgring. Heftiger Groll überkam ihn, weil sein Plan, die feindliche Burg im Schutze der Dunkelheit einzunehmen, missglückt war. Jetzt blieb nur noch der offene Kampf, der aber meistens mit großen Verlusten verbunden war. In wilder Entschlossenheit rief Graf Dietrich seine Krieger zum Sturm auf das feindliche Burgtor auf. Einige Reiter sprengten heran, schossen Pfeile, warfen Speere und brennende Pechfackeln gegen das hölzerne Burgtor und über die Mauerbrüstung. Bald hatte das Tor Feuer gefangen und brannte lichterloh.

Die Brucher Krieger schleuderten Speere und mächtige Steinbrocken auf die Angreifer herab, und mancher Pfeil prallte am Harnisch des Gegners ab. Der Kampf tobte lange Zeit hin und her, schon hatten einige hölzerne Wachtürme und Dachluken Feuer gefangen. Die größte Gefahr aber drohte dem Burgtor, das nur noch kurze Zeit den Flammen standhalten konnte.

Von Osten nahte die Morgendämmerung, die ersten Sonnenstrahlen erhellten das wütende Kampfgetümmel. Auf einmal dröhnte, für alle Kämpfer deutlich vernehmbar, ein grollendes Lachen aus dem

Inneren der Burg. Es war das Lachen des Burgnarren, dem just mit den ersten Sonnenstrahlen ein glänzender Einfall gekommen war. »Hört her, Leute«, rief er, »schafft mir alle Bienenkörbe aus der ganzen Burg hierher auf die Mauer!«

Inzwischen hatten die Oberkailer vor dem brüchigen Burgtor mit einem mächtigen Eichenstamm Aufstellung genommen, um mit einem gewaltigen Stoß dagegen anzurennen. Plötzlich flogen die ersten Bienenkörbe im hohen Bogen von der Mauer herab und trafen die Feinde am Kopf.

»Passen euch die Hüte nicht, dann nehmt diese hier!« tönte die schalkige Stimme des Burgnarren. Nun sauste Bienenkorb um Bienenkorb auf die Köpfe der Angreifer. Die Bienen aber, verärgert über die frühe Störung ihrer Nachtruhe, schwärmten aus und machten sich über die Oberkailer her. Sie schlüpften durch Ritze und Schlitze von Kopfhauben und Brust-

panzern und verursachten mit ihren Stichen unerträgliche Schmerzen.

In ihrer Not rückten die Oberkailer von der Burg ab und rannten, so schnell es ihre Kriegsausrüstung erlaubte, davon. Ja, gegen solche Feinde gab es keinen Schutz! Auch die Pferde scheuten durch die schmerzhaften Stiche und sprengten in wildem Galopp über die Felder davon. Manch ein Reiter glitt aus dem Sattel, stürzte kopfüber zu Boden oder wurde am Steigbügel hängend nachgeschleift.

Die Brucher nahmen die günstige Gelegenheit zum Gegenangriff wahr, stürmten aus der Burg heraus und setzten den fliehenden Feinden nach. Manch einer musste sein Leben lassen, die meisten aber wurden gefangen genommen und landeten im Burgverlies, nur wenige konnten entkommen.

Der Hofnarr war der Held des Tages. Sein glücklicher Einfall hatte Graf Johann und seine Burg vor der drohenden Eroberung gerettet.

(R. Wagner; diese Sage wurde auch von dem »fahrenden Sänger« Peter Zirbes in Reimform gefasst; nahezu die gleiche Sage erzählt man sich in Andernach von den »Bäckerjungen«.)

Gefangen auf Burg Bruch

Es war so um das Jahr 1680. Der schreckliche Krieg, der drei Jahrzehnte andauerte, war längst zu Ende. Auch wenn der Frieden auf dem Papier stand, so gab es ihn noch nicht wirklich. Immer wieder zogen Soldatenhaufen durchs Land, plünderten und quälten. Unschuldig Gefangene lagen in dunklen Burgverliesen und hofften auf Freilassung gegen erpresstes Lösegeld.

Auch in dem dunklen Kerker der Burg Bruch schmachtete zu jener Zeit ein armer Gefangener. Sein Lager war faules, modriges Stroh. Nur Ratten und Mäuse leisteten dem Ärmsten Gesellschaft. Tag um Tag, Jahr um Jahr lag er traurig und allein in seinem dunklen Loch. Lange schon hatte er von seiner Gemahlin und seinen Kindern nichts mehr gehört. Gerne wäre er gestorben, doch hatte er den sehnlichen Wunsch, sich von seiner geliebten Familie zu verabschieden. Der Graf aber kannte kein Erbarmen und sprach: »Ein einziges Mal noch soll er die Sonne und den Himmel sehen. Das ist der Tag, an dem er am Galgen baumelt!«

Darüber geriet der arme Gefangene in große Verzweiflung. Tag und Nacht sann er nach, wie er aus dem finsteren Verlies entfliehen könne. Es musste doch irgendeine Möglichkeit geben, zumal er keine Ketten an Händen und Füßen trug. Auf einmal kam ihm ein glücklicher Einfall: Das Verlies war zwar tief, doch die Ritze zwischen den Steinen waren nicht ausgefugt.

Der Gefangene wartete, bis der Wächter ihm wieder sein karges Mahl brachte: ein Stück hartes Brot und einen Krug Wasser. Kaum waren seine Schritte verklungen, da begann der Mann verzweifelt, an der Wand emporzuklettern. Und wahrhaftig, es gelang!

Mühsam grub er Hände und Füße in den losen Mörtel ein und stieg höher und höher empor. Als er die Luke, die ins Freie führte, beinahe erreicht hatte, übermannte ihn plötzlich heftige Angst. Wie sollte er draußen am Turm hinabklettern? Dort gab es keine Ritze und Schlitze im Mauerwerk! Nein – so konnte die Flucht nicht gelingen!

Enttäuscht und mutlos kletterte er wieder hinab in sein dumpfes Verlies. Traurig verbrachte er die nächsten Tage und brachte keinen Bissen herunter. Doch plötzlich fuhr er von seinem Lager auf, denn er hatte eine herrliche Idee!

Mit flinken Schritten misst er den Kerker. »So, so muss es gelingen«, spricht er laut vor sich hin. Als der Wächter am nächsten Morgen mit dem kargen Mahl naht, ruft ihm der Gefangene mit flehender Stimme zu: »Guter Mann, mein Lager ist feucht! Ich bin matt und krank. Bringt mir bitte, bitte, frisches Stroh!« Der grobe Wachmann schenkt ihm zuerst kein Gehör, doch der Gefangene lässt mit Bitten und Betteln nicht nach, bis ein großer Strohballen vor seinen Füßen liegt. »Euch sei Dank, tausendmal Dank«, ruft er dem Wächter nach. Doch der brummige Geselle hört ihn nicht, schon knallt die Tür ins Schloss.

In fieberhafter Eile beginnt der Gefangene mit seiner Arbeit. Zuerst tränkt er das Stroh in einem Wasserkrug, dann bindet er aus den geschmeidigen Strohhalmen ein starkes Seil. Wie rasch bei dieser Arbeit die Zeit vergeht! Schon zieht der Wächter die Zugbrücke über dem Wassergraben in die Höhe. Dumpf pocht sie ans Mauerwerk des Torbogens. Jetzt weiß der Gefangene: Draußen ist dunkle Nacht.

Bald ist das Seil fertig. Ein letztes Mal prüft er die Festigkeit, dann bindet er sich den Strang um den Leib und klettert am löcherigen Mauerwerk empor.

Schon hat er das Mauerloch erreicht und lugt hinaus. Draußen ist stockfinstere Nacht.

Hurtig schlingt er das Strohseil um einen vorragenden Balken. Ein kurzer Blick zum Himmel, eine stumme Bitte, dass alles gut gelingen möge, dann lässt er sich behutsam, Schritt um Schritt, in die dumpfe Tiefe hinab. Schließlich erreicht er glücklich den Boden, tastet sich bis zum Wallgraben vor und schwimmt auf die andere Seite. Einen kurzen Augenblick hält er inne und dankt Gott für seine Rettung. Dann hastet er fort über Felder und Wiesen, watet durch den Salmbach, und weiter geht die Flucht ohne Rast.

Als er die Mosel überschritten hat, ist er in Sicherheit vor den Häschern, denn hier endet das Reich des Grafen von Bruch. *(nach R. Wagner)*

Bruch (54518) · Kreis Bernkastel · Wittlich · Rhld-Pf

12. Jh.: Auf felsigem Untergrund in einer ansonsten sumpfigen Niederung des Flusses Salm wird durch die Herren von Bruch (Fidelo von Bruch, 1138) eine Burg erbaut. Ihre früheste urkundliche Erwähnung als »brucha« stammt aus dem Jahr 1138. Sie ist eine mit Wall und Wassergraben umwehrte Niederungsburg mit zwei schlanken und mehr als 30 Meter hohen Rundtürmen, einer annähernd rechteckigen Burganlage mit barockem Wohnbau, Bergfried, Toranlage sowie einer größeren Vorburg mit Wirtschaftsgebäuden und einer Burgkapelle aus dem 13. Jahrhundert

1338: Mit dem Tod Dietrichs von Bruch (1334) stirbt das Geschlecht aus. Die Burg geht über in den Besitz Dietrichs von Daun, einer Nebenlinie der Herren von Daun in der Eifel, der Dietrichs Schwester, Sybille von Bruch, geheiratet hatte. In den folgenden Jahrhunderten befindet sich die Burg unter wechselnden Herrschaften (Kurtrier, Luxemburg) und vererbt sich in verschiedenen Ministerialgeschlechtern.

1689: Zerstörung der Burg durch die Franzosen im Pfälzischen Erbfolgekrieg.

1738: Die Grafen Kesselstatt sind jetzt die Besitzer. Sie errichten ein neues großes Herrenhaus.

Heute: Die Burg Bruch befindet sich seit 1995 im Privatbesitz; in ihr eingerichtet ist eine Wanderreitstation mit Ferienappartements und Übernachtungsmöglichkeiten; Besichtigungen sind nach Absprache am Wochenende möglich. Im Kapellensaal der Burg Bruch können sich Brautpaare trauen lassen.

Parkplätze und Gastronomie im Ort Burg vorhanden.
www.burg-bruch.de
www.vg-wittlich-land.de

Burg Mombach (Wüstung)
Buchet

Buchet · (54608) · Kreis Bitburg Prüm · Rhld Pf

Der Volksüberlieferung nach soll knapp eine Stunde Fußweg von Bleialf entfernt, nahe bei Buchet-Halenfeld, eine Burg gestanden haben, in der die Herren von Mombach wohnten. Dort pflügende Landwirte finden mittelalterliche Keramik oder Mauerreste. Eine benachbarte Parzelle trägt den Namen »Schlossteich«. Von dieser, vermutlich im 17. Jahrhundert zur Wüstung gewordenen befestigten Hofanlage, künden heute nur Sagen:

Die Weihnachtsglocken von Bleialf

Vor langer, langer Zeit wohnte auf einer kleinen Burg der Junker von Mombach mit seiner Familie. Sie waren bei den Bauern wegen ihrer Freundlichkeit und Milde, wegen ihrer Hilfsbereitschaft und tiefen Gottfrömmigkeit sehr beliebt.

So wollte der Ritter auch dereinst, wie all die Jahre, mit seiner Gemahlin in der heiligen Christnacht zur Christmette in die Maria-Himmelfahrt-Kirche nach Bleialf gehen. Aber die Nacht war finster und kalt. Hoch lag der Schnee, hatte alles zugeweht. Kein Weg, kein Steg, kein Pfosten waren mehr zu erkennen. Da verfehlten die beiden den richtigen Pfad. Mühselig stapften sie durch den knietiefen Schnee, irrten lange in der waldigen und gebirgigen Gegend umher. Zurückkehren in ihre Burg – zwecklos, denn auch dieser Weg war nicht mehr zu erkennen; der kalte Wind hatte bereits mit seinen kräftigen Schauern alle Spuren zugeweht. Schon schwanden die Kräfte, und der Ritter mit seiner Frau hatte schon alle Hoffnung aufgegeben. Schweigend rasteten sie, um Kraft zu schöpfen. Stoßgebete sandten sie gen Himmel und flehten den Heiland um Hilfe an, dessen Geburtstag sie ja heute feiern wollten.

Da vernahmen sie auf einmal leise, aber deutlich das Geläut von Glocken. Es waren die Glocken ihrer Bleialfer Pfarrkirche, die kurz vor Beginn der Mette noch einmal alle Gläubigen herbeiriefen. Besonders

der warme, dunkle Schall der Marienglocke drang durch die dunkle Schneenacht hin zu den Verirrten und wies dem Junker mit seiner Frau die Richtung. Mit hoffnungsvoller Kraft und neuem Mut folgten sie dem Klang und erreichten bald die schützende Kirche, in der sie besonders laut das Lob zu Ehren Gottes und seines neugeborenen Sohnes sangen.

Für den Ritter aber war das Erlebnis in jener Heiligen Nacht der Anlass, eine Stiftung zu veranlassen, eine Glocke und einen Kelch. Fortan sollten stets in der Heiligen Nacht die Bleialfer Glocken immer eine Stunde vor Beginn des Gottesdienstes läuten, damit niemals mehr einer in die Irre gehe.

Der Blumenheilige

Auf der Burg des Herrn von Mombach bei Halenfeld droben in der Schneifel kehrte Weinen und Wehklagen ein. Es verstummten Lachen und Gesang, denn das einzige Töchterlein war aus seinem kranken Schlaf nicht mehr erwacht. Untröstlich war die hübsche Freifrau. Ihr Jammern und Wehklagen hallten in den düsteren Fluren der Burg wider, wollten kein Ende nehmen. Auch ihr Gemahl und das Hausgesinde grämten sich sehr. Die schwermütige Herrin zu sehen, wie sie mit ihren verweinten und traurigen Augen ihre Gemächer durchwandelte, ging auch ihnen ans Gemüt und stimmte die Seelen traurig. Unglücklich mit sich, mit Gott und der ganzen Welt wandelte die Burgherrin durch ihre prachtvollen Gärten, durch Felder und Fluren bis weit in die Wälder rings um Buchet umher.

Und dort war es auch, wo sie an einem strahlendblauen Sommermorgen am Berghang versteckt eine kleine Blume bemerkte, deren farbenfrohes Blütenköpfchen sich so sanft im Sommerwind wiegte als läute ein Glöcklein. Himmelblau wie die Augen ihres Kindes war sie und einen Duft verströmte sie, so lieblich, dass die Freifrau sich entzückt hinabbeugte und darüber das Leid um ihr totes Kind vergaß.

Friede kehrte in ihr Herz. Es war, als wandelten sich ihre düsteren Gedanken in Freude und neuen Lebensmut. Rasch eilte sie zurück zum Schloss

Moderne St. Barbara-Kapelle von 2002 in Buchet. In Anlehnung an diesen Ortsnamen zeigen Grundriss und Dach die Form eines Buchenblatts.

und berichtete ihrem Mann von diesem beglückenden Erlebnis. Allmorgendlich suchte sie nun dieses Blümlein auf, und langsam kehrten wieder Heiterkeit und Zuversicht zurück. Dieser Blume durfte kein Leid geschehen, war es ihr doch, als habe ihr totes Kind diese nur für sie zur Erde geschickt. Der Burgherr ließ nun, damit niemand dieses blühende Kleinod pflücke oder ihm einen Schaden zufüge, einen bewaffneten Knappen danebenstellen, der es Tag und Nacht schützen und bewachen sollte.

Wahrscheinlich waren es dennoch der tiefe Schmerz und das schwer getragene Leid, die das Herz der Freifrau gebrochen hatten. Denn es währte nicht lange, und sie erkrankte sehr schwer. Die besten Ärzte mühten sich, doch die junge Frau erlebte den Herbst nicht mehr. Neben dem Grab ihres Töchterchens fand auch sie ihre letzte Ruhe.

Der Burgherr wäre am liebsten seiner Gattin mit ins Grab gefolgt. So suchte er Abwechslung und Vergessen in der Jagd und bei Reisen zu Rittern auf den Nachbarburgen.

An den Knappen jedoch, der wachend bei dem Blümlein ausharrte, selbst bei stürmendem Regen und in frostkalten Nächten, dachte keiner mehr.

Ein Jahr später, der Mombacher Herr war wieder auf der Jagd und preschte mit seinem Pferd und der Hundemeute den Berghang hoch, da sah er sich auf einmal inmitten eines Blumenhügels stehen. Die farbenprächtigsten Blumen wiegten ihre Blüten im Winde leicht hin und her, und ein Wohlgeruch, lieblicher als Weihrauch, erfüllte die Luft, dass selbst die Pferde freudig aufwieherten. Und als der Ritter diese Pracht genauer betrachten wollte, sah er inmitten des Blütenflors seinen toten Knappen liegen, die Hände fromm zu seinem letzten Gebet gefaltet, und tief über sein Gesicht beugten sich die zarten, blauen Blumen.

Da erinnerte sich der Herr von Halenfeld an seinen treuen Knappen, den er zum Schutze der Blume bestellt hatte. Tiefe Schuld erfasste ihn ob seiner Vergesslichkeit. Als Reue und Sühne für sein Versagen ließ er in der Nähe des Hügels eine kleine Kapelle erbauen, in der er seinem aufrechten Diener eine würdige Ruhestätte bereitete.

»Den Blumenheiligen«, so nannten die Bauern den Toten bald. Und weil mancher an dessen Grab Trost und auch wunderbare Heilung erfahren hatte, wanderten nun Jahr für Jahr immer mehr Leute pilgernd und betend zu dessen Grab.

Reichsburg Cochem
Cochem

Heinrich der Wahnsinnige

In der um 1105 verfassten Lebensbeschreibung des Kölner Erzbischofs Anno II. (1056–1075) ist eine entsetzliche Bluttat erwähnt, die sich auf der Burg Cochem ereignet hatte. Deren Besitzer war damals Pfalzgraf Heinrich I. (1045–1060; †1061). Er war dem Wahnsinn verfallen und der Alleinschuldige an folgendem Verbrechen.

Einer (wohl gefälschten) Urkunde vom 17. Juli 1051 gemäß, schenkte die ehemalige polnische Königin Richeza (um 995; †1063), die in Klotten wohnte, vor ihrem Tod die Burg und die Stadt Chuchomo (= Cochem) ihrem Neffen, dem Pfalzgrafen Heinrich von Laach mit der Auflage, als Vogt der Abtei Brauweiler die Güter dieses Klosters zu beschützen.

Dieser Pfalzgraf Heinrich aber war von der Wiege an gänzlich verzogen und verwöhnt worden. Jeder Wille wurde dem Eigensinnigen erfüllt. Als ein jähzorniger Knabe war er herangewachsen, der Menschen und Tiere quälte und keinerlei Vernunft oder ordentliches Verhalten annehmen wollte. Als er dann volljährig geworden und ab 1045 als Pfalzgraf die Regierungsgeschäfte übernommen hatte, war niemand, der das Unglück hatte, in seine Nähe zu kommen, vor seiner Willkür und Mordlust sicher. Da fassten seine Beamten und Räte den Entschluss, ihn zu verheiraten.

»Eine hübsche und kluge Frau hat ja schon so manchen Tollhäusler bekehrt«, dachten sie und machten ihn mit Mathilde von Lothringen bekannt, die weit und breit als eines der schönsten und vornehmsten Edelfräuleins galt. Sie war die Tochter von Gozelo, Herzog von Niederlothringen, und die Schwester von Papst Stephan IX.

Heinrich sah sie und verliebte sich sofort. Auch Mathilde fand in dem jugendlichen kräftigen Prinzen mit den feurigen braunen Augen Gefallen. Heinrich verhielt sich der Schönen gegenüber auch sanft und friedlich wie nie, und wenige Monate später anno 1048 schworen die beiden vor dem Altare ewige Treue und Liebe.

Heinrich war anfangs ein zärtlicher, aufmerksamer Gatte. Mathilde war glücklich, und das Land schöpfte wieder Hoffnung und Zuversicht. Aber dieser Zustand währte nicht lange, und es schien, als ob Heinrich nur imstande sei, in Gegensätzen zu leben. War er früher wild und ausgelassen, so wurde er nun ernst, still, tiefsinnig und verschloss sich schließlich tagelang in seinem Zimmer. Kein Mensch durfte dann zu ihm, selbst Mathilde nicht, die sehr unter diesem unerklärlichen Verhalten ihres Mannes litt. Nannte man den Cochemer Burgherr früher »den Tollen«, so flüsterte man jetzt »Heinrich der Stille«.

Etwa nach einem Vierteljahr trat er eines Tages mit kahl geschorenem Haupte vor Mathilde und sagte ihr mit weicher, leiser Stimme: »Lebe wohl, Mathilde. Ich habe beschlossen, in ein Kloster zu gehen, um dort für meine früheren Verbrechen und Sünden Buße zu tun. Du, Mathilde, kannst bis zu deinem Tode hier in der Burg Cochem wohnen. Veranlasse aber bitte, dass nach deinem Tode diese Burg, die Stadt Cochem und alle dazu gehörigen Besitzungen dem Kloster übergeben werden, das meinen letzten Seufzer gehört hat.«

Mathilde versuchte weinend, ihn von seinem Entschluss abzubringen, aber alles Bitten und Flehen waren vergebens. Heinrich ging, ohne seine Frau noch einmal zu berühren, zur Tür hinaus, ließ dann seinen Notar rufen und diesen in seinem Testament aufnehmen, dass er, Heinrich, dem Erzbischof von Köln unter anderem auch Siegburg vermache. Dann trat er wirklich in das Kloster Gorze, nahe bei Metz, ein.

Auf der Burg Cochem gaben sich nun die Freier die Klinke in die Hand. Jeder wollte die junge, schöne und reiche Frau Mathilde um ihre Hand bitten. Aber sie blieb taub gegen alle Schmeicheleien und kalt für die Aufmerksamkeiten der jungen und alten Ritterwelt. Treu ihrem Eheschwur, den sie aus freiem Entschlusse vor Gott und dem Priester abgelegt hatte, vermochte nichts sie schwankend zu machen und von ihrem geliebten Heinrich abzubringen.

Erzbischof Anno von Köln hatte dem Schenkungsakt gemäß Siegburg in Besitz genommen und dort seine Verwaltungsbeamten eingesetzt. Und diese berichteten ihm eines Morgens in heller Sorge: »Hochwürdigster Herr Bischof! Mit Erschrecken haben wir Kunde nehmen müssen, dass Graf Heinrich völlig unerwartet und überraschend sein Mönchsgewand abgelegt und sein Kloster verlassen hat. Kreuz und Gebetbuch hat er mit Schwert und Rüstung getauscht, rüstete ein starkes Heer und ist mit diesem in schnellem Marsche vor Siegburg erschienen. Alle Stadtwachen wurden entwaffnet und mit drohenden Worten ließ er uns melden, er wolle alle seine früheren Besitzungen wieder zurückhaben, seien sie ihm doch mit List und Unrecht genommen worden. Wenn er seine Angelegenheiten in Siegburg geordnet habe, ziehe er los gegen Köln, das ihm ebenfalls gehöre. Und dann, ehrwürdiger Herr Erzbischof, stieß er schreckliche Drohungen aus, schrie mit wutverzerrtem Munde, dass Ihre Kurfürstlichen Gnaden sich zwischenzeitlich schon mal nach einem anderen Bistum umsehen sollten, da er in Köln keinen auf dem Stuhle des Erzbischofes und Kurfürsten sehen möchte. Dann gab er uns nur ganz wenig Zeit,

um uns sofort aus Siegburg zu entfernen, wollten wir nicht die Schärfe seines Schwertes kennen lernen!«

Erzbischof Anno nahm diese Nachricht ernst, denn Heinrich war ganz offensichtlich verrückt. Das hatte er zur Genüge vor und während seiner Klosterzeit bewiesen. Und einen Verrückten an der Spitze einer großen Armee – das war sehr gefährlich und erforderte Vorsicht und Vorsorge.

Drum ließ der Erzbischof gegen Heinrich ein Heer aufstellen mit den tapfersten und mutigsten Rittern aus Köln, Bonn und den benachbarten Orten. Und als Heinrich tatsächlich Tage später mit seiner Armee anrückte, stellten sich ihm die Truppen des Erzbischofs entgegen, denen es auch gelang, den Gegner zu schlagen und zu zerstreuen. Nach der verlorenen Schlacht schwang sich Heinrich aufs Pferd und flüchtete mit einigen seiner Befehlshaber nach Koblenz, dann nach Andernach, wo er fast in Gefangenschaft geraten wäre. Auf Nebenwegen gelang es ihm und seinen Mannen über Münster wieder zu seiner Burg Cochem zu gelangen. Das war am 17. Juli 1060.

Als man Mathilde berichtete, ihr Mann Heinrich habe das Kloster Gorze verlassen, freute sie sich sehr. Was er sich aber zwischenzeitlich an Grausamkeiten, an Raub und Brandstiftung erlaubt, und dass er in seiner Tollwut sehr viele schonungslos hingemordet hatte, das erzählte man ihr nicht. Sie hätte es wahrlich auch nicht geglaubt.

Dann erscholl der Ruf: »Der Pfalzgraf ist in der Burg!« Mathilde rannte ihm mit ausgebreiteten Armen entgegen, warf sich ihm froh und stürmisch in die Arme. Glücklich drückte sie ihr schönes Gesicht an seine Brust. In dem Moment riss Heinrich sein langes Messer aus der Gürteltasche und stach es ihr ins Herz. Sterbend sank sie nieder, und das Blut tränkte ihr weißes mit Goldfäden durchwirktes Gewand, das sie in ihrer Vorfreude für ihn angezogen hatte. Als sie nun so mit verdrehten Gliedern vor ihm lag, beugte sich der Rasende nieder und trennte ihr noch nachträglich mit einem Messer ihr Lockenhaupt vom Rumpfe.

Draußen hatten sich die Befehlshaber im Schlosshof versammelt, um den Fortgang des Krieges zu besprechen, denn nicht nur Köln, sondern auch Trier und andere Fürsten hatten sich gegen den verrückten Grafen Heinrich verbündet. Da trat dieser Wahnsinnige aus dem Burgtor, das blutige Haupt seiner Gattin hoch in der Luft haltend, und rief laut lachend mit einer Stimme, die nichts Menschliches mehr an sich hatte: »Jetzt müssen Ruhe und Frieden einkehren, denn ich halte ja die Friedens- und Siegespalme in meiner Hand!«

Im ersten Augenblicke waren alle Soldaten erschreckt auseinandergestürzt, die blutige Wahnsinnstat nicht begreifend. Dann aber sprangen einige auf Heinrich zu, ergriffen ihn, der sich anfangs noch mit seinem Schwert und dem Messer wehren wollte, entwaffneten und banden ihn mit starken Stricken und warfen ihn die Nacht über ins dunkle Kellerverlies. Anderentags geleitete man den Gefangenen nach Trier, wo er dem erzbischöflichen Gerichtshofe übergeben wurde. Monate saß er in Trier in einem einsamen finsteren Loch, bis er dann ins Kloster Echternach gebracht und zwangsweise in die Mönchskutte gekleidet wurde. Bald darauf starb er dort im Jahre 1061.

Erzbischof Anno in seiner Güte übernahm über den Sohn des unglücklichen Paares mit Namen Hermann die Vormundschaft und stattete ihn später, als er 1064 Pfalzgraf von Lothringen wurde, mit großzügigen Lehen aus.

Aber bis heute hält sich die schreckliche Tat im Munde des Volkes, und der Sage nach wandelt der Geist des Mörders zur Mitternachtsstunde durch die Hallen der Burg, in den Händen das blutige Haupt der gemordeten Mathilde haltend.

Cochem (56812) · Kreis Cochem-Zell · Rhld-Pf
um 1020: Auf einem weithin sichtbaren Bergkegel, hoch über der Moselstadt Cochem, entsteht eine Burg als Zollburg. Einer nicht bewiesenen Überlieferung nach soll sie unter Pfalzgraf Ezzo, auch Ehrenfried genannt, erbaut worden sein.
1051: Die Burg wird in einer Schenkungsurkunde erwähnt. Ezzos Tochter Richeza, die Königin von Polen (um 995; J1063) überträgt die Burg in Cochem ihrem Neffen, dem Pfalzgrafen Heinrich I. der Tolle (1045–1060; † 1061).
17.3.1130: Die Burg ist im Besitz des Pfalzgrafen Wilhelm von Ballenstedt. Als dieser kinderlos stirbt, kommt es zum Streit um seine Nachfolge zwischen Hermann von Stahleck und Otto dem Jüngeren von Rheineck.
1150: Hermann von Stahleck besetzt die Burg. König Konrad III. (*1093, † 1152) greift in die Streitigkeiten ein, belagert und erobert die Burg im Jahre **1151** wieder zurück. Damit ist seine königliche Autorität wieder hergestellt. Er organisiert sie als seinen Verwaltungssitz für das umliegende Reichsgut und erklärt sie zur Reichsburg. Die Verwaltung übernehmen Burgmannen und königliche Ministerialen.
1282: König Rudolf von Habsburg (*1218; † 1291) erobert die Burg nach kurzer Belagerung zurück, weil der Kölner Erzbischof Siegfried sich zuvor der Anlage bemächtigt und Kuno von Schönburg als Burggrafen eingesetzt hatte.
1294: König Adolf von Nassau (1292–1298) verpfändet aus finanziellen Gründen die Burg Cochem mit Stadt und zahlreichen Orten ans Kurfürstentum Trier. Dort verbleibt sie bis 1803 und erfährt in diesen Jahrhunderten erhebliche Um- und Anbauten.
1673: Während des Dreißigjährigen Krieges erleidet die Burg kaum Schaden. Dahingegen wird sie im Zuge des Pfälzischen Erbfolgekrieges die Burg von französischen Truppen beschossen und am **8.11.1688** besetzt. Der französische Befehlshaber de Saxis erteilt am **19.5.1689** den Befehl, die Burganlage zu zerstören. Sie wird in Brand gesteckt, unterminiert und gesprengt.
1794: Französische Revolutionstruppen besetzen Cochem und die Burgruine und gliedern das Land westlich des Rheines an Frankreich an.
1815: Nach dem Wiener Kongress gelangt die Cochemer Burgruine in den Besitz Preußens.
1869–77: Der Berliner Kaufmann Louis Fréderic Jacques Ravené kauft die Ruine für 300 Goldmark und lässt die Burg in neugotischen Formen wieder aufbauen.
1942: Ravené verkauft die Burg an das preußische Justizministerium. Die Nationalsozialisten richten in ihr eine NS-Schulungsstätte für Juristen ein.
1947: Das Land Rheinland-Pfalz wird Eigentümerin der Burganlage und richtet in ihr eine Verwaltungsschule ein.
1978: Die Stadt Cochem kauft die Anlage und unterstellt sie der Verwaltung der Reichsburg GmbH.
Heute: Die Burg Cochem beherbergt ein Museum und kann im Rahmen von freien Besuchen oder Führungen von März bis November besichtigt werden. Einige Räumlichkeiten, wie auch die Burgkapelle, sind für private Feiern miet- und nutzbar. Ein Shuttle-Bus verkehrt regelmäßig zwischen Stadt und Reichsburg.
Im Gewölbekeller der Burg befindet sich eine Burgschänke, und auf dem Burggelände veranstaltet eine Falknerei täglich Flugvorführungen. Neben wechselnden kulturellen Veranstaltungen findet am ersten Augustwochenende jeden Jahres ein Burgfest mit Ritterspielen sowie an einem Dezemberwochenende die Cochemer Burgweihnacht statt.

Parkplätze im Stadtzentrum
www.burg-cochem.de
www.cochem.de

Der Knoblauchkönig

Auf der stolzen Cochemer Burg lebte auch dereinst der Burgherr Hermann von Luxemburg, Graf von Salm (*um 1035; †1088). Sein Leben verlief schon verwunderlich. Ehrgeizig war er, und wie seine Luxemburger Vorfahren wollte er berühmt und mächtig werden. Deshalb ließ er sich am 6. August 1081 in Ochsenfurt von den Sachsen und Schwaben zum König wählen. Erzbischof Siegfried von Mainz setzte ihm sogar in Goslar während eines festlichen Hochamtes am 26. Dezember die Königskrone auf. Stolz bezog er Wohnung in der Wasserburg Eisleben, von wo aus er sein Reich regieren wollte.

In der näheren Umgebung seiner Wasserburg wurde viel Knoblauch angebaut. Der unangenehme Geruch des Knoblauchs war natürlich in der ganzen Gegend wahrzunehmen, auch in König Hermanns Residenz auf der Wasserburg. Deshalb gaben ihm seine kaiserlichen Gegner den Spottnamen »Knoblauchkönig«.

Doch lange erfreute er sich nicht an seiner Macht und seinem Amte. Denn es gab ja bereits einen weiteren König, nämlich Heinrich IV. (*1050; †1106), der sogar deutscher Kaiser war. Und dieser duldete auf gar keinen Fall Hermann als Gegenkönig. Es kam zum Streit und schließlich sogar zum Krieg. Und in diesem unterlag Hermann dem Kaiser Heinrich. Dies geschah im Jahre 1085.

Hermann musste abdanken. Wütend und enttäuscht, dass er nur als »Schattenkönig« ein Spielball in der Hand anderer großer Fürsten gewesen war, zog er sich nach Cochem zurück. Von dort aus streifte er nun häufig moselauf- und abwärts, rauflustig und zänkisch, stets Abenteuer und Auseinandersetzungen suchend, um sich und anderen zu beweisen, dass er doch ein guter Kämpfer sei und ein geeigneter König gewesen wäre. Dass man ihn im Volk nur den »Knoblauchkönig« nannte, schmerzte ihn sehr.

Als er eines Tages in den Eifelwäldern jagte, durchfuhr ihn der Gedanke: »Ob meine Burg an der Mosel auch gesichert und geschützt ist? Ob dort die Soldaten und Wachen auch auf der Hut sind und genauestens achten, dass kein Feind mir schaden kann? Oder ob sie sich über meine Abwesenheit freuen, saufen und prassen? Mich etwa auch nur den ›Knoblauchkönig‹ nennen? Ich will die Wachsamkeit meiner Leute prüfen!«

Und als die Dämmerung bereits zur dunklen Nacht wurde, ritt Hermann hin zu seiner Burg. Er sah das erste Burgtor offen und wähnte es scheinbar unbewacht. Tobend und lärmend, schreiend und wüstes Kampfgeschrei ausstoßend, preschte er mit seinem Ross hin zum Tor und wollte in die Burg hinein. Doch seine übermütige Laune musste er mit dem Tode büßen. Denn flugs waren alle Wachen zur Stelle. Jeder in der Burg griff zu Waffen, Stöcken und Knüppeln, der Schmied zu seinem mächtigen Hammer, die Stallknechte zu Hacken und Sensen, um die Burg gegen die Eindringlinge zu verteidigen. Die Frauen hielten Fackeln in den Händen, um das Dunkel etwas zu erhellen, und waren bereit, ebenfalls tapfer die Burg zu verteidigen. Eine von ihnen bückte sich, griff nach einem dicken Stein und schleuderte ihn mit Kraft gegen den schreienden und heranstürmenden Hermann. Und traf. Wie vom Blitz getroffen, fiel Hermann von seinem Ross und lag nun bewegungslos auf dem steinernen Burghof. Das Erschrecken war groß, als man jetzt den eigenen Burgherren erkannte. Man rief noch nach dem Medikus, doch es war zu spät. Graf Hermann gab tags drauf, am 28. September 1088, seinen Geist auf. Da sagten alle abermals: »König Knoblauch ist tot!« und ließen ihn in Metz beerdigen.

(Diese Sage findet sich auch bei Jacob und Wilhelm Grimm, Deutsche Sagen, Nr. 490)

Die Fässerschlacht

Im September 1522 begann Ritter Franz von Sickingen mit seinem »Pfaffenkrieg«. Mit wilden Horden von meist angeworbenen Landsknechten zog er gegen den Trierer Kurfürsten. Sein Ziel war es, die reiche Stadt Trier zu erobern und den Kurfürst Richard von Greiffenklau zu besiegen.

Doch so einfach ging es diesmal nicht, denn rasch hatten die Trierer alle Stadttore verschlossen, verriegelt und verrammelt. Diese großen, mächtigen Tore zu durchbrechen oder die hohe Stadtmauer zu übersteigen, das war schier unmöglich. Deswegen schlug Franz von Sickingen mit seinen Truppen rund um die Stadt sein Lager auf und beschloss, Trier auszuhungern. Aber er hatte nicht mit dem Einfluss des mächtigen und beliebten Kurfürsten gerechnet. Der hatte längst in alle Himmelsrichtungen reitende Boten ausgesandt, um seine Landeskinder zu Hilfe zu rufen. Und die folgten alle der Bitte ihres Landesherren. Von überall machten sich kräftige Männer und entschlossene Kämpfer auf, um dem belagerten Trier zu Hilfe zu eilen. Auch von Cochem und Zell marschierten 386 Bewaffnete in Eilmärschen auf nach Trier.

All dies wurde Franz von Sickingen gemeldet. Und der sah rasch ein, dass er und seine Soldaten dieser anrückenden Übermacht und der tapferen Entschlossenheit der Kämpfer nicht standhalten konnten. So befahl er das Ende der Belagerung und den Rückzug.

Seine Landsknechte aber, voller Zorn über den verschenkten Sieg und darüber, dass sie nun keinerlei Beute gemacht hatten, ließen deswegen ihre Wut an den Moselorten aus.

So gelangte auch ein wilder und zuchtloser Haufen von Landsknechten vor die hübsche Stadt Cochem. Auch dort hatte man längst die Stadttore verbarrikadiert, und sorgfältig wachten die Posten auf der Burg und den Türmen der Stadt. Die Horde wilder Angreifer schlug ihr Lager auf den Wiesen am Endertbach auf und rüstete zum Sturm auf die Stadt. Die Cochemer Ratsherren, die die Verteidigung zu organisieren hatten, waren in großer Not. Was war zu tun? Waren genug kampffähige Männer in der Stadt? Genügten die Nahrungs-, Waffen- und Munitionsvorräte? Was war die klügste Verteidigung? Und wie sie so überlegten, trug ein ganz Gewitzter seinen Plan vor. Er forderte alle Cochemer Bürger auf, ihre leeren Weinfässer auf die Höhe über dem Enderttor zu rollen und dort übereinander hochzustapeln.

Am kommenden Morgen, noch hatten sich die Frühnebel nicht ganz verzogen, zogen die wilden Soldatenhaufen mit Trommelwirbel und Geschrei vor die Stadt. Dort formierten sie sich zum Angriff, drangen mit Rammbalken und brennenden Fackeln vor das Stadttor, um es mit Gewalt zu brechen. Da gaben die Ratsherren dem riesigen Fässerstapel einen Stoß. Und mit Gerumpel und Gepumpel rollten und sprangen die Fässer die Höhe hinab, mitten hinein in die Reihen der Angreifer. Die wurden geschunden und gequetscht, Knochen brachen und schmerzhafte Beulen wuchsen.

Stöhnend und humpelnd sammelten sich die Feinde. Jedoch viele Unverletzte waren es nicht mehr. Da meinte ihr Anführer, dem auch die Lust am weiteren Angriff vergangen war: »Das waren so viele leere Weinfässer, dass in der Stadt unmöglich noch volle Fässer sein können. Die Beute wird also sehr gering sein und nicht lohnen, hier noch länger zu belagern und Verluste zu gewinnen.«

Daraufhin zog der wilde Haufen wütend, enttäuscht und mit blutigen Schrammen davon.

Aber bis heute berichten die Cochemer voller Stolz an ihren Stammtischen von ihrer damaligen Kriegslist und ihrer gewonnenen Fässerschlacht!

Knipp-Montag

Rosen-Montag! Pfingst-Montag! Kennt jeder. Doch was ist der Knipp-Montag?

Für die Stadt Cochem ist jener Montag nach dem »Weißen Sonntag« ein besonderer Festtag, an dem in jedem Jahr zahlreiche Cochemer zu einer Wiese namens »Knipp«, einem Hang gegenüber der Reichsburg ziehen. Körbe voller Speisen und Krüge voller Wein haben sie mitgenommen. Und dann amüsieren sie sich, trinken, essen – und gedenken eines Ereignisses, das vor über dreihundert Jahren für viel Aufregung sorgte.

Damals wollte ein Diener auf der Burg Cochem sein geliebtes Mädchen in dem nahen Dorf Faid besuchen, um mit ihr den »Weißen Sonntag« in Freundschaft und Liebeständelei zu verbringen. Auf dem Wege dorthin bemerkte er jedoch zu seinem Entsetzen schwer bewaffnete französische Truppen, die gerade auf der Knippwiese rasteten. Vorsichtig versteckte er sich und konnte so von deren Plan erfahren, hinab nach Cochem und zur Burg zu ziehen, um anzugreifen und reiche Beute zu machen. Aufgeregt rannte er schnurstracks zur Burg zurück und schlug Alarm. Sofort begannen alle, sich für die Verteidigung zu rüsten. Als am nächsten Morgen die feindlichen Truppen die Burg stürmen wollten, holten sie sich blutige Köpfe und mussten erfolglos abziehen.

Der Burgherr war seinem Knecht und seinen Mannen für deren Wachsamkeit und Tapferkeit so dankbar, dass er eben jenen Montag zu einem Feiertag für alle Zeit bestimmte.

Winneburg
Cochem

Die eingemauerte Jungfrau

In dem engen Seitental der Mosel, durch das sich die Wilde Endert wildschäumend ihren Weg bahnt, erhebt sich auf steiler, wolkenanstrebender Felskuppe die Winneburg. Ein uralter großer Turm, von weither sichtbar, trotzte bis jetzt mit seinen mächtigen Mauern allen Stürmen der Zeit.

Ritter Kuno war aus dem Morgenland zurückgekehrt. Dort hatte er mit vielen anderen Grafen und tapferen Rittern aus der Eifel und den deutschen Landen im Zeichen des Kreuzes die Feinde, die das Heilige Grab in Jerusalem bedrohten, mit Mut und Schwerteskraft bekämpft. Nun ritt er auf hohem Ross und reich beladen mit Ehren und Schätzen die Mosel hinab und hatte sein Zelt auf einer sattgrünen Wiese in dem engen Tal aufgeschlagen, um dort zu nächtigen. Nahe dabei rauschte der fischreiche Endertbach. Und als Kuno nun all die prachtvollen und tierreichen Wälder erblickte, an deren Rand sich ein mächtiger, steiler Felsen erhob, da war er so angetan von dieser Landschaft, dass er beschloss, hier auf jenem Berge eine uneinnehmbare Burg zu errichten.

So ließ er einen Baumeister kommen und teilte ihm seinen Wunsch mit. Eine sichere Festung, mit Erkern und Zinnen, mit kraftvollen Mauern und einem mächtigen Bergfried, mit Sälen, Zimmern und Stallungen sollte entstehen und über die Baumwipfel hinausragen. Allen Rittern im ganzen Land sollte sie ein Wohlgefallen sein. Eine Burg der Freude sollte der Baumeister errichten, die mit Recht auch diesen Namen »Wonneburg« tragen sollte.

Flugs ging der Baumeister ans Werk, und bereits nach Monaten waren Fundamente gezogen und Mauern wuchsen in die Höhe. Kühle Keller, freundliche Zimmer, große Säle waren rasch gefertigt und bezeugten das Können des Baumeisters und seiner vielen Gesellen und Handwerker. Doch bei dem großen Turm, der mit seiner Höhe die Baumeswipfel überragen sollte, an dessen Spitze Kunos Fahne im frischen Moselwind flattern und von dessen zinnengekrönter Warte der Wächter sein helles Horn ertönen lassen sollte, verließ den Baumeister seine Kunst und sein Können.

Trotz aller Berechnungen und Versuche wollte es ihm nicht gelingen, einen so großen und standfesten Turm zu errichten. Schon wurde Kuno sehr ungeduldig und missmutig. Schon drohte er dem Baumeister, ihn zu züchtigen, wenn nicht sogar hinzurichten, auf jeden Fall aber des Landes zu verweisen und sich einen wirklichen Könner von Koblenz her kommen zu lassen.

Der Baumeister war verzweifelt. Sein ehrbarer Name und sein stolzer Ruf als bester Burgenbauer schwanden immer mehr und machten der Schande Platz. Das Leben war ihm vergällt, und in seiner tiefen Verzweiflung schritt er hin zur Mosel, um sich in ihren Fluten das Leben zu nehmen.

Da erschien ihm der Höllenfürst in der Verkleidung eines achtbaren Mannes. Mit einschmeichelnden Worten flüsterte er dem Baumeister ins Ohr, er würde ihm den Turm in wenigen Tagen erbauen, fest und stark, mächtig und unzerstörbar. Und als der Baumeister dieses verlockende Angebot bereits dankbar annehmen wollte, nannte der teuflische Verführer jedoch seine Bedingung. Er führe sein Werk aber nur aus, wenn der Baumeister seine einzige Tochter im Fundament lebend einmauern lasse. Nur diese Verbindung von totem Gestein mit lebender Jungfräulichkeit, nur die Einheit von Wasser und Blut gebe dem Turm eine Festigkeit, die die weltliche Zeit niemals zu Fall bringen könne. Darüber hinaus versprach der Teufel dem Meister Ruhm, Reichtum und Macht. Anfangs war der Vater zu Tode erschrocken und entsetzt über dieses satanische Vorhaben. Alles sträubte sich in ihm. Sein Herz raste, sein Blut

---

Cochem (56812) · Kreis Cochem-Zell · Rhld-Pf
Um 1250: Auf einer Anhöhe im Tal des Eifelflusses Wilde Endert, etwa vier Kilometer vom Stadtzentrum Cochem entfernt, lässt Kuno von Winneberg eine Burg erbauen.
1304: In einem Lehnsvertrag zwischen Graf Wirich von Wunnenberg und dem Trierer Erzbischof und Kurfürsten Diether von Nassau wird sie als »Castrum de Wunnenberch« urkundliche erwähnt.
1330: Kuno I., »Herr von Winesberg«, heiratet Lysa von Braunshorn von Beilstein. Er vergrößert die Burg und stattet sie mit einer Kapelle aus. In den folgenden Jahrhunderten erfolgen noch weitere Um- und Ausbauten.
1362: Nach dem Aussterben der Braunshorn-Beilsteiner Linie geht die Herrschaft Beilstein ganz über an die Winneburger. Kuno II. verlegt nun seinen Wohnsitz auf die Burg Beilstein (Metternich), während sein Bruder Gerlach auf der Winneburg bleibt.
1395: Johann I. von Winneburg wird Herr über beide Burgen (Winneburg und Burg Beilstein).
1637: Das Geschlecht der Winneburger (Wunneberger) stirbt aus. Die Winneburg wird von dem wohlhabenden und einflussreichen Geschlecht der Familie von Metternich erworben, (dem mehrere Kurfürsten und der spätere österreichische Staatskanzler Fürst Clemens Lothar von Metternich entstammten).

1688: Französische Truppen Ludwigs XIV. (*1638; †1715) besetzen während der Reunionskriege die Winneburg.
16.05.1689: Die Franzosen sprengen auf Befehl des Offiziers du Saxis die Burg in die Luft. Sie wird »ahn den Himmel gehänkt und jämmerlich verbrannt, ein Spectacul grausam in der Nacht anzusehen« (Chronik des Cochemer Stadtschreibers, November 1689). Die Winneburg wird nicht wieder aufgebaut.
1806: Die Ruine wird zusammen mit dem Winneburger Hof von 1704 als französisches Nationalgut beschlagnahmt und für 4400 Francs an einen Kaufmann aus Mayen verkauft.
1816: Die Ruine gelangt in preußischen Besitz.
1832: Der österreichische Kanzler Fürst Clemens Lothar von Metternich-Winneburg kauft die Restruine zurück, die er 1935 der Stadt Cochem schenkt, in deren Besitz sie noch heute ist.
Heute: Der 22 Meter hohe Bergfried, der Palas mit zwei Halbtürmen, die Torhalle und Umfassungsmauern sind noch erhalten; die Ruine ist jederzeit frei zugänglich und über einen rund zwei Kilometer langen Fußweg zu erreichen. Jährlich finden in den Sommermonaten Ritterrunden statt, organisiert durch den Verein »Winneburger Tross«, in denen Besucher mittelalterliches Geschehen genießen können.

Keine Gastronomie oder Übernachtung auf der Burg.
www.winneburger-tross.de

wallte vor Empörung. Doch je mehr er über dieses verlockende Angebot nachdachte, umso mehr kam er zu der Erkenntnis, dies sei wohl die einzige Lösung.

Und dann – man wagt es nicht der Nachwelt zu melden – besiegelte der Baumeister mit kräftigem Händedruck jenen teuflischen Vertrag. Er selbst nahm seine blutjunge Tochter und mauerte sie in dunkler Mitternacht in ein winzig kleines Räumchen in der meterdicken Grundmauer des Turmes ein. Er selbst war es, der den letzten Stein in festen Mörtel drückte, der dem unschuldigen Kind Licht und Luft raubte. Einige Tage noch hörte man Klopfen und Scharren, ein Rufen und Wimmern. Und dann war es still – für immer.

Auch der Teufel hielt sein Versprechen und ließ in kürzester Frist einen mächtigen Bergfried entstehen, den alle wegen seiner massiven Festigkeit und eleganten Schönheit bewunderten.

Im Jahre 1689 legten die Franzosen Feuer in die Winneburg und sprengten mit Pulver die Burgmauern. So sehr sie sich auch mühten, dem mächtigen Bergfried dagegen konnte das Pulver nichts anhaben.

Und wer in mondhellen Nächten ganz still in den Ruinen lauscht, kann auch heute noch oft ein leises Wehklagen hören, die trauernde Seele der eingemauerten Jungfrau.

Wie ein Tier im Käfig

Der Winneburg gegenüber auf dem rechten Ufer des Endertbaches stand in uralten Zeiten noch eine zweite Burg: die Sassenburg. Ritter Ezzo von der Winneburg und Friedrich von Sassenburg waren viele Jahre beste Freunde. Doch eines Tages gerieten sie aber wegen eines erlegten Hirsches in Streit und wurden Feinde.

Hilde von Sassenburg und Walter von der Winneburg, die Kinder der beiden »Streithähne«, aber waren einander in Liebe zugetan. Selbst Drohungen und Strafen konnten die beiden nicht trennen. Da erdachte Friedrich von Sassenburg einen teuflischen Plan. Versöhnung heuchelnd, gestattete er Walter das Betreten der Burg. Kaum aber war dieser eingeritten, wurde er gefesselt und in einen mit Honig bestrichenen eisernen Käfig gesteckt, der vor dem Burgfried hing. Indessen wartete Ezzo ungeduldig und voll banger Sorge auf die Rückkehr seines Sohnes, bis er am nächsten Morgen sah, welch grausiges Spiel mit Walter getrieben wurde. Andere Burgherren, die er anflehte, ihm bei der Rettung seines Sohnes zu helfen, lehnten aus Angst vor Vergeltungsmaßnahmen des Sassenburger ab. Darauf wandte er sich hilfesuchend an die Klottener Bürger und versprach ihnen reiche Entlohnung. Diese erklärten sich sofort bereit, Ezzo bei der Befreiung von Walter zu helfen. Eifrig rüsteten sie und zogen dann vor die Sassenburg. Doch wie sollten sie deren hohe und wehrhafte Mauern überwinden? Doch zwischenzeitlich hatte Hilde von Sassenburg es verstanden, die Gunst des Hofaufsehers zu erwerben. Durch einen geheimen unterirdischen Gang fand sie den Weg zu den Befreiern und führte sie bis in das Innere der Sassenburg, wo es ihnen dann gelang, Walter aus dem Käfig zu befreien. Ritter Friedrich von Sassenburg flüchtete mit einigen seiner Getreuen auf die andere Seite der Endert. Drohend hoben sie ihre Fäuste und lästerten Gott und verfluchten die Burg. Da fuhr ein Blitz aus heiterem Himmel hernieder, traf die schändlichen Frevler und ließ sie zu Stein erstarren.

»Wackelmännchen – Wackelei« werden die Steine heute noch genannt. Ezzo von Winneburg löste auch bald sein Versprechen ein, das er den Bürgern von Klotten gegeben hatte. Er schenkte ihnen viel Land in der wilden Endert mit der schönen »Wackelei«. *(in: Klotten und seine Geschichte, Briedel 1997)*

Burg (Wüstung)
D'horn

D'horn (52379) · Kreis Düren · NRW
Während der Feudalzeit gehörte D'horn mit mehreren anderen Orten als sogenannte »Herrschaft« zum Amt Echtz und, nach dessen Auflösung, ab dem 1. Januar 1972 zur Gemeinde Langerwehe im Kreis Düren. D'horn entstand in vorkarolingischer Zeit als eine typisch fränkische Dorfsiedlung in den Waldrodungsgebieten. Der Name wird auf das althochdeutsche dorn = Wald zurückgeführt. Territorialherren sind die Grafen von Jülich, denen auch die Herrschaft Merode gehört. 1336 wird diese – und damit auch der Burgbesitz D'Horn als Unterherrschaft dem Amt Nörvenich eingegliedert. Das begüterte Burghaus inmitten des Ortes, das den Herren von Palant gehörte, besaß nachweisbar Ende des 14. Jahrhunderts eine eigene Burgkapelle. Aus ihr entstand später eine große, dreischiffige Pfarrkirche »St. Martin«, die im letzten Krieg den Bomben zum Opfer fiel und dann wegen Einsturzgefahr abgerissen wurde. Von der einstigen Burg ist nichts mehr zu sehen.

www.pfarre-dhorn.de
www.langerwehe.de

Diese wenigen Fakten liefern Stoff für folgende Sage:

Versunken im Sumpf

In uralter Zeit besaßen die Herren von D'horn mitten im Ort eine prachtvolle Burg mit vielen großen Zimmern, hellen Räumen und prunkvollen Sälen. »Ein herrliches Schloss!« sagte ein jeder, der es mit seinen Zinnen und den bunten im Wind flatternden Fahnen auf den Dächern bestaunte. Breite, helle Kieswege, umsäumt von hohen Pappelbäumen, führten hin zu dem Sitz der adligen Herren.

Aber der letzte Graf von D'horn, der auf diesem Schloss wohnte, war ein böser und gewalttätiger Mann, der ein liederliches und frevelhaftes Leben führte. Besonders die Frauen und Jungfrauen hatten Schlimmes unter ihm zu erdulden. Immer dann, wenn er an gewissen Tagen in sein Jagdhorn blies,

mussten die Frauen und schönsten Mädchen des Ortes in seinem Schloss erscheinen. Dort wurden sie herausgeputzt und mit aufreizenden Kleidern versehen. Der Wein floss in Strömen, die Musik spielte auf, und alle Frauen mussten vor ihm aufreizende Tänze aufführen. Dann wählte er sich eine aus und verschwand mit ihr in seinem Schlafzimmer. Da halfen keine Bitten, Tränen und kein Flehen. Ihn kümmerte nicht das Wehklagen der Frauen oder die verzweifelte Wut deren Männer. Wer nicht erschien, wurde hart bestraft oder verschwand für lange Zeit in dunkelfeuchten Verliesen. Und wer von den Frauen sich angstvoll versteckte, wurde von seinen Häschern gesucht und verhaftet. Als der Schmied Jörg einmal sich gegen den lüsternen Grafen zur Wehr setzte, ließ er ihn ergreifen, verurteilte ihn zu Tode und räderte ihn vor dem Schloss zu D'horn.

Wieder war es in jenem Spätsommer, als der niederträchtige Graf auf seinem Horn blies. Und wieder hatten sich die Frauen des Ortes zitternd im Empfangssaal versammelt. Mit hämisch grinsendem Gesicht schritt der Graf herbei, musterte und betrachtete alle Frauen, kniff der einen in die Wangen, fasste der anderen an den Busen und begutachtete sie so, als seien sie Vieh auf dem Markte. Da fiel sein Auge auf eine wunderschöne Jungfrau. Lange blonde Zöpfe hatte sie, und aus ihrem kindlich frischen Gesicht strahlten zwei hellblaue Augen.

Mit lüsternen Blicken winkte der Graf sie zu sich. Doch da brach das Mädchen, das sich angstvoll an die neben ihr stehende Mutter klammerte, in Tränen aus. Es fiel auf die Knie und bat händeringend um Gnade. Es sei so jung und noch jungfräulich. Er möge doch um Gottes Barmherzigkeit Mitleid mit ihm haben. Doch alles Jammern, Weinen und Flehen nützten nichts. Unbarmherzig und mit Gewalt packte der Graf die Schluchzende und zerrte sie mit sich fort. Mit frechen Worten lästerte er: »Meine Leibeigene bist du, und ich habe das Recht, mit meinem Hab und Gut zu verfahren, wie es mir gelüstet. Was verlangst du nach Gottes Barmherzigkeit? Meine Her-

An Stelle der einstigen Burg und ihrer Kapelle entstand die große Pfarrkirche »St. Martin«, die während des Zweiten Weltkrieges gänzlich zerstört wurde. In der Friedhofstraße übrig geblieben diese Gedenkstätte mit eingemauerten Grabsteinen der Familie von Merode; darunter aufgestellt Blausteingrabkreuze des 17. und 18. Jahrhunderts.

zigkeit brauchst du. Du wirst schon sehen, wie gut es dir ergehen wird!«

Mit einem Ruck riss sich da das Mädchen aus dem Griff des Grafen und stürzte sich mit einem lauten Verzweiflungsschrei über das Treppengeländer in die Tiefe. Dort schlug sie auf dem harten Steinboden auf und hauchte stöhnend ihr junges Leben aus.

Das ließ sich der Himmel nicht gefallen. Die Sonne verdunkelte sich, schwere Wolken zogen auf. Blit-ze zuckten hernieder, ohrenbetäubendes Krachen schmerzte in den Ohren. Angstvoll flüchteten Frauen und Diener aus der Burg, als deren Mauern wankten und schwankten. Die Erde bebte und zitterte. Dann öffnete sie sich, und das große prachtvolle Schloss wurde mitsamt dem gotteslästernden Grafen von ihr verschlungen. Nur mehr ein großer, trüber Sumpf dehnt sich an seiner Stelle aus und verdeckt bis heute das sündhafte Treiben.

Dasburg
Dasburg

Eulenspiegel auf der Dasburg

Eines Tages kam der Herr von Dasburg von der Jagd. Und wie er so auf seinem stolzen Pferd in Richtung seiner Burg ritt, begegnete ihm Eulenspiegel. Dieser lüftete seinen kecken Hut und grüßte freundlich: »Guten Tag, Herr!«

Doch, wer dachte, der feine Burgherr würde ebenso freundlich den Gruß erwidern, sah sich getäuscht. Hochnäsig auf seinem Ross sitzend, murrte er zurück: »Am helllichten Tag nicht arbeitend durch die Gegend streifen – sag, wo kommst du her?«

Eulenspiegel blieb ruhig und antwortete bescheiden: »Ich war zu Neuerburg und bin nun auf dem Wege zu meiner bescheidenen Wohnung.«

Der Dasburger Burgherr wurde nun neugierig. »Zu Neuerburg? Was hat er denn da suchen?«

»Ich habe nichts gesucht, weil ich auch nichts verloren habe. Dort war heute Markttag und für mich Gelegenheit, Freunde zu treffen und geschäftlich zu sein.«

Und der Herr der Burg polterte weiter: »Ah ja, da war ja heute Markt – war er auch groß?«

Die mürrische Art gefiel Eulenspiegel nun gar nicht, und so blieb er seinem Ruf als Schalk treu: »Ich habe ihn nicht gemessen! Mir fehlte das rechte Maß.«

Nun war es an der Reihe des Burgherrn, die Stirne zu runzeln und aufsteigenden Groll zu verspüren: »Ich meinte es nicht so! Ich wollte nur wissen, ob viele Leute dort waren!«

»Ja«, meinte da Eulenspiegel, »aber ich habe sie nicht gezählt.«

Der Burgherr, den Ärger verbeißend, meinte: »Nicht wahr, Bürschchen, du bist von Dahnen?! Ich habe schon viel von dir gehört!« Und als er nun merkte, dass er einem Schalk aufgesessen war, gedachte er, ihn gehörig zu bestrafen. Drum heuchelte er freundlich: »Ich möchte dich noch näher kennen lernen. Komm deshalb auf meine Burg. Du bist herzlich eingeladen zu einem Krug vom besten Wein.«

Und Eulenspiegel strahlte zurück: »Hab vielen Dank, edler Herr. Ich werde die Einladung gerne annehmen.«

Dasburg (54689) · Kreis Bitburg-Prüm · Rhld-Pf
Mitte 9. Jh.: Der nicht gesicherten Überlieferung nach wird die Dasburg, hoch über dem Tal der Our, als Fluchtburg der Mönche der Abtei Prüm erbaut, in der sie mehrmals Schutz vor den Überfällen der Normannen suchten. Die Abtei Prüm überträgt sie dann wohl als Lehen an die Grafen von Vianden, die sie als Grenzsicherung und zum Schutz ihrer eigenen Burg Vianden nutzen. Der Name der Burg (»Daysberhc castrum«) geht auf den Ort über.
1414: Die Burg ist im Besitz der Grafen von Nassau. Historisch bleibt sie stets bedeutungslos.
1580–1604: Die Burg ist Teil der Spanischen Niederlande und im Besitz des Wilhelm von Nassau-Dillenburg. Danach wechseln die Eigentümer noch mehrmals.
1622 wird sie bedeutend ausgebaut.
1794: Einfall französischer Revolutionstruppen; die Dasburg wird säkularisiert.

1811: Der französische Kaiser Napoleon (1769–1821) verschenkt sie als Dankesgabe an seinen Marschall Oudinot (1767–1847), der sie dann **1813** auf Abbruch an die Bewohner von Dasburg verkauft.
1816: Die Ruine gelangt in preußischen Staatsbesitz.
1965: Rheinland-Pfalz übergibt die Dasburg seiner staatlichen Schlösserverwaltung, die sie seitdem sichert und restauriert.
2009: Land Rheinland-Pfalz investiert über zwei Millionen Euro zur Restaurierung und Sicherung der Dasburg.
Heute: In der frei zugänglichen Ruine sind noch der 20 Meter hohe Bergfried sowie die Umfassungsmauern mit dem Burgtor erhalten. Sie gewährt schöne Ausblicke in den Deutsch-Luxemburgischen Naturpark und in das romantische Ourtal.

Kostenlose Parkplätze direkt an der Ruine; keine Gastronomie oder Übernachtungsmöglichkeiten auf der Burg.
www.dasburg.de

Wenige Tage später ging Eulenspiegel hin zum Dasburger Schloss und ließ sich durch den Pförtner anmelden. »So, da bist du ja, Bursche«, lachte der Burgherr ihn an. »Ich werde mein Versprechen halten. Geh getrost mit meinem Diener Johann in den Gewölbekeller.«

Aber bereits vorher hatte der Dasburger diesem Diener den Auftrag gegeben, er solle dort unten im Weinkeller den närrischen Eulenspiegel aus dem Weinhumpen einen kräftigen Schluck nehmen lassen, dann beim zweiten Schluck aber nach einem derben Knüppel greifen und dem Schalk das Fell gerben, damit er in alle Ewigkeit den Dasburger nicht vergessen werde, und ihn dann zum Keller hinausjagen. Der Diener führte also Eulenspiegel hinab in den geräumigen Weinkeller, zapfte das große Fass an und reichte ihm einen Humpen Wein.

Eulenspiegel trank, sah aber genau, wie der Diener nach einem Prügel griff, um auf Eulenspiegel loszuschlagen. Da riss er im Nu den Stopfen aus dem Weinfasse und warf ihn weit fort. Der Wein schoss mit mächtigem Strahl heraus und nässte den Boden. Rasch sprang nun der Diener hinzu und verstopfte das Spundloch mit seinem Daumen. Nun war es an der Reihe von Eulenspiegel, mit dem Knüppel gar kräftig auf Diener Johann einzuschlagen. Dieser jammerte und schrie zum Gotterbarmen.

In aller Seelenruhe sah sich Eulenspiegel um, entdeckte dann die in trockener Höhe hängenden schwarzgeräucherten Schweineschinken, von denen er sich rasch die zwei schwersten nahm und sie vorne unter seine Kleider steckte.

Dann humpelte er krumm und klagend die Kellertür heraus. Oben vom Fenster aus schaute ihm der Burgherr zu und meinte mit schadenfrohem und höhnischem Lachen: »Aha, Schlingel, hast du es gekriegt? Reicht wohl für einige Zeit!«

»Ach ja Herr«, wimmerte Eulenspiegel zurück und streichelte sanft über die Schinken: »Ich hab's gekriegt, und es reicht für mich und meine Mutter mindestens für vierzehn Tage!«

(nach Schmitz u. Zender)

Der Überfall auf Schloss Schönberg

Otto von Schönberg (heute in Belgien, nahe der Grenze) unternahm 1321 mit dem König Johann, Graf von Luxemburg (1296–1346), den Zug nach Böhmen. Johann hatte nämlich vielfach mit erneuten Unruhen in seinem Königreich Böhmen zu schaffen. Dergleichen Aufstände waren gegen 1320 von neuem ausgebrochen, weshalb Johann gegen Ende Januar 1321 mit seinem Heer und vielen Rittern des Landes, worunter auch Otto von Schönberg mit seinem Knappen war, den Zug nach Böhmen unternahm. Am 9. Februar desselben Jahres zogen sie in

Ein Kleinod, die Dasburger Pfarrkirche von 1767 mit ihrer reichen Rokokoausstattung

Prag ein und nachdem Johann wieder Ruhe gestiftet, reiste er am 23. Juni 1321 mit seinem Gefolge wieder in seine Grafschaft Luxemburg. Als nun auch Otto wieder in sein Schloss Schönberg einzog, fand er zu seinem Erstaunen seine treuen Dorfbewohner mit mancherlei Werkzeugen bewaffnet, um sein Schloss gelagert und Wache haltend. Die Ursache war folgende: Ottos Abwesenheit hatte der damalige raublustige Burggraf Werner von Dasburg benutzt und mit seinen Leuten das Schloss überfallen, in dem sich nur wenige Knappen, Knechte und Mägde befanden.

Eiligst gesellten sich die Dorfbewohner mit ihren Frauen und Kindern dem Burggesinde zu, nahmen den Kampf mit dem Dasburger auf und nötigten ihn, mit Schande wieder abzuziehen. Die Dorfleute blieben nun zum Schutze des Schlosses unter freiem Himmel gelagert, bis ihr Burgherr Otto heimkehrte. Dieser, gerührt von dieser Liebe und Anhänglichkeit seiner Untertanen, erlaubte den Ärmsten unter ihnen, sich innerhalb der Ringmauer, in der Vorburg (Vorhof) Wohnungen zu bauen, um, wie er sagte, die Bauernverteidiger stets um sich zu haben.

Dies ist der Ursprung der noch heute bestehenden Niederlassung innerhalb der jetzt sehr verfallenen Ringmauer. Die Bewohner dieser Häuser rund um die Burg Schönberg, welche im Gegensatz zu den übrigen Dorfbewohnern den Namen Bürger mit Stolz trugen, heißen heute noch die »Bewohner der Bürgerschaft«.

(nach Anton Hecking, Geschichte der Herren von Schönberg in der Eifel, St. Vith 1884)

Burg Daun
Daun

Der Mord auf der Dauner Burg

Heiß war er, der Sommer 1862. Heiß wie lange nicht mehr. Die Sonne stach vom blauen Himmel und brannte unnachgiebig auf den braunen Rücken des Arbeiters, der mit seiner Spitzhacke den harten, felsigen Boden des Dauner Burgberges aufwühlte. Nun streckte er sich, wischte den Schweiß von der Stirne, legte die Kreuzhacke zur Seite und griff nach dem Spaten. Er und auch die übrigen Arbeiter hatten sich schon recht tief in den Boden hineingegraben. Deutlich konnte man schon die Fundamentgräben und die Umrisse sehen, auf denen eine neue Kirche errichtet werden sollte. Eine lutherische Kirche, hatte man gesagt, für die Evangelischen, die in den letzten Jahrzehnten von der preußischen Regierung nach Daun geschickt worden waren. Als Bauplatz war ihnen auf dem Dauner Burgberg jene Stelle zugeteilt worden, auf der in den vergangenen Jahrhunderten ein stolzes Burghaus gestanden hatte.

Jetzt lagen nur noch überwachsene Trümmerreste herum und ärgerten den Arbeiter. Ständig fielen ihm solche Steine in den Graben, oder die Schaufel fand knirschend Widerstand an zerborstenen Dachziegeln und Geröll. Wieder musste er zur Spitzhacke greifen, um einen schweren Brocken zu lösen. Da wurde sein Blick plötzlich von etwas angezogen. Man hatte ihm gesagt, er solle beim Graben gut aufpassen! Und der Franz hatte auch schon eine römi-

sche Münze mit dem Bild von Trajan gefunden. Aber er hatte noch nichts Besonderes entdeckt, außer verbranntem Holz und zerbrochenen Tonscherben.

Er bückte sich, hob auf und hielt einen Knochen in der Hand. Wieder nichts, sagte er halblaut vor sich hin und warf das Gebein achtlos auf den Aushub. Schürfend fuhr die Schaufel wieder in die Erde. Doch da stieß der Arbeiter einen lauten Schrei aus, der seine Kollegen in ihrer Tätigkeit innehalten und herbeieilen ließ. Da standen sie nun, starrten in den Graben

und sahen ganz deutlich den Totenkopf, halb noch mit Erde bedeckt und bleich in der hellen Mittagsglut. Der Aufseher Kornelius war der erste, der sich fasste, hinabsprang und vorsichtig weiterschaufelte. Tatsächlich, das war ein Skelett! Da lag ein Mensch begraben! Die Stille wurde nun unterbrochen durch hastiges Rufen, ängstliches Sprechen und verdächtigendes Gerede.

In dem kleinen Flecken Daun verbreitete sich in Windeseile die Nachricht von dem Skelettfund auf dem Burgberg. Es dauerte nicht lange, und viele Schaulustige kamen den Berg hoch, um zu sehen, um etwas zu erfahren, einfach, um dabei gewesen zu sein. Der Polizeikommissär drängte die Neugierigen zurück und befragte sie. Nein, keiner hatte eine Ahnung, warum gerade an dieser Stelle eine Leiche im Boden lag. Nie war dort ein Friedhof gewesen. In keinen Notizen stand etwas zu lesen. Selbst der älteste Einwohner Dauns wusste sich an nichts Vergleichbares zu erinnern. Die Vermutung des Schulmeisters, es könnte sich um einen keltischen Vorfahren handeln, war mit Sicherheit falsch, hatte man doch zwischenzeitlich auch einen Messingknopf und Lederreste gefunden. Nein, keine hundert Jahre lag dieser Mensch in dieser Erde, da war man sich schon ganz sicher.

Die Sonne ging schon langsam hinter dem Wehrbüsch unter, und das ehemalige Burghaus, jetzt Forstamtsgebäude, warf bereits lange Schatten auf die abgeriegelte Fundstelle und die diskutierenden Dauner. Die absonderlichsten Gerüchte waren schon im Umlauf, als der alte Gutsbesitzer Hölzer den steilen Schotterweg zur Burg heraufstapfte und bereits von weitem durch Winken die Aufmerksamkeit der Obenstehenden auf sich zog. Hinter ihm her eilte mit hochrotem Kopf seine Dienstmagd Anna. Sie konnte kaum Schritt halten, weil der bodenlange graue Rock ihr große Schritte nicht erlaubte. Außerdem war sie mit ihren fast sechzig Jahren auch nicht mehr die Jüngste. Keuchend bedeutete der ergraute Herr Hölzer, seine Magd Anna könne Auskunft über die gefundene Leiche geben, sie kenne das unheimliche Geheimnis. Er setzte sich auf einen Stapel Bretter, wischte sich den Schweiß von der Stirne und forderte Anna auf, ruhig und der Reihenfolge nach zu erzählen. Sie brauche keine Angst zu haben.

Anna wischte ihre verschwitzten Hände an der blau-weiß-karierten Schürze ab und begann, ängstlich in die Runde sehend, zuerst langsam und stockend, dann aber an Sicherheit gewinnend, zu berichten. Ihre Mutter, die Webers Kathrin, die ja nun schon dreißig Jahre auf dem Gottesacker da unten im Schatten der Nikolauskirche liege, hätte ihr auf dem Sterbebett ein grausiges Geheimnis anvertraut. Sie musste ihr versprechen, nichts zu verraten, doch allzu sehr belastete das Geschehen ihr Gewissen. Nun fühle sie sich erleichtert, dass sie alles sagen dürfe. Ja, ihre Mutter war dereinst als junge Frau Dienstmagd beim Kellner Knoodt hier auf der Burg gewesen. Schöne und fröhliche Zeiten habe sie während ihrer Dienstzeit auf der Burg erlebt, aber auch ebenso traurige und leidvolle. Besonders schlimm war es aber

---

Daun (54550) · Vulkaneifelkreis · Rhld-Pf

um 1000: Auf den Resten einer keltisch-römischen Warte erbauen die Herren von Daun eine Burg als ihren Stammsitz. Diese spätere Ganerbenburg bildet das Mittelalter hindurch das Verwaltungszentrum des großen Amtes Daun.

1618–48: Burg und Stadt Daun erleiden während des Dreißigjährigen Krieges starke Beschädigungen.

1689: Zerstörung durch die Franzosen im Pfälzischen Erbfolgekrieg. Die Grafen und Herren von und zu Daun verlassen ihren Stammsitz und begeben sich in Wien in österreichische Dienste.

1712: Die Burganlagen gehen in das Eigentum der Trierer Kurfürsten über. Kurfürst und Herzog Karl-Joseph von Lothringen (1711–15) baut die ruinöse Burg um zu einem Jagdschloss mit Amtssitz.

1793: Die Französische Revolution beendet das Kurfürstentum Trier. Sie erklärt die Burg zum französischen Nationaleigentum und verkauft sie.

1815: Das Amtshaus wird preußischer Staatsbesitz. In ihm wird die Verwaltung einer Oberförsterei eingerichtet.

1865: Reste des Bergfrieds werden beim Bau einer evangelischen Kirche entfernt.

1948: Das Land Rheinland-Pfalz übernimmt die Hoheitsrechte.

1957: Die Stadt Daun wird Eigentümerin der Burg.

1978: Das Amtshaus geht in privaten Besitz über. Es wird gänzlich renoviert, erweitert und zu einem anspruchsvollen Schlosshotel »Kurfürstliches Amtshaus« umgebaut.

Heute: Von der mittelalterlichen, frei zugänglichen Burg, mitten in der Kreisstadt Daun auf einem steilen Vulkanfelsen, sind nur mehr sehr wenige Reste (Grundmauern, Ecktürmchen, Schießscharten, Zehntscheune) vorhanden.

Parkmöglichkeiten vorhanden; keine öffentliche Besichtigung des »Schloss-Hotel Kurfürstliches Amtshaus« möglich
www.amtshaus-daun.burg-hotel.de
www.stadt-daun.de

während den Einfällen und Besetzungen durch die Franzosen. Das muss so um 1795 gewesen sein. Da sprengte erneut eine Abteilung französischer Husaren den steilen Burgberg hinauf. Wilde dunkle Gesellen waren es, die da von ihren dampfenden Pferden sprangen und ins Burghaus polterten. Die verängstigte Dienerschaft wurde zur Seite gestoßen, und dann ließen sich dieses Mussjöhs in dem großen Herrensaal in die Ledersessel fallen, dass sie krachten, legten ihre Füße auf den Eichentisch und kommandierten herum, als ob die Burg ihnen allein gehören würde. Viele Wochen waren sie bereits im Quartier, polterten und schrien, aßen und tranken nach Herzenslust. Und wenn sie genug Moselwein getrunken hatten, flog auch mancher Becher zerklirrend an die Wand. Mehr als einmal sah man dann auch eine Dienstmagd mit verweinten Augen aus dem Zimmer der Blau-Weiß-Roten kommen. Es muss im Spätherbst gewesen sein, sagte Anna, denn ihre Mutter wusste sich zu erinnern, dass es bereits früh dunkel war und ein kalter Wind rauschend die fast entlaubten Bäume bog. In der Halle saßen an diesem Abend vier Franzosen. Sie spielten Karten. Schang, so hieß einer von ihnen, hatte bereits viel Geld verloren. Er war der wildeste von allen. Auch seine wilden Kumpane hatten große Angst vor dem Jähzornigen, der so wild schauen, fluchen und zuschlagen konnte. Auch dieses Mal schien er sich schrecklich zu ärgern, denn er schrie und tobte mit seinem Gegenüber, zeigte auf die Karten, wies auf das Geld, schüttelte drohend die Faust. Dann drehte er sich um zu meiner Mutter, warf ihr eine Zinnkanne vor die Füße und brüllte: »Wein, Wein, witt, witt, witt!«

Meine Mutter eilte mit der Kanne in den Keller. Unten im dunklen Gewölbe angekommen, vernahm sie droben wütendes Lärmen und dann einen gellenden Schrei. Geschrei. Als sie aber wieder die Treppe hinauf stieg, war es erstaunlich still. Sie trat in die Halle, und da sah sie auch den Grund der seltsamen Ruhe. Ein Franzose lag zuckend auf dem Steinboden, in einer Blutlache, die immer größer wurde. Über ihm stand breitbeinig Schang. In seiner Hand hielt er ein Messer. Die anderen zwei standen am Fenster, bewegungslos vor Schreck. Auch meine Mutter erstarrte. Sie spürte, wie Todesangst ihr kalt den Rücken heraufkroch. Sie wollte schreien, aber kein Laut kam über ihre Lippen. Die Hallentür schloss sich knarrend. Schang zuckte zusammen, drehte sich um zu meiner Mutter. Sein Atem ging stoßweise und

Ein prachtvolles Wappen des Trierer Kurfürsten Karl-Josef ziert den Eingang zur 1712 erneuerten Burg Daun.

roch übel nach Wein. Die Augen standen verquollen vor. Er blickte auf das Messer, schaute zurück auf den Toten, dann wieder zu meiner Mutter. Langsam kam er näher und zischte dann: »Du ... pssst ... du ... nicht trankille ... ich ... « und zeigte auf das blutige Messer, auf den Hals meiner Mutter und machte das Zeichen des Halsabschneidens. Kein Ton kam über die blutleeren Lippen meiner Mutter, aber sie nickte stumm immer und immer wieder, still versprechend, nie auch nur ein Sterbenswörtchen zu verraten.

Nun löste sich auch die Verkrampfung der übrigen. Sie traten zum Toten und trugen ihn hinaus. Es war dunkel, leiser Regen fiel. Meine Mutter musste mit. Sie hatte eine Fackel zu halten. Der Weg führte über den Hof, hinter den Schuppen, wo das Geröll eines zerfallenen Burghauses war. Dort verscharrte man jenen unbekannten Leichnam, dessen moderndes Gebein heute nach so langer Zeit von einem Spaten ans Tageslicht befördert wurde.   (Alois Mayer)

Schloss Dodenburg
Dodenburg

Mord am Hochzeitstag

Vor vielen, vielen Jahrhunderten trug jene stolze Burg auf waldiger Höhe den anmutigen Namen »Freudenburg«. Auf ihr lebte damals ein mächtiger Graf, der eine strahlend schöne Tochter hatte. Zwei Ritter umwarben das Mädchen, buhlten um seine Gunst und begehrten es als Gemahlin. Die junge Gräfin fand auch Gefallen an einem von ihnen und verlobte sich bald darauf mit diesem.

Dies entfachte in dem verschmähten Bewerber Neid und gekränkte Eitelkeit. In seinem lodernden Hass setzte er sich den Tod des Nebenbuhlers zum Ziel. Doch erst am Tage der Vermählung des glücklichen Paares fand der eifersüchtige Ritter die rechte Gelegenheit zur grausamen Rache.

Die Hochzeit fand in der prächtig geschmückten Pfarrkirche zu Heckenmünster statt. Gerade war die feierliche Trauung vorüber. Die Glocke der Kirche verkündete laut klingend das freudige Ereignis, als

das Brautpaar das Gotteshaus verließ. Und just in dem Moment, als das wartende Volk seine Jubel- und Glückwünsche vorbringen wollte, sprang plötzlich der rachedurstige Ritter aus der Menge hervor und erstach den jungen Bräutigam.

Und noch bevor Schreckensschreie aus den Kehlen der Leute gellten, tötete sich der wahnsinnige Eifersüchtige selbst. Die Hochzeitsgesellschaft war entsetzt, und die Fröhlichkeit des Festes wich bitteren Tränen und schmerzlicher Trauerklage.

Die Freude war, solange der alte Graf lebte, aus der Burg verbannt. Kein frohes Lied, kein Saitenspiel, kein Lachen vernahm man mehr innerhalb ihrer Mauern. In seinem tiefen Schmerz änderte der Graf den Namen »Freudenburg« in »Totenburg« um.

Die wilde Frau

Vor rund vierhundert Jahren war in den Eifeldörfern die Pest ausgebrochen und hatte Angst und Verzweiflung über die Menschen gebracht. Nur der Graf und die Gräfin auf Schloss Dodenburg hatten sich hinter ihren hohen Schlossmauern verschanzt und waren vom Hunger verschont geblieben.

Die Gräfin war eine überaus hartherzige und geizige Frau und hatte über viele Jahre große Vorräte an Lebensmitteln und Getreide auf den Schloss-Speichern gehortet. Nun, da alle Leute bittere Not litten, dachte sie keinen Augenblick daran, den Hungernden eine Brotkrume abzugeben. Im Gegenteil, weil die Gräfin die scheußliche Pest fürchtete wie der Höllenfürst das Weihwasser, bedrohte sie jeden mit ihrer Jagdflinte, der Hilfe heischend sich auch nur in die Nähe des mächtigen Schlosstores heranwagte. Und sie schreckte auch nicht davor zurück, rücksichtslos zu schießen und den Getroffenen in dessen Blute sterben zu sehen.

Die Hungersnot der Dodenburger Bauern war schließlich so groß geworden, dass sie den Beschluss fassten, gewaltsam in das Schloss einzudringen. Die Gräfin hatte mit den heranziehenden, halbverhungerten Bauern kein Erbarmen und schoss auf die schutzlosen Männer, dass manch einer tot zu Boden sank. Während aber die Gräfin wieder einmal ihre Flinte lud, war es einem der Bauern gelungen, sie mit einem tödlichen Schuss niederzustrecken.

Dodenburg (54516) · Kreis Bernkastel-Wittlich · Rhld Pf
1279: Erstmalige Erwähnung als »Dudenburg« und trierisches Lehen. Sie ist eine mit doppeltem Wassergraben umgebene rechteckige Anlage, die auch ihren Namen dem Ort gab.
16. Jh.: Ausbau zum barocken Schloss durch die Reichsgrafen von Kesselstatt.
1891–94: Umbau zum Schloss in deutschem Renaissancestil mit breiter Eingangshalle und einem daneben liegenden Treppenhaus.
1944: Die Familie von Kesselstatt verlegt ihren Hauptwohnsitz von Dodenburg nach Schloss Föhren.
1945–52: Das Schloss Dodenburg steht leer. Die Grafen von Kesselstatt verkaufen es an eine private Firma.
Heute: Der Zweiflügelbau mit den runden Ecktürmchen, die noch an die ehemalige Wasserburg erinnern, befindet sich in Privatbesitz. Die Parkanlage mit ihren Alleenwegen besteht noch in ihrer ursprünglichen Form. Das Schloss ist für die Öffentlichkeit nicht zugänglich.

www.dodenburg.de

Als die Männer ins Schloss eingedrungen waren und vor der toten Gräfin standen, war ihr Staunen groß. Ungläubig schüttelten sie die Köpfe, als sie die Tote berührten. Sie war zu Stein geworden, zu hartem, kaltem Stein! Und auch ihre beiden Hunde, die sich oft auf hungrige Menschen gestürzt hatten, lagen versteinert neben ihr.

Endlich hatten die Bauern Ruhe vor ihr. Sie ergriffen die steinerne Gräfin und die steinernen Hunde und stellten sie auf einen großen Steinblock inmitten des Schlossparks. Dort stehen sie auch heute noch als abschreckendes Mahnmal, Notleidenden gegenüber nicht hartherzig zu sein wie kaltes Gestein.

Burg (Wüstung)
Düren-Arnoldsweiler

Der umrittene Wald

Eines Tages zog Kaiser Karl der Große mit seinem Gefolge in den Bürgewald, das ist ein Waldstück im Norden von Düren, nur einige hundert Meter von der heutigen Bundesautobahn 4 entfernt, um darin der Jagd nachzugehen. Arnold, ein frommer Sänger, der am Hofe des Kaisers lebte und der dessen ganze Achtung und Zuneigung hatte, durfte Karl begleiten. Bei diesem Ausritt bemerkte Arnold erneut die große Armut in den umliegenden Dörfern. Die Bauern berichteten ihm von dem Wildbann, mit dem der Kaiser den Wald belegt hatte. Dieser stellt das Betreten des Waldes unter Strafe, so dass es der Bevölkerung nicht nur an Nahrung sondern auch an einfachem Brennholz mangelte.

Gegen Mittag erreichte die Jagdgesellschaft das Dorf Ginizwilre. Dort rastete sie, und der Kaiser ließ ein üppiges Mahl auftragen. Und schon griff Arnold zu seiner Laute und ließ herrliche und anmutige Weisen erklingen. Frohgemut dankte der Kaiser seinem Sänger und forderte ihn auf, er möge sich einen Lohn erbitten für all die vielen und schönen Lieder, die alle stets erfreuten.

Grab des hl. Arnold in Arnoldskapelle

Da trat Arnold vor den Kaiser und trug seinen Wunsch vor: »Herr Kaiser, gewährt mir die Bitte, so viel Wald mein Eigen nennen zu dürfen, wie ich während der Dauer Eures Festmahls umreiten kann.«

Düren-Arnoldsweiler (52353) · Kreis Düren · NRW
Der Volksüberlieferung nach soll es in Arnoldsweiler, einem Stadtteil von Düren, eine Burg (frühgeschichtliche Wehranlage?) gegeben haben, von der außer Wällen und Gräben nichts mehr nachweisbar ist.
Ebenfalls nicht nachweisbar ist die Meinung, in dieser Burg habe der später heiliggesprochene Arnold gelebt, dessen Gedenktag im Bistum Aachen am 18. Juli begangen wird. Arnold war der Überlieferung nach Sänger und Harfenspieler am Hof von Karl dem Großen. Der Sage nach erhielt er vom Kaiser den Bürgewald nordöstlich von Düren mit zwanzig Dörfern, darunter auch Ginizwilre. In diesem Ort lebte er bis zu seinem Tod um 800. Er setzte sich sehr für Arme und Bedürftige ein. Den Wald schenkte er den Dörfern, die Armen bekamen das Recht zum kostenfreien Holzsammeln. Beerdigt wurde er in der alten Pfarrkirche, die heute »Arnoldskapelle« genannt wird. Der Ortsname »Ginizwilre« wurde ab Mitte des 12. Jahrhunderts in den heutigen »Arnoldsweiler« umbenannt.
Mathäus Merian beschreibt in seiner »Topographia Westphaliae« Arnoldsweiler: »Arnswiller / ist ein Dorff in dem Hertzogthumb Gülich gelegen / allda St. Arnoldus Keysers Caroli Magni Citharist / ruhet / daher der Ort den Namen / dann man ihn Arneswiller / zu Latein Arnoldi Villare nennet.«

www.heiligenlexikon.de
www.dueren.de

Karl gewährte ihm diesen Wunsch. Doch der kluge Arnold hatte sich etwas Schlaues ausgedacht: Er hatte in den umliegenden Dörfern jeweils ein frisches und ausgeruhtes Pferd bereitstellen lassen. So konnte er einen sehr großen Wald umreiten. Noch bevor der Kaiser sein Mahl beendet hatte, er verzehrte gerade als letztes einen Apfel, kehrte Arnold zurück.

Erstaunt bemerkte der Kaiser: »Arnold, du hast dir sicherlich ein viel zu kleines Stück Wald erritten, da du so früh wieder zurückkehrst!«

Arnold jedoch lächelte: »Mitnichten, Herr, ich umritt den Bürgewald, einen Wald, den ein Mann kaum an einem Tag umschreiten kann!« Und als er merkte, dass sich auf der Stirn des Kaisers Unmutsfalten bildeten, sprach er weiter: »Zürne mir nicht, hoher Herr. Denn ich umritt diesen Wald nicht für mich. Sieh, in all den Dörfern von Düren bis Bred-burg und von Jülich bis Bergheim mangelt es den Bewohnern an Nahrung und an Holz, um ihre kleinen Häuser zu wärmen. Für diese habe ich den Wald umritten, und ich bin mir sicher, dass Ihr, kaiserlicher Herr, in Eurer Großmütigkeit zu Eurem Versprechen steht!«

Da freute sich der Kaiser über dessen Ehrlichkeit und biederes Herz. Er schenkte ihm seinen Ring und beurkundete, dass fortan der Bürgewald dem Arnold gehöre. Und dieser ging wirklich hin und schenkte diesen Forst den anliegenden zwanzig Gemeinden.

Aus Dankbarkeit verehrten die Bewohner dieser Ortschaften ihn fortan wie einen Heiligen.

(nach Ludwig Bechstein, Deutsches Sagenbuch,
Meersburg und Leipzig 1930)

Reste der »alten Kirche« in Arnoldsweiler. Befand sich hier dereinst die Burganlage des heiligen Arnold?

Mozenborn (Wüstung)
Düren-Birgel

Der Untergang der Burg Mozenborn

Mozenborn war früher eine stolze Ritterburg mit fünf Türmen. Einst lebte auf ihr ein reicher Besitzer. Mit dem Reichtum kehrten Üppigkeit, Verschwendung, Völlerei und schlimme Sünde in die Burg ein. Doch Gottes Langmut hat seine Grenzen. Er lässt seiner nicht immer spotten.

Einmal feierte der Burgherr ein großes Fest, das mit einem festlichen Tanzball schließen sollte. Und wieder geschah es, wie so oft in vergangenen Tagen. Die Burgbewohner und ihre Gäste vergaßen alle Sitte und jedweden Anstand. Verschwenderisches Essen und unmäßiges Trinken berauschte alle. Schließlich waren alle schrecklich schamlos und ergaben sich in gotteslästerlicher Weise der rohesten Sinneslust. Noch in derselben Nacht versank die Burg in tiefem Erdreich und begrub alle Bewohner.

Nur ein Turm blieb stehen. In diesem wohnte nämlich eine alte Witwe. Allzuoft hatte sie mit Ekel und Abscheu dem gottlosen Treiben der Burgbewohner zusehen müssen. Und immer wieder hatte sie die Herren und Damen auf ihr schändliches Tun hingewiesen und sie zur bereuenden Umkehr gebeten. Doch niemand hörte ihr zu oder beachtete ihre Warnungen. Man machte sich lustig über die Alte, die

Das Herrenhaus Mozenborn bei Düren

nicht mehr so richtig im Kopf sei. So entging sie Gottes Strafgericht, und nur der Turm, in dem sie wohnte, blieb vor dem Untergang bewahrt und steht noch heute da, um Lebende zu mahnen, Gottes Gebote zu achten.   (nach H. Hoffmann)

Die Muttergottes hilft beim Erstürmen

Am Südostrand Dürens auf der Höhe an der Zülpicher Straße steht ein weißes, schiefergedecktes »Muttergotteshäuschen«, ein historisch wertvolles Gebäude. Mit ihm verbindet sich eine Begebenheit, die sich während der sogenannten »Jülicher Fehde« ereignete.

Für Düren folgenschwer war der August 1543. In dem Kampfe, den Karl V. mit dem Herzog Wilhelm von Jülich um die Erbfolge des Herzogtums Geldern ausfocht, belagerte die kaiserliche Armee mit 61 000 Soldaten die Stadt Jülich. In ihr waren etwa 3 000 Einwohner und die jülich-herzoglichen Truppen eingeschlossen. Am Abend vor der Entscheidung zog der Kaiser mit seiner Generalität in einer Prozession zu diesem Heiligenhäuschen in Düren, um für die Erstürmung der Stadt Jülich Gottes Segen zu erflehen Nach zwei Tagen blutigen Kampfes mit ca. 16 000 Toten, davon 2 500 Verteidigern, lag Jülich, die vorher »blühende Stadt des gesamten Landes« mit zerschossenen Wällen, Mauern und Häusern in Schutt und durch den anschließenden Großbrand in Asche.   (www.st-josef-mgh-dn.de)

Düren-Birgel (52355) · Kreis Düren · NRW
1381 wird ein Ritter Schinmann von Mozenborn als Besitzer einer kleinen Wasserburg urkundlich erwähnt.
1525: Durch Heirat und Erbschaft wird die Burganlage Eigentum des Franz Spies von Büllesheim. In den folgenden Jahrhunderten wechseln die Besitzer häufig, bis es **1901** in den Besitz der Familie Karl Jacobi gelangt. Nach den Söhnen Leo, Karl und Robert Jacobi wurde der Enkel von Karl Jacobi, Carl Ley, 1959 neuer Besitzer.
Heute: Von der ehemaligen Wasserburg Mozenborn, die zwischen den Dürener Stadtteilen Rölsdorf und Birgel lag, sind nur verlandete Gräben und der Stumpf eines Rundturmes erhalten. Etwas entfernt vor ihr steht heute das »Haus Mozenborn«, ein Hofgut, das vermutlich nach dem Zerfall des Burggebäudes Mitte des 18. Jahrhunderts gebaut wurde. Seit 1959 wird es privat von der Familie Ley, Enkel der Familie Jacobi, bewohnt (Firma Carl Ley Landschaftsbau GmbH Gut Mozenborn). Wann und wie und warum die Wasserburg Mozenborn unterging, ist geschichtlich noch nicht nachgewiesen. Nur die Sage kennt den Grund.

www.dueren.de

Burg Birgel
Düren-Birgel

Die Birgeler Holzremmele

Von der Birgeler Burg führt ein unterirdischer Gang bis in den Hochwald. Dieser Gang kam einst den Burgbewohnern bei einer Belagerung gut zustatten. Denn erneut waren die Franzosen vor die Burg gezogen, um sie einzunehmen und zu plündern. Doch dies gelang ihnen nicht, denn viel zu hoch und zu mächtig waren die Stadtmauern, und sehr auf-

nerhalb der Burg Nahrungsmangel gelitten wurde oder bereits vor Hunger Geschwächte um Milde baten. Wie konnten die Feinde auch wissen, dass durch diesen unterirdischen Geheimgang stets genügende Vorräte an Waffen und Lebensmitteln in die Burg gelangten.

Und um die Eingeschlossenen zu ärgern und verspotten, befahl der französische Kommandant: »Werft ihnen eine tote Katze über die Burgmauer,

Ostfront der Burg Birgel, in deren Gebäude sich heute eine Grundschule befindet

merksam und tapfer die Burgbesatzung und ihr Bewacher. Deshalb bauten die Franzosen rund um die Stadt ihre Lager auf und gedachten, die Burg auszuhungern. Sehr lange dauerte bereits die Belagerung, und immer noch schien sie kein Ende zu nehmen. Nirgendwo waren Anzeichen zu erkennen, dass in-

mit einem schönen Gruß von uns, sie mögen sich aus ihr ein Festmahl bereiten!«

Doch wie erstaunten die Belagerer, ja geradezu völlig ratlos waren sie, als kurze Zeit später aus der Burg heraus in hohem Bogen ein dicker, fetter, frisch geschossener Hase den Franzosen vor die Füße fiel.

Düren-Birgel (52355) · Kreis Düren · NRW

1269 wird erstmals ein Geschlecht derer von Birgel (Marschall Winnemar Frambach von Birgel) genannt, das in Birgel als Stammhaus eine Burg bewohnt. Birgel ist Lehen der Grafen von Jülich.

1301 tauscht Graf Gerhard I. von Jülich »Haus Birgel« gegen die Erbvogtei Düren ein.

1580: Die ursprüngliche Familie von Birgel stirbt (1483) in männlicher Linie aus. Familie »von der Ehren« erwirbt die Burg Birgel. Durch Kriegseinwirkungen hat sie sehr gelitten und ist vermutlich sehr ruinös. Deswegen baut deren Erbsohn sie zu Beginn des 17. Jahrhunderts in eine Wasserburg um, so wie sie heute noch zu erkennen ist. Es ist eine vierflügelige Anlage mit Herrenhaus und Wirtschaftsgebäuden, von Wassergräben umgeben. Die Bewohner, Eigentümer und Besitzer wechseln in den kommenden Jahrhunderten noch häufig.

1840–1842 erwirbt die Dürener Fabrikantenfamilie Schoeller die Burg und richtete in ihr auch eine Volksschule ein.

1913 wird sie an Baron von Diergardt weiter verkauft.

1939–45: Einquartierungen, Kriegseinwirkungen und Bombardierungen zerstören die die Gebäude erheblich. Zwei der vier markanten Ecktürme werden gänzlich vernichtet und nicht wieder aufgebaut.

1957 erwirbt die damalige Gemeinde Birgel die ruinösen Burganlagen, in denen mehrere Familien untergebracht sind. Sie lässt sie in eine vierklassige Volksschule umbauen, deren letzter Bauabschnitt 1964 eingeweiht wird.

1968 trennt sich die Hauptschule ab und bezieht eigene Schulräume. Zurück bleibt die Grundschule.

1972: Durch die kommunale Neugliederung werden Birgel und die Burg-Schule zum Stadtteil und Eigentum der Stadt Düren.

Heute: In den Gebäuden der ehemaligen Burg Birgel befindet sich die Städtische Gemeinschaftsgrundschule, deren Klassenräume über eine gemauerte, kleine Brücke und ein großes Eingangstor mit Rundbogen zu erreichen sind. Das Wappen der Burgerbauer »Johann von der Ehren«, dessen Mutter eine geborene Birgel war, und seiner Frau Agnes von Kolff ist noch oberhalb der Toreinfahrt zu sehen.

Parkplätze nahe der Gemeinschaftsgrundschule; ein Zugang dazu ist möglich, aber keine öffentliche Besichtigung der Räumlichkeiten.
www.grundschule-burg-birgel.de

Einen Zettel trug das Tier am Hals, auf dem in feinster Schrift zu lesen war: »Danke für das Geschenk! Doch sind wir Besseres gewöhnt und möchten uns erlauben, euch diesen Hasen als Vorspeise überreichen zu dürfen!«

Deutlicher konnte man den Franzosen deren Sinnlosigkeit der Belagerung nicht vor Augen führen. Und der Kommandant begriff dies auch sofort und befahl mit großer Wut und tiefem Ingrimm den sofortigen Abbruch der Belagerung und den Abzug.
(vgl. dazu unter Nideggen
»Eine Katze als Geschenk«)

Einige Jahre später wurde die Burg in Birgel erneut von Feinden angegriffen. Völlig unerwartet waren sie herangezogen, hatten ihre Zelte schon aufgeschlagen und bereiteten sich vor, anderentags die Burg zu erstürmen.

Der Burgherr war in Not. Zu gering war seine Burgbesatzung, unzureichend seine Bewaffnung. Nicht im Traum hatte er mit einem Angriff gerechnet, war er doch stets ein friedfertiger und beliebter Herrscher gewesen. In seiner Bedrängnis schickte er nun durch den unterirdischen Gang Boten aus, die den Bürgern in der Stadt seine Sorgen mitteilen und sie warnen sollten, er werde kaum die Burg und die Stadt verteidigen und seine geliebten Untertanen schützen können.

Die Birgeler gerieten ob dieser unheilkündenden Botschaft nicht in Angst und Trauer. Im Gegenteil, sie beschlossen, mit aller Kraft und den ihnen zur Verfügung stehenden Mitteln ihrem geliebten Herrn zu Hilfe zu eilen. Er war ihnen gegenüber stets ein sorgender Graf gewesen, jetzt wollten sie ihm auch ihre Treue beweisen. So griff ein jeder, gleich ob Mann oder Frau, nach irgendwelchen Waffen, nach Äxten und Beilen, nach Sensen und Mistgabeln, nach Eisenstangen und »Holzremmeln«. So zogen sie geschlossen und furchtlos mit viel Lärm und Geschrei hin zum nächtlichen Lager der Feinde. Ein mächtiges Durcheinander entstand, und bevor die Gegner überhaupt begreifen konnten, was sich hier ereignete, waren sie schon mit schmerzhaften Beulen und blutigen Schrammen vertrieben worden.

Groß war die Freude der Birgeler über diesen Sieg. Stolz waren sie auf ihren Erfolg, den sie auch noch tagelang mit einem großen Fest würdig feierten. Aber dieser »Knüppelkampf« war die Ursache, dass die Birgeler bis heute bei den Leuten in weitem Umkreis den lustigen Spottnamen »Birgeler Holzremmele« anhören müssen. *(nach H. Hoffmann)*

Burg (Wüstung)
Düren-Gürzenich

Der Schuss auf den Pfarrer

Gegenüber der Kapelle von Gürzenich lag früher die Burg der Grafenfamilie Schellart. Einer dieser Grafen war ein eingebildeter und hochnäsiger Mann. Bloß weil er Geld und Reichtum hatte, glaubte er, was Besseres und Edleres zu sein. In seinem Übermut pflegte er oft zu sagen: »Die Steine in der Rur

Die Burgkapelle zeigt rechts und links der Gottesmutter die Wappen der Erbauer: Johann Wilhelm, Graf zu Schellart und Herr zu Gürzenich und seine Frau Maria Isabella Antonia Gräfin zu Hatzfeld.

sind eher zu zählen als mein Reichtum!« Das Eigentum seiner Untertanen achtete er dahingegen nicht. Anstatt Wege einzuhalten, wenn er mit seinem vierspännigen Wagen von Rölsdorf kam, fuhr er mitten durch die Felder der Bauern, selbst wenn die Frucht bereits sehr hoch stand. Je mehr die Bauern stöhnten und jammerten, umso mehr lachte und drangsalierte Graf Schellart sie. Immer wollte nur er Recht haben

und ließ sich aller Orten huldigen, so als ob er König sei. Obwohl seine Burg nur wenige Schritte von der Kirche entfernt lag, ließ er jeden Sonntag vier Pferde vor die Prunkkutsche spannen und fuhr damit zum Gottesdienst. Doch auch da glaubte er, bestimmen zu müssen und alle müssten sich nach ihm und seinen Wünschen richten. Doch selten erschien er pünktlich zur heiligen Messe.

So auch an jenem Sonntag. Wieder kamen er und sein Gefolge sehr spät. Der Gottesdienst hatte bereits begonnen, und der Priester stand auf der Kanzel und verkündete das Wort Gottes. Da polterte der Graf in die Stille und verlangte erneut mit wütenden und gebieterischen Worten: »Pfaffe, ich befehle dir nun zum allerletzten Male: Du hast nicht eher mit der Messe zu beginnen, bis ich hier anwesend bin!«

Auf diese unangemessene Forderung des Grafen erwiderte der Pfarrer: »Ich bin nicht willens, mich nach Ihrer Lust und Laune zu richten. Ich bin Seelsorger, aber nicht für Sie allein, sondern habe noch viele andere Pfarrkinder, für die ich sorgen und auf die ich Rücksicht nehmen muss.«

Graf Schellarts Gesicht wurde bleich, dann rötete es sich vor Wut und Zorn. Das hatte noch niemand gewagt, ihm zu widersprechen oder seine Befehle nicht zu befolgen. »Das werdet Ihr mir büßen!«, zischte er erbost. Und von diesem Sonntag an bedrückte und drangsalierte er den Pfarrer, wo er nur konnte. Er schalt und schimpfte ihn aus, schickte ihm Drohbriefe, verbreitete Lügen über ihn, forderte seine Versetzung durch den Bischof.

Bei einer Fronleichnamsprozession kam es dann zu einem schrecklichen Vorfall. Der Graf verweigerte dem Priester, den Messdienern und der gläubigen Gemeinde die Erlaubnis, mit der Prozession über einen Feldweg zu gehen, der in gräflichem Besitz war. Doch der wackere Geistliche störte sich nicht an diesem Verbot. Singend und betend zog er, wie all die Jahre vorher, durch die Fluren und dann wieder zurück zur Dorfkirche, wo er den göttlichen Segen spenden wollte. Als alle fromm und andächtig das Tedeum sangen, und der Priester segnend die goldene Monstranz hob, da schoss der Graf mit seiner Jagdflinte auf den Pfarrer. Glücklicherweise verfehlte die Kugel ihr Ziel und schlug mit Knall in den Pfosten an der Kapellentür.

Totenstille! Entsetzen lähmte alle. Der Priester jedoch segnete die Knienden und sprach danach: »Gottes Mühlen mahlen langsam, aber sicher. Darum wird Gott den Frevler strafen! Auch wenn ich es nicht mehr erleben werde, diese Burg wird vergehen. Kein Stein wird auf dem anderen bleiben!«

Der Pfarrer hatte wahr gesprochen. Das Jahr war

Düren-Gürzenich (52349) · Kreis Düren · NRW
1232: Der berühmte Zisterziensermönch und Geschichtsschreiber Caesarius von Heisterbach (*um 1180; † nach 1240 in Heisterbach) erwähnt die Burg in Gürzenich (Curtiniacum), heute Stadtteil von Düren. Sie ist eine größere Wasserburg mit dreiflügeligem Herrenhaus, die die Herren von Gürzenich von dem Jülicher Grafen als Lehen erhalten. Dieses Rittergeschlecht stirbt bereits Jahrzehnte später aus, als die Ritter von Bachem die Burg überfallen und alle Bewohner töten.
Um 1350: Die Burg ist im Besitz der Familie von Echtz.
1404: Johann Schellart wird Eigentümer des Anwesens, das in den kommenden Jahrhunderten von dieser Grafenfamilie bewohnt bleibt.
Um 1530 erfährt die Burg einige Neubauten.
1830: Die Zeit, Kriegswirren und die Folgen der französischen Revolution lassen die Burg verfallen. Sie wird abgetragen.
Es erfolgt **nach 1830** der Neubau eines Bauernhofes, in dem Teile der Burg Verwendung finden.
Heute: Von der mittelalterlichen Burg in der Birgeler Straße finden sich keine Reste mehr. Das Bauernhaus (Herrenhaus der Vorburg und Kapelle) ist in Privatbesitz und kann nicht besichtigt werden. Die Nachkommen der Schellart-Familie sind noch im Besitz von Gebäude- und Waldflächen in Gürzenich.

Anlässlich seiner Hochzeit mit Gräfin Maria Isabella von Hatzfeld im Oktober 1718 erbaute Reichsgraf Johann Wilhelm von Schellart gegenüber seiner (ehemaligen Burg) diese Burgkapelle; heute im Eigentum der katholischen Pfarrei St. Johannes in Gürzenich.

noch nicht zu Ende, da stürzte der anmaßende Graf bei der herbstlichen Treibjagd vom Pferde und brach sich den Hals. Seine Nachkommen verarmten, und die Burg verfiel immer mehr. Zuletzt standen nur noch Ruinen da, die den Bewohnern von Gürzenich als Baumaterial dienten. Selbst die Fundamente wurden von den Einwohnern bis auf den letzten Stein abgetragen, weil sie glaubten, irgendwo in der Erde müssten doch Schätze, Geld und Gold zu finden sein. Von der einstigen prachtvollen Burg ist heute nichts mehr zu sehen. Nur der pflügende Bauer fördert ab und zu Scherben zutage.   *(nach K. Guthausen)*

Wasserburg Burgau
Düren-Niederau

Die Hexe Hackefey

Auf mehreren Reliefs im Schloss sind seltsame Szenen mit einer Frau zu erkennen, deren Namen Sofia Hack lautete, und die der Volksmund als »Hackefey« bezeichnet. Sie sind Anlass für eine bekannte Sage, in der sie als Hexe einen Teufelspakt schließt, um ein glückliches Grafenpaar zu entzweien. Schon Martin Luther nahm in seinen Tischreden (»Vom Ehestande, Nr. 10« mit der Überschrift »Von des Teufels Tyranei wider die Eheleute«) Bezug auf diese Erzählung, allerdings ohne Angaben von Ort, Zeit oder Namen.

Vor langer Zeit lebte auf der Burgau ein frommes Grafenpaar, dessen gegenseitige innige Zuneigung dem Teufel ein Dorn im Auge war. Er konnte es einfach nicht mit ansehen, dass die Liebe zwei Menschen so glücklich werden ließ, dass in ihrer Gemeinsamkeit kein Raum mehr für Böses war. So sehr er sich auch bemühte und alle Gemeinheiten seines teuflischen Könnens einsetzte, er vermochte es nicht, Zwietracht zwischen den Eheleuten zu säen.

Da fiel dem Höllenfürst ein noch niederträchtigerer Gedanke ein, der seinem Teufelsnamen entsprach. Er entsann sich, dass im Wald um Burgau eine alte Frau mit Namen Sofia Hack lebte, die ein jeder nur als »Hackefey« kannte. Sie war wahrlich eine so üble Hexe, wie nur ein Teufel sie brauchen konnte. Zu dieser ging er hin, brachte sein Anliegen vor und bat die Alte, Zwietracht zwischen dem Ehepaar zu säen. Sollte es ihr gelingen, das Grafenpaar auseinander zu bringen, dann würde er der Hackefey ein Paar goldene Pantoffeln schenken, die schönsten der Welt, die sie allüberall zu der begehrtesten Frau machen würden.

Hackefey sagte zu. Das sei doch wahrlich keine teuflische Kunst, Menschen gegeneinander aufzubringen und Herzen zu vergiften. Und so begab sie sich hin zum Schloss und bat die hübsche Herrin um ein wichtiges Gespräch. Und dann berichtete sie mit wohl gesetzten Worten, wie besorgt sie doch um das Wohlergehen des Grafen sei. Eine schlimme Krankheit bedrohe sein blühendes Leben, eine Krankheit, unter der er unter wahnsinnigen Schmerzen in Kürze dahinsieche.

»Der Herr bewahre!« entrang sich ein angstvoller Schrei dem Mund der Herrin. »Was kann ich tun, um meinem Geliebten zu helfen und diese Gefahr abzuwenden?«

Und die Hexe Hackefey erklärte ihr, sie habe lange in ihren Büchern gelesen und gesucht und schließlich gefunden: »Es liegt an dem starken Haarwuchs, den dein Gatte am Hals trägt. Die Haare wurzeln sich tief im Hals ein und werden ihn bald ersticken lassen. Nimm das schärfste Messer, das du besitzt, und schneide ihm des Nachts diese Halshaare ab. Dann wird er befreit atmen und noch sehr lange glücklich mit dir leben können.« Das versprach die Gräfin und dankte der Hackefey für ihren guten Rat.

Sofort eilte dann die bösartige Alte hin zum Grafen und flüsterte ihm ins Ohr: »Herr Graf, wenn Euch das Leben lieb ist, achtet auf Eure Gattin. Sie ist in heißer Liebe zu einem Nebenbuhler entbrannt und überlegt nun, wie sie sich von Euch lösen kann. Man hat sie heimlich belauschen können und dabei vernommen, dass sie Euch während Eures Schlafes den Hals durchschneiden will!«

Der Graf war entsetzt, aber die Worte hatten in seinem Herzen Wurzeln gefasst. Und als auch kurze Zeit später, in dunkler Nacht, seine Frau zu ihm ins Schlafgemach schritt, in der Hand ein blinkendes Messer, sah er darin die Bestätigung, dass Hackefey wahr gesprochen und seine untreue Frau ihn tatsächlich ermorden wolle.

Ein kurzer heftiger Streit entbrannte, und in seiner blinden Wut erschlug der Graf seine verleumdete Ehefrau.

Als er später seinen Irrtum bemerkte, brachte er sich vor Kummer um.

Über diese Tat war der Teufel sehr beeindruckt. Hackefey war noch niederträchtiger und teuflischer in ihrer ausgekochten Bosheit als er, der Höllenfürst. Ja, er hatte jetzt sogar selber Angst, dieser Hexe die versprochene Belohnung, die goldenen Pantoffeln, in die Hand zu drücken. So reichte er ihr diese an einem Bach auf einer Schaufel mit einem so langen Stiel, der von seinem Ufer bis zum gegenüberliegenden reichte.

Seit jener Zeit ist vielen in der Eifel das Sprichwort bekannt: »Wenn der Teufel nicht selber kommen kann, dann schickt er ein altes Weib!«

Die schlimme Ursula nimmt Lehre an

Auf dem Schloss Burgau lebte vorzeiten die hartherzige und strenge Herrin Ursula. Die friedlichen Bewohner, zu denen auch die von Niederau und Stockheim gehörten, wurden von ihr gequält und bedrückt, mit Abgaben und Fronen belastet und zu harten Diensten und Arbeiten auf ihrem Schloss oder den herrschaftlichen Feldern gezwungen, selbst wenn die Bauern noch so dringende Arbeiten im eigenen Gehöft hatten. Selbst in der Nacht ließ Herrin Ursula den Leuten keine Ruhe. Sie mussten dann mit Ruten in die Wassergräben schlagen, damit die quakenden Frösche nicht die Nachtruhe der Gräfin störten. Hatte sie dennoch nicht gut geschlafen oder bei geringsten Vergehen ließ sie ihre Untertanen auspeitschen oder verwies sie aus ihren Wohnungen. Wegen ihrer Hartherzigkeit und Strenge erhielt die Herrin vom leidenden und stöhnenden Volk den Namen »schlimme Ueschel«.

»Es sind meine Leibeigenen, also mit dem Leib zu eigen! Und mit meinem Eigentum kann ich machen, was ich will!«, keifte sie oft, und tatsächlich, nichts durfte geschehen, ohne dass sie es wusste oder darum um Erlaubnis gebeten wurde. Sie kümmerte sich um alles und jeden. Überall hatte sie ihre Spitzel, die ihr berichteten, was die armen Leute taten und sprachen, wie sie lebten und wirkten. Nicht ein-

Schloss Burgau. Sammlung Duncker

um nachzusehen, was die Untertanen kochten oder wovon sie lebten.

Das ärgerte die Leute sehr. Deshalb nahm sich der Bauer Jan vor, ihr eine kostenlose Lehre zu erteilen. Eines Tages machte Frau Ursula wie gewöhnlich ihren Rundgang und untersuchte auch den Kochtopf dieses Mannes, der auf dem offenen Herdfeuer vor sich hinbrodelte. Doch Jan hatte vorher dort hinein ein Stück faulendes Fleisch in Jauchebrühe gelegt. Und als Ursula den Deckel anhob, um zu sehen und zu riechen, strömte ihr aus dem Topf ein derart heißer beißender Geruch entgegen, der ihr den Atem nahm und sie in Ohnmacht fallen ließ. Aber seitdem hat sie nie mehr in fremde Töpfe geschaut.

mal in ihren ärmlichen, kleinen Häusern blieben sie unbeobachtet. Wenn sie mit ihrem Gefolge durch Stockheim oder Niederau kam, betrat sie ungefragt die Häuser, schaute in Stuben und Zimmer, meckerte hier und schimpfte dort, ließ die Kochtöpfe öffnen,

Düren-Niederau (52355) · Kreis Düren · NRW
13. Jh.: Auf den Resten einer frühmittelalterlichen Motte aus den Jahren um 1100 lassen die Herren von Heinsberg eine zweiteilige Wasserburg erbauen, die sie als Lehen an Wilhelm von Burgau vergeben.
1234: Erster nachweisbarer Besitzer des Hauses Burgau ist Ritter Amilius von Auwe (de Owe), der für seine ins Kloster Burtscheid eingetretenen Töchter eine Rente stiftet. Der Name formt sich um in »Burg (in der) Au«.
1391: Ausbau der oberen Geschosse des Wohnturms.
1474 wechselte der Besitz von der Familie von Aue durch Vererbung zur Familie von Elm(p)t. Sie bleibt Besitzer bis 1890.
1484: Durch Heirat gelangt die Herrschaft Burgau zum Herzogtum Jülich.
1551: Der mit zahlreichen Reliefs geschmückte Erker am Südturm entsteht und wird zum »Markenzeichen« des Schlosses.
1685: Bau einer neuen Vorburg durch Anna Maria Catharina von Elmpt. Das dreiflügelige Bauwerk, das ebenso wie die Hauptburg mit einem Wassergraben umgeben ist, dient als Wirtschaftsgebäude.
1890: Schlossbesitzer ist Gräfin Margarete von Keyserlingk. Sie betreibt in den Gebäuden eine »Schloss- und Handelsgärtnerei« sowie eine »Rosenschule«.

1915: Gräfin Margarethe verkauft Burgau an den Rittmeister Ernst Nienhausen aus Rotthausen. Das Schloss bleibt allerdings unbewohnt und verfällt.
1917: Schloss Burgau und Wald wird von der Stadt Düren mit Hilfe der Benno-Schoeller-Stiftung für 600 000 Mark erworben und für den Tourismus erschlossen. Es wird ein Restaurant eingerichtet und auf seinem Gelände entsteht ein Volksgarten, bis heute beliebtes Ausflugsziel.
1944: Bombenangriffe auf Düren zerstören das romantische Schloss Burgau nahezu gänzlich. Es liegt in Trümmern, bis
1974–91 mit dem Wiederaufbau begonnen wird, hauptsächlich auf Betreiben der Bürgerinitiative »Rettet Burgau«. Dabei orientiert man sich an alten Bildern und Zeichnungen und stellt das Bauwerk wieder sehr originalgetreu her.
Heute: In dem frei zugänglichen Wasserschloss, Schmuckstück und beliebtes Ausflugsziel im Stadtwald von Düren, finden jährlich mehrere Mittelaltermärkte, Konzerte und andere kulturelle Veranstaltungen statt. Die Vorburg bietet Räumlichkeiten für Dürener Vereine, einen Festsaal für die Bevölkerung sowie ein Schlosscafé. Das Dürener Standesamt bietet Trauungen im Erkerzimmer an.

www.dueren.de
www.mvm.dueren.de

Burg Metzenhausen (Wüstung)
Eisenschmitt

Der Sonntagsjäger

Einer der Wildgrafen von Schloss Bergfeld bei Eisenschmitt war ein leidenschaftlicher Jäger. Nichts liebte er mehr als seine wilde Jagd durch die Wälder um Bettenfeld und Meerfeld. In seiner Be-

Schloss Bergfeld

sessenheit vom edlen Waidwerk vergaß er Weib und Kinder, ja selbst Gott wurde ihm fremd, und er ritt lieber in den Wäldern umher, als zur Kirche zu gehen.

Es war an einem Sonntagmorgen. Die Glocken riefen die Gläubigen zum Gottesdienst und zum Gebet in das Haus Gottes. Da ritt mit lautem Geschrei der Wildgraf, umgeben von seinen Freunden, begleitet von einer Schar Diener und Knechte, hinaus zur wilden Jagd. Und es wurde eine furchtbar wilde Jagd. Kreuz und quer über Äcker und Wiesen, durch Gärten und blühende Felder ging der verwegene Ritt. Das, was jedes Bauern Stolz, Freude und Hoffnung ist, blieb zerstampft und verwüstet zurück. Sogar mitten in eine Herde Schafe jagten die wüsten Gesellen. Am Boden winselten blutend und zerrissen die Tiere.

Aufgescheucht flohen Hirsche und Rehe vor den schrecklichen Reitern zur Hütte eines Einsiedlers, gefolgt von der Meute. Der Eremit trat aus seiner Hütte, erkannte den Grafen und sprach mit erhobenen Händen: »Hier in meiner Gott geweihten Hütte sucht das gehetzte Tier Zuflucht. Verfolgt es nicht weiter, Herr Graf! Kehrt um und gedenkt der Heiligkeit des Sonntags, denkt an Eure ewige Seligkeit!«

Aber der Graf schrie wütend: »Was kümmert mich die ewige Seligkeit, die Jagd ist meine einzige Seligkeit! Lieber will ich in alle Ewigkeit auf Erden jagen als im Himmel selig sein!«

Da verschwand des Klausners Hütte, dunkel wurde es rings umher, keine Spur mehr von den Freunden und Knechten. Allein war der Graf. Er wollte ins Horn stoßen, die Seinigen herbeirufen, aber aus dem Horn kam kein Ton. Eine unsichtbare Faust drückte den Grafen nieder, drehte ihm den Hals herum, und tot sank er zu Boden.

Heute reitet zur Nachtzeit der Wildgraf von Schloss Bergfeld durch die Wälder um Bettenfeld und Meerfeld, mit dem Gesicht im Nacken. Verflucht ist er, zu jagen ohne Rast und Ruh bis zum Jüngsten Tage.   (R. Wagner)

Eisenschmitt (54533) · Kreis Bernkastel-Wittlich · Rhld-Pf
Im Schlosspark des jetzigen Jagdschlosses Bergfeld, erbaut 1896 auf einem Plateau des sogenannten Franzosenwaldes, stand vermutlich eine mittelalterliche Burg. Geschichtlich ist nichts überliefert, außer dass sie zeitweise der reich begüterten und mehrere Burgen besitzenden Familie von Metzenhausen gehörte. Der ganze Distrikt heißt bis heute »Auf Metzenhausen.« Um 1900 waren von der Burg nur mehr kümmerliche Bruchstein-Mauerreste und wenige Bruchstücke gelbglasierter, hartgebrannter Keramik zu entdecken. Das Anwesen des heutigen Schlosses Bergfeld wird ausschließlich privat genutzt und kann nicht besichtigt werden.

www.eisenschmitt.de

Schloss Buschfeld
Erftstadt-Bliesheim

Rosa mystica

Der Legende nach befand sich dereinst der fromme Ritter Wilhelm Schilling von Buschfeld, Herr zu Bornheim, auf der Jagd in seinem Wald bei Buschhoven. Sein Hund, der die Beute aufspüren sollte, blieb auf einmal bellend vor einem dornigen Strauch von Heckenrosen stehen. Der Ritter warte-

te auf hervorhastendes Wild. Doch nichts geschah. Aber weil der Hund sich nicht beruhigte, schaute Ritter Wilhelm genauer nach. Da sah er, versteckt zwischen einer Kerze und einer Glocke liegend, eine Marienfigur.

Kurz entschlossen nahm er sie mit auf sein Rittergut bei Bornheim. Am kommenden Morgen jedoch, als er sein Morgengebet vor dieser Marienfigur verrichten wollte, war sie aber verschwunden.

Anfangs begriff er nicht, wie dies geschehen konnte. Dann ritt er aber zurück zu der Rosenhecke und fand sie an gleicher Stelle vor, wo sie gestern gelegen war. Ritter Schilling sah dies als himmlisches Zeichen an. Tiefgläubig ließ er dort eine Kapelle errichten, damit an jener wunderbaren Stelle viele zu Ehren der Muttergottes beten konnten. Daraus entstand später ein Kloster für Prämonstratenserinnen, das den Namen »Schillingskapellen« erhielt und 1197 vom Kölner Erzbischof bestätigt wurde. Wilhelms Töchter traten auch in dieses Kloster ein und Laetitia, die Jüngere, wurde deren erste Äbtissin.

Als Ritter Wilhelm einige Jahre später eine Pilgerreise ins Heilige Land unternahm, brachte er von dort viele Reliquien mit. Diese und die Marienfigur machten Schillingskapellen zu einem wichtigen Wallfahrtsort in dieser Zeit. Da die romanische Marienfigur aus Holz in einem Rosenstrauch gefunden wurde, wurde ihr der Name »Rosa mystica« (Geheimnisvolle Rose) zuteil.

Nach 1450 übernahmen Augustiner-Chorfrauen die Leitung des Klosters, das sich immer mehr zu einem beliebten und stark besuchten Wallfahrtsort entwickelte, in deren Kirche jenes Mut-

tergottesbild verehrt wurde. Als 1802 die französische Revolutionsregierung alle klösterlichen und feudalen Besitztümer verstaatlichte, bedeutete dies auch das Ende des Klosters. Die Augustinerinnen wurden vertrieben, die Klostergebäude verkauft. Sie sind heute als landwirtschaftliches »Gut Capellen« bekannt und in Privatbesitz.

Das Wallfahrtsbild der Muttergottes »Rosa Mystica« befindet sich seit 1806 in der neu gebauten Wallfahrtskirche St. Katharina im benachbarten Swisttal-Buschhoven.

1975 wurde eine neue Wallfahrtskirche erbaut. Und bis heute wird noch jedes Jahr am Sonntag vor dem Fest Johannes des Täufers das »Maria-Rosenfest« gefeiert und eine Pilgerprozession führt hin zur »geheimnisvollen Rose«.

Eng verbunden mit Schloss Buschfeld ist die Legende von der Rosa mystica, deren Figur sich heute in der neu erbauten Wallfahrtskirche St. Katharina, in der rund 26 Kilometer entfernten Gemeinde Swisttal-Buschhoven, befindet.

Erftstadt-Bliesheim (50374) · Rhein-Erft-Kreis · NRW

1170: Im Zusammenhang mit dem Ritter Wilhelm Schilling von Buschfeld, Herr zu Bornheim (siehe Sage »Rosa mystica«), wird erstmals urkundlich eine Burg erwähnt, die später den Namen »Haus Buschfeld« trägt und zwischen den beiden Stadtteilen Bliesheim und Liblar liegt. Anfänglich ist sie wohl eine zweiteilige, befestigte Anlage, die aus einer Vorburg und einem Burghaus besteht, umgeben von zwei breiten Wassergräben. Damit gilt sie als eine der ältesten befestigten Wasserburgen des Rhein-Erft-Kreises.

1276: Burg Buschfeld ist im Eigentum von Wennemar von Gymnich († 1283). Er überlässt sie – im Tausch gegen die Burg Kerpen in der Eifel – seiner Schwester Beatrix und ihren Kindern. Deren Nachfahren nehmen den Namen ihres Wohnsitzes an und nennen sich »von Buschfeld«.

1337: Arnold von Buschfeld, der auch die Burg Konradsheim erbaut, überträgt dem Kölner Erzbischof Walram von Jülich (1332–1349) das Öffnungsrecht an seiner Burg.

1448: Ritter Everhardt von Quadt kauft »dat Sloss, burgh ind huyss Buysfelt mit Thurnen, portzen, Bruggen, vurburge, grauen, wyeren, visscheryen, Schuyren, gulden, Renten ind synre zubehoere«. In dieser Familie verbleibt die Wasserburg mehr als 300 Jahre. Nach dem Aussterben der männlichen Linien von Quadt-Buschfeld wird die Anlage der Familie von der Leyen zu Adendorf vererbt, die es 1802 an die Freiherren von Loé zu Wissen verkauft.

1705: Der sogenannte »Schwarze Turm« der ursprünglichen Kernburg stürzt ein. Seine Reste werden gänzlich abgetragen.

1708–11: Der Besitzer Hugo Damian Adolf von Quadt zu Buschfeld lässt an Stelle des alten Burghauses ein neues Herrenhaus im Stil des Spätbarocks errichten.

1926: Nachfahren der Familie der Freiherren von Loé zu Wissen verkaufen den Besitz an die Kommanditgesellschaft Dr. Wegge, die ihn als landwirtschaftliches Gehöft nutzt. Das Herrenhaus wird im klassizistischen Stil erneuert und umgestaltet.

1961: Bei einem Brand wird die 1553 erstmals erwähnte Mühle so stark beschädigt, dass das zur Mühle gehörige Müllerhaus abgerissen werden muss.

1991/92: An seiner Stelle entsteht ein neues Wohnhaus, in das der erhaltene Backsteinbau mitsamt den Resten des Mühlrades integriert wird.

1989–1999: Die Vorburganlage wird saniert und zu 37 Wohneinheiten umgestaltet.

1997 gelangt das Gut an die Kölner Familie Hendel.

Heute: Nach umfangreichen Sanierungen wird das sich in Privatbesitz befindliche Schloss Buschfeld wieder als Wohn- und Bürogebäude genutzt (Ortsausgang Bliesheim Richtung Liblar). Über dem neoklassizistischem Portal des neunachsigen Gebäudes findet sich das Allianzwappen seines Erbauers Hugo Damian Adolf Freiherr von Quadt zu Buschfeld und dessen Ehefrau Maria Adriana von Hatzfeld-Wildenburg zu Schönstein. Das dreigeschossige Herrenhaus, ein spätbarocker Backsteinbau, wird seit Oktober 2007 als Schloss Buschfeld in der Erftstädter Denkmalliste geführt, während die Gesamtanlage weiterhin als Haus Buschfeld bezeichnet wird. Westlich von ihm die mit Wassergräben umgebenen einstigen Wirtschaftsgebäude.

Parkplätze vorhanden; keine Gastronomie;
keine öffentliche Besichtigung
www.schloss-buschfeld.de
www.via-jakobsweg.de

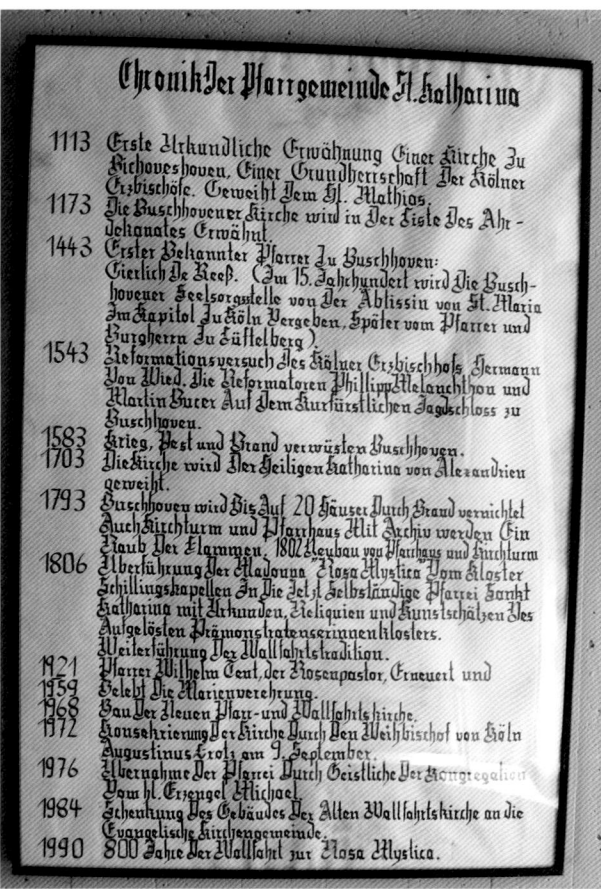

die alle gezeigt werden mit Andacht/
sein Haußfrau Alheidt mit zwo Töchtern fein/
zum ersten in dies Kloster gegangen seyn/
deren die eine Lätitia genannt/
Vor die erste Frau Meisterin erkannt/
der Ritter aber Herr Schillingk von Buschfelt/
wie ein Einsiedler gelebt in der Welt/
in dieser Kirche er auch begraben ligt/
und ruhet bis an das jüngste Gericht/
Gott der dies Kloster so viel hundert Jahr/
bewahrt hat gnädiglich vor manche Gefahr/
wolle dasselbe hinführo behueten/
von Krieg, Brand und der Feynde Wuetten. «

Auf einer Holztafel von 1686, die sich Pilger als Andenken kaufen konnten, steht die Legende im damaligen Deutsch zu lesen:
» Als man dußend hondert und neunzig zählt/
Ein Ritter Wilhelm Schillingk von Buschfelt/
Herr zu Borenheim auf die Jagd geritten ist/
viel Wilt wollt fangen zu selbiger Frist./
Gott aber der alle Ding weißlich regieret/
Ihn durch das Bellen seiner Honde führet/
zu einer Hecken darinnen das rechte Wild/
gefunden, unser lieben Frauen Bild/
zwischen zwey brennenden Wachskerzen stahn/
ein kleines Klöcklein hing auch auf dem Plan/
darob der Ritter sich hoch verwundern thet/
und auch auf den Ort ein Capell gebauet hett/
das Bild mit Reverentz darnieder gesetzt/
das Klöcklein zuletzt in die große Klock gesetzt./
Darnach der Ritter aus Andacht/
sich über Meer zum heyligen Grab gemacht/
alß er nun wiederum mit Glück zu Haus anlendt/
ein Kirchlein gebauet hat an diesem Endt/
dieselbe reichlich und wohl bestiftet/
noch zweimahl zum heiligen Land geschiffet/
viel Heyligthumb von dannen mit sich gebracht/

Schloss Gymnich
Erftstadt-Gymnich

Der Gymnicher Ritt

Alljährlich findet an Christi Himmelfahrt der überregional bekannte Gymnicher Ritt statt, eine prachtvolle Reiterprozession mit Fahnen, Musik und einem Priester mit dem Allerheiligsten hoch zu Ross. Im Durchschnitt nehmen an der jährlichen Prozession etwa 250 Reiter, 600 Fußpilger und 50 Pilger in Kutschen teil. Immer mit dabei: Die Schlossstandarte und ein Kreuzpartikel. (Diese Reliquie ist Eigentum der Familie Beissel und wird jedes Jahr aus der Schatzkammer des Kölner Doms nach Gymnich gebracht.) Die Prozession führt durch Gymnich und seine Feldfluren. Den Abschluss bildet ein vielbesuchtes Volksfest. Angeführt wird die Wallfahrt meist durch Franz Josef Graf Beissel von Gymnich junior. Damit setzt er eine Tradition fort, die der Sage nach von seinem berühmten Vorfahren Ritter Arnold I. vor über 800 Jahren als Gelübde begründet wurde. Auch das Wappen derer von Gymnich wird auf diese Sage zurückgeführt. Es zeigt ein rotes ausgekerbtes Kreuz in silbernem Feld und auf dem Helmschmuck ein Wasserhuhn, das zwischen Binsen sitzt.

Man schrieb das Jahr 1219, als sich Ritter Arnold I. von Gymnich im Gefolge des Grafen Wilhelm von Jülich zum Kreuzzug aufmachte, um das 1187 an die Muslime verlorene Heilige Land zurückzuerobern und Jerusalem von den Sarazenen, den »Ungläubigen«, zu befreien. 6000 Kilometer Landweg hatten die Kreuzfahrer vor sich, entbehrungsreich und voller Gefahren. Monate, sogar Jahre, waren die meisten unterwegs. Tausende verloren im

Kampf ihr Leben oder starben an Hunger, Durst und Krankheit. Der Hauptstützpunkt der Sarazenen war Damiette, eine stark befestigte Hafenstadt im Nildelta. Hier stieß der Graf von Jülich mit Gefolge, darunter Ritter Arnold, auf das schon 1218 aufgebrochene Heer der rheinischen Ritterschaft unter Führung des Kölner Domherrn Oliverus, das Damiette bereits seit

Schloss Gymnich. Sammlung Duncker

Monaten belagerte. Die Sarazenen machten es den Belagerten nicht einfach. Sie hatten die Durchfahrt auf dem Nil mit Festungsturm und Sperrketten gesichert. Es galt also, den Turm zu erstürmen, ehe mit der Eroberung der Stadt begonnen werden konnte. Im August schließlich fiel der Turm, der äußerst gewagte Angriff auf die Stadt zog sich aber, bis er erfolgreich beendet werden konnte, noch bis November hin.

Zum Verhängnis wurde dem Heer jedoch der Marsch auf Kairo. Im Siegestaumel versäumte es der päpstliche Legat Oliverus, das Hinterland zu sichern. Die Sarazenen überfluteten das Nildelta, indem sie die Dämme zerstörten, und zwangen damit die Kreuzfahrer zum Rückzug. Hier beginnt die Sage vom Gymnicher Ritt. Ritter Arnold kam in große Bedrängnis. Sein Pferd trug schwer an der Last der Beute. Gold, Silber und Edelsteine wollte er nach Hause tragen. Dieser Schatz sollte ihn von all seinen finanziellen Sorgen befreien, die ihn in seiner fernen Heimat erwarteten. Seine Burg, seine Ländereien und seine Untertanen, Bauern, Handwerker und Gesinde hatte er in großer Not zurückgelassen. Der Reichtum, den er nun mit nach Hause bringen würde, sollte alles ändern.

Es war ein gefährlicher Weg. Diebe, Räuber und Wegelagerer verbargen sich überall, und sie schreckten vor nichts zurück, um an die Habseligkeiten der Reisenden zu kommen. Aber auf seiner Reise lauerte noch eine andere Gefahr: das sumpfige Nildelta.

Denn plötzlich gab der Boden unter Ritter Arnold nach und langsam, aber unaufhaltsam sank sein Pferd immer tiefer in das dichte Schilf. Er sah keinen Ausweg, dem Sumpf zu entkommen, kein Strauch, kein Baum weit und breit, an dem er sich festhalten konnte. Panik ergriff ihn und er versuchte verzweifelt, sein Pferd voranzutreiben. Mit letzter Kraft rammte er ihm noch einmal die Sporen in die Flanken, aber es sank immer tiefer, und er steckte bereits bis zu den Knien im Morast.

Plötzlich, in hoffnungsloser Situation, ertönte ein krächzendes Geschrei und heftiges Flattern neben ihm. Eine Nilgans war angstvoll aufgeschreckt und flatterte wild mit den Flügeln schlagend aus dem Sumpf hoch. Der Hengst des Ritters erschrak dermaßen, dass er einen gewaltigen Satz machte und auf festem Boden landete. Nachdem Ritter Arnold sich von dem ersten Schreck erholt hatte, fiel er auf die Knie, richtete seine Augen und seine gefalteten Hände zum Himmel und legte einen heiligen Schwur ab. Wenn er wieder zu Hause sein würde, gelobte er feierlich, würde er als Dank für seine Rettung alljährlich an Christi Himmelfahrt eine Prozession anführen, die rund um die Gemarkung Gymnich gehen und mit der Gott einen ganzen Tag lang gelobt und gepriesen werden sollte. Und so geschah es auch. Ritter Arnold kehrte zwar erschöpft, aber gesund und dankbar nach Hause zurück. Sogar sein Pferd hatte er unterwegs von der schweren Last der reichen Beute befreit und die Schätze, die er bei sich trug, an Arme am Wegesrand verteilt.   *(Elke Lutterbach, Burg Satzvey«, in Ritterburgen Bd. 2, Bachem 2004)*
(Nach einer anderen Sagenquelle (Rhein. Volkswacht, 30.4.1921) befand sich ein »Edler aus Gymnich (Chiminiaco)« beim Ersten Kreuzzug 1096 in Lebensgefahr, als sein Pferd in Ungarn an den Ufern der Theis in einen Sumpf geriet.)

Vergiss das Gelübde nicht

Seit Jahrhunderten führte die Bittprozession durch die Fluren Gymnichs und immer wurde gesungen und gebetet und um Gottes Segen für Äcker und Felder gefleht. Doch der Wohlstand ließ zunehmend die Bürger und Bauern bequemer und träger werden. Immer weniger machten sich die Mühe, mit der Wallfahrt zu ziehen.

Erftstadt-Gymnich (50374) · Rhein-Erft-Kreis · NRW
1354: Erste Erwähnung einer zweiteiligen Wasserburg mit Herrenhaus auf eigener Insel durch das Rittergeschlecht (Heinrich I.) von Gymnich. Heinrich erklärt sie als Offenhaus (d. h. ein Benutzungsrecht für den Erzbischof) der Kölner Kirche und empfängt sie vom Kölner Erzbischof Wilhelm von Gennep (1349–1362) zu Lehen. Das zweigeschossige Herrenhaus, das von Wassergräben umgeben ist, besteht aus einem Flügel mit einem Eckturm und einem im rechten Winkel anschließenden Trakt, westlich vorgelagert eine Vorburg.
1399: Der Kölner Erzbischof Friedrich von Saarwerden (*um 1348; † 1414) zerstört diese Burg, weil deren Burgherr Heinrich II. von Gymnich Lehnsleute des Erzbischofs gefangen genommen hatte; danach erfolgt der Wiederaufbau. Die Familie von Gymnich betrachtet das Schloss Gymnich als ihren Stammsitz, doch als Wohnung bevorzugt sie vor allem den Gymnicher Hof in Köln am Neumarkt.
1547: Ein neuer Südflügel wird erbaut, ausgestattet mit einer Burgkapelle.
1642: Während des Dreißigjährigen Krieges wird Schloss Gymnich durch Franzosen in Brand gesteckt und zerstört.
1655–59: Neubau des Südflügels als Barockschloss auf den alten Grundmauern.

1824: Mit dem Tod von Johanna von Gymnich erlischt das Geschlecht derer von Gymnich. Schloss und Besitzungen wechseln mehrmals adlige Besitzer (Grafen Wolff-Metternich, später an Vicomte de Maistre, danach an Freiherrn von Holzschuher).
1903–10: Grundlegende Renovierungen in einheitlichen barockisierenden Formen.
1971-bis 1990: Schloss Gymnich ist Gästehaus der Bundesregierung.
1998–2002: Schloss Gymnich wird von der Musikerfamilie Kelly (amerikanisch/irische Pop/Rock-Folk-Band) gekauft. Joey Kelly ist Geschäftsführer des Schlosses, das als Hotel der gehobenen Klasse betrieben wird.
Juli 2012: Das Wasserschloss wird für 3,05 Millionen Euro zwangsversteigert und von einem Kölner Versicherungsmakler erworben. Er will es privat nutzen sowie ein Hotel und ein Restaurant dort unterbringen.

Parkplätze vor dem Anwesen; zur Zeit keine Gastronomie und Übernachtungsmöglichkeit im Schloss
www.erftstadt-gymnich.de

Ja, und in diesem Jahr fand sich sogar niemand mehr ein. Kein Ritter, kein Bauer, kein Bürger – niemand, außer einer alten Witwe. Ihr Leben lang hatte sie von ihren Eltern und Vorfahren gehört, der Segen Gottes ruhe auf Saaten und Ernte, wenn man seiner in einer Bittprozession gedenkt. Und als sie niemanden sah, dachte sie: »Das, was meine Ahnen sagten, habe ich in meinem Leben stets als wahr erfahren. Drum werde ich die Prozession eben alleine machen.« Und sie nahm aus ihrem Stall einen Ochsen, und mit diesem ging sie nun singend und betend die schmalen Pfade entlang, durch Wiesen, Äcker und Felder, rund um Gymnich. Gegen Ende kehrte sie ein in die Dorfkirche und stimmte frommen Herzens das Loblied an »Großer Gott, wir loben dich!« Dann kehrte sie heim in ihr kleines Häuschen.

Sie war noch nicht lange in der guten Stube, als draußen der Himmel sich verdunkelte und dicke, schwere, schwefelgelbe Wolken sich über Gymnich zusammenzogen. Und dann brach mit einem mächtigen Blitzschlag ein Unwetter los, wie man lange keines mehr erlebt hatte. Es schien, als wollten alle Wolken ihr Wasser ausschütten. Der Sturm heulte und fauchte, dass Äste brachen und Bäume sich bogen. Und dann prasselte ein Hagel hernieder, mit Körnern

so groß wie Taubeneier. Ein Toben, Bersten und Krachen. Und als dann nach einer Stunde das Unwetter sich verzog, der Himmel aufklarte und dunstiges Sonnenlicht die Fluren Gymnichs beleuchtete, war der Schrecken bei allen Bewohnern riesengroß. Verzweifelt standen die Bauern draußen in ihren Feldern und mussten in ohnmächtigem Schmerz feststellen, dass der Hagel und das Unwetter alle Gärten, Äcker und Felder schrecklich verwüstet und die wachsende Ernte vernichtet hatten. Nur die wenigen kleinen Felder der Witwe waren verschont geblieben. Saftig standen dort die Ähren, und auch die übrigen Feldfrüchte versprachen reiche Ernte.

Da erkannten alle die Strafe des Himmels für ihre faule Nachlässigkeit und das Unterlassen des Gelübdes. Und seitdem wurde bis heute nie mehr eine Bittprozession ausgelassen.

Burg Konradsheim
Erftstadt-Konradsheim

Burg Konradsheim um 1860. Sammlung Duncker

Junker Has ist nicht zu fangen

In Konradsheim bei Lechenich wohnte in alter Zeit ein Raubritter namens Haess. Bei den Leuten wurde er nur der Junker Has genannt. Er war der Schrecken der Umgegend, weil er ständig auf Raub und Beutesuche war. Wanderer und Pilger, Kaufleute und Händler fürchteten ihn sehr. Wie ein Donnerwetter brach er oft mit seinen Strauchdieben aus den Verstecken, und dann half kein Bitten und Flehen. Junker Has raubte sie aus, und sie konnten dann noch froh sein, mit heiler Haut zu entkommen. Wie oft hatten der Erzbischof und seine Freunde bereits versucht, dieses hinterhältigen Buschen habhaft zu werden, aber bisher war alles vergebens. »Er steht mit dem Teufel im Bunde«, flüsterten die einen, und die anderen wollten es genau wissen: »Er versteht sich auf die schwarze Kunst. Es ist nicht gut, es sich mit ihm zu verderben, sonst trifft dich sein Zauberspruch.«

Einst war Junker Has in Brabant zu einem Feste eingeladen. Mit seinem Leibknecht Hartmut mach-

te er sich auf den weiten Weg dorthin. Mit Freuden nahm er an dem üppigen Mahl teil, trank den besten Wein literweise, sang und vergnügte sich gar köstlich. Ihn störten nicht die finsteren Blicke der übrigen Ritter, mit denen sie ihn bedachten, ihn kümmerte nicht deren Getuschel, und es grämte ihn auch nicht, dass mehr als ein Edelmann seine Nähe mied. Allerdings war sein Diener Hartmut umso wachsamer. Er beobachtete das geheimnisvolle Verhalten der übrigen geladenen Gäste, bemerkte jedes Mal deren Kopfschütteln, wenn sein Herr, der Junker auf aller Wohl den Weinkrug leerte und ihm fiel das Flüstern der vielen Mägde in der Küche auf.

Misstrauisch geworden, ging er hin zur Hauptköchin, schmeichelte ihr sehr und bedrängte sie so lange nach der Ursache des seltsamen Verhaltens, bis sie ihm schließlich bekannte: »Dein Herr ist ein gar übler Raubgeselle, eine Schande für alle ehrenwerten Ritter und für die Untertanen, ein Burgherr, der Angst und Schrecken verbreitet. Deswegen ist mein Herr sich mit allen übrigen Rittern einig, deinem Junker nun beim letzten Hauptgericht eine vergiftete Muschel unter sein Gericht zu mischen.«

Als dies Diener Hartmut vernommen, eilte er rasch hin zum Stall und sattelte sofort in aller Heimlichkeit die beiden Pferde. Als dann die Dienerschaft unter den Klängen feiner Tafelmusik die Muscheln hinauf in den ritterlichen Speisesaal trug, eilte Hartmut hin zu seinem Herrn und flüsterte ihm zu, aber so, dass alle es hören konnten: »Edler Herr Junker Has, eilt sofort in den Pferdestall. Euer Lieblingspferd ist plötzlich erkrankt. Es wiehert vor Schmerzen, und es verdreht bereits sterbend die Augen.« Sofort sprang Junker Has auf und eilte mit seinem Diener hinab zum Stall. Dort berichtete ihm Hartmut, was er vernommen. Ohne sich lange zu besinnen, schwangen sich dann beide auf ihre Rösser und galoppierten so rasch aus der Burg, dass die Hufeisen Funken sprühten.

Als Junker Has nicht wiederkam, schickte man nach dem Stalle, um zu sehen, wo er bliebe. Da erst

Erftstadt-Konradsheim (50374) · Rhein-Erft-Kreis · NRW

1337 wird erstmalig eine befestigte Wasserburg (domum seu munitionem sitam in Cunrisheim prope Lechnich) erwähnt. Als ihr Erbauer gilt Ritter Arnold von Buschfeld, damals kurfürstlicher Küchenmeister im Dienst des Kölner Erzbischofs Walram von Jülich (1332–1349). Diesem überträgt Ritter Arnold für 400 Gulden das Offenhausrecht, mit dem der Erzbischof jederzeit das Burggebäude benutzen kann. Trotz dieses Rechtes weckt Burg Konradsheim das Missfallen der Kölner Erzbischöfe, da sie nur etwa ein Kilometer nördlich ihrer kurkölnischen Landesburg Lechenich entfernt ist und sie in ihr deswegen eine Bedrohung sehen.

Juni 1354: Es kommt zu einer Fehde zwischen dem Kölner Erzbischof Wilhelm von Gennep (1349–1362), der nach dem Tod des Ritters Arnold widerrechtlich die Burg Konradsheim besetzt hat, und Gerhard Beissel von dem Weyer, Besitzer von Konradsheim. In dem sich anschließenden Friedens-Kompromiss sieht der Erzbischof von einem gänzlichen Abriss der Burg ab, dafür müssen aber deren Türme, Befestigungsanlagen und Zinnen zurückgebaut und die Mauerhöhe reduziert werden. Erhalten bleibt das Wohnhaus, ein rechteckiger zweigeschossiger Bau mit Stufengiebeln und zwei flankierenden Ecktürmen, die als Treppentürme gebaut sind. Das Erzbistum sieht sich als Mitbesitzer und behält sich weitreichende Vollmachten aus. Danach wechseln die Eigentumsverhältnisse und die Bewohner der Burg Konradsheim häufig, bis sie die adlige Familie Haes (Hase) erwirbt.

1548: Konradsheim wird durch Wilhelm Haeß und seine Gattin Agnes von Bernsau von Grund auf erneuert und umgebaut und erhält sein heutiges Aussehen als spätgotisches Herrenhaus mit Renaissance-Erker. Eine Inschrifttafel über dem Burgportal weist auf diese Baumaßnahmen hin (»Wilhelm Haeß Marschalck und Anna von Bernsaw eheluidt hant im iair 1548

diesse baw angefangen und vur außganck desselb jars durch die gnad gotz volent«).

1617: Die Burg Konradsheim gelangt durch Heirat der Erbtochter Sofia Haes mit Wessel von Loe in den Besitz der Familie von Loe zu Wissen bei Kleve, verfällt aber nach dem Dreißigjährigen Krieg zunehmend, da die Familie nicht auf Burg Konradsheim wohnt und notwendige Reparaturen unterlässt.

1870: Der südwestliche Turm stürzt ein.

1933: Die Familie von Loe verkauft ihr Anwesen an die Provinzialverwaltung der Rheinprovinz.

1976: Deren Nachfolgeinstitution, der Landschaftsverband Rheinland, lässt nach 1960 umfangreiche Restaurierungsmaßnahmen durchführen (u. a. Rekonstruktion des südwestlichen Turmes) und verkauft dann die Burg Konradsheim an die Familie Neisse.

Heute: Die Instandsetzungsarbeiten an der Wasserburg Konradsheim, unmittelbar an der L 162 gelegen, dauern bis heute an. Die öffentlich zugängliche Burg gilt als ein wichtiges Denkmal des rheinischen Burgenbaus am Übergang der Gotik zur Renaissance. Im ehemaligen Rittersaal finden Konzerte und Ausstellungen statt. Trauungen sind in einem dafür eingerichteten Trauzimmer möglich. Seit 2004 findet im Innenhof der Burganlage jeweils Anfang Oktober ein vielbesuchtes Kürbisfest statt. Direkt neben der Burg befinden sich ein Golfplatz sowie ein Restaurant. Parkplätze sind genügend vorhanden.

Eine Burgbesichtigung für Einzelpersonen ist nicht möglich. Besichtigung für Gruppen nach Voranmeldung beim Rhein-Erft Tourismus e.V.
www.erftstadt.de
www.burg-konradsheim.de

bemerkte man seine Flucht. Die Brabanter bestiegen sofort ihre Rosse und jagten den beiden nach. Aber vergebens. Deren Vorsprung war schon zu groß. So entkam Junker Has glücklich dem geplanten Mordanschlag und seinen Verfolgern. Zum Dank für seine Rettung belohnte er die Treue und Wachsamkeit seines Dieners Hartmuts reichlich. Zudem gelobte er, dem Raubritterwesen abzusagen, sein Leben nach Gottes Geboten auszurichten und in Dirmerzheim eine Dankkapelle erbauen zu lassen, zu Ehren des heiligen Remigius, dem Schutzpatron gegen Pest, Schlangenbiss und Gift. Und der Ritter hat sein Versprechen gehalten.

Aus dieser Zeit stammt der Spruch: »Es ist kein Ritter in Brabant, der Junker Has fangen kannt.«

Alte Burg (Wüstung)
Erftstadt-Lechenich

Verletzte Ehre

Als der Jungherr Theobald von Lechenich den Rest seiner Knappenjahre beim Ritter Theoderich zu Zülpich verlebte, klang die Burg, in der seit dem frühen Tod der Burgherrin eine fast unerträgliche Ruhe herrschte, endlich wieder von jugendfrohem Lachen. Theobald zeigte sich nämlich nicht nur als Meister bei ritterlichen Spielen, sondern schritt wie der liebliche Lenz durchs Leben, so dass der alte

Landesburg Lechenich. Stich nach einer Litho 1840

Ritter wie auch seine Tochter Theolinde sich freuten, wenn sie ihn sahen. Vom Herzog von Jülich wurde er schließlich zum Ritter geschlagen, und Theoderich gab beim Festmahl die Verlobung seiner Tochter mit dem neuen Ritter bekannt. Dann jubelten die Fanfaren, und Theolinde reichte ihrem Verlobten, der in einer goldenen Rüstung vor ihr kniete, eine blaue Schärpe, die sie heimlich selbst gestickt hatte.

Am nächsten Tag verabschiedete sich Theobald von seiner Verlobten, um der Einladung des Jülicher

Herzogs zu einem Turnier in der Burg Nideggen zu folgen. Durch seine kühne und doch zuchtvolle Art bei allen Waffengängen stand außer Zweifel, dass er bei den Turnieren den Siegespreis erhalten würde. Da ritt Theoderich von Zülpich auf den Platz. Er hatte bislang bei den Nideggener Turnieren immer gesiegt und duldete keinen besseren Kämpfer neben sich. Sogleich begann zwischen ihm und dem Jungritter ein heftiger Kampf. Als die Lanzen zersplittert waren, wurden die Schwerter gezückt, die auf die Panzer hämmerten, dass Blitze den Staub durchzuckten. Da bemerkte Theoderich, dass Theobalds Schläge nicht genau gezielt waren: Der junge Ritter wollte ihn also schonen! Dies empfand er als Schande. Sollten die Zuschauer denn glauben, er sei nicht fähig, einen Jungritter zu besiegen, er sei bereits so alt, dass man ihn schonen oder ihm einen Sieg schenken müsse, wie einem alten Weib?

Voller Zorn brach er daher den Kampf ab, verabschiedete sich vom Herzog und ritt mit düsterem Blick heim nach Zülpich, während man in Nideggen den Ritter Theobald feierte.

Theobald kehrte nach Lechenich zurück. Drei Tage später ließ der Zülpicher Fehde ankündigen und melden, die Verlobung sei aufgekündet. Der Ritter müsse sterben, wenn er es wage, die Zülpicher Burg zu betreten. Darauf warf der Bote ihm den Eisenhandschuh vor die Füße und sprengte davon.

Wenige Wochen später, als die Wälder sich herbstlich bunt färbten und man zu Zülpich ein- und ausritt, weil Theoderich zur Lechenicher Kampffahrt rüstete, meldete eines Abends der Pförtner einen fahrenden Sänger, und der Burgherr hieß ihn willkommen. Sein Lied sollte die Gäste, aber auch Theolinde erheitern, die seit dem Turnier zu Nideggen nicht mehr lachte und ihren Verlobten betrauerte. Sie kannte den harten Sinn ihres Vaters, wenn er seine Ehre verletzt glaubte. Voller Angst dachte sie an den Ausgang der Fehde. Es wunderte sie, dass der Vater im Saal dem Sänger einen Humpen Rheinwein reichte und fröhlich rief: »Solcher Trank beflügelt die Seele und löst die Saiten!« Der Sänger leerte bedachtsam den Krug, verneigte sich vor der Ritterschaft und begann, die Harfe zu schlagen.

Im Rittersaal wurde es still, als der Sänger mit seinem Lied begann. Trotz des weißen Bartes klang die Stimme jung und glich Nachtigallenliedern im frühlingshaften Burgpark. Theolinde, die neben dem Vater Platz genommen hatte, fuhr zusammen, weil sie verspürte, dass sie diese geliebte Stimme erkannte und der Gesang nur für sie bestimmt war. Sie wurde blass. Das bemerkte der Vater, und er betrachtete nun den Sänger genauer. Zornesröte stieg in ihm auf, als in ihm ein schlimmer Verdacht keimte. Theoderich winkte dem Burgvogt und flüsterte ihm unauffällig etwas zu.

Während ein inniges Liebeslied des Sängers die Herzen ergriff und bannte, stürzten Waffenknechte mit Dolchen und Stricken in den Saal. Sie umringten den Sänger, zerschlugen die Harfe und fesselten ihn. Als ihm Barett und Bart entrissen wurden, erkannten alle den Ritter Theobald von Lechenich. Vergebens suchte er sich zu wehren und die Stricke zu zerreißen. Theolinde schrie auf, warf sich dem Vater zu Füßen und bat ihn unter Tränen um Gnade und Milde. Der Graf jedoch befahl mit kaltem Blick, den Übermütigen, wie er sagte, fortzuführen und ihn vom Bergfried in den Wallgraben zu stürzen: So sühne man den Frevel eines Edlen, der ein Verbot übertrete. Vergebens baten auch die anwesenden Ritter und die feinen Damen um das Leben des jungen Ritters, doch ohne Erfolg.

Während Theoderich am nächsten Tag mit Gästen und Mannen nach Lechenich zog, begrub Theolinde ihren Liebsten. Sie legte rote Buchenzweige auf sein Grab und blieb lange vor dem frischen Hügel stehen. Gegen Abend aber stieg sie auf die Zinne des Bergfrieds, setzte sich an den Mauerrand und lockte ihre weißen Tauben. Als sie ihr Gefieder streichelte und die bunten Wälder betrachtete, schoss ein Falke nieder, packte eine Taube und flog davon. Sie sprang auf und wollte die andere halten, die vor Schreck scheu flatterte. Da verlor sie das Gleichgewicht und stürzte über die Zinne in die Tiefe.

Erftstadt-Lechenich (50374) · Rhein-Erft-Kreis · NRW

12. Jh.: Die Kölner Erzbischöfe bauen im Westen der Stadt (an der heutigen Erper Straße) einen vorhandenen Fronhof um zu einer grabenumwehrten Wasserburg.

1138: Die Burg wird als »curia« erwähnt, die Erzbischof Philipp von Heinsberg (1167–1191) als Verwaltungs- und Gerichtssitz des Amtes Lechenich bestimmt und mit einem erzbischöflichen Amtmann besetzt.

1239/40: In den Gebietskämpfen zwischen den Erzbischöfen von Köln und den Grafen von Jülich ist die Burg strategisch bedeutsam. Sie wird mehrmals belagert, kann jedoch nicht eingenommen werden.

1301: Die »alte Burg« und die noch im Bau befindliche Stadtbefestigung werden vom Grafen von Jülich auf Befehl des Königs Albrecht (1298–1308) während einer Auseinandersetzung zwischen ihm und dem Kölner Erzbischof Wigbold von Holte (1297–1305) zerstört.

1306 entsteht unter dem Kölner Erzbischof Heinrich II. von Virneburg (1304–1332) der Neubau eines Wohnturms in der Nordostecke der heutigen Altstadt, die sogenannte »neue Burg« oder »Landesburg«. Von nun an dient diese Wasserburg – seit dem 16. Jahrhundert auch als Schloss bezeichnet – als Residenz der Kölner Erzbischöfe und ebenfalls als Verwaltungs- und Gerichtszentrale des Amtes Lechenich.

Heute: Von der ersten »alten Burg« an der heutigen Erper Straße, von der folgende Sage kündet, ist nur mehr ein flacher grabenumwehrter Burghügel zu erkennen.

www.erftstadt.de

Als Theoderich am späten Abend siegreich von Lechenich heimkehrte, suchte er lange nach seiner Tochter. Dann fand er sie tot mit zerschellten Gliedern neben Theobalds Grab und den Zweigen der Blutbuche. Wie lange er dort stand, weiß niemand zu sagen. Er verlor den Hass, ließ beide unter einem gemeinsamen Stein in der Grabkapelle beisetzen und unternahm eine Bußfahrt nach dem Heiligen Land. Tag und Nacht brannte an dem Grab ein rotes Licht, und die eine Taube saß oft vor dem schwarzen Gitter und schaute in das stille Glühen.   (*Th. Seidenfaden*)

Burg Eschweiler
Eschweiler

Drei Steintöpfe

Vor Zeiten starb einmal der Besitzer der Burg Eschweiler, ohne einen männlichen Erben zu hinterlassen. Seine drei Töchter wohnten lange auf der Burg und waren sehr reich, da sie für ihren eigenen Bedarf sehr wenig von ihrem Vermögen verbrauchten. Als eine große Kriegsnot über das Land kam, verbargen die Schwestern ihr Gold und ihren Schmuck, dazu einen reichen Münzschatz in drei großen Steintöpfen.

Eines Tages lag die älteste von ihnen im Sterben und vermachte ihr Steingefäß den beiden Geschwistern. Die zweite folgte ihr einige Jahre später aus dieser Zeit in die Ewigkeit und hinterließ alles der dritten Schwester. Diese war nun sehr reich, aber aus Furcht vor Dieben und Räubern vergrub sie die drei Töpfe tief unten im Burgkeller an einer geheimen Stelle.

Doch dann starb auch sie plötzlich und unerwartet. Keiner Menschenseele konnte sie vor ihrem Tod das Versteck des Schatzes mitteilen. Dieses Versäumnis ließ jedoch die Verstorbene keine Ewige Ruhe finden. »Nun muss mein Geist so lange nach meinem Tod umgehen, bis sich ein mutiger Mensch findet, der den Schatz hebt und damit Gutes tut.«

Und so war es. Ihr Geist fand keine Ruhe. Immer wieder erschien sie als weißgekleidete Gestalt, die

Ein Rundturm am Antonis-Krankenhaus, Überbleibsel der einstigen Burg Eschweiler

den Erschreckten zuwinkte. Den Burgbewohnern klopfte sie auf die Schulter, wenn sie zum Wasserholen an den Brunnen gingen. Schaute man sich dann um, sah man nur weißen Nebelhauch. Auch während der Nacht kam die weißgekleidete Gestalt stets aus einem Zimmer und wandelte geräuschlos durch die Fluren und Gänge. »Das ist die Juffer«, flüsterten sich die Leute angstvoll zu. »Wenn die einem zuwinkt, muss man sicherlich sterben!« Unheimlich war diese Erscheinung, und in ihrer Angst verkauften die Bewohner ihre Burg. Niemand wollte länger mit diesem spukenden Wesen zusammenleben.

Zu guter Letzt fand sich dennoch ein beherzter Mann, der sich vor rein garnichts fürchtete. Er kaufte die Burg für einen geringen Preis, zog in ihr ein und begann damit, das Geheimnis um den Geist zu erforschen. Eines Nachts setzte er sich in jenes Zimmer, von dem der Spuk immer seinen Ausgang nahm. Punkt Mitternacht erschien die weißgekleidete Juffer und winkte dem Burgherrn, ihr zu folgen. Das tat er auch, und er ging ihr nach durch den weiten Flur, die Treppen hinab, auf die Kellertür zu. Diese öffnete sich wie von Geisterhand, und dann führten Stufen hinab ins tiefe Kellergewölbe hin zu einer großen Falltüre. Der Burgherr öffnete sie und gelangte in einen darunter liegenden Raum. In dessen Mitte standen drei Steintöpfe. Sie waren mit Gold und allerlei kostbarem Geschmeide gefüllt. Im gleichen Augenblick hörte er ein tiefes, erleichtertes Seufzen, und als er sich umwandte, war die geheimnisvolle weiße Juffer verschwunden und ließ sich von da an nicht mehr sehen. Der Geist war nun erlöst, denn er hatte einen Menschen gefunden, der mutig und kühn genug gewesen war, ihm zu folgen.

Der so beschenkte Burgherr war nun einer der reichsten Männer im Lande. Mit seinen Schätzen half er vielen Armen im Ort.

Eschweiler (52249) · Kreis Aachen · NRW
1145: In der Stadtmitte von Eschweiler entsteht aus einem vorhandenen Gebäude eine Wasserburg mit ehemals sechs Rundtürmen. Sie dient Amtmännern des Kölner Erzbistums als Verwaltungssitz. Wilhelm von Eschweiler wird urkundlich als erster Schultheiß erwähnt.
In den kommenden Jahrhunderten wechseln die Besitzer und Lehnsherren häufig.
1642: Während des Dreißigjährigen Krieges werden Eschweiler und seine Burg erobert und stark beschädigt. Es fehlt an finanziellen Mitteln, sie zu renovieren oder Neubauten zu errichten.
1654: Die Burg kommt für fast 180 Jahre in den Besitz der Familie von Hompesch.
1794: Sie wird verstaatlicht und wegen Baufälligkeit abgetragen.
1830: Wilhelm Graf von Hompesch-Bollheim stirbt. Die Burgruine wird aufgekauft von Hauptmann Carl Englerth, erster Bürgermeister von Eschweiler. Dessen Sohn Friedrich Englerth errichtet auf den Ruinenresten ein neues Wohnhaus.
1858: Die katholische Kirchengemeinde St. Peter und Paul erwirbt das Areal, im Volksmund »Kaffeemühle« genannt, für 16 000 Taler und erbaut auf ihm ein Krankenhaus.
1967: Die restlichen Gebäude der alten Eschweiler Burg werden abgerissen. An ihrer Stelle entsteht der Neubau eines modernen Krankenhauses (»St.-Antonius-Hospital«).
Heute: Von der Niederungsburg Eschweiler sind nur mehr wenige Mauerreste und drei Rundtürme erhalten, die seit 1992 unter Denkmalschutz stehen.

www.eschweiler.de
www.sah-eschweiler.de

Drimborn (Drimbornshof)
Eschweiler-Dürwiß

Die Juffer von der Greenskuhl

Die Greenskuhl (= grüne Kaule) war eine von Grünpflanzen umwachsene Teichanlage vor dem Drimbornshof, die in den 1980-er Jahren trocken gelegt wurde. Der Name leitet sich wohl aus den vielen Grünpflanzen ab, die dort wuchsen.

Als das adelige Fräulein Agnes Bavur vom Drimbornshof eines Tages einen Spaziergang machte, rutschte es am Rande der Greenskuhl aus und fiel ins Wasser. Immer tiefer sank die junge Frau ein in den Schlick und drohte zu ertrinken. Laut schrie sie um Hilfe. Zufällig befand sich gerade ein junger Nagelschmied, der von seinem Handel in Jülich kam, auf dem Nachhauseweg. Als er die Notschreie hörte und das Mädchen verzweifelt mit dem Tode ringen sah, sprang er, ohne zu zögern, ins Wasser und konnte das Leben der jungen Agnes im letzten Moment noch retten.

Voller Dankbarkeit schaute sie ihren Retter an, der ihr zunehmend besser gefiel. Bald entspann sich daraus ein geheimes Liebesverhältnis zwischen den beiden, das aber nicht unbemerkt blieb. Ein Offizier aus Jülich hatte sie beobachtet, der sich selber bereits mehrmals um die Gunst der hübschen Agnes beworben hatte. Die allerdings nahm das Werben des rohen und rauen Soldaten nicht an, der stets so herrschsüchtig und befehlend mit seinen Mitmenschen umging. Und als Agnes ihm noch andeutete, ihr Herz gehöre dem schmucken Nagelschmied, sann er voller Eifersucht auf Vergeltung und Rache.

Diese ergaben sich eines Tages, als Ritter Wilhelm von Drimborn seine Freunde und zu einer Treibjagd zwischen Dürwiß und Lohn einlud. Mit dabei waren auch der Jülicher Offizier als Jäger und der Nagelschmied neben vielen anderen als Treiber. Und wie es der Zufall wollte – nein, es war kein Zufall, es war böse und heimtückische Absicht – wurde der junge Nagelschmied Opfer eines Jagdunfalles, als ihm die Kugel aus dem Gewehr des Offiziers die Brust zerriss. Lautlos sank der wacke-

Eschweiler-Dürwiß (52249) · Kreis Aachen · NRW

14./15. Jh.: Die Herren von Drimborn gelangen in den Besitz eines Rittergutes, dem sie ihren Namen Drimbornshof geben. Die Silbe »Drim/Trim« bedeutet »drei« und weist hin auf drei Quellen. Es ist ein viereckiger Wirtschaftshof mit Herrenhaus als Mittelflügel und den früheren Wirtschaftsgebäuden als Seitenflügel. An der Rückseite befindet sich ein viereckiger Wehrturm.

1585: Ritter Wilhelm von Drimborn wird mit seinem Hof in der Ritterliste der Stadt Jülich erwähnt.

Um 1670: Das Drimborner-Geschlecht stirbt in männlicher Linie aus. Ab nun wechselt das Anwesen im Laufe der kommenden Jahrhunderte mehrmals seine Besitzer, zuerst durch Heirat an Bernhard Everhard von Bottlenberg, dann **1823** durch Kauf an Wilhelm Steffens und **1890** an die Familie von Papen (Familie des späteren Reichskanzlers Franz von Papen).

16.11.1944: Ein alliierter Bomberangriff zerstört große Bereiche von Eschweiler und Dürwiß, darunter auch den Drimbornshof.

1950: Die Braunkohle Industrie AG erwirbt die Reste des Drimbornshofes. Eine landwirtschaftliche Nutzung ist wegen vergangenen Kriegsbeschädigungen, aber auch wegen des fortschreitenden Braunkohleabbaus nicht mehr möglich.

1962: Die Gemeinde Dürwiß kauft das Anwesen, lässt den linken Flügel abreißen und als ihr Gemeinde-Rathaus neu errichten. Das Herrenhaus und der östliche Flügel bleiben größtenteils erhalten.

Anfang 1990: Umfangreiche Umbauarbeiten werden vorgenommen.

Heute: Der Drimbornshof, eines der Wahrzeichen des Ortes Dürwiß, liegt zur Jülicher Straße hin und ist durch eine Mauer mit Torbogen abgeschlossen. Das ganze Gebäude ist aus Backsteinen errichtet. Das Herrenhaus trägt die Jahreszahl 1719, das Jahr, in dem es bedeutend erneuert und ausgebaut wurde. Der Gesamtkomplex dient als medizinisches Zentrum (Ärztehaus und Apotheke). Im Kellergewölbe des Herrenhauses ist ein Handwerks- und Heimatmuseum.

www.eschweiler.de
www.duerwiss.com

re Bursche hin auf den weichen Moosteppich, wo er zuckend verblutete.

Als man Agnes diese schreckliche Nachricht mitteilte, brach sie schluchzend zusammen. Still zog sie sich nach der Beerdigung ihres Liebsten in ihre Gemächer zurück, mied fortan alle Feiern und Festlichkeiten und grämte sich so sehr, dass sie wenige Monate nach diesem hinterhältigen Mord an gebrochenem Herzen starb.

Allerdings wissen aber auch alle Bewohner der Umgebung zu berichten, dass seit jener Zeit des Nachts eine weiß gekleidete Juffer aus dem Wasser der Greenskuhl steigt und wie zarte Nebelschleier traurig klagend über den Weiher schwebt. Nie tat diese Geistgestalt jemandem etwas zu leide, aber sehr viele hat sie dennoch erschreckt.

Der Spuk vom Drimbornshof

Das folgende Gedicht von Theo Wollenweber, Inden, entnommen dem Heimatkalender 1951, nimmt die Sage von der »Greenskuhl-Juffer« zum Thema.

Mondschein ruhet auf den Landen, Nacht ist es und Schlafenszeit,
und drei Rosse munter traben, sonst ist Stille weit und breit.
Häslein fliehen drob erschrocken, laufen weit ins Feld hinein,
das gespensterhaft erleuchtet von dem fahlen Mondenschein.

Was soll denn der Ritt bedeuten noch so spät in dieser Nacht?
Ritter Alex ist's von Dürwiß, dem man Ehre heut' gebracht.
In der alten Feste Jülich trug man ihn als Ritter ein,
festlich wurd' der Akt begangen bei frohem Sang und edlem Wein.

Wie die Reiter fürbaß ziehen frohgelaunt auf Dürwiß zu,
finden sie die stillen Dörfer eingehüllt in süßer Ruh.
Nur die Hunde bellen wütend, als das Traben sie gehört,
schimpfen auf die Übeltäter, die die nächt'ge Ruh gestört.

Da schon winken stumm die Büsche, Drimbornshof ist jetzt erreicht,
ein leichtes Rucken in die Zügel, Herr Alex von dem Pferde steigt.
»Seid wohl den Sattel noch nicht müde?« Herr Alex zu den beiden spricht,
die aber zeigen auf die Greenskuhl: »Herr Ritter sieht den Spuk wohl nicht?«

»Wahrhaftig, dort ein seltsam Wesen. Ob es die weiße Dame ist,
davon die Bauern mir erzählten? Man hört davon zu jeder Frist.«
Und siehe da, die Rosse bäumen sich tief erschreckt gar mächtig auf,
des Ritters Ross, des Reiters ledig, floh jetzt davon im schnellen Lauf.

Schon kommt das Wesen langsam näher, die Ritter steh'n wie festgebannt
und schlagen unbewusst ein Kreuz, zum Reden keiner Worte fand.
Doch plötzlich ist der Spuk verschwunden, es rauscht als wie des Windes Weh'n,
und ratlos steh'n die stolzen Ritter und fragen sich: »Was ist gescheh'n?

Vielleicht ist's eine arme Seele, die nicht zur Ruhe kommen mag,
und sühnend umgeht lange Jahre, erwartend den Erlösungstag.«
»Und die Erlösung soll sie finden!« Herr Alex zu den beiden spricht.
»Wir wollen für die Seele opfern! Dies Tun führt sie zum Gnadenlicht.«

Ob wohl die Werke ausgeführet, die so gelobt zu jener Frist?
Die Ritter ruh'n schon längst im Grabe, der Spuk alldort verschwunden ist.

Burg Nothberg

Eschweiler-Nothberg

Die verfluchte Burg

Diese stolze, mit einem breiten Graben versehene Wasserburg wurde von drei frommen und sehr gütigen Jungfrauen erbaut. Das Volk liebte sie, denn sie waren großmütig, milde und barmherzig. Sie halfen den Notleidenden und beschützten sie vor Arglist und Böswilligkeiten. Aber als diese drei edlen Damen verstorben waren, bewohnten Raubritter die Burg, die die Leute und Händler überfielen und das Volk ausbeuteten. Sie hatten sich mit den Rittern von Röthgen verbündet. Heimlich trafen sich dann diese Strauchdiebe durch einen unterirdischen Gang, der die beiden Burgen verband. Gemeinsam zogen sie dann los zu ihren Raubzügen. Hart und grausam

waren sie. Wer sich zur Wehr setzte oder auf seinem Recht bestand, wurde eingekerkert und hart bestraft. Deshalb gaben die Untertanen der Burg auch den Namen Nothberg, weil die Raubritter das Volk stets in Gefahr und Not brachten.

In diesem Raubritterschloss gab es sehr viele unterirdische Verliese mit weiten Kammern und tiefen Gängen. Auch eine »Totenkammer« und ein »Weckschnapp« waren dort. Das war ein Zimmer, an dessen Gewölbe ein Haken angebracht war. Und an diesem Haken hing ein großes und lecker duftendes Brot. Und wenn dann ein zum Tode verurteilter Gefangener in seiner hungrigen Not nach dem Brot sprang, trat er auf eine verborgene Falltür. Die öffnete sich blitzschnell, und der Arme stürzte dann tief

Eschweiler-Nothberg (52249) · Kreis Aachen · NRW

1334 wird ein »Huys te Berghe« (= Nothberger Burg) erwähnt.

1356 wird dieses befestigte Haus als »Huys Berghe up der Inden« bezeichnet.

1361: Edmund von Engelsdorf wird vom Jülicher Herzog Wilhelm II. (1361–1393) mit diesem Haus belehnt, das sich als Hügelburg auf einem Höhenrücken über dem Indetal erhebt.

1398 verpfändet Gerhard von Engelsdorf seine bereits stark sanierungsbedürftige Burg mit allem Zubehör für 1.500 schwere rheinische Gulden an Werner von Palant.

Ab 1391: Der Name »Nothberg« wird geläufig, wahrscheinlich abgeleitet von einem Not-Gottes-Altar in der Pfarrkirche.

1439/49 erfolgen umfangreiche Sanierungs- und Umbauarbeiten durch Johann von Palant. Es entstehen eine Vorburg, eine Torburg, vier runde Ecktürme und eine 660 Meter lange Burgmauer. Der Kern des Herrenhauses (Donjon) wird in spätgotischem Baustil errichtet.

1543: Während des Erbfolgestreits um Geldern wird die Nothberger Burg durch die Truppen des Kaisers Karl V. stark beschädigt. Sie brennt aus.

1555: Burg Nothberg wird durch den Landesbaumeister der Herzogtümer Jülich-Kleve-Berg Alessandro Pasqualini in Renaissanceformen ausgebaut.

1591: Johann von Palant, der letzte in der Manneslinie, stirbt. Es brechen langanhaltende Erbstreitigkeiten aus. Die Nothberger Burg wird zeitweilig von mehreren Anteilseignern bewohnt. Deswegen erfolgen Umbaumaßnahmen, die die Burg in mehrere Wohnungen aufteilen.

1640: Burg Nothberg ist im Besitz der Familie von Rolshausen.

1646: Während des Dreißigjährigen Krieges verwüsten kaiserliche Truppen die Burg und zerstören sie teilweise.

18.02.1756: Ein starkes Erdbeben verursacht erhebliche Schäden an der Burg, die aus Geldmangel nie ganz behoben werden.

1829 wird die Nothberger Burg an die Privatfamilie Rolshausen zu Türnich verkauft. Ein Drittel des Mauerwerks des Herrenhauses dient als Steinbruch und verschwindet.

1842: Notar Melchior Delhougne aus Dürwiss kauft die Reste der Burg.

Nach 1867 werden erneut große Bereiche von ihr als Baumaterial verkauft. Zurück bleibt eine ruinöse Anlage.

1879: Die Familie Kever erwirbt die Ruine mit ihren landwirtschaftlichen Nutzflächen.

1907: Erste Ausbesserungsarbeiten bis 1914.

1944: Die Bausubstanz der Burg wird durch alliierte Kriegseinwirkung erheblich beschädigt.

1976 gründet sich der »Förderervereins Nothberger Burg«, um die Ruine vor weiterem Verfall zu bewahren. In den folgenden Jahren werden umfangreiche Restaurierungsarbeiten vorgenommen.

Heute: Von der Nothberger Burg, einer historischen Donjonburg, ist das Herrenhaus als Ruine mit westlicher Giebelwand und den beiden Ecktürmen erhalten sowie ein breiter Graben auf drei Seiten. Die ehemalige Vorburg ist in Privatbesitz und wird landwirtschaftlich genutzt. Ein Zugang zur Burg selbst ist nicht möglich. Es finden ständig Sicherungsarbeiten statt.

www.eschweiler.de

hinab in einen dunklen Raum und fiel dann in scharfe Messer, die die Raubritter dort unten in der Tiefe aufgestellt hatten.

Mancher Unschuldige kam so zu Tode. Und alle verfluchten diese gottlosen Burgherren und ihren schlechten Lebenswandel. Und die Verwünschungen wurden wahr. Bald darauf fiel die Burg in Trümmer, und das Raubrittergeschlecht starb aus. Bis heute ist noch jeder fest überzeugt, man solle Nothberg auch nicht mehr aufbauen, denn immer noch ruhen der Fluch und Unsegen auf den Ruinen.

(nach H. Hoffmann)

Burg Weisweiler
Eschweiler-Weisweiler

Der Graf von Hatzfeld hat's Feld

In der Pfarrkirche von Weisweiler befand sich früher neben dem Taufbecken eine große Steinplatte, in der ein Ritter ohne Beine eingehauen war. Nach der Sage soll er den Grafen Hompesch aus dem Hause Palant darstellen. Graf Hompesch führte beim Ausbruch eines Krieges das kaiserliche Heer. In der Schlacht verlor er beide Beine durch einen Kanonenschuss. Nun

dort in einer großen Blutlache lag. Auch der schwer verwundete Feldherr, dessen Augen vor Schmerz getrübt waren, erkannte den Kaiser nicht. So rief er laut in die Dämmerung hinein: »Ist die Schlacht zu Ende, und wer hat sie gewonnen?«

Der Kaiser, der nur einen stöhnenden Menschen vor sich sah, antwortete seufzend: »Armer Mann, was kann es dir nützen, wer die Schlacht gewonnen

lehnte er, der Ohnmacht nahe, schmerzverkrümmt an einem Eichenbaum. Die Dämmerung war bereits eingebrochen, als der Kaiser selbst noch einmal über das Schlachtfeld ritt und mit tränenumflorten Augen die vielen Toten und Verletzten betrachtete. Da kam er an Graf Hompesch vorbei, ohne ihn zu erkennen, der

hat? Für dich müsste sie verloren sein, denn sie forderte von dir beide Beine, und ein baldiger Tod wird dich von deinem irdischen Leid erlösen.«

Doch der Verwundete fragte nochmals laut ächzend: »Was kümmert dich mein Weh und mein Tod? Doch gib mir endlich Gewissheit, wer die Schlacht gewonnen hat?«

Eschweiler-Weisweiler (52249) · Kreis Aachen · NRW
1176 wird in einer Urkunde des Kölner Erzbischofs Philipp von Heinsberg (1167–1191) eine Burg erwähnt, als deren Erbauer Winricus von Wizwilre angenommen wird. Sie ist eine Wasserburg in Weisweiler, heute Stadtteil von Eschweiler und Unterherrschaft der Grafen und Herzöge von Jülich.
1237: Der Nachfahre Werner von Weisweiler wird urkundlich erwähnt.
1436: Reinhard von Weisweiler verkauft die Burg und Herrschaft Weisweiler an Werner von Palant und Breitenbend. In dessen Eigentum befindet sich ebenfalls das »Haus Palant«, nur 500 Meter nord-östlich gelegen. Damit besitzt diese Familie nunmehr beide Weisweiler Burgen.
Infolge von Erbteilungen und Heiraten wechseln die Besitzer noch mehrmals. Eine Nachfahrin, Johanna von Harff, heiratet **1509** den Grafen Johann von Hatzfeld-Wildenburg und bringt die Burg Weisweiler mit in die Ehe. Seitdem nennt sich dieser Familienzweig »Hatzfeld-Wildenburg-Weisweiler«. Es erfolgt der Neubau einer gotischen Burganlage, zusätzlich gesichert durch einen sechs Meter breiten Wassergraben.
27.05.1635: Ein Nachfahre, Wilhelm Heinrich (✝ 1655), Ehemann von Maria von Velbrück, wird in Wien in den Reichsgrafenstand erhoben und ist Mundschenk im Königreich Böhmen. Sein Titel: »Hoch- und Wohlgeboren, Graf von Hatzfeld-Wildenburg-Weissweiler«.
1682: Dessen Sohn Alexander erwirbt das Haus Palant. Erneut befinden sich die beiden Burganlagen in Weisweiler wieder im Besitz einer Familie. Jedoch verliert die alte Burg gegenüber der modernen Schlossanlage mehr und mehr an Bedeutung. Sie verfällt zunehmend und wird sogar teilweise als Steinbruch genutzt.

1755: Ein starkes Erdbeben beschädigt das Hauptgebäude der Anlage unrettbar. Es wird abgerissen.
1769: Die Grafen von Hatzfeld verkaufen die Burg Weisweiler und das Haus Palant an den Jülicher Herzog und Kurfürsten Karl Theodor von der Pfalz (*1724; ✝ 1799). Dieser schenkt die Anwesen seinem unehelichen Sohn Karl August, Fürst von Heideck und Bretzenheim.
Anfang 19. Jh.: Die Burg wird an die Grafen von Hompesch-Bollheim verkauft.
1840: Die Familie von Hompesch-Bollheim wandert nach Mähren aus und veräußert ihren Besitz in Weisweiler an eine Aachener Industriellenfamilie.
1944: Schwere Kriegszerstörungen. Anlage eines Soldatenfriedhofes im Burgbereich.
1952: Die evangelische Kirchengemeinde Weisweiler erhält das Areal von Hans und Hannelise Leyer geschenkt. Seitdem dient es dieser Kirchengemeinde als Pfarrhaus.
Heute: Von der einstigen Burg sind noch eine sieben Meter hohe Ringmauer erhalten, sowie vier halbrunde Türme mit Untergeschossen und einem Rundbogentor, dem einzigen Eingang zur Anlage. Weiter erhalten ist eine ehemalige Scheune aus dem 18. Jahrhundert, die zur evangelischen Kirche umgebaut wurde. Die Burganlage ist frei zugänglich. Auf ihrem Areal befinden sich eine Kriegsgräberstätte und ein Gemeindezentrum.

www.eschweiler.de
www.ev-kirche-weisweiler.de

»Wir haben die Schlacht gewonnen!«, erwiderte der Kaiser.

»Wer ist wir?« fragte Graf Hompesch.

»Wir, die Kaiserlichen!«

Da hob der Beinlose mühsam und mit aller Kraft seinen Kopf und rief voller Freude: »Gott sei gedankt; und wenn ich auch beide Beine verloren habe, so habe ich doch die Schlacht gewonnen. Mit diesem tröstenden Wissen stirbt es sich nun viel leichter!«

Verwundert sprang der Kaiser nun von seinem Pferd, schritt näher hin zu dem Manne und erkannte in ihm seinen treuen Feldherren Hompesch. Daraufhin nahm der Kaiser eine Nadel mit diamantenem Knopfe von seinem Helme, steckte sie auf den Helm des Verwundeten und sprach: »Mein lieber Graf. Auch deiner Tapferkeit und Klugheit ist unser Sieg zu verdanken. Du mein Siegreicher! In des Wortes

wahrer Bedeutung, du, Feldherr, hast das Feld; drum sollst du fortan nicht mehr Graf von Hompesch heißen, sondern Graf von Hatzfeld heißen.«

Die Nachfolger des Grafen schenkten später der Kirche zu Weisweiler eine kostbare Monstranz; darin war die wertvolle Nadel eingelassen.

(nach H. Hoffmann)

Schloss Föhren
Föhren

Der Bleimichel

In dem Schloss zu Föhren spukt ein Geist, der unter dem Namen des »Bleimichel« bekannt ist. Er trägt einen bleiernen Mantel, und unter diesem sieht es gar feurig und glühend aus.

Zu seinen Lebzeiten war jener Michel ein Verwalter des Schlosses Föhren. Er hatte unter anderem auch die Getreideanlieferungen und somit die Steuereinnahmen zu kontrollieren. Doch war er stets hartherzig und gefühllos, geizig und geldgierig. Er log und betrog, wo er nur konnte. Wenn die Bauern kamen, um ihre mühsam geerntete Frucht abzuliefern, benutzte Michel beim Abwiegen fast nur falsche Gewichte aus Blei. So betrog er die armen Leute in heimtückischer Weise und prellte auch seinen Schlossherrn um Geld und Gut. Das erschwindelte Geld steckte er ohne Gewissensbisse in die eigene Tasche. Außerdem verlangte er von den Untertanen viel zu hohe Steuern und harte Fronarbeit. Wer nicht arbeiten oder zahlen konnte, wurde rücksichtslos in den Kerker eingewiesen. Wen wundert es also, dass er daher von vielen verflucht und verwünscht wurde.

Und tatsächlich. Nach seinem Tode fand er keine Ruhe. Immer und immer wieder kann man ihn nun

Föhren (54343) · Kreis Trier-Saarburg · Rhld-Pf

893: Im Prümer Urbar wird Föhren erstmals als »Vurne« und »Furne« überliefert. Zu Beginn der Neuzeit wandelt sich der Ortsname über »Füren« und »Fuhren« zum heutigen Föhren. Der Name soll sich ableiten von dem lateinischen Wort »furnus« (= Brennofen). Es ist anzunehmen, dass zu dieser Zeit ein Verwalter der Abtei Prüm in Föhren ansässig ist und in einem größeren Gebäude wohnt.

1136: Reiner und Gerhard von Furne werden als Burgherren genannt.

1340: Dieses Gebäude wird zu einer befestigten Burg (Castrum seu fortalicium) umgebaut, die Ritter Kuno von Kuntzich zu Lehen erhält (= Besitz und Vogtei von Vurne).

1406: Der 40. Abt von Prüm, Friedrich II. von Schleiden (1397–1427), belehnt den Alf von Bassenheim mit der Hälfte von Burg und Dorf Föhren. Katharina von Kuntzich bringt ihrem Gatten Arnold von Bassenheim die andere Hälfte mit in die Ehe.

1445: Die Brüder Alf und Cone von Bassenheim verkaufen ihre verpfändete Burg und Herrschaft »Furne« mit aller Herrlichkeit und Zubehör an Friedrich von Kesselstatt. Bis heute ist dieses Haus ununterbrochen im Besitz der Familie Kesselstatt.

1663: Nach der Eheschließung des Freiherren Johann Eberhard von Kesselstatt mit der ältesten Schwester des Kurfürsten von Orsbeck (= Freiin Anna Antoinette von Orsbeck) in Trier, wird die Burg Föhren in ein barockes Schloss umgebaut. Durch den Anbau zweier Flügel schließt sich das Schloss zu einer fast quadratischen Vierflügelanlage. Dabei entsteht der wuchtige dreigeschossige Eckturm. Rund um das Schloss wird ein Wassergraben angelegt.

1713: Der Nordflügel wird zum Barocksaal ausgebaut.

1718: Die Familie von Kesselstadt wird in den Reichsfreiherrenstand erhoben.

1776: Die Familie von Kesselstadt wird in den Reichsgrafenstand erhoben.

1794: Infolge der Besetzung durch französische Revolutionstruppen wird das Schloss beschlagnahmt und erleidet größere Beschädigungen. Die Familie von Kesselstatt kann ihr Familienarchiv rechtzeitig nach Prag in Sicherheit bringen.

1815: Preußen wird neuer Landesherr. Die Familie von Kesselstadt kann ihre Besitzansprüche wahren und den alten Besitz größtenteils zurückgewinnen.

1820: Neubau einer Zehntscheune an Stelle einer kleinen Vorgängerin.

1949: Der Wassergraben wird trockengelegt und mit Erde aufgefüllt.

2000: Die Zehntscheune wird restauriert und umgebaut zu einem großzügigen Veranstaltungsraum für Festlichkeiten, Seminare, Kongresse und Konzerte.

Heute: Das im Privatbesitz befindliche Schloss ist in seiner Gesamtanlage einmalig im Raum Trier. Seine ehemaligen Wirtschaftsgebäude werden als Wohnungen (Ferienwohnung mit zwei Doppelzimmern), Büros, Veranstaltungs- und Lagerräume genutzt. In der ehemaligen Jagdhalle ist ein Standesamt Schweich eingerichtet. Auch der prächtige Barocksaal kann für Trauungen oder Events in kleinerem Rahmen genutzt werden.

Parkplätze vor dem Schloss; keine Gastronomie oder öffentliche Besichtigung im Schloss (nur nach Absprache). zehntscheune@schloss-foehren.de www.schloss-foehren.de

zu mitternächtlicher Stunde als Geist in der Zehntscheune stöhnen hören. Schwer drückt ihn auch der glühende Bleimantel nieder, wenn er Nacht für Nacht die schweren Säcke hin und her schleppen muss, voll mit Getreide, um das er die Bauern so schmählich betrogen hatte.

Löwenburg, Gerhardstein
Gerolstein

Köpft ihn trotzdem!

Die Burgherren der Gerolsteiner Löwenburg hatten dereinst ein eigenes Gericht, das über Leben und Tod entscheiden konnte. Nun geschah es, dass eines Tages ein Mann aus der Umgebung vor dieses Gericht gestellt und eines schweren Verbrechens angeklagt wurde. Immer wieder beteuerte der Mann seine Unschuld, doch die Gerichtsherren hörten nicht auf ihn und sein inständiges Flehen. Schließlich erklärten sie ihn für schuldig und verurteilten ihn zum Tod durch das Beil.

Als der Hinrichtungstag gekommen war, führte man den Verurteilten hinaus zur Richtstätte vor der Burgmauer der Löwenburg. Dort hatte sich bereits eine große Schar Schaulustiger versammelt. Viele bedauerten den Unglücklichen, kannten sie ihn doch als einen rechtschaffenen und fleißigen Mann. Schon hob der Henker das scharfe Beil, da drehte sich der Verurteilte hin zum Volk, schaute die Gerichtsherren und Schöffen an und rief mit lauter und sicherer Stimme: »Hört ihr Bürger von Gerolstein, ich bin unschuldig an der Tat, für die man mich verurteilte. Gott ist mein Zeuge. Wenn mein Haupt, sobald es von meinem Rumpf getrennt ist, dort hinab rollt und über den Rand des Brunnens in sein Wasser fallen wird, dann werdet auch ihr meine Unschuld erkennen.«

Viele erschauerten bei diesen Worten, manche lachten, und ein zum Blutgericht gehörendes Ratsmitglied meinte: »Er redet dummes Zeug. Sein schwacher Geist ist schon verwirrt.« Darauf entgegnete ihm der Verurteilte: »Nein, nicht ich bin verwirrt. Die Herren in den stolzen Gewändern und

schwarzen Talaren sind's. Sie sind nicht würdig, dieser Stadt als Rat vorzustehen. Gott wird durch mich meine Unschuld bezeugen.«

Ungerührt wandte sich der erste Schöffe zum Henker und rief: »Schlag zu!« Und der Scharfrichter vollzog sein grausames Werk. Das schwere Beil sauste hernieder. Das Haupt des Verurteilten fiel. Es blieb aber nicht liegen, sondern bewegte sich in hüpfenden Sätzen hin zur Mauerkrone im Hintergrund und verschwand in der Tiefe, wo die Stadt lag, roll-

te hin zum Brunnen, hob sich in einem Bogen über dessen Einfassungsmauer und verschwand aufklatschend in seiner Tiefe. Das Wasser des Brunnens färbte sich blutrot.

Entsetzt wichen die Zuschauer zurück. Nun erkannte jeder, dass der Mann unschuldig gewesen war. Niemand war beherzt genug, in den Brunnen hinabzusteigen, um das Haupt empor zu holen. Auch weigerte sich fortan ein jeder, Trinkwasser aus ihm zu schöpfen. Kurze Zeit später schüttete man ihn zu und errichtete an dieser Stelle dem Ärmsten ein großes Holzkreuz als Erinnerung und Mahnung an ein schlimmes Unrecht. In späteren Jahrzehnten wurde dieses Kreuz durch einen Steinaltar ersetzt.

Die ungerechten Ratsherren begannen sich gegenseitig die Schuld zuzuschieben, fielen beim Volk und Burgherren in Ungnade und endeten alle in Schimpf und Schande, Unglück und Not.

Ein Attentat auf das Grafenpaar

Mitten im Gerolsteiner Wald liegt an legendenumwobener Stätte stimmungsvoll die Büschkapelle. Sie ist ein beliebtes Marien-Wallfahrtskirchlein, das dort an Stelle einer vom Gerolsteiner Grafenhaus gestifteten Kapelle aus dem Jahre 1681 erbaut wurde.

Graf Karl Ferdinand von Gerolstein hatte mit seiner Gemahlin Maria Katharina seinen Verwandten auf deren Schloss im heutigen Oberkail einen Besuch abgestattet. Nun hatten sie sich auf die Rückreise begeben. Ihre Kutsche befand sich bereits in dem großen, prächtigen Gerolsteiner Wald, nicht mehr sehr weit von der heimatlichen Burg entfernt. An der Stelle, wo der Hohlweg den nach Büscheich führenden Fußpfad kreuzt und die »Eichenpfad« genannt wird, überfiel die Gräfin plötzlich eine unerklärliche große Furcht.

Sie bat ihren Gemahl: »Mir ist angst und bange. Mein Herz klopft und es schnürt mir die Luft ab. Bitte lass uns aussteigen und den Rest des Weges zu Fuß weiter gehen.«

Der Graf fand keine Erklärung für die Sorgen seiner Frau. Anfangs mürrisch, folgte er schließlich doch ihrer Bitte und stieg mit aus. Dem Kutscher befahl er, hin zur Burg zu fahren.

Kaum hatte dieser jedoch die Pferde einige hundert Schritte weiter gelenkt, sprangen auf einmal an jener Wegebiegung drei vermummte und bewaffnete Räuber aus dem Dickicht hervor. Sofort schossen sie mit Flinten und Pistolen auf die Prunkkarosse, in der sie den Graf und die Gräfin vermuteten. Eine Kugel verletzte den Kutscher auf dem hohen Bock am Arm. Andere durchschlugen Fenster, Verkleidung und Polster der Kutsche, dort, wo vor kurzem noch das gräfliche Paar gesessen hatte. Die Pferde, durch diesen Überfall erschreckt und von der Peitsche des Kutschers angetrieben, sprengten im scharfen Galopp hin über den Weg und erreichten schaumbedeckt die schützenden Mauern der Löwenburg.

Auch der Graf und die Gräfin hatten die Schüsse vernommen. Sie ließen große Vorsicht walten, und im sicheren Schutz des dunklen Tanns erreichten sie unversehrt ihr Heim. Dort berichtete ihnen der Kutscher mit zitternden Worten vom schrecklichen Vorfall. Der Graf wandte sich zu seiner Frau und sagte entschuldigend: »Nur deiner sorgenvollen Ahnung, die dir Gott schenkte, verdanken wir unser Leben. Voller Dank gelobe ich dem Allwissenden, der uns auf so wunderbare Weise aus großer Gefahr errettet hat, an der Stelle des Raubüberfalls eine Gebetsstätte zu erbauen.«

Graf Karl Ferdinand hielt sein Gelübde und bald entstand ein hübsches Gotteshäuschen. Dieses erhielt, weil es mitten im Wald liegt, den Namen »Büschkirche«. Auch ließ der Burgherr nahe dabei ein großes Kreuz errichten, das »Grafenkreuz« genannt wurde.

In späterer Zeit wohnte in der Nähe dieser Kirche ein frommer Einsiedler, der sein Leben ganz Gott und dem Gebet widmete. Täglich wallten Einwohner von Gerolstein zu dieser geweihten Stätte, um in der Einsamkeit ungestört der Andacht zu pflegen. In den kommenden Jahrhunderten verfiel die Kirche. Die Bewohner Gerolsteins errichteten jedoch an ihrer Stelle eine neue Kapelle, die bis auf den heutigen Tag noch sehr viel von frommen Betern und Bittenden besucht wird.

Die Räuber, es sollen Scharding aus Gees und seine Komplizen gewesen sein, wurden bald darauf von den Häschern des Grafen gefasst und wegen dieses Überfalles und mehrerer anderer Vergehen zum Tode durch den Strang verurteilt.

Der bekehrte Graf

Wie alljährlich kam die Fronleichnamsprozession aus der Stadt den Berg hinauf, wo am Burgkreuz der letzte Segen erteilt wurde. Als der Graf die frommen Lieder und Gebete hörte, trat er mit seiner Gemahlin vor das Schlosstor, umgeben von seinem Gefolge. Er war schon lange dem Glauben seiner Vorväter, für den er oft nur spöttische und verachtende Worte fand, untreu geworden. Eine Amme trug den kleinen Junggrafen auf dem Arm, denn er

Gerolstein (54568) · Vulkaneifelkreis · Rhld-Pf

um 1100: Gerhard I. von Blankenheim erbaut auf einem mächtigen Dolomitfelsen über dem Flusstal der Kyll eine Burganlage. Sie trägt seinen Namen Gerhardstein, der auch später zum Stadtnamen »Gerolstein« wird. Gerhard und seine Familie sind ebenfalls Herren von Schleiden und Kasselburg bei Pelm.

1115: Die Burg wird erstmals urkundlich erwähnt, als Gerhard I. seinen Herrschaftssitz von Blankenheim auf die Burg Gerhardstein verlegt.

13. Jh.: Unter Gerhard IV. wird die Burg zu einer Wehrburg ausgebaut, mit einer Vorburg im Norden, in der die Wachen und die Wirtschaftsgebäude untergebracht sind, sowie einer Hauptburg mit dem Herrensitz. Sie nennt sich nun meist Löwenburg. Beide Burgteile sind durch einen Graben mit Zugbrücke getrennt.

1336: Gerhard V., Herr von Blankenheim, Gerhartstein, Kasselburg und Bettingen, erwirkt die Stadtrechte für den Ort Gerolstein.

1423: Die Blankenheimer Linie stirbt aus. Gerhardstein geht an die Familie von Loen, Herr von Jülich und Graf von Blankenheim. Er nennt sich »Grave zu Blankenheimb und Herr zu Lewenburg.«

1486: Neubau zweier Burgkapellen (Schlosskapelle in einem Halbturm und Hofkapelle unterhalb des Felsens).

1524: Gerhard VIII. erbt die Grafschaft Gerolstein und die Herrschaft Bettingen. Er wird der Gründer der Gerolsteiner Linie. Die Löwenburg wird mit einer zwei Meter dicken Schildmauer gesichert und zu seinem Residenzschloss ausgebaut.

1593: Durch Erbschaft gelangt auch die Herrschaft Kronenburg zu Gerolstein.

1670: Ein Blitzeinschlag in den Pulverturm richtet großen Schaden an.

6.7.1691: Eroberung der Burg durch Franzosen, die aber vier Wochen später in einer kriegerischen Auseinandersetzung vertrieben werden. Dabei wird die Stadt Gerolstein am 5.8.1691 zerstört. Die Burg geht in Flammen auf.

1697: Der letzte Graf der »Manderscheid-Gerolsteiner Linie« verstirbt kinderlos. Die Burg fällt zurück an die Grafen von Blankenheim, die die Burg aber nicht wieder aufbauen.

um 1700: Mehrere Abschnitte der verbliebenen Mauer werden aus Sicherheitsgründen teilweise abgetragen. Gleiches geschieht 1777 erneut mit dem Südturm.

1794: Französische Revolutionstruppen besetzen Gerolstein. Die Burgruine ist im Besitz der Gräfin Augusta von Manderscheid, Blankenheim, Gerolstein, Herrin in Kronenburg, Daun, Kayl, Bettingen (*1744; †1811). Sie ist verheiratet mit Graf Philipp-Christian von Sternberg (*1732; †1798). Beide flüchten nach Böhmen.

Nach 1815: Die Ruine Löwenburg ist im Eigentum Preußens und der Stadt Gerolstein.

1895–1900: Umfangreiche Instandsetzungsarbeiten.

1944/1945: Weitere beträchtliche Zerstörungen durch alliierte Fliegerbomben.

1970 ist die Löwenburg im Besitz der Staatlichen Schlösserverwaltung.

Heute: Nach dem Jahr 2000 wurden wesentliche Restaurierungen und Bausubstanzerhaltungsmaßnahmen durchgeführt. Es sind noch Reste der Umfassungsmauern und Wohngebäude vorhanden; die Ruine ist frei zugänglich.

Kostenlose Parkplätze direkt vor der Burg.
Keine Gaststätte auf der Burgruine.
www.gerolstein.de

war gelähmt und konnte weder stehen noch gehen. Hochmütig und mit verschränkten Armen stand der Graf, als die Prozession den Altar erreicht hatte. Er machte sich lustig über das bunte Treiben, und seine Spottworte stimmten Priester und Gläubige traurig. Doch als die Glöckchen der Messdiener ertönten und die frommen Beter niederknieten, um den Segen zu empfangen, wurde das Grafenkind unruhig. Die Amme hatte Mühe, es in ihren Armen zu halten, weil es so zappelte und strampelte. Daher wollte sie den kleinen Jungen auf den Boden setzen. Kaum hatte er jedoch mit seinen gelähmten Füßchen das harte Pflaster berührt, da reckte er sich hoch — und stand. Starr von Staunen konnte die Amme nicht mehr verhindern, dass der Grafensohn eiligst, gleich einem gesunden Kinde seines Alters, zu laufen begann. Wie von unsichtbarer Hand zur Seite gerückt, öffnete sich ihm zwischen den Knienden eine Gasse und er lief bis zur obersten Altarstufe. Dort kniete er, die fromm gefalteten Händchen hoch erhoben, in dem Augenblick nieder, als der Priester die goldene Monstranz zum Segen erhob. Das gräfliche Paar war durch das offenkundige Wunder zutiefst erschüttert. Wie aus einem Munde sang die Menge: »Großer Gott wir loben Dich«. Gesenkten Hauptes und voller Scham reihten sich Graf und Gräfin samt ihrem Gefolge der Prozession ein und folgten ihr betend zur Pfarrkirche in Sarresdorf. Dort sprachen sie lange mit dem Priester und kehrten dann wieder zum Glauben ihrer Vorfahren zurück.   *(nach Batti Dohm)*

Schloss Hamm
Hamm

Von Ketten befreit

Nicht weit von der Kreisstadt Bitburg entfernt erhebt sich in einem anmutigen Tal ein Hügel, den die Prüm umspült. Auf ihm steht das Schloss Hamm, einst der Stammsitz eines edlen und vornehmen Rittergeschlechtes.

Ritter Friedbald von Hamm war mit vielen anderen tapferen Eifelsöhnen in den Vierten Kreuzzug gegen die Ungläubigen gezogen, um das Heilige Grab

des Herrn ihren Händen entreißen zu helfen. Doch als das große Kreuzfahrerheer das herrliche Konstantinopel vor sich liegen sah, kam es zur Belagerung der Stadt und einem erbitterten Kampf. Friedbald und seine Mannen wurden umzingelt. Viele tapfere Bauernsöhne wurden niedergestreckt und hauchten ihr Leben aus. Schon hob ein Byzantiner sein Krummschwert, um mit diesem auch dem Leben von Fried-

bald ein Ende zu machen. Doch als er auf dessen Schild das stolze Wappen der Herren von Hamm erkannte, ließ er von seinem Plane ab und nahm Ritter Friedbald gefangen.

»Mit ihm ist sicherlich viel Lösegeld zu erpressen«, dachte er. »Und wenn dies nicht gelingt, dann ist er als Sklave immer noch Geld wert.«

Mehrere Jahre bereits schuftete Friedbald in staubiger Hitze auf den steinigen Feldern und in den steilen Olivenhainen eines Ölhändlers, der ihn auf dem Sklavenmarkte zu Konstantinopel gekauft hatte. Unter der stets schlagbereiten Peitsche seines Aufsehers, ging es ihm schlechter als einem Ochsen. Ein Entkommen oder Entfliehen war nicht möglich. Die schweren Eisenfesseln an seinen Füßen ließen kaum ein aufrechtes Gehen zu, geschweige denn ein Fortlaufen.

Die Hoffnung des Ritters auf Befreiung oder menschliche Hilfe war längst geschwunden und verzweifelter Hoffnungslosigkeit gewichen. Das Heimweh nach seiner geliebten Frau und den Kindern, der heimatlichen Burg und den sanft grünen Fluren im Tal der Prüm nagte an seinem Herzen und raubte den Willen zum Überleben. In seiner tiefen Niedergeschlagenheit wandte sich Friedbald an die Jungfrau Maria und flehte sie beharrlich Tag und Nacht um ihren Beistand und um Linderung seiner Leiden an.

Da erschien ihm eines Nachts, als er sich wieder mit tränenüberströmtem Gesicht auf seinem faulenden Strohlager wälzte, im Traum die Trösterin der

Hamm (54636) · Kreis Bitburg-Prüm · Rhld-Pf

893: Erste urkundliche Erwähnung von Hamm im Prümer Urbar. Die Herren von Hamm besitzen ein Afterlehen von den mit ihnen verwandten Grafen von Vianden und sind Schutzherren der Abtei Prüm.

1052: Die Existenz der Burg Hamm kann nachgewiesen werden. Es ist ein mächtiger und eindrucksvoller Wehrbau auf einem Bergrücken, der von dem Fluss Prüm umflossen wird. Sie steht an der Stelle einer viel älteren Fliehburg, in der sich zur Zeit der Völkerwanderung die Bewohner der umliegenden Gutshöfe zurückziehen konnten.

1371 geht das Schloss Hamm, das ein imposantes Zeugnis des späten Mittelalters darstellt, über die Herrschaft der Familie von Malberg/Milburg in den Besitz der Grafen Clerf im Herzogtum Luxemburg über.

Im 14. Jh. entsteht in weiten Bereichen das heutige Bauwerk (Haupthaus, eingefasst von zwei hohen Wehrtürmen, Kapelle, Wehrmauer, Nebengebäude) mit einem hufeisenförmigen Bergfried.

Um 1586: Errichtung eines viergeschossigen Tor-Wohnhauses durch Gerhard von der Horst, Ehemann von Anna von Malberg.

1870: Baron Victor von Tornaco (*1805; † 1875) erbt das Schloss, das bald darauf durch Heirat an die Familie des Grafen Friedrich von Renesse-Büdesheim gelangt. Diese sorgt von

1885–96 für grundlegende Renovierung und Wiederaufbauten nach all den Schäden und Zerstörungen, die das Schloss durch den Dreißigjährigen Krieg und die Wirren der Französischen Revolution erlitten hatte.

1909: Eigentümer des Schlossanwesens sind die Grafen von und zu Westerholt und Gysenberg, die es von der gräflichen Herrschaft Tornaco und Renesse (Belgien) übernahmen.

1945: Das Wohnhaus wird durch Brandstiftung deutscher Wehrmachtstruppen vernichtet. Es erfolgt

1960 der Wiederaufbau. Hinter die viergeschossige Hoffassade tritt ein Neubau, Sitz der Familie der Grafen von und zu Westerholt und Gysenberg.

1998: Das gesamte Bauwerk wird vollständig saniert und instandgesetzt.

Heute: Das Schloss Hamm, im Privatbesitz der Familie der Grafen von und zu Westerholt und Gysenberg, zählt zu den größten heute noch bewohnten Eifelburgen und kann in seinen Außenanlagen frei besichtigt werden. Auf Wunsch werden in der barocken Schlosskapelle (mit bemerkenswerten Grabdenkmälern) kirchliche Trauungen oder Taufen vorgenommen. Der gotische Schlosssaal wird vom Standesamt Bitburg-Land als Trauzimmer genutzt. Wohnen in zwei Ferienwohnungen möglich.

Parkplätze vor Schloss Hamm
keine Gastronomie im Schloss
www.schlosshamm.de
Dr. Eva Gräfin von Westerholt, 54636 Hamm

Betrübten. Lichtumflutet verkündete sie ihm: »Halte aus. Die Stunde deiner Erlösung aus der Gefangenschaft und diesem Tal der Tränen ist nahe.«

Friedbald erwachte und rieb sich die Augen. Dunkel war es in seinem Verlies, und doch war es ihm, als spüre er neue Kraft und sehe Hoffnung. Er kniete nieder, und mit gefalteten Händen sandte er ein Gelübde gen Himmel: »Sohn Gottes, der du alles weißt und die Wege des Schicksals lenkst, wende auch mein trauriges Los zu einem guten Ende. Befreie mich aus dieser Trübsal und lass mich den Rest meines Lebens wie ein Mensch verbringen und nicht hier im Kerker verenden wie ein geschundenes Tier. Und gewährst du mir in deinem unendlichen Erbarmen die Gnade, meine Familie und meine Heimat wiederzusehen, dann werde ich dir und deiner allgütigen Mutter zur Ehre eine Kirche erbauen.«

Mit tiefer Ruhe und seelischem Wohlbefinden legte sich der Ritter wieder hin auf sein Lager und schlief dem Morgen entgegen. Und als dann die Sonne ihn mit ihren grellen Strahlen aus dem Schlafe weckte, kannte das Wundern und Staunen des Ritters keine Grenzen. Das war nicht mehr die unfreundliche Fremde des Orients, das waren bekannte Berge und Hügel, saftige Wiesen und Weiden, rauschende Wälder und das liebliche Morgengezwitscher von bunt gefiederten Vögeln. Und als er genauer hinsah, erkannte er dort drüben die Anhöhe einer Burg. Es war seine Burg Hamm, auf deren Bergfried die Fahne mit seinem ritterlichen Wappen wehte. Neben ihm auf dem Boden lagen die schweren eisernen Ketten, welche jahrelang seine Füße blutig gescheuert hatten.

Welcher Jubel erklang in den Mauern der Burg und wie herzlich umarmten ihn seine Familie und all seine Freunde, die nie mehr etwas von Friedbald gehört und ihn für tot gehalten hatten. Bei aller Freude, der Herr zu Hamm säumte nicht, sein Gelübde zu erfüllen. Und an dem Weidenbusch, jener Stelle, wo er auf wundersame Weise sich auf heimatlicher Erde wiedergefunden, erbaute er eine Kirche zu Ehren der seligsten Jungfrau Maria, die er reichlich mit Gütern beschenkte. Der Ort, in dem die Kirche steht, wurde nach dem Weidenbusch »Weidingen« genannt. Noch heute erklingt in dieser »Mariä-Empfängnis-Kirche« das Gotteslob, denn sie ist ein bekannter Wallfahrtsort. Und als der Bischof die Kapelle und den Altar einsegnete, legte Ritter Friedbald seine schweren Fesseln am Altar der Kirche nieder, damit ein jeder sich an sein trauriges Schicksal und das unbegreifliche himmlische Wunder seiner Errettung erinnere, und ließ sich auch nach seinem Tode in diesem Gotteshaus begraben.

»Ist gestorben der edle Herr«

In der Kirche zu Biersdorf im Kreis Bitburg befinden sich zwei Grabsteine der Ritter von Milburg. Die Inschriften sind kaum mehr zu entziffern. Auf dem einen Grabstein ist ein geharnischter und bewaffneter Ritter mit entblößtem Haupte und gefalteten Händen zu erkennen sowie die Umschrift: »Im Jahr 1530 of Sonntag nach Remigii ist gestorben der eiddell Friedrich von Milburg, Herr zo Hamm gewest, hier begraben liegt, dem Gott Gnad amen.«

Der zweite Grabstein zeigt ebenfalls einen Ritter in voller Rüstung, jedoch ohne Helm. In seinen gefalteten Händen hält er einen Rosenkranz. Rechts von seinem Kopf das Wappen von Milburg. Um den Grabstein steht: »Im Jahr unserer Erlösung 1556 nach Trierscher Rechnung des 20ten Dag Mertz ist Gott verstorben der edler Ehrenfester Christopher der letzter von Milburg, Herr zo Hamm und Berg uf der Adert, dem Gott Gnad amen.«

Die Sage aber behauptet, in dem Grab liegen zwei Brüder. Beide waren ehemalige Ritter von Milburg und beide auch am gleichen Tage umgekommen. Wie es dazu kam?

Eine Raubhorde hatte sich an das Schloss Hamm herangeschlichen, um es zu plündern. So schnell und heimlich geschah dies, dass die Burgbewohner sich nicht rechtzeitig zur Gegenwehr bewaffnen konnten. Da füllte die Schlossherrin, sie war bereits seit Jahren Witwe, ihre Schürze mit Geldstücken und schüttete sie über die Brustwehr der Burg in die Tiefe. Die Münzen trollten auf dem Boden umher, rollten unter Gestrüpp und versteckten sich im Gras. Sofort stürzten die räuberischen Feinde drauf los und rauften

sich um das Geld. Das gab der Burgbesatzung Zeit, sich tüchtig zu bewaffnen, die Pferde zu satteln und angeführt von den zwei Söhnen der Burgherrin einen Ausfall aus der Burg vorzunehmen. Sie öffneten das Burgtor, fielen über die Räuber her, schlugen sie in die Flucht und trieben sie vor sich her bis nach Biersdorf. Doch da kamen den Räubern unerwartet noch viele andere ihrer Spießgesellen zu Hilfe. Nun wendete sich das Blatt. Bald waren die Verteidiger der Burg Hamm zurückgedrängt. Sie wichen der räuberischen Übermacht. Auch die beiden Rittersöhne waren schon umzingelt. Der erste versuchte noch, sein Pferd herumzureißen und zu fliehen. Da stolperte das Ross, und sein Reiter flog in hohem Bogen hinab in einen Pfuhl. Dort wurde er erschlagen.

Der zweite Sohn verteidigte sich mit viel Mut und Kraft, ließ sein Pferd aber rückwärts gehen. Dabei übersah er ein Karrengestell, das ihn an seinem Ausweichen hinderte. Auch er fiel unter den feindlichen Streichen.

Die trauernde Mutter ließ sie beide in einem Grabe in der Kirche zu Biersdorf zur ewigen Ruhe betten.

Liebe kennt keinen Zaun

Am äußersten Südrand des Altkreises Prüm liegt tief versteckt und einsam im Prümtal der Weiler Staudenhof. Bis zu seiner Eingliederung in die Gemeinde Mauel am 1. Juli 1967 war der ehemals selbständige Staudenhof flächen- und einwohnermäßig die kleinste Gemeinde Deutschlands. Trotzdem hat diese verkehrsmäßig schwer zu erreichende Siedlung mit verfallenden Gebäuden und den zwei Wohnhäusern ihre Geschichte und sogar eine eigene Entstehungssage:

Die Tochter des Grafen Gerhard vom Schloss Hamm im Prümtal hatte sich unsterblich in einen schwarzhaarigen, feurigen Förster verliebt. Das aber duldete ihr Vater auf gar keinen Fall. Ein Förster, nein, das war kein angemessener Stand. Mit so etwas durfte sich seine Tochter Cäcilia auf gar keinen Fall abgeben. Ihrem edlen Rang würdiger wären die adligen Söhne gewesen, deren es genügend gab auf den Burgen zu Vianden, zu Neuerburg, zu Schönecken, und wenn es sein musste, auch auf der Burg Hartelstein oder der zu Lissingen. Mit Strenge verbot ihr also Graf Gerhard jedweden Kontakt mit

terhohen Zaun umgeben, damit auch niemand seiner Tochter zu nahe käme.

Jedoch konnte die hohe Einfriedung dies nicht verhindern. Rasch sprach sich in der Umgebung das harte Los der einsamen Adligen herum, und es fanden sich etliche, die die Umzäunung zu überwinden wussten und verstanden, die junge Frau in ihrem Alleinsein zu trösten. An einem der strammen Bauernburschen fand Cäcilia später so großes Gefallen, dass sie ihn heiratete.

Aus dieser Ehe und dem Haus entstand dann später die heutige Siedlung Staudenhof. Und der Brunnen, aus dem die Verbannte ihr Trinkwasser schöpfte, trägt seitdem ihren Namen »Cäcilienborn«.

(nach M. Zender)

In der Jauche ersäuft

Viele Ritter der Burg Hamm trieben es sehr schlimm. Sie machten ihrem Stand keine Ehre. Als Raubritter waren sie weithin bekannt und gefürchtet. Ihre Untertanen peinigten und drangsalierten sie, dass es Gott erbarm. Besonders der letzte Ritter von Hamm trieb es besonders schlimm. Er schlug und prügelte seine Leute in wildem Zorn. Unbarmherzig jagte er sie von Haus und Hof, ritt durch reifende Felder und schreckte sogar vor Mord und Brandstiftung nicht zurück.

Schließlich konnten die gepeinigten Bauern dies nicht mehr erdulden und ertragen. In ihrer Not beschlossen sie, sich an diesem grausamen Ritter zu rächen. Eines Nachts lauerten sie ihm auf. Und als er so mit seinem Ross ins Dorf hineinritt, rissen sie ihn vom Pferd und warfen ihn in eine große stinkende Jauchegrube. Dort platschte und ruderte der Ritter und versuchte verzweifelt, wieder hinaus zu gelangen. Doch still und stumm standen die gequälten Bauern um die Grube. Jedesmal, wenn der Ritter auf der einen Seite wieder festen Boden erreichte, warfen die Bauern ihn auf der anderen Seite wieder herein. Nach einiger Zeit erlahmten die Kräfte des Ritters und mit einem derben Fluch ertrank er jämmerlich. Seit dieser Zeit hatten die Bauern nie mehr unter der blutigen Willkür eines Grafen von Hamm zu leiden.

(nach M. Zender)

jenem Förster, und mochte er auch noch so hübsch aussehen.

Von nun an traf sich das junge Fräulein von Hamm heimlich mit ihrem Geliebten. Sie herzten und liebkosten sich und beteuerten sich gegenseitig ihrer Liebe. Doch wie es das Schicksal wollte, beide wurden des Nachts im Mondschein gesehen, als sie sich küssend auf der Waldlichtung trafen.

Graf Gerhards Zorn war gewaltig. Den jungen Förster entließ er aus seinen Diensten und verwies ihn weit fort aus seinem Land. Auch Cäcilia musste elterlichen Zorn über sich ergehen lassen und erfahren, dass ihr Vater sie enterbte und weit von ihrem elterlichen Schloss entfernt in eine einsame Rodung verbannte. Dort ließ er ihr aus Holzstämmen ein Haus erbauen, das später das »alte Betzhaus« genannt wurde. Zusätzlich gewährte ihr der unnachgiebige Graf noch 72 Morgen Wiesen, Felder und Wälder, damit sie diese bewirtschaften und von dem Ertrag leben konnte. Eine Quelle auf dem Gelände spendete genügend frisches Wasser. Zum Schluss ließ der Graf noch die gesamte Fläche mit einem me-

Burg Heimbach (Hengebach)
Heimbach

Graf Wilhelm – Ausgeburt an Hinterlist

Nun sind doch schon mehrere Jahrhunderte ins Land geschritten, da gelüstete es den wilden und streitlustigen Grafen Wilhelm von Nideggen, die Burg Heimbach zu erobern und sie sich zu unterwerfen. Mit seinen Soldaten und einer großen Schar Söldner war er vor die Burg Heimbach gezogen und lagerte nun im Tal der Rur. Anfangs wollte er die Burg belagern und aushungern. Aber Spione meldeten ihm, das würde kaum zum Erfolg führen und viel zu lange dauern, denn in den Kellern und Vorratskammern von Heimbach lagerten Getreide, Fleisch und Getränke in Hülle und Fülle und in den

Stallungen stünden Schweine und Vieh in großer Anzahl. Es blieb dem Grafen von Nideggen nichts anderes übrig, als die Burg zu erstürmen. Mehrmals unternahm er Angriffe, versuchte die Mauern zu ersteigen, die Wälle zu erstürmen, aber es gelang ihm

nicht. Heimbach war viel zu gut gesichert und bestens ausgerüstet mit schweren Waffen und tapferen Kriegern. Sie schlugen alle Angriffe der Nideggener Soldaten zurück. Der letzte Kampf war besonders heftig und blutig. Im Gefechte wurde Graf Wilhelm von Nideggen sogar leicht verletzt. Nur mit Mühe konnte er entfliehen, sonst hätte ein Schwertstreich seinem Leben ein Ende bereitet.

Wilhelm war außer sich vor Wut wegen dieser Niederlage. Schon begannen seine Soldaten zu murren und meinten, ein Rückzug in Ehren sei besser als der tapferste Tod auf den Fluren vor der Burg. Doch der Nideggener Graf blieb hart und stur. Er sann auf Rache und Vergeltung. Er, der mächtige Wilhelm, würde niemals zugeben, der Unterlegene zu sein. Da flößte ihm der Teufel einen hinterhältigen und heimtückischen Plan ein. Verschlagen wie Wilhelm stets war, schickte er zwei Knappen zur Burg Heimbach, mit einer weißen Fahne in der Hand und einer Botschaft von ihm. Als die Boten vor dem Burgtor mit sanfter Stimme um Einlass baten, wurde es ihnen geöffnet. Dann traten sie vor den Burgherrn und händigten ihm die Schriftrolle aus. Der Graf von Heimbach brach das Siegel und las mit Freuden, dass sein Gegner, des Kampfes, Mordens und Blutvergießens überdrüssig, nunmehr den Krieg beenden wolle und um einen Friedensvertrag bat. Wie freute sich da der Heimbacher Graf, denn auch ihm waren der Friede und die Eintracht die höchsten Güter. So schickte er die Boten zurück mit dem Wunsch: »Eure frohe Botschaft vernehme ich wohl. Einigkeit und Freundschaft lassen gedeihen, was Krieg und

Heimbach (52396) · Kreis Düren · NRW

11. Jh.: Auf den archäologisch nachgewiesenen Resten einer römischen Wehranlage auf einem Bergrücken im Tal der Rur lassen die Herren von Hengebach eine Burg erbauen, die den Namen ihres Geschlechts trägt, aber besser bekannt ist als »Burg Heimbach«. Sie zählt mit zu den ältesten Eifelburgen. Bei den Normanneneinfällen im ausgehenden 9. Jahrhundert wird der Königshof Vlatten in diese sicherere Burg verlegt.

1106: Urkundliche Erwähnung der Burg als Besitz der Herren von Hengebach (Richizo und dessen Sohn Godizo). Später wird sie von den Grafen von Jülich übernommen, deren Wappentier, der Löwe, noch heute das Heimbacher Stadtwappen ziert.

1207: Wilhelm von Hengebach wird durch Erbfolge zum Grafen Wilhelm III. von Jülich ernannt.

1288: Burg Hengebach als Sitz eines Jülicher Burggrafen wird mit seinen 16 Ortschaften Mittelpunkt eines kleinen Jülicher Amtes mit eigener Gerichtsbarkeit. In den kommenden Jahrhunderten wird sie mehrmals erweitert und ausgebaut, und der Ort Heimbach erhält 1343 Stadtrechte. Dennoch erlangt die Burg Heimbach nie sehr große politische Bedeutung im Gegensatz zur nahe gelegenen Burg Nideggen.

1609: Nach dem Tod des letzten Herzogs Johann Wilhelm von Jülich (*1562; † 1609) wird die Burg an die Pfalzgrafen von Pfalz-Neuburg vererbt.

1635: Im Dreißigjährigen Krieg plündern Söldner die Burg und beschädigen sie schwer.

1678: Unter General Melac (*um 1630; † 1704) fallen Franzosen in Heimbach ein, plündern, sengen und morden. Die Burg erleidet erneut große Schäden.

23. Mai 1687: Ein Großbrand zerstört Heimbach nahezu ganz und lässt die Burg zur Ruine werden.

1794: Besetzung des Rheinlandes durch französische Revolutionstruppen. Das Herzogtum Jülich wird aufgelöst, der feudale Besitz konfisziert. Die Burganlage Hengebach wird an eine Heimbacher Familie verkauft, die sie als Steinbruch nutzt.

1904: Es wird beschlossen, die einsturzgefährdeten Reste der Burg einzuebnen. Daraufhin gründet sich ein »Verein zur Erhaltung der Burgruine Heimbach«, der sie erwirbt und umfangreiche Sicherungsmaßnahmen vornimmt.

1935: Der Kreis Schleiden wird Eigentümer der Burg und lässt das Kavaliershaus und den Palas wieder aufbauen.

1944/45: Erhebliche Beschädigungen gegen Ende des Zweiten Weltkrieges.

1952: Verpachtung der Burg an eine Düsseldorfer Brauerei, die Restaurierungen vornimmt und einen gastronomischen Betrieb einrichtet.

1970: Der Kreis Schleiden übernimmt wieder die Burg und beginnt mit einem vollständigen Wiederaufbau.

1972: Nach der Kommunalreform wird der Kreis Düren neuer Besitzer, der bedeutende Restaurierungsmaßnahmen fortsetzt.

1979: Die Stadt Heimbach wird Eigentümerin der Burganlage.

23.8.2009: Eröffnung der »Internationalen Kunstakademie Heimbach« auf der Burg.

Heute: Die Hofräume mit Wehrgang und der Bergfried, sowie das Restaurant und Hotel, sind ganzjährig frei zugänglich. Die Gesamtanlage dient der Stadt Heimbach als Ort für Ritterfestspiele, mittelalterliche Märkte und kulturelle Veranstaltungen.

kostenfreie Parkplätze befinden sich unmittelbar vor der Burg.
www.heimbach-eifel.de

Zwietracht zerstören. Drum seid alle in meiner Burg meine Gäste. Lasst uns Freunde sein und Zwietracht bei Spiel und Musik vergessen. Küche und Keller werden euch bewirten, während ich mit Euch, Graf Wilhelm, den Friedensvertrag besiegele.«

Darauf hatte der Nideggener Wilhelm gelauert. Kaum waren er und seine Soldaten in der Burg eingezogen, da fielen sie sofort über die wehrlose Besatzung und die arglosen Bewohner her, die sich bereits im Burghof versammelt hatten, um bei Musik und Tanz, bei Bier und Wein und Schwein am Spieß den Frieden zu feiern. Das Morden und Hinschlachten der Burgbewohner war entsetzlich. Niemand entging den Hieben der Schwerter, weder Ritter noch Knecht, weder Magd noch Mutter mit Kind.

Der Herr von Heimbach fasste diese Niederträchtigkeit nicht. Wie verlogen und grausam kann ein Mensch nur sein? Mit Tränen in den Augen flüchtete er die Wendeltreppe hoch zur Spitze des Bergfrieds. Und der Graf Wilhelm ließ es sich in seiner gottlosen Rachsucht nicht nehmen, seinem gräflichen Gegner, der ihm so gutgläubig seine Friedenshand gereicht hatte, nachzueilen und ihn mit einem wutverzerrten Schrei vom hohen Turm hinab zu stürzen, wo der Heimbacher zerschmettert auf felsigem Untergrund liegen blieb.

Nachdem die Soldaten die Burg Heimbach geplündert hatten, ließen sie sie verwüstet im Feuer lodern, bevor sie wieder heimzogen.

Burg Hausen
Heimbach-Hausen

Warum Hausen Hausen heißt

Vor vielen hundert Jahren stand in Vlatten das Jagdschloss eines mächtigen Königs. An einem sonnigen Herbsttag ritt der Herrscher mit vielen seiner Ritter hinaus zur Jagd in den großen Kermeter Hochwald. Auch der Sohn des Königs befand sich unter den Gästen der Jagdgesellschaft. Und es dauerte gar nicht lange, da erblickte der noch junge Prinz einen prachtvollen Hirsch inmitten des Tanns. Sofort spornte er sein Pferd an und verfolgte das Tier über Berg und Tal, durch dunkles Walddickicht und blühende Wiesen, seinen Vater und die übrigen Jagdgenossen weit hinter sich lassend. Der prächtige Hirsch, den Verfolger immer dichter auf seinen Fer-

sen, gelangte an das Ufer der Rur. In seiner Todesangst setzte das gehetzte Tier von hoher Böschung hinab in die hochgehenden Fluten des Flusses, um glücklich, wenn auch todesmatt, das jenseitige Ufer zu gewinnen.

Der jugendliche Prinz, die Gefahr nicht erkennend und die Beute schon in sicherem Besitz wähnend, gab seinem aufbäumenden Pferd die Sporen und setzte in kühnem Sprung dem Hirsch nach in die schäumenden Wasser der Rur. Das Pferd überschlug sich und verschwand in den Fluten. Den schwerverletzten Reiter wälzten die wilden Wellen stromabwärts.

Auf Rufesweite unterhalb der Unglücksstelle stand ein Fischer mit seinem Netze am Flussufer. Schon seit

Portal der Burg Hausen

Jahren versorgte er die königliche Tafel mit frischem wohlschmeckendem Fisch. Ganz in der Nähe des Ufers, dort wo heute der Ort Hausen ist, hatte er sich eine kleine armselige Hütte erbaut, in der er friedlich mit seiner Frau lebte. Und jetzt wurde er Zeuge des Unglücks, bemerkte den gewaltigen Sprung des Königssohnes, vernahm seinen Hilfeschrei und sah ihn mit dem Tode ringen. Ohne zu zögern sprang der Fischer hinein ins Wasser, und schließlich gelang es ihm mit großer Mühe, den Bewusstlosen ans Land zu bringen. Auf seinen starken Armen trug er ihn in seine kleine Hütte, wo er ihn der Pflege seiner Frau überließ. Er selber eilte hin zur Burg und meldete das Geschehen. Dort war man schon in größter Sorge, da niemand etwas über den Verbleib des Prinzen sagen konnte. Voller Freude und aus tiefer Dankbarkeit über die Rettung seines Sohnes wollte der König den Fischer reich beschenken und bot ihm einen großen Gutshof an. Der Fischer jedoch lehnte dies mit höflichen Worten ab: »Sieben Jahre hauste ich in Glück und Frieden mit meiner Frau in der stillen Einsamkeit an der herrlichen Rur, und dort möchte ich auch bis an mein Lebensende hausen.«

Der König, angetan von dem bescheidenen Wesen des mutigen Mannes, gewährte ihm seinen Wunsch, ließ ihm aber an Stelle jener ärmlichen Fischerhütte ein festes Haus erbauen und schenkte ihm noch Land und Wald, von deren Erträgen der Fischer mit seiner Familie zufrieden lebte. So entstanden Burg und Ort, die nach den Worten und dem Haus des Fischers den Namen Hausen erhielten.

Auf hoher, steiler Böschung der Rur liegt heute noch zur Erinnerung an den unglücklichen Sprung »der weiße Stein«, ein großer quadratischer Quarzblock. Die Flur, etwas unterhalb der Stelle, wo der Königssohn gerettet wurde, wird immer noch »am Prinzchen« genannt.

Trutz, Teufel, trutz!

Freiherr von Kolff hatte sich einen jungen Förster in seinen Dienst genommen, der all seine große Waldungen schützen, hegen und pflegen, aber auch gar manch treffliches Wild für die gräfliche Küche schießen sollte. Doch das Glück war nicht mit dem Förster. Obwohl er sich mühte und ständig übte, haperte es mit seiner Schießkunst. Viele seiner Schüsse verfehlten ihr Ziel, und in mancher Woche deckte karge Speise den gräflichen Tisch, da kein erlegtes Wild die Vorratskammern füllte. Schon spürte der Förster deutlich den Unmut seines Herrn, und als dieser ihm kürzlich androhte, ihn mit Schimpf und Schande aus seinen Diensten zu entlassen, wenn er nicht baldigst für frisches Wildbret sorge, war er gänzlich verzweifelt und seines Lebens überdrüssig. Trübsinnig und ganz verdrießlich streifte er im Revier umher und nahm sich vor, die Jägerei ganz aufgeben.

Da begegnete ihm plötzlich und wie aus dem Nichts ein Grünrock. Stechend waren seine Augen, und ein gemeines, spöttisches Grinsen zeigte sich, als er fragte: »Guter Jäger, Herr der Wälder, warum siehst du an diesem herrlichen Tag so betrübt aus?«

Seufzend berichtete ihm der junge Jägerbursche seinen Kummer.

»Wenn's weiter nichts ist«, antwortete der seltsame Fremde, »dem ist leicht abzuhelfen! Du musst ein Freischütz werden!«

»Ein Freischütz? Was ist das? Erkläre es mir!«, bat darauf der Jäger von der Hausener Burg, obwohl er genau sah, dass sein Gegenüber der wahrhafte Gottseibeiuns, jener teuflische Geselle aus dem Reich des Bösen war.

Und der Unheimliche erklärte mit verführerischer Stimme: »Es gehört nur ein bisschen Mut dazu. Ich will's dir sagen, Kamerad! Gehe zur Mitternacht dort hinauf, wo der Galgen steht. Dann ziehst du drei Kreise, in deren Mitte du dich stellst und die du aber auf gar keinen Fall verlassen darfst, gleich, was geschieht. Und danach wirst du ein Freischütz sein, einer, dessen Kugel nie ihr Ziel verfehlt. Du magst in die blaue Luft schießen, du triffst, was du willst, aber selber wird dich nie eine menschliche Kugel verletzen können!« Und dann erklärte die Mensch gewordene Gestalt des Bösen ihm noch genau, welche Bedingungen für diesen höllischen Pakt zu erfüllen seien.

Es ist die Freitagnacht vor dem hochheiligen Fest der Auferstehung unseres Herrn. Längst hat sich das schweigende Dunkel über die Rurberge gelegt. Lautlos jagen schwarze Wolkenfetzen über die Eifelhöhen, und lautlos ziehen Nebelschwaden gespensterhaft vom Tal her den Wiesenschlund herauf. Auf dem Kreuzweg am Badewalde, dort, wo die Kiefer ihre sturmzerzausten Arme reckt, dort, wo sich vom Schandholz des Hausener Galgens die letzten Reste eines Strickes im Wind hin- und herbewegen, dort

seinen Flanken ringelt sich giftiges Gewürm, züngelnd die Köpfe hin- und herwinkend. Groß ist die Furcht des Jägers, noch blasser seine Lippen. Sein Gesicht angstverzerrt und mit großen schreckgeweiteten Augen. »Trutz, Teufel, trutz, ich steh und bleib!« Und wiederum zerfließt das Teufelstrugbild in leerem Nichts.

Da nähert sich auf dem dritten Wege ein gespensterhafter Zug schrecklichster, abscheulichster Höllengestalten: Menschenschädel auf grässlichen Tierleibern, Knochengerippe, den Schädel unter den fleischlosen Armen haltend. Mit unheimlichem Geheul und fletschenden Zähnen nähern sie sich dem Jäger, strecken ihre knochigen Finger nach ihm aus, wollen ihn aus dem Kreise in ihre Gewalt locken. Doch der Jäger schwankt und wankt nicht, selbst nicht, als sein Herz wie rasend schlägt und der Atem ihm knapp wird. Und wiederum tönt es stoßweise von seinen Lippen. »Trutz, Teufel, trutz, ich steh und bleib!«

Nun ist auch diese letzte Prüfung überstanden. Und mit arglistigem Lächeln erscheint nun der Teufel wieder in seiner Gestalt eines Jägers, die Hahnenfeder keck auf seinem Hütlein, den Pferdefuß nachziehend. Unter Blitz und Donner unterschreibt der Jäger von der Burg Hausen mit eigenem Blute den Teufelspakt, in dem er seine Seele dem Satan zu eigen gibt.

Der Freiherr von Kolff hat nun einen Freischützen zum Jäger. Das in wilden Fluchten davonstürmende Wild, der fluggewandteste Vogel – alles ist seine sichere Beute. Zufrieden ist der Freiherr mit seinem Jäger, den er nun zu seinem Oberjäger macht, denn sein Tisch biegt sich unter dem leckersten Fleisch der edelsten Wildtiere. Der Freischütz trifft alles.

Doch die teuflische Saat des Bösen ging auf und gedieh. Immer dreister und verwegener wurde der Oberförster. Er hielt nicht mehr die Grenzen seines Weidrevieres inne. Die ausgedehnten Wälder der anderen Rurseite sagten ihm ihres Wildreichtums wegen mehr zu. Dort wilderte er rücksichtslos, was den gerechten Zorn des Försters von Hasenfeld hervorrief. So stellte er dem Verwegenen nach. Als er ihn eines Tages auf frischer Tat erwischte, nahm er ihm dessen treffsichere Flinte ab und mit einem derben Knüppel verprügelte er den Oberförster so sehr, dass dieser blutend und humpelnd kaum den Weg nach Hausen zu seiner Försterwohnung fand. Doch der Teufel verlässt nie diejenigen, die ihre Seele ihm ver-

steht zu mitternächtlicher Stunde der Jäger des Freiherrn von Kolff zu Hausen. Wie der Teufel ihn geheißen, zieht er drei Kreise in den Sand des Weges, durch den manche Verurteilten auf letztem Gang zur Richtstätte ihre Füße sterbensmüde und matt hinschleppten. Dreimal wiederholt der Verblendete die Beschwörungsformel. Plötzlich hält er inne. Von ferne her ein Gepolter, als zöge der Sturmgott Wotan mit seinem Gefolge in wilder Jagd durchs Tal der Rur. Doch nein! Sechs feurige Rosse sprengen in stürmischem Galopp den Weg hinauf. Die feurig lodernden Mähnen fliegen, die Hufe schlagen Funken, der Sand stiebt hinter ihnen auf. Der Jäger steht aufrecht im innersten Kreise.

»Trutz, Teufel, trutz, ich steh und bleib!« presst der junge Jägersmann zwischen den blutleeren Lippen hervor. Die erste Prüfung ist bestanden. Aufgelöst im Dunst und Nebel ist alle Gefahr, doch naht sich dort schon von der anderen Seite die zweite, größere. Wildschnaubend schiebt sich ein gewaltiger Drache näher und immer näher. Seinen geifernden Lefzen entströmen schwefelgelbe Flammen; neben schrieben haben. So hängte der Oberförster an der Türe seiner Försterwohnung in Hausen seine Jacke auf, nahm ebenfalls einen dicken Prügelstock und schlug damit lange und kräftig auf sein Kleidungsstück. In dem Moment rannte jammernd und schreiend der Hasenfelder Förster aus seinem Haus, und da er rasch merkte, dass dies alles nicht mit rechten Dingen zuging, brachte er seinem Hausener Kollegen dessen Flinte zurück; denn die Hiebe, die dort im Hofe zu Hausen die Jacke trafen, spürte der Förster zu Hasenfeld.

Schließlich war der Förster der Schrecken im ganzen Lande. Keiner wusste es genau, aber alle ahnten es, dass dieser mit dem Teufel im Bunde stand. Drum

wurde er schließlich wegen seiner Hexenkunst angezeigt. Er musste vor Gericht erscheinen, das ihn nach langer Verhandlung auch zum Tode durch Erschießen verurteilte.

Viel Volk aus allen Dörfern weit und breit hatte sich bereits am Hinrichtungsplatz versammelt, unter ihnen auch der Freiherr von Kolff. Dann kamen die Richter und die Schöffen und ließen den Gefangenen vorbringen und an den großen Pfahl binden. Mehrere Soldaten legten an und warteten auf den Befehl des Richters. Furchtlos und aufrecht stand der Verurteilte seinen Richtern und den Leuten gegenüber. Dann krachten laut die Gewehre. Als der Pulverdampf sich verzog, sah jeder, die Kugeln konnten dem Vermaledeiten nichts anhaben. Sie blieben an seinen Kleidern hängen. Der Jäger pflückte sie ab und brachte sie mit spöttischem Lächeln seinem Freiherrn von Kolff. Dieser aber hatte solche Angst vor seinem unheimlichen Förster, dass er ihn aus seinen Diensten entließ und aus seinem Lande wies.

Noch viele Jahre trieb der Freischütz so sein Wesen. Doch auch er kam einmal aufs Totenbett zu liegen. Da sprang er plötzlich auf und stürzte wie wahnsinnig durch die Stube und schrie: »Nein, Höllenfürst, noch nicht! Noch gilt der Vertrag und noch sollst du mich nicht haben!«

Aber sein Schreien half nicht. Mitten in einem schlimmen Fluch stürzte er tot nieder. Und als die Nachbarn sich ihm vorsichtig und ängstlich näherten, sahen sie ganz genau, ihm war der Hals umgedreht, und seine Augen starrten so entsetzt, als hätten sie bereits beim Brechen das höllische Feuer gespürt.

(nach F. Engels)

Heimbach-Hausen (52396) · Kreis Düren · NRW

vor 1348: Am Ortsrand von Hausen entsteht aus einer befestigter Hofanlage eine Niederungsburg, erbaut von dem Rittergeschlecht von Hausen. Urkundlich erwähnt wird »Gerlach von Husen«.

1399: Das Adelsgeschlecht findet letztmalige Erwähnung mit einer »Daeme van husen«. Die Burganlage geht nunmehr über in den Besitz des Adelsgeschlechtes von Berg zu Blens (bis 1534).

1571: Dietrich Kolff heiratet Ida Spies von Büllesheim zu Bubenheim und wird neuer Besitzer der Burg. Er lässt sie zu einer vierflügeligen Anlage ausbauen. Das von den Bergen und dem Mühlenbach ins Tal fließende Wasser wird zur Errichtung eines Wassergrabens genutzt, der die nördliche und östliche Burgflanke sichert. In der Familie Kolff von Vettelhoven zu Heimersheim und Winterberg verbleibt die Wasserburg Hausen bis 1832.

1832: Das Geschlecht Kolff von Vettelhoven stirbt mit Clemens Goswin auf Burg Hausen im Mannesstamm aus. Das Anwesen wird durch den Bau eines neuen Gebäudeflügels quer über den Burghof in zwei kleinere Gutshöfe aufgeteilt. Neben der Kirche entsteht das Südtor als zweiter Zugang.

Heute: Von der ursprünglichen Bausubstanz der ehemaligen Wasserburg des 16. Jahrhunderts sind noch die Außenmauern sowie einige Teile erhalten (befestigtes barockes Torgebäude des Ostflügels, Hauptgebäude an der Westseite, Stallgebäude an der Südseite). Die östliche Hälfte dient nach umfangreichen Umbauten als Hotel und Restaurant.

Genügend freie Parkplätze vorhanden;
Gastronomie im Restaurant »Burghotel Hausen«
www.rureifel-tourismus.de

Niederburg (Wüstung)
Heimbach-Vlatten

Das Geldfeuer

Berichte von Geldfeuer finden sich als Wandersagen in ganz Deutschland. An bestimmten Orten zeigen sich geheimnisvolle Lichter oder Flammen, die auf verborgene Schätze, Erz- oder Goldadern hinweisen. Geldfeuer verheißen dem Finder Reichtum und Glück, wenn er reinen Herzens und nicht gierig ist.

Vlatten um 1860. Sammlung Duncker

Unterhalb Vlatten stand vor langer, langer Zeit eine Burg. Stolz und ansehnlich war sie und von einem breiten Wassergraben umzogen. Aber Jahrzehnte später wurde sie in der sumpfigen Wiese morsch und brüchig. Die gewaltigen Mauern hielten sich nicht mehr auf dem weichen Untergrund und sind nach und nach immer mehr im morastigen Grund versunken. Nichts mehr ist von ihr zu finden, aber noch immer wissen die alten Leute: »Diese Stelle ist verrufen. Da taugt es nicht! Gar unheimlich ist es dort. Man hört geisterhafte Stimmen und lockendes Rufen. Auch sieht man in mondhellen Nächten an der versunkenen Burg kleine Feuerchen brennen. Halte dich fern von jenem verwunschenen Ort, damit nicht auch du für immer im nassen Boden versinkst.«

Eine Magd, die bei dem Müller diente, sollte einmal morgens früh Feuer anzünden. Deswegen hatte sie am gestrigen Abend vor dem Zubettgehen ein paar derbe Holzknoten in den mächtigen schwarzen Küchenherd gelegt. Das wollte sie dann morgens anblasen, um rasch wieder helles, heißes Feuer zu haben. Schon nach dem ersten Hahnenschrei stand die Magd auf. Sie eilte hin zur Küche, beugte sich nieder zum Herd und blies kräftig in den Schacht hinein. Doch nur kalte Asche wehte ihr entgegen. Das Feuer im Ofen war erloschen.

Da wurde der Magd ängstlich zu Gemüte, denn sie fürchtete die Schelte des Müllers, wenn dieser bald kommen und dann die Küche kalt vorfinden würde. So ergriff sie den Feuertiegel und eilte hin zur Nachbarschaft, um Feuer zu bekommen. Doch vergebens. Die einen schliefen noch, die anderen hatten noch viel zu spärliches Ofenfeuer, um davon abgeben zu können.

Als die Magd nun in ihrer Sorge die Straße hinablief, sah sie dort hinten, wo dereinst die Burg gestanden, ein helles flackerndes Feuer brennen. »Sicherlich rührt das Feuer her von dem Schäfer, der dort seine Schafe hütet«, sagte sie sich und lief schnell dorthin. Aber nirgends war ein Schäfer zu sehen. Und dennoch züngelten kleine Flammen auf der Wiese, brannten lustig ohne Qualm und Rauch. Ohne zu zögern scharrte die Magd die glühenden Kohlen in ihren Tiegel und eilte damit nach Hause. Dort schüttete sie alles auf den Herd.

Heimbach-Vlatten (52396) · Kreis Düren · NRW
Die Gemeinde Vlatten, Ortsteil von Heimbach, besaß dereinst zwei Wasserburgen, die Oberburg und die Niederburg.

Die Oberburg

838: Wenige hundert Meter nördlich der heutigen Pfarrkirche besteht bereits eine größere befestigte Hofanlage, die Archäologen als karolingische Königspfalz bezeichnen. Nachweislich hielten sich in diesem Jahr in ihr auf Ludwig der Fromme (*778; †840), Sohn und Nachfolger Karls des Großen, und sein Sohn Kaiser Lothar I. (*795; †855) im Jahre 846. Dieser Gutshof entwickelt sich in den kommenden Jahrhunderten zu einer größeren Burganlage, mit breiten Wassergräben umgeben. Sie wird 1385 urkundlich erwähnt und Oberburg genannt. Im 18. Jahrhundert scheint sie bereits zur Ruine verfallen zu sein.
In der ersten Hälfte des 19. Jahrhunderts entsteht im Gelände der Oberburg der Bau eines ansehnlichen Gutshofes, in den Gebäudeteile der Vorburg mit einbezogen werden. 1883 erwirbt sie der pensionierte Generalmajor Ernst Freiherr von Gagern. Seinen Nachfahren gehört die Burg bis heute.
Heute sind neben dem Gutshaus von der völlig zugewachsenen Ruine der Oberburg nur mehr trockene Gräben und Reste der Umfassungsmauern mit den Rundtürmen erhalten.

Sie ist in Privatbesitz und kann nur von außen besichtigt werden.
Parken in der Merodestraße; Gastronomie im Ort

Die Niederburg

14. Jh.: Aus einem weiteren Gutshof, südöstlich der Gemeinde am Vlattener Bach, entwickelt sich eine zweite Burg, die sogenannte Unterburg. Ihr Entstehen verdankt sie vermutlich einer Erbteilung der älteren Oberburg. Sie ist ebenfalls eine Wasserburg, aber auf sumpfigem Gelände errichtet.
1401 ist sie im Besitz des Jordan Muil von Sinzig. Dann erwirbt sie Johann I. von Merode und trägt seine Burg mit Vorburg und Befestigungen dem Herzog von Jülich zu Lehen auf. Seine Nachkommen benennen sich fortan nur mehr »von Vlatten«.
1605 wird als Besitzer Adam von Gymnich genannt, der gleichzeitig Inhaber der Oberburg ist. Damit verliert die Unterburg an Bedeutung. Da sie zudem auf weichem und morastigem Boden steht, trägt dies dazu bei, dass sie im Laufe des 17. Jahrhunderts gänzlich verfällt. Heute ist von ihr, mitten auf einer Wiese, nur noch ein bewachsener Steinhügel und Geländeunebenheiten zu erkennen.

www.dueren.de

Doch wie erstaunte sie. Da war keine Glut, keine Hitze. Alles war erloschen und kalt. Verwundert und nicht begreifend, eilte die Magd erneut hin zur Feuerstelle auf der freien Wiese, schöpfte den Kessel mehr als voll, schützte ihn mit ihrer Hand gegen den morgendlichen Wind und kehrte rasch wieder zur Mühle zurück. Vorsichtig leerte sie den Tiegel an der Feuerstelle, legte kleine trockene Holzspäne darauf und blies vorsichtig, um die Glut zu entfachen. Allein, auch dieses Mal brannte das Feuer nicht. Die Kohlen waren kalt und erloschen. Mit Tränen in den Augen ging die Magd nun hin zum Müller und erzählte ihm alles. Dieser wollte der Magd nicht glauben. So schritt er mit ihr hin zur Küche und stocherte in der Asche. Da sahen beide ein Glitzern und Glänzen, ein Leuchten und Lichtern. Und als sie danach griffen, fanden sie unter dem Holz und in der Asche ein Häuflein harter, blanker Goldstücke. Ehrlich teilte der Müller den Goldschatz mit seiner Magd, die nun ihr Leben lang keine Sorgen mehr hatte.

Aber so oft man auch an jener Stelle der Wiese suchte und schaute, das geheimnisvolle Geldfeuer sah nie mehr irgendeiner.

Vlatten, Oberburg

Burgkopp (Wüstung)
Hellenthal-Giescheid

Schätze für die Sonntagskinder

Dort droben auf dem Burgkopp bei Giescheid wohnten dereinst in ihrer Burg stolze und hartherzige Ritter, für die Bewohner der umliegenden Dörfer hart fronen mussten. Auch mussten sie hohe Zehnten geben, die unerbittlich eingetrieben wurden. Selbst, wenn die Bauern in Notzeiten hungerten, kannten die Ritter kein Erbarmen. Sie ließen das Brot lieber verschimmeln, ehe sie den Armen von ihrem Überfluss etwas abgaben.

Doch der Himmel sah das Unrecht und rächte sich schrecklich. In einer Nacht zog sich über der Burg ein böses Unwetter zusammen. Unaufhörlich zuckten Blitze, furchtbar rollte der Donner. Nach einem grellen Blitz, auf den ein gewaltiger Donnerschlag folgte, war die Burg mit den Rittern und ihren Schätzen an Gold und Edelsteinen im Erdboden versunken.

Aber unten im tiefen Keller liegen die Schätze heute noch in einer großen Kiste. Ein schwarzer Hund mit glühenden Augen sitzt auf der Kiste und bewacht den Schatz. Alle hundert Jahre verlässt der Hund seinen Platz. Wer den Zeitpunkt weiß und ein

Hellenthal-Giescheid (53940) · Kreis Euskirchen · NRW
Zwischen Giescheid und Ramscheid, Ortsteile von Hellenthal, soll auf einer steilen Bergkuppe mit Namen »Burgkopp« (578 m ü. NN) eine mittelalterliche Burg, vermutlich aus dem 10. oder 11. Jahrhundert, gestanden haben.
1180: Das Land um den Burgkopp gehörte anfangs den Herzögen von Limburg, von denen es an die Reifferscheider kam. Bei der Erbteilung der Reifferscheider Besitzungen erhält Sohn Philipp die Herrschaft Wildenburg, zu der auch die Wehranlage auf dem »Burgkopp« bei Giescheid gehört. Diese muss allerdings schon sehr früh zerstört worden sein. Wer die Erbauer oder Besitzer waren, ist noch nicht erforscht.
Heute: Reste von der einstigen Hügelburg sind nicht zu finden. In der Volkssage wird sie »Alt-Wildenburg« benannt und als »Tempelburg« bezeichnet mit den gleichen Berichten, die auf alle »Tempelritter und ihre Burgen zutreffen.
Einer weiteren Sage nach, soll die Glocke aus jener Burgwüstung des Burgkopfes in der St. Gangolfus Kapelle zu Ramscheid, Pfarrei Hollerath, hängen und die Inschrift tragen: Maria gratia plena dominus tecum. Anno domini MCCCCXCVIII (= 1498).

In dieser St. Gangolfus Kapelle zu Ramscheid soll noch die Glocke aus der untergegangenen Tempelritterburg zum Gebet rufen.

Sonntagskind ist, kann den Schatz heben, wenn er bei der Arbeit schweigt.

Eines Tages fand sich einer, der mit einigen Helfern den Schatz heben wollte. Sie gruben im Schweiße ihres Angesichts. Und siehe, es gelang. Schon hob sich die Kiste aus der Erde. Da rutschte sie nach einer Seite. Erschrocken schrie einer: »Junge, halt fest!« In demselben Augenblick gab es einen furchtbaren Knall, als wenn die Welt unterginge. Und gleich saß der Hund wieder auf der Kiste und seine Augen glühten wie Feuer. So schnell sie konnten, rannten die Schatzgräber davon. Der Schreck war ihnen so in die Knochen gefahren, dass sie eine ganze Woche im Bett liegen mussten. Seitdem hat niemand mehr einen Versuch gemacht, das Gold zu heben.

(nach D. Krämer, in: Heimatkalender Kreis Schleiden, 1960)

Burg Reifferscheid
Hellenthal-Reifferscheid

Der Pestbote

Die folgende Sage stammt wohl aus der Zeit um 1579/ 80, als eine große Pest-Seuche in Reifferscheid, in der Wildenburg und in der Umgebung wütete und viele Menschenopfer forderte.

Die Novembernebel umspannten geisterhaft Burg und Grafschaft Reifferscheid. Aus dem Burghof scholl dumpf und hohl das Gebell von Hunden, die den Jagdtag witterten, und mischte sich mit dem Lärm und Waffengeklirr der Knechte. Noch war das Tor geschlossen, um zu verhindern, dass irgendein Feind, durch den Nebel begünstigt, die Burg überrumpeln konnte. Kaum vermochte der Torwärter in dem dichten Nebel die Öffnung der Zugbrücke zu erkennen, als es ihm schien, es habe drüben jemand gerufen.

Als der Lärm im Burghof einen Augenblick schwieg, vernahm er nun ganz deutlich die Worte: »He, Wärter, lass die Brücke herunter, ich habe Wichtiges zu melden!«

»Da müsst Ihr schon warten, bis die Jäger kommen«, entgegnete dieser, »eher wird die Brücke nicht herabgelassen; auch kenne ich Euch nicht.«

Da rief der andere: »Lasst mich nur ein! Ich habe von einem Jäger zu melden, der reitet schneller als die Euren. Wehe dem Wild, das diesem grimmen Schützen in den Weg läuft. Ich habe eine wichtige Meldung an den Grafen und muss dann gleich meines Weges weiterziehen.«

Das gab nun doch dem Torwärter zu denken. Er eilte hinunter und ließ die Brücke fallen, auf der nun ein fahrender Sänger, in eine Pilgerkutte gehüllt, erschien. Der Torwart schaute ihm anfangs fragend ins Gesicht, dann aber begrüßte er ihn mit den Worten: »Ach, Ihr seid es, Warnemund; fast hätte ich Euch nicht erkannt! Nach Eurem bleichen Gesicht zu schließen, sollte man meinen, Ihr hättet heute Nacht unten an den Talweihern sämtliche Geister und arge Unholde gesehen. Kommt und singt den Rittern noch schnell ein mutiges Lied von der Jagd auf den

edlen Hirsch, den wehrhaften Wolf oder den reißenden Eber, ehe sie hinausziehen, und heute Abend eine lustige Weise vom Leben zur Winterszeit bei fröhlichem Becherklang und Würfelspiel.«

Doch ohne auf diesen Vorschlag des Torhüters zu achten, eilte der Sänger vorbei an den Knechten mit den Hunden und den Jägern mit ihren Pferden und stand bald vor dem Grafen, der im Rittersaal noch an der Morgentafel saß. Er unterhielt sich mit seinem Sohn und zwei anderen Rittern, die auch zur Jagd gekommen waren, so lebhaft, dass er den Eintritt des fahrenden Sängers überhörte. Als dieser sich nicht gleich beachtet sah, setzte er seine Harfe vorsichtig hin und begann sie leise, in tiefen, traurig wirkenden Tönen zu schlagen. Da schauten die Ritter auf und

Burgruine Reifferscheid im Winter. Ölgemälde von Fritz von Wille

bemerkten den Sänger, der nach einer tiefen Verbeugung sang:

»Ich künd' Euch heut viel grause Mär! Es naht der Tod mit einem Heer!

Er liegt zu Prüm jetzt in der Stadt, die er schon halb entvölkert hat.«

Und dann berichtete er mit warnender Stimme weiter: »Ja, Ihr edlen Ritter, es naht die Pest, und gebe Gott, dass Euer Land davon verschont bleibt. Doch ich befürchte, dass sie auf der alten Römerstraße allzu schnell den Weg in Eure Grafschaft findet. Bewahrt wenigstens Eure Burg. Lasst alle Pforten dicht schließen. Nichts soll von der Außenwelt hereindringen. Nur so könnt ihr Euch und Euer Dienstvolk vor dem grimmigen Pesttod schützen. Gewährt mir nur einen kräftigen Morgenimbiss, und ich werde rasch weiterwandern nach Nideggen und ins Jülicher Land, um auf diesem Wege alle Burgen und Gehöfte zu warnen.«

Der Graf reichte dem wackeren Sänger dankbar die Hand und lud ihn ein, sich an seiner Tafel mit Eberschinken und feurigem Wein für die Weiterreise zu stärken.

In den nächsten Tagen ließ der Graf sehr viel jagen und die Bauern bitten, recht viel Getreide und Vieh in Burgscheunen und Stallungen zu bringen. Viel erlegtes Wild aus den Wäldern der Grafschaft wanderte in die Burg und in die alten Räucherkammern. Dann ließ der Graf alle Tore und Pforten verschließen. Streng wies er die Wachen an, ab nun niemanden mehr in die Burg oder aus ihr heraus zu lassen. Denn es lag ein Feind dort unten im Talgrund vor der Burg, kein Feind mit offenem Visier, sondern ein Feind mit todbringendem Atem, dem auch der tapferste Ritter und der beste Bogenschütze nicht widerstehen konnten.

Die Burg Reifferscheid, reichlich mit Lebensmitteln versehen, blieb durch die weisen und strengen Maßnahmen des Grafen bis ins Frühjahr hinein von der Pest verschont. Dann erlosch die furchtbare Seuche auch in der ganzen Umgebung.   *(nach P. Kirfel)*

Matthiastor Reifferscheid

Hellenthal-Reifferscheid (53940) · Kreis Euskirchen · NRW
Im 10. Jh. entsteht durch die Herzöge von Lothringen auf einem 450 Meter hohen Bergsporn zwischen den Tälern des Reifferscheider Baches und des Reinzelbaches die Burg Reifferscheid. Ihr Name wird gedeutet als »sceit« eines »Rifheres«, also »Waldrodung des Rifhari«. In ihrer wechselvollen Geschichte ist sie, mehr als andere Eifelburgen, gekennzeichnet durch häufige Zerstörung und Erneuerung.
1106: In einer Chronik wird »Riferschit« erstmals dokumentiert. Es wird berichtet, ihr damaliger Eigentümer Herzog Heinrich von Limburg und Niederlothringen habe aus strategischen Gründen seine eigene Burg niedergebrannt, damit weder seine noch des Kaisers Gegner sich in ihr festsetzen können.
1130: Die Burg ist wieder aufgebaut, und die bei ihr gelegene Kapelle wird durch den Kölner Erzbischof Friedrich I. zur Pfarrkirche »Heilig Kreuz« erhoben.
1195: Wahrscheinlich durch Erbfolge entwickelt sich Reifferscheid zu einer selbstständigen Herrschaft, denn in Urkunden wird das Geschlecht der Herren von Reifferscheid erwähnt. Einige Jahre später teilt sich diese Familie auf in die Nebenlinie des Wildenburger Geschlechts (s. unter Wildenburg).
1385: Johann V. von Reifferscheid bricht als Raubritter mehrmals den Landfrieden. Deswegen schließen sich die Städte (u. a. Köln und Aachen), die Erzbischöfe von Köln und Lüttich sowie der Herzog von Jülich und andere Burgen zu einem »Landfriedensbund« zusammen und ziehen vereint gegen den Reifferscheider Raubritter. Sie belagern dessen Burg mehrere Wochen, erobern sie aber nicht. Im Oktober kommt es zu einem Friedensvertrag, in dem Johann seinen auf den Landstraßen begangenen Frevel bekennt und verspricht, in den nächsten acht Jahren den Beteiligten des Landfriedensbundes keinen Schaden mehr zuzufügen.
1416: Die Herren von Reifferscheid erben die Linie der Grafen von Salm in den Ardennen und nennen sich fortan Grafen von Salm-Reifferscheid.

1509: Ein Großbrand beschädigt die Burganlage sehr. Es erfolgt ein sofortiger Wiederaufbau.
23.6.1669: Die Unvorsichtigkeit eines Soldaten löst eine Brandkatastrophe aus, die den Ort Reifferscheid mit Kirche und Burg völlig zerstört. Sofort wird mit dem Neubau eines repräsentativen Barockschlosses sowie der Burghäuser außerhalb seiner Mauern (einstige Burgfreiheit) begonnen.
1689: Während des Pfälzischen Erbfolgekrieges wird das Schloss von französischen Truppen geschleift. Durch Graf Franz-Wilhelm erfolgt ein sofortiger Wiederaufbau als Wohnschloss.
1794: Die französische Revolutionsarmee besetzt das Schloss und zerstört es.
1803: Die Herren von Reifferscheid werden enteignet und ihre Herrschaft aufgelöst. Die Schlossruine wird an Privat versteigert und dient in den folgenden Jahrzehnten als Steinbruch.
1889: Fürst Leopold, aus der zwischenzeitlich in den Fürstenstand erhobenen Familie Salm-Reifferscheid, kauft die verfallene Ruine zurück.
1965: Fürstin Cäcilie von Salm-Reifferscheid schenkt der Gemeinde Hellenthal die Burgruine, die sie seitdem vor weiterem Verfall bewahrt.
Heute: Das malerische Reifferscheid zählt zu den schönsten Burgorten Deutschlands. Durch die Jahrhunderte hat es seine typische Form einer Burg-Tal-Siedlung bewahrt. Die alten Häuser und Gassen vermitteln heute noch mittelalterliche Eindrücke, die besonders deutlich werden beim »Historische Burgenfest«, das am 3. Sonntag im September stattfindet. Die ganzjährig frei zugängliche Burgruine weist noch Reste der Umfassungsmauern, einen Torbau mit zwei flankierenden Rundtürmen sowie den weithin sichtbaren weißen Bergfried auf. Ausreichend Parkplätze vor der Stadtmauer; Gastronomie im Burgort.

www.nordeifel.de
www.reifferscheid-eifel.de

Wildenburg
Hellenthal-Wildenburg

Gefoltert, stranguliert und verbrannt

Ein mächtiger Turm mit seinen bis zu viereinhalb Meter dicken und wehrhaften Mauern erhebt sich in der Wildenburg. Sein unterstes Geschoss beherbergt das Burgverlies, und in seinem Deckengewölbe ist eine schmale Einstiegsöffnung, »Angstloch« genannt. »Den Turm nennen wir Hexenturm«, flüstern die Leute und erschauern noch heute bei den Gedanken an jene schrecklichen Ereignisse, die Wildenburg im Jahre 1629 erleben musste.

Marsilius III. von Palant, Mitherr in Wildenburg, ging als grausamer Herr in die Geschichte ein. Er erkannte nicht die hohe Gerichtsbarkeit von Reifferscheid über die Herrschaft Wildenburg an. Alle Schuldbeladenen aus der Herrschaft mussten zu ihrer Verurteilung vor den Richterstuhl nach Reifferscheid. Das war aber dem Wildenburger längst ein Dorn im Auge, denn er beanspruchte dieses Recht für sich selber. Marsilius von Palant ließ es auf eine offene Konfrontation ankommen. Schon am 28.9.1627 befahl er in seinem Herrschaftsbereich die Aufstellung eines Galgens und maßte sich so das Recht über Leben und Tod seiner Untertanen zu. Dies führte zu einer erbitterten Fehde zwischen ihm und Graf Werner von Salm-Reifferscheid. Diese Auseinandersetzung fand Einzug in die lokale Geschichtsschreibung, da sie mit Hexenprozessen auf dem Rücken Unschuldiger ausgetragen wurde.

Ende Januar 1628 ließ Marsilius zwei Frauen und einen Mann aus seinem Gebiet wegen Hexerei und Zauberei festnehmen. Vergeblich hatte Graf Werner von Salm-Reifferscheid gegen diese Verhaftung Einspruch erhoben. Er konnte auch nicht verhindern, dass durch Marsilius »die armen Leuth mit peinlicher frag gantz eilfertig vernommen« und des Todes schuldig befunden wurden.

Der wütende und machtbesessene Wildenburger Marsilius heuerte eine ganze Mannschaft von Henkern und Bütteln an und ließ bereits auf dem vorgesehenen Richtplatz mehrere große Holzstöße aus aufrecht gestellten Stangen und Reisigbündeln aufbauen. »Steil«-Hütten nannte sie das Volk. In diesen Scheiterhaufen sollten dann die unglücklichen Opfer des Hexenwahns stranguliert und verbrannt werden. Mit dieser öffentlich demonstrierten Blutgerichtsbarkeit wollte er den schwelenden Streit entscheiden und dem Reifferscheider beweisen, wer der Mächtigere war.

Als nun der 83-jährige Graf Werner davon erfuhr, wehrte er sich mit Kraft und Entschlossenheit gegen diese Ungerechtigkeit, Unschuldige hinzurichten, aber auch gegen den Rechtsbruch. Deshalb stellte der Reifferscheider eine kleine Schar Getreuer und wehrhafter Soldaten zusammen und sprengte am

1. Februar 1628 im Galopp zur Richtstätte bei Wildenburg. Dort wartete bereits ein Haufen neugieriger Zuschauer auf den Beginn des grässlichen Schauspiels. Graf Werner forderte das sofortige Ende jenes Dramas. Als keiner seine Anordnung befolgte, ließ er auf die Menge schießen. Dabei wurde ein Wildenburger mit einem Kopfschuss getötet. Daraufhin flohen die anderen. Der Scharfrichter und acht Personen wurden von Werners Leuten nach Reifferscheid ins Gefängnis gebracht und die Feuerhütten zerstört.

Arnold von der Wiesen und den Notar Heinrich Florenius nach Wildenburg, um dem Morden Einhalt zu gebieten. Marsilius jedoch behandelte die beiden Abgesandten demütigend und sehr verächtlich. Stundenlang ließ er sie draußen im Hof warten. Dann am späten Nachmittag bestieg er sein Pferd, ließ zahlreiche bewaffnete Schützen antreten und ritt mit diesen aus der Burg hinaus. Die Abgesandten rannten hinter dem Wildenburger her und versuchten, ihn zu einer Aussprache zu bewegen. Doch Marsilius reagierte

Doch wenn Graf Werner glaubte, die Hinrichtung verhindert zu haben, so irrte er sich. Kaum hatte er mit seinem Gefolge den Richtplatz verlassen, befahl Marsilius von Palant unter wüsten Strafandrohungen erneut, seine Befehle auszuführen. Neue Hütten wurden errichtet, in denen am 17. Februar 1628 die unglücklichen Opfer stranguliert und verbrannt werden sollten.

Dagegen erhob der alte Graf Werner von Reifferscheid Protest und sandte am 17.2. seinen Sekretär

nicht. Er ritt auf einen Platz zwischen Eichholz und Rodenhardt, wo er kurze Zeit vorher den neuen Galgen und mehrere Feuerhütten hatte errichten lassen. Wiederum war viel Volk versammelt. Da rumpelten zwei Karren herbei, auf denen in grauen Gewändern fünf Frauen saßen. Völlig unschuldig waren sie »mit gleichmäßiger Geschwindigkeit und gewaltsamem Zustand« als Hexen »überführt« und verurteilt worden und sollten nun auf diesem neuen Richtplatz ums Leben kommen. Vergeblich versuchten die Ab-

Hellenthal-Wildenburg (53940) · Kreis Euskirchen · NRW

Um 1069: Das Land um Wildenburg gehört zum Gesamtbesitz von Steinfeld unter Bischof Udo von Toul aus der Familie Are-Limburg. Nach dessen Tod wird der Besitz geteilt, und das Land kommt an das Haus Limburg. Von diesem zweigen sich um 1170 die Dynasten von Reifferscheid ab und von diesen wiederum die Herren von Wildenburg.

1180 wird beurkundet, dass der Graf von Reifferscheid seinen Besitz aufteilt. Sohn Gerhard behält Reifferscheid. Sohn Philipp bekommt die Herrschaft Wildenberg mit Burg, die demnach zu dieser Zeit bereits bestand. Die politische Vertretung beim Kaiser und auch das Hochgericht für beide Herrschaften verbleiben allerdings bei Reifferscheid.

Die Herren von Wildenburg leiten ihren Namen ab von ihrer Spornburg auf dem »wilden Berg«. Sie ist auf einem rund 526 Meter hohen, weit ins Tal reichenden Bergvorsprung errichtet, der nach drei Seiten ziemlich stark abfällt. Diese Lage bietet der Burg besten Verteidigungsschutz, lässt aber das Entstehen einer größeren Siedlung nicht zu. Der Name »Wildenberg« für Ort und Herrschaft hat sich bis heute noch im Volksmund erhalten.

1328: Die Wildenberg-Linie stirbt mit Philipp von Wildenburg im Mannesstamm aus. Seine Tochter Katharina ist verheiratet mit Oist von Elsloo. Diese beiden Eheleute überlassen am

20.04.1335: Graf Wilhelm von Jülich die Burg und Herrschaft Wildenburg, die so zur Unterherrschaft herabsinkt.

1367: Wildenburg ist in der Hand des Ritters Edmund von Engelsdorf.

1393: Seine Tochter Elverada (Alveradis) von Engelsdorf heiratet Werner von Palant und bringt so Wildenburg in den Besitz dieser Familie, in der er bis 1706 verbleibt.

1628/29: Zwischen den Herrschaften Reifferscheid und Wildenburg kommt es zu heftigen Auseinandersetzungen, in denen sich Marsilius III. von Palant mit »seinen Hexenprozessen« in Wildenburg verbrecherisch verhält (s. unten »Gefoltert, stranguliert und verbrannt«)

1669: Mit dem Tode Marsilius III. sterben die Freiherren von Palant im Mannesstamme aus. Das Erbe wird weiter aufgeteilt.

1698: Wildenburg ist im Besitz der Familien von Syberg zu Eicks und der Freiherren von Rollingen.

1704: Die Freiherren von Schaesberg erwerben durch einen gerichtlichen Prozess den Syberg-Anteil an der Wildenburg und kaufen 1708 von den Freiherren von Rollingen auch den restlichen Teil.

1715: Abt Michael Küll erwirbt für seine Abtei Steinfeld von Freiherr Johann Friedrich von Schaesberg für 40 000 Reichstaler »Lant und vestung Wildenburg«. Die Burg wird zu ihrem heutigen Aussehen umgebaut und in ihr ein Filialkloster, das Priorat Wildenburg, eingerichtet (Abriss des Westtores, Zu-

schütten des Wallgrabens, Ersetzen der Fallbrücke durch eine steinerne Brücke, Umbau des ritterlichen Palas zur heutigen Kirche Hl. Johannes der Täufer, Neubau eines Priorats mit einer Bierbrauerei im Keller).

1794: Einmarsch der französischen Revolutionstruppen. Nach kurzer Belagerung wird die Wildenburg unzerstört eingenommen, die Mönche vertrieben und das Priorat aufgelöst, 1802 zum französischen Nationaleigentum erklärt und für den Verkauf freigegeben. Kirchengemeinde und Privatleute kaufen die Hauptburg, die 1803 selbstständige Pfarrei wird. Das Prioratsgebäude wird Pfarrhaus. Den größten Teil des Landes und fast die ganze Vorburg erwirbt der Steuereinnehmer Franz Anton Maria Freiherr von Palant. Nach seinem Tode (1850) verkaufen die Erben den Besitz Wildenburg.

Von 1816 bis 1969 gehört die Wildenburg zur Gemeinde Wahlen im Kreis Schleiden im Regierungsbezirk Aachen.

1953–2005: Das Kellnereigebäude, das nach 1803 als Pfarrhaus und Volksschule diente, ist Bildungshaus des Bistums Aachen. Umfangreiche Umbaumaßnahmen finden statt.

1962: Die östliche Hälfte des ehemaligen Hauses Palant wird von der katholischen Kirchengemeinde Wildenburg erworben und dient, wie die Hauptburg, bis 2005 als Haus der Bischöflichen Akademie des Bistums Aachen.

1972: Das »Wildenburger Ländchen« wird der Gemeinde Hellenthal im Kreis Euskirchen im Regierungsbezirk Köln zugewiesen.

Heute: Gut zwei Kilometer von Burg Reifferscheid entfernt steht die Wildenburg, nicht durch Kriegseinwirkungen oder Abriss zerstört, und wird für Schüler, Jugendliche und Erwachsene zu Erholungs- und Bildungszwecken geführt. Trägergesellschaft ist die Genossenschaft Pro Wildenburg e.G. In dem kleinen Ort mit seinen rund 30 Einwohnern sind zu sehen die ehemalige Vorburg, das Wohnhaus eines Burgmannes an der Pforte (fälschlich Torwärterhaus genannt), die zum Wohnhaus umgebaute ehemalige Palant'sche Scheune mit ihrem Hauswappen, der heutige Palant-Palas, die Hauptburg als Gotteshaus für die Pfarrvikarie Wildenburg, die Hofanlage mit Burgbrunnen von mindestens 25 Meter Tiefe und dem mächtigen viergeschossigen Bastionsturm mit seinen bis zu 4,40 m dicken Mauern, wegen der Hexenprozesse von 1628 im Volksmund auch »Hexen- oder Hungerturm« genannt. Ein Kräutergarten, angelegt auf zwei Terrassen des Burggartens, lädt ein, seltene Küchen- und Heilkräuter zu entdecken oder die Aussicht ins Tal zu genießen. Die Innenräume können nur nach Voranmeldung besichtigt werden.

Kostenfreie Parkplätze; im Ort Gastronomie; mehrere Rad- und Wanderwege führen unmittelbar an Wildenburg vorbei.
www.pro-wildenburg.de
www.wildenburg-eifel.de

Zwei Meter hohes Sandsteinkreuz von 1789 vor Burgeingang

gesandten des Grafen Werner dem Wildenburger das Protestschreiben zu überreichen. Hohnlachend wies sie dieser jedoch ab und meinte spöttisch: »Später, denn bevor man protestiere, müsse man die Sache ja erst expedieren!«

Und das tat der Verbrecher auch. Kein noch so bitteres Weinen und Klagen, kein noch flehentliches Wimmern nach Gnade und Barmherzigkeit konnten den gräflichen Hochmut und dessen steinernes Herz erweichen. Eine Frau nach der anderen ließ er in die Hütten führen, dort erwürgen und dann verbrennen. Als letzte die bereits ergraute Els, Mutter von sieben noch unmündigen Kindern. Laut schrie sie der gaffenden Menge zu: »Ich bin unschuldig! Gott erbarme sich meiner und meiner Kinder. Aber dich Graf Marsilius und deine Nachkommen verfluche ich. Gott möge dich strafen, und dein Geschlecht solle vergehen wie dieser Schnee unter diesen brennenden Scheiterhaufen!« Höhnisch lachend schaute ihr der

Graf zu, als die Schergen sie zur Hütte führten und sie an den Pfahl banden.

Verzweifelt und angewidert versuchten der Sekretär und der Notar mehrmals vergeblich, ihr Protestschreiben zu verlesen. Doch Marsilius drohte: »Lasst mich endlich mit Eurem Protest in Ruhe! Sonst erteile ich meinen Schützen den Befehl zum Schießen. Und dann dürfen die Reifferscheider Herren Abgesandten das Blei unserer Wildenburgischen Kugeln schmecken!«

Erst nach Stunden, als alles Schreien verstummt und die Hütten abgebrannt waren, durften die beiden das Protestschreiben vorlesen und es aushändigen.

Graf Werner von Reifferscheid war entsetzt und entrüstet. Er rief die Hilfe des Reichskammergerichts an und klagte an, dass »bey so geschwinder und eilfertiger Proceduren« aus der kleinen Herrschaft Wildenburg in wenigen Wochen sieben Frauen und ein Mann dem Wahnwitz des Hexenglaubens und der gerichtlichen Willkür geopfert worden waren.

Die Antwort des Gerichts vom 14. März beinhaltete, dass der Kaiser dem Palant alle weiteren Eingriffe in die Reifferscheider Hoheitsrechte verbot und ihn zur Verhandlung vor das Reichskammergericht nach Speyer aufforderte.

Graf Werner freute sich über seinen vermeintlichen Sieg und ließ eine Kopie des kaiserlichen Mandats dem Herzog von Jülich zukommen. Doch aus welchen Gründen auch immer, der Jülicher Herzog hielt zu Palant und erklärte, er als Herzog habe diesem die Herrschaft Wildenburg als Lehen gegeben und deshalb gebühre diesem auch die hohe Gerichtsbarkeit.

Es kam zu keinem Prozess, und der machtbesessene Marsilius wütete weiter.

Nicht weniger als 75 Untertanen der Herrschaft Wildenberg, die als Hexen oder Zauberer verdächtigt wurden oder als Zeugen verhört werden sollten, litten in dem engen Verlies des Wildenburger »Hexenturms« entsetzliche Ängste und Qualen. Und am Ende hatten die gnadenlosen Hexenprozesse das Leben von sechzehn unschuldigen Menschen gefordert.

Der Fluch der verbrannten Els allerdings ging in Erfüllung. Nicht mehr lange übte Marsilius von Palant seine Herrschaft über Wildenburg aus. Im Jahre 1669 verstarb er als letzter seines Geschlechts auf Wildenburg, von keinem seiner Untertanen betrauert.

Entersburg
Hontheim

Den Liebsten im Korb

Im Uessbachtal zwischen Hontheim und Bad Bertrich liegt auf einem bewaldeten Bergkegel die Ruine der Entersburg. Vorzeiten hauste dort ein allseits gefürchteter Ritter, der als Raubritter einen schlechten Ruf in der ganzen Eifel hatte. Er war der Schrecken für alle Reisenden und Fuhrleute, für Viehhändler und Bauern, die auf den Handels-straßen im Moseltal und der Eifel ihren Geschäften nachgingen. An unwegsamen Stellen, an einsamen Waldflecken und in tiefen Wäldern lauerte er ihnen auf, überfiel sie hinterlistig, raubte ihnen Geld und Gut, und wer sich wehrte, musste seines Lebens fürchten.

Im Jahre 1138 befand sich der Trierer Erzbischof Albero von Montreuil (1132–1152) auf der Rück-kehr von Rom, wohin er mit einer Ritterschar den Sachsenkönig Lothar begleitet hatte. Da meldeten ihm reitende Boten, dass Graf Otto, Herr auf Burg Rheineck, mit heimtückischer List und leeren Ver-sprechungen die Ritterbrüder Werner und Johann von der Entersburg aufgehetzt habe, doch einfach die Burg Arras zu überfallen und sie in Besitz zu nehmen. Sie wüssten doch, dass der Trierer Erzbischof in Itali-en weile und gar nicht die Macht und erst recht nicht genügend Streitkräfte habe, sich gegen die Entersbur-ger zu wehren.

Aber Erzbischof Albero war nicht der Mann, der sich ungestraft in seine Rechte eingreifen ließ. Ent-schlossen und erzürnt schwor er bei seinem Fürsten-hute, sich nicht eher den Bart abscheren zu lassen, bis er Arras zurückerobert und die Entersburg jener dreisten Raubritter zerstört habe. Alsbald brach er mit einem großen Heere auf, marschierte das Tal der Uess empor und rückte vor die Entersburg. Sie um-zingelten sie und legten einen undurchdringlichen Belagerungsring um sie. Unbemerkt in die Burg hin-ein oder hinauskommen war nicht mehr möglich.

Wochen schritten ins Land. Die Belagerer wichen nicht. Aber in der Entersburg wurden die Nahrungs-vorräte immer knapper. Bereits sämtliches Vieh, so-gar die Pferde, Hunde und Katzen waren geschlach-tet und verspeist worden. Der Hunger wurde immer schlimmer. Schon siechten Knechte und Mägde da-hin, und der Raubritter mitsamt der Burgherrin sa-hen keine Hoffnung mehr, die Burg vor der Aufgabe zu schützen. So beschloss der Raubritter, die Enters-burg kampflos dem Grafen von Arras und den übri-gen Belagerern zu übergeben.

Hontheim (54538) · Entersburg · Bernkastel-Wittlich · Rhld-Pf

Auf einem etwa 40 Meter hohen und steilen Bergsporn im Uessbachtal, zwei Kilometer nordwestlich von Bad Bertrich, ist die Entersburg zu finden, auch Nantersburg oder Nantisburg genannt. Es soll sich bei ihr, wie Münz- und Keramikfunde beweisen, um eine ehemalige keltische und danach römische Bergfestigung gehandelt haben, die um 275 zerstört worden war.

1096–1137 erfolgt ein Burg-Neubau durch die Herren von »Nentirsburch« (heute: Entersburg). Dieser aber wird bereits

1138 bei einem Rachefeldzug von Erzbischof Albero (1132–1152) zerstört, weil im Jahre 1134 die Brüder Werner und Johann von Nantersburch die Burg Arras überfallen und eingenommen haben. Danach wird sie wohl wieder aufgebaut worden sein, denn sie findet

1335 urkundliche Erwähnung.

Im 16. Jh.: Die Entersburg wird gänzlich zerstört.

1901: Neubau eines Turmes auf vorhandenen Ruinenresten.

Heute: Von der Entersburg, die über einen etwa zwanzig Minuten langen Fußweg erreichbar ist, sind nur mehr frei zugängliche Fundamentreste jenes Turmes (ca. 15 x 10 Meter) erhalten.

»Aber gewährt mir nur eine Gnade«, rief sie fordernd. »Lasst mich, die Herrin, frei abziehen und so viel aus der Burg mitnehmen, wie ich in einer Kiepe tragen kann!«

Dieser Bitte stimmten alle sofort und siegesgewiss zu, denn ein jeder hatte sich schon seit langem das Ende der Belagerung herbeigesehnt.

Kurze Zeit später öffnete sich das Burgtor einen Spaltbreit. Heraus trat die Burgfrau. Auf ihrem Rücken trug sie einen großen, aus Weiden geflochtenen Korb. Unbehindert, wie es ihr zugesichert war, durchschritt sie die Reihen der Belagerer und eilte hinab in den schützenden Wald am Ufer der Uess. Dort setzte sie den mächtigen Weidenkorb ab, öffnete dessen Deckel – und heraus kletterte ihr Mann, der Raubritter. Seine starke Frau hatte ihn mitten durch die Feinde getragen und ihm so das Leben gerettet! Und so schnell die beiden konnten, flohen sie unbehelligt in die Fremde und wurden nie wieder auf der Entersburg im stillen Tal der Uess gesehen.

Enttäuscht waren der Trierer Erzbischof Albero und seine übrigen Ritterfreunde. Jeden Raum und jeden Winkel hatten sie vergeblich nach dem Strauchdieb durchsucht. So plünderten die Getäuschten die offene Entersburg und zerstörten sie gänzlich durch Feuer, damit sich nie mehr dort ein Raubritter einnisten konnte.

(Diese Sage von der treuen Burgfrau findet sich auch an der »Burgruine Weibertreu« in der Stadt Weinsberg, Baden-Württemberg)

Am kommenden Morgen zeigte sich hoch oben auf der Mauerzinne die Burgherrin. Mit schwacher Stimme teilte sie mit, sie wären bereit, die Tore der Entersburg freiwillig zur Unterwerfung zu öffnen.

Der Turm gewährt beeindruckende Blicke ins einsame Tal der Uess.

Bergstein, Berinstein, Bereustein (Wüstung)
Hürtgenwald-Bergstein

Sürthgens Mossel

Ein Fußpfad von der Kirche in Bergstein nach Zerkall heißt »Sürchen« (auch: »Sürthgen«). Mit diesem verbinden sich folgende Sagen:

»Sürthgens Mossel«-Denkmal an der Dorfkirche in Bergstein

Als Kaiser Karl V. 1542 den Herzog von Jülich bekriegte, lag eine Truppe seiner Soldaten in Bergstein. Der Anführer beschloss durch eine Kriegslist, das damals noch wohlbefestigte Nideggen einzunehmen. Er hüllte sich in einen zotteligen Hundepelz, um die Wachen zu täuschen. In dieser Verkleidung schlich er sich an die Stadt heran. Mit seinen zurückgebliebenen Truppen hatte er vereinbart, dass sie ihm auf ein geheimes Zeichen hin folgen sollten, sobald der richtige Zeitpunkt zu einem Überfall gekommen wäre. Für den Fall, dass sein Zeichen ausbliebe, soll-

ten sie sich zurückziehen und in Sicherheit bringen. Denn dann hätte man ihn entweder gefangen genommen oder getötet. Solle dies geschehen, so schwur er fluchend, wolle er Jahrhunderte lang sein Unwesen in der Gegend treiben und Schrecken verbreiten.

Und wirklich. Sein Plan misslang. Wie er so seltsam in einem Hundefell verkleidet, aber gar nicht geschmeidig wie ein Hund sich bewegend, sich der Burg Nideggen näherte, wurde er rasch von den Wachen erkannt. Mit einem gut gezielten Schuss vom Graziasturm aus wurde er getroffen und verblutete vor der Mauer. Sein Fluch jedoch ging in Erfüllung. Seit dieser Zeit muss er nun jede Nacht den Weg von Bergstein durch das Sürthgen (Fußweg von der dortigen Kirche aus nach Zerkall) bis Nideggen in der Gestalt eines Hundes zurücklegen. Viele haben ihn dabei bereits gesehen, wie er stöhnend und ächzend durch Gesträuch und Gebüsch hetzt. Und alle weichen ihm aus, denn man fürchtet jenen Unhold, den Sürthgens Mossel (»Mossel« ist ein Tier oder ein Mensch, der ungewaschen mit strubbeligem Haar einhergeht). Wie oft ist er bereits Leuten, die ihm begegnen, zwischen die Beine gelaufen oder hat sie mit seinen tellergroßen feurigen Augen erschreckt! Wie oft hat er sie bereits auf seinen breiten Rücken gepackt, eine Strecke weit fortgetragen und dann mehr als unsanft abgeworfen! Der unglückliche Geist wird so lange groben Unfug treiben, bis ihn dereinst ein barmherziger und mutiger Mensch erlöst.

(nach H. Hoffmann)

Hürtgenwald-Bergstein (52393) · Kreis Düren · NRW

um 1100: Auf einem 400 Meter hohen Berg (Burgberg) entsteht eine Burganlage, die den Namen »Bergstein« erhält. Dieser Name geht über auf die sich entwickelnde Siedlung, heute Ortsteil der Gemeinde Hürtgenwald. Die Archäologie geht davon aus, dass sie unter Kaiser Heinrich IV. (*1050; †1106) als Schutzburg errichtet wurde, um die Macht des Königs gegen die aufbegehrenden Fürsten, darunter auch der Kölner Erzbischof, zu verteidigen.

1171: Friedrich Barbarossa I.(*um 1122; †1190) nimmt die Burg Berensteyn in Besitz, erweitert und befestigt sie in weiten Bereichen.

1198: Erzbischof Adolf von Köln (1193–1216) fühlt sich von Burg Bergstein bedroht. Als Otto IV. (1176–1218) am 12. Juli zum König gekrönt wird, erzwingt er von ihm die Übergabe der Burg und lässt sie gänzlich zerstören. Das abgetragene Baumaterial dient der Fertigstellung der Gegenburg Nideggen. Der Burgort »Berenstein« und sein Umland verbleiben als Reichslehen den erzbischöflichen Lehnsleuten, den Grafen von Jülich.

1939–44: Auf dem Burgberg entsteht während des Zweiten Weltkrieges als Teil des Westwalls eine Bunkeranlage. Während den Kämpfen im Hürtgenwald (Eifel-Ardennen-Offensive ab Dezember 1944) findet um den Burgberg eine blutige Schlacht statt, die bei den Alliierten ›Battle of Hill 400‹ genannt wird. Die Eroberung des Berges sowie die Vertreibung der deutschen Wehrmacht waren wichtige strategische Ziele bei dem Vorstoß auf den Rhein.

nach 1980: Ausgrabungen finden statt, die die ehemalige Existenz jener Burganlage beweisen.

Heute: Von der verschwundenen Burg Bergstein sind nur Wall und Graben erkennbar. Ein 1972 erbauter Aussichtsturm (Krawutschketurm) auf ihrem ehemaligen Standort erlaubt weite Panoramablicke.

kostenfreie Parkplätze am Fuße des Berges
mehrere kurze Aufstiegswege

Betrügerischer Metzger

Im Sürchen bei Bergstein wohnte ein Metzger, der regelmäßig zur Burg Nideggen Fleisch lieferte. Eine Tages kam ein Küchenjunge zu ihm geeilt, der ihm hastig ausrichtete: »Herr Schlachter, es hat sich unerwarteter Besuch auf der Burg angemeldet. Und unsere Köchin weiß, dass dessen Lieblingsessen Hammelfleisch mit dicken Bohnen ist. Darum sollt ihr noch heute Abend einen dicken, fetten Hammel zur Burg bringen.«

Nun war unser Metzger aber in Schwierigkeiten. Ausgerechnet Hammelfleisch hatte er keines, und in der Kürze der Zeit war es ihm auch nicht möglich, weder Schaf noch Hammel aufzutreiben. Und wie er so überlegte, fiel sein Blick auf seinen großen schweren Hund, der dort hinten im Garten trollte. »Das ist die Lösung«, dachte er. »Dick und fett, und niemand dort oben in der Burg wird den Unterschied erkennen.«

Und so ging er hin und schlachtete den Hund, zerlegte ihn säuberlich und trug das Fleisch eingepackt in weiße Tücher zur Burgküche. Jedoch die kluge und erfahrene Köchin konnte er nicht hinters Licht führen. Sie besah sich das Fleisch, drehte und wendete es, roch an ihm und meinte erzürnt: »Was wagst du es, Fleischer, mir dieses Hundefleisch als Hammelfleisch anzudrehen? Du solltest dich schämen! Von mir bekommst du keinen Auftrag mehr, und mein Herr wird dich prügeln lassen, dass du nicht mehr weißt, ob du Hammel oder Hund bist!«

Der Metzger erschrak sehr, aber statt seinen Betrug zu bedauern und um Gnade zu bitten, verlegte er sich frech auf Schwur und Beteuerung: »Wie könnt ihr nur so etwas Böswilliges behaupten, Köchin? Ihr habt Euer Amt verfehlt! Das ist kein Hundefleisch. Das ist schönstes, reinstes und bestes Hammelfleisch, wie es sonst wohl keiner makeloser liefern kann außer mir. Wenn das kein Hammelfleisch ist, dann will ich als Hund laufen!«

Kaum hatte der Metzger diese Worte ausgesprochen, da fiel er in sich zusammen, und schon stand er bellend als Hund in der Burgküche. Größer als gewöhnliche Hunde war er, lang und zottelig sein schwarzes Haar. Große, gelb unterlaufene Augen hatte er, und an seinem Hals hing eine schwere eiserne Kette. Winselnd zog er nun seinen Schwanz ein und stürmte in großen Sprüngen davon.

Seit dieser Zeit hält er sich im Sürchen auf. Am Tage lässt er sich selten sehen, aber in der Dunkelheit erschreckt er viele.

Burg Verken (Wüstung)
Inden-Pier

Tilgt eure Schulden!

Der Herr von Verken schuldete dem Kloster der Prämonstratenserinnen in Ellen, ein Ortsteil von Niederzier im Kreis Düren, eine hohe Summe Geldes. Es sollen 30 000 Reichstaler gewesen sein. Als nun die unruhigen Zeiten ausbrachen, in denen französische Revolutionstruppen vordrangen und die linksrheinischen Lande blutig eroberten, begab sich die Äbtissin des Klosters zum Hause Verken. Sie ließ sich dem Freiherren melden. Dann zeigte sie ihm die Schuldurkunde und bat ihn: »Hier in diesem Dokument ist Eure hohe Schuld vermerkt. Ich bitte Euch um die Begleichung dieser Schuld. Wenn Ihr mir die Hälfte der Schuldensumme gebt, so zerreiße ich vor Euren Augen diese Urkunde und betrachte die Schuld als beglichen.«

Der Herr von Verken jedoch antwortete höhnisch: »Nichts werde ich begleichen! Wie Ihr selber wisst, ist dem Vordringen der Franzosen nichts mehr entgegenzusetzen. Bald werden sie auch hier sein. Und so, wie man mir berichtet, heben sie alle Klöster auf, enteignen sie und jagen Mönche und Nonnen davon!«

Die Äbtissin ließ sich nicht so schnell abfertigen und entgegnete schlagfertig und selbstbewusst: »Und wenn es dann so ist, dann werde ich Eure Schuldurkunde zu alleroberst in unsere Aktenkiste

Haus Verken 2009. Karl-Heinz Meurer (Wikipedia)

Inden-Pier (52459) · Kreis Düren · NRW

12. Jh.: Die Grafen von Jülich erbauen in Pier, heute ein Ortsteil von Inden, eine kleine Wasserburg und vergeben sie als Lehen.

1. Hälfte 19. Jh.: Die zerfallene Hauptburg ist nur mehr ein großer, von Gestrüpp überwucherter Schutthaufen. Eine teilweise erhaltene Vorburg aus dem 17. bis 18. Jahrhundert ist noch erkennbar.

19. Jh.: Die Wassergräben werden zugeschüttet.

2010: Der Ort Pier wird bis 2013 wegen des Braunkohletagebaus gänzlich abgebaggert werden.

legen. Die Franzosen werden sie finden und dann mit Gewalt einziehen, was Ihr unserem Kloster schuldet!«

Und dann bat die Vorsteherin des Klosters erneut: »Durchlauchtigster Freiherr! Ich weiß, dass Euch Geldsorgen quälen. Drum mache ich Euch erneut mein letztes Angebot: Gebt uns wenigstens ein Drittel dieser Schuldsumme, und ich werde diese Urkunde hier vernichten und Euch niemals mehr behelligen!«

Doch der Freiherr lachte nur hämisch, wies der frommen Frau die Tür und überschüttete sie mit Spott und Hohn.

Als die Franzosen im Jahre 1802 den Dürener Raum besetzten, kamen sie auch nach Ellen, lösten dort das Frauenkloster auf und vertrieben auch wirklich die Nonnen. Dann plünderten sie alles leer und fanden dabei auch die Klosterkiste, in der Akten, Urkunden und wichtige Dokumente aufbewahrt lagen. Sie entdeckten auch die Schuldurkunde. Mit dieser zogen sie nun zum Haus Verken und verlangten unter Gewaltandrohung vom Freiherren die Begleichung der hohen Schuldsumme. Eine solche Riesensumme hatte dieser aber nicht zur Verfügung. So beschlagnahmten die Franzosen den Landbesitz des Adligen und boten ihn zum Verkauf an. Aber die Zeiten waren schlecht, und es fanden sich nur wenige Bieter. So wurde ein Morgen Land bester Güte kaum mit hundert Reichstalern bezahlt. Nahezu der gesamte adlige Besitz wurde versteigert, bis die Schuldsumme beglichen war. All dies war wohl die Hauptursache, wodurch der Ruin und der Untergang des vorher so vermögenden Hauses Verken herbeigeführt wurden.   *(nach H. Hoffmann)*

Burg Insul (Wüstung)
Insul (Adenau)

Die goldene Wiege

Auf dem Burgberg bei Insul, mitten in dem fruchtbaren Tal der Ahr, wohnte einst ein Stammesfürst in seiner Burg, die abgesichert durch hohe Mauern auf felsigem Grunde stand. Von hier konnte aus man das ganze Tal überschauen, und aufmerksam hielten die bewehrten Mannen dort Wache, um gegen eindringende Feinde jederzeit gewappnet zu sein.

und fröhlich plaudernd im Burghof spielte oder mit seinen kleinen Händen versuchte, die gurrenden Tauben oder die sanft schaukelnden Schmetterlinge zu erhaschen.

Als das Mädchen mit den blonden Locken mehrere Jahre alt war, schenkte ihm sein Vater ein herrliches Spielzeug. Es war eine Puppenwiege, aus feinem Holz geschnitten, mit zierlich gedrechselten Stäben und ganz mit hell glänzendem Goldmetall überzogen. Da war die Freude bei der kleinen Fürs-

Dem Stammesfürsten wurde ein hübsches Mädchen geboren, das mit seiner herzlichen Fröhlichkeit die Eltern und alles Gesinde ringsumher erfreute. Welche Freude bereitete es allen, wenn es singend

tentochter groß. Nunmehr spielte sie nur mehr mit der goldenen Wiege, am liebsten im Burghof an dem großen, tiefen Brunnen. Auf den Steinen des Brunnenrandes saß sie, bettete ihre Puppen in der Wiege, deckte sie mit reinem weißem Leinen zu und sang ihnen heitere Schlummerlieder. Wie schimmerte dann die Goldwiege in der Sonne, wie glitzernd spiegelte sie sich im Wasser des Brunnens.

Doch da geschah es eines Tages, dass der Wächter auf dem Wachtturm plötzlich schrill und laut in sein Horn blies und mit warnender Stimme die Soldaten zu den Waffen rief, weil unter Kampfgeschrei und Pferdegetrappel sich eine übermächtige Schar feindlicher Krieger der Insulburg näherte. Dieser Lärm, das aufgeregte Hasten und wilde Durcheinander, ließen das Mädchen zusammenzucken und erschrecken. Dabei glitt ihm sein goldenes Lieblingsspielzeug aus der Hand und fiel hinab in den tiefen Brunnen, wo es bald von dem unergründlichen Schwarz des Wassers verschluckt wurde

Schon berannten die Feinde die Burgmauern, schon flogen Steine und brennende Pfeile in den Burghof, schon wurde erbittert gekämpft und Gewalt und Tod wüteten.

In heller Aufregung und mit wirrem Haar stürzte die Mutter herbei, nahm ihre Tochter in den Arm und eilte hinab in den feuchten Burgkeller. Dort war hinter einem mannshohen Holzfass ein geheimer Gang. So schnell sie konnte, floh die Mutter mit dem Mädchen durch den langen engen Stollen, der endlich, weit entfernt von der Burg, dort hinten im schützenden Gebüsch des Berges endete.

Aber selbst hier konnte man noch das Kriegsgeschrei und den Kampfeslärm vernehmen, der aber am Nachmittag, als die Sonne sich bereits hinter die Ahrberge zurückzog, immer leiser wurde und schließlich in einem wilden Siegesgeheul endete. Flammen loderten auf, erhellten das Tal, und schwarzer Rauch verkündete jedem, die Burg war gefallen und untergegangen. Der Stammesfürst, seine Söhne, Soldaten und das Burggesinde lagen erschlagen in ihrem Blute.

Nur die Flucht in die Wälder rettete Mutter und Kind. Mit Tränen, die den Blick verschleierten, und mit unsagbarem Herzensschmerz verließen Mutter und Tochter ihre liebgewonnene Heimat im lieblichen Tal der Ahr und wurden nie mehr gesehen.

Wenn der Herbstwind heute die Bäume oben zerzaust und die Blätter weit hinein in das Tal verweht, dann glaubt man auf dem Berge oben das Jauchzen des Kindes bei fröhlichem Spiel zu hören oder das Klagen der Mutter, als der wilde Kampf ihre Familie zerstörte. Doch die goldene Wiege liegt noch immer auf dem Grunde des Burgbrunnens. Viele haben sich

Insul (Adenau) (53518) · Kreis Ahrweiler · Rhld-Pf
Bei der heutigen Gemeinde Insul an der Ahr, deren Name auf das lateinische ›Insula = Insel‹ zurückgeführt wird, erhebt sich mitten in einem breiten Tal ein kleiner Berg, von Äckern und Wiesen umgeben. Auf diesem »Burgberg« entstand auf einer vorgeschichtlichen keltischen Wehranlage eine spätrömische Befestigung, wie dies Scherbenfunde ausweisen. Ob danach dort auch eine mittelalterliche Burg erbaut wurde, ist noch nicht bewiesen.
Die Landeshoheit über Insul hatten im 12. Jahrhundert die Grafschaft Are, dann die Kurfürsten von Köln mit ihrem Amt Nürburg, das bis zum Einfall der Franzosen 1794 bestand.
1689: Der Volksüberlieferung nach sollen französische Truppen die Burganlage restlos zerstört und die Bauern sich aus dem vorhandenen Gestein Wohnhäuser erbaut haben.
1803: Auf der Katasterkarte des Oberst Tranchot wird die Burgstelle als »Alt-Burg« bezeichnet.
Heute sind dort nur mehr ein bogenförmiger Abschnittswall und ein Graben zu erkennen. Aber mitten im Ort, in der Brückenstraße 4, findet sich noch der ehemalige Zehnthof, erbaut 1616, eine viel bestaunte und fotografierte Hofanlage im Fachwerkbau

schon bemüht, sie zu finden, jedoch vergebens. Aber wer weiß, vielleicht bist ja gerade du es, der sie wieder ans Tageslicht hebt.

(nach J. Schmitten, in JBAW 1972;
vgl. »Mielenburg« in Remagen-Unkelbach)

Schloss Glaadt
Jünkerath-Glaadt

Die Strafe des Himmels

Im Kylltal, nahe dem Ort Glaadt, hatten die Grafen von Manderscheid-Blankenheim an der Stelle einer alten und baufällig gewordenen Wasserburg ein neues und stolzes Schloss errichtet.

sen, unter denen sich die Tische bogen, und die besten Tropfen von Mosel, Ahr und Rhein verwöhnten die Gaumen der Gäste. Nach dem festlichen Essen spielte feine Musik zum Tanze auf. Immer beschwingtere Weisen und die köstlich mundenden Weine ließen die Stimmung steigen. Die heitere Fröhlichkeit

Als der prachtvolle Bau mit seinen majestätischen Türmen und gewaltigen Mauern vollendet war, lud der Graf alle seine Freunde und die edlen Ritter von den Burgen rings im Land zur festlichen Einweihung ein. In prunkvollen Wagen und Kutschen, gezogen von starken Rössern, kamen all die vielen Edelleute mit ihren Damen und Burgfräulein vorgefahren und wurden würdevoll und mit heiterer Musik in den großen reich geschmückten Festsaal geleitet. Dort war ein fürstliches Mahl zubereitet. Die leckersten Speisen

schlug in wilden Leichtsinn um. Übermut und Keckheit bestimmten das Verhalten der Ritter. Immer lockerer wurden ihre Reden, immer dreister ihre Anzüglichkeiten den Damen und Jungfrauen gegenüber. Immer ausgelassener und schamloser benahmen sich die Ritter. Sittsame Scheu und höfische Sitte waren aus dem Schloss gewichen, Gott und seine Gebote vergessen. Doch diese Zügellosigkeit duldete der Himmel nicht länger. Ein gewaltiges Unwetter zog das Kylltal hinauf, der Himmel verdunkelte sich und

Jünkerath-Glaadt (54584) · Vulkaneifelkreis · Rhld-Pf

14. Jh.: In der Nähe des Dorfes Glaadt (die Gemeinde Jünkerath gibt es offiziell erst ab 1930) errichtet das Dynastengeschlecht derer von Jünkerath in der Flussaue der Kyll eine Wasserburg. Sie ist Stammsitz und dient zur Sicherung der bedeutenden Handelsstraße Hillesheim-Stadtkyll. Während des gesamten Mittelalters ist sie Mittelpunkt der Herrschaft Jünkerath, die wiederum eine Unterherrschaft der Grafschaft Manderscheid–Blankenheim darstellt.

1324 findet sie Erwähnung, als die Besitzer, die Herren von Schleiden, sie den Grafen von Luxemburg als Lehen auftragen.

Um 1687: Die Burg, im Besitz der Blankenheimer Grafen, wird als verfallen bezeichnet. Graf Salentin Ernst von Manderscheid-Blankenheim (*1630; † 1705) lässt sie renovieren und wählt sie zu seinem Ruhesitz, wo er die letzten elf Jahre seines Lebens verbringt. Er gründet ein Eisenhüttenwerk, mit dem der Name Jünkerath bis heute in Verbindung steht.

1726–35: Völliger Neubau als Jagdschloss nach Plänen des französischen Architekten Philippart; aus Urkunden geht hervor, dass dieses Schloss neben dem Torturm mehrere kleine Türme und einen großen Bergfried, einen viereckigen Burghof und eine Burgkapelle hat. Die Anlage verfügt über mehrere Wohngebäude und nach französischem Vorbild angelegte Grün- und Gartenflächen.

1737: Zwei Jahre nach seiner Fertigstellung brennt das Schloss nach einem Blitzschlag gänzlich ab und liegt die kommenden 250 Jahre in Trümmern. Dieses Ereignis wird zum Anlass einer Sage.

1804: Während der französischen Besatzungszeit wird der feudale Besitz der Manderscheid-Blankenheimer Grafen beschlagnahmt und auf Abbruch versteigert.

1967: Die einsturzgefährdeten Reste sollen abgerissen werden. Daraufhin gründet sich

1976 die Bürgerinitiative »Rettet die Glaadter Burg«.

1982–89: Die bisherige Eigentümerin des Ruinengrundstücks, die Firma DEMAG, schenkt dem Landkreis Vulkaneifel die Burgruine. Dieser – zusammen mit Mitgliedern des Eifelvereins Jünkerath – sichert mit erheblichen Geldmitteln und finanzieller Unterstützung des Landesamtes für Denkmalpflege die Ruine. Dabei wird 1984 eine kunstvolle Ofenplatte gefunden, die im Jünkerather Eisenmuseum zu betrachten ist.

Heute: Von der frei zugänglichen Ruine des einstigen Schlosses sind nur mehr Burggräben und Reste von zweigeschossigen Mauern und eines Turms zu sehen.

Kostenfreie Parkplätze;
keine Gastronomie im Burggelände.
www.obereskylltal.de
www.juenkerath.de

aus den schweren Wolken zuckten feurige Blitze. Ein greller Blitzstrahl schlug in das Schloss, drang in den Festsaal, und ein ohrenbetäubender Donnerknall ließ das Fest jäh beenden. Fluchtartig stürzten die Frevler ins Freie und rannten davon. Der Rittersaal hatte Feuer gefangen. Hell loderten die Flammen auf, fraßen sich durch Zimmer und Gebälk, durch Keller und Speicher und ließen das entweihte Schloss in Schutt und Asche sinken. Niemand mehr wagte es aufzubauen, da ein jeder darin Gottes strafendes Gericht erkannte.   *(nach J. H. Schmitz)*

Burg (Wüstung)
Kall-Keldenich

Man braucht bei dem Namen Königsfeld nicht unbedingt an hohe Potentaten oder bedeutende geschichtliche Ereignisse zu denken. Er könnte auch beispielsweise abgeleitet sein von einem Wohltäter des Klosters Steinfeld, denn 1328 wird ein Ritter Johann Kuninxs von Ludendorf genannt. Aber in den geheimnisvollen Waldschluchten und Talgründen gegen Urfey hin, wo die Vey entspringt, da zieht der wilde Jäger und geistert die Juffer Fey. Wer die geheiligte Stille des Waldes stört, der ist ihr Feind, er fällt in eines der alten Berglöcher oder verirrt sich im Wald und kehrt nicht mehr heim. >Opgepass un nit gelaach, hück is aller Feyen Daag<, heißt ein alter Warnspruch. Auch glühende Männer gehen dort um. In der Wirklichkeit aber zeugen oben auf der breiten Wiesenplatte des Königsfeldes nur mehr die Grundmauern des Hofes von der Vergangenheit.«

(Nikola Reinartz, in: Zwischen Eifel und Ville, Beilage der Kölnischen Rundschau vom 16. September 1949).

Zwischen Keldenich und Dottel soll die untergegangene Burg des »Ewigen Jägers« gestanden haben. Foto R. Kramp

Kall-Keldenich (53925) · Kreis Euskirchen · NRW
1269 werden »Herren von Keldenich« erwähnt, die wohl ein festes Burghaus bewohnt haben. Es soll ein Lehen der Grafen von Jülich gewesen sein. Andere deuten diese einstige Anlage als den »Hof Königsfeld«, der dem Kloster Steinfeld gehörte und sich im Wald zwischen Keldenich und Dottel befand, wo noch heute überwachsene Ruinen von Burg und Ort zu finden seien. Es wird vermutet, dass diese »Burg« während des Dreißigjährigen Krieges gänzlich zerstört wurde.
Heute kündet – außer Sagen, Flur- und Straßennamen – nichts mehr von ihr.

Der ewige Jäger

In der Keldenicher Flur gibt es eine Stelle, die heißt *auf dem Königsfeld.* Vor langer Zeit soll hier eine Burg gestanden haben, vielleicht war es ein Königshof, eine sogenannte Pfalz. Nun lebte einmal auf dieser hehren Feste eine fromme Burgfrau, deren einziger Sohn ihr allerdings in keiner Weise nacheiferte; im Gegenteil, er kümmerte sich weder um Gott noch sein Gebot. Sein Leben und Streben gehörte ausschließlich der Jagd, und sein Herz war erfüllt vom Weidwerk in Gottes freier Natur. Wenn die Mutter wie alle tugendreinen Keldenicher sonntags die heilige Messe besuchte, lachte er nur spöttisch. Besessen von seiner Jagdleidenschaft ging er lieber auf die Pirsch als in die Kirche.

Eines Sonntags, als es in Keldenich gerade zum Hochamt läutete, nahm der Nimrod wieder das Gewehr von der Wand und wollte sich aufmachen in den Weyerer Wald. Da wurde seine Mutter sehr traurig und klagte: »Ach, mein Sohn! Sonntag für Sonntag versündigst du dich, da du die heilige Messe versäumst.« Als der Sohn nur hämisch lachte, wurde sie ärgerlich und rief zornig: »Dann geh doch auf die Jagd, du missratener Nichtsnutz! Ich wünsche, dass du jagen mögest für immer und ewig, bis zum Jüngsten Tage.«

Nun hatten damals Wünsche und Flüche große Macht und trafen meistens zu. Darum musste man sich dreimal überlegen, was man sich wünschte und wen man verfluchte. Und obwohl die Mutter ihre Worte nicht ernst gemeint hatte, ging die Drohung in Erfüllung. Der Sohn kehrte am Abend nicht in die Burg zurück, und auch nicht am nächsten Tag und nicht am übernächsten und niemals mehr.

Die Burg auf dem Königsfeld ist längst untergegangen; keine Menschenseele weiß wann und wodurch. Doch der ewige Jäger geistert noch immer durch das Weyerer Waldgebiet. Viele Leute aus der Umgebung haben die Spukgestalt gesehen, und einige sind bei dem Anblick vor Schreck tot umgefallen. In stürmischen, kalten Regennächten, in denen man keinen Hund vor die Tür jagen würde, hört man jammervoll sein Hündchen winseln: »Japp, japp!«

(G. Henssen)

Stolzenburg
Kall-Sötenich

Bestrafte Stolzenburg

Der aufmerksame Wanderer, der das stille Urfttal von Kall nach Dalbenden hinaufschreitet, sieht auf einer mit dichten Hecken bedeckten Felsenkuppe halb verwittertes Mauerwerk und eingesunkene Räume. Das sind die Reste einer alten Burg, die der Himmel strafte.

Mauerreste und Stollen künden noch von der Ruine Stolzenburg.

Auf dieser Stolzenburg lebte dereinst ein hartherziger Ritter, von allen Leuten weit und breit gehasst und gefürchtet. Flüsternd nannten sie ihn nur den »Stolzenburger«. Dessen Leben bestand aus Rauben, Plündern und Trinkgelagen. Handelsleute, die dort unten im Tal auf der Straße von Köln nach Trier ihre Waren transportierten, wurden überfallen und ausgeplündert. Dann wurden sie in die feuchten Gefängnisverliese auf der Stolzenburg geworfen.

Und wer von ihnen nicht durch ein schweres Lösegeld freigekauft wurde, musste sein Leben jämmerlich in diesem Kerker beenden. Dazu bereitete es dem Stolzenburger unbändige Freude, seine Untertanen zu unterjochen und zu quälen. Ihre letzte Habe mussten die Bewohner des Urfttales zur Stolzenburg hoch schleppen, obwohl sie selbst bitterste Not litten.

Auf dem gegenüberliegenden Berg Pielstein erhob sich ebenfalls eine Burg. Eine lederne Brücke führte von der Stolzenburg zu ihr. Und der Ritter auf Pielstein stand seinem Stolzenburger Raubritterfreund in seinem gotteslästerlichen Leben nicht nach. Beide wetteiferten im Hohnsprechen gegen die Gottheit und die Menschheit. Mit runden Broten und Käselaiben kegelten die Burgbewohner, während die armen Untertanen in Hungerqualen um eine Gabe flehten. Die Burgkinder hatten Wagen und Kutschen, deren Räder aus großen Brotlaiben bestanden, um über die Brücke zu fahren, während die Kinder der Armen heißhungrig und zerlumpt seufzend herumirrten. In den Hallen der Burgen hielten die Raubritter Saufgelage ab und verspotteten schadenfroh die abgehärmten Gestalten der Landbevölkerung. Für jede

Kleinigkeit ließen sie sie bis aufs Blut auspeitschen oder scharfe Hunde auf sie hetzen.

Die Sünden und der menschenverachtende Hochmut der beiden Burgherren riefen den Zorn und die gerechte Strafe des Himmels hervor. In einer schauerlichen Nacht saß der Stolzenburger Wüterich wieder bei Sauf und Schmaus, verlachte höhnisch seine Untertanen, die er Menschenhunde nannte, und verspottete die göttliche Allmacht. Da erhob sich gewaltiges Grollen und mächtiges Donnern. Die Erde zitterte und bebte, und mit großem Getöse und einem schrecklichen Krachen versanken die Burg Pielstein und die Stolzenburg mit allem Vieh, den Familien der Gotteslästerer und unermesslichen Schätzen im Schoß der Erde.

Als am kommenden Morgen die Menschen hoch auf die Bergesgipfel eilten, fanden sie von der Burg Pielstein rein gar nichts mehr und von der Stolzenburg ragten nur spärliche Zinnen aus einem ungeheuren Erdenloch hervor.

Die verdammte Seele des Ritters von der Stolzenburg fand im Grabe keine Ruhe. Böse wie im Leben, so erscheint sie auch des Nachts oft als schwarzer Hund. »Dat ess de Honk mot glönige Ooge«, flüstern sich dann die Leute furchtsam zu und bekreuzigen sich. Winselnd und heulend mit fürchterlich rotglühenden Augen streift sie als Untier durch die Ruinen der untergegangen Burg, wühlt und scharrt in den tiefen Gängen, damit niemand nach den versunkenen Schätzen grabe oder sich an ihnen erfreue.

(nach Reumont A.; vgl. auch
www.sophie-lange.de)

Raimund und Aspasia

Auf der Stolzenburg zwischen Sötenich und Urft lebten einst der edle Ritter Raimund und das schöne Ritterfräulein Aspasia. Sie waren sich in inniger Liebe zugetan und erwarteten sehnlichst den Tag ihrer Hochzeit. Oft standen die beiden Hand in Hand an einem Turmfenster, sahen über das tief unter ihnen liegende Tal der Urft und hörten die leise plätschernden Wasser des Eifelbaches. Manchmal klangen vom nahen Kloster Steinfeld die Glocken herüber.

»Wenn das doch schon unsere Heiratsglocken wären«, flüsterte dann Aspasia.

Aber es sollte anders kommen. Es war nämlich die Zeit der Kreuzzüge, und Ritter Raimund wollte im Heiligen Land dabei sein, wenn die geweihten Stätten für die Christenheit zurückerobert würden. Aspasia nähte ihm selbst das Kreuz auf sein Gewand. Unter Tränen sah sie den Geliebten die Stufen der Stolzenburg hinuntergehen. Wehmut erfüllte ihr Herz, als er aus dem Tal noch einmal heraufschaute, um ihr ein letztes Lebewohl zu winken. Dann verschwand er zwischen den mächtigen Bäumen.

Nun wurde es um Aspasia sehr einsam auf der Stolzenburg. Eiserne Türen und Tore, armdicke Gitterstäbe, Wälle und Gräben, Laufbrücken und Fallgitter gaben ihr zwar eine große Sicherheit; doch hätte sie diese gerne getauscht mit der Begleitung ihres lieben Raimund durch unbekannte Weiten. So aber wurden ihre Wangen immer bleicher, und ihr glockenhelles Lachen war verflogen.

Es verging ein volles Jahr, und auch das zweite neigte sich bereits dem Ende. Und von Raimund war noch immer keine Kunde zur Stolzenburg gelangt. War er vielleicht von Sarazenen im Kampf getötet worden, oder schmachtete er in einem finsteren Kerker? Aspasia nähte sich schwarze Trauerkleider. Unruhe und Schmerz trieben sie in den Wald. In der Natur glaubte sie ihr Leid vergessen zu können und Trost zu finden. Dem Bach und dem Berg, dem Busch und den Tieren klagte sie ihr Leid. Nachts war der blasse Mond ihr Gefährte, der in ihre Kemenate schien, wenn sie schlaflos dalag und oft genug das Kissen mit ihren Tränen um den vielleicht verlorenen Liebsten netzte.

Als sie eines Tages zur Herbstzeit an den Hängen der Stolzenburg einen Heidestrauß pflückte, hörte sie den Torwächter ihren Namen rufen. Er meldete ihr, ein armer, zerlumpter Pilger wünsche das Ritterfräulein zu sprechen. Sie wies ihn an: »Führt ihn in ein warmes Zimmer und gebt ihm zu essen; es soll ihm auf der Stolzenburg an nichts fehlen!«

Der Torwächter aber entgegnete: »Nein, edles Fräulein, der Mann will mit Euch sprechen. Er kennt Euren Namen und sagte, er komme von den Ufern des Jordan. Kommt doch! Vielleicht bringt er Euch Kunde von Ritter Raimund.«

Da kam Leben in Aspasia. Sie eilte zur Burg hinauf, so schnell ihre Füße sie tragen konnten, und fragte den staubbedeckten Pilger, ob er etwas über den Ritter Raimund wisse, ob er noch unter den Lebenden weile.

Ja«, antwortete der Pilger zögernd. »Ritter Raimund lebt noch, aber anders, als Ihr ihn gekannt habt. Im Morgenland war er vom Unglück verfolgt und verlor Ross und Rüstung. Nun zieht er als Bettler durch die Lande, zweifelt an Gott und den Menschen und wagt nicht mehr, auf sein Glück zu hoffen.«

Da wollte Aspasia mehr wissen. »Hat er das Kreuzfahrerheer verlassen? Zeigte er den Ungläubigen den Rücken?«

»Nein«, berichtete der Fremde weiter. »Ruhm und Ehre erwarb er reichlich. Mancher Sarazene fiel von seiner Hand. Aber er fürchtet, seine Braut werde ihn verachten und zurückstoßen. Denn in den Kämpfen hat er seine Jugend und kraftvolle Gestalt eingebüßt. Wunden, Krankheit, Hunger und Durst haben seine Gesundheit zerstört. Die heiße Wüstensonne dörrte seinen Leib. Gebückt geht er einher, gebeugt von der Last seiner Abenteuer. Nur die Sehnsucht nach seiner Jugendliebe hält ihn noch am Leben.«

Darauf beteuerte Aspasia: »Und wäre sein Leib auch noch so krank, meine Liebe scheut keine Gebrechlichkeit. Und wenn er bettelarm wäre, ich liebe die Perle, nicht die Schale. Ich liebe das Herz, wenn es noch das alte ist.«

Da richtete der Pilger sich auf, seine Augen leuchteten, er streckte seine narbenbedeckten Arme dem Ritterfräulein entgegen und sagte mit bebender Stimme: »Dein Raimund lebt, Aspasia, liebe Aspasia! Ich bin es! Meine Irrfahrt hat nun ein Ende!«

Das Glück der beiden war so groß, dass sie sich eine Weile wortlos in den Armen lagen. Bald aber waren sie von den Burgbewohnern umringt. Sie jubelten und tanzten. Alle freuten sich, weil nun ein neues Leben auf der Stolzenburg einkehrte.

(nach H. P. Schiffers)

Lieber tot und frei

Auf einem steilen Berg bei Sötenich stand einmal vor langer Zeit die bekannte Feste Stolzenburg. Auf ihr lebte Graf Arno, dem die Freiheit stets als höchstes Gut galt. Sie war ihm heiliger als der Besitz von Gut und Blut. Nie wollte er sich unter fremdem Zwang beugen.

Als aber eine neue Zeit anbrach, die die alten Rechte zu vernichten drohte, und zur Stolzenburg die Kunde drang, sich gänzlich dem König oder Kaiser zu unterwerfen, rief Arno seine Knappen zusammen und erklärte ihnen: »Ihr treuerprobten Scharen, merkt auf! Unser altes Recht will man kürzen. Doch ich möchte frei und unabhängig sein, frei, wie unsere Väter es waren! Niemals werde ich mich beugen und eines anderen Knecht sein.«

Kall-Sötenich (53925) · Kreis Euskirchen · NRW
13. Jh.: Zwischen den Orten Sötenich und Urft entsteht in steiler Spornlage eine frühmittelalterliche Höhenburg. Unbewiesene Berichte vermerken, sie sei auf den Fundamentresten einer Römerwarte errichtet, die der Bewachung des Römerkanals am Fuße der Burg diente. Die Burg ist auch unter dem Namen »Stolzenfels« und dem Rittergeschlecht »von Dalbenden« bekannt.
1252: Ritter Henricus de Dalbende verlässt die Burg Stolzenfels und lässt sich in Dalbenden bei Urft nieder.
1337: Friedrich von Dalbenden ist hoch verschuldet. Deswegen verkauft er die Burg Stolzenfels für »300 Mark kölsch« an Edmund von Gymnich.
1405: Johann von Sötenich, ehemaliger Burgmann von Münstereifel, wird als Bewohner der Stolzenburg (Stoltzenborch) genannt.
1643: Die Stolzenburg wird in Prozessakten erwähnt. Sie scheint die Wirren des Dreißigjährigen Krieges relativ heil überstanden zu haben.

17. Jh.: Die Stolzenburg steht unter der Schutzherrschaft des Herzogs von Jülich, nachdem das Geschlecht derer von Dalbenden ausgestorben ist.
1794: Bei der Besetzung des Rheinlandes durch französische Truppen wird die Stolzenburg zerstört.
Heute: Am Fuße der Burg führen die römische Eifelwasserleitung und der zugehörige Römerkanal-Wanderweg nach Köln. Nach einem rund 700 Meter steilen Aufstieg von der L 204 bei Dalbenden aus, sind im frei zugänglichen Burggelände, seit 1954 in einem Naturschutzgebiet liegend, noch Reste verfallener Gräben, des Berings sowie Kellervertiefungen erkennbar. Unter der Stolzenburg befinden sich eine Reihe unterirdischer Gänge und Höhlen, deren Entstehung und Bedeutung noch nicht einwandfrei geklärt sind. Sie sind mit Gitter verschlossen und dienen heute als Schlafplätze für Fledermäuse. Es wird vermutet, sie könnten Notausgänge gewesen sein bei eventuellen Überfällen oder einer Belagerung. Aber sie liefern Stoff zu Sagen.

www.soetenich.de

Diesen Entschluss ließ er dem Landesfürsten ausrichten. Der rüstete daraufhin ein mächtiges Heer, zog das Urfttal hinauf zur Stolzenburg, um diese unter seine Macht zu zwingen. Graf Arno setzte sich mit seinen Mannen, so gut es ging, gegen die Übermacht zur Wehr. Kamen die feindlichen Scharen den steilen Burgberg heraufgezogen, wurde gar mancher der Angreifer durch Wurfgeschosse und Felsstücke zurück ins Tal geworfen. Wochenlang umkreisten die Feinde die stolze Feste; aber alle ihre Mühe war vergeblich. Die Burg war uneinnehmbar.

Schließlich sahen die Belagerer keinen anderen Ausweg mehr, als die Verteidiger der Stolzenburg auszuhungern. Not und Hungers Macht würden die Besatzung zwingen, herunterzusteigen und sich der Übermacht willig zu beugen.

Wochen schritten ins Land. In der Stolzenburg waren schon lange Hunger, Tod und Not eingekehrt und hatten die Burgbewohner siechen und dahin darben gelassen. Eines Morgens, als im Tal die letzten Nebel schwanden, und die Stolzenburg im Schein der Morgensonne golden strahlte, als vom Steinfelder Kloster her das Morgenlied der Glocken klang, sah man plötzlich droben auf der Stolzenburg den Grafen Arno. Hoch zu Ross saß er, und hell schimmerte seine Rüstung im Morgenlicht. Ohne Furcht schaute er hernieder auf die Zelte seiner Feinde und deren geschäftiges Treiben. Dann rief er mit mächtiger Stimme ins Tal: »Seht hier den letzten Mann der Stolzenburg! All meine Freunde und Getreuen sind tot. Krieger und Kämpfer haben sie nicht besiegen können, aber Hunger und Durst raubten ihre Leben. Doch sie starben frei und unabhängig, ungebeugt von fremdem Zwang und fremder Last. Mut und Freiheitssinn haben sie bewiesen. Wie sie, so will auch ich mein Leben beschließen; denn lieber tot und frei, als lebend und Sklave!«

Dann gab der Graf seinem Pferd die Sporen. Noch einmal bäumte das Ross sich auf, dann ein Sprung die Felsenwände hinab ins tiefe Tal, wo die wild schäumende Urft Ross und Reiter für immer begruben.

Beschämt zogen die Feinde ab. Die Stolzenburg stand öde und verlassen da und verfiel im Laufe der Zeit. Nur morsche Mauerreste erinnern noch an sie.

(nach A. Betteldorf; vgl. Altenahr
»Der Todessprung«)

Hohe Acht
Kaltenborn-Jammelshofen

Ein Spielzeug für das Riesenfräulein

Auf der Hohen Acht stand in sehr alten Zeiten eine stolze Burg, in der Riesen wohnten. Es waren gutmütige Wesen, vor denen niemand Angst zu haben brauchte. Sie gingen ihrem Tagwerk nach und belästigten niemanden.

Einst stieg von der Burg der Riesen ein junges Mädchen ins Tal hinab, um zu schauen, was es Schönes und Sehenswertes außerhalb ihrer riesengroßen schützenden Burgmauern gab. Da sah sie dort unten auf dem Feld einen Bauern, der mit zwei Pferden das Feld pflügte. Langsam und bedächtig brach er mit dem Pflug Reihe für Reihe die Ackerkrume, um später in die warme dampfende Erde das Korn zu säen. Das hatte das Riesenfräulein noch nie gesehen. Ach, war das drollig. Der Bauer, der mit seinen derben Schuhen neben den Pferden schritt, ab und zu die Peitsche knallend durch die Frühlingsluft sausen ließ, die Pferde, die kraftvoll mit ihren Hufen stampften und den glänzenden Pflug durch die Furchen zogen.

Wie lustig war dies alles anzusehen, und das Mädchen dachte: »Welch herrliches Spielzeug. Dies nehme ich mit in unsere Burg und in mein Zimmer. Dann kann ich täglich diesem lustigen Treiben zusehen.«

Und es packte den Bauern, seine Rosse mitsamt dem Pflug, raffte sie in seine Schürze und eilte flugs zurück zu seiner Elternburg dort droben inmitten des dichten Eichenwaldes. Fröhlich hüpfend öffnete das Fräulein die mächtige Tür zum Saale, wo seine Eltern bei Tische saßen.

»Schaut mal, Eltern, was ich Tolles gefunden habe«, rief es dem Vater entgegen, »ein putziges Männlein, zwei schwarze Käfer und eine blanke Nadel! Ein herrlich seltsames Spielzeug!«

Und dann kramte das Kind aus seiner Schürze den Bauern heraus, der sich zitternd verbeugte, die beiden Pferde, deren Augen schreckensweit blickten, und den Pflug, dessen eiserne Schar bereits leicht verbogen war.

Und wie des Riesen Tochter so vor kindlicher Freude in ihre Hände klatschte, gab ihr der Vater mit harschen Worten einen strengen Verweis: »Närrisches Kind! Was hast du bloß angestellt? Trage dies alles sofort wieder an den Ort, wo du es genommen hast! Und merke es dir gut und wohl: Ein Bauer ist kein Spielzeug! Ohne ihn gibt's kein Brot. Und ohne Brot gibt's nur Tod!«

Tief beschämt nahm sich die Riesentochter die Mahnung zu Herzen und brachte alles wieder behutsam und heil in den Grund des Tales zurück.

(Diese Sage findet sich bei den Brüdern Grimm und wird gewöhnlich von der Burg Nideck im Elsass erzählt. 1838 nennt sie Simrock »eine am Rhein häufig wiederkehrende Sage«, die er bereits 1835 an der Hohen Acht angesiedelt findet, von wo sie J. H. Schmitz und viele andere ebenfalls übernehmen.)

Die Wunderblume auf der Hohen Acht

Auf der Hohen Acht hauste in alter Zeit ein wilder und überall gefürchteter Raubgraf. Unermessliche Schätze in Gold, Silber und Edelsteinen sowie Schmuck von unschätzbarem Wert hatte er in den Burggemächern aufgehäuft. In einer Osternacht, wo er das heilige Fest mit seinen rohen Gesellen auf schnöde Weise mit Tanz, Harfenklang und Buhlerei entweihte, verfinsterte sich plötzlich der Himmel. Durch dicke Wetterwolken zuckten Blitze, und der Donner rollte immer stärker und bedrohlicher. Da traf plötzlich ein gewaltig greller Blitz die Burg. Flammen brachen durch Türen und Fenster, und mit furchtbarem Getöse stürzten die hohen Mauern zusammen, unter ihrem Schutt die Frevler und all die vielen Schätze begrabend.

Viele hundert Jahre nach diesem Vorfall, es war in jener Zeit der Kreuzzüge, war der junge Ritter Gotthold nach bitteren Kämpfen wider die Sarazenen endlich wieder aus dem Heiligen Land in die Burg seiner Vorfahren auf der Hohen Acht zurückgekehrt. Um sich von den Strapazen und den vielen schrecklichen Erlebnissen des Kreuzzuges zu erholen, suchte er Ruhe und Kraft in der Natur. Stundenlang konnte er so Wiesen, Wald und Flur durchwandern, sich an den stolzen Wäldern erfreuen, dem Gesang der Vögel lauschen und dem Lauf murmelnder Bäche folgen. Sein Herz und sein Gemüt gesundeten an der Blütenpracht der Wiesen und der Schönheit des Landes.

Eine Tages durchstreifte er erneut dort unten im Tale sattgrüne Wiesenauen. Da erblickte er am Waldrand eine hell leuchtende blaue Blume, wie er noch nie eine gesehen hatte. Froh gestimmt kniete er nieder und pflückte sie ab. Doch kaum hielt er die Blume in seiner Hand, entdeckte er einen Eingang, der verlockend in eine Höhle führte. Langsam tastete er sich durch das Dunkel des Ganges hindurch, bis er zu einem unterirdischen Gewölbe gelangte, das mit mattem blauem Licht erhellt war. Eine hübsche Jungfrau stand dort, eingehüllt in ein langes weißes Gewand. Schweigend wies sie mit ihrer rechten Hand auf einen glitzernden Schatz in der hinteren Ecke der Höhle und nickte stumm mit dem Kopfe, so als wolle sie sagen: »Das gehört dir. Nimm nur!«

Der Ritter legte die blaue Blume auf den Boden und griff mit beiden Händen von den Reichtümern, bis seine Taschen gefüllt waren. Dann wandte er sich um und verließ die Höhle. Noch hatte er nicht den

Ausgang erreicht, da rief ihm eine flehende Stimme nach: »Vergiss das Beste nicht!«

Der Ritter von der Hohen Acht stutzte, kehrte zurück und sah sich erneut um. Was sollte er denn noch mitnehmen? Seine Taschen waren übervoll. Da entdeckte er noch einen herrlichen, funkelnden, strahlenden Diamanten. »Der wird wohl das Beste sein!«, dachte er, griff ihn auf und, weil er nicht wusste, wohin damit, nahm er ihn in seinen Mund. Dann eilte er so schnell er konnte hinaus ins Tageslicht.

Doch da tat es plötzlich einen lauten Knall, als sich der Gang mit Macht wieder schloss. Der Ritter erschauerte, und plötzlich waren alle seine Taschen wieder leer, und auch der Diamant in seinem Munde war nicht mehr. Alles Gold und Geschmeide waren spurlos verschwunden. Tief aus dem Bauch der Erde war nur mehr ein höhnisches, lautes Gelächter zu vernehmen, drang in seine Ohren und erfüllte sein Herz mit Schmerz. »Warum auch nur war ich so habgierig, dass ich das Beste, die blaue Wunderblume, vergessen habe?«

Und so sehr der Ritter auch suchen mochte, er fand den Eingang nie wieder. Und er sah auch nie mehr die blaue Wunderblume blühen, denn diese, so wissen es alte Leute, öffnet ihr Blütenköpfchen nur alle hundert Jahre.

Doch wer weiß, vielleicht bist du es ja, der sie blühend sieht. Doch dann, vergiss das Beste nicht!

(Die Sage von der »Wunderblume«
findet sich an vielen Orten Deutschlands.)

Kaltenborn-Jammelshofen (53520) · Kreis Ahrweiler · Rhld-Pf

Die Hohe Acht ist mit 747 Metern der höchste Berg der Eifel. Die Überlieferung berichtet von einer Burg oder Wehranlage auf ihrer Spitze. Allerdings existieren keine eindeutigen Befunde; zumindest ist heute von einer einstigen Wallburg nichts mehr erhalten oder zu sehen. Dennoch lohnt sich ein Aufstieg zu dem steinernen »Kaiser-Wilhelm-Turm«, der dort auf Gipfelhöhe im Jahre 1908/09 errichtet wurde. Er ist über 16 Meter hoch und bietet hervorragende Panoramablicke in die gesamte Eifel.

Genügend freie Parkplätze;
keine Gastronomie

Burg Kelberg (Wüstung)
Kelberg

Die Tempelherren auf dem Hochkelberg

Auf dem Hochkelberg konnte man bis in jüngste Zeit hinein Mauerreste finden. Suchende und Grabende erkannten darin deutliche Spuren eines Gebäudes. Auch eine Vertiefung war zu erkennen, gleich einem Keller.

Und in Schulchroniken ist zu lesen, und die alten Leute wollen es auch genau wissen, dass auf dem Hochkelberg früher eine Burg der Tempelherren gestanden hatte. Ein unterirdischer Gang führte hin zur Nürburg. Und als die Tempelritter, ihrer schändlichen Lebensweise wegen, aus dem Land vertrieben wurden und sehr eilig fliehen mussten, haben sie ihren großen, unermesslichen reichen Schatz, den sie in den Kellergewölben ihrer Burg vergraben hatten, zurücklassen müssen. Noch heute wartet er auf seine Ausgrabung. *(nach A. Mayer/ E. Mertes)*

Der goldene Wagen

Vor vielen, vielen Jahren stand auf dem Hochkelberg eine stolze, feste Burg. Gar weit schauten ihre Bewohner an schönen Sommertagen über das Eifelland, hinüber zur Nürburg und zum Aremberg, ostwärts zum gesegneten Maifeld und nach Süden, wo sich in blauer Ferne die Hunsrückberge hinziehen. Stille herrschte auf der nahen Burg. Hier hütete ein alter, kinderloser Graf das Erbe seiner Väter, einen Schatz, den die Vorfahren von zahllosen Fehden und Kriegszügen heimgetragen hatten. Da ruhten in verborgener Kammer kostbare Waffenrüstungen, goldene und silberne Becher und Humpen und Schüsseln von verschiedenster Form. Das wertvollste Stück war ein goldener Wagen, den ein Ritter vom Hochkelberg von einem Kreuzzuge aus dem Türkenreiche mitgebracht hatte. Mit ängstlicher Sorge bewachte der letzte Hochkelberger sein Gut.

Kelberg (53539) · Vulkaneifelkreis · Rhld-Pf
1216: In einer Urkunde des Grafen Gerhard von Are, dessen Gemahlin Kunigunde von Virneburg war, wird ein Geschlecht von Kelberg (Theodericus von Kelberg, Keleberch) genannt.
1301: Erneute Erwähnung eines Ritters Gerhard von Kelberg, gleichzeitig auch Burggraf des Erzbischofs von Köln auf Burg Are.
Von daher ist die Annahme berechtigt, dass dereinst im Ort Kelberg (oder auf dem 675 Meter hohen Schichtvulkan »Hochkelberg«, wie die Sagen melden) ein Burghaus oder eine kleine Burg stand.
Heute: Es sind weder Standort, Funde noch Reste bekannt.

Eines Tages blies der Türmer hoch auf den Zinnen der Burg in sein Horn. Traurige Zeiten waren angebrochen, als feindliche Reiterscharen ins Land eindrangen und sich mordend und plündernd der Burg und den Dörfern am Hochkelberg näherten. Schon bald, im Schutze einer stürmischen Nacht, hatte der Feind den Hochkelberg eingeschlossen. Täglich berannten die kampfgeübten Söldner die feste Burg, doch mit dem Mute der Verzweiflung wehrte sich die kleine Besatzung. Alle Tapferkeit aber sollte umsonst sein.

Eines Tages schossen die Belagerer Feuerbrände in das alte, ausgetrocknete Gebälk des Herrenhauses. Vergebens versuchten die Knechte, das Feuer zu löschen. Als die Glut des Brandes unerträglich wurde, stürmte der Graf an der Spitze seiner Getreuen den Burgweg hinunter in die feindlichen Reihen. Wohl deckten in kurzer Zeit zahlreiche Feinde im Tod den Boden am sumpfigen Gelände des Hochkelberges, aber auch die Burgbesatzung wurde immer kleiner. Aus tiefen Wunden blutend sank einer nach dem andern röchelnd dahin. Dem alten Burgherrn boten die Gegner Pardon an. Er aber sprang grimmig lachend unter sie. Mit beiden Händen führte er sein gutes Schwert, bis auch ihn der Todesstreich traf.

Aus der brennenden Burg retteten die Feinde nichts. Der Schatz wurde unter rauchenden Trümmern begraben. Hier ruht er noch immer, denn noch niemandem ist es bis heute gelungen, ihn zu heben. Doch wenn es eines Tages einem Sonntagskind gelingt, die Spitze der Deichsel des goldenen Wagens zu sehen, dann wird er sicherlich wieder ganz ans Tageslicht kommen.   *(nach A. Mayer/ E. Mertes)*

Es wird erzählt, zu einem Burghaus in Zermüllen bei Kelberg gehörte eine Mühle, in der dereinst Schreckliches geschah. Dr. Victor Baur dichtete die Sage.

Der Müller zu Zermüllen.

Der Müller zu Zermüllen,
der hatt' einen jungen Knecht,
er tat die Säcke füllen
und diente redlich und recht.

Einst ging in die Mittagsschwüle
der Müller nach Kelberg hin,
es blieben allein in der Mühle
der Knecht und die Müllerin.

Sie tänzelte und lachte
frech um den Knecht herum,
der molterte und dachte:
Bleib einfach still und stumm!

»Ja, bist Du nicht bei Sinnen,
und hast ein Herz aus Stein?
Der Müller ging von hinnen
und wir sind ganz allein.«

So schrie das Weib im Rasen
mit Geifer und mit Gier.
Der Knecht tat Mehlstaub blasen
und macht sich nichts aus ihr.

Da kam der Müller wieder –
schon hat er genug geseh'n:
Des Weibes lockende Glieder,
verlegen den Knecht dastehn.

Hoch führte er seine Rechte
und stach voll Zorn und Schmerz
dem armen Müllerknechte
das Messer tief ins Herz.

Die Mühle von Zermüllen,
die hat noch Wasser und Wehr,
doch stumpf sind die Mühlstein-Rillen
sie mahlen schon längst nicht mehr.

Burg Kell (Wüstung)
Kell

Ein Ritter in Flammen

Erkimbert war ein angesehener Andernacher Schöffe und Bürger. Dereinst machte er sich bereits vor Morgengrauen auf den Weg nach Kell zu einer Gerichtssitzung. Ganz in der Nähe des Ortes bemerkte er auf einmal einen Mann, der auf einem kohlschwarzen Ross im wilden Galopp quer über die Felder ritt. Erstaunt schaute er genauer hin und verwunderte sich, weshalb dieser Reiter so gar keine Rücksicht auf die reifende Saat nahm. Doch als dieser näher kam, sah Erkimbert, dass aus den Nüstern des Pferdes Feuerfunken stoben, aus dem Maul dampfender Rauch quoll und der Reiter selbst ganz in lodernde Flammen eingehüllt war.

Erkimbert erschrak heftig. Ausweichen oder sich verstecken konnte er nicht mehr. So zog er seinen Dolch aus dem Gürtel und erwartete zitternd den Angriff der unheimlichen Erscheinung. Ross und Reiter blieben plötzlich vor ihm stehen. Nun erst erkannte der Andernacher die geheimnisvolle Feuergestalt. Es war der Ritter Friedrich von Kell, der erst vor wenigen Tagen verstorben und beerdigt worden war.

Der Ritter war über und über von dicken Schafsfellen umhüllt und trug auf dem Rücken einen Sack. Der war sicherlich sehr schwer, denn er saß gebückt und krumm zusammengekauert im Sattel.

Erkimbert fasste all seinen Mut zusammen und sprach den Glühenden an: »Geist, Ihr seht aus wie unser Herr Ritter Heinrich, der vor wenigen Tagen diese Welt verlassen musste und in geweihter Erde an unserer Kirche ruht. Seid Ihr es denn wirklich? Was stört Eure Ewige Ruhe?«

Stöhnend gab der Geist zur Antwort: »Ja, im Leben war ich der stolze Ritter Heinrich. Doch im Tode bin ich eine arme Seele und muss fürchterliche Qualen erleiden und im Fegefeuer meine übergroße Schuld abbüßen. Zu Lebzeiten hatte ich einer armen Witwe aus Kell Schafe gestohlen und ihr auch grundlos einen Acker entwendet. Zur Strafe brennen nun diese Schaffelle wie Feuer auf mir, und der Sack mit der Erde drückt mich zermalmend nieder. All dies reut mich sehr und lässt meine Seele keine Ruhe finden. Rastlos und mit großen Schmerzen muss ich nun durch Felder und Wälder jagen, bis ich Erlösung finde.«

Tief erschüttert fragte nun Erkimbert mit mitleidiger Stimme: »Was muss getan werden, um dich von deiner Schuld und Qual zu erlösen?«

Da sprach Ritter Friedrich, wobei ihm züngelnde Flammen aus dem Munde sprühten: »Suche meine beiden Söhne auf. Berichte ihnen, was du gesehen und gehört hast. Bitte sie, falls sie noch verstehende Zuneigung für ihren Vater haben, meine Schuld bei der Witwe zu tilgen und der Kirche Opfer zu bringen, damit für meine gepeinigte Seele gebetet wird.«

Erkimbert versprach dies dem Ritter, der daraufhin im nahen Wald verschwand. Sofort begab er sich zur Burg Kell und berichtete den jungen Rittersöhnen von seinem Erlebnis mit dem Geist ihres Vaters. Doch in deren Herzen lebte kein Funke der Liebe. Im Gegenteil, hart und versteinert waren sie. Abweisend schickten sie Erkimbert von dannen und sagten, sie wollten lieber ihren Vater der ewigen Pein überlassen, als von ihrem Ererbten etwas abgeben, gleich, ob es rechtmäßig erworben sei oder nicht. Ihr Vater hätte gesündigt und nicht sie. Drum kümmere sie dies auch nicht.

Kell (Andernach-) (56626) · Kreis Mayen-Koblenz · Rhld-Pf
1212 wird ein Ritter Heinrich von Kell als Schöffe in Andernach erwähnt. Vermutlich war dessen Burghaus in dem heutigen Stadtteil von Andernach, westlich vor der Kirche, in der Flur mit dem heutigen Namen »Im Burgfried«.
Es wird vermutet, dass sie während des Dreißigjährigen Krieges wüst gefallen ist. Als Steinbruch genutzt, verschwanden die letzten Reste im 19. Jahrhundert.
Heute ist von ihr nichts mehr zu erkennen.

Seit dieser Zeit irrt die Seele des Ritters Friedrich immer noch ruhelos umher. Viele haben sie in dunklen Nächten in den Wäldern und Feldern zwischen Kell und Andernach sehen können, leuchtend wie loderndes Feuer und ruhelos hin und her irrend.

(nach K. Hessel)

Das Burghaus der Ritter von Kell stand vermutlich westlich dieser Keller Wallfahrtskirche. In ihr ist ein viel aufgesuchtes Gnadenbild, eng verbunden mit einer Legende. 1388 fanden Hirten aus Kell im Tönissteiner Tal in einem brennenden Dornbusch diese Muttergottesfigur. Um sie entstand dann eine Kapelle, später ein Kloster, dass 1794 aufgelöst wurde. Das Gnadenbild wurde dann 1802 in diese Pfarrkirche gebracht.

Kempenich (Wüstung)
Kempenich

Kreuz-Ännchen

Es war zur Zeit der Kreuzzüge. Wohltuend strahlte die lachende Maisonne vom blauen Himmelszelt und wärmte mit ihren Strahlen eine große Anzahl aufmerksamer Menschen und eine stattliche Schar mutiger Ritter aus all den Burgen rings in der Eifel. Diese hatten sich schon in der Frühe dieses Tages auf dem Bergrücken bei der Kempenicher Burg versammelt. Andächtig und ergriffen lauschten sie der Botschaft und der Wortgewalt des weithin gerühmten Mönchs Bernhard von Clairvaux. Gerade forderte er sie auf: »In Christi Namen! Nehmt das Kreuz, Ritter und Bürger, Gott will es! Zieht hin in die Heimat unseres Erlösers Jesus und befreit die Stätten von den Untaten der Ungläubigen!«

Da knieten die Ritter der umliegenden Burgen barhäuptig nieder und gelobten mit erhobener Hand, das heilige Zeichen der Kreuzfahrer zu nehmen. Auch die Bauern waren ergriffen von der mitreißenden Predigt des Bernhards. Begeistert pflanzten sie zu Ehren des großen Mönches, dort, wo er Got-

tes Wort verkündete, einen Baum und nannten ihn »Bernhardslinde«.

Unter den Rittern befand sich auch der Edle von Kempenich, dessen Burgeszinnen mit den bunt wehenden Fahnen dort hinten zwischen den Bäumen zu sehen war. Auch er gelobte, am Kreuzzug teilzunehmen.

Nach wenigen Monaten sollte das Kreuzheer aufbrechen. Den Kempenicher aber verließ der Mut und reute sein Gelübde. Er hatte Angst vor dem langen und gefahrvollen Kreuzzug. So entschloss er sich, lieber auf seiner sicheren Burg bleiben. Vorwürfe und böse Reden seiner Untertanen, die eindringlichen Mahnungen seiner Freunde, all dies konnten den Kempenicher nicht dazu bewegen, seinem Eid zu folgen und ins Heilige Land zu ziehen.

Während ein Strom tapferer Ritter hinauszog, um Jerusalem von den heidnischen Sarazenen zu befreien, verbarg sich der Kempenicher auf seiner sicheren Burg. Doch sein immer stärker pochendes Gewissen ließ ihm keine Ruhe. Immer mehr reute ihn sein Treuebruch. Mürrisch und wortkarg wurde er, und

Kempenich (56746) · Kempenich (Wüstung) · Ahrweiler · Rhld-Pf

1093: In einer Stiftungsurkunde der Abtei Laach wird Kempenich erstmals urkundlich durch Nennung des Zeugen Richwin von Kempenich erwähnt. Die Herren von Kempenich sind ein edelfreies Geschlecht, das seinen Stammsitz bis 1424 auf der gleichnamigen Höhenburg hat.

1424: Die Herren von Kempenich sterben im Mannesstamm aus. Es beginnt eine lange Zeit ständig wechselnder Herrschaften und bewaffneter Erbstreitigkeiten.

1581: Der Trierer Kurfürst verpfändet Burg und Ort Kempenich an die Grafen von Eltz.

1663 gründet Hans Jakob von Eltz die neue Linie Eltz-Kempenich.

1689: Französische Truppen des »Sonnenkönigs« Ludwigs XIV. (*1638; † 1715) belagern und beschädigen die Burg stark.

1776: Sie wird in Teilen wieder aufgebaut durch die Herren

von Eltz-Kempenich, verfällt aber in den kommenden Jahrzehnten immer mehr.

1777: Kempenich wird unter dem letzten Trierer Kurfürsten Clemens Wenzeslaus (*1739; † 1812) in das Kurfürstentum Trier eingegliedert.

1794: Die Burgruine kommt unter französische Verwaltung.

1822: Der Rest des alten Burggebäudes wird in ein Forsthaus umgebaut.

Heute: In der Burganlage sind nur mehr von Gestrüpp überwucherte Mauerreste, ein Burgbrunnen, ein Stück Außenmauer des ehemaligen Palas und ein nahezu zugewachsener Burggraben zu sehen. Die in Privatbesitz befindliche Anlage wird als Pferdegestüt genutzt.

Keine öffentliche Besichtigung möglich; kostenfreie Parkplätze und Gastronomie im Ort Kempenich
www.kempenich.de
www.kempenich.net

die Unruhe des Herzens vertrieb ihn bald aus seiner Burg und ließ ihn rastlos durch sein Land herumstreifen.

Als im Sommer seine Tochter Ännchen geboren wurde, musste er schmerzlich wahrnehmen, dass das Kind verwachsene Glieder hatte. Wenige Tage nach dieser Geburt starb seine Gemahlin. Bald vermählte sich der Ritter wieder, um dem kranken Mädchen eine zweite Mutter zu geben. Aber auch das junge Weib hielt ihn nicht daheim. Im anderen Frühling zog er wieder mit seinen Knappen hinaus zu mancherlei Fehde und Krieg.

Die neue Burgherrin war Ännchen nicht zugetan, und das Kind hatte viel Betrübnis zu erleiden. Als der Vater einmal heimkehrte, klagte sie ihm weinend sein Unglück. Voller Schuldgefühle wollte er den Kummer seiner Tochter wieder gutmachen. Drum ordnete er an, für sie ein eigenes und ansehnliches Wohnhaus auf dem Kreuzberg, der dem Burgberg gegenüber liegt, zu erbauen. Er selber ritt wieder hinaus in die Fremde, um Ruhe vor seiner keifenden Frau und vor seinem Gewissen zu finden.

Als er nach einigen Jahren in seine Heimatburg zurückkehrte, war er bereits vom Tod gezeichnet. Als er zum Sterben kam, ließ er Tochter Ännchen an sein Sterbebett rufen. Er erzählte ihr auch von dem vor Gott geleisteten Eid, den er gebrochen, und der Gewissensqual, die ihn das Leben hindurch verfolgt und geplagt hatte.

Mit schwacher und kraftloser Stimme ließ er seine Tochter auch wissen: »Ännchen, im verborgenen Verlies meiner Burg ist eine Kiste, angehäuft mit Geld, Gold und wertvollen Steinen. Nimm diesen Schatz, wenn ich tot bin, rüste einen Ritter aus und schicke ihn statt meiner ins Heilige Land, als Buße für meine Schuld.«

Die Tochter gelobte das ihrem Vater, der kurz darauf einen ruhigen Tod starb.

Noch in derselben Nacht holte Ännchen mit einem Knappen den kostbaren Schatz aus dem Verlies, brachte ihn in ihr Haus auf dem Kreuzberg und verschloss ihn dort in Truhen. Den Schlüssel trug die Jungfrau fortan an einem goldenen Kettchen um den Hals.

Eines Morgens, die Sonne zeigte sich kaum am Firmament, ritt ein fremder Ritter in voller Rüstung zum Kreuzberg hinauf. Dort sprang er von seinem Pferd, rüttelte heftig am Mauertor und verlangte nach dem Burgfräulein Ännchen. Ein Diener öffnete die Pforte nur wenig, um nachzusehen, wer so früh und ungeduldig Einlass forderte. Da stieß der Fremde mit Macht das Tor weit auf und stürmte eilig hinein ins Haus.

Auf dem Burgberg, nahe der Burgwüstung befindet sich die schlichte »Bernharduskapelle«. Sie steht an historischem Ort, denn »von hier aus hat im Jahre 1147 der hl. Bernhard von Clairvaux die Grafen und Bürger von Kempenich zum Zweiten Kreuzzug aufgerufen«, verkündet eine Steinplatte. Von diesem Ereignis kündet auch die Sage von »Kreuz-Ännchen«.

In ihrem Schlafzimmer fand er Ännchen. Sie machte sich gerade zum Kirchgang bereit. Erschrocken fragte sie den fremden Ritter, warum er so unhöflich eindringe und was er wolle.

Wütend gab der zur Antwort: »Ich verlange den Schatz, den du verborgen hältst. Mein Vater war der Bruder deiner Mutter; demnach bin dein Vetter. Drum steht mir das Vermögen als männlichem Rechtsnachfolger zu!«

In ihrer ratlosen Bestürzung griff Ännchen unbewusst nach dem Schlüssel an ihrem Halsband. Das bemerkte der Fremde und wollte ihn ihr entreißen. Voller Angst schrie sie laut auf. Da eilte ihr Diener herbei, um seiner Herrin zu helfen. Es kam zu einer heftigen Schlägerei. Währenddessen konnte Ännchen unbemerkt in den Hof flüchten, wo sie den Schlüssel in den tiefen Brunnen warf.

Wutentbrannt stürzte da der freche Eindringling auf sie, fasste und würgte sie so heftig, dass sie schon keine Luft mehr bekam. Durch die Schreie und das Streitgetümmel aufgeschreckt, eilten Diener und Mägde herbei und befreiten das bereits bewusstlose Ännchen.

Der Galgenstrick von Strauchritter sprang auf sein Pferd und entfloh vom Kreuzberg.

Die Kapelle im Kreuzwäldchen

Einen ganzen Tag verfolgten ihn Ännchens Diener und die Schergen von Kempenich. Vergeblich. Doch auf ihrer Rückkehr am späten Abend, fanden sie ihn in einer Schenke nahe bei Ahrweiler, als er sich trunken und laut grölend von seiner Schandtat prahlte.

Sie überwältigten ihn und führten ihn in Ketten nach Kempenich zurück. Schnell wurde Gericht gehalten. Und dann waltete der Henker seines Amtes, als er diesen gewalttätigen Raubgesellen hinauf zum Hannebacher Galgenköpfchen führte.

Aber für immer verloren blieb der Schlüssel in dem sehr, sehr tiefen Brunnenschacht, aus dem ihn niemand zu bergen vermochte.

Ännchen konnte so den letzten Wunsch ihres Vaters nicht mehr einlösen.

Das machte ihr Leben ruhelos. Selbst nach ihrem Tod konnte sie keine Ruhe finden, und noch heute berichten ältere Menschen, dass bei fahlem Mondlicht ein Geist im Kreuzwäldchen umgehe.

Es ist Kreuzännchen, das im Nebelkleide klagend um den Brunnen schreitet.   (nach H. Müller)

Der Pfennigsbur

Das mittelalterliche Kempenich war mit einer dicken Befestigungsmauer mit Wehrgang, mit Türmen und wehrhaften Zinnen versehen.

Im Süden erstreckte sich ein undurchdringliches Sumpfgelände. Dieses Sumpfgelände missfiel schon lange dem Burgherren Simon von Kempenich, und er verhandelte mit den Bauern und Bürgern des Dorfes wegen der Trockenlegung. Jedes Jahr sollten an Sankt Martin die Familienoberhäupter dem Burgherren für diese Maßnahme einen Silberpfennig bezahlen. Die Bewohner von Kempenich waren jedoch durch die Ablieferung des Zehnten und durch die fast tägliche Fronarbeit so arg strapaziert, dass sie nicht daran dachten, diese zusätzliche Zahlung hinzunehmen. Sie gaben dies dem Burgherren auch lautstark zu verstehen, und Simon war über die Halsstarrigkeit seiner Untertanen sehr erbost. Er schwor insgeheim den Kempenichern, dass er sich die notwendigen Silberpfennige bei Nacht und Nebel holen wolle.

So herrschte bald auf Burg Kempenich ein gar emsiges Treiben. Reisige und Knechte bereiteten einen räuberischen Beutezug vor. Täglich kamen angeworbene bewaffnete Reiter den Burgberg hinauf geritten. Viele finstere Gesellen hatten sich im Burghof eingefunden, um darüber zu beraten, wie man das Dorf im Tale am besten überfallen könne.

In der Burgküche arbeitete in jenen Tagen als Küchenmagd die junge und hübsche Walburga. Seit Tagen beobachtete sie das Geschehen und Treiben

Kapelle der »Schmerzhaften Muttergottes«, eine ruhige und beschauliche Anlage im Kreuzwäldchen

im Burghof und sie ahnte das Böse, das ihrem Dorf im Tal widerfahren sollte. Eines Abends saßen die streitlustigen Söldner und Knechte wiederum beim Würfelspiel. Der Wein, den sie hastig und gierig aus großen Humpen tranken, hatte ihre Zungen gelockert. Und als sie Walburga hinunter in den Keller schickten, um neuen Wein heraufzubringen, konnte sie deutlich hinter der Kellertür von den laut lallenden Kerlen das hinterlistige Vorhaben des Burgherren erfahren.

In der kommenden Nacht wollten sie die Stadt Kempenich überfallen, um Mitternacht, wenn alle Bürger und Bauern müde von der Tagesarbeit in ihren Betten dem Morgen entgegenschliefen.

Nur die Fenster des Dorfgasthauses »Unter den Linden«, an der Ecke der großen Straße und der Suppengasse, seien dann noch erleuchtet. Und der einzige Weg, um unbemerkt in die Stadt zu gelangen, führe durch den Sumpf, in gerader Richtung auf die Lichter des Gasthauses zu, wo die Stadtmauer ganz leicht zu übersteigen sei.

Als Walburga dies alles vernommen, eilte sie bei Einbruch der Dunkelheit rasch hinab ins Tal nach Kempenich, hin zum oberen Stadttor. Dort erzählte sie dem Wächter, welche Gefahr der Stadt drohe. Dieser öffnete das Tor, und gemeinsam eilten die beiden hin zum Schultheiß. Ruhig und bedächtig lauschte er den Worten Walburgas, die von dem heimtückischen Plan des Burgherren erzählte. Dann sagte er mit sicherer Stimme: »Danke, Walburga. Damit hast du uns einen großen Dienst erwiesen. Wir werden dem tollkühnen Burgherren Simon und seiner vermaledeiten Sippschaft einen würdigen Empfang bereiten, den sie so schnell nicht vergessen werden.«

Still und in aller Heimlichkeit ließ der Schultheiß alle kräftigen und wehrfähigen Bürger zusammenrufen. Denen erzählte er von dem geplanten Überfall des Kempenicher Burgherren und bat sie alle, mannhaft bewaffnet gegen Mitternacht sich an der Stadtmauer einzufinden. Dann erteilte er dem dicken Wirt die Weisung, alle Lichter in seinem Dorfgasthaus zu löschen. Und dem Bäcker Theis befahl er, im Backhaus im Hinterdorf Kerzen und Laternen anzuzünden, damit alles hell erleuchtet sei.

Gegen Mitternacht rückte Herr Simon mit seinen Spießgesellen von der Burg herab. Es mögen so um die dreißig Berittene und etwa zwanzig Knechte gewesen sein. Mit leisem Waffengeklirr bewegten sie sich geradewegs auf die erleuchteten Fenster des vermeintlichen Wirtshauses zu, die ihnen den Weg durch den Sumpf weisen sollten. Doch setzte rasch Staunen und Verwundern ein, denn der Boden wurde immer schlüpfriger. Bald hatte man sich hoffnungslos im Sumpf verfangen, und es gab ein gar fürchterliches Schreien und Fluchen. Auch Herrn Simons Pferd war fast ganz im Morast versunken, und nun ahnte er, dass sein gemeines Vorhaben nicht gelingen würde. Einigen von seinen gedungenen Knechten gelang es zwar noch, bis zur Mauer vorzudringen und mit Hilfe von Leitern und Stricke über sie in die Stadt zu klettern, aber dort erging es ihnen schrecklich. Denn hinter der Mauer standen die Bürger und Bauern, mit Äxten, Mistgabeln, Dreschflegeln und knorrigen Eichenknüppeln bewaffnet. Und damit droschen sie so kraftvoll auf die Eindringlinge ein, dass diesen Hören und Sehen verging. Und wer nicht mit blutigen Schrammen und dicken Beulen entfliehen konnte, wurde gefesselt in dem finsteren und feuchten Keller des Rathauses gefangen.

Mit wutverzerrtem Gesicht ritt Herr Simon zu seiner Burg zurück und hörte noch lange den Spott und das schadenfrohe Gelächter der Stadtbewohner hinter sich her klingen. Der Traum vom Silbergroschen war ausgeträumt. Den Sumpf nannte man von nun an den Pfennigsbur, auch heute noch, wo er trocken gelegt ist. Walburga, die kluge und mutige Retterin der Stadt, wurde von allen ihr Leben lang geachtet und geehrt.   *(nach Manfred Becker, in HJBAW 1984)*

Der Glockengießer von Kempenich

Die Bürger des Ortes Kempenich waren sehr traurig. Denn in ihrem uralten Kirchturm rief schon lange nicht mehr eine Glocke die Gläubigen zum Gebet, mahnte kein lieblicher Klang die Lebenden oder betrauerte läutend die Verstorbenen. Die einstige Glocke, die seit Generationen zu frohen und bitteren Anlässen ihren klaren Klang über die Fluren tönen ließ, war von feindlichen Soldaten geraubt, zerstört und zu tötendem Kriegsmaterial eingeschmolzen worden. Liebend gerne hätten sich die Kempenicher ein neues Geläut angeschafft, aber sie waren zu arm, dafür die Geldmittel aufzubringen.

Immer wieder bedrängten alle Bürger den Herrn von Burg Kempenich, ihnen eine Glocke gießen zu lassen. Endlich, eines Tages ließ er sich erweichen und Boten aussenden, Ausschau zu halten nach einem geeigneten Meister, der die Kunst des Glockengießens verstand. Dieser erschien auch bald mit seinem Gesellen und bezog Quartier im Dorfgasthaus. Bereits am darauffolgenden Tag errichtete er an der Stadtmauer eine Bauhütte und begann mit dem Fertigen der Glockenform.

Währenddessen trugen die Kempenicher Bürger alles an Metall zusammen, was sie entbehren konnten, Bronze und Schmuck, Ringe und Münzen. Auch der Glockengießer suchte reiche Kaufleute und Burgherren der Umgebung auf, um von ihnen Geld, Gold, Silber und Kupfer zum Guss der neuen Glocke zu erbitten. Doch, was niemand ahnte, er war kein guter Mensch und wollte das edle Metall für sich behalten. Lediglich eine Eisenglocke sollten die einfältigen Bürger bekommen. Die Menschen forderten immer wieder den Glockenguss, denn mittlerweile lag bereits recht viel Material in der Bauhütte. Der gierige Meister schob jedoch den Guss stets hinaus. Und wenn man ihn fragte, gab er zur Antwort, er warte noch auf die edle Spende der Herrin von Burg Olbrück. Sie habe ihm eine große Menge Silber versprochen. Gerade damit bekäme die neue Glocke einen wunderschönen hellen und klingenden Klang. Er eile nun dorthin, das edle Metall in Empfang zu nehmen.

In Wirklichkeit aber war sein Plan, am kommenden Wochenende mit diesem Silberschatz und all dem wertvollen gesammelten Metall sich heimlich aus dem Staube zu machen. So machte er sich also auf den Weg nach Olbrück und ermahnte seinen Gesellen, die Kempenicher Leute nur noch die wenigen Tage hinzuhalten, bis er von Burg Olbrück zurückkomme.

Kaum hatte der betrügerische Meister jedoch durch das hintere Tor das Dorf verlassen, bedrängten die Bürger den braven Gesellen, er möge getrost den Guss alleine ausführen, das Warten lohne nicht und auf die wenigen Pfund Silber komme es nun wirklich nicht mehr an. Schließlich ließ sich der Geselle überreden und wagte den Guss der Glocke. Zischend rann die glühendheiße Glockenspeise in die Form, festgemauert in der Erde. Und wie groß war die Freude aller, als der Geselle zwei Tage später die Lehmform zerschlug und sich eine silberglänzende Glocke zeigte, wohl gelungen in ihrer Form und mit einem sanften reinen Klang, der jeden froh bewegte. Auch der Burgherr lobte das Werk und Können des Gesel-

len und ordnete an, die Glocke sofort zur Kirche zu bringen, wo sie am kommenden Sonntag festlich eingeweiht werden sollte.

Stolz und frohgemut eilte der fleißige Geselle nun seinem Meister entgegen, um ihm die frohe Kunde vom gelungenen Guss zu überbringen. Oberhalb der Bins traf er ihn. Voll freudiger Erregung berichtete er ihm alles und erwartete großes Lob wegen seines gelungenen Werkes.

Aber den diebischen Meister packte gar teuflische Wut und schlimmer Jähzorn, als ihm bewusst wurde, dass all sein gehortetes Metall zur Glocke wurde. Er bückte sich und ergriff einen schweren Eichenknüppel, der dort am Wegesrand lag, und schlug so heftig und lange auf seinen Gesellen ein, bis dieser blutüberströmt sein junges Leben aushauchte. Dann verscharrte er dessen Leiche unter einer Hecke, an der Kreuzung, wo der Weg vom Welschenweg nach Kempenich abzweigt, und rannte dann in Richtung Ahrweiler fort.

Zwischenzeitlich hatte der Pfarrer von Kempenich sich bereits mit den Messdienern und allen Gläubigen des Orts versammelt, um der neuen Glocke in feierlichem Gottesdienste den festlichen Weihesegen zu spenden. Doch wie verwundert waren alle, dass die beiden Glockengießer ausblieben. Suchend eilten viele nun hin zur Bauhütte und der leeren Grube. Aber auch dort war niemand zu finden. Ganz Kempenich wurde abgesucht, und dann entdeckte man letztlich auf dem Wege nach Olbrück Blutspuren im Gras. Rasch wurde der gemordete Geselle unter dem Laub der Hecke gefunden. Der Burgherr von Kempenich schickte seine berittenen Knechte in alle Richtungen aus, um den hinterhältigen Mörder zu finden. Schließlich stöberte man diesen auch in einer Weinschänke in Ahrweiler auf, wo er sich dem Trunke ergeben hatte. Geknebelt und gefesselt wurde er dann vor das Kempenicher Gericht gebracht. Der Prozess dauerte nicht lange. Die Beweise waren zu klar. Und dann sprach der Richter das Urteil. Und sofort machten sich die Büttel und Schergen auf, um dort oben auf dem »Rabenköpfchen«, jener Kempenicher Gerichtsstätte, den vermaledeiten Gießermeister am Galgen aufzuknüpfen.

An der Stelle aber, wo die furchtbare Mordtat geschehen war, errichteten die Kempenicher Bürger ein schlichtes Basaltkreuz, das seit dieser Zeit den Wanderer an jene grausige Tat erinnert.

(nach Manfred Becker, in HJBAW 1988)

Coraidelstein
Klotten

»Sieben Pferde« bei Klotten

Gegenüber der Klottener Burgruine Coraidel-stein erhebt sich ein schroffer Felsen, aus dem sieben Felsblöcke hervorragen, die versteinerten Pferdeköpfen gleichen. Im Volksmund heißt er daher die »Sieben Pferde«. Die Sage von dem schönen Ritterfräulein Isabell erklärt, warum.

Zur Zeit, als die Burg Coraidelstein noch in stolzer Größe und Schönheit auf der Berghöhe über dem Weindorf Klotten ragte, lebte dort der reiche und edle Ritter Kunibert. Die Dörfler liebten ihren gütigen Herrn ebenso wie seine anmutige Gemahlin. Die Ehe des Ritterpaares blieb lange kinderlos. Endlich schenkte der Himmel ihm ein wunderschönes Töchterlein, das bei seiner Taufe in der Burgkapelle den Namen Isabell erhielt. Das holde Kind aber wurde von seinen Eltern und dem Burggesinde namenlos verwöhnt und verzogen. Wen wundert's also, wenn es trotzig, widerspenstig und maßlos eigensinnig wurde.

Als das Mädchen zu einer hübschen Jungfrau erblüht war, suchte es der Vater mit einem ehrenwerten Ritter zu vermählen. Aber Isabell wies alle Freier in verletzender Weise hochmütig ab. Keiner der Werber war ihr gut genug. Schließlich veranstaltete der unglückliche Vater ein Turnier, zu dem er die edelsten Rittersöhne aus dem Mosel- und Eifelland einlud. Der Sieger sollte die schöne Isabell als Gemahlin heimführen. Diese aber verfolgte mit geringschätziger Gleichgültigkeit die Vorbereitungen zu dem Fest und verlachte ihre verschmähten Liebhaber.

Am Turniertag selbst war Isabell von der väterlichen Burg verschwunden. Sie ritt in aller Morgenfrühe mit einem übelbeleumundeten Burschen aus dem Dorfe hinaus in die Eifelwälder, gefolgt von einigen Reitern. Darinnen tobten und tollten sie wie die wilde Jagd umher, dass ihr wüstes Lachen dröhnend bis drunten ins Moseltal klang.

In dem Walde aber lebte ein frommer Eremit, dem das Coraidelsteiner Ritterpaar zuweilen seine Not mit der ungebärdigen Tochter geklagt hatte. Als nun Isabell in wilder Jagd mit ihrem ausgelassenen Gefolge an des Einsiedlers Klause vorüberraste, trat dieser hervor und mahnte das Mädchen zur Einsicht und zur Rückkehr ins Elternhaus. Aber Isabell und ihre

Klotten (56818) · Kreis Cochem-Zell · Rhld-Pf

Um 960: Bereits recht früh (so die örtliche Überlieferung) entsteht auf einer kegelförmigen Bergkuppe über dem Moselort Klotten eine Höhenburg. Als ihr Erbauer gilt Hermann I. (Pfalzgraf bei Rhein – 989–996). Bewohnt ist sie von pfalzgräflichen Vögten. Der erste namentlich bekannte Vogt ist Lutger, eingesetzt von der bekannten Polenkönigin Richeza (um 995; † 1063). Der Name »Coraidelstein« kommt nirgendwo in den Urkunden vor, es heißt stets »in castello nostro«, auf der »Veste«, »auf der Burg«. Der Standort ist strategisch günstig, die steile Höhenlage (90 Meter über der Mosel) bietet Schutz und gewährt gute Sicht auf die Handelswege und Wasserstraße. Sie wird von pfalzgräflichen Vögten bewohnt und bleibt bis 1142 im Besitz des Königshauses.

1294: Aus finanziellen Gründen ist König Adolf von Nassau (1291–1298) gezwungen, seine Reichsburgen in Cochem und Klotten dem Trierer Erzbischof Bohemond von Warnesberg (1286–1299) zu verpfänden. Da das Reich sie nicht mehr einlöst, geht sie in kurtrierischen Besitz über und dient dem Rittergeschlecht von Klotten als Wohnburg und Verwaltungssitz.

1321: Heinrich von Klotten wird mit der Burg belehnt und erhält

1338 die Erlaubnis, neben dem Bergfried ein weitere Wohnhaus zu erbauen.

1543: Neubau eines Palas durch den Trierer Erzbischof Johann Ludwig von Hagen (1540–1547). Nach rasch und häufig wechselnden Lehnsträgern verschiedener Adelsgeschlechter (Winneburg, Ulmen, Zandt von Merl u. a.) erwerben 1718 die Freiherren von Kesselstatt die Burg. In deren Familiengeschichte wird die Reichsburg fortan als »Bergschloss

Curalstein bei Klotten« bezeichnet. Die Burg verbleibt im Besitz der Familie von Kesselstatt bis zum Jahre

1830. Dann wird sie als teilweise ruinöse Burg auf Abbruch verkauft und endet somit als Ruine.

1917: Ein Blitzeinschlag beschädigt den Bergfried so erheblich, dass er verkürzt werden muss. Ingenieur Heppner erwirbt die Ruine von der Familie von Kesselstatt und erbaut ein neues Wohnhaus.

1924: Finanzielle Schwierigkeiten zwingen Heppner zum Verkauf von Coraidelstein.

1925: Konsul Harney aus Düsseldorf wird neuer Burgbesitzer. Umfangreiche Instandsetzungsarbeiten am Bergfried und der alten Wehrmauer werden durchgeführt. In den Katasterkarten wird die Burg als »Coralstein« eingetragen.

1952: Auf der Burg wird eine keramische Werkstatt eingerichtet (Tochter Else Harney und Wendelin Stahl).

1978/82: Erhebliche Restaurierungsarbeiten, insbesondere am Bergfried, werden vorgenommen.

1985: Else Harney stirbt. Wendelin Stahl führt die Werkstatt bis zu seinem Tod im Sommer 2000 alleine weiter.

2002: Die Burg wird von Joachim Glatthaar erworben.

Heute: Die teilweise erhaltene Burg mit dem romanischen Bergfried und dem Palas als Wohngebäude befindet sich in Privatbesitz und wird von Joachim Glatthaar als Künstlerwerkstatt genutzt. Eine Besichtigung der Töpferei ist nach Vereinbarung möglich.

Kostenlose Parkplätze direkt an der Burg; keine Gastronomie oder Übernachtung auf der Burg möglich.
www.coraidelstein.com
www.mosel.de
www.klotten.de

Begleiter antworteten dem Gottesmann mit rohen und unflätigen Schmähworten. Da hob der Klausner seine Hand zum Himmel empor – ein greller Blitz fuhr hernieder, dem ein Donnerschlag folgte, dass der Wald erbebte. Die Reiter stürzten von ihren Pferden in einen gähnenden Abgrund. Noch eine Weile liefen die Reittiere in wilder Angst wirr durcheinander, dann versteinerten die sieben Pferde zu schroffen Felsen.

Erschüttert und weinend stand Isabell zwischen den pferdeköpfigen Felsgebilden. Reuig kehrte sie heim in die väterliche Burg. Dort wurde gerade der junge Nachbarritter Wido von Pyrmont als Sieger im Turnier gefeiert. Ihm führte Ritter Kunibert seine völlig veränderte und in sich gekehrte Tochter als Gemahlin zu. Beide wurden ein glückliches Paar.

Solange aber die sieben versteinerten Pferdeköpfe über dem Winzerdorf Klotten gegen den Himmel ragen, muss die schöne Isabell alle hundert Jahre einmal aus der Modergruft steigen und eine Nacht lang ihre trotzige Jugend und die sieben toten Reiter beweinen. Dann klagt die Turmeule weh verhalten vom zerfallenen Gemäuer der Burg Coraidelstein ins Moseltal hinunter.

(nach Robert Kraemer, in: Klotten und seine Geschichte, Briedel 1997)

Schloss Gondorf
Kobern-Gondorf

Schleier statt Liebe

Egbert von Trier, auch Graf von Holland, (*um 950; †8.12.993) war von 977 bis 993 Erzbischof von Trier. Seine Familie besaß auch in Gondorf und in der Umgegend zahlreiche Güter. Egbert als gebildeter und großzügiger Kurfürst widmete die Gondorfer Kirche mit Höfen, Feldern, Weinbergen und andern Zugehörungen der Abtei zu St. Marien bei Trier. Bis heute weiß man noch, von der unerfüllten Liebe der Grafentochter Elisabeth von der Leyen zu Egbert zu berichten.

Eine Burg bewohnte Ritter Werner von der Leyen. Er hatte eine Tochter Elisabeth, die bereits zu einer hübschen und liebreizenden jungen Frau herangewachsen war. Für sie hatte der Vater den edlen und tapferen Bertold als zukünftigen Mann bestimmt. Dieser fand ebenfalls großen Gefallen an der anmutigen Elisabeth. So hatte er deswegen vor gar nicht allzu langer Zeit in ritterlicher Art um deren Hand gebeten.

Elisabeth kannte in ihrer jungfräulichen Unschuld keinen anderen Freier. Auch wenn Bertold erheblich

Den anmutigen Ort Gondorf am Ufer der Mosel hatten mehrere vornehme Familien auserwählt, um dort ihre prachtvollen Burgen und Herrenhäuser zu errichten.

älter war als sie, so sah er dennoch kühn und ansehnlich aus, wusste sich galant zu benehmen und konnte so spannend erzählen von all seinen Abenteuern und mutigen Taten im Kampf mit Kaiser Otto. Sie mochte ihn wohl, aber ob dies die vielbesungene Liebe war, da war sie sich nicht sicher.

Schon war der Hochzeitstag vom Vater bestimmt und nicht mehr fern, als Elisabeth mit ihrem Verlobten die enge Straße nach Münstermaifeld spazierte. Da kam ihnen plötzlich eine Reiterschar entgegen. Hell glänzten die Rüstungen in der Sonne, bunt strahlten die ritterlichen Wappen, stolz schnaubten die feurigen Rosse. Da gebot der Anführer der Truppe Halt, schwang sich von seinem Rappen und grüßte mit edlem Anstand das Brautpaar. Elisabeth schaute dem freundlichen jungen Mann ins Gesicht, und da durchzuckte ihr Herz ein nie gekanntes Gefühl. Welch ein hübscher Mann! Kraftvoll sein Körper, hübsch und ebenmäßig sein Gesicht. Dunkle lebhafte Augen, die so entschlossen und doch so voller Wärme leuchteten.

Bertold nannte nun seinen Namen und stellte Elisabeth als die Tochter des Gondorfer Ritters Werner und als seine Verlobte vor, die er bald vor den Traualtar führen werde. Elisabeth errötete und der Gedanke an die baldige Hochzeit ließ sie erschauern. Auf einmal fühlte sie sich gar nicht mit mehr so sehr wohl an der Seite von Bertold. All ihre Gedanken und Sehnsüchte waren diesem stolzen Ritter zugewandt. Und dieser gab sich nun mit sanften Worten zu erkennen: »Mein Name ist Egbert. Ich bin Erzbischof von Trier und auf dem Wege, das Erbe meiner Eltern aufzusuchen, des Grafen Dietrich von Holland und Hildegard von Flandern, denen in Gondorf, sozusagen in euer Nachbarschaft, das große Haus nahe der Kirche gehörte. Ich komme gerade von einer Fehde zurück, weswegen ihr mich auch in dieser kriegerischen Tracht seht. Nun möchte ich mich für einige Wochen in mein väterliches Erbe in Gondorf zurückziehen und der Ruhe pflegen.«

Elisabeth erschauerte. Nie gekannte Gefühle durchjagten sie. Ihre empfängliche Seele begeisterte sich an jenem hübschen Fürstensohn, der so früh von seinem Vater, dem Grafen Theoderich für den geistlichen Stand bestimmt worden war. Jetzt spürte sie, was Liebe war.

Erzbischof Egbert begleitete das Brautpaar bis nach Gondorf, wo er sich dann hin zu seiner Burg begab.

Kaum erfuhr der Ritter Werner die Anwesenheit seines Herrn, des Erzbischofs, als er sich beeilte, ihm seine Achtung und Ergebenheit zu versichern. Egbert nahm ihn freundlich auf und stattete ihm bald darauf einen Gegenbesuch ab. Elisabeth war jedes Mal zugegen. Mit tiefen seelischen Schmerzen, denn nie würde sie ihre Liebe jenem Gottesmann bekennen, nie ihre brennende Sehnsucht zeigen dürfen. Und dennoch würde sie es am liebsten laut in alle Welt herausschreien: »Ich liebe Egbert!«

Vierzehn Tage weilte Egbert bereits in Gondorf, von allen geachtet und bei allen wegen seines freundlichen und natürlichen Wesens beliebt. Da trat, ohne sich vorher bei ihm melden zu lassen, Elisabeth zu ihm ins Zimmer. Mit niedergeschlagenen Augen und errötet bis unter die Haarspitzen, bat sie: »Herr Egbert, bitte gewährt mir die Erfüllung einer Bitte. Mein Glück hängt davon ab!«

Befremdet aber doch freundlich, sah der Kirchenfürst das liebliche Mädchen an: »Jungfrau Elisabeth. Gerne werde ich deinem Wunsche nachkommen und alles für dich tun, was in meinen Kräften steht. Jedoch begreife ich noch nicht, wie ich etwas zu deinem Glück beitragen kann?«

Am liebsten hätte Elisabeth ihm nun ihre Liebe bekannt. Doch all ihre Empfindungen verschloss sie im wild pochenden Herzen. Nun kniete sie sich nieder und leise formten ihre Lippen: »Ich bitte Sie um die Gunst, Nonne werden zu dürfen. Bitte weiht mich, damit ich im Kloster den Frieden meiner Seele bewahren kann!«

Erstaunt sah Egbert sie an, hob sie von der Erde auf und fragte: »Ins Kloster? Du? Ich dachte, Dich bald als die glückliche Gattin des edlen und tapferen Bertolt zu begrüßen?«

»Nein, nein!« gab Elisabeth zur Antwort. »Ich achte und schätze Bertold, aber seine Frau werden, nein, das kann und will ich nicht!«

Egbert fühlte sich unangenehm ergriffen. Dann aber schickte er einen Boten zu Graf Werner, ließ ihn zu sich bitten und berichtete ihm von dem Verlangen seiner Tochter Elisabeth.

Graf Werner, der das veränderte Verhalten seiner Tochter ebenfalls aufmerksam beobachtet hatte, ahnte die wahren Gründe von Elisabeth. Nach kurzem Überlegen schlug er deswegen vor: »Ich halte es für zweckmäßig, die Hochzeit zwischen Elisabeth und Bertolt zu beschleunigen und das junge Paar zu unseren Verwandten nach Metternich zu schicken. Dort mag sich Elisabeth zerstreuen und die Freuden der Ehe erlernen.«

Der Erzbischof war mit diesem Vorschlag einverstanden, und beide Männer schieden mit einem herzlichen Händedruck voneinander.

Elisabeth wurde blass wie eine Leiche, als ihr der Vater den Befehl verkündete, ihren Schmuck und die Kleider zu ordnen, um morgen mit Bertold vor den Altar zu treten. Kein Wort sagte sie, aber jeder konnte erkennen, dass Tränen ihre Augen nässten.

Der Hochzeitstag kam. Festlich geschmückt und mit vor Freude leuchtenden Augen trat Ritter Bertold zu seinem Schwiegervater. Der allerdings erwiderte dessen herzlichen Gruß mit gefurchter Stirn und einem tiefen Seufzer.

Auch Kurfürst Egbert war in seinem erzbischöflichen Gewand zusammen mit dem Pfarrer von Gondorf in der Burg erschienen, um dort nach feierlichem Brautamte dem Ehepaar den Segen zu spenden. Alles wartete, jedoch Braut Elisabeth erschien nicht. Endlich wurde man unruhig, und Vater Werner schickte nach ihr. Alle suchten, riefen ihren Namen, dass das Echo der Berge ihn widerhallte, aber Elisabeth wurde nicht gesehen.

Vater Werner regte sich nun sehr auf. Er befahl Elisabeths Kammerzofe zu sich, redete scharf auf sie ein, drohte ihr und erfuhr nun von der Weinenden: »Eure Tochter Elisabeth hat bereits gestern Abend, als alles im festen Schlaf lag, ihr Zimmer verlassen, ist aus der Burg hinausgeeilt und mit einem Pferd davon geritten. Wohin weiß ich aber nicht. Jedoch hat sie in ihrem Zimmer einen Brief zurückgelassen, in dem sie sich wohl erklärt.«

Man erbrach nun die verschlossene Tür und fand den Brief. In klarer, entschlossener Schrift hatte Elisabeth geschrieben:

»Mein teurer, verehrter Vater! Vergeblich bat ich den Erzbischof, mich in ein Kloster zu führen und mir die Weihe zu geben; er hat Euch geraten, mich schnell zu verheiraten. Ich glaube wenigstens, dass er es so tat. Er mag es auch mit mir recht gut gemeint haben. Aber teilt bitte Bertold mit, ich achte ihn, ich liebe ihn wie einen Bruder. Jedoch seine Ehefrau werden, das hätte ich nie, nie sein können. Denn meine Liebe gehört einem anderen, für immer und ewig. Ihr ahnt es, mein Vater, doch lasst diese Ahnung zwischen uns beiden ein Geheimnis bleiben. Ich muss Euch verlassen, mein Vater! Meine Seele verlangt es! Glaubt mir, dass der Abschied von Euch, von Gondorf, dem Orte meiner frohen glücklichen Kindheit, für mich sehr hart ist, denn ich scheide von allen Freuden des Lebens. Gewährt mir freundlich jedoch noch meine letzte Bitte und forscht nicht nach, wohin ich bin und was aus mir geworden. Wenn einige Zeit vergangen,

werde ich unaufgefordert von mir hören lassen. Lebt wohl, mein Vater! Lebe wohl mein Freund Bertold! Grüßt unsern fürstlichen Nachbarn, und versucht, mich zu vergessen. Eure Elisabeth.«

Man kann denken, was dieser Brief für Sensation erregte. Werner war leichenblass und hatte mühsam bis ans Ende gelesen; Bertold zitterte heftig und wollte Elisabeth auf auf der Stelle nachreiten; Egbert versuchte unbeholfen, die beiden damit zu trösten, dass er allen Nonnenklöstern schriftlich befehle, ihm sofort die Aufnahme Elisabeths zu melden, damit sie

Kobern-Gondorf (56330) · Kreis Mayen-Koblenz · Rhld-Pf

12. Jh.: Die Herren und späteren Fürsten von der Leyen (1711) – aus diesem Geschlecht gehen mehrere Trierer und Mainzer Erzbischöfe hervor – erbauen als Stammsitz in Gondorf, dem heutigen Stadtteil von Kobern, eine Burg. Sie ist die einzige Wasserburg an der Mosel.

1272: Das Geschlecht derer »de Guntravia« (= von Gondorf) wird erwähnt, in dem »huse zu der Leyen uf der Museln gelegen«.

14.–18. Jh.: Die vermutlich ruinöse Burg wird zu einer weitläufigen Schlossanlage ausgebaut. Die Vorburg wird mit einem Torbau und einer Kernburg ergänzt (1527). Der Hauptbauherr ist um 1560 der Trierer Kurfürst Johann VI. von der Leyen (1556–1567). Dieses Schloss Gondorf wird im Gegensatz zur Niederburg (= Schloss Liebieg) auch Oberburg genannt.

18. Jh.: Die Burg wird durch Feuer zerstört.

1859–61: Der Bankier Johann Peter Clemens lässt die Burgruine zu einem Landsitz im gotischen Stil umbauen.

1876: Durch den Bau der Eisenbahn wird die dicht an der Mosel liegende Burg durchschnitten.

1971: Die Bundesstraße 416 wird ausgebaut. Dadurch wird die Schlossanlage erneut in zwei Teile getrennt, was für das Schloss und seinen Anblick nachteilig ist.

Heute: Die meisten Räume dienen dem rheinland-pfälzischen Landeshauptarchiv Koblenz. Der Kurfürstensaal im Schloss kann ganzjährig nach Vereinbarung besichtigt werden. Im Erdgeschoss ist seit 2007 das »Weinmuseum Gondorf« vom Kultur- und Heimatverein Gondorf e.V. eingerichtet. Ein Rundturm dient heute als Glockenturm der katholischen Pfarrkirche St. Johannes.

Kostenlose Parkmöglichkeiten direkt vor der Burg; Gastronomie oder Übernachtung auf der Burg sind nicht möglich.
www.kobern-gondorf.de

umgehend nach Gondorf zurückgebracht werden könne.

Erst nach einem Jahr erhielten Erzbischof Egbert und Ritter Werner Kunde von dem Verbleib von Elisabeth. Sie war in Frankreich, in Thionville, in den Orden der Büßerinnen eingetreten und hatte dort ein Jahr als Novizin gelebt. Dann war sie zur Nonne geweiht worden, aber kurz darauf schwer erkrankt. Vier Wochen lang lag sie mit hohem Fieber auf dem Krankenbett und war dann verstorben. Ihre letzten Worte seien gewesen: »Vater! Bertold! Ich bitte Euch, mir zu verzeihen!«
(nach von Damitz K.)

Der letzte Graf von der Leyen

(Philipp Franz Wilhelm Ignaz Fürst von der Leyen und zu Hohengeroldseck (*1. August 1766 in Koblenz) war der letzte gräfliche Besitzer von Gondorf, aber der erste Fürst von der Leyen. Von 1806 bis 1815 war er Souverän des Fürstentums von der Leyen im Rheinbund. Am 23. November 1829 starb er arm und verlassen in Köln. Sein Wunsch war es, in Gondorf begraben zu werden, weshalb die Leiche dorthin gebracht wurde. Sie stand einige Tage in der Kirche aufgebahrt, bis sie dicht an der Kirchentüre, ohne Gepränge, ohne Fackelzug und Kerzenglanz, ganz in der Stille begraben wurde, »nur von den bangen Seufzern eines Einzigen begleitet«. Der polnische Bildhauer Karol Badyna schuf von diesem »letzten Grafen« eine Bronzebüste, die seit 2002 vor der Vorburg des Leyen'schen Stammsitzes in Kobern-Gondorf aufgestellt ist.)

In tiefes Dunkel hüllet sich die Erde,
in dumpfes Schweigen Berge, Tal und Flur,
und wie die Wolken auf den Felsen lagern,
so deckt die Nacht die schlafende Natur.
Nur leise hört man hier die Welle schlagen,
die unablässig hin zum Meere eilt;
und in dem Turme nur des Uhus Stimme,
wo er, des Unglücks treuer Wärter, weilt.

Da öffnet still sich eine Winzerhütte,
und ernst und stille tritt ein Mann heraus,
sieht in die Nacht und nach dem Turm hinüber,
und geht dann leise nach dem Gotteshaus.
Und tritt hinein, das heute unverschlossen,
geöffnet jedem treuen Diener stand;

und schreitet weiter durch das Grabesdunkel
bis an des Altares hohe Gitterwand.

Und kniet jetzt vor einem Sarge nieder,
der eine teure, teure Hülle barg;
Und faltet die dürren Knochenhände,
und rückte näher, näher nach dem Sarg.
Er betete für seines Herren Ruhe,
für seinen Herrn, der grade ihn verkannt,
für seinen Herrn, der Tausende beglückte,
und jetzt von Tausenden verlassen stand.

Und kniete noch als schon der Morgen graute,
und ihm der Küster mit der Fackel naht,
und auf dem Altar jetzt die Kerzen zündet,
und dann der Pfarrer in die Kirche trat.
Und kniete noch, als schon die Leichenträger
sich kalt und fühllos um den Sarg gereiht,
und kniete noch, als vor der heil'gen Stätte,
der Pfarrer jetzt die Leiche eingeweiht.

Und kniete noch und konnte sich nicht trennen,
als jeder Träger seine Hänge nimmt,
und kniete noch und hielt des Sarges Deckel,
als nun das Volk das »de profundis« stimmt;
bis man gewaltsam ihn davon getrieben,
bis spöttelnd man ihn aus der Kirche drängt,
und dann den Mann, der Aller Willen lenkte,
wie einen Bettler in die Gruft gesenkt.

Da sah der Alte stumm nach allen Seiten,
doch keinen sah er an der heil'gen Statt:
»So ist denn niemand«, fragt er, »übrig blieben,
der für den Fürsten eine Träne hat?
Habt ihr so schnell denn alle schon vergessen,
was liebevoll und freundlich er euch gab?
Und keiner greift, ihn einmal noch zu sehen,
zu folgen ihm, nach Hut und Pilgerstab?«

Doch keiner kam, wie auch der Alte fragte,
ihm noch den letzten, letzten Gruß zu weih'n,
und wie man einst im Leben ihm gehuldigt,
im Tode stand er einsam und allein.
Er war ja arm, war elend ja gestorben,
wozu sich noch an seine Bahre dräng'n?
Kein Erbe stand, die Träne zu belohnen,
drum was für Grund, sie mühsam vorzuzwäng'n?

O ew'ges Fatum! Wunderbar dein Wechsel!
Was einst du groß und mächtig hier gemacht,
du lässt es plötzlich, wie es kam, verschwinden,
und seine Herrlichkeit versinkt in Nacht.
Da liegt der Mann, der Tausende beglückte,
von einem Einz'gen heute nur beweint,
bis sich die Nacht um Tal und Felsen lagert,
und klagend ihm der Uhu sich vereint.

(Karl Damitz: Die Mosel mit ihren
Ufern und Umgebungen, Köln 1838)

Oberburg (Altenburg)
Kobern-Gondorf

Lebe wohl, Geliebte

Hoch oben auf der Kobener Burg mit den herrlichen Blicken auf die gewundene Mosel tief dort unten im Tal wohnte Schön Elsa. Sie war die Tochter des Edlen Robin von Kobern. Wegen ihrer Schönheit und Anmut wurde sie von vielen stolzen und jungen Rittern verehrt und umworben. Doch keinem von

kam, ließ er heimlich an verschiedenen Stellen von Koblenz Feuer legen. Mehr als zweihundert Häuser brannten zu Asche. Tote und Verletzte hatte es gegeben, und noch jahrelang litten die Bewohner unter dieser großen Feuersbrunst. Wegen dieser Freveltat wurde der Ehrenberger vor Gericht gestellt. Nur weil er Ritter war, entging er dem Henkerschwert, aber er wurde geächtet und des Landes verwiesen. Nichts

ihnen schenkte sie Gehör, denn ihre Liebe galt nur dem Ritter von Ehrenberg, der ihr auch seine Treue versprochen hatte. Aber dann beging der Ritter im Jahre 1397 eine schlimme Untat. Er lag in Fehde mit der Stadt Koblenz. Und weil er nicht gegen die Macht der Ratsväter und die gut gesicherte Stadt an-

blieb dem Ehrenberger als seine Harfe. Mit ihr zog er nun als fahrender Sänger durch die deutschen Lande. Er ließ sich einen kräftigen Bart wachsen und tauschte seine ritterliche Kleidung gegen die eines Spielmannes. Unerkannt ließ er so in Städten und in Burgen seine Lieder erklingen, die von Liebe und

Kobern-Gondorf (56330) · Kreis Mayen-Koblenz · Rhld-Pf

1129: Ein »Herr von Kobern« (römisch Coverna) wird urkundlich erwähnt. Es ist davon auszugehen, dass zu dieser Zeit bereits ein Burghaus bestand, errichtet durch die Herren von Covern auf Resten einer keltischen Befestigungsanlage.

um 1100: Mit Reimbold von Kobern stirbt die männliche Linie der Coverner aus. Die Tochter heiratet Gerlach von Isenburg und begründet so die Linie Isenburg-Kobern.

1195: Neben der 200 Meter tiefer liegenden Niederburg wird auch von einer neu ausgebauten »Aldenburg«, die Oberburg, berichtet. Im Streit mit dem Erzbischof von Trier um die Eigentumsrechte muss Gerlach die Lehnshoheit des Erzbischofs anerkennen.

um 1230: Unmittelbar neben der Oberburg wird die berühmte und künstlerisch sehr wertvolle Matthiaskapelle erbaut, in der als bedeutende Reliquie das Haupt des Apostels Matthias bis 1347 verehrt wird. Einer Legende nach, soll sie Heinrich von Kobern auf einem seiner Kreuzzüge mitgebracht haben.

1350: Mit Robin von Isenburg-Kobern stirbt der männliche Zweig dieser Linie aus. Die Erben verkaufen ihre Burg an Kurtrier, das sie anfangs als Amtssitz nutzt, später aber verfallen lässt. Nur der Bergfried, Teile der Ringmauer und die Matthiaskapelle bleiben erhalten.

1688/89: Die Oberburg erlebt im Pfälzischen Erbfolgekrieg ihre endgültige Zerstörung.

1836–44: Die St. Matthias-Wallfahrtskapelle, seit 1819 im preußischen Besitz, ist baufällig und soll abgerissen werden. Dies verhindert der Architekt von Lassaulx (*1781; † 1848) und initiiert eine Restaurierung

1948: Die Ruine wird der Schlösserverwaltung Rheinland-Pfalz übergeben.

1989: Das Land Rheinland-Pfalz als Besitzer der Ruine lässt die Matthiaskapelle und den Bergfried sanieren und daneben ein Gebäude als Restaurant errichten.

Heute: Die Ruine mit Bergfried und Resten der Ringmauer auf einem langgestreckten Berggrat, hoch über der Mosel, ist frei zugänglich; das oberste Turmzimmer, die Turmstube, bietet sich an für standesamtliche Trauungen. Führungen durch die spätromanische Matthiaskapelle sind vereinbar.

Kostenlose Parkplätze im Abschnittsgraben der Oberburg; Gastronomie in Burggaststätte vorhanden; Übernachtung auf der Burg nicht möglich.
www.kobern-gondorf.de

Heimweh, von Abenteuern und ritterlichem Mut kündeten. Und auf der Burg in Kobern blieb Schön Elsa zurück, allein, und in schmachtender Sehnsucht. Viele Tränen vergoss sie um ihren Liebsten. Nichts konnte sie beruhigen, noch konnte der Vater sie trösten. Und kamen auch jetzt wieder viele junge Freier, Elsa zog sich stets in ihre Kemenate zurück und hielt stumme Zwiesprache mit ihrem Ehrenberger Ritter.

Manches Jahr war bereits vergangen, in denen dieser in der Fremde umherirrte. Doch, wo er auch war, nirgends fand er Ruhe und Frieden. Seine Liebe und sein Sehnen zu Schön Elsa wurden immer stärker. Unruhig schlug sein Herz, und das Heimweh pochte und quälte. Immer stärker zog es ihn zurück ins schöne Moselland.

Eines Abends saßen wieder Ritter und Edle in froher Tafelrunde bei Wein und Spiel auf Burg Kobern zusammen. Auch Elsa war mit im großen Saale. Still saß sie in einem Winkel des Fensters und stickte eine Lilie in weißes Damasttuch. Da meldete der Diener einen fahrenden Sänger, der die frohe Runde gerne mit seinen Melodien erfreuen wollte. Er wurde hereingebeten. Froh grüßend, griff er dann seine Harfe und stimmte sanfte Weisen und reizvolle Gesänge an, die alle begeisterten. Als er Jungfrau Elsa sah, klangen

seine Lieder noch froher und mächtiger. Sie kündeten von seiner Liebe, die wohl auf Erden kaum Erfüllung finden würde. Als Elsa die Stimme hörte und die dunklen Augen des Sängers sah, erkannte auch sie ihren Geliebten. Gerne hätte sie vor Freude gejauchzt oder ihn liebkosend umarmt. Doch dies war nicht möglich. Sie durfte ihn ja nicht verraten, denn er war ja geächtet und vogelfrei. Jeder hätte ihn fesseln oder töten dürfen. Elsa war verzweifelt und ihr Innerstes aufgewühlt. Sie erbebte und sank totenbleich zu Boden.

Tränen hatte der Ehrenberger Sänger in den Augen, als er reich beschenkt, aber unerkannt, die Burg verließ und sich wieder dem Tale zuwandte. Weiter drunten in der engen Kurve, am Hange eines Weinberges, war in einem kleinen Heiligenhäuschen ein Muttergottesbild aufgestellt. Dort kniete er nieder und flehte im Gebet um Frieden. Da war es ihm, als flüstere das Bild der himmlischen Mutter ihm zu: »Bleibe hier in deiner Heimat. In der Nähe zu deiner Geliebten wirst du inneren Frieden finden.« Da erbaute er sich dort eine kleine Klause und weihte sich als Einsiedler dem Herrn.

Eines späten Abends, als er wieder still und einsam im Gebete versunken war, sah er im Schein des

Mondes dort unten im Tale eine große Schar finsterer Gesellen ziehen und konnte trotz des Pferdegetrappels deutlich vernehmen, wie der Anführer, ein gar übler und viel gesuchter Strauchritter, sprach: »Nicht mehr lange, Schlag Mitternacht, wird die Pforte der Burg gesprengt. Reiche Beute wird dann unser sein. Und mit Schön Elsa werden wir alle viel Freude haben!«

Der Einsiedler war entsetzt. Doch dann entflammte in ihm wieder der verwegene Mut des einstigen Herren von Ehrenberg. Schnell eilte er zur Burg hinauf, um die Ritter und Bewohner zu warnen und zur Gegenwehr zu wecken. Noch hatte er die Burg nicht ganz erreicht, da waren die Raubritter auf ihren schnellen Pferden ihm schon auf den Fersen. Der Klausner griff nach einem mächtigen Knüppel und warf sich mit Geschrei und Löwenmut den Angreifern entgegen. Der Lärm und das Kampfgetümmel hatten die Besatzung und Soldaten der Burg Kobern kampfbereit herbeieilen lassen. Mit starker Wehr und blanken Waffen schlugen sie die Räuber blutig zurück, die hastig in die dunkle Nacht hinein flohen. Einige Feinde lagen tot in ihrem Blute vor den Burgtoren. Dabei auch ein Mann im Klausnergewand. Elsa, die herbei geeilt war, erkannte ihren Geliebten sofort. Mit einem lauten Schmerzensruf barg sie das bleiche Haupt des Ehrenberger in ihrem Schoße. Noch einmal schlug der seine Augen auf, und kaum hörbar bewegten sich seine Lippen: »Lebe wohl, geliebte Elsa. Auf Wiedersehen dort oben, wo unsere Liebe ewig währt!«

Die Burgen sind zerfallen, die Klause liegt in Trümmern. Nur das Muttergottesbild ist noch stummer Zeuge von der Liebe zweier unglücklicher Menschen.

Tod dem Johann Lutter!

Obwohl die Ritterfamilie von Kobern vermögend war und mehrere Höfe besaß, ging es mit diesem Adelsgeschlecht nach und nach rückwärts. Der letzte dieses Stammes war Johann Lutter von Kobern. Er war Vogt von Waldesch und wohnte gewöhnlich in Moselweiß. Aber er und seine Familie waren bereits so stark verschuldet, dass immer mehr Eigentum hergegeben und Höfe, Äcker, Felder und Wälder verkauft werden mussten. So auch wieder im

Jahre 1529. Lutter musste dem Erzbischof Richard von Greifenklau den Hof Lohebusch auf dem Dieblicher Berg zurückgeben.

Um aus dieser Geldnot herauszukommen, verlegte sich Lutter aber nicht auf Sparen und fleißiges Arbeiten, nein, er zog dafür eher das Leben eines Raubritters vor und ritt häufig auf Raub und Plünderung aus. Mit seinen Spießgesellen Friedrich Weißgerber aus Dötteldorf und Jörg von Zell, lauerte er den vorüberziehenden Kaufleuten und Wanderern auf. Dunkel gekleidet mit schwarzen Masken vor dem Gesicht, überfielen sie alle, die friedvoll ihrer Arbeit und ihren Geschäften nachgingen. Sie schlugen sie mit Stöcken und Säbeln nieder, knebelten und fesselten sie, raubten sie aus oder brachten die Gefangenen in dunkle Verliese, bis sie gegen hohes Lösegeld wieder freigelassen wurden.

Anno 1536 war es. Da lag dieser »ehrenwerte Vogt« wieder mit seinen Galgenvögeln auf der Lauer, an der Landstraße zwischen Cochem und Gillenbeuren am Kolborn. Aber er wurde von ehrsamen Bauern aus Gillenbeuren, die ihrer Feldarbeit nachkommen wollten, rechtzeitig entdeckt. Leise und vorsichtig schlichen sich nun acht Bauern an Lutter und seine üblen Komplizen heran, stürzten sich dann mit Geschrei auf sie und nahmen sie trotz heftiger Gegenwehr gefangen. Mit dicken Stricken gefesselt, wurden Lutter und seine Bande nach Cochem abgeführt und dort von dem Amtmann Joerg von der Leyen in Gewahrsam gesteckt. Danach wurden sie nach Koblenz gebracht und dort dem kurfürstlichen Gericht übergeben. Die Klagen und Anklagen, die Missetaten und Vergehen waren so zahlreich und schwerwiegend, dass das Gericht sie nach einem fünfmonatigen Prozess als Straßenräuber zum Tode durch Enthaupten verurteilte.

Der »Augenroller«

Es ist ein finster dreinblickendes Gesicht mit großen, Furcht erregenden Augen. Im Takt des Uhrenpendels bewegen diese sich ständig hin und her. Deswegen wird diese hässliche Fratze »Augenroller« genannt. Zu jeder vollen und halben Stunde streckt er zudem seine Zunge heraus. Die Zuschauer schmunzeln, und die Koblenzer wollen wissen: »Das ist der Ritter Johann Lutter von Kobern. Und so lan-

ein Denkmal, es wird euch Glück bringen!« Kurz bevor der Henker sein Beil niedersausen ließ, streckte Ritter Johann Lutter den Zuschauern die Zunge heraus und rollte wütend mit den Augen. Ja, selbst als sein abgetrennter Kopf auf dem weißen Tuche lag, rollten seine Augen immer noch und die Zunge blieb herausgestreckt. Die Koblenzer sahen darin eine Mahnung und Warnung. Zur steten Erinnerung fertigten sie dann sein Abbild als Fratze, das sie über dem Eingang des ehemaligen Kauf- und Tanzhauses auf dem Florinsplatz anbrachten.

Diese geschichtliche Begebenheit war Anlass zu einer weiteren sagenhaften Erzählung. So findet sich in Koblenz am Florinsmarkt oben an der Fassade des Glockenturms unter der Turmuhr des heutigen Mittelrheinmuseums ein viel betrachtetes Relief – der Augenroller.

ge er die Augen rollt und die Zunge herausstreckt, werden die Koblenzer Glück haben.«

Und dann berichten sie weiter: Am Samstag, dem 14. Oktober 1536, wurde Lutter mitsamt seinem Raubgesindel in Koblenz auf dem Plan geköpft. Er starb ohne leibliche Erben und war so der letzte und unglücklichste Ritter derer von Kobern.

Auf dem Plan waren sehr viele Leute zusammengekommen, um sich die Hinrichtung anzusehen. Als Lutter dann gefesselt zum Richtblock geführt wurde, rief er den Zuschauern mit lauter Stimme zu: »Ich bin unschuldig. Ihr habt so lange euren Spaß mit mir gehabt, sollt ihn auch weiterhin haben. Errichtet mir

Burg Königsfeld (Wüstung)
Königsfeld

Der ungerechte Freiherr

Man schrieb das Jahr 1616. Es war die unruhige Zeit vor Ausbruch des Dreißigjährigen Krieges. Im Reich formierten sich die Fronten zwischen Katholiken und Evangelischen, aber davon hörte man in der abgelegenen Eifel wohl nur wenig. In der festen Burg im kleinen Städtchen Königsfeld wohnte damals der Freiherr Heinrich Reinhard Waldbott von Bassenheim. Er nannte sich »Herr von Königsfeld« und war ein strenger, jähzorniger, aufbrausender und rechthaberischer Herr. Er duldete keine Widerrede, und wer es dennoch wagte, landete sehr schnell bei Wasser und Brot im Gefängnis.

So hatte er auch am 10. April 1616, am Mittwoch nach Weißen Sonntag, einfach den Bürger Gerhard Becker während der Nacht völlig grundlos verhaften und im Turm einsperren lassen, bloß weil er sich angeblich nicht recht betragen hatte.

Drei Monate später war der Freiherr mit seinen bewaffneten Schergen unterwegs, um in der Stadt den Bürger Johann Haas verhaften zu lassen. Der arme bedrohte Mann rannte zunächst innerhalb des Ortes um sein Leben, versteckte sich dann zwischen den Grabsteinen auf dem Friedhof, wurde dann etwas später aber auf dem Pfarrhof ergriffen und mit Waffengewalt ins Gefängnis gebracht. Dort musste der Dorfschmied ihn in Ketten legen. Keiner aus der Familie durfte ihn besuchen, und er bekam nur Wasser und Brot. Graf Waldbott verlangte von ihm ein Bußgeld von 600 Reichstalern, eine unerhört große Summe, die ein einfacher Mann wie Haas nicht aufbringen konnte, gleich wie lange er leben würde.

Warum der Freiherr Heinrich Reinhard Waldbott von Bassenheim sich so unehrenhaft und streitsüchtig verhielt, erklärt die Geschichte: Er war in die Burg gezogen und ließ sich eigenmächtig »Herr von Königsfeld« anreden. Und so benahm er sich auch, obwohl ihm nur ein Teil des Ortes und der Untertanen gehörte. Der andere Teil gehörte zur Burg Landskron und damit einem Freiherrn von Quadt. Da waren Ärger, Neid und Missgunst unvermeidlich. So forderte der Herr von Bassenheim selbst von den Leuten in Königsfeld, die gar nicht seine Untertanen waren, Frondienste und Abgaben. Diese Bauern aber wollten nicht doppelt belastet werden. Sie verweigerten dem Bassenheimer

Diese ehemalige Volksschule wurde aus den Steinen der danebenliegenden Wasserburg errichtet.

Königsfeld (53426) · Kreis Ahrweiler · Rhld-Pf
1335: Urkundlich wird in Königsfeld (»Cunnigesveld«, 992) eine Burg (Wasserburg) erwähnt, vermutlich bereits lange zuvor errichtet auf den Resten eines karolingischen Hauses, und im Besitz des Grundherren Gerhard von Landskron.
1.9.1336: Königsfeld bekommt von Kaiser Ludwig dem Bayern (*1282; † 1347) die Stadtrechte mit Marktrecht verliehen und darf nun den Ort mit Mauern und Graben umgeben. Später wird er der Mittelpunkt eines eigenständigen Ländchens, zu dem Dedenbach, Schalkenbach und Vinxt gehören.
1371: Urkundliche Erwähnung von »Haus zu Königsfeld, genannt Waldecke« und Herrschaft in einem Erbteilungsvertrag. Beide gehören nunmehr dem Rittergeschlecht von der Landskron.
1622 wird die Burg erneuert und vergrößert. Sie besteht nun aus einer dreiflügeligen Vorburg und der Hauptburg mit zwei dreigeschossigen Wohngebäuden. Um die Burg befindet sich eine Teichanlage. Burg und Herrschaft gehen über ins Eigentum der Familie Waldbott von Bassenheim.

1803: Die französische Revolutionsregierung löst den feudalen Besitz auf. Die Familie Waldbott von Bassenheim verliert Königsfeld ohne Entschädigung. Die Burg wird versteigert und auf Abriss freigegeben.
1830: Die Gemeinde Königsfeld ist Besitzerin der Burgruine und lässt sie gänzlich abbrechen. Die Steine werden zum Bau der bis 1961 betriebenen Volksschule benutzt. In ihr eingearbeitet ein Kalksteinrelief aus der Burg von 1622 mit dem Wappen des Burgherrn Heinrich Waldbott und seiner Gemahlin Maria Raitz von Frentz zu Keldenich.
Heute: Von der Burg Königsfeld ist nichts mehr vorhanden. Eine Umgehungsstraße durchschneidet das eingeebnete Gelände am Westrande des Dorfes. Flur- und Straßennamen erinnern noch an die einstige Wasserburg. Ebenfalls Erinnerung an die feudale Zeit, ist der sehenswerte Barockaltar im »Alten Chor« der Pfarrkirche. Dieser zierte dereinst die Kapelle der Burg Pyrmont. Unter einem Schwan ist das Wappen derer von Bassenheim angebracht, die auf Burg Pyrmont und in Königsfeld Burgherren waren.

www.koenigsfeld-eifel.de

---

zu Recht die geforderten Dienste. Doch das ließ sich dieser nicht gefallen, und der Streit war da. Deswegen hatte er auch die beiden unschuldigen Bürger, die gar nichts mit dem Bassenheimer zu tun hatten, einsperren lassen.

Davon erfuhr der Freiherr Johann Friedrich Quadt, seines Zeichens Herr von Landskron, Königsfeld, Tomberg, Ehrenberg und Meyll. Nun reichte es ihm. Seine Geduld war zu Ende, und er wollte dieses ungeheuerliche Verhalten seines Rivalen nicht länger dulden. Daher bestellte er den kaiserlichen Notar Johannes Antzer aus Ahrweiler und erteilte ihm den Auftrag, zusammen mit zwei Zeugen nach Königsfeld zu reisen, um von dem Freiherrn Waldbott von Bassenheim eine Erklärung und schließlich die Freilassung der Bürger zu fordern.

Waldbott von Bassenheim saß zu Tisch, als ihm der Jurist gemeldet wurde. Er speiste in Ruhe zu Ende. Nach ungebührlich langer Zeit ließ er den Notar eintreten, und dieser sagte ihm: »Die beiden Bürger im Gefängnis sind unschuldig. Sie durften weder verurteilt noch eingekerkert werden, denn sie sind nicht Untertanen von Euch, Herr von Bassenheim, sondern Untertanen des Herrn von Landskron. Veranlasst bitte, dass die beiden unverzüglich auf freien Fuß gesetzt werden.«

Das oben eingearbeitete Kalksteinrelief aus der Burg von 1622 trägt die Wappen des Burgherrn Heinrich Waldbott und seiner Gemahlin Maria Raitz von Frentz zu Keldenich.

Wie schwollen da die Zornesadern des Bassenheimers, wie brüllte er los, dass die Wände des Saales erzitterten: »Du Lumpen-Notarius! Alles, was du vorbringst, ist erlogen! Diener, schließt die Saaltüren und öffnet den Turm, dass ich diesen hergelaufenen Lügner in das unterste Loch sperren kann. Oder noch besser. Kehrt zurück zu Eurem nichtsnutzigen Herrn

Burg Königsfeld auf einer Karte des unteren Ahrtales von 1570/71

Quadt von Landskron! Teilt ihm mit, ich möchte mich mit ihm duellieren. Er soll mit mir die Klinge kreuzen, damit er sieht, wer hier in Königsfeld das Recht und auch das Sagen hat. Richte ihm aus, wenn er kein feiger Hund ist, möge er sich hier sehen lassen!« Und Waldbott von Bassenheim donnerte mit seiner Faust auf den Tisch und polterte weiter mit wütender Stimme: »Sag ihm ferner, diesem Hundsfott, wir erkennen den Quadt hier in Königsfeld nicht als rechtmäßigen Herrn an. Wir achten ihn nicht und geben auf sein dummes Geschwätz gar nichts!«

So schnell er konnte, eilte der Notar mit seinen zwei Begleitern aus der Burg, heilfroh, dass er das Tageslicht sehen durfte und nicht auf dem faulenden Stroh im dunklen Verlies gelandet war. Zitternd und noch immer den Angstschweiß auf der Stirn, kehrte er im Pfarrhaus bei Pfarrer Wilhelmi ein. Aber kaum hatte er Platz genommen, erschien auch der Freiherr auf dem Hof vor dem Pfarrhaus und forderte den Notar auf, sofort wieder herauszukommen. »Was ich vergessen hatte, zu erfragen: Notarius, zeig mir doch mal das Schreiben, das dich bevollmächtigte, mich so frech und dreist zu belästigen.«

Der Notar händigte ihm die Pergamentrolle mit dem Siegel des Freiherrn von Quadt aus. Der Bassenheimer betrachtete sie genau, und als er die Unterschrift sah, die da lautete: »Freiherr von Quadt, Herr zu Landscron und Königsfeld«, da geriet sein Blut erneut in Wallung und wütend brüllte er seine Diener an: »Reicht mir Feder und Tinte!«

Zitternd gab man ihm das Verlangte. Da tauchte der Bassenheimer die Schreibfeder ins Tintenfass und strich die Worte ›und Königsfeld‹ durch. Dann schrieb er daneben mit dicken, fetten und ungelenken Buchstaben: ›Herr zu Narrenhausen‹.

Der Notar verließ nun so schnell wie möglich mit seinen beiden Begleitern den Ort, wo er fast im Gefängnis gelandet wäre. Dem Herrn Quadt von Landskron war diese Streiterei offenbar zuwider. Er veräußerte wenige Jahre später seinen Anteil an Königsfeld.

Die beiden inhaftierten Bürger aber verblieben im Gefängnis der Burg. Wann und ob sie überhaupt aus ihm entlassen wurden, berichten die Quellen nicht.

(nach Peter Neu, in: HJBAW 1994)

Burg Kreuzau
Kreuzau-Drove

Wo ist der Schatz?

Oberhalb der Drover Kirche gewahrt man einen mit Weihern umgebenen Hügel, der einst die Drover Burg trug. Die Burgherren, die in ihr wohnten, waren schlimme und gefürchtete Raubritter. Weit und breit machten sie auf ihren Beutezügen die Gegend unsicher. Den friedlichen Wanderer ließen sie nicht ungestört gehen, die Kaufleute wurden überfallen und beraubt. Ihre eigenen Leibeigenen schmachteten unter dem harten und unmenschlichen Joche der Burgleute. Wen wundert's also, dass immer mehr im leidenden Volk als auch bei den benachbarten Rittern Zorn und Unmut anwuchsen. Die Forderungen nach Rache und Vergeltung wurden zunehmend lauter.

Eines Tages war dann der Tag angebrochen, als der Graf von Nideggen den Drover Raubrittern die Fehde ankündigte und mit großer Streitmacht

deren Burg belagerte. Längere Zeit widerstand die Burg jedoch allen feindlichen Anstürmen. Aber als dann Nahrung und Wasser ausging, und die Zahl der Erschöpften und Verhungerten sich mehrte, gelang endlich die Eroberung der Burg Drove. Die Eroberer stürmten durch alle Zimmer und Räume, durchstöberten Speicher und Keller, plünderten alles, was ihnen brauchbar schien, aber von den Schätzen, dem Geld und Gold, dass die räuberischen Ritter den Leuten abgenommen hatten, fanden sie nichts. Das alles

hatten die Raubritter längst in Sicherheit gebracht. Ein unterirdischer Gang verband nämlich die Burg mit dem gegenüberliegenden Burgberg. Dorthin hatten sie die Kisten und Truhen geschleppt und in den dunklen Felsenkellern verborgen. Den Eingang zu dem verborgenen Gang aber hatten sie so gut getarnt und gesichert, dass die Eroberer ihn nicht entdeck-

ten. Aber auch die Raubritter hatten nichts mehr von ihrem Reichtum. Sie wurden gefangen genommen und beendeten alle ihr Leben in den modrigen Verliesen der Nideggener Burg. Als die Belagerer abzogen, setzten sie noch den roten Hahn auf die Drover Burg. Mehrere Tage brannte sie lichterloh, bis sie letztlich mit Krachen zusammenbrach und ihre rußigen Trümmer alles unter sich begruben. Aber bis heute ruht der Schatz noch immer in den Gewölben des Burgberges.

Ein Bürger zu Drove kaufte deshalb dereinst das ganze Gebiet rund um den Burgberg auf. Tagelang durchwühlte er alles. Er stieß zwar auf Grundmauern mit nischenartigen Öffnungen, die man für Teile des Ganges nach dem Burgberge hielt, aber von den Schätzen fand er nichts. Diese liegen noch immer in tiefer Dunkelheit und warten auf den, der sie findet und birgt.   *(nach H. Hoffmann)*

Die letzte Folter

Der Drover Burgherrin war das kostbare Brautkleid gestohlen worden. Lange suchte man und schleppte schließlich einen Juden herbei, der friedlich durch die Drover Heide gen Kreuzau gezogen war, um auf dem dortigen Markt zu handeln. Man bezichtigte ihn als den Dieb. Allein er beteuerte seine Unschuld. Jedoch glaubte niemand seinen Worten. So brachte man ihn hin zur Drover Burg und warf ihn tief hinab in den finsteren Kerker. Immer und immer

wieder beschwor er, nichts mit der schändlichen Tat zu tun haben. Doch rücksichtslos führte man ihn in die Folterkammer. Dort zeigte man ihm all die grausamen Folterwerkzeuge. Doch der Jude blieb standhaft bei seiner Aussage, niemals etwas gestohlen zu haben, und erst recht nicht das Brautkleid der Burgherrin. Da legte ihm der Folterknecht die Daumenschrauben an. Der Jude schrie vor Pein und Schmerz, aber er legte kein Geständnis ab. Nun wurde er an eine Säule gebunden und mit einer neunschwänzigen Peitsche geschlagen, bis sein Blut den Rücken herunterrann und den Boden nässte. Lange dauerte es, bis der Jude aus seiner Ohnmacht erwachte. Aber immer noch stöhnte er mit leisen Worten: »Ich bin kein Dieb. Ich war es nicht, der die Burgherrin bestohlen!«

Doch er fand kein Erbarmen, kein Gehör. Erbarmungslos ordnete der Burgherr an: »Rädere ihn!«

Grausam ging es zu. Man legte den armen Juden auf den Boden und warf mehrmals ein großes Rad auf ihn. Schaurig schallte es von den Kerkermauern wider, als die Knochen brachen. Dann flochten die Henkersknechte den Sterbenden aufs Rad. Stöhnend drehte sich der Jude um zum Burgherren und röchelte: »Jahwe, der allmächtige Gott Israels, ist mein Zeuge. Ich bin unschuldig! Aber du, Burgherr, wie kannst du es aushalten, zu sehen, wie grässlich ich leide?«

Der Burgherr erwiderte mitleidlos: »Ich kann es schon aushalten, aber wie ist es mit dir? Willst du, elender Jude, im Angesicht des Todes nicht endlich deine Schandtat bekennen?«

Der Jude jedoch flüsterte mit leiser ersterbender Stimme: »Ich kehre jetzt heim in die Hand meines Schöpfers. Gott, der Gerechte, wird meine Unschuld an den Tag bringen!«

Und dann starb der jüdische Händler. Kaum hatte er seinen letzten Atemzug getan und seinen Geist aufgegeben, da vernahmen Burgherr und Henkersknechte ganz plötzlich eine mächtige laute Stimme. Nichts war zu sehen, aber laut und deutlich hörten alle, und von jedem Stein in der Kerkermauer hallte es wider: »Keine Schuld! Ohne Schuld! Unschuld!«

Alle erschraken tief bis ins Mark. Schauer ergriff alle, die in dem blutverschmierten Raume waren. Fluchtartig verließen die Schergen die schaurigen Gewölbe. Und der Burgherr von Drove erkannte seine Ungerechtigkeit und seine eigene Schuld, Mörder an einem Unschuldigen geworden zu sein. Er war

Kreuzau-Drove (52372) · Kreis Düren · NRW
Der rund 2500 Einwohner zählende Ort Drove, heute
Stadtteil von Kreuzau, war bei adligen Familien beliebt,
dort zwei Burgen zu errichten.

Die alte Burg (Wüstung)

1239: Erwähnt wird Reinhard von Drove. Er bewohnt eine
Burg, die südöstlich und nahe der heutigen Kirche stand,
und wohl von dem Rittergeschlecht derer von Drove erbaut
wurde. Ihr Herrschaftsgebiet gehört als Unterherrschaft im
Herzogtum Jülich zum Territorium der Burg in Nideggen und
ist als Lehen vergeben worden.
1264 wird die Familie von Müllenark als Besitzer der Burg
und der Herrschaft Drove genannt, die daher auch den
Namenszusatz »Herr zu Drove« führt.
Danach bewohnen verschiedene und wechselnde Besitzer
die Burg.
1643: Im Dreißigjährigen Krieg wird die Burg geplündert und
stark zerstört, danach aber wieder instand gesetzt.
1673: Während der Kriege gegen den französischen König
Ludwig XIV. (*1638; †1715) wird die Burg stark zerstört und
nie mehr völlig instandgesetzt. Die Familie von Rohe erbaut
sich einen neuen Wohnsitz (s. »Neue Burg«).
1788: In einer Urkunde wird die Burg als »alte, verfallene
Wohnung mit Gärten und Weihern« beschrieben.
19. Jh.: Die Stammburg, nunmehr im Besitz der Familie von
Holtrop, ist baufällig, unbewohnbar und wird schließlich
völlig abgetragen.
Heute: Die ursprüngliche rechteckige Burganlage ist vollständig verschwunden. Nur ein Hügel und ein breiter Graben
lassen noch ihren damaligen Standort erkennen.

Die neue Burg (Wasserburg)

Zwischen 1728 und 1741: Die heutige Burganlage wird
als Wasserburg von Wolf Christoph von Rohe, verheiratet
mit Maria Elise von Blanckart, Witwe des Johann Heinrich
von Vlatten, neu errichtet. Sie ist eine dreiflügelige, zweigeschossige Anlage aus Bruchsteinen mit Walmdächern im
Stil des Barocks. Im Giebelfeld der Torburg befindet sich
neben der Jahreszahl 1741 auch das Wappen derer von Rohe
und von Blanckart.
1893: Burg Drove wird von Frau M. Suermondt, geb.
Englerth, erworben. Im gleichen Jahr zerstört ein Großbrand
den Wirtschaftshof und zwei Flügel der Vorburg gänzlich.
Sie ist bis heute nur mehr einflügelig.
1920: An den Ecken des Herrenhauses wird jeweils ein eingeschossiger Anbau angefügt.
1929: Neubau eines Gesindehauses im Innenhof der Burg.
1944/45: Der Anbau an der Südwestecke des Herrenhauses
wird im Zweiten Weltkrieg so gründlich zerstört, dass er nicht
mehr aufgebaut wird.
Heute: Die Burg, ein herrschaftlicher Wohnsitz mit zwei-
läufiger Freitreppe und mit Vorburg, befindet sich in Privatbesitz und ist bewohnt. Sie ist von der Straße her nur durchs
Burgtor einsehbar und nicht zu besichtigen.

www.wasserburgen.de
www.kreuzau.de

---

so erschüttert und von Gottes Wort so beeindruckt,
dass er zu seinem Henker sprach: »Schafft all die Folterwerkzeuge fort! Vernichtet diese Teufelsdinge für
immer! Nie mehr soll jemand in dieser Burg durch
sie Blut vergießen, gleich ob schuldig oder unschuldig!«

Den Leichnam des unschuldig gerichteten Juden
ließ er in aller Würde in geweihter Erde beisetzen
und auf dessen Grab ein Rad legen, als ständige Mahnung für begangenes Unrecht.   *(nach H. Hoffmann)*

Maubach (Obermaubach)
Kreuzau-Obermaubach

Gräfin Alveradis von Molbach

Die Burg Maubach ist das Geburtshaus der Gräfin Alveradis von Molbach (* ca. 1155; † 1222). Sie war die einzige Tochter und Erbin des Grafen Albert von Molbach-Nörvenich und dessen Ehefrau Adelheid, Gräfin von Vianden. Um 1176 heiratete Alveradis den Grafen Wilhelm II. von Jülich (1176–1207). Der Mönch Caesarius von Heisterbach schildert ihn als grausam und wollüstig. Wie entsetzlich er seine Frau Alveradis behandelte, weiß bis heute die Sage zu schildern. (Siehe dazu unter Nideggen: »Der brutale Graf Wilhelm«)

Kreuzau-Obermaubach (52372) · Kreis Düren · NRW
1140–1150: Die Wasserburg Maubach (»Castrum Molbach«) wird durch Graf Albert von Nörvenich erbaut. Ab 1153 nennt er sich »Graf von Maubach«.
Anfang 16. Jh. findet die Burg Obermaubach Erwähnung durch die Ritter von Vlatten aus dem Geschlecht der Herren von Merode.

1637: Wilhelm Dietrich von Vlatten, verheiratet mit Katharina von Gymnich, lässt an der Stelle der ehemaligen alten Burg einen großzügigen Neubau im Renaissancestil erstellen, der jedoch niemals fertig gestellt wurde.
17. Jh.: Das Geschlecht von Vlatten zu Obermaubach stirbt aus. Das Anwesen fällt an die Familie der Reichsfreiherren »von Kolff«.
1805: Johanna Dorothea von Quadt bringt das seit 1739 ererbte Obermaubach mit in ihre Ehe mit Johann Hugo von Spieß zu Büllesheim.
1830: Das Gebäude ist in einem desolaten Zustand. Zwei Stockwerke müssen abgetragen werden.
Nach 1945: Erhebliche Schäden durch den Zweiten Weltkrieg. Die Burg wird abgebrochen und nicht wieder aufgebaut.
Heute: Die Burg Obermaubach ist niemals fertig gebaut worden. Nur das Tor und ein Teil des veränderten Flügels gegen die Rur sind erhalten. Heute Teil der Privatpension »Burg Maubach«.

www.lenertz.de
www.obermaubach.com
www.kreuzau.de

Ehemalige Burg Maubach (Aufnahme 1960)

Erzbischöfliche Burg
Kyllburg

Im Zwinger der Kyllburg

Kurfürst Balduin war nach 46-jähriger Regierung am 21. Januar 1354 gestorben. Da atmete der gefürchtete Raubadel der Eifel erleichtert auf, denn die rauf- und raublustigen Herren glaubten, von seinem Nachfolger, dem Kurfürsten Boemund nichts befürchten zu müssen. Im Gegenteil, sie verlachten

Gerhard von Schönecken, war dabei der schärfste Widersacher des Trierer Kurfürstenhauses. Mit dabei auch der mächtige Graf Arnold von Blankenheim, der von seiner nahen Burg Gerolstein herübergekommen war und im Streite mit Trier lag. Noch manch anderer Raubgeselle ritt schwer gewappnet in die Burg ein, von den Rittern und Knechten mit lautem »Hallo« begrüßt.

Kyllburg, alte Ansichtskarte um 1960

und verspotteten ihn als alten, müden, friedliebenden Herrn. So versammelten sich im Spätherbst des Jahres 1355 die schlimmsten Feinde des Erzstiftes Trier auf der Burg zu Schönecken, um sich zu einem Angriff auf das Erzstift zu verbünden. Der Burgherr,

In dem großen, schwarz geräucherten Bankettsaal saßen am mächtigen, offenen Kamin, in dem dicke Buchenklötze lustig brannten, Gerhard von Schönecken und Rudolf von Blankenheim in ernster Zwiesprache. Sie berieten den Angriffsplan auf das Erzstift

Kyllburg (54655) · Kreis Bitburg-Prüm · Rhld-Pf

1239: Auf einem schmalen Bergrücken mitten über einer Schleife des Eifelflusses Kyll lässt Erzbischof Theoderich von Trier (1212–1242) eine Burg erbauen, die den Namen Kyllburg erhält. Mit ihr soll das Gebiet an der Nordgrenze des Trierer Erzbistums gegen den Einfluss des Kölner Kurfürstentums geschützt werden. Vor allem aber vor den Gewalttätigkeiten des Ritters Rudolf von Malberg (1210–1270), der sich an den Nonnen und dem Gut des Zisterzienserinnen-Kloster St. Thomas an der Kyll vergreift.

1256: Erzbischof Arnold II. (1242–1259) umgibt die Burg und die anliegenden Häuser mit einer festen Ringmauer. In ihr entwickelt sich die bürgerliche Stadt Kyllburg, die sich verpflichtet, die Mauer gegen Angriffe zu schützen und sie, wie auch die Stadttore, baulich zu unterhalten.

Ende 15. Jh.: Der an den östlichen Ringmauerabschnitt angelehnte Palas wird erweitert. In der Burg befindet sich auch die Folterkammer des Hochgerichts Kyllburg. Mehrere vorliegende Hexen-Gerichtsprozesse und -verbrennungen auf dem Burgfeld beweisen, dass in ihr Menschen entsetzlich gequält wurden.

1764: Die Wirtschaftsgebäude am Nordrand des Hofes 1764 werden neu gebaut.

1826: Nahezu die gesamte Ringmauer wird niedergelegt, so dass heute nur noch ein kurzes Stück östlich des Bergfrieds erhalten ist mit einem Wappenrelief von 1766 über einer vermauerten Tür.

Um 1840: Umbau der früheren Stallungen zwischen Bergfried und Straße zu einer zweiklassigen Volksschule.

1911/12: Abbruch des Palas; an seiner Stelle entsteht ein größerer Schulhausneubau.

nach 1960: Das baufällige Wirtschaftsgebäude wird ersatzlos abgebrochen.

Heute: Von der alten Burg in der malerischen gelegenen Altstadt auf dem Stiftsberg sind nur noch der wuchtige fünfgeschossige Wehrturm und wenige Nebengebäude erhalten.

Parkplätze und Gastronomie sind in der Stadt genügend vorhanden.
www.ti-kyllburg.de
www.stadt-kyllburg.de

Trier. Zeit und Umstände schienen ihnen gerade jetzt recht günstig zu sein, denn Kurfürst Boemund von Trier war gerade mit großem Gefolge nach Nürnberg geritten. Dort hielt nämlich Kaiser Karl IV. seinen ersten Reichstag ab.

Der Schönecker und der Blankenheimer mitsamt den anderen rebellischen Herren waren sich bald einig, das erste militärische Unternehmen sollte gegen die nördliche Grenzfeste des Erzstiftes gerichtet sein. Die Feste Kyllburg musste fallen! Dann war das Tor offen zum verheerenden Einfall ins Erzstift Trier.

So wurde nun den Rittern und Raubgesellen verkündet: »Wir reiten zuerst gegen Kyllburg! Kein Stein von diesem Nest darf auf dem anderen bleiben!« Um die Raublust der Genossen aufzustacheln, fügte der Blankenheimer spöttisch hinzu »Ich bin mir sicher, die frommen Stiftsherren in Kyllburg haben noch viele Goldtaler in der Truhe und etliche Fässer edlen Wein im Keller.« Mit tobender Freude wurde der Plan aufgenommen und auf gutes Gelingen der Unternehmung manch schwerer Humpen geleert.

Nach wenigen Tagen waren alle Vorbereitungen getroffen. Alles Sturmgerät war zur Stelle und jede Einzelheit der Berennung der Feste Kyllburg festgelegt. In einzelnen Trupps verließen die Raubgesellen die Schönecker Burg, um sich erst wieder im Walde zwischen Kyllburg und Kloster St. Thomas zu vereinigen. Man hoffte, leichte Arbeit zu haben, wenn die Feste dort oben auf dem Berg plötzlich überrumpelt würde. Aber das Treiben der Raubritter war nicht unbemerkt geblieben und man war überall auf der Hut. Kyllburg war gerüstet, die Feinde gebührend zu empfangen. Alle Lehnsleute waren mit Wehr und Waffen eingerückt und besetzten mit den Bürgern die Mauern und Wehrgänge.

An einem kalten Dezembertage des Jahres 1355 begann der Waffentanz. Noch braute dichter Nebel im verschneiten Kylltale, als die Kämpfer von allen Seiten lautlos heranrückten.

Der Hauptangriff richtete sich im Osten der Feste gegen die Stelle, wo die Burg sich an die innere Ringmauer anlehnte. Hier wollten auch Gerhard von Schönecken und Arnold von Blankenheim kämpfen. Sie hofften, im ersten ungestümen Anlauf die Burg zu nehmen. Dann war die ganze Feste verloren. Vom hohen Bergfried war aber die Absicht der Angreifer erkannt worden, und der tapfere Burgmann, Graf Johann von Luxemburg, hatte seine Maßnahmen getroffen. Er hielt im Burghof seine besten Mannen bereit und ließ es ruhig geschehen, dass die Schönecker und Blankenheimer die äußere Mauer auf Sturmleitern überstiegen und im jäh ansteigenden Zwinger auf die Burg anstürmten. Da, – ein schmetternder Trompetenstoß! – Weit auf flog die Mühlenpforte. Im Augenblick stürmte die erlesene Schar der Kyllburger Mannen kampfesmutig hinaus, an der Spitze der tapfere Graf Johann von Luxemburg. Die Feinde stutzten über den gänzlich unerwarteten Ausfall. Es entstand ein wütendes Ringen. Die überraschten Feinde wurden zurückgeworfen und wandten sich zur Flucht. Einigen, auch dem Arnold von Blankenheim, gelang es, sich über die äußere Mauer zu retten, aber die meisten wurden von den erbitterten Kyllburgern niedergehauen. Johann von Luxemburg hatte sich gleich dem ungestümen Gerhard von Schönecken entgegengestürzt und es entspann sich ein mächtiger Zweikampf. Der Zwinger erdröhnte unter den Schwertstreichen der beiden stahlgepanzerten Ritter. Schon bluteten beide aus mehreren Wunden, als ein scharfer Hieb den Schönecker zwischen Halsberg und Harnisch traf. Sterbend sank er zu Boden. Der Zwinger war von den Feinden gesäubert. Hier und auch an den anderen Angriffsstellen war der Angriff blutig abgeschlagen und ein schweres Schicksal

von der Feste Kyllburg abgewendet. Die Raubritter wagten es nie mehr, Kyllburg anzugreifen.

Noch heute lebt in der Erinnerung des Volkes jener blutige Kampf im Zwinger der Kyllburg fort, den man noch stets den »Zwängel« nennt.

(nach H. Gueth, in: 1200 Jahre Kyllburg, Kyllburg 2000)

Von der alten Burg auf dem Stiftsberg kündet noch ein wuchtiger fünfgeschossiger Wehrturm.

Laufenburg
Langerwehe-Jüngersdorf

Der hartherzige Junker

Zwischen Langerwehe und der Burg Frenz ist eine ziemlich umfangreiche und sumpfige Stelle, die »Junkersbenden« genannt wird. Der Boden soll früher dort so weich gewesen sein, dass man versunken wäre, wenn man ihn betreten hätte.

An dieser Stelle erhob sich in der Vorzeit eine stolze Burg, auf der ein reicher Junker hauste. Dieser lebte alle Tage in Saus und Braus. Den Armen gab er aber nie etwas, obwohl damals große Not und Elend in der Gegend herrschten. Einmal war wieder ein Jahr mit einer schlimmen Missernte. Regen und Gewitter hatten das Getreide vernichtet, und das Wenige, das übrig geblieben war, fraß auch noch eine riesige Mäuseplage. Und wenn einer nun irgendwo anders Getreide oder Nahrung erwerben wollte, war dies derart teuer geworden, dass kaum einer etwas kaufen konnte. Große Not herrschte in Langerwe-

he. Besonders schlimm hatte es eine arme Witwe aus dem Ort getroffen. Nicht nur, dass ihr Mann an einem schlimmen Halsleiden im Frühjahr verstorben war, auch die alte Kuh und die zwei Ziegen waren eingegangen. Nun stand sie allein da mit ihren zwei kleinen Kindern und wusste nicht, wie es weitergehen sollte oder wie sie die vor Hunger weinenden Kinder sättigen konnte.

Da dachte sie an den reichen Junker dort auf der Burg, in dessen Kellern sich die Regale vor Nahrung bogen und in dessen Scheune sich Getreidesäcke stapelten. So griff die Witwe nach einem schweren kupfernen Kessel, er war ein Erbstück ihrer Mutter, und machte sich auf den Weg zu der Burg. Den Kessel wollte sie dem Junker verkaufen, um mit dem erlösten Geld für sich und ihre armen Kinder Brot erwerben zu können. Doch kalt und hartherzig wies sie der Junker zurück. Kesseln habe er genug, und für diesen alten und verbeulten da gäbe er sowieso keinen Heller.

Langerwehe-Jüngersdorf (52379) · Kreis Düren · NRW

Im 12. Jh.: Südlich von Jüngersdorf, im Meroder Wald, errichten die Herzöge von Limburg, die sich »van Lovenburg« (= Laufenburg, abgeleitet von dem Begriff und Wappentier »Löwe«) nennen, über dem Wehetal eine Höhenburg. Sie ist der am weitesten nach Osten vorgeschobene Stützpunkt der Herzöge von Limburg gegen das Herzogtum Jülich. Zur Burg gehört das Dorf »zur Wehe«, später Langerwehe genannt.

1359: Der Großraum um Langerwehe kommt in den Besitz der Grafschaft Jülich. Nunmehr verliert die Laufenburg ihre militärische Bedeutung. Durch Erbschaft fällt sie 1560 an die Familie von Metternich-Müllenark, die die Burg aber nicht mehr als Verteidigungsbau ansieht, sondern als Wohnung eines von ihnen eingesetzten Försters. Sie wird zwar noch umfassend erneuert, aber in der Folgezeit wechseln sehr häufig ihre Besitzer.

1678/79 werden die Burganlagen in den Kriegen Ludwig XIV. (*1638; † 1715) so stark zerstört, dass Urkunden sie als verfallene Ruine bezeichnen.

1841: Die letzte Herrin der Laufenburg heiratet den Bankier Eduard Rossbach. Diese Familie verkauft

1881 die Laufenburg an die Dürener Industriellenfamilie Hoesch. Diese restauriert

1895 die Zinnen der runden Ecktürme und nimmt einige Ausbauten und Erneuerungen im historischen Stil vor.

1917 erwirbt der Stolberger Fabrikanten Prym die Laufenburg.

1944: Ab Mitte September liegt die Laufenburg im Mittelpunkt der Kämpfe ums Wehebachtal. Ein ausgebrochener Brand und starker Panzerbeschuss zerstören sie sehr stark.

1950 beginnt der Wiederaufbau und

1985 erfolgen weitere Umbau- und Sanierungsarbeiten.

1994: Eine Photovoltaik-Anlage ermöglicht erstmalige Stromversorgung für die Laufenburg.

Heute: Die Laufenburg mit erhaltenen Bergfried und Umfassungsmauern ist mit dem PKW von Langerwehe aus, der Schönthaler Straße nach in Richtung Schevenhütte, etwa drei Kilometer ortsauswärts auf einem hinweisenden Waldweg zu erreichen. Ein Zugang ist möglich. Sie befindet sich im Eigentum der Familie Prym, ist aber seit 1952 an die Familie Johannes Esser verpachtet, die sie als landwirtschaftlichen Gutshof und Restaurant nutzt (montags Ruhetag); es sind genügend kostenfreie Parkplätze vorhanden.

www.langerwehe-tourismus.de

Weinend flehte die Arme den Junker nun an, wenigstens ihren bereits entkräfteten Kinder ein Stück Brot zu geben, gleich wie alt und hart es sei, damit sie nicht des Hungers wegen dahinsiechen müssten. Doch das steinerne Herz des Junkers ließ sich nicht erweichen. Mit drohenden Worten herrschte er sie an: »Scher dich weg, Alte! Was kümmern mich deine Kinder. Es ist unter meiner Würde, mich mit Bettelpack abzugeben!« Und dann ließ er die Witwe in ihrem Kummer und Leid alleine.

Entrüstet rief daraufhin diese in ihrer Verzweiflung: »Großer Gott, hilf mir in meiner Not! Dieser hartherzige Mensch lebt in Überfluss, und ich muss mich mit meinen Kindern dem Hungertod beugen! O, möchte doch die Burg versinken zur Strafe für solche Hartherzigkeit!«

Und kraftlos und mit leidvollen Tränen in den Augen wandte sie der Burg den Rücken und schritt langsam heimwärts.

Am anderen Morgen sahen die Vorübergehenden voll Verwunderung die Burg nicht mehr. An ihrer Stelle war nur mehr ein großes Wasser, das alles versumpfte. Die Erde hatte die Burg verschlungen mitsamt dem mitleidlosen Junker und all dessen Schätzen. Seit dieser Zeit geht es an diesem Ort recht unheimlich zu. Irrlichter und feurig leuchtende Männlein sind zu sehen. Das sind die Seelen der dort Versunkenen. Sie treiben ihr Unwesen und schaden Vorübergehenden, die ebenfalls geizig, hartherzig und notleidenden Menschen gegenüber gefühllos sind.

Nehmt den Hasen als Geschenk!

Geht man von Langerwehe durch das vielbesuchte Schönthal nach Wenau, so sieht man links im Wald auf der Höhe die Laufenburg liegen. Nur Kundige wissen, dass von dort aus bis nach Schwarzenbroich, der heutigen Klosterruine, ein unterirdischer Gang führt. Dies war sehr nützlich, denn durch diesen konnten in Kriegs- und Notzeiten die Bewohner der Laufenburg und Schwarzenbroichs sich gegenseitig unterstützen.

Es war damals zur Zeit der Raubritter. Auch auf der Laufenburg wohnten solche, die ihrem Ritterstand keinerlei Ehre bereiteten. Im Gegenteil, schimpflich

in Schwarzenbroich erwarben. Ein Jahr und sechs Monate lagen die Jülicher nun schon vor der Laufenburg. Und dann mussten sie auch noch feststellen, dass ihnen die Belagerten lachend zwei dicke, fette, frisch geschlachtete Hasen über die Mauer zuwarfen mit den Hohnworten: »Hier ein kleiner Braten als unser Geschenk, damit ihr nicht des Hungers darbt. Wir haben genug davon!«

Da erkannten die Jülicher Belagerer die Unmöglichkeit, die Laufenburg durch Aushungerung zu erobern, und so zogen sie ergebnislos und enttäuscht von dannen.   (nach H. Hoffmann)

und schändlich waren sie, denn allzu oft überfielen sie die reichbeladenen Kaufmannsfuhren, die die alte Straße von Düren nach Aachen benutzten.

Ihr Treiben war so arg und auch lebensbedrohlich, dass die Kaufleute die Herren von Aachen und Jülich um Hilfe und kriegerische Unterstützung gegen diese Raubritter baten. Sie zahlten sehr viel Gold und Geld, damit diese gegen die Laufenburger rüsten konnten. Und so kam es, dass einst eine große Streitmacht des Grafen von Jülich gegen die Laufenburg zog, um sie von dem Raubgesindel zu befreien. Aber die Burg war so stark befestigt, dass sie im Sturm nicht erobert und eingenommen werden konnte. Da legte der Jülicher Graf einen Belagerungsring rund um die Burg, um sie durch Hunger zur Übergabe zu zwingen. Monate lagen sie bereits vergeblich vor der Feste, aber von Hunger oder Übergabe war nichts zu bemerken. Die Belagerer wussten auch nichts von dem geheimen unterirdischen Gang. Und der kam den Laufenburgern jetzt sehr zustatten. Durch ihn versorgten sie sich mit den notwendigsten Lebensmitteln, die sie unbehelligt und unbemerkt

Schloss Merode
Langerwehe-Merode

Schloss Merode um 1860. Sammlung Duncker

Rote Streifen im Wappen

Im Fürstenwappen der Familie Merode sind in einem Feld auf gelbem Grund vier rote Streifen zu sehen. Die Überlieferung erzählt den Grund:

Ein Graf von Merode-Westerloo war einst Feldmarschall des Kaisers von Österreich. Einmal errang er mit seinen Truppen in einer blutigen Schlacht einen glorreichen Sieg über die Feinde. Der Kaiser, hocherfreut darüber, trat auf den Grafen zu und schlug ihm mit der blutbefleckten Hand auf die Schulter, so dass vier fingerbreite Blutstreifen auf dessen Waffenrock abgezeichnet waren. Seit dieser Zeit führt die gräfliche Familie die vier roten Streifen in ihrem Wappen.

(nach H. Hoffmann)

So viele Fenster wie Tage im Jahr

Der Graf von Merode war Marschall beim österreichischen Kaiser zu jener Zeit, als auch Prinz Eugen von Savoyen diese Würde bekleidete. Beide Heerführer hatten dem Kaiser viele gute Dienste geleistet. Doch Prinz Eugen wurde dem Grafen von Merode vorgezogen, so zumindest empfand es Graf Merode.

Das verdross diesen sehr. Nach Ende des Krieges nahm er grollend seinen Abschied aus dem Heeresdienst. Nach einem kurzen Wortwechsel mit dem Kaiser verabschiedete er sich mit den vieldeutigen Worten:

»Jetzt gehe ich nach Merode. Dort werde ich ein Schloss bauen, das größer und schöner werden wird als Euer Palast.«

Nach der Rückkehr des Grafen in die Heimat wurde das alte Schloss zu Merode abgerissen und ein neuer, herrlicher Bau an seiner Stelle aufgeführt, ein Schloss, das mit seinen vielen Türmen im Sonnenschein weithin in die Lande schaute. Das Schloss hatte so viele Fenster wie Tage, so viele Türen wie Wochen und so viel Türme wie Monate im Jahr sind. Gleichzeitig legte der Graf eine Reitbahn an, die auf steinernen Pfeilern aufgebaut war. Dem Plan nach sollte sie sich vom Schloss bis zu einem neuen Haus in Schlich erstrecken. Der Tod des Bauherrn aber verhinderte die Vollendung des Werkes. Das war für die Familie nur ein Glück, da die Aufführung von einem Teilstück bereits viel zu viel Geld verschlungen hatte.

Während der französischen Besatzung ist die Reitbahn abgebrochen worden. Die behauenen Steine wurden in Jülich zum Neubau der Rurbrücke verwandt.

(nach H. Hoffmann)

Belohnte Tapferkeit

In alter Zeit, als sich um die Dörfer Merode und Schlich noch ausgedehnte Waldungen erstreckten, kam es zwischen dem Meroder Grafen und dem Grafen von Nideggen zu einer Fehde. Der Meroder rief alle starken und jungen Männer aus seinen Dörfern zu den Waffen. Beim Kampf mit den Jülichern war das Glück ihm hold. Besonders tapfer hatten sich sechzehn Burschen aus Schlich und Merode geschlagen. Ihnen war in erster Linie der siegreiche Ausgang des Kampfes zu verdanken. Für ihre Tapferkeit und ihren Mut belohnte sie der Graf von Merode fürstlich und schenkte ihnen einen großen Wald von etwa siebenhundert Morgen als Eigentum. Er zerfiel in den Ober-, Nieder- und Hinterbusch, von dem jeder Tapfere den sechzehnten Teil bekam. Noch heute soll die Schlicher Gemeinde von dem Wald vierhundert Morgen besitzen.

(nach H. Hoffmann)

Langerwehe-Merode (52379) · Kreis Düren · NRW

1170: Als erste Besitzer einer Burg werden Urkundlich die Herren von Merode genannt. Ihren Namen leiten sie ab von »Meiner Rodung« (»Van me Rode«). Der aus Kerpen stammende königliche Ministeriale Werner hatte den Hof Echtz bei Düren und das umliegende Land von Kaiser Friedrich I. BarbarossaFriedrich I (*um 1122; † 1190) zu Lehen erhalten, zur Existenzsicherung der Burg.

1263: Aus dem anfangs wohl kleineren befestigten Gutshaus, als »Castrum de Rode« (Burg Merode) erwähnt, entwickelt sich eine zweiteilige Wasserburg mit vier dicken Mauern, stark befestigten Ecktürmen und einem mächtigen Batterieturm. Sie dient den Burgherren von Merode als Stammburg.

1348: Kaiser Karl IV. (*1316; † 1378) unterstellt die Meroder Herrschaft (als kaiserliches Reichslehen) in die Lehnshoheit der Jülicher Herzöge.

Die Familie von Merode wird reich, erbt verschiedene Fürstentümer in Belgien und wird im Deutschen Reich in den Fürstenstand erhoben. Durch eine erfolgreiche Heiratspolitik dieser Familie stammen die meisten deutschen, belgischen oder französischen Adelsfamilien dem Geschlecht derer von Merode ab.

um 1700: Feldmarschall Johann Philipp Eugen von Merode-Westerloo (1674–1732) nimmt erhebliche Umbauten sowie den Neubau des viergeschossigen Nordflügels vor. Dadurch entwickelt sich die Burg zu einem Schloss in dem heutigen Erscheinungsbild. Der Grabstein des Feldmarschalls befindet sich in der Kapelle des Schlosses.

1794: Die Französische Revolution hebt feudale Strukturen auf und löst die Herrschaft Merode auf. Deren Ländereien werden öffentlich versteigert und verpachtet.

1834–38: Weitere bauliche Veränderungen an dem Schloss werden vorgenommen.

1876: Neubau des Ostflügels.

1901–03: Bau des Südflügels mit reichen Renaissanceformen.

17.11.1944: Während des Zweiten Weltkrieges werden große Teile des Schlosses durch einen Bombenangriff zerstört.

nach 1945: Wiederaufbau, allerdings nicht mehr der Nordwestturm und Teile des Nordflügels.

19. Juni 2000: Ein Großbrand zerstört das Kulturdenkmal Schloss Merode in erheblichem Maße.

nach 2000: Wiederaufbau auf Betreiben und mit Hilfe des »Fördervereins Schloss Merode«.

11.09.2004: Die erfolgreiche Renovierung der vom Löschwasser zerstörten Innenräume wird abgeschlossen.

Heute: Das Schloss Merode gilt als eines der schönsten Wasserschlösser des Rheinlands im Renaissance-Stil. Es befindet sich im privaten Familienbesitz von Charles-Louis Prinz von Merode und ist nicht zu besichtigen. Die Repräsentationsräume können angemietet werden. Der Schlosspark ist nur bei traditionellen Dorffesten der Öffentlichkeit zugänglich (Maifest, Kürbismarkt, Weihnachtsmarkt).

www.schlossmerode.de
www.merode.com

Der Hundemarquis

Viele Grafen des Schlosses Merode leben in der Erinnerung des Volkes noch als gute und edle Herren, die ihren Untertanen wohl gesonnen waren und sie beschützten, wenn Not ins Land kam und sie bedrängte. Aber leider waren nicht alle so. Einer von ihnen trieb es besonders schlimm. Seine ihm anvertrauten Menschen waren ihm lästig. Das einzige, was er abgöttisch liebte, waren seine Hunde. Und so lebt die Erinnerung an diesen Hundemarquis bis heute.

Weit über hundert Hunde hielt er sich zu seinem Jagdvergnügen. Mehr als eine Handvoll Diener hatten sich nur um deren Wohlergehen zu kümmern. Die besten Speisen und leckersten Gerichte wurden den Tieren verabreicht. Ihre Unterkunft waren keine Zwinger oder dürftige Hütten, nein, prachtvolle, mit Marmorböden versehene Räume dienten ihnen als Wohnung. Und je mehr sie bellten und jaulten, dass man sich schier die Ohren zuhalten wollte, umso mehr erfreute sich der Graf an seinen vierbeinigen Freunden. Und wenn er mit ihnen hinaus zur Jagd ritt, und das geschah fast täglich, wurden je zwei und zwei Hunde mit silbernen Ketten aneinander gekoppelt. Dann lief die ganze Hundeschar in einer langen Reihe nebeneinander vorweg. Und dahinter rannten die Hundewächter, und dann kam der Graf mit seiner Jagdgesellschaft auf feurigen Rossen geritten. Rücksichtslos rasten Hunde und die Jäger über die Felder, gleich wie hoch die Frucht stand.

Sehr oft kam es vor, dass so an einem einzigen Tage in weitem Umkreise zahlreiche Felder verwüstet und das reifende Getreide in den Boden gestampft wurden. Die monatelange Arbeit der armen Bauern war in Stunden vergebens, die Ernte des Jahres in kurzer Zeit vernichtet. Verzweifelt und schimpfend, weinend und hoffnungslos blieben die Bauern zurück, nicht mehr wissend, wie sie ihre Familie im kommenden Winter ernähren sollten. Mehr als einmal verfluchten und verwünschten sie diesen Hundenarren, aber niemand wagte es, dem Grafen in seinem frevelhaften Tun Einhalt zu gebieten.

Da geschah es eines Tages erneut. Der Graf war mit seinen Gesellen und Treibern erneut auf der Hatz nach edlem Wild. In langer Kette rannten die Hunde durchs goldgelbe Getreide. Verzweifelt standen die Bauern am Rande des Feldes und schwenkten ihre Arme, Tücher und Stöcke, um die Hunde aus

In der ehemaligen Burg Lantershofen ist heute eine Ausbildungsstätte für katholische Priester untergebracht.

der Frucht zu vertreiben. Da stand am Wegesrand eine breite Hecke. Zwei Hunde versuchten, durch sie zu kommen. Weil sie aber mit einer Kette verbunden waren, blieben sie in der Hecke stecken. Sie zerrten und zogen. Doch vergebens. Sie hingen fest. Da liefen die ergrimmten Bauern herbei und schlugen die Hunde tot. Als der Graf das vernahm, war seine Wut grenzenlos. Er schrie und brüllte, er tobte und regte sich ganz unmenschlich auf. Sein rauschendes Blut schoss ihm so in den Kopf, dass er einen Schlaganfall bekam und zuckend auf dem Waldboden verstarb.

Aber selbst nach seinem Tode fand dieser Hundemarquis keine Ruhe. Als wilder Jäger muss er nun in Vollmondnächten mit seiner kläffenden Meute durch die Luft jagen. Wie heult und jault es dann in den Lüften, wie bellt und winselt es! Angstvoll verschließen dann die Leute ihre Türen, wenn sie nächtliches Hufgetrappel und Jagdgehörn vernehmen. Dieser Geisterzug nimmt seinen Anfang in Merode und zieht dann weiter in Richtung auf Lucherberg und Pier, um schließlich in der Ferne nach dem Jülicher Walde zu verschwinden.   (nach H. Hoffmann)

Burg Lantershofen
Lantershofen

Ein Ritterwappen mit Schusterhammer

Der schreckliche Krieg, der dreißig Jahre dauerte und ein verwüstetes und ausgeblutetes Land hinter sich ließ, war zu Ende. In Münster hatte man Frieden gelobt und ihn mit vielen Siegeln auf Pergamentpapier geschrieben. Doch Papier ist geduldig, und Friede war noch lange nicht ins Land gezogen. Immer und immer wieder drangen plündernde Truppen in die stillen Täler der Eifel, raubten die Leute aus und zogen dann weiter. Verzweifelte Männer, gepeinigte Frauen, weinende Kinder und in Flammen stehende Häuser ließen sie zurück. Es störte die wilden, holländischen Söldner nicht.

Auch vor die Burg der Herren von Blankart waren sie gezogen. Die wenigen und schlecht bewaffneten Burgverteidiger konnten die große Schar der beutesuchenden Plünderer nicht aufhalten oder vertreiben. Schon waren die Feinde mit Sturmleitern und feuerspeienden Kanonen in sie eingedrungen, wo sie ihr zerstörerisches Handwerk fortsetzten.

In der Burg hielt sich aber gerade ein junger Schuhmacher auf, der dort eine Vielzahl von Reparaturen ausführte. Als dieser den Kriegslärm und die Angstschreie hörte, sprang er auf und eilte zu dem Zimmer der Tochter des Herren Blankart. »Ihr müsst fliehen, Gräfin!« rief er sorgenvoll. »Eilt euch, bevor der Feind hier eindringt und euch Schmerzen bereitet. Ich schütze euch, so gut ich kann!«

Dann hasteten die beiden die Wendeltreppe hinunter, rannten durch den langen Flur und eilten so schnell sie konnten die steinerne Treppe hinab in die dunklen Kellerräume. Von dort aus führte ein unterirdischer Gang die Burg hinaus und endete an den Hängen des »Ellig« bei Ahrweiler. Der Schuhmacher erbrach den Verschlussriegel an der kleinen Eingangstür zum Stollen. Gebückt schlichen er und das vor Angst zitternde Burgfräulein hinein. Ohne

Lantershofen (Grafschaft-) (53501) · Kreis Ahrweiler · Rhld-Pf

Die Geschichte des Dorfes Lantershofen ist eng mit seiner Burg verbunden. Eine erste Burg, von der keine Urkunden etwas melden, soll unterhalb des heutigen Ortes Lantershofen gestanden haben, »auf der Schauer«, rechts der Landstraße Bad Neuenahr-Rheinbach, wahrscheinlich auf den Resten römischer Fundamente.

1322 wird ein Knappe Winmar von Lantershofen genannt.

1371: Der Sage nach, soll der letzte Ritter der Burg Lantershofen ein Freund und ebenfalls ein räuberischer Geselle des Raubritters auf dem Neuenahrer Berge gewesen sein. Als Folge davon habe der Erzbischof von Köln, Friedrich von Saarwerden (1370–1414), diese – ebenfalls wie die Neuenahrer Burg – erobert und zerstört, so dass von ihr heute nichts mehr vorhanden ist.

1378: In unmittelbarer Nähe der heutigen Burg »am Blankart« wird eine neue Burg erbaut. Ob diese der Stammsitz des Rittergeschlechtes von Blankart war, ist noch nicht eindeutig geklärt.

1480: Geschichtlich gesichert, die Burg ist im Besitz des Gerhard von Blankart von Ahrweiler, Abkömmling eines reich begüterten Rittergeschlechtes.

1652: Die Burg, im Dreißigjährigen Krieg mehrmals ausgeplündert und von den Schweden teilweise zerstört, wird wieder aufgebaut und restauriert.

1672: Plündernde Truppen verwüsten Orte in der »Grafschaft« und im Ahrtal. Lantershofen wird geplündert und geht in Flammen auf. Dabei wird die Burg Blankarts vollständig zerstört. (Von diesem Ereignis kündet die Sage, wie der Schusterhammer in das Wappen der Blankarts gekommen ist.)

1708: Nach dem Aussterben der männlichen Linie von Blankart übernimmt Freiherr von Stickeneil das Erbe und erbaut auf den Überresten der Burgruine das jetzige Burghaus.

1794: Die feudalen und territorialen Verhältnisse werden durch die Eroberung des linken Rheinufers durch die Franzosen von Grund aus umgestaltet. Lantershofen war bis 1806 ein freiherrliches Dorf und ein eigener selbständiger reichsunmittelbarer Staat, einer der kleinsten im damaligen Römischen Reich Deutscher Nation. Die Burg, im Besitz der Herren von Rohe zu Drove, wird als Staatsgut beschlagnahmt und zum Verkauf angeboten.

1820 erwirbt sie Graf von Wickenburg.

1848: Im Revolutionsjahr veräußert der verschuldete Graf von Wickenburg seinen Besitz in Lantershofen an den Weinguts- und Gerbereibesitzer Franz Bresgen, den späteren preußischen Landtagsabgeordneten. Die Burg wechselt noch mehrmals ihre Besitzer. (1882: Hubert Schütz, betreibt eine Brennerei; dann Konrad Wallerscheid, betreibt eine Bierbrauerei; dann 1915: Versicherungsdirektor Friedrich Langen aus Köln)

1939 verkaufen die Erben Langen die Burg an Pfarrer August Doerner, Stifter des Apostolates der Priester- und Ordensberufe. Er veranlasst eine Renovierung der Burganlage, die nach dem Zweiten Weltkrieg durch Um- und Anbauten bedeutend erweitert wird.

1945: Pfarrer Doerner richtet eine Vorbereitungsschule ein, die zum staatlichen Abitur führt.

Heute: In der ehemaligen Burg Lantershofen (zweigeschossiges Burghaus mit Turm, beide im Jahre 2003 renoviert) ist das »Studienhaus St. Lambert«, eine moderne interdiözesane Ausbildungsstätte für katholische Priester, die am 2. Mai 1972 durch den Trierer Bischof Dr. Bernhard Stein eröffnet wurde. Im Herbst 2009 leben und studieren dort 59 Priesterkandidaten aus 22 Bistümern und drei Ordensgemeinschaften.

Keine öffentliche Besichtigung; kostenlose Parkplätze genügend vorhanden; Wegweiser zum »Studienhaus St. Lambert« folgen; keine öffentliche Gastronomie im Studienhaus.

www.st-lambert.de
www.lantershofen.de
www.kreis-ahrweiler.de

Hast drehte sich der Bursche herum und verschüttete hinter sich den Stolleneingang so dicht und sorgfältig, dass die fremden Soldaten ihn nicht bemerken konnten. Danach krochen sie weiter, bis sie endlich den rettenden Ausgang erreichten und dort wieder die reine Luft des Ahrtals atmen konnten. Der tapfere Schuster nahm die Grafentochter mit in sein bescheidenes Häuschen. Dort blieb sie, solange noch irgendein Feind in der Nähe der Burg Blankart lagerte. Von der Klugheit und mutigen Entschlossenheit ihres Retters beeindruckt, fand sie Gefallen an dem hübschen Burschen. Und als dieser errötend um ihre Hand anhielt, gab sie ihm, ohne lange zu zögern, ihr Jawort.

Seitdem befindet sich ein Schusterhammer im Wappen des Blankartschen Geschlechts, wie ein jeder es noch, eingemauert über der Eingangstür der jetzigen Burg, sehen kann.

Wensberg (Wensburg)
Lind

Der Wensburger Raubritter

Zur Zeit der Raubritter erwarb sich auch die Wensburg einen schlechten Ruf. Denn in ihr wohnten drei Ritterbrüder, die anstatt ihre Felder und Wälder zu bearbeiten, viel lieber auf Raubzug ausritten. Sie überfielen Händler, Bauern und Reisende und plünderten sie aus. Das ganze Land fürchtete sich vor diesen rauen Gesellen, die auch nicht davor zurückschreckten, Gewalt anzuwenden.

Eines Tages waren diese drei Strauchdiebe von der Wensburg erneut ins Euskirchener Land geritten, auf der Suche nach Beute. Die Sonne ging schon unter, als sie mit ihrem vollbeladenen Wagen zurückkehrten. Doch sollten sie sich diesmal nicht lange ihrer Beute freuen. Kurz vor ihrer Burg wurden sie im Laubachstal von den Bauern der Umgebung überfallen und gefesselt. Schnell saß man über sie zu Gericht, und schnell war auch das Urteil gefällt. Diese drei, die so viel Unheil über Land und Leute gebracht

Lind (-Obliers) (53506) · Kreis Ahrweiler · Rhld-Pf

13. Jh.: Auf einer Bergkuppe südwestlich von Lind im Tal der Liers findet sich eine rechteckige Burganlage mit herausspringendem Bergfried und unregelmäßig ovalem Zwinger. Vermutlich hat sie sich aus einer fränkischen Hofanlage entwickelt. Als ihre Erbauer werden die Grafen von Ahr oder die von der Nürburg vermutet.

1401 wird diese Burganlage als »Haus zu Wentzbergh« erwähnt. Ihr damaliger Besitzer Dietrich von Gymnich trägt sie »mit allen synen Muren, Portzen, Graven, Vurburge ind Getzymmere« dem Kölner Erzbischof Friedrich von Schwarzenburg (1100–1131) zu Lehen auf und räumt ihm zugleich das Öffnungsrecht ein. Damit besitzt der Kölner Landesherr eine weitere Burg, um die Verkehrswege entlang der Ahr und sein Kurfürstentum gegenüber Trier zu sichern. Burg Wensberg, einst Mittelpunkt einer gleichnamigen Herrschaft, wechselt von der Ritterfamilie von Gymnich über die von Helfenstein zu der von Orsbeck, in deren Besitz sie bis in das 17. Jahrhundert verbleibt.

1633: Während des Dreißigjährigen Krieges zerstören spanische Truppen die Wensburg. Die Ruine gelangt dann in den Besitz der Freiherren von Bourscheid und

1760 in den der Freiherren von Lützerode.

1794: Die französische Revolutionsregierung beschlagnahmt die Burg. Die Familie von Lützerode verliert alle Herrschaftsrechte und verkauft die Burgreste 1817 an den Weinhändler und Eisenfabrikant Carl Theodor Risch aus Reifferscheid, der sie

1832 in weiten Bereichen abbrechen lässt; dabei wird auch die Burgkapelle »St. Georg« an der Ostseite des Bergfrieds abgerissen, obwohl ihr baulicher Zustand gut ist. Die Restanlage wird von der Erbin Louise Scheib zu Beginn des 20. Jahrhunderts instand gesetzt und umgebaut.

Heute: Von der für die Öffentlichkeit gesperrten Ruine der Höhenburg Wensburg, versteckt im Wald auf einer Bergkuppe, – sie ist nur zu Fuß oder mit den Rad zu erreichen, – sind lediglich der etwa zwanzig Meter hohe Bergfried, ein klobiger viereckiger Turm mit hohem Schieferdach, und die Umfassungsmauern erhalten geblieben und befinden sich im Eigentum der Familie Cramer, Düsseldorf.

www.wasserburgen.de
www.lind-ahr.de

ben verwirkt. Der Dorfrichter brach den Stab, und kurze Zeit später baumelten die drei räuberischen Ritter mit dicken Stricken um die Hälse an einem alten, verworrenen Kastanienbaum, der noch heute bei den Einwohnern aus Liers den Namen »krause Bom« hat.

In hellen Vollmondnächten umkreisen die Geister der Gehenkten den Baum. Davon zeugt der fußbreite Kreis, der immer dort am Fuße des uralten Baumes zu sehen ist.   *(nach H. Stötzel)*

hatte, wegen denen Blut vergossen und bittere Tränen geweint wurde, wegen denen sich kaum mehr ein Rechtschaffener und Fleißiger alleine hinaus wagte, denen nichts heilig war, weder kirchliches Gut noch die Unschuld der Frauen im Tal, die hatten das Le-

Burg Lissingen
Lissingen

Der lebendige Rosenkranz

Gottfried von Bouillon in den Ardennen, der große Anführer des abendländischen Kreuzfahrerheeres, hatte großen Zulauf aus den linksrheinischen Landen. So stellte sich auch ein Sohn des Ritters Schmeych von Lissingen unter seine Fahne. Mit großem Eifer wurde die Fahrt ins Heilige Land un-

Lissingen, Oberburg

ternommen, um Jerusalem mit den heiligen Stätten zu befreien. Doch als der Kreuzzug beendet war, und die vielen Eifelritter längst wieder zu Hause auf ihren Burgen weilten, warteten die Eltern in der Burg zu Lissingen immer noch ungeduldig auf die Rückkehr ihres Sohnes. Die Ungewissheit ließ sie schier verzweifeln, bis ein fremder Ritter eines Tages am Burgtor um Einlass bat. Er meldete den Eltern, er habe an der Seite ihres Sohnes gekämpft, doch sei dieser, ob-

wohl er sich tapfer, wild und mutig verteidigte, von Sarazenen gefangen genommen und irgendwohin verschleppt worden.

Die Eltern Schmeych von Lissingen gaben alle Hoffnung auf, denn das hatte man schon so oft gehört, dass das mörderische Klima, die feindliche Umwelt und das harte Sklavendasein jede Heimkehr schier unmöglich machten.

Der gefangene Lissinger Ritter im fernen Land wusste wohl um sein Geschick. Er vertraute aber der Kraft des Gebetes und Gottes Hilfe, und versprach, wenn er noch einmal die Heimat wiedersehen dürfe, dorthin, wo er das Dorf zuerst erblicke, eine Kapelle zu bauen. In ihr sollte, solange sein Geschlecht lebe, das Rosenkranzgebet jeden Tag auf ewige Zeiten gesprochen werden.

Da geschah es, dass der Ritter getröstet in tiefen Schlaf fiel, der ihm schier unendlich lange währte. Plötzlich wurde er durch einen kühlen Wind und knarrendes Geräusch wach und rieb sich die Augen. Wer beschreibt sein Staunen?

Er fand sich in einer Wiese zwischen kleinen Kiefern liegen. Als er heraustrat, sah er vor sich die elterliche Burg mit den wenigen kleinen Bauernhäuschen. Über die Zugbrücke galoppierten gerade einige Reiter in den Burghof. Jetzt war der Kreuzfahrer hellwach. Heimische Vogelstimmen vernahm er, sah die Sonne über dem Katzenrech und sich selbst, abgemagert und in zerlumpter Kleidung der Gefangenschaft zu Hause. Erschöpft stieg er den Hügel hinab, gelangte über einen Steg an der Kyll zum Burgtor.

Der Wächter an der Zugbrücke versperrte ihm, der aussah wie ein heruntergekommener Landstreicher, anfangs den Zugang. Dann erkannte er ihn, stieß einen Freudenschrei aus und führte den Junggrafen rasch zu seinen Eltern. Jubel und Freude herrschten über die Rückkehr des Totgeglaubten.

Der Ritter löste voller Dankbarkeit sein Versprechen ein. In kurzer Zeit erstand eine kleine Dorfkapelle. Der Ritter ließ sie auf die Schutzpatronin, die heilige Margaretha, weihen, die gegen den Drachen des Unglaubens (Islam) kämpfte und zugleich die große Nothelferin der Bauern ist. Auch wurde täglich der »lebendige Rosenkranz« als Dank gebetet. Dieser Brauch lebte als Stiftung bis Ende des 19. Jahrhunderts fort.   (nach Paul Krämer, in: Heimatbuch Lissingen, 1962)

Der zahme Bär

Es war ein Wetter zum Gotterbarmen. Draußen stürmte und heulte der kalte Westwind, und Wassermassen ergossen sich hinab ins Tal der Kyll. Mächtige dunkle Wolkenberge jagten wie von Geisterhand getrieben über die Berge und bogen die Bäume fast bis zum Zerbrechen. Kein Mensch wagte es, sich nun draußen in diesem Unwetter aufzuhalten.

Und dennoch pochte es zu später Stunde an der Pforte der Burg zu Lissingen. Nein, es war kein Ast, der vom Wind geschüttelt gegen das dunkle Eichentor schlug, sondern deutlich mehrmaliges Klopfen und eine schwache Stimme, die um der Gnade des Himmels wegen um Einlass bat.

Rasch eilte der Torwächter hin und öffnete die kleine schmale Pforte in dem großen zweiflügeligen Tor, das zur Straße hinführte. Und als er seine Sturmlaterne hochhob, um besser sehen zu können, wer da Einlass begehrte, erschrak er gewaltig. Neben einem alten Mann mit breitem Hut, von dem das Wasser nur so in dessen Hals rann, stand ein riesengroßer, zotteliger Bär, hoch aufgerichtet, mit einem Maulkorb in seinem Gesicht und um den Hals einen breiten Ledergurt, dessen Ende jener Fremde in seinen Händen hielt. Und als der Wächter noch genauer hinsah, bemerkte er, dass der schmutziggraue Brustlatz des völlig durchnässten Mannes blutig rot gefärbt war. Und der Alte stöhnte, dass man ihn nur mit Mühe verstand:

»Habt Erbarmen und lasst uns hinein in diese Burg. Gewährt uns irgendeine trockene Stelle, wo wir ruhen und ich mich erholen kann. Habt keine Angst vor dem Bär. Er ist guten Menschen gegenüber zahm und brav wie ein treuer Hofhund.«

Und dann brach der Mann zusammen. Rasch rief der Torwächter zwei Knechte herbei, und zusammen trugen sie ihn in die große Scheune und betteten ihn auf weiches Heu. Dann berichteten sie dies dem Burgherren Ferdinand Ludwig Zandt von Merl, von dem sie wussten, dass er nie Arme und Notleidende von der Burg verwiesen oder ihnen seine Hilfe versagt hatte. Graf Ferdinand schritt mit hinab zur Burgscheune, schaute sich den schwer verletzten Mann an und erteilte den Befehl. »Den Bären lasst angebunden hier stehen und versorgt ihn mit Essen. Diesen Mann bringt hin zum Gesindehaus und bettet ihn warm. Eilt, und ruft den Medikus herbei, dass er sich der Wunden annimmt.«

Und so geschah es. Der Medikus reinigte den großen, klaffenden Riss in der Brust jenes Unbekannten, verband ihn sorgfältig und flößte ihm einen stärkenden Alraunetee mit Heiltropfen aus der Mohnpflanze ein.

Am kommenden Morgen besuchte Graf Ferdinand den Fremden. Bleich und abgemagert lag er auf einer Strohschütte, sein hageres Gesicht bedeckt mit wirren Bartstoppeln. Als er den Grafen bemerkte, versuchte er seinen Kopf zu heben, sank aber ermattet zurück. Dann begann er leise, mit abgehackten Worten zu erzählen, wobei ein jeder deutlich vernehmen konnte, welch große Schmerzen den Mann quälten:

»Geboren wurde ich tief in den Böhmischen Landen. Und als junger Mann zwang man mich, mit den Soldaten des Kaisers zu ziehen und gegen die Protestanten zu kämpfen. Dreißig Jahre zog ich kreuz und quer durch alle Lande. Entsetzliches musste ich erleben, Leid und Tränen sehen. Städte und Dörfer in Flammen. Berge von toten Menschen. Die Pest – die Menschen starben wie die Fliegen. Keiner mehr da, der sie beweinte und betrauerte. Als der Krieg zu Ende war, was sollte ich tun? Was sollte aus mir werden? In meiner Heimat, da lebte niemand mehr von meiner Familie und meinen Verwandten. Ich hatte nur töten und kämpfen gelernt. Wer hätte mir Alten schon Arbeit geben können oder wollen. So schaffte ich mir einen Bär an, einen Tanzbär. Mit dem zog ich seitdem durch Frankreich und Deutschland, von

Norden nach Süden und vom Osten zum Westen. Ich spielte auf einer Flöte, und der Bär tanzte. Er hob die Pfoten und wenn ich mit den Augen zwinkerte, brüllte er zum Ergötzen der Zuschauer. Ab und zu gaben mir dann die Leute einige Kupfermünzen oder etwas zum Essen, für mich oder meinen Bär. Mein Bär! Ein gutes und treues Tier! Ist mir ein guter Freund geworden. Doch gestern, als ich gegen Abend auf meinem Weg hinab in dieses Tal wanderte, kam ich irgendwo da oben …« und dabei zeigte er mit seiner Hand in

stöhnend: »Ich danke euch sehr, dass ihr so menschlich an mir handelt. Aber ich spüre schon, wie das Fieber an mir hoch kriecht und mein Leben fordert. Sollte ich nicht mehr gesunden, dann bitte ich euch um die Gnade, meinem Freund, dem Bär, kein Leid zu tun. Gewährt ihm, dass auch er sein Leben ohne Not und Qual beenden darf.«

Mit einem Schmerzenslaut sank der alte Soldat zurück und fiel in tiefen Schlaf, aus dem er auch nicht mehr erwachte. Sein Blutverlust war zu stark, sein

Lissingen, Unterburg

Richtung Wöllersberg – » … dabei kam ich ins Straucheln, rutschte auf dem nassen, schlammigen Boden aus und stürzte einen steilen Abhang hinunter. Dabei muss irgendein Ast oder ein spitzer Stein mir die Brust aufgerissen haben. Mühsam schleppte ich mich dann hin zu eurer Burg, wohin mich ein Licht im Turmfenster leitete.«

Erschöpft und mit schmerzverzerrtem Gesicht hielt der Fremde inne. Still war es in der Kammer. Nur den röchelnden Atem des Alten konnte man hören. Dann schlug er wieder die Augen auf und meinte

Körper zu geschwächt, um der schweren Verletzung und dem Wundfieber widerstehen zu können.

Der tote Leib jenes Fremden, dessen Namen nie einer erfuhr, wurde im Schatten der Lissinger Margarethenkapelle beigesetzt, und der Bär erhielt ein schönes Gehege mit viel Freilauf. Oft kamen Leute vorbei und betrachteten staunend das große, wilde und doch so zahme Tier. Besonders freundete sich Carl Anton mit dem Bären an. Er war der älteste Sohn des Grafen Ferdinand, den ihm seine Frau Maria Claudina von Ahr geboren hatte. Nahezu jeden

Tag besuchte und fütterte er ihn, nannte ihn »mein Brauner«, sprach mit ihm, und wenn der Bär sich dann friedlich brummend niederlegte, kraulte der Kleine ihm das Fell.

Doch der Frieden in der Burg wurde eines Tages jäh unterbrochen. Zwei gar schlimme Übeltäter, die als herumstreifende Wegelagerer aus dem Französischen kommend in der Eifel ihr Unwesen trieben, die Leute überfielen und ausraubten, in Kirchen und Kapellen eindrangen und dort stahlen, kamen auch zur Burg in Lissingen. Dort bemerkten sie den kleinen Grafensohn mit den hellblonden Locken. In ihrer feigen Hinterlist beschlossen sie, diesen zu entführen und dann von den gräflichen Eltern ein hohes Lösegeld zu fordern. Unbemerkt schlichen sie sich von hinten an den spielenden Knaben heran und stülpten ihm blitzschnell einen Sack über den Kopf. Das Kind wehrte sich nach Leibeskräften, strampelte und schrie nach Vater und Mutter. Doch der größte und wildeste der zwei Entführer presste seine kräftige Hand auf das zarte Gesicht des Kleinen und erstickte dessen Weinen und Schreien.

Doch in dem Moment ertönte ein anderes Geschrei und Gebrüll. Der Bär mit seinen feinen Ohren hatte die Angst und die Not des Jungen vernommen. Mit einem mächtigen Prankenhieb riss er das hölzerne Gatter nieder, eilte mit großen Sprüngen hin zur Burgwiese, stellte sich mit Gebrüll auf seine Hinterbeine und schlug erneut zu. Mit einem schrillen Schrei und gebrochenem Kreuz brach der wildeste der zwei zusammen und hauchte sein Leben aus. Der zweite ließ den entführten Jungen in dem Sack zu Boden fallen und rannte mit schreckverzerrtem Gesicht Richtung Kyll. Doch der Bär war schneller.

Lissingen (Gerolstein-) (54568) · Vulkaneifelkreis · Rhld-Pf
1212: In Lissingen wird erstmals mit Nennung des Rittergeschlechtes der »Smeych von Liezingen« als Lehnsträger der Abtei Prüm urkundlich eine Burg erwähnt. Erbaut ist sie an einer Stelle, auf der ursprünglich schon Römer siedelten, und die vermutlich eine kleine Befestigungsanlage nach den Normanneneinfällen gegen Ende des 9. Jahrhunderts auswies. Die Burg dient dem Schutz der Besitzungen des Klosters Prüm gegenüber den Grafen von Blankenheim. Die stattliche Anlage ist von einem Wassergraben umgeben. Über viele Jahrhunderte bleibt die Burg Lissingen ein Lehen der Fürstäbte von Prüm. Dann geht sie über ins Eigentum der Erzbischöfe und Kurfürsten von Trier, die fortan Burgherren (Zandt von Merl) als einflussreiche Hofbeamte (Ministerialen) einsetzen.
Um 1280: Der Westflügel der Unterburg wird erbaut.
1559: Die Besitzer Hugo und Gerlach Zandt von Merl nehmen eine Trennung in »Oberburg« und »Unterburg« vor und errichten dazwischen eine hohe Trennmauer. An der Grenze zwischen diesen beiden Burgen steht ein viergeschossiger Turm aus dem 14. Jahrhundert, ursprünglich ein Torturm.
1590: Die Burg wird durch eine Erweiterung des Ostflügels ausgebaut.
1661/62: In der »Unterburg« wird das Wohnhaus zu einem großen dreigeschossigen Wohnbau umgebaut.
1825: Nach verschiedenen Besitzverhältnissen erwirbt die Familie von Landenberg die »Oberburg«, verkauft sie aber 1913 an den Gutsbesitzer Peter Albert Maas, der nun Alleinbesitzer der »Oberburg« und »Unterburg« ist.
1932: Familie Greven kauft die Gesamtburg Lissingen.

1987: Die Niederburg ist im Privatbesitz von Dr. Karl Grommes, der sie für eine neue Nutzung behutsam restauriert.
2001: Die Oberburg ist im Privatbesitz der Familie Christine und Christian Engels, die sie einfühlsam und denkmalgerecht restauriert. Ein Großteil des Gebäudes mit verschiedenen Wohnungen ist vermietet.
Heute: Die Wasserburg am Ortsrand von Lissingen, eine Besonderheit unter den Eifelburgen, ist bis heute unzerstört geblieben und weist die verschiedensten Bauepochen von der Gotik über die Renaissance, den Barock bis in die Neuzeit auf. Die sehenswerte »Unterburg« diente lange Zeit als landwirtschaftliches Gut mit Mühlenbetrieb und eigenem Elektrizitätswerk. Mit sämtlichen Bauwerken (Herrenhaus, Vorburg: Toranlage, Wirtschaftsgebäude etc.) ist sie gut erhalten und in Privatbesitz. Die Burgaue, das Burgmuseum (bedeutsame Kutschen- und Schlittensammlung) und die Burgmühle (Gastronomie) sind frei zu besichtigen, die Burg selbst nur nach Vereinbarung und mit Führung. Sie kann für private und gewerbliche Veranstaltungen angemietet werden.

Kostenfreie Parkplätze sind genügend vorhanden; keine Gastronomie auf der Oberburg.
www.oberburglissingen.de
www.burglissingen.de

Die Unterburg ist im Zeitraum von April bis Oktober geöffnet. Gruppenführungen ab 20 Personen werden ganzjährig nach Vereinbarung durchgeführt. Gastronomie in den Braustuben Burg Lissingen.
www.braustuben-burg-lissingen.com

Mit zwei, drei Sprüngen erwischte er ihn und warf ihn zu Boden. Dann stellte er seine schwere Pranke auf dessen Brust und ließ ein Gebrüll vernehmen, das schaurig von den Felswänden widerhallte und einem schier das Blut in den Adern gefrieren lassen wollte. Schon waren die Burgwachen mit ihren Spießen zusammen mit dem gräflichen Ehepaar herbeigeeilt. Rasch erkannten sie, in welcher Gefahr ihr geliebter Sohn Carl Anton geschwebt hatte, aus der ihn der Bär gerettet hatte.

Der Verbrecher wurde seiner gerechten Strafe zugeführt und hauchte, am Galgen baumelnd, sein Leben aus. Der Bär aber wurde stets in höchsten Ehren gehalten, und so lange er lebte, wurde er gehegt und gepflegt, als wäre er ein Mitglied der adligen Lissinger Burgherrschaft.

Das unheimliche Gesicht

In der Burgküche der Oberburg herrschte stets reges Treiben. Knechte brachten Holz und feuerten den großen Ofen an, Mägde eilten geschäftig hin und her, putzten Gemüse, rupften Hühner und Gänse, rührten in Kesseln und Töpfen, und der dicke Koch hackte Fleisch, briet und brutzelte. Da war ein Lachen und Leben, ein Singen und Gekichere, ein Gepoltere und manchmal auch ein Wehgeschrei, wenn der Koch dem Küchenjungen eine Ohrfeige gab, weil er wieder mit seinem Finger aus dem Honigtopf naschte, oder der jungen Dienstmagd an den Ohren zerrte, weil sie eine Schüssel fallen ließ.

Alles in allem – es ging sehr munter und lebhaft zu, und alle waren froh, in der warmen Küche arbeiten zu dürfen, in der manch Leckeres übrig blieb.

Nur wenn es hieß, den Fußboden der Küche zu schrubben, die Schränke zu reinigen und vor allem die Wände zu säubern, dann wurden die Diener und Mägde still und stumm. Angst schaute aus ihren Augen, und eine Gänsehaut kroch langsam den Rücken herauf. Denn jedes Mal, wenn Wasser die Wände nässte, zeigte sich deutlich und groß ein Frauengesicht, das mit weiten, dunklen Augen in die Küche starrte. Und wenn die Wand wieder auftrocknete, verblasste die Abbildung immer mehr und verschwand schließlich ganz.

Manches junge Mädchen hatte dann, wenn es plötzlich dieses Bildnis auf der weißen Kalkwand sah,

vor Schreck aufgeschrien, den Wischlappen fallen lassen und war in zitternder Angst hinaus ins Freie gestürmt.

»Das ist die verfluchte Gräfin Katharina«, wusste man sich zu erzählen. »Sie war dereinst, und das ist schon sehr, sehr lange her, von Ritter Hartmut Schmeych von Lissingen in seine Burg geführt worden. Sie sollte ihm, der letztes Jahr seine Frau im Kindbett hatte sterben sehen, nun zur zweiten Frau werden. Aber diese Gräfin war nur lieblich als Braut, als Ehefrau ein wildes Gemüt. Besonders arglistig und heimtückisch verging sie sich an dem einzigen Kind des Grafen aus dessen erster Ehe. Sie verachtete und verstieß es ständig, denn nur ihr Kind, das sie bereits unter ihrem Herzen trug, sollte Alleinerbe dieser großen und reichen Burg werden. So ging sie hin und mischte heimlich dem unschuldigen Wesen Gift ins Essen, so dass es unter großen Qualen dahinsiechte und aus dem Leben schied.

Doch der Himmel lässt seiner nicht spotten. Als die Stunde ihrer Niederkunft kam, war es eine sehr schwere Geburt. Stundenlang schrie Gräfin Katharina vor Schmerzen. Verzweifelt versuchte die Hebamme zu helfen. Doch all ihre Kunst war vergebens. Ein totes Kind kam zur Welt, und die Gräfin verblutete, noch bevor die Angelusglocke läutete.

Im Tode fand die Kindsmörderin ebenfalls keine Ruhe. Immer und immer wieder erscheint seitdem ihr unheimliches Gesicht an der Küchenwand und erschreckt mit ihren starren Zügen alle. Und alle, die sie so sehen, sollen sich rasch bekreuzigen und ein Stoßgebet gen Himmel senden, damit der böse Blick der verfluchten Gräfin nicht auch deren Leben fordert.«

(Erklärung: Im Turm der Oberburg Lissingen, der auf römischen Fundamenten ruht, befand sich anfangs eine kleine Burgkapelle, der heiligen Katharina geweiht. Mitte des 14. Jahrhunderts erbauten die Herren von Lissingen an der Südseite der Ringmauer eine neue Kapelle, ebenfalls zu Ehren der heiligen Jungfrau Katharina. Die Turmkapelle wurde danach als Burgküche verwendet. Wahrscheinlich wurden dabei die alten Fresken übertüncht. Beim Reinigen und Nässen der Wand schimmerte dann in groben Umrissen das Antlitz eines Frauengesichtes durch. Bei diesem könnte es sich um die Abbildung der Kapellenpatronin, der heiligen Katharina gehandelt haben, die so Anlass zur Sage wurde.)

Sternburg (Wüstung)
Löf

Der Tempelhof bei Löf

Es wird die Sage erzählt, dass in jenem Tempelhof dereinst Tempelritter wohnten. Sie waren sehr reich, besaßen unermessliche Schätze und führten ein wüstes, gottloses Leben. Des Nachts gingen sie auf Raub aus und nagelten ihren Pferden die Hufeisen verkehrt auf. Aber als die gerechte Strafe sie ereilte, da flohen sie und steckten vorher ihre Häuser in Brand. Im Boden aber sind bei solchen Häusern noch heute seltene Kostbarkeiten eingegraben und warten auf einen Entdecker.   *(nach K. Hessel)*

Löf (56332) · Kreis Mayen-Koblenz · Rhld-Pf
1389 findet sich als einziger Hinweis auf ein vorhandenes Burghaus am linken Moselufer die Erwähnung, dass die Geschwister Gertrud von Kettig, Grete von Löve und Johann von Löve ihr Haus und ihren Hof zu Löf an den Trierer Erzbischof Werner von Falkenstein (1388–1418) verkaufen. In den kommenden Jahrhunderten wird das Gebäude bis auf minimale Reste abgetragen.
1864: Auf den Fundamentresten jener Burg, die bis heute stets »Tempelhof« genannt wird, entsteht ein Neubau durch Heinrich von Vinstingen, die sogenannte »Sternburg«.

1999: Die zeitweise als Hotel genutzte »Sternburg« fällt einem Brand zum Opfer und existiert seitdem nur noch als Ruine.
Heute: Die Ruinenreste der mittelalterlichen Burg sind bislang noch nicht erforscht worden. Im Jahre 2010 ersteigert die Gemeinde Löf das Gelände für 43 000 Euro, lässt die Ruine der »Sternburg« abreißen und den Standort neu gestalten.

Kostenlose Parkplätze und Gastronomiemöglichkeiten in Löf genügend vorhanden.
www.loef-kattenes.de

Schloss Malberg
Malberg

Kuno von Malberg wird Mönch

Ritter Kuno war wohl der bekannteste Herr von Malberg. Wegen seiner furchtlosen Tapferkeit erlangte er große Berühmtheit und Anerkennung bei all den Rittern in den Eifelburgen. Er war bereits über vierzig Jahre alt, als er an einem Kreuzzug teilnahm. Und dabei muss er wohl ein »Damaskuserlebnis« gehabt haben, das ihn von einem Saulus zum Paulus wandelte. Nach seiner Rückkehr legte er seine ritterliche Rüstung ab, entsagte dem weltlichen Genussleben und wurde Mönch in der Abtei Himmerod. Dort lebte er nach der strengen Regel des heiligen Benedikt, fromm und bescheiden und von seinen Mitbrüdern geachtet. Caesarius von Heisterbach nennt ihn eine »bemerkenswerte Persönlichkeit«, dessen Name zum Synonym für die Herrschaft Malberg wurde. Kuno von Malberg starb um 1180, als sein Abt ihn beauftragte, einen gestohlenen Hengst von einem Dieb zurückzuverlangen. Der Wandel Kunos von seinem ritterlichen Leben hin zu dem beschaulichen eines Mönches bewegte die Menschen und spiegelt sich in Sagen wider.

Kuno von Malberg war ein Ritter, der seinem Stand keine Ehre machte. Ritterliche Tugenden kannte er nur vom Hörensagen. Für ihn stand das Leben als Raubritter im Vordergrund. Reiche Pfeffersäcke, wie er die Kaufleute nannte, zu überfallen und auszurauben, das bereitete ihm die gleiche Freude, wie seine Untertanen zu quälen und auszunutzen. Ein anderes Mal vertrieb er die Nonnen des Klosters St. Thomas, was zu einer Fehde zwischen ihm und dem Erzbischof Theoderich führte, und diesen veranlasste, die Kyllburg zum Schutze des Klosters St. Thomas zu erbauen. Überall im weiten Eifelland nannte man den Namen Kuno mit Abscheu und flüchtete angstvoll, wenn er bei seinen ausgedehnten Beute- und Raubzügen in die Nähe ihrer Dörfer kam.

Eines Nachts war Kuno wieder losgeritten, um fetten Raub auf seine Burg Malberg zu schaffen. Da führte ihn sein Weg in die Nähe des Klosters Himmerod im stillen Salmtal. Milder Kerzenschein ließ die Kirchenfenster bunt erstrahlen, und aus dem Inneren der gewaltigen Klosterkirche drang der nächtliche Lobgesang der Mönche hinaus und ans

Malberg (54655) · Kreis Bitburg-Prüm · Rhld-Pf
Um 1000 wird auf einer langgestreckten Landzunge eines
Talkessels, an einem großen Bogen des Eifelflusses Kyll
und oberhalb des Ortes Malberg, eine Burganlage erbaut.
Der Name wird etymologisch mit dem althochdeutschen
»mahal« (=Versammlungsort auf dem Berg) gedeutet.
1008: Als Burgherr wird ein »vir nobilis Ravengar von Ma-
delberch« als Lehnsmann und Berater des Trierer Erzbischofs
Adalbero von Luxemburg (1008–1036) genannt.
um 1180: Der wohl bekannteste Malberger, Ritter und
Mönch Kuno, stirbt.
1204: Kaiser Friedrich II. (1220–1250) ordnet den Abbruch
der Burg an, zu dem es aber wahrscheinlich nicht gekommen
ist, denn
1224 wird eine Burgkapelle erwähnt. Die Anlage ist geteilt
in eine Ober- und eine Unterburg, was auch zu familiären
und politischen Reibereien führt.
1238: Der Trierer Erzbischof Theoderich II. von Wied
(1212–1242) macht Malberg zum »Offenhaus« zwischen
dem Erzstift Trier und Luxemburg.
1273: Die Familie von Reifferscheid wird durch Einheirat
Besitzer der Oberburg (als Luxemburger Lehen). Die Besitzverhältnisse wechseln danach noch mehrmals.
1280: Aus finanziellen Gründen verkaufen die Herren
von Finstingen ihre Unterburg an den Trierer Erzbischof.
1591–97: Die vorhandene Bausubstanz wird in einen
Renaissance-Wohnbau umgebaut.
1659: Johann Heinrich von Veyder, aus dem altadeligen
Geschlecht der Viandener und von Dasburg stammend,
ist Amtmann in Malberg.
1680: Seine beiden Söhne Johann Christoph und Johann
Werner kaufen die bereits stark renovierungsbedürftige Burg
Malberg.
1708–15: Das Schloss wird durch den kurpfälzischen Hof-
architekten Matteo Alberti aus Düsseldorf im Stil des vene-
zianischen Barocks ausgebaut. Anstelle der Unterburg wird
ein barocker Garten angelegt, der heute wegen seines eisernen Stakettenzaunes, der den Garten von der Schlosszufahrt
abtrennt, »Eiserner Garten« genannt wird). Des Weiteren
entstehen die Schlosskapelle, das »Neue Haus« und ein
Arkadenbau.
1794: Nach Ausbruch der Französischen Revolution flieht
Familie Veyder. Schloss Malberg entgeht Plünderungen
und Zerstörung. Der feudale Besitz wird jedoch verstaatlicht,
und die Barone von Veyder-Malberg verlieren alle ihre herrschaftlichen Rechte.
nach 1815: Tochter Ernestine von Veyder verbleibt im
Schloss und heiratet den preußischen Oberforstmeister
Franz Gerhard Schmitz.
1989: Die Verbandsgemeinde Kyllburg erwirbt das Schloss
von der Familie Schmitz-Malberg und führt seit dieser Zeit
kostenintensive Sanierungsarbeiten durch, unterstützt vom
Förderverein Schloss Malberg e.V. und der Dr.-Hanns-Simon-
Stiftung, Bitburg.
2000: Das Doppelschloss mit Altbau und Herrenhaus wird
mit dem Prädikat »Denkmal von besonderer nationaler
kultureller Bedeutung« ausgezeichnet. Die alte Oberburg wird
»Altes Haus« genannt.
Heute: Die der hl. Dreifaltigkeit und der Muttergottes geweihte Schlosskapelle mit sehenswerten barocken Figuren
des Bildhauers Adam Ferdinand Tietz (1708–1777) ist komplett restauriert und 2001 fertig gestellt. In ihr finden regelmäßig kulturelle Veranstaltungen statt.
Schlossführungen werden jeweils samstags (oder auf Anfrage)
durchgeführt. Freie Parkplätze vor Burg vorhanden; keine
Gastronomie auf der Burg;

www.schloss-malberg.de
www.stadt-kyllburg.de/schlossmalberg

lauschende Ohr von Ritter Kuno. Dieser hatte sein
Ross gezügelt, und je länger er den frommen Klängen
zuhorchte, umso mehr bewegten die Töne sein Herz
und sein Gemüt. Nachdenklichkeit befiel ihn und
eine drängende Sehnsucht, es diesen Mönchen gleich
zu tun. Auf einmal kam ihm sein bisheriges Leben so
schal, verwerflich und unnütz vor. Zum ersten Male
wurde ihm seine Endlichkeit bewusst und die Sorge
wuchs, wie wohl der Schöpfer des Himmels und der
Erde dereinst über seine Taten urteilen würde.

Und wie er so in tiefer Einkehr gedankenvoll neben seinem Pferde stand, wurde sein innerer Wunsch
immer drängender: »Nie mehr werde ich rauben und
plündern. So, wie diese weißen Mönche möchte auch
ich Gott dienen, in klösterlicher Gemeinsamkeit
meine Schuld büßen und mich auf das ewige Leben
vorbereiten!«

Mit dem Ross am Zügel schritt er den dunklen
Kiesweg hin zur Klosterpforte. Er zog an der Klingel,
die mit hellem Gebimmel in dem Flur widerhallte.
Bruder Pförtner öffnete die Pforte einen Spalt und
leuchtete mit einer Kerzenlaterne dem Besucher ins
Gesicht: »Wer seid Ihr? Was ist Euer Begehr, so spät
in der Nacht?«

»Ich bin Ritter Kuno, Herr von Malberg!« Und
als der Pförtner erschrocken zusammenzuckte, fuhr

Kuno fort: »Nein, das bin ich nicht mehr, das war ich. Und ich bitte dich in Demut, führe mich zum Abt, denn ich habe mit ihm Wichtiges zu besprechen.«

»Habt Geduld, Ritter Kuno. Der Abt weilt mit den übrigen beim Stundengebet in der Kirche. Wartet, bis es beendet ist, dann werde ich Euch zu ihm führen.«

Und der Pförtner schloss das Tor und ließ Kuno einsam und allein draußen in der Dunkelheit ausharren. Während solches Tun und Geringachten vor kurzem noch Kunos Jähzorn und Wut hervorgerufen und ihn zu Untaten hätte hinreißen lassen, wartete er nun still, ruhig und mit innerer Gelassenheit vor der Pforte.

Bald erschien der greise Abt und mit sanfter Stimme fragte er Kuno nach seinem Wollen. Und dieser beugte tief sein Haupt und sagte mit bebender Stimme: »Mir ist Dank Gottes Gnade bewusst geworden, dass mein bisheriges Leben unnütz und verwerflich war. Ich bereue es zutiefst und möchte mit Eurer Hilfe ein neues gottgefälliges Leben beginnen. Gewährt mir die Gunst und nehmt mich in Eure Gemeinschaft auf als Bruder, der bereit ist, selbst die niedrigste Arbeit zu verrichten!« Und Kuno beugte sein Knie und küsste den Ring des Abtes.

Tief gerührt hieß der Abt ihn aufstehen, legte ihm segnend seine Hände aufs Haupt und ließ ihm eine Mönchskutte holen.

Was Kuno dereinst an irdischen Reichtümern besaß, ließ er den Armen und seinen früher ausgebeuteten Bauern zukommen. Einen sehr großen Wald mit herrlich mächtigen Bäumen schenkte er dem Himmeroder Kloster. Bis heute trägt er noch den Namen »Kunowald«.

Von nun an weihte er sein ganzes Leben Gott, diente ihm fromm und demütig, erfreute Mitbrüder und Pilger durch sein gehorsames und gutmütiges Wesen und konnte viele durch sein leuchtendes Vorbild zum wahren Glauben begeistern.

Damals geschah noch etwas, was die Menschen heute noch mit Verwundern von Generation zu Generation weiter erzählen:

Im Stall des Klosters Himmerod stand damals ein Pferd des Abtes, das von edler Rasse und sehr wertvoll war. Und als dann eines Tages der Ritter Heinrich von Isenburg diesen feurigen Hengst sah, war er von ihm so begeistert, dass er ihn unbedingt besitzen wollte. Er bot dem Abt sehr viel Geld, doch dieser lehnte dankend ab. Er wollte sein Pferd nicht hergeben, das ihm so treu diente und ein persönliches Geschenk des Erzbischofs von Trier war. Kein Bitten und Betteln, kein Fordern und Verlangen des Isenburgers konnten den Abt von seiner Weigerung abbringen.

Das jedoch ließ sich Ritter Heinrich von Isenburg nicht gefallen. Mit List und Gewalt drang er heimlich in die Stallung ein und raubte das Pferd.

Der Abt war zutiefst betrübt und bat Bruder Kuno: »Du warst früher als Ritter oft mit dem Isenburger zusammen und befreundet. Ich bitte dich, reise zu ihm und fordere mein gestohlenes Pferd zurück.«

So tat Bruder Kuno. Aber er konnte bitten, mahnen und an die frühere ritterliche Kameradschaft erinnern, so viel er wollte. Alles vergebens, das Herz des Isenburgers blieb hart und verschlossen. Seine Beute wollte er nicht wieder hergeben.

Da ereiferte sich Bruder Kuno in heiligem Zorn: »Ich will und kann dich nicht richten. Aber Gott kann es. In einem nächtlichen Traum wurde mir kundgetan, dass ich in drei Jahren an Karfreitag, am Todestag unseres Herrn, sterben werde. Und dann werde ich dich drei Tage nach meinem Tod ebenfalls vor Gottes Richterstuhl fordern! Carpe diem – nutze deine Zeit und bedenke dein Unrecht!«

Dann verließ Bruder Kuno den störrischen und gemein lachenden Heinrich und kehrte nach Himmerod zurück.

Drei Jahre schritten ins Land. Die Karwoche kam. Bruder Kuno erkrankte. Das Fieber stieg unaufhörlich, und sein Körper siechte dahin. An Karfreitag, nachmittags zur Todesstunde des Herrn, schloss Kuno seine Augen für immer. Als Heinrich von Isenburg die Nachricht von Kunos Tode erhielt, erschrak er fürchterlich und erinnerte sich an die letzten Worte seines einstigen Freundes. Sein Gewissen pochte und mahnte. In aller Eile ritt Heinrich nach Himmerod, gab das gestohlene Pferd zurück und bat den Abt in langer Beichte um Buße und Vergebung, die dieser ihm auch gewährte. Dann trat Heinrich an die Bahre seines toten Freundes und nahm mit Tränen in den Augen von ihm Abschied: »Kuno, verzeih mir meinen Unglauben und mein sündhaftes Verhalten. Sei mein Fürsprecher und bitte für mich um Gottes Gnade, wenn ich vor dessen Richterstuhl treten muss.«

Drei Tage später wurde auch Ritter Heinrich von Isenburg in einen Sarg gelegt.

Oberburg
Manderscheid

Manderscheid (54531) · Kreis Bernkastel-Wittlich · Rhld-Pf

973: Die (Ober-)Burg, die ältere der beiden Burgen, wird erstmals in einer Schenkungsurkunde des Kaisers Otto II. (973–982) an den Trierer Erzbischof Diedrich I. (964–977) erwähnt. Sie soll durch Luxemburger Grafen erbaut worden sein. Sie ist die ältere der beiden Burgen in Manderscheid, errichtet auf steilem Felsen über dem Fluss Lieser, der sie von drei Seiten umfließt. Sie dient der Sicherung des Handelsweges über die Lieser und ist der Stammsitz des einflussreichen und bedeutenden Geschlechts der Herren von Manderscheid, die hier als Vögte der Abtei Echternach auf luxemburgischem Hoheitsgebiet regieren.

1140: Beginn der Fehde zwischen Heinrich von Namur und Luxemburg (*1112; † 1196), in dessen Besitz sich auch diese Burg befindet, und dem Trierer Erzbischof Albero (1132–1152). Der Luxemburger verliert und die Oberburg geht deshalb

1147 bleibend in den Besitz des Erzstiftes Trier über. Sie wird als »Landesburg« bezeichnet, ein Hinweis auf ihre Bedeutung. Daraufhin lassen die Manderscheider Grafen (Richard und Walter) unterhalb der Burg eine neue Anlage, die Niederburg, errichten.

1673: Die Burg, bereits während des Dreißigjährigen Krieges stark beschädigt, wird durch französische Truppen zerstört und nicht wieder aufgebaut.

1794: Die Französische Revolution bedeutet das Ende des Erzbistums und Kurfürstentums Trier. Die Burgruine der Oberburg wird beschlagnahmt, versteigert und als Steinbruch genutzt.

1921: Die Stadt Manderscheid kauft die Ruine und führt (bis heute) Sicherungsarbeiten durch.

Heute: Von der frei zugänglichen und mehrmals restaurierten Ruine der Oberburg sind erhalten geblieben die Umfassungsmauern und der wieder begehbar gemachte fünfstöckige Bergfried (beeindruckende Blicke ins Liesertal, auf die Niederburg und die Turnierwiese). Zusammen mit der Ruine Niederburg bildet sie ein beeindruckendes Panorama.

Kostenlose Parkplätze im Ort Manderscheid; ca. zehn Minuten Fußweg zur jederzeit frei zugänglichen Burg; Gastronomie oder Übernachtung auf der Burg nicht möglich.
www.manderscheid.de
www.manderscheid-vulkaneifel.de/sehenswertes.htm
www.eifelverein-manderscheid.de

Niederburg
Manderscheid

Die Katze im Brustpanzer

Im 12. Jahrhundert hatte es der Graf von Manderscheid zu seinen Lebzeiten versäumt, das Erbe unter den Söhnen Walther und Richard zu teilen. Nach seinem Tode beanspruchte jeder Grafensohn für sich die Herrschaft über die Grafschaft. Beide waren von früher Kindheit an zu machtgierigen Streithähnen

erzogen worden. So trugen sie lange Zeit erbitterte Kämpfe um die Vormacht aus, bis ihnen die Einsicht gekommen war, eine friedliche Lösung sei für beide Seiten das beste: Walther erhielt die Oberburg mit dem Flecken Manderscheid und Richard die Unterburg mit den umliegenden Landgütern.

Eine Zeitlang herrschte nach außen Frieden und Eintracht zwischen den Brüdern. Dennoch ließ keiner von beiden eine Gelegenheit aus, dem anderen eins auszuwischen. Walther, der ein leidenschaftlicher Jäger war und nach Aufteilung der Grafschaft kein eigenes Jagdrevier mehr besaß, jagte ohne Erlaubnis in des Bruders Wäldern. Als Walther eines Tages davon erfuhr, packte ihn heftiger Zorn, und er schwor Stein und Bein, für den Jagdfrevel bittere Rache zu nehmen. Dazu wollte er eine Schwäche Richards ausnutzen: Dieser geriet nämlich über nichts so sehr in Zorn, als wenn eine Katze in seine Nähe kam oder ihn gar berührte.

Einmal hatte Richard einen Boten auf die Oberburg gesandt, um seinen Bruder zu einem Besuch einzuladen. Er wolle endlich, so ließ er ausrichten, die brüderlichen Zwistigkeiten beilegen und echte Brüderschaft schließen. Walther war über das Friedensangebot hocherfreut und nahm die Einladung bereitwillig an.

Das Treffen der Brüder hatte mit einem zünftigen Rittermahl begonnen, dann folgte eine ausgelassene Zecherei, und Becher um Becher der erlesensten Moselweine wurde geleert. Einmal fragte zwischendurch Richard seinen Bruder: »Willst du dir einmal meine neue Rüstung ansehen? Ich habe das Prachtstück in der Schmiede des Trierer Erzbischofs nach Maß anfertigen lassen.« »Gerne will ich die Arbeit begutachten«, rief Walther erfreut, »darf ich einmal hin-

Manderscheid (54531) · Kreis Bernkastel-Wittlich · Rhld-Pf

1201: Urkundlich erwähnt wird ein Gebäude als kleine »Vorburg der Oberburg«.

1339: Wilhelm V., Herr von Manderscheid, lässt die Burg bedeutend vergrößern und stärker befestigen. Dadurch wird sie viel größer und umfangreicher als die Oberburg. Der Trierer Erzbischof und Kurfürst Balduin (1307–1354) versucht vergeblich, die Niederburg in einer zweieinhalbjährigen Belagerung (1346–48) einzunehmen, damit diese ihm nicht »hindirlich und schedelich« werden könnte.

1457: Die Grafen von Manderscheid (Dietrich III.) werden in den Reichsgrafenstand erhoben. Die Familie teilt sich auf in drei Linien: a) Manderscheid-Kail (Sohn Wilhelm); b) Manderscheid-Schleiden (Sohn Kuno); c) Manderscheid-Blankenheim (Sohn Johann).

1618: Der schwedische Graf Steno von Löwenhaupt-Rasburg (*1586; † 1645), durch Heirat mit der Manderscheider Gräfin Magdalena seit 1606 Besitzer der Niederburg, tritt der evangelischen Religion bei. Deswegen lässt Erzherzog Albrecht VII. von Österreich (*1559; † 1621) mit Unterstützung von Trier und Luxemburg, die Burg zu belagern und den Grafen gefangen nehmen. Die Burg erfährt starke Beschädigungen und verfällt in den kommenden Jahrzehnten immer mehr.

1673: Marschall Fourille lässt die Burg vom »Konstantinwäldchen« aus in Brand schießen.

1711 lässt Graf von Löwenhaupt-Rasburg umfangreiche Baumaßnahmen an der Niederburg durchführen, offensichtlich um sie wieder bewohnbar zu machen.

1794: Französische Truppen unter Marschall Fourille zerstören die Niederburg gänzlich und verkaufen sie als Steinbruch. Ihre einstige Besitzerin, Gräfin Augusta-Sternberg (*1744; † 1811), die in Blankenheim wohnt, flüchtet nach Böhmen.

18./19. Jh.: Die Niederburg verfällt vollständig zur Ruine.

1899: Der Eifelverein erwirbt die Burg, um sie vor weiterem Verfall zu bewahren und kontinuierlich zu restaurieren.

Seit 1978 bis heute: Umfangreiche Sanierungs- und Restaurierungsarbeiten durch den Eifelverein; eine Besichtigung der Ruine mit ihren alten Türmen, Gewölben und dem Bergfried vermittelt noch immer die Größe der einstigen Anlage. Zusammen mit der Manderscheider Oberburg bildet sie eine eindrucksvolle Kulisse für das alljährlich am letzten Augustwochenende stattfindende Burgenfest mit Ritterspielen. Unmittelbar vor der Niederburg nur wenige, kostenlose Parkplätze; keine Gastronomie oder Übernachtung auf der Burg möglich; Besichtigung von April bis November gegen Eintrittsgebühr täglich, außer montags; Führungen sind zu vereinbaren.

Burgverwaltung: Telefon: 06572-737 oder 932665
www.niederburg-manderscheid.de
www.manderscheid.de
www.manderscheid-vulkaneifel.de/sehenswertes.htm
www.eifelverein-manderscheid.de

einschlüpfen?« »Aber selbstverständlich!« erwiderte Richard.

Kaum hatte Walther den schweren Panzer hochgehoben, um ihn über den Kopf zu stülpen, da sprang eine wild fauchende Katze darunter hervor. Ihre scharfen Krallen fuhren Walther kreuz und quer durchs Gesicht, und auch Hals und Hände bekamen einige Kratzer ab.

»Vermaledeiter Kerl, das hast du mit Absicht getan! Der Teufel soll dich holen!« schrie Walther voller Zorn und ließ den Panzer krachend auf den Boden fallen. Ja, seine Vermutung war richtig: Richard hatte heimlich die Katze unter dem Panzer versteckt, um dem Bruder einen Schreck einzujagen und ihn zu ärgern. Und das war ihm gelungen!

Während Walther das Blut von den Kratzwunden wischte, rief er wutschnaubend: »Das war die größte Frechheit, die mir im ganzen Leben widerfahren ist! Von nun an soll Feindschaft zwischen uns sein bis ins Grab!« Das schwere Tor der Niederburg krachte ins

Schloss. Walther aber eilte hinauf auf die Oberburg und begann noch am selben Tag, in Manderscheid und in den umliegenden Flecken Kampftruppen auszuheben.

Fortan tobten erbitterte Kämpfe zwischen den Söldnern Richards und Walthers, doch keinem der beiden gelang es, die gegnerische Burg zu erobern, dazu reichte die Schar der Streiter bei keinem aus. Deshalb suchten die Brüder starke Kampfgenossen und Beschützer. Richard gab seinen Besitz, die Niederburg und die dazugehörigen Landgüter, dem Erzbischof von Trier zu Lehen. Richard erwählte den Grafen von Luxemburg zum Schutzherrn.

Schwere Zeiten erbitterter Kämpfe kamen über das Manderscheider Land. In zahlreichen Schlachten zwischen den Anhängern der feindlichen Brüder fiel mancher Söldner einem Speer oder Säbel zum Opfer. Nicht selten gingen Häuser, Ställe und Wälder in Flammen auf, Gehöfte des Gegners wurden geplündert.

Nach Jahren erst konnte Richard mit starken Truppenverbänden des Grafen von Luxemburg in die Oberburg eindringen. Walther wurde in Ketten gelegt, und Richard trieb Tag für Tag seinen Spott mit ihm, indem er seine Burg eine »Katzenburg« nannte. Doch das Kriegsglück war nicht lange auf Seiten Richards und der Luxemburger. Eines Tages rückte der Erzbischof von Trier mit einer gewaltigen Übermacht heran und schleifte die Oberburg bis auf die Grundmauern.

Einer der Nachfolger des Trierers, Erzbischof Hillin, baute später die Oberburg wieder auf. Da endlich versöhnten sich die feindlichen Brüder für alle Zeit. Wie es heißt, durch inständiges Bitten der alten Mutter und einsichtig geworden nach jahrelangen nutzlosen Streitigkeiten.   (R. Wagner)

Die Jungfrau im Harnisch

Man schreibt das Jahr 1430, als zu Trier Erzbischof Otto von Ziegenhain gestorben war. Das Domkapitel hatte nun das ehrenvolle Recht, einen Nachfolger für den begehrten Bischofsstuhl vorzuschlagen und zu wählen. Zuerst hatten die Domherren in den eigenen Reihen Ausschau gehalten und einen geeigneten Kandidaten auserkoren.

Nun hätte die Angelegenheit ihren Lauf genommen, wenn nicht Ulrich, der Sohn des Grafen Dietrich I. von Manderscheid, mit lauter Stimme Anspruch auf den Trierer Bischofsstuhl erhoben hätte. Dieser war Dompropst beim Erzbischof in Köln und bedrängte die Domherren, ihm, dem Nachkommen des mächtigen Manderscheider Grafengeschlechts, den Vorrang einzuräumen.

Die Trierer aber, oftmals enttäuscht über zahllose Streitigkeiten und Kriegshandlungen mit den Manderscheider Grafen, wollten von Ulrich nichts wissen und lehnten seine Kandidatur schroff ab.

Ganz ohne Gegenwehr wollten sich Anhänger und Freunde Ulrichs nicht geschlagen geben. Weil sie aber wussten, dass ein Feldzug gegen Trier mit einer sicheren Niederlage enden würde, besannen sie sich einer List und überredeten ein junges, unerfahrenes Mädchen, die Waffenrüstung eines Kriegers anzulegen. Damit solle es landauf, landab unter die Leute gehen und erzählen, es sei die berühmte Jungfrau von Orleans und aus Frankreich in die Eifel

zurückgekehrt, um für die gerechte Sache von Dompropst Ulrich zu kämpfen. Zu guter Letzt glaubte das Mädchen selber fest an seine ehrenvolle Aufgabe, zog durch die Lande und behauptete überall, es sei die wiedergeborene Jungfrau von Orleans. Und sie sei zu den Menschen zurückgekehrt, um sie davon zu überzeugen, dass der Grafensohn Ulrich der beste und gottgewollte Mann auf dem Thron des Trierer Erzbischofs sei.

Eines Tages, als die »wiedergeborene« Jungfrau von Orleans in einen Ort bei Trier gekommen war, befand sich unter den Zuhörern auch ein Trierer Domherr. Der stellte der Jungfrau einige Fragen nach ihrem früheren Leben in Frankreich. Als sie darauf keine Antwort wusste, war sie mit einem Schlag vor allen Augen als Betrügerin entlarvt. Voller Angst suchte sie zusammen mit ihren Begleitern das Weite, denn bald schon waren die Häscher des Trierer Domkapitels hinter ihnen her.

Ihre Flucht war erst zu Ende, als sie sich über die Grenzen ins benachbarte Ausland in Sicherheit gebracht hatten. Dort mussten sie lange Jahre ausharren, denn wegen ihrer Schandtat erwartete sie die Todesstrafe.   (R. Wagner)

Der treue Wagenknecht

Im frühen Mittelalter war die Oberburg von Manderscheid wieder einmal, wie so oft in ihrer unruhigen Geschichte, von feindlichen Truppen belagert. Alle Angriffe scheiterten an der Burgmauer, bis es gelang, über sie hinweg brennende Pechfackeln in das Innere zu schleudern. Bald stand die Burg in Brand, und Flammen schlugen an den Wänden bis zu den höchsten Turmzinnen empor.

In dieser ausweglosen Lage erschien auf einmal Niklas, der Wagenknecht der Burg, mit einem prallgefüllten Lederbeutel auf der Mauerbrüstung. Er hielt den Geldsack weithin sichtbar in der hochgestreckten Hand und rief mit lauter Stimme den Leuten von Manderscheid zu, die am gegenüberliegenden Berghang das Kampfgetümmel beobachteten: »Für ein Jahrgedächtnis, für ein Jahrgedächtnis!« Darauf flog der Geldbeutel im hohen Bogen von der Burgmauer hinunter ins Felsgewirr des Burgbergs. Dann warf sich auch der treue Wagenknecht selbst in die lodernden Flammen. Seit Kindesbeinen hatte er dem

Grafen treue Dienste geleistet, und nun wollte er den Fall seiner geliebten Burg nicht miterleben.

Der Geldbeutel mit den Ersparnissen vieler Jahre wurde später von einem Manderscheider am Fuße des Burgberges aufgefunden. Getreu dem Wunsch des Wagenknechts brachte er das Geld zum Pfarrer von Manderscheid. Und der las fürderhin Jahr für Jahr eine Messe zum Gedenken an den treuen Wagenknecht.   (R. Wagner)

Die eingemauerte Grafentochter

Im Jahre 1844 hatte man bei Ausbesserungsarbeiten der Niederburg in einer Mauer des Wachtturms eine mannshohe Nische gefunden, in der ein menschliches Gerippe lag, mit einer irdenen Schüssel und einer kleinen Steinbank. Seither glaubt jeder fest, dass folgende uralt überlieferte Sage reine Wahrheit ist.

Auf der Niederburg zu Manderscheid lebte dereinst ein stolzes Burgfräulein, die Tochter des strengen Grafen. Das Mädchen hatte sich in den Knappen Hugo verliebt, und das war für die beiden ein großes Unglück. Dem adligen Fräulein war nämlich ein Liebesverhältnis mit einem Nichtadligen strengstens untersagt. Man glaubte zur damaligen Zeit, eine solche Beziehung beschmutze die Ehre des Adels. Deshalb wurde solches Verhalten mit den grausamsten Strafen geahndet.

Auch auf der Niederburg nahm das Schicksal seinen bitteren Lauf. Eines Tages erfuhr der Graf von der unerlaubten Liebe seiner Tochter, als sie bei einer heimlichen Zusammenkunft überrascht wurde. Außer sich vor Zorn ließ er den unglücklichen Liebhaber auf der Stelle gefangen nehmen und am nächsten Baum aufhängen, so wie es damals Brauch war.

Das Burgfräulein wurde in eine winzige Nische der Burgmauer bei lebendigem Leibe eingemauert. Durch eine kleine Öffnung erhielt sie täglich ein wenig Nahrung, bis der Tod sie von ihrer Qual erlöste.

Von dieser Zeit an geisterte die Seele des Fräuleins jahrhundertelang um die Mitternachtsstunde, besonders in kalten Dezembernächten, um die heimatliche Burg. Und viele Wanderer und Einwohner, die zu später Stunde auf ihrem Heimweg in die Nähe der Burg kamen, vernahmen eine hohle Stimme, die in die Nacht hinausrief: »Huuuugooo, Huuuugooo!«

Der Spuk hörte erst auf, als man das Gerippe in ein christliches Grab gebettet hatte.

Niederburg. Stich von Frans Hogenberg, 1576

NIDER MANDERSCHEIDT

FLV.

Genovevaburg
Mayen

Siegfried und Genoveva

Im achten Jahrhundert, als Hildolf Erzbischof von Trier war, lebte auf der mächtigen Burg in Mayen der Pfalzgraf Siegfried mit seiner frommen Gemahlin Genoveva. Sie war eine Herzogstochter aus Brabant, anmutig und klug, schön und tugendhaft und verwandt mit dem Hausmeier Karl Martell.

Damals geschah es, dass Karl Martell, der Großvater Karls des Großen, einen Kriegszug gegen die heidnischen Araber unternahm, die Spanien erobert hatten und danach in Frankreich eingefallen waren. Auch Pfalzgraf Siegfried, der tapfere Ritter, leistete zusammen mit anderen Grafen und Rittern des fränkischen Reiches seinem Herrn Karl Martell Heeresdienste und zog mit ihm gegen das heidnische Heer.

Während seiner Abwesenheit sollte seine Gemahlin Genoveva auf seiner Burg im Maifeldgau bleiben. Er unterstellte sie dem Schutz seines Statthalters Golo, dem er völlig vertraute und dem er auch die Verwaltung seines Landes übertrug.

Doch Golo war ein Heuchler und ein Mann ohne Gewissen. Solange der Pfalzgraf anwesend war, hatte er diesem geschmeichelt und sich ergeben gezeigt. Aber als Siegfried fortgezogen war, dauerte es nicht lange, da zeigte Golo sein wahres Gesicht. Er war falsch, hinterhältig und grausam. Zu seiner Herrin Genoveva entbrannte er in sündiger Liebe. Er wollte sie besitzen. Ständig versuchte er, sie zur Untreue gegen ihren Mann zu überreden. Doch Genoveva wies ihn mit Abscheu und Entrüstung zurück und verbat sich sein unwürdiges Verhalten.

Mayen (56727) · Kreis Mayen-Koblenz · Rhld-Pf
1280: Auf hohem Schieferfels lässt der Trierer Erzbischof Heinrich II. von Finstingen (1260–1286) eine Burg erbauen, um die Interessen Kurtriers gegenüber Kurköln zu sichern. Der Name »Genovevaburg« ist ebenso wie der des 35 Meter hohen »Goloturms« (Bergfried) der »Genovevasage« (siehe unten) entlehnt.
1291: Burg und Ort entwickeln sich rasch und gewinnen an Bedeutung, so dass König Rudolf I. von Habsburg (*1218; † 1291) Mayen die Stadtrechte verleiht.
06.05.1689: Französische Truppen unter General Marquis Henri de Sourdis († 1712) brennen im sogenannten Pfälzischen Erbfolgekrieg das »churfürstliche Schloss« und die Stadt fast bis auf die Grundmauern nieder.
Ab 1700: Erzbischof und Kurfürst Johann Hugo von Orsbeck (1676–1711) ordnet den Wiederaufbau und die Erweiterung der Anlage an; durch Hofbaumeister Philipp Josef Honorius Ravensteyn entstehen erhebliche An- und Ausbauten (überdachte Wehrgänge, Unterburg, Burghof, Tore) im barocken Baustil. Noch heute kündet davon das kurfürstliche Wappen auf dem barocken Portal des stadtseitigen Burgeingangs.
08.08.1803: Die Genovevaburg wird unter französischer Herrschaft zum »Nationaleigentum« erklärt und für 8100 Francs verkauft. Wesentliche Anlagen (Amtshaus, Ostturm, Wirtschaftsgebäude) werden abgerissen.
1815: Das Gebäude der Oberburg wird ebenfalls abgerissen.
1821: In der Burg wird ein Raum an die neu entstandene evangelische Gemeinde als »Betsaal« verpachtet.
1830: Friedensrichter Cadenbach erwirbt die Burg und baut die Ruine wieder auf.

1880: Die Genovevaburg ist im Besitz einer Aktionärsgemeinschaft der Mayener Volksbank.
1893 wird sie an einen privaten Kaufmann verkauft, der die den Hof umgebenden Wohngebäude völlig umbaut.
07.11.1902: Eine Feuersbrunst zerstört große Teile der Burg.
1910: Kauf durch Ingenieur Arend Scholten; er lässt die Anlage ab 1918 nach historischem Vorbild restaurieren und wieder aufbauen und macht die Burg für die Öffentlichkeit zugänglich.
1921: Der Eifelverein richtet in Räumen der Burg ein »Eifelmuseum« ein.
1944/45: Durch Kämpfe und Luftangriffe während des Zweiten Weltkrieges werden zahlreiche Anbauten der Burganlage zerstört. Die Beseitigung der Kriegsschäden dauert bis in das Jahr 1984.
Heute: Die Stadt Mayen ist seit 1938 Besitzerin der Genovevaburg. Inmitten der Stadt mit noch teilweiser mittelalterlicher Stadtbefestigung beherbergt die imposante Burg das »Eifelmuseum« und das 16 Meter unter der Genovevaburg gelegene »Deutsche Schieferbergwerk« (Dienstag – Freitag von 10–17 Uhr, Samstag und Sonntag von 10–18 Uhr). Der Burginnenhof wird alljährlich von Juni bis August als Kulisse für die »Burgfestspiele Mayen« genutzt. Der Burgbereich ist jederzeit frei zugänglich. Kostenlose und -pflichtige Parkplätze in der Stadt; keine Übernachtung oder Gastronomie auf der Burg möglich.

www.mayen.de
www.deutsches-schieferbergwerk.de

Darauf ließ Golo Briefe fälschen, in denen behauptet wurde, Siegfrieds Schiff wäre mit allen seinen Leuten im Mittelmeer während eines Sturmes gesunken und alle hätten ihr nasses Grab gefunden. Jetzt gehöre ihm das ganze Reich, und er nähme sie zur Frau, wenn sie seine Liebe erwidere.

Doch Genoveva, die spürte, dass unter ihrem Herzen ein Kind von Siegfried heranwuchs, wehrte sich mit gebieterischen Worten gegen das unzüchtige Ansinnen Golos und drohte ihm an, all sein schändliches Verhalten Siegfried mitzuteilen, wenn er von seinem Kriegszug zurückkehre. Denn dass ihr geliebter Mann tot sei, das glaube sie nie und nimmer.

Da fing Golo an, sie grimmig zu hassen. Er ließ sie in ein Burgverlies einkerkern und verbot jedermann, sie aufzusuchen. Nur eine alte Frau hatte Zugang zu ihr, die ihr zur Seite stand und sie in ihrer Schwangerschaft tröstete. Sie war auch dabei, als Genoveva in

ihrer Einsamkeit unter großen Schmerzen einen Jungen gebar. Mit Tränen in den Augen drückte sie den schreienden Winzling an ihr Herz und gab ihm den Namen Schmerzensreich. Das Kindlein, der Mutter Trost und Freude in ihrer Verlassenheit, war gesund und glich dem Vater.

Da preschte eines Tages ein Eilbote mit seinem schnellen Ross in den Burghof und brachte allen die Nachricht: »Graf Siegfried ist auf seinem Weg in die Heimat. In Straßburg ist er bereits angelangt, von wo aus sein Weg nach Mayen führen wird.« Golo erschrak heftig und hielt sich für verloren, wenn Genoveva ihrem Mann alles berichten würde. Da riet ihm eine alte boshafte Frau, er solle sich doch deswegen nicht sorgen. Im Gegenteil, die Pfalzgräfin habe doch zu einer Zeit geboren, bei der niemand wissen könne, wer der Kindesvater sei. »Schicke den Boten zurück zu Siegfried mit der Botschaft, seine, ach so geliebte,

Genoveva habe die Treue gebrochen, sich dem Koch hingegeben und sei nun Mutter geworden.«

Golo tat, wie die alte Vettel ihm geraten. Und als der Kurier dies so Siegfried berichtete, erschrak dieser und schenkte der Lüge Glauben. Er geriet darüber in großen Zorn und gab den Befehl, Genoveva samt ihrem Kind sofort hinzurichten.

Als Golo in der Burg Mayen von diesem Befehl erfuhr, säumte er nicht. Den fälschlich angeschuldigten Koch ließ er gleich hinrichten. Dann übergab er Genoveva und das Kind zwei Knechten mit dem Auftrag, sie des Nachts heimlich in den Wald zu führen und dort zu töten.

Die Diener brachten sie in den fernen Bergwald. Genoveva flehte und jammerte um ihr unschuldiges Kind. Dies erweichte die Herzen der Männer und einer fragte: »Warum sollen wir diese beiden töten? Was haben die Unschuldigen denn getan?« Auch der zweite meinte: »Auch ich habe nie etwas Unrechtes an ihr bemerkt? Die Herrin ist stets gut zu uns gewesen? Sie tut mir leid, die Arme!«

»Es ist besser«, beschlossen sie, »dass wir sie hier im Wald ihrem Schicksal überlassen, als unsere Hände mit ihrem unschuldigen Blut zu beflecken. Und Ihr, Herrin, kehrt besser nie mehr auf Eure Burg zurück, wenn euch das Leben noch etwas bedeutet!«

Dann ließen sie Genoveva mit ihrem Kind in dem dichten Tann allein und kehrten zurück. Aus Angst vor Golos Zorn, töteten die beiden einen mitgelaufenen Hund und schnitten ihm die Zunge heraus. Diese zeigten sie Golo und beteuerten: »Euer Befehl ist ausgeführt. Genoveva und ihr Sohn weilen nicht mehr unter den Lebenden!«

Genoveva hatte Zuflucht in einer großen Höhle gefunden. Dort bettete sie sich auf dürren Blättern und Reisig. Sie weinte und betete viel in der öden Wildnis. Ihre Verzweiflung wuchs, denn sie hatte weder Nahrung für sich noch für ihr Kind. Sie wusste nicht mehr, wie sie Sohn Schmerzensreich ernähren könnte. In ihrer großen Not flehte sie die Muttergottes um Beistand an. Da sprang plötzlich eine Hirschkuh durchs Gesträuch und legte sich neben das Kind. Genoveva legte es an die Zitzen des zutraulichen Tieres, wo es sich satt trinken konnte. Dreimal täglich kam die Hirschkuh, um den Säugling zu stillen. Genoveva selbst ernährte sich von Wurzeln und Kräutern, die sie im Wald fand. So gingen fast sieben Jahre dahin, und der Knabe wuchs heran. Er lernte reden und gehen und war der Mutter Trost in aller Trübsal.

Als Siegfried auf seine Burg zurückgekehrt war, lebte er dort zurückgezogen und traurig in sich gekehrt. Es reute ihn bitter, dass er in seinem ersten Zorn den Befehl zur Hinrichtung von Genoveva gegeben hatte. Gerne hätte er seine voreilige Entscheidung rückgängig gemacht.

Nach fast sieben Jahren geschah es, dass Siegfried mit seinen Freunden am Tag vor dem Dreikönigstag eine große Jagd hielt, um die Tafel mit Wildbret zu zieren. Im Augenblick verfolgten sie eine große Hirschkuh, die die Jagdhunde aufgescheucht hatten. Es war dieselbe, die den Knaben Schmerzensreich mit ihrer Milch nährte. Immer näher kamen die Jäger dem Tier, das zuletzt keinen andern Ausweg sah, als zu der Höhle hin zu fliehen, in der Genoveva hauste. Dort warf es sich zu Füßen des Knaben nieder.

In diesem Augenblick kam Pfalzgraf Siegfried hinzu. Als er dieses wundersame Geschehen sah, die Hirschkuh hilfesuchend vor einem blonden Knaben liegend und eine abgehärmte Frau in zerlumpten Kleidern, die mutig sich der Hundemeute stellte, fragte er die Frau, was dies bedeute.

Genoveva erkannte in dem Jäger sogleich ihren Gemahl. Doch verriet sie es nicht. Sie trat schamvoll in den Schatten der Höhle zurück und entgegnete scheu:

»Verzeiht mein Aussehen. Ich bin eine Verstoßene! Brot habe ich nicht, ich aß die Kräuter, die ich hier im Walde fand. Mein Kleid ist vor Alter zerschlissen, drum leiht mir Euren Mantel, damit ich meine Nacktheit verhüllen kann.«

»Seit wann haust du hier?«

»Seit sechs Jahren und drei Monaten.«

»Wem gehört der Knabe?«

»Es ist mein Sohn.«

»Wer ist des Kindes Vater?«

»Gott weiß es.«

»Wie ist dein Name?«

»Mein Name ist Genoveva.«

Als der Pfalzgraf diesen Namen hörte, gedachte er mit Trauer und stillem Erschrecken an seine Frau. Da trat der Oberjäger hinzu und rief mit Erstaunen: »Bei Gott, das scheint mir unsre Herrin zu sein. Aber wie geht das an? Sie ist doch schon vor langer Zeit gestorben! Lasst uns genauer nachsehen, denn unsere geliebte Genoveva hatte ein kleines Muttermal am Hals.«

Da sahen sie alle, dass sie noch dasselbe Mal an sich trug.

nen Pflug gezogen haben. Bindet sie dem Schurken Golo an Hände und Füße und treibt sie dann an!«

So geschah es. Jeder Ochse zog in eine andere Richtung, und Golo wurde in vier Stücke gerissen.

Genoveva lebte nicht mehr lange. Wenige Monate später, am 3. April, starb sie. An dem Ort aber, wo die Gottesmutter sie vor den wilden Tieren bewahrte und eine Hirschkuh ihr Kind ernährte, ließ Graf Siegfried eine Kapelle bauen, die Fraukirch genannt wird. Dort wurde Genoveva begraben. Auch Siegfried soll nach seinem Tod im Jahre 740 hier seine letzte Ruhestätte gefunden haben.

(nach Brüder Grimm; die Genovevasage wurde wahrscheinlich nach mündlicher Überlieferung im 15. Jahrhundert im Kloster Maria Laach niedergeschrieben und seitdem in recht vielen Variationen verbreitet. Ihren Bekanntheitsgrad verdankt sie unter anderem den Erzählern Christoph von Schmid, Brüder Grimm und Gustav Schwab. Die Sage bildete Grundlage für das Theaterstück »Genoveva« von Friedrich Hebbel, für die gleichnamige Oper von Robert Schumann oder die Operette mit gleichem Titel von Jacques Offenbach. 2002 wurde ein Genovevaroman veröffentlicht sowie eine Publikation als Hörbuch.
Die Genovevasage ist ursprünglich an die Pellenz und den Raum Maifeld gebunden, mit einer Reihe von Örtlichkeiten zu Namen und Inhalten zu dieser Legende: Fraukirch bei Thür, die Genovevahöhle bei Ettringen, die Genovevaburg in Mayen mit Goloturm, das Golokreuz bei Thür (jetzt in der Fraukirch) und der so genannte Goloring bei Wolken. Jedoch ist die Legende auch an anderen Orte angesiedelt. So an die »Genovevahöhle« bei Kordel im Landkreis Trier. Bis zur Mitte des 20. Jahrhundert nannte sich diese große Höhle in den Buntsandsteinfelsen »Kuttbachhöhle«. Ein Mayener Beamter, nach Trier-Pfalzel versetzt, übertrug die heimatliche Genoveva-Legende auf diese Höhle, die, aus dem Zeitgeist der Romantik heraus, ihren Namen bald in »Genovevahöhle« wandelte.)

»Hat sie auch noch den Trauring?« fragte Siegfried.

Und Genoveva hob ihre Hand, und jeder konnte den gräflichen Ring sehen. Unter bitteren Tränen berichtete sie nun, wie es ihr ergangen war und was sie erleben musste.

Siegfried sprang von seinem Pferd und schloss mit inniger Freude die Leidgeprüfte und den Knaben in seine Arme. Nun stieß er in sein Jagdhorn. Da eilte sein ganzes Jagdgefolge herbei, mit dabei auch der treulose Golo. Indem er Genoveva und Schmerzensreich bei der Hand nahm, verkündete er freudigen Herzens: »Das ist meine Gemahlin, und das ist mein Sohn!«

Dann wandte sich Siegfried zu Golo und befahl mit donnernder Stimme: »Ergreift ihn und werft ihn in den Turm, bis entschieden ist, welchen Todes er schuldig ist.«

Unter lautem Jubel des Volkes führte Siegfried seine Gemahlin und seinen Sohn Schmerzensreich auf seine Burg zurück. Die Gerichtsverhandlung war in der darauffolgenden Woche. Und das Urteil sprach Siegfried: »Nehmt vier junge Ochsen, die noch kei-

Schloss Bürresheim
Mayen-St. Johann

Der Hexenturm zu Bürresheim

Auf der Burg Bürresheim im Nettetal bei Mayen lebte Diether von Breitbach mit seiner Gemahlin und seiner Tochter Irmgard. Er war ein gewalttätiger, jähzorniger und raubeiniger Mensch, der mit seinen Spießgesellen Wolf von Virneburg, Friedrich von Olbrück und Tasso von Nürburg häufig auf Raub ausging. Niemand war sicher vor ihnen, und die Beu-

Bei einer Jagd im Nitztal gab der Virneburger dem Breitbacher zu erkennen, er würde gerne dessen Tochter Irmgard als Gemahlin für seinen Sohn sehen. Diether war überrascht und sagte, dass Irmgard sich bereits mit Georg von Kempenich einig sei. Aber dann änderte er seine Meinung:

»Doch weil du mein bester Freund bist, will ich dafür sorgen, dass dein Sohn meine Tochter zur Gemahlin bekommt.«

Schloss Bürresheim um 1860. Sammlung Duncker

te wurde stets auf seiner Burg im Nettetal geteilt. Seine Frau und seine Tochter jedoch waren gutmütige und sanftherzige Menschen, die unter seinen Schandtaten litten.

Auf seiner Burg begab Diether sich sogleich in die Kemenate der Gemahlin und fand dort auch seine Tochter. Er verkündete ihnen seine Abmachung mit dem Freund. Agnes, seine Gemahlin, erschrak

Mayen-St. Johann (56727) · Kreis Mayen-Koblenz · Rhld-Pf

1157: Erwähnung der Herren Eberhard und Mettfried von Bürresheim (»de Burgenesem«), die dieser Burg ihren Namen geben. Erbaut ist sie auf einem langgestreckten Felssporn im Tal der Nette.

Um 1189: Erbe Heinrich von Bürresheim verkauft einen Burgteil an den Kölner Erzbischof Philipp von Heinsberg (1167–1191).

1281: Ein weiterer Burgteil geht an den Erzbischof von Trier, so dass die Burg nun aus einer Kölner und einer Trierer Hälfte besteht.

1359: Die Familie von Bürresheim stirbt aus. Mehrere Adelsfamilien sowie die Kölner als auch die Trierer Erzbischöfe beanspruchen die Burg. Die »Kölner Burg« (verwaltet von Vögten von Leutesdorf) verfällt nach und nach zu der heutigen, wegen Baufälligkeit gesperrten Ruine. Im Gegensatz dazu die gepflegte und stets bewohnte »Trierer Burg«, »Ostburg« genannt, die von den Herren von Schöneck verwaltet wird.

1380: Erbauung des Vogthauses, in dem heute die Wohnung des Burgwartes untergebracht ist.

1473: Gerlach von Breitbach erwirbt die Ostburg und baut sie aus.

im 15. Jh.: Der Bergfried aus dem 12. Jahrhundert wird um fünf Geschosse erhöht.

1659–61: Die Familie von Breitbach wird Alleinbesitzer der Burganlage und nennt sich »von Breitbach-Bürresheim«. Gerhard und Johann von Breitbach lassen den Westteil ihrer Burg zu einem Barockschloss umbauen, so wie es sich heute zeigt (dreistöckiger, an die Ringmauer anschließender Wohnbau;

Rundturm mit vier Meter dicken Mauern). Aus dieser Familie, 1691 in den Reichsfreiherrenstand erhoben, geht im 18. Jahrhundert der Mainzer Kurfürst und Erzbischof Emmerich Joseph von Breitbach-Bürresheim (1768–1774) hervor.

1794: Die Burg übersteht unbeschadet die Wirren und gesellschaftlichen Umbrüche der Französischen Revolution.

1796: Das Geschlecht derer von Breitbach-Bürresheim-Bürresheim stirbt aus. Die Schlossanlage erbt der mit der Familie verwandte belgische Graf Clemens Wenzeslaus von Renesse (1774–1833). Seine Nachkommen bewohnen Bürresheim bis 1938.

1938: Die Preußische Rheinprovinz erwirbt Schloss Bürresheim mit allem Inventar.

1948: Bürresheim kommt in die Obhut der »Staatlichen Schlösserverwaltung Rheinland-Pfalz«.

Heute: Die mit vielen Erkern und Spitzhutdächern versehene Trierer Burg vermittelt einen sehr romantischen Eindruck. Vor allem ist sie (neben Burg Eltz) die einzige Burg in der Eifel, die niemals erobert oder zerstört wurde. Sie kann gegen Eintritt im Rahmen einer Führung täglich besichtigt werden (9–17 Uhr; im Dezember geschlossen). Kostenlose Parkplätze direkt an der Burg; keine Gastronomie oder Übernachtung auf der Burg;

Schlossverwaltung Bürresheim, 56727 Mayen,
Telefon: 02651-76440
www.burgen-rlp.de

---

und konnte keine Worte finden. Irmgard hingegen wehrte sich gegen die Entscheidung des Vaters. Ihr Ungehorsam erzürnte ihn. Er stieß voller Zorn sein Schwert in den Dielenboden und verließ das Gemach fluchend und schimpfend. Schon am nächsten Morgen erschienen zwei Knechte in Begleitung des Burgvogts, um auf Befehl des Burgherrn Irmgard in einen abgelegenen Turm zu bringen. Schweren Herzens und unter lautem Wehklagen verabschiedete sich die Tochter von der Mutter und folgte dem Burgvogt, der mit seinem eigenen Leben für die Sicherheit und Unversehrtheit des Mädchens haftete, in eine abgelegene, ungastliche Turmkammer. Sie litt sehr unter der Trennung von der Mutter und von Georg von Kempenich, der so oft auf die Burg gekommen war, um den beiden Frauen Trost und Mut zuzusprechen, wenn der ungerechte Burgherr auf Jagd war. Nun gab es keinen Weg mehr für den Kempenicher Ritter, zu seiner Auserwählten zu gelangen,

und Irmgard hatte sich bald mit ihrem Schicksal abgefunden.

Eines Abends, als sie aus ihrem Turmfenster auf die dunklen Eifelwälder hinabblickte und an den Kempenicher Ritter dachte, flog ein Stein mit einer geschriebenen Botschaft durch das offene Fenster auf den Stubenboden. Der Ritter von Kempenich hatte ihn hochgeworfen. In dem Brief kündigte er an, er werde ein starkes Seil hinaufwerfen, das sie oben fest anbinden solle, damit er daran hinaufklettern könne. Irmgard war hocherfreut, aber sie befürchtete auch, Georg könne entdeckt werden oder abstürzen, wenn ihn die Kräfte an der hohen Wand verließen. So betete sie zu Gott, dass der mutige Plan gelingen möge.

Am nächsten Abend stand sie wieder am Turmfenster. Plötzlich hörte sie unten in den Büschen Geräusche, und ein Seil flog zu ihr hinauf. Sie fing es auf und befestigte das eine Ende an dem schweren Eichentisch, das andere warf sie wieder nach draußen

Siebengeschossige Wohntürme umstehen den schmalen Innenhof von Schloss Bürresheim.

hinab. Bald darauf war Georg bei ihr und bat sie, mit ihm auf seine Burg zu fliehen. Doch Irmgard fürchtete den Zorn ihres strengen Vaters und wollte lieber in ihrem Gefängnis bleiben, in der Hoffnung, er werde seine Meinung eines Tages doch noch ändern. Georg kam dem Wunsch seiner Braut nach und versprach ihr, so oft wie möglich zu ihr zu kommen. Dann schwang er sich wieder an dem Seil in die Tiefe, das Irmgard danach unter ihrem Bett verbarg, damit es der Knecht, der ihr täglich das Essen brachte, nicht entdeckte.

Diether ließ seine Tochter immer wieder fragen, ob sie nun endlich bereit sei, den Virneburger zu heiraten. Irmgard aber blieb standhaft und ließ ausrichten, dass sie niemals eine Ehe mit ihm eingehen werde. Als eines Nachts auf Bürresheim wieder einmal ein reicher Beutezug gefeiert wurde, kam man nach reichlichem Weingenuss auf das Burgfräulein zu sprechen. Laut lachend fragte der alte Virneburger, ob das Fräulein seine Meinung noch immer nicht geändert habe. Das Gespräch gefiel Diether nicht, und er lenkte den Freund ab, indem er ihm eifrig zutrank.

Inzwischen hatte der Kempenicher die Gelegenheit genutzt und war wieder einmal zu Irmgard in den Turm geklettert. Heute fühlte er sich besonders sicher, da die Zechkumpane unten im Saal mit sich selbst und dem Wein beschäftigt waren. Das Paar aber ahnte nicht, dass jemand sich über die Wendeltreppe nach oben geschlichen hatte und die beiden belauschte. Eilends berichtete er dem Burgherrn, was er soeben gehört hatte. Da sprang Diether zornig auf, rief seinen Burgvogt, ließ sich den Brustharnisch anschnallen und eilte mit dem Schwert in der Hand zu Irmgard.

Zu spät hörte das Paar seine Schritte. Ohne Waffe stand Georg von Kempenich vor dem jähzornigen Diether von Breitbach, der sich drohend seiner ungehorsamen Tochter näherte. Schützend stellte Georg sich vor sie. Ein einziger Hieb streckte den Wehrlosen nieder, so dass er zu Füßen der Geliebten verblutete. Der Mörder aber begab sich wieder zu seinen Zechkumpanen, und als die anderen sich verabschiedet hatten, trank Diether von Breitbach allein weiter, um seine Tat und seine Sorgen im Rausch zu vergessen.

Als die Kempenicher erfuhren, was sich auf Bürresheim zugetragen hatte, schworen sie blutige Rache, und gemeinsam mit den Eltzern zogen sie in einer dunklen und stürmischen Nacht nach Bürresheim, überwanden die Mauern, drangen in das Innere ein und fesselten die Waffenknechte.

Als der Burgherr erwachte und aus dem Fenster geschaut hatte, floh er in den Turm, aber die Eroberer waren ihm dicht auf den Fersen. Da stürzte er sich aus einem Fenster in die Tiefe.

Die Verfolger verschonten die Burg auf Bitten Irmgards. Sie zog sich bald darauf aus der Welt zurück und ging in ein Kloster.

Burgherr Diether von Breitbach aber kann keine Ruhe finden. Gegen Mitternacht wandelt er laut wehklagend um den Bergfried. Darum wird der Turm von Bürresheim heute noch »Hexenturm« genannt.
(nach HP. Pracht)

Saffenburg
Mayschoß

Wahre Liebe findet sich

Es war zur Zeit der Kreuzzüge, als der Erzbischof Siegfried von Mainz mit einer großen Schar tapferer Ritter von allen Burgen des Rheintales und der Eifel ins Heilige Land zog, um dort die Feinde zu verjagen. Wie ein langer Lindwurm zog sich das Heer der Kreuzritter durch die Lande. Mit dabei auch Ritter Adalbert von der Nürburg, ein hübscher und draufgängerischer Bursche. Doch selten sah man ihn lachen, und abends an den Lagerfeuern ging er dem Gelage und den lockeren Gesprächen aus dem Wege. Traurig und einsam saß er dann in seinem Zelt und gab sich ganz seinen Gedanken hin. Und diese weilten bei dem jungen und blonden Burgfräulein Sophie von der Burg Are. Er war unsterblich verliebt in sie, hatte es bisher aber nicht gewagt, ihr seine tiefe Sehnsucht zu künden. Ja, im Gegenteil, er glaubte, sie halte ihn nicht für reich und würdig genug, um ihre Hand anzuhalten, und noch hatte er deutlich vor Augen,

wie sie bei dem letztjährigen Turnier ihr goldenes Tüchlein dem siegreichen Ritter von der Stolzenburg reichte und ihm nur leicht lächelnd zunickte. Deshalb war er dem Aufruf des Erzbischofs gefolgt und hatte sich seinem Heerzug angeschlossen, um nun weit fort von der Heimat inneren Frieden zu suchen und Sophie zu vergessen.

Doch Ritter Adalbert irrte sich. Sophie mochte den anmutigen und stolzen Grafensohn wohl. Jedes Mal schlug ihr Herz höher, wenn er als Gast bei ihrem Vater weilte oder im ritterlichen Turnier sein Können zeigte. Sie spürte tiefe Zuneigung zu ihm, auch wenn sie dies nicht so offenkundig aller Welt kundtun konnte. Das widersprach der höfischen Zucht und Ordnung. Und als Ritter Adalbert von der Burg Are Abschied nahm, hatte ihm Sophie doch errötend fest die Hand gedrückt und ihm mit tränenfeuchten Augen nachgeschaut. Er hätte doch bemerken müssen, was er ihr bedeutete. Spürte er denn nicht ihr stummes Sehnen und das Wallen ihres Blutes?

Mächtige Ruinen der Saffenburg thronen über dem Weinort Mayschoß.

Jahre vergingen. Pilger und Kreuzfahrer kehrten aus dem Heiligen Land zurück. Viele reich mit Schätzen beladen, alle aber mit wunderlichen Erzählungen und aufregenden Berichten von seltsam Gesehenem und gefährlichen Abenteuern. Aber keiner brachte Kunde von Ritter Adalbert. Nur einer wollte gesehen haben, wie Adalbert während eines Kampfes, von einem Krummschwert getroffen, vom Pferde stürzte. Sophie verzweifelte. Sie zog sich immer mehr von dem heiteren Burgleben zurück und trauerte still in ihrer Kammer. Schwermut umfing ihre Seele, und mit jedem Tag empfand sie tiefere Liebe und schmerzende Sehnsucht nach ihrem Ritter.

Viele Freier hatten zwischenzeitlich die Burg Are aufgesucht und minniglich um Sophies Gunst geworben. Doch sie hatte sie alle nach Hause geschickt. Ihr Herz gehörte nur Adalbert und niemandem sonst. Gesang und Spiel, Turnier und festlicher Tanz boten ihr keine Ablenkung mehr. Sie suchte Stille und Einsamkeit. Deshalb nahm sie Abschied von der Burg Are und ihren Eltern und zog sich zurück in eine stille Gebetsklause mitten in einem dunklen Forst hoch oben über dem Tal mit der rauschenden Ahr. Dort weihte sie ihre Seele dem Himmel und suchte Frieden im Gebet. Mit den Tieren hielt sie Zwiesprache und den Zugvögeln rief sie zu, dem vermissten Geliebten irgendwo hinter dem weiten Meer ihre Liebesgrüße zu singen.

Als dann nach zwei Jahren der Winter vorbei war, und die Frühlingsblumen die Hänge zu Füßen ihrer einsamen Klause erblühen ließen, klopfte es eines Morgens an ihrer Tür. Sophie öffnete. Draußen stand ein Mann in schmutzig weißem Gewande, auf dem ein verblasstes rotes Kreuz zu erkennen war. In der Hand hielt er einen Pilgerstab. Mit leisen Worten und gesenktem Haupte bat er Sophie um Wasser und etwas Brot für seine weitere Wanderung. Als Sophie den einstigen Kreuzfahrer näher betrachte, entrang sich ihrem Mund ein Schrei der Überraschung. Auch der Pilger schaute auf, und dann erkannten sich beide. Es war Adalbert, der im Morgenland bei einem Kampf sehr schwer verwundet worden war. Viele Monate lag er im Fieber und rang mit dem Tode. Lange war das Kreuzfahrerheer bereits fortgezogen, als er sich mühsam mit seinem gelähmten Bein, auf den schweren Stecken stützend, alleine auf den weiten Heimweg machte. Aber nun war er endlich nach Jahren voller Mühsal und Fährnissen in seinem Vaterland angekommen.

Die beiden Liebenden fielen sich mit Tränen der Freude in die Arme, dankten Gott und schworen sich Treue bis zum Tode.

An der Stelle, wo Wunibald seine geliebte Sophie wiedergefunden hatte, errichtete er eine Burg, der er den Namen »Sophienburg« gab. Dort lebte er mit seiner Gattin glücklich. Beide wurden die Stammeltern eines edlen und wohlangesehenen Geschlechtes. Der Name Sophienburg wandelte sich jedoch später in Saffenburg.

Die listigen Franzosen

Im Spanischen Erbfolgekrieg zogen französische Soldaten kreuz und quer durch die Lande, kämpften verbissen, eroberten eine Burg nach der anderen, plünderten sie aus und zerstörten sie gänzlich. So waren sie auch ins liebliche Tal der Ahr gelangt und hatten die Saffenburg belagert. Immer und immer wieder stürmten sie gegen sie an. Doch die Burg hoch oben in den Bergen war so nicht zu erobern. Tapfer verteidigten die Burgmannen sie und wehrten alle Angriffe erfolgreich ab.

Die Franzosen sannen nach einer Lösung, weil sie nicht ergebnislos abziehen wollten.

Da meldete ein Offizier seinem General seine Beobachtungen: »Sire, es ist die Herbstzeit und die Traubenlese hat begonnen. Allüberall in den Weinbergen sind die Winzer fleißig beschäftigt, die Weintrauben zu ernten und sie mit Kiepen und Karren, mit Ochsengespannen und Wagen in der Saffenburg abzuliefern. Und wenn die Winzer um Einlass bitten, lassen die Torwächter die Zugbrücke herunter. Ich bin sicher, mon général, wenn etliche unserer Soldaten sich als Winzer oder als Kaufleute verkleiden, werden diese ungehindert mit den Bauern und Winzern in die Burg hineingelassen.«

Der General war von diesem Vorschlag sehr angetan. Sofort ließ er zwei Soldaten, die gut deutsch sprechen konnten, ihre Uniform ablegen und als schlichte Weinhändler verkleiden. Jedem händigte er einen dicken Beutel silberner Münzen aus, mit denen sie Wein handeln sollten. Aber unter ihren Kleidern, Mänteln und Umhängen trugen sie Säbel und geladene Pistolen.

Und so gelangten sie wirklich unerkannt und unbehelligt mit den Winzern aus Mayschoss ins Burginnere. Dort versteckten sie sich. Abends, als nahezu alle Burgbewohner sich zur Ruhe begeben hatten, und während der Rentmeister, der gräfliche Verwalter auf der Burg, zu einer Weinprobe im Keller war, kamen die Franzosen aus ihren Verstecken und entwaffneten die wenigen Torwächter. Dann öffneten sie das Burgtor, ließen die Zugbrücke herunter und gaben mit einer Fackel Feuerzeichen. Sofort stürmten schwer bewaffnete Truppen aus dem nahen Wald, drangen in die Burg ein und eroberten sie nach einem kurzen, heftigen und blutigen Gefecht.

Im folgenden Jahre rückten verbündete Truppen vor die Burg und schlossen sie ein: Als der französische Kommandant feststellte, dass er so die Saffenburg nicht mehr halten konnte, schickte er Unterhändler vor die Burgtore. Er bot an, die Feste friedlich zu räumen, allerdings unter der Bedingung, dass die Belagerer zuvor drei Schüsse auf die Saffenburg abfeuerten. Auf die Nachfrage hin, wozu dies denn dienen möge, antwortete der Unterhändler: »Für einen Franzosen ist es unehrenhaft, eine feste Burg aufzugeben, ohne dass auf sie geschossen wurde.«

Der General der kurfürstlichen Truppen willigte ein, und die Franzosen zogen ab.

Mayschoß (53508) · Kreis Ahrweiler · Rhld-Pf

Mitte 11. Jh.: Die Saffenburg, hoch über dem Ort Mayschoß, gilt als die älteste Burganlage an der Ahr. Im engen Tal zur Sicherung der Handelsstraßen, ist sie von strategischer Bedeutung. Vermutlich erbaut durch Graf Adolf von Nörvenich und Albert von Saffenburg oder Saffenberg.

1081: In einer Urkunde wird ein Adalbert de Saffenberg als Besitzer der Burg erwähnt, die er seinem Sohn Adolf vererbt.

1184: Der Kölner Erzbischof erwirbt eine Hälfte der Burg.

1329: Die verpfändete Saffenburg wird an das Erzstift Köln verkauft; die Herren von Saffenburg behalten Wohnrecht.

1424: Wilhelm von Saffenburg überlässt die Burg dem Grafen von Virneburg. Nach dem Aussterben dieser Familie kommt sie an Graf Dietrich IV. von Manderscheid-Schleiden und 1593 durch Heirat an das Haus von der Mark.

November 1632: Die Saffenburg wird von schwedischen Truppen unter General Feldmarschall Wolf Heinrich von Baudissin (1579–1646) eingenommen, besetzt und geplündert. Dann wird sie ein Jahr später

1633 durch kurkölnische und spanische Truppen zurückerobert. Dabei erleidet sie erhebliche Schäden. Nach Belagerungen und Kämpfen wird sie noch mehrmals von fremden Soldaten besetzt, so

1676 durch französische und

1689 durch kurtrierische, und im Spanischen Erbfolgekrieg

1702 erneut durch französische Truppen (siehe Sage: »Listige Franzosen«) besetzt. Nach ihrer Rückeroberung im Jahre **1703** wird die Saffenburg im Jahre

1704 auf Veranlassung des Kurfürsten Johann Wilhelm von der Pfalz (auch »Jan Wellem« genannt (1690–1716) zerstört, damit sie nicht mehr fremden Truppen als Stützpunkt dienen kann.

1773: Ruine und Burggüter gelangen an die herzogliche Familie von Arenberg.

Heute: Von der Ruine erhalten sind nur die Grundmauern; der 1998 gegründete »Förderverein Saffenburg e.V.« setzt sich als Ziel, die Geschichte der Burg zu erforschen und sie vor weiterem Verfall zu bewahren. Nach mehreren Sanierungsmaßnahmen an den Grundmauern ist die Burgruine wieder öffentlich zugänglich und von Mayschoß wie auch von Rech aus über einen ansteigenden Fußweg durch Weinberge zu erreichen; keine Gastronomie oder Übernachtung in Burgruine.

www.mayschoss.de/burg
www.saffenburg.de

Der Rittersprung

Bei Ritterturnieren hatte der junge und gutaussehende Junker von der Burg Saffenburg das hübsche Fräulein, die Tochter des Grafen von Are, kennengelernt und war nun in Liebe zu ihr entflammt. Sie schien sein Werben auch zu mögen, denn beim letzten Turnier hatte sie ihm errötend ihr Tüchlein gereicht und mit ihren schwarzen Augen ihn lange und sehnsuchtsvoll angeschaut.

Daher ritt der Junker von Saffenburg auf seinem gefleckten Ross hin zur Burg, um dort höflich und tugendsam um die Hand der Hübschen anzuhalten.

Die Saffenburg, die älteste Burganlage des Ahrtals, lockt mit einer beeindruckenden Aussicht auf die Ahr und die Orte Mayschoß und Rech.

Doch der Vater wies ihn mit höhnischen Worten von der Burg. Ihm, dem armen und unbedeutenden Saffenburger, würde er nie und nimmer seine Tochter zur Frau geben. Nein, jeder andere, aber niemals ihm. Und außerdem verbiete er ihm ein für allemal, seine Burg jemals wieder zu betreten.

Tief enttäuscht ritt der Junker von dannen, und bittere Tränen weinend schloss sich das Burgfräulein in eine Kemenate ein. Aber der Saffenburger störte sich nicht an dem Verbot des gehässigen Grafen von der Are. Immer wieder stieg er heimlich in bergender Dunkelheit den steilen Burgberg hinauf, wo seine Liebste voller Herzenswärme auf ihn wartete. Und dann liebkosten sich beide und versprachen sich ewige Treue.

Doch es war nicht heimlich genug. Ihr geheimes Treffen wurde beobachtet und dem Grafen hinterbracht. Und als der verliebte Junker in der kommenden Nacht wieder den steilen Burgpfad hinaufeilte, da sprangen zahlreiche bewaffnete Soldaten aus ihrem Hinterhalt und umringten ihn. Schon eilte der Burgherr hinzu mit wutverzerrtem Gesicht und ein Schwert schwingend. Der junge Ritter sah seine letzte Stunde gekommen. Er war ohne Waffen und völlig wehrlos. Aber sich von dem wütenden Grafen erschlagen oder sich wie ein feiger Mann in schändliche Gefangenschaft führen lassen, das würde er als stolzer Sproß der Saffenburg niemals, dann wollte er lieber durch eigene Hand sterben. Und blitzschnell wandte er sich dem jähen Abgrund zu und sprang mit einem kräftigen Satz in die dunkle Tiefe. Doch noch wollte der Himmel das Leben des jungen Mannes nicht, der wie durch ein Wunder mit dem Leben davonkam, als die dichten Hecken am Fuße des Berges seinen Aufprall milderten.

Der alte Graf von Are war beeindruckt von dem Mut des Freiers und dessen unerschütterlicher Liebe zu seiner Tochter. So erteilte er auch seine Erlaubnis zur Vermählung der Liebenden.

Jene Stelle aber, von der aus der junge Saffenburger diesen waghalsigen Sprung hinab ins Tal der Ahr gewagt hatte, wird noch heute »Zum Rittersprung« genannt.

(vgl. Sage »Bet', Kindchen, bet'« unter Bad-Bresig)

Burg Lüftelberg
Meckenheim-Lüftelberg

Die heilige Lüfthildis

In der Kirche St. Peter in Lüftelberg wird Lüfthildis als eine rheinische Lokalheilige verehrt. Dort ist ihr Grab zu besichtigen, zu dem jährlich viele Gläubige pilgern. Der Name bedeutet im übertragenen Sinne: »Kämpferin für das Volk«.

Gesicherte Lebensdaten gibt es nicht. Sie soll Tochter des vornehmen Burgherrn in Berge gewesen sein und in der Zeit Karls des Großen im 9. Jahrhundert gelebt haben. Ihre Sorge galt den Armen und Kranken. Ihr Leben hatte sie Gott geweiht und als Einsiedlerin im Turmobergeschoss der Dorf- und Burgkapelle verbracht. Dort hatte sie sich ein kleines Rundfenster in die Ostwand brechen lassen, von dem sie auf das Kruzifix und den Altar schauen konnte. Dort lebte Lüfthildis ein langes Leben in frommer Zurückgezogenheit, aber dennoch inmitten der Dorfbevölkerung. Aufgrund ihrer großen Mildtätigkeit wird sie nachweislich seit dem 13. Jahrhundert als Heilige verehrt. Ihr Wohn- und Sterbeort wurde in Lüftelberg umbenannt.

Sie wird mit einer Spindel als Attribut dargestellt und soll Ohrenkrankheiten heilen sowie böse Geister vertreiben. Sie starb an einem 23. Januar (= ihr Gedenktag) und wurde unmittelbar hinter der damaligen Ostwand der Kirche begraben. Allerdings wurde bei der um 1970 erfolgten Restaurierung der Kirche an der Stelle des Hochgrabes eine Gedenktafel in den Boden eingelassen. Das Hochgrab bekam in der Kapelle neben der Sakristei als Altar einen neuen Platz. Die Gebeine der Heiligen befinden sich heute in einer Stele über dem Hauptaltar. Ihr Grab war ehemals mit einer schönen Kalksinterplatte aus der römischen Wasserleitung gefertigt, die man beim Abbruch der alten römischen Wasserleitung gewonnen hatte. Nach ihrer Renovierung im Rheinischen Landesmuseum in Bonn ist sie heute an der linken Seite der angebauten Kapelle zu besichtigen.

Wasserburg Lüftelberg um 1860. Sammlung Duncker

Lüfthildis und das Kohlenwunder

Lüfthildis zeichnete sich durch besondere Frömmigkeit aus und half den Armen und Kranken von Jugend an. Sie scheute sich nicht, trotz ihrer vornehmen Herkunft, sie eigenhändig zu pflegen, zu kleiden oder zu waschen.

Doch dann fügte es das Schicksal, dass ihre Mutter viel zu früh verstarb. Der Vater verheiratete sich nach dem Trauerjahr erneut. Für seine Tochter allerdings war diese eine hartherzige, streitsüchtige und böse Stiefmutter. Sie ließ keine Gelegenheit aus, um Lüfthildis zu demütigen und zu bedrücken. Die niederen Arbeiten musste sie verrichten, fand aber nie die Zufriedenheit der neuen und niederträchtigen Burgherrin oder Ruhe vor ihr. Zudem belog sie auch den Burgherren; wegen ihrer Habsucht und ihres Geizes flüsterte sie ihrem Mann Gehässigkeiten und Verleumdungen über seine Tochter ins Ohr und bemerkte, wenn er nicht bald energisch Einhalt gebiete, dann würde Lüfthildis noch das Hab und Gut der Familie an hergelaufene Taugenichtse und nichtswürdige Bettler verschleudern.

All diese giftigen Worte fielen letztlich bei Lüfthildis Vater auf seelischen Boden, wo sie keimten, Misstrauen und Argwohn hervorriefen. Aus Angst vor seiner keifenden Frau gab er schließlich nach und stellte seine Tochter zur Rede, als sie wieder einmal mit Brotlaiben in ihrer Schürze hin zu den Hungernden und Bedürftigen eilte. »Was verbirgst du da in deiner Schürze?«, fragte er sie unwirsch.

Lüfthildis antwortete: »Es sind nur Kohlen!«

Voller Argwohn und Wut riss der Vater ihr die Schürze aus den Händen. In diesem Augenblick geschah etwas Wunderbares: die Brote in ihrer Schürze verwandelten sich in Kohlen – und Lüfthildis konnte keine Verschwendung nachgewiesen werden.

Als die Stiefmutter dies vernahm, ärgerte sie sich sehr und sann auf Rache. Sie ließ den Burgbäcker kommen und befahl ihm: »Höre gut zu, wenn du nicht öffentlich im Burghof ausgepeitscht werden möchtest, bis dir die Haut in Fetzen hängt, dann lege nie mehr diesem eingebildeten und hinterlistigen Burgfräulein Brot in die Schürze. Fülle ihr glühende Kohlen hinein! So hat sie es ja behauptet. Und keiner von uns beiden möchte doch, dass sie die Unwahrheit spricht!« geiferte sie mit gehässigem Wort.

Voller Furcht tat der Bäcker wie ihm geheißen. Doch wiederum hielt der Himmel seine schützende Hand über die mildtätige Lüfthildis. Keine Kohle brannte, keine Glut sengte ihre Haut, sie verwandelten sich in Brot, und dem frommen und mildtätigen Fräulein geschah kein Leid.

(Vgl. das »Rosenwunder« der heiligen Elisabeth von Thüringen)

Lüfthildis und die Spindel

Auf Abbildungen oder in figürlichen Darstellungen ist die heilige Lüfthildis meist mit einer silbernen Spindel zu sehen. Damit hatte sie Zeit ihres Lebens mehrere Wunder vollbracht.

Zwischen ihrem Vater und einem Nachbarn aus der Gemeinde Röttgen war es zu Grenzstreitigkeiten gekommen. Keiner der zwei wollte nachgeben, und keiner wusste genau, wer Recht hatte. Da trat Lüfthildis hinzu und meinte: »Wenn ich euch die Grenze

Meckenheim-Lüftelberg (53340) · Rhein-Sieg · NRW
1260: Die Burg Lüftelberg, erbaut durch die Herren von Lüftelberg, wird erstmals in Urkunden erwähnt (miles de Monte
S. Lutheldis). Ihr Name soll von Lüfthildis abgeleitet sein,
einer Tochter des damaligen Burgherrn, die aufgrund ihrer
großen Mildtätigkeit nachweislich seit dem 13. Jahrhundert
von Gläubigen als Heilige verehrt wird.
14./15. Jh.: Ausbau des mittelalterlichen Vorgängerbaus
zu einer zweiteiligen Wasserburg mit vier Rundtürmen und
einem Wassergraben.
ab 1730: Die Burg wird gänzlich erneuert und erhält unter
Verwendung von vorhandenem Mauerwerk und der Inte-
gration von drei älteren Rundtürmen ihre heutige Gestalt.
1775–80: Der Besitzer Josef Clemens von der Vorst zu
Lombeck lässt die Burg unter Einbeziehung älterer Teile durch
Hofbaumeister Johann Heinrich Roth zu einem Barockschloss ausbauen.
1827: Die Burg Lüftelberg gelangt durch Heirat in den Besitz
der Familie von Jordans. Diese lässt
1830 den Schlosspark neu anlegen.
1944: Im Zweiten Weltkrieg erleidet das historische Anwesen
starke Schäden.

Heute: Die zweiteilige Wasserburg, bereits in der fünften
Generation im Besitz der Familie von Jordans, zählt zu den
schönsten Wasserburgen der Region; das unter Denkmalschutz stehende Herrenhaus besteht aus einem südwestlichen zweigeschossigen Hauptflügel auf hohem Sockel, woran
sich im Nordwesten ein eingeschossiger Flügelbau anschließt.
Auffallend ist das Hauptportal mit Pilasterrahmung. Burg
Lüftelberg (Gartensaal mit berühmten Grisaillemalereien,
Bibliothek, Salon und Esszimmer) ist für Gruppen ab zehn
Personen gegen Gebühr zu besichtigen; die Führung durch
den Burgherrn dauert etwa eine Stunde. Der Burghof wird
für kulturelle Veranstaltungen, Hochzeiten oder andere
Festlichkeiten genutzt. Lüftelberg erfreut sich alljährlich der
Lüfthildis-Festspiele, die zu Ehren der Heiligen aus der Zeit
Karls des Großen im Ort abgehalten werden.
Keine Parkplätze vor der Burg; keine Gastronomie oder
Übernachtung auf der Burg.

www.rhein-voreifel-touristik.de
www.meckenheim.de
www.wasserburgen.de

zeige, erkennt ihr dann meine Entscheidung an und
werdet stets Frieden halten?« Als dies der Vater und
sein Nachbar bejahten, zog sie mit ihrer Spindel eine
dünne Linie durch die Flur, die sich hinter ihr sofort
in einen tiefen Graben verwandelte. Dieser ist noch
heute im Kottenforst zu sehen und wird ›Lüfthildis-
Graben‹ genannt.

Bei einem seiner vielen Jagdausflüge erlitt Kaiser Karl der Große einen schweren Unfall. Nun lag
er sehr schwer verletzt auf einer der Nachbarburgen
danieder. Zwar eilten die Ärzte aus Aachen herbei;
doch konnten sie dem Kaiser mit ihren Arzneien keine Linderung verschaffen. Ratlos standen sie da und
mussten zuschauen, wie die Kräfte ihres kaiserlichen
Herrn immer mehr dahinschwanden.

Als der Tod sich dem Herrscher immer mehr
näherte, klopfte eines Morgens ein schlichter Bauer an das Tor der Burg und wünschte, den Kaiser
zu sprechen. Man ließ ihn an dessen Krankenbett.
Dort berichtete der Mann: »Nicht weit von hier auf
der Burg Lüftelberg wohnt eine fromme und gottes-
fürchtige Frau mit Namen Lüfthildis. Sie besitzt eine
Spindel, mit der sie Kleidung für die Armen spinnt.
Aber mit dieser wunderkräftigen Spindel vermag
sie auch Dinge zu tun und Taten zu vollbringen, die
Menschenhirne nicht erklären können. Herr, lasst

Lüfthildis rufen, ihre Hilfe wird sie Euch nicht ver-
wehren.«

Sofort ritten zwei Knappen los und fanden Lüfthildis am Spinnrad arbeitend, wo sie gerade für die
Armen Kleider spann. Die Knappen berichteten kurz
ihr Anliegen, und, ohne sich zu besinnen oder Zeit zu
verlieren, sprang Lüfthildis auf und ließ sich ans Bett
des Kranken bringen – die Spindel noch in der Hand.
Als sie das Zimmer betrat, glaubte sie deutlich eine
innere Stimme zu vernehmen: »Nimm deine Spindel
und berühre damit den Kaiser!«

Kaum hatte sie dies getan, war Karl der Große von
seinen Schmerzen befreit, seine Kraft kehrte zurück
und bald konnte er völlig genesen sein Krankenlager
verlassen.

In tiefer Dankesschuld beschenkte Kaiser Karl
Lüfthildis reichlich mit Gut und Geld. Sie aber ver-
wendete alles, um damit Kranken, Armen und Siechen zu helfen.

Burg (Wüstung)
Merzenich

Wahrzeichen von Merzenich ist nicht mehr die untergegangene Burg, sondern die Reste der alten katholischen Pfarrkirche von vor 1300. Als in den Jahren 1898 bis 1901 in der Lindenstraße eine neue Kirche errichtet wurde, verfiel die alte Pfarrkirche zu dieser Ruine, umgeben von einem liebevoll gestalteten Soldatenfriedhof.

Hochmut kommt vor dem Fall

Es war kurz vor der französischen Zeit. Da fand in der Kirche zu Merzenich eine Mission statt. Jesuitenpatres waren gekommen, um den Leuten zu predigen und sie auf Gottes Gebote hinzuweisen. Und die Gläubigen strömten herbei, um diese frommen Mönche zu sehen und ihren Worten zu lauschen. Es waren so viele, dass in der großen Kirche kein Platz mehr war. Darum predigten die Patres draußen im Freien, vor dem hohen Kreuz neben dem Gotteshaus.

Während einer solchen Predigt geschah es nun, dass eine Schar fein gekleideter Herren und edler Damen vorbeispazierte. Sie kamen von der nahen Burg, die so herrlich zwischen den grünen Wiesen und den reifen Feldern lag. Umgeben war sie von einem Wassergraben und vielen bunten Blumengärten. Mächtige Bäume an den Wegen spendeten Schatten, und bunte Fahnen flatterten von den steilen Dächern. Die Burgherren waren sehr reich und lebten im Überfluss. Deren Kinder kegelten sogar mit großen runden Broten oder spielten Murmelspiele mit goldenen Kronentalern.

Merzenich (52399) · Kreis Düren · NRW
Der Ortsname von Merzenich, unmittelbar am östlichen Stadtrand von Düren, leitet sich ab von Martiniacum (= Heim des Martinus).
1225: In einer Urkunde des Grafen Otto von Neuenahr wird Merzenich erstmals erwähnt. Die letzten Besitzer der Burg waren die edlen Herren von Schaesberg.
1723: Die Burg wird schon nicht mehr in einer amtlichen Beschreibung der Adelssitze genannt.
19. Jh.: Nach der Säkularisation infolge der Französischen Revolutionsregierung verfällt die Burg gänzlich und wird nicht wieder aufgebaut.
Heute: Von dieser ehemaligen Burg ist außer einigen schwach erkennbaren Gräben nichts mehr zu entdecken. (Nicht zu verwechseln mit Merzenich, einem Stadtteil von Zülpich, das ebenfalls eine Burg besaß, von der heute nichts mehr auffindbar ist.)

www.gemeinde-merzenich.de

Als nun das stolze Burgfräulein mit dem langen, golddurchwirkten Kleid sich der andächtig lauschenden Gläubigen näherte, blieb sie mit ihrem Gefolge eine Weile stehen und hörte dem Prediger zu. Und dieser hagere geistliche Pater verkündete gerade Gottes Botschaft: »Gebt den Armen Geld, damit ihr einen bleibenden Schatz im Himmel habt. Denn es ist sehr schwer, in das Reich Gottes zu kommen! Eher geht ein Kamel durch ein Nadelöhr, als dass ein Reicher in das Reich Gottes gelangt. Das Reich Gottes gibt es weder zu kaufen, noch nicht einmal zu erarbeiten. Jesus in seiner Güte und Gnade will es uns schenken!«

Da brach das Burgfräulein in lautes Gelächter aus. Ihr Spott kannte keine Grenzen: »Ach, wie dumm und töricht sind doch diese Kuttenträger. Und für noch dümmer und törichter halten sie die Leute. Sie selber essen und trinken und prassen, und predigen ihren Schafen Armut und Enthaltsamkeit. Jedoch sind Armut und Elend nicht des Lebens Ziel, sondern Reichtum und Vergnügen, Wohlstand und Besitz. Nur wer danach strebt, der wird erlöst. Mit Geld und Gold kann man alles haben und sich leisten. Und wie dankbar nimmt selbst die Kirche Geld und Almosen. Und dann verkündet sie salbungsvoll, der Himmel wird es lohnen, denn wer hat, dem wird noch mehr gegeben!«

Schier ausschütten vor Spott und Hohn wollte sich das Fräulein, und mit ihr all ihre selbstgefälligen Höflinge und eingebildeten Damen.

Unmut wurde bei den frommen Leuten laut und ärgerliche Entrüstung bei dem predigenden Jesuiten. Er wandte sich dem Burgfräulein zu und sprach mit lauter Stimme: »Der Hochmut eines Menschen erniedrigt ihn; der Demütige aber erlangt Ehre! So steht es bereits in der Heiligen Schrift! Und hat es unser Herr und Erlöser nicht mehr als einmal deutlich verkündet, dass nur aus einem bösen Herzen heraus böse Gedanken, Habgier, Ausschweifung, Unvernunft und Hochmut kommen? Jedoch, es steht auch geschrieben, vor dem Verderben kommt Stolz, und Hochmut vor dem Fall. Gott lässt seiner nicht spotten. Wahrlich, ich sage euch, die ihr in sündiger Lebensweise wohnt: Eure Burg wird zugrunde gehen und kein Stein auf dem anderen bleiben! Und so wie der Wind dann dereinst auch die letzten Spuren eures herrschaftlichen Hauses verwehen wird, so wird auch euer Geschlecht, ja selbst der Name eurer unedlen Familie vergehen!«

Der Fluch wurde Wirklichkeit. Bereits nach wenigen Jahrzehnten waren von der einstigen prachtvollen Burg nur mehr kümmerliche Reste zu erkennen. Und von den damaligen adligen Besitzern und der spottenden Gesellschaft sind noch nicht einmal mehr die Namen bekannt.

Löwenburg
Monreal

Der treue Hund zu Monreal

»Hau ab, du dreckiger Köter!«, rief die raue Stimme eines Knechtes im Burghof zu Monreal. »Du bist mir im Weg, du Mistvieh!« Dann versetzte er dem Hund einen derben Tritt. Vor Schmerz aufheulend, schleppte sich das Tier mühselig eine Strecke weiter. Aus seinem Pelz träufelte etwas Blut nieder, denn die harte Stiefelspitze des Knechtes hatte ihm an der Seite eine Wunde gerissen.

Es war aber auch wirklich kein schöner Hund. Verwahrlost sah er aus, und mit seinen leicht schielenden Augen wirkte er sogar hässlich. Sein Fell starrte vor Schmutz. Jedem schien er im Weg zu sein, und in seinem Leben hatte er mehr Verachtung erfahren als Brot bekommen.

Als der große Hund nun langsam in die entfernte Ecke humpelte, sah ihn die kleine Hilde, die Tochter des Burggrafen. Ihr tat das Tier leid, und ohne sich beirren zu lassen, lief sie zu dem misshandelten Hund und schlang ihm ihre Arme um den Hals, streichelte sein zotteliges Fell und sprach tröstend:

»Armer, armer Wolf, hat dir der böse Jakob weh getan?« Dankbar schaute der Hund sie an, leckte ihr zärtlich die kleinen Hände und lehnte seinen schweren Kopf sanft in den Schoß des Mädchens, das ihn immer freundlich und liebevoll behandelte.

Das sah wiederum der Burggraf, als er aus dem Fenster schaute. »Hilde!«, schallte seine Stimme herrisch. »Lass sofort den schmutzigen Hund los! Geh dich waschen und dann in dein Zimmer!«

Dann rief er den Stallburschen zu sich und befahl: »Mir reicht es jetzt! Das ekelhafte Vieh muss fort! Ich will nicht, dass meine Tochter sich an ihm beschmutzt oder irgendwelches Ungeziefer bekommt! Nimm den Hund und führe ihn hinab an den Fluss

Monreal 56729 · Kreis Mayen-Koblenz · Rhld-Pf
um 1220: Hermann III., Graf von Virneburg, lässt über dem romantischen Ort Monreal an der Elz auf einer steil ansteigenden Anhöhe eine Burg erbauen und weitet so seinen Einflussbereich machtpolitisch bis dorthin aus. Das war zwar widerrechtlich, da er weder die nötigen Genehmigungen noch die Rechte über den Grund und Boden besaß, die dem Trierer Erzbischof gehörten. Bemerkenswert auch, dass Hermann diese Burg nach einem Teilungsvertrag auf dem Grund und Boden seines Bruders Philipp erbaut. Es entsteht brüderlicher Streit. Deswegen, so berichtet es die örtliche Überlieferung, soll Philipp ebenfalls eine Burg, die »Philippsburg«, erbaut haben, um sich gegen seinen Bruder zu verteidigen. Weil diese aber kleiner ist, erhält sie im Volksmund den Beinamen »Rech« (= kleines Reh) im Gegensatz zu der größeren (Löwe) Burg Hermanns. Dieser Bruderzwist wird jedoch später in einem Vergleich beigelegt. Philipp tritt seine Rechte an der Region an seinen Bruder ab. Auch Trier ist dem Virneburger Haus wohl gesonnen, gestattet den Bau und belehnt später Hermanns Familie mit Burg und Besitz und dem gesamten Hochgerichtsbezirk der kleinen Pellenz. Dem damaligen Sprachgebrauch entsprechend, wandeln die Virneburger Herren für Burg und Ort den bis dahin bestehenden Namen »Königsberg« um in die französische Bezeichnung »Mont Royal«, aus dem sich das heutige »Monreal« ableitet.
1306: Die Grafen erwirken für den Ort Monreal die Verleihung der Stadt- und Marktrechte.
1335: In einer kriegerischen Auseinandersetzung mit dem Kurstaat Trier unterliegt Virneburg. Beim Friedensschluss verspricht die Herrschaft, sich als Lehnsmänner in die Dienste des Kurstaates zu begeben. Monreal wird so zum Lehen des Trierer Erzstiftes.
Um 1400: Unter Robert IV. von Virneburg wird die Burganlage weiter ausgebaut und dient in den kommenden Jahrzehnten mehrfach als Witwensitz der Grafenfamilie.

Ende 15. Jh.: Vor den Eingangstoren der großen Burg werden vier mächtige steinerne Löwen aufgestellt, die die Zufahrt zur Burg »bewachen«. Von nun an wird die Burg stets »Löwenburg« genannt. Ein Löwendenkmal, hervorragendes Zeugnis spätgotischer Steinmetzkunst, findet sich heute auf der mittleren Elzbrücke in Monreal.
1545: Das Geschlecht derer von Virneburg stirbt mit dem letzten Grafen Kuno im Mannesstamm aus. Trier zieht das Lehen Monreal ein und belehnt damit 1546 Graf Heinrich von Leiningen. Doch bereits
1555 erfolgte die Umwandlung Monreals in ein kurtrierisches Amt mit eigenen Amtmännern (bis 1794).
1632: Monreal wird mit seinen beiden Burgen – der Löwen- und Philippsburg – von schwedischen Truppen verwüstet und zerstört.
1689: Im Pfälzischen Erbfolgekrieg zerstören und plündern französische Truppen Monreal und vernichten Stadt und beide Burgen.
1815: Die Burgruinen gelangen in preußischen Staatsbesitz.
Heute: Die noch in großen Teilen erhaltenen Ruinen der Löwenburg und der Philippsburg sind im Besitz der staatlichen Schlösserverwaltung (heute: Burgen, Schlösser, Altertümer). Nach bedeutenden Bestandssicherungsarbeiten (1970) gewähren die Anlagen und der 25 Meter hohe mächtige Bergfried eindrucksvolle Ausblicke über das Elzbachtal und den Eifeler Vulkanpark. Zu Füßen der Burg die malerischen Fachwerkhäuser des alten Ortskernes Monreal, das 2004 zum schönsten Dorf Deutschlands gewählt wurde. Informationsschilder an besonders sehenswerten Gebäuden machen die Besucher mit der Geschichte Monreals vertraut. Wanderwege (»Traumpfad«) führen zu den beiden, jederzeit frei zugänglichen Burgruinen; kostenlose Parkplätze unterhalb der Burg in Monreal; keine Gastronomie oder Übernachtung auf der Burg.

www.monreal-eifel.de/home.html

Elz! Hänge ihm dort einen schweren Stein um den Hals und versenke ihn an tiefer Stelle!«

Widerwillig machte sich der Bursche auf den Weg. Er ging eine gute Strecke der Elz entlang, ohne eine geeignete Stelle zu finden. Denn wegen der anhaltenden Trockenheit der letzten Wochen war der Bach etwas wasserarm. Und wie er so, nach einer tiefen Wasserstelle suchend, am Ufer herunterschritt, traf er Jan. Das war der Sohn eines fleißigen Holzhauers, der ganz in der Nähe in einer kleinen, windschiefen Hütte wohnte. Jan hatte einen leichten Weidenkorb in seiner Hand, denn er war auf Krebsfang.

»Jan, kannst du mir eine Stelle zeigen, wo das Wasser tief genug ist, um ein Vieh wie dieses darin zu ersäufen?« fragte der Stallbursche und wies auf den schwarzen Hund, den er an einem Strick neben sich herzog.

»Etwa ein halbes Stündchen von hier ist ein tiefer Tümpel!«, gab ihm Jan zur Antwort. »Ich will ihn dir zeigen! Doch sage mir, warum soll der Hund denn ersäuft werden? Was hat er getan?«

»Schau dir doch diese Missgeburt an! Dreckig und hässlich! Er ist dem Graf zuwider. So etwas gehört nicht in eine feine Burg!«

Beide machten sich auf den Weg. Nach wenigen Schritten blieb der Stallbursche stehen und meinte: »Jan, eigentlich ist es ja dumm, wenn wir beide dorthin gehen. Willst du den Wolf nicht statt meiner ersäufen? Ich gebe dir einen Zuckerfladen dafür!«

Jan nickte bejahend mit dem Kopf. »Ich habe nichts dagegen. Gib den Hund und den Fladen, ich will es statt deiner besorgen.«

Und dann schritt er hurtig bachabwärts, an seiner Seite den schwarzen Wolf, der mit eingezogenem Schwanz neben ihm hertrottete. Als sie an dem tiefen Tümpel angekommen waren, der das Grab von Wolf werden sollte, setzte sich Jan ins weiche Moos, brach ein Stück des süßen Fladens ab und biss herzhaft hinein. Ein kleines Teil reichte er dem Hund. Gierig schnappte der nach dem Leckerbissen und blickte mit leicht schiefem Kopf und treuen Augen den gutmütigen Jan an, der nun das raue zottelige Fell des Tieres streichelte:

»Armer Kerl! Dir ist es auch schlecht genug gegangen. Kommst aus einem Haus, wo jedermann im Überfluss schwelgt und bist so mager, dass man gerade durch dich hindurch sehen könnte. Und ein Geschöpf zu ertränken, nur weil es hässlich ist, ist nicht recht.«

Wolf schien wie umgewandelt, weil der neue Herr so freundlich zu ihm war. So etwas hatte er lange nicht mehr erfahren dürfen. Er sprang in die Höhe, leckte ihm die Hände und schaute ihn mit seinen schielenden Augen an, in tiefer Dankbarkeit für die ungewohnte Liebkosung und den Leckerbissen.

»Und dir soll ich einen Stein umhängen und dich ertränken? Nein, ich tue es nicht. Wir bleiben zusammen. Mein Vater wird nichts dagegen haben, und das Wenige, was wir haben, werden wir getrost mit dir teilen.«

Und dabei blieb es. Und als Jan seinem Vater das Schicksal von Wolf berichtete, nahm der Holzhauer den armen Hund trotz seiner Hässlichkeit in den Arm und kraulte ihn hinter den Ohren.

Es war an einem Nachmittag des nächstfolgenden Frühjahres, als sich durch die Burg zu Monreal die Schreckenskunde verbreitete: »Hilde, das kleine Burgfräulein, ist spurlos verschwunden!«

Alles Suchen hatte bisher zu keinem Erfolg geführt. In hellster Aufregung rannten alle Diener, Knechte, Mägde und Knappen umher, durchstöberten jeden Winkel der Burg, suchten in Kellern, Scheunen und im Turme, schauten im tiefen Burgbrunnen nach und riefen sich die Stimmen heiser. Nirgends war auch nur eine Spur von Hilde zu sehen. Alle befürchteten das Schlimmste. Sogar von Entführung wurde bereits gesprochen. Die Gräfin lag schluchzend und klagend auf den Knien vor dem

Christusbild in der Kapelle. Da näherte sich ihr der kleine Sohn Hubert und sagte:

»Mutter, vielleicht ist Hilde ja zur Elz hinabgelaufen. Sie wollte die Eisschollen auf dem Bach sehen und für dich Schneeglöckchen pflücken.«

Sofort wurde den Dienern und Mägden der Befehl erteilt, sich mit Stangen und Haken zu versehen und die kleine Hilde unten im Ort und an der Elz zu suchen.

Lange suchten sie – plötzlich stieß einer der Männer einen markerschütternden Schrei aus. Mitten in dem wild tosenden Wasser saß die Kleine auf einer großen Eisscholle. Sie zitterte vor Kälte und weinte bitterlich. Und in ihrer kleinen Hand hielt sie einige Schneeglöckchen fest an die Brust gedrückt.

»Rettet mein Kind!« rief der Graf in tiefer Verzweiflung. »Wer es mir hier ans Ufer bringt, soll reich belohnt werden!« Schon wollte er seine Kleider abstreifen und sich zwischen die Eisblöcke werfen. Doch die Knechte hielten ihn mit Gewalt zurück:

»Lasst das, Herr, es kann nichts nützen! Das eisige Wasser wird Euer Tod sein, und die tosenden Wellen werden Euch an den Felsblöcken zerschmettern! Denkt an die Gräfin und Euren Sohn! Niemand kann so an das Fräulein gelangen. Wir wollen versuchen, den Block mit unseren Haken und Stricken herüberzuziehen.«

Aber so sehr die Männer sich auch anstrengten, nichts wollte gelingen. Immer und immer wieder glitten die eisernen Haken ab, griffen nicht ins glatte Eis. Die Stangen waren zu kurz, und die Eisscholle, auf der Hilde saß, war zwischen andere Blöcke eingekeilt. Zudem trieb sie bereits abwärts und näherte sich einem steilen Wasserfall, wo die Wellen sich tief unten wild schäumend auf hartem Felsgestein brachen.

»Verloren!« stöhnte der Graf. Und mit tiefem Wehgeschrei brach die Gräfin schluchzend zusammen.

Da stürmte unversehens ein Hund zwischen den Leuten hindurch, setzte mit einem weiten kühnen Sprung in die reißende Elz hinein, schwamm mit kräftigem Beinschlägen hin zu dem Eisblock, auf dem Hilde hilferufend kauerte, und kletterte auf die Scholle. Mit einem Freudenschrei begrüßte das Mädchen seinen Retter, der sein nasses Fell jetzt schüttelte.

»Halt dich an ihm fest!«, rief der Graf laut und deutlich.

Das tat Hilde auch. Sie krallte sich in den zottteligen Haaren des Hundes fest, und dieser sprang wieder in die Fluten der Elz und gelangte kräftig schwimmend bald ans rettende Ufer, wo Graf und Gräfin jubelnd Hilde in ihre Arme schlossen und sie in warme Tücher hüllten.

»Und der Wolf ist doch brav! Darf ich denn jetzt mit ihm spielen?«, fragte die vor Kälte zitternde Hilde.

»Welcher Wolf?«

»Nun, unser Hund! Kennt ihr ihn denn nicht mehr? Wolf! Wolf! Komm hierher!«

Und Wolf, der ängstlich fortgeschlichen war, kroch zitternd und sich duckend herbei, die schielenden Augen voll Angst auf den Graf und seine Knechte richtend.

»Welch ein Glück, dass mein Befehl so schlecht ausgeführt wurde. Ohne diesen Wolf hätte ich kein Töchterchen mehr. Dieser Hund soll uns zur Burg begleiten.«

Der Graf erwies sich gegen alle, die ihm bei dieser Rettung beigestanden hatten, überaus dankbar. Jan und seinem Vater gab er ein großes Stück Land zum Beackern, und der brave Wolf wurde von jedermann gestreichelt und mit Leckereien verwöhnt und blieb der stete Begleiter des Burgfräuleins Hilde.

An der Strecke unterhalb Monreals, dort wo das Kind auf wundersame Weise gerettet wurde, erbaute der Graf eine kleine Kapelle Mettburg, zu Ehren Gottes und aus Dankbarkeit für die hohe Gnade, die er ihnen hatte zuteilwerden lassen.

Burg Monschau

Monschau

Kaiser Karl auf dem Berg der Freude

Kaiser Karl liebte die Jagd. Jede Gelegenheit, die ihm seine wenige Freizeit bot, nutzte er aus, um in verwegenem Ritt auf seinem feurigen Ross die

und konnten es kaum abwarten, bis Karl mit seinem Jagdhorn das Zeichen zur Jagd blies. Mit Halali und Hörnergetön ging es durch Wald und Heide, durch Moor und Gestrüpp. Kleine Bäche übersprangen die Rösser wie im Flug, und Funken sprühten, wenn ihre

Wälder zu durchstreifen, auf der Suche nach edlem Wild. So auch an jenem Tag, an dem bereits früh die Sonne ihre wärmenden Strahlen über die Eifelberge erglänzen ließ und die Lerchen jubelnd ihre Gesänge in den taufrischen Morgen trillerten. Wohlgelaunt traf sich Kaiser Karl mit seinen Freunden und den Jagdknechten. Die Pferde wieherten aufgeregt, und die Hunde bellten und zerrten an den Gurten

Hufe die steilen steinigen Pfade bergab preschten. Es dauerte nicht lange, da scheuchten die Hunde einen riesigen wilden, pechschwarzen Eber auf. Nun gab es kein Halten mehr. Ein Reiten und Jagen, ein Preschen und Hatzen, um diesen mächtigen Schwarzkittel zu erlegen. Schließlich stellte Kaiser Karl das grimmige Borstentier an einem Felsen und durchbohrte es mit seinem Speer. Ein solch gewaltiges Tier hatte er noch nie erjagen können. Voller Stolz nahm er die Glückwünsche seines übrigen Jagdgefolges entgegen. Als dann alle etwas später sich rund um ein prasselndes Feuer erholten und stärkten, schaute Karl seine Freunde an und sprach: »Eine herrliche Gegend und prachtvolle Wälder mit viel Jagdgetier. Man wird mich hier noch öfter jagen sehen. Damit es uns dabei aber nicht mehr an Obdach mangelt und wir nicht mehr im Freien und auf Fels übernachten müssen, will ich hier ein Schloss erbauen lassen. Veranlasst alles Notwendige!«

Des Kaisers Wunsch wurde zustimmend angenommen. Bereits nach kurzer Zeit wurde rüstig mit dem Bau begonnen. Und es waren noch nicht viele Vollmonde über den nächtlichen Himmel geschritten, da schaute bereits eine stolze Burg mit wehrhaften Zinnen hoch aus den waldigen Höhen hervor. Als dann Kaiser Karl wieder einmal zur Jagd im Venn und in den tiefen Wäldern des Gebirges weilte, wollte er auch den Neubau seiner Burg besichtigen. Und als er dann dort oben auf dem Bergfried stand und über die herrliche Landschaft und in die tiefe Schluchten mit der rauschenden Rur schaute, da war er von der Schönheit der Burg und der herrlichen Aussicht so beeindruckt, dass er laut ausrief: »Wie groß und lobenswert ist doch hier die Schöpfung Gottes. Mein Herz schlägt froher vor Freude. Daher möchte ich dieser Burg auch für alle Zeiten den Namen »Mont joie« (= Berg der Freude) geben.«

Der blinde Bogenschütze

Nicht alle Edlen von Monschau haben in gerechter Sache ihr Schwert gezogen. Fehdelust und Herrschsucht trieben manche von ihnen hinaus zu grundlos blutigem Streite. Waren ihnen dann Besiegte in die Hände gefallen, so durften diese nicht auf Milde und Güte harren, nein, die meisten beschlossen ihr Leben in harter Gefangenschaft im tiefen, düsteren Burgverlies der Burg zu Monschau.

So zog auch dereinst ein Ritter von Monschau mit seinen waffenerprobten Mannen hinaus zu einer feindlichen Burg. Nach kurzem und heftigem Kampfe gelang es ihm, seinen Gegner zu überwältigen und gefangen zu nehmen. In schweren Eisenketten brachte er ihn hin zu seiner Burg im Tal der Rur, befahl dort seinen Folterknechten dem Gefangenen die Augen

auszustechen und ihn in den finstern Burgkerker zu werfen. Hier schmachtete der Unglückliche, der bis dahin allüberall hohes Ansehen genoss und als der beste Bogenschütze im weiten Umkreis bekannt war, viele Jahre in der bittersten Haft. In ohnmächtigem Zorne fluchte er dem feigen Monschauer, der ihn nicht durch kämpferisches Können, sondern nur durch erdrückende Übermacht besiegt hatte.

Wenn er aus dem Prunksaal oben Becherklang und Freudentaumel vernahm, konnte er nur die Fäuste ballen, und Tränen des Heimwehs und der Scham liefen aus seinen toten Augen die zerfurchten Wangen hinab.

Nun geschah es eines Tages, dass dort oben wieder ein großes Festgelage stattfand. Lachen und Gegröle, Musik und dumpfes Gepolter drangen hinab durch die Mauern des Verlieses, wo der Gefangene auf faulendem Stroh ruhte. Da wurde die Kerkertür aufgerissen und die Wachen ergriffen lachend den Blinden: »Komm nur hinauf zum Fest. Unser Graf hat gar eine bedeutsame Aufgabe für dich!«

Die Gäste verstummten, als der Blinde nun im Festsaal erschien. Hohnlachend rief ihm sein Gegner zu: »Höre, du mein blinder Feind! Ich habe dich im Kreise der Festgenossen gepriesen als den besten Schützen im weiten Umkreis. Beweise, dass ich die Wahrheit gesagt habe und mache nun deinen Meisterschuss. Ich werde diesen Becher als Ziel aufstellen. Du wirst mit Pfeil und Bogen auf ihn schießen. Triffst du ihn, so bestätigst du meine Lobesworte, und ich werde dir deine Freiheit schenken. Triffst du ihn nicht, und stellst mich so als Prahler dar, dann helfen dir keine Flehen und Bitten mehr!«

Inzwischen hatte man dem Gefangenen einen Bogen gebracht, und mit dumpfer Stimme sagte der Blinde: »Wohlan, ich will versuchen, was noch keinem gelang!«

Der Schlossherr ahnte den versteckten Sinn der Worte nicht. Er leerte rasch seinen Becher und stellte ihn laut krachend auf den Rand des Tisches. Die übrigen Gäste erhoben sich, traten zur Seite und schauten gebannt und erwartungsvoll.

Da legte der Blinde einen Pfeil auf die Sehne, spannte den Bogen kräftig und zielte nach der Richtung, aus welcher er das Aufstellen des Bechers vernommen hatte. Dann ließ er die Sehne los. Der Pfeil flog mit Sausen. Da, ein schriller Aufschrei! Ein lautes Aufstöhnen durchdrang den Saal. Tödlich getroffen sank der Ritter von Monschau zu Boden, den Pfeil

Monschau (52156) · Kreis Aachen · NRW

1198: Erste Erwähnung der Grafen von Montjoie.

Anfang 13. Jh.: Auf einem von der Rur umflossenen Höhenzug wird von den Grafen von Limburg eine Felsenburg erbaut, die dem Schutz des nahe gelegenen Klosters Reichenstein dient. Sie wird 1217 als »Castrum in Munioie« erwähnt. Vermutlich ist der Hallerturm auf der gegenüberliegenden Höhe als Vorwerk schon Anfang des 12. Jahrhunderts erbaut worden. (Die Sage berichtet von einem unterirdischen Gang, der vom Haller bis zum Laufenbach und weiter bis zum »Eselsturm« führt.)

1226: Die Herrschaft Montjoie geht an das Haus Falkenburg (Valkenburg/NL) über, unter dem ein Teil des Schlosses neu erbaut wurde.

Mitte 14. Jh.: Die Burganlage wird zu einer Festung der Grafen von Jülich ausgebaut und mit mächtigen Ringmauern, Türmen und Wehrgängen versehen. Der Komplex besteht aus der Oberburg, der oberen Vorburg und Unterburg und einem Palas an der Westseite.

1543: In der Geldernschen / Jülicher) Fehde werden Stadt und die als uneinnehmbar geltende Festung von Truppen des Kaisers Karl V. (*1500; † 1558), unter der Leitung von Prinz Renatus von Oranien (*1519; † 1544) mit schwerem Geschütz belagert und schließlich eingenommen. Die Stadt wird geplündert und das Schloss zerstört.

1543–58: Die stark beschädigte Burg wird nur noch teilweise ausgebessert, um die Wehranlage der unteren Burg zu erweitern und zu verstärken.

1586: Ausbau des Rechteckturms zum Wohnturm.

1689: Im Raubkrieg des französischen Ludwigs XIV. (*1638; † 1715) wurde Monschau erobert und teilweise zerstört.

1794: Die Franzosen besetzen das Rheinland und Monschau. Die Burg wird als Nationalgut beschlagnahmt und 1810 versteigert. Der Käufer, Tuchfabrikanten Schlösser, kann die Burg finanziell nicht renovieren und lässt sie zur Ruine verfallen.

1899: Die Stadt »Montjoie« kauft die Burgruine, lässt sie sichern und weitgehend erneuern.

1918: Der lange gebräuchliche Name »Montjoie« für Burg und Stadt wird durch kaiserlichen Erlass in »Monschau« geändert.

1930: Ausbau der Palasruine (Westflügel) zur Jugendherberge.

Heute: In der renovierten Burganlage befindet sich eine »Jugendburg« (DJH); die Außenanlagen können besichtigt werden; der Innenhof wird zu kulturellen Veranstaltungen (»Monschau Klassik«-Open Air-Veranstaltungen) genutzt.

Genügend Parkplätze und Gastronomiemöglichkeiten in der Stadt Monschau und an der Bundesstraße oberhalb der Burg; Übernachtung auf der Burg (Jugendherberge) möglich
www.burg-monschau.jugendherberge.de
www.monschau.de

---

mitten im Herz. »Nun hat er seinen Lohn«, sagte der blinde Bogenschütze gelassen, »gebt mir nun den meinen.« Aber im gleichen Augenblick musste auch er sein Leben lassen, geraubt von den Schwertstreichen der anwesenden Ritter.

Vorbei war nun die Feststimmung. Die Gäste beeilten sich rasch, den Ort des Schreckens zu verlassen. Tags darauf grub man auf dem Burgfriedhof hinter der Burgkapelle zu Monschau zwei Gräber. Die sich im Leben verfolgt und gehasst hatten, bettete der Tod jetzt friedlich nebeneinander.

(nach M. Zender.; diese Sage findet sich nahezu gleichlautend auf der Burg Sooneck (Landkreis Mainz-Bingen), wo der geblendete Ritter Veith von Fürsteneck seinen Peiniger erschießt.)

Gott will es!

Als in Clermont Papst Urban in einer flammenden Rede zur bewaffneten Pilgerfahrt in das Heilige Land aufrief, pflanzte sich sein Mahnruf »Gott will es!« von Frankreich auch nach Deutschland fort. Er wurde zum Schlachtruf für viele Ritter und Landmänner, die sich rüsteten, um an dem Ersten Kreuzzug teilzunehmen.

Zu diesen Rittern, die die heiligen Stätten aus den Händen der heidnischen Feinde befreien wollten, gehörte auch Graf Walram von Monschau. Als er wohl gerüstet mit einer kleinen Schar von seiner Burg in Monschau Abschied nahm, umarmte ihn mit sorgenvoller Miene seine Frau Isabella. Weinend erinnerte sie ihren Mann, dass sie jetzt allein, schutz- und hilflos mit ihren beiden kleinen und schwachen Söhnen zurückbleiben müsse. Aber sie spürte auch, dass er dem Ruf des Papstes und dem Bitten seiner befreundeten Ritter von den Nachbarburgen folgen wollte.

So küsste sie ihn zart und wünschte ihm einen friedvollen Zug nach Kleinasien. Gott möge ihn beschützen, so wie sie auch fest auf den Schutz des Himmels vertraue. Auch Graf Walram wurde das Herz schwer, als er seine Frau herzte und die weinenden Kinder tröstend an sein Herz drückte. Aber dann gab er seinem Pferd die Sporen, und das kleine Häuflein der Monschauer verließ den steinigen Burghof und machte sich auf den weiten und beschwerlichen Weg ins Heilige Land.

Bald stand Graf Walram an der felsigen Küste Europas, am Bosporus, und zahllose Schiffe trugen die Kreuzfahrer hinüber nach Asien.

Und dort kam es auch schon vor Konstantinopel zu ersten großen Kämpfen mit den Türken. Graf Walram von Monschau war unter den Kreuzrittern einer der feurigsten und kühnsten beim blutigen Kampf. Danach zog er mit dem starken Heer des Gottfried von Bouillon nach Nicäa. Sie hatten kaum noch Lebensmittel, als sie die Stadt belagerten. Eine riesengroße Stadt war es, mit zweihundert Türmen und verteidigungsbereit mit den tapfersten Kriegern.

Im Mai versuchten die Kreuzritter zum wiederholten Male, die große Stadtmauer zu erstürmen. Vorneweg Walram, der seine Mannen anfeuerte. Da traf ihn der scharfe Krummsäbel eines wütenden Türken. Schwer verletzt stürzte Walram zu Boden.

Und über ihm tobten der Kampf und der Schlachtenlärm. Noch einmal dachte er an seine stolze Burg und das saftige Grün an den Hängen der im Tal rauschenden Rur, noch einmal sah er den traurigen Blick seiner Gattin Isabella und seinen beiden Söhne mit ihren kleinen Händen winken, noch einmal flüsterte er »Gott wollte es«, dann schloss er seine Augen für immer. Irgendwo auf einem Feld vor Nicäa, fern der Heimat, wurde der Graf aus Monschau begraben.

In Monschau harrten in Gedanken und Gebet Gräfin Isabella und ihre beiden Söhne, warteten sehnsuchtsvoll auf die Heimkehr des Gatten und Vaters, aber vergeblich. Erst nach Jahren brachte ein Kreuzritter auf seiner Heimkehr Kunde von dem Geschehen vor Nicäa und ließ Isabellas angstvolle Ahnung zur traurigen Gewissheit werden.

(nach J. Schwer)

Haupttor zur Burg Monschau

Burg Bischofstein
Münstermaifeld-Lassberg

Bischofstein und sein weißer Ring

Der hohe Bergfried von Bischofstein fällt schon von weitem auf. In seiner Mitte befindet sich ein weißer Ring. Es sind die Reste seines Verputzes, auf dem sich wohl ein hölzerner Wehrgang befand. Als die Burg 1689 verwüstet und in Brand gesteckt wurde, brannte sich vermutlich der Kalk hinter dem Wehrgang in das Mauerwerk ein. Die Bewohner der Nachbarorte fanden für diesen Ring mehrere sagenhafte Deutungen:

Schnell und unerwartet überfielen Raubritter und sonstiges Gesindel die Bauern, wenn sie mit ihrer Ernte nach Hause wollten, oder die Winzer mit ihrem Wein in den hölzernen Fässern und die reichen Handelsleute, wenn sie hin zum Markte fuhren. Über den Moselfluss spannten die Räuber eiserne Ketten, versperrten den Booten und Kähnen den Wasserweg und plünderten sie aus. Und jedes Mal, wenn die bewaffneten Soldaten von Bischofstein den Banden entgegeneilten, waren diese längst in den engen Tälern des Hunsrücks oder der Eifel verschwunden oder hatten sich auf ihre Burgen zurückgezogen.

Immer heftiger trugen die Überfallen und Geschundenen ihre Beschwerden dem Trierer Erzbischof vor und flehten ihn an, sie doch zu beschützen, wie er es versprochen habe, und endlich dem Diebespack den Garaus zu machen, erst recht, wo erst kürzlich ein Reitersmann erschlagen am Moselufer aufgefunden wurde.

Der Bischof war entsetzt und außer sich. Sofort ließ er durch einen reitenden Boten seinem Vogt auf der Burg Bischofstein seinen Befehl ausrichten:

»Im Namen der Gerechtigkeit. Um wieder Ruhe in meinen Landen und Sicherheit auf den Straßen und dem Moselfluss zu schaffen sowie den ehrlosen Strauchdieben ihr schändliches und unritterlichesTun zu unterbinden, ordne ich Folgendes an:

Rund um den hohen Bergfried meines Bischofsteins sind ein breiter weißer Streifen zu malen und ein Galgen anzubringen. Jeder Dieb, Räuber und Verbrecher, gleich welchen Standes er sei, ist mit schwar-

Bischofstein war ein starker Hort für Bauern, Winzer und Schiffer. Oben auf dem hohen Burgturm war stets ein Wächter, der Ausschau hielt ins Tal der Mosel und auf den breiten Fluss. Er achtete darauf, dass Händler und Reisende ungestört ihrem Tagewerk nachgehen konnten. Doch in letzter Zeit hatten die Überfälle und Raubzüge sehr zugenommen.

Münstermaifeld-Lassberg (56294) · Kreis Mayen-Koblenz · Rhld-Pf

1170: Wahrscheinlich auf Resten einer Vorgängerburg aus dem 6. Jahrhundert erbaut Erzbischof Arnold I. von Trier († 25. Mai 1183) links der Mosel, gegenüber dem Ort Burgen, auf einem steil nach drei Seiten abfallenden Felssporn eine kleine Burg, die seinem Amte gemäß »Bischof-Stein« genannt wird. Sie dient der Sicherung des Moseltals und dem Schutz benachbarter Moselfähren.

1262: Bischofstein findet Erwähnung, als der Trierer Archidiakon Heinrich von Bolanden auf ihr residiert.

11.09.1273: Der Trierer Archidiakon und Probst zu Karden, Heinrich von Bolanden, erwirbt die Burg, erweitert sie bedeutend und schenkt Bischofstein der Trierer Kirche. Sie ist mit Pröbsten von Karden besetzt, die sie als Sommersitz nutzen.

1302: Erzbischof Diether von Trier besetzt die Burg während seines Krieges mit dem deutschen König Albrecht I. (1298–1308)

1552: Markgraf Albrecht II. von Brandenburg-Kulmbach (*1522; † 1557) belagert bei seinem Kriegszug durch das Erzstift die Burg, kann sie jedoch nicht einnehmen.

1640: Während des Dreißigjährigen Krieges brennt ein Teil der Burg ab.

1641: Die Burgkapelle St. Stephan wird renoviert.

1689: Im Pfälzischen Erbfolgekrieg lassen die Truppen Ludwigs XIV. (*1638; † 1715) die Burg in Flammen aufgehen. Lediglich der Turm bleibt vor der Zerstörung bewahrt.

1794: Die französische Revolutionsregierung annektiert die Ruine Bischofstein, die sich im Eigentum des »St.-Castor-Stift« in Karden befindet, und lässt sie am

29.09.1803 für 330 Franken versteigern. Der Winzer Nikolaus Artz aus Burgen erwirbt sie.

1880: Kauf der Burg durch die Familie Bienen aus Rheinberg von den Erben Probst.

11.04.1930–33: Bankdirektor Erich Deku aus Darmstadt kauft die Ruine und nimmt umfangreiche Wiederherstellungsarbeiten vor (Palas mit Fachwerk; Gewölbe der Burgkapelle »St. Stefan«).

1938: Die Burg wird als Konkursmasse von der Trierer Industriellenfamilie von Frau Aenny Neuerburg ersteigert, die sie in der heutigen Form herrichtet.

1941–46: Bischofstein dient als Genesungsheim, Kriegslazarett und Flüchtlingsheim unter Leitung von Aenny Neuerburg. Ihr Nachfolger, Sohn Raymund, richtet in der Burg eine Fremdenpension ein.

1954: Der Förderverein des »Fichte-Gymnasiums« in Krefeld kauft die Burg für 80 000 DM und beginnt mit ihrem Ausbau zu einem Schullandheim. Neben dem Rittersaal als Gemeinschaftsraum stehen noch genügend Schlafräume für 2 Schulklassen zur Verfügung.

1995–2001: Kostenintensive Sanierung der Burg und der Kapelle. Der Rittersaal erhält ein neues Schieferdach und der 25 Meter hohe zinnengekrönte Bergfried eine Treppe, so dass er wieder besteigbar ist.

Heute: Burg Bischofstein steht als Beispiel für den Baustil der 1930-er Jahre unter Denkmalschutz. Eine Ringmauer zieht sich um die ganze Anlage. Palas und Zimmer werden ganzjährig als Schullandheim genutzt. Sie sind der Öffentlichkeit zur Besichtigung nicht zugänglich (ausgenommen am »Tag des offenen Denkmals«). Durch das Grundstück der Burg Bischofstein verlaufen mehrere beliebte Wanderwege. Die obere Terrasse gewährt herrliche Blicke ins Moseltal und auf den idyllisch gelegenen Ort Burgen auf der gegenüberliegenden Moselseite.

www.fichtekrefeld.de/.../burg-bischofstein
www.moseltouren.de/3-cochem-koblenz/3-12-bischofstein/

zer Kleidung und einem Strick um den Hals dort aufzuknüpfen, damit er bereits von überall und weither gesehen werden kann. Er diene so Seinesgleichen und allen des Weges Ziehenden zur Abschreckung und Warnung, sich nicht am Gut ihres rechtmäßigen Landesherren und an dem seiner Untertanen zu vergreifen. Damit es so geschehe, wie geschrieben, habe ich mein bischöfliches Siegel unter dieses Schreiben gesetzt.«

Und so geschah es und allmählich wurden Straßen und Strom wieder gesindelfrei.

Eine zweite Sage berichtet:

Wieder rotteten sich zahlreiche Strauchritter aus den Burgen links und rechts der Mosel zusammen, denen das bischöfliche Gesetz und der gestrenge Herr Vogt auf Bischofstein ein Dorn im Auge waren. Heimlich zogen sie unbemerkt hin zur Burg, überwältigten in dunkler Nacht die arglosen Wachen und drangen in die Festung ein. Wie wilde Tiere hausten sie dort und streckten nieder, was vor ihre Schwerter kam. Keine Rücksicht nahmen sie weder auf den geistlichen Propst aus Karden noch auf Diener oder Magd. Nur einem der Pferdeknechte gelang die Flucht. Und dieser ritt so schnell er konnte nach Trier und berichtete seinem Herrn von dem schändlichen Blutbad, das in seiner Burg geschehen.

Der Bischof selber zog seine glänzende Rüstung an, und mit einer großen Schar tapferer Soldaten und wehrhafter Bürger marschierte er hin nach Bischofstein.

Sehr viel Zeit benötigten die Trierer nicht, um die Burg wieder zurückzuerobern, denn in ihrem Siegestaumel hatten sich die Raubritter an dem Wein, den sie in den Gewölben der Burg gefunden hatten, derart gütlich getan, dass sie nun in ihrem trunkenen Zustand zum Kampfe kaum fähig waren.

Des Bischofs Rache war unbarmherzig. Wer nicht dem Hieb des Schwertes zum Opfer fiel, wurde schändlich aufgehängt.

Dann ließ der Bischof einen strahlend weißen Ring um den Bergfried malen. Weithin sollte er sichtbar künden: »Seht her, das ist der geweihte und gesalbte Ring, den euer Bischof und Landesherr trägt. Merke sich ein jeder, dem es nach Raub und Mord gelüstet, ich werde ihn mit Strenge richten, so wie es hier geschehen.«

Eine dritte erzählt von dem sündigen Lebenswandel eines Bischofs:

Dereinst lebte ein Bischof nicht so, wie es seinem Stand gebührte. Prunk und Verschwendung zog er dem Gebet und der Mäßigkeit vor. Harte Strafen und Unterdrückungen für die Untertanen ersetzten Milde und Barmherzigkeit. Eines Tages ließ er eine hübsche junge Frau, auf die er ein Auge geworfen hatte, entführen und auf Bischofstein bringen, weil sie sich seinem Verlangen widersetzte und sich entschieden gegen das unzüchtige Benehmen des geistlichen Herrn wehrte.

Das erzürnte die Ritterschaft ringsumher, und sie gedachten, dem schändlichen Ärgernis ein Ende zu bereiten. Mit starker Streitmacht rückten sie an, um das Fräulein zu befreien. Doch sie kamen zu spät und hatten es nicht verhindern können, dass jener unwürdige Bischof in der Burgkapelle sich mit der Entführten selbst das Ehesakrament spendete. Und statt Buße zu tun oder sein liederliches Leben zu bereuen, verhöhnte er noch all die vielen Ritter und Reisigen, die seine Burg belagert hatten. Er ließ einen weißen Ring um die Turmmauer legen, damit das gesamte Moselvolk sehen sollte: »Dies ist der Brautring, mit dem ich fest an mich gebunden, was ich genommen habe. Er ist so stark und mächtig, dass ich tun und lassen kann, wonach mir gelüstet.«

Und letztlich teilt der weiße Ring noch eine weitere Mär mit, die aber nur schmunzelnd erzählt wird:

Dereinst führte die Mosel derart schreckliches Hochwasser, das über die Ufer stieg und alles überschwemmte bis zu der Höhe des Ringes.

Bertradaburg
Mürlenbach

Bertrada flüchtet nach Mürlenbach

721 gründete die fränkische Bertrada, die Urgroßmutter von Karl dem Großen, zusammen mit ihrem Sohn Charibert (Heribert) das Kloster Prüm, das sich zum Stammkloster der Karolinger und zu einer Fürstabtei entwickelte. Eine Enkelin von ihr – sie hatte den gleichen Namen Bertrada (Berta) wie ihre Großmutter – heiratete später König Pippin und wurde so zur Mutter Karls des Großen, Anlass zu mehreren Sagen:

Bertrada, geboren um 660, war die Tochter des Pfalzgrafen Hugobert und der Irmina von Oeren. Der Name ihres Ehemannes ist nicht bekannt; er soll aber ein naher Verwandter des merowingischen Königshauses gewesen sein. Aus dieser Ehe entstammt ein bekanntes Kind, Charibert (Heribert) von Laon.

Eines Tages führte König Pippin der Mittlere einen Krieg gegen die Hausmeier in Neustrien. Mit dabei Bertradas Ehemann, ein treuer Freund und tapferer Krieger. Pippin verlor die Schlacht und musste fliehen. Bertradas Ehegemahl geriet in Gefangenschaft und wurde hingerichtet. Die Wut der Sieger war riesengroß. In ihrem Blutdurst machten sie selbst vor den Sippen der besiegten Merowinger nicht Halt. Häscher wurden ausgeschickt, um auch die Familie von Bertrada auszurotten. Um ihren Sohn Charibert zu retten, verließ Bertrada ihre gewohnte Umgebung und flüchtete in aller Heimlichkeit nach Mürlenbach, wo ihre Familie von altersher ein Hofgut hatte. Dort lebte und wirkte sie im Stillen. Die mildtätige Witwe war bei allen Leuten beliebt. Fromm und gottesfürchtig war sie und vergaß nicht, dem Himmel für ihre geglückte Flucht und die Errettung ihres Sohnes zu danken. Sie weihte ihr Leben Gott und stiftete im Tal der Prüm ein »Kirchlein im Wiesengrunde«. Dieses besetzte sie mit Mönchen aus dem Kloster Echternach, das sie ebenfalls zwanzig Jahre vorher für den bekannten Missionsbischof Willibrord eingerichtet hatte. Diese Prümer Stiftung war der Grundstein zu der späteren mächtigen und einflussreichen Benediktinerabtei Prüm.

Karl der Große in Mürlenbach geboren?

Karl war der ältere Sohn des Königs Pippin des Jüngeren und dessen Frau Bertrada. Sein Geburtsjahr ist umstritten. Die ältere Forschung nahm das Jahr 742 an. Dies hätte bedeutet, Karl wäre ein uneheliches Kind gewesen, denn seine Mutter Bertrada heiratete Pippin erst einige Jahre später. Neuere Historiker verlegen Karls Geburtsjahr auf 747.

Auch sein Geburtsort ist unbekannt. Verschiedene Orte werden erwähnt, wie Prüm, wo sich Mutter Bertrada vorwiegend aufhielt, Aachen oder Ingelheim, deren Pfalzen Karl bevorzugte, und andere. Als Geburtsort wird ebenfalls die Bertradaburg in Mürlenbach genannt, in der seine Großmutter und Mutter gelebt haben sollen. Eine Sage in Mürlenbach berichtet dies bis heute. Diese Behauptung wird sich schwerlich halten können, denn die heute noch bestehende Burganlage wurde erst im 13. Jahrhundert als Landesfestung der gefürsteten Reichsabtei Prüm erbaut. Ihren Namen erhielt sie wohl nach »Bertrada«, der Mutter Karls des Großen.

Dennoch deuten archäologische Funde einwandfrei darauf hin, dass die heutige Burg einen Vorgängerbau hatte, und die innigen Verbindungen von Mürlenbach und seiner Burg zum Kloster Prüm, dokumentiert in zahlreichen Urkunden, lassen die Sage mit einem hohen Wahrheitsgehalt weiterleben.

Mürlenbach (54570) · Vulkaneifelkreis · Rhld-Pf
Das Wahrzeichen von Mürlenbach ist die Bertradaburg mit prächtigen Rundtürmen auf einer markanten Bergnase über dem mittleren Kylltal. Sie leitet ihren Namen ab von der Urgroßmutter Karls des Großen, Bertrada, Gattin des fränkischen Königs Pippin (*714; † 768), die im 7. Jahrhundert hier mit ihrem Sohne Charibert gelebt haben soll und als Stifterin des Klosters Prüm gilt. Die spätestens ab dem 17. Jahrhundert bezeugte Sage und die lokale Überlieferung benennen diese Burg als den Geburtsort von Kaiser Karl.

1291: Heinrich von Schönecken wird zum Abt des Klosters Prüm gewählt. Er gilt als der Erbauer der heutigen Mürlenbacher Burg. Allerdings weisen Funde darauf hin, dass sie auf Resten einer Vorgängerburg errichtet wurde.

1331: Die Existenz der Burg kann urkundlich nachgewiesen werden. Sie ist im Besitz der Abtei Prüm und dient sowohl als Schutzburg gegen die Nachbarherrschaften Densborn und Kurtrier als auch als Aufenthaltsort für die Mönche der Abtei Prüm. Die Erzbischöfe und Kurfürsten von Trier versuchen durch Jahrhunderte, die reiche Abtei Prüm (und damit auch die Bertradaburg) in ihre Abhängigkeit zu zwingen. Es kommt zu militärischen Auseinandersetzungen.

1513: Soldaten des Erzbischofs Richard von Greiffenklau (1511–1531) versuchen zum zweiten Male (vergeblich), Mürlenbach einzunehmen. Als Folge davon wird die Bertradaburg zur Festung mit Artilleriebastionen ausgebaut.

1576: Die Abtei Prüm ist in den lang anhaltenden Streitereien mit den Trierer Kurfürsten der Verlierer. Die Bertradaburg geht mit allen Besitzungen der Abtei Prüm in den Kurstaat über.

ab 17. Jh.: Die Burg verliert ihre strategische Bedeutung und verfällt zunehmend.

1689: Zerstörung durch die Franzosen im sogenannten Pfälzischen Erbfolgekrieg.

5.4.1804: Unter Napoleon (1769–1821) wird der gesamte linksrheinische Raum säkularisiert. Die Anlagen der Bertradaburg werden zum Nationaleigentum erklärt und zur Nutzung als Steinbruch für 6.150 Francs versteigert.

um 1825: Landgerichtsrat Veling zu Aachen ist Besitzer der Burg. Sein Verwalter erbaut sich in den Trümmern der Burg sein Wohnhaus.

1870: Anlage einer neuen Straße zur Burg. Dabei wird der Turm an der Westseite gesprengt, um die Talrinne an seinem Fuß mit dem Abbruchmaterial aufzufüllen.

seit 1976: Die Bertradaburg ist im Privatbesitz (mit Ausnahme der Torburg, die dem Land Rheinland-Pfalz gehört) von Prof. Dr. Klaus Tiepelmann. In den kommenden Jahrzehnten erfolgen ständige Restaurierungen, besonders an den Burgmauern und dem 30 Meter hohen Doppelturmtor. Seit Dezember 2008 befindet sie sich im Privatbesitz der Familie Annette Carduck und Gottfried Schüll.

Heute: Der fünfgeschossige Torbau und die Umfassungsmauern sind in gut erhaltenem Zustand. Eine Besichtigung der Außenanlagen ist jederzeit möglich; Ferienwohnungen sind mietbar; Regelmäßige Führungen von Mai bis Oktober jeweils am 1. Sonntag im Monat oder nach Voranmeldung. Kostenlose Parkplätze vor der Burg vorhanden.

www.bertradaburg.de
www.muerlenbach.de

Burg Freudenkoppe
Neroth

Drei geheime Kreuze

Der letzte männliche Spross des Rittergeschlechtes, das einstens die Burg bewohnte, soll Kuno gewesen sein. Dessen Vater Maximilian hatte durch jahrelange ununterbrochene Fehden gegen den Grafen von Blankenheim fast sein gesamtes Vermögen verloren. Nach seinem Tode konnte er seinem siebenjährigen Töchterchen Mathilde und seinem achtzehnjährigen Sohn Kuno als einziges Erbe lediglich die schon arg verfallene Burg hinterlassen.

Das war zu viel zum Sterben, zu wenig zum Leben. Es blieb Kuno nichts anderes übrig, als seine Dienste dem Kaiser anzubieten. Seine Schwester brachte er zur Gräfin von Daun, die sie erziehen und betreuen sollte. Seine Burg selber übertrug er der Verwaltung eines bewährten Burgvogtes.

Kuno diente dem Kaiser gut und treu. Tapfer und mutig focht er manchen siegreichen Kampf. Seine kühnen Taten sprachen sich rasch herum, machten ihn im kaiserlichen Heere bald beliebt und berühmt, drangen vor zu des Kaisers Ohr, der ihm auch bald persönlich die Führung eines Truppenteils übertrug. Es währte nicht lange, und Kuno gewann die Freundschaft des Kaisers, wurde einer seiner engsten und vertrautesten Berater.

Als der Kaiser starb, kehrte Kuno reich beschenkt an Gold, Silber und Privilegien auf die Stammburg seiner Väter zurück. Seine Schwester Mathilde war inzwischen zur blühenden Jungfrau herangewachsen. Kuno nahm sie von Daun wieder zu sich. Weil

Kuno aber sehr oft auf Reisen war, bei Waffenspielen und Turnieren fern der Neroburg weilte, war seine Schwester Mathilde allzu oft allein in der einsamen Burg. Daher bat Kuno die elternlose Verwandte Hedwig von Nudingen in seine Burg, als Gesellschafterin für Mathilde. Die beiden Frauen schlossen innige Freundschaft. Lachen, Singen und Fröhlichkeit hielten wieder Einzug in die mächtigen Burgmauern.

Nur Kuno selbst sah man immer weniger heiter. Sein sonst so aufgeschlossenes und hoffnungsvolles Wesen änderte sich. Immer ernster und verschlossen ging er seiner Wege. Stundenlang ritt er einsam durch die Wälder oder saß still und schweigsam in Träumen und ernsthaftem Nachsinnen versunken.

Es war in einer kalten, rauen Märznacht. Wieder saß Kuno vor dem offenen Kamin, starrte schweigsam in die prasselnden Flammen. Hedwig von Nudingen saß am Fenster und stickte goldene Fäden in ein weißes Tüchlein. Nach schier endlosem Schweigen unterbrach Kuno plötzlich die Stille. Er wandte sich zu Hedwig und begann zu sprechen:

»Hedwig von Nudingen. Gewiss ist dir schon aufgefallen, dass mich Sorgen und schwere Gedanken bedrücken. Ich möchte dir, zu der ich viel Vertrauen habe und warme Zuneigung verspüre, den Grund meines Grübelns und die Ängste meines Herzens anvertrauen. Doch dies kann ich nur, wenn du mir schwörst, so lange zu schweigen, bis ich dich von dem Schwur entbinde.«

Neroth (54570) · Vulkaneifelkreis · Rhld-Pf

Um 1337: Auf dem 647 Meter hohen Gipfel eines mächtigen erloschenen Vulkanes, »Nerother Kopp« (= Kopf) genannt, wird durch den luxemburgischen König Johann der Blinde (1296–1346) die Burg »Freudenkoppe« erbaut, die urkundliche als »castrum Froudenkube« Erwähnung findet. Sie dient als Sicherung der Nordostgrenze der Grafschaft Luxemburg

1346: Nach dem Tode des »blinden Königs«, verkauft dessen Sohn Karl I. von Luxemburg, der spätere Kaiser Karl IV. (1355–1378), die Burg seinem Verwandten, dem Kurfürsten und Erzbischof Balduin von Trier (1307–1354). Sie dient diesem bei der Belagerung der Burg Daun 1353 als Stützpunkt.

1440: Für die Burgmannenfamilie von Sierck wird ein stattliches mehrgeschossiges Burghaus erbaut, dessen Ruine noch erkennbar ist.

1460 wird die Burg Freudenkoppe letztmalig erwähnt. Sie wird aufgegeben und zerfällt zur Ruine.

1984/85: Die Ruine wird umfassend saniert, um sie vor weiterem Verfall zu schützen.

Heute: In den frei zugänglichen Ruinen der Burg, die mitsamt dem Nerother Kopf als Kulturdenkmal unter Schutz steht, sind noch Reste des quadratischen Wohnturms und einer trapezförmigen Ringmauer zu erkennen. Weiter besichtigungswert eine große Mühlsteinhöhle, in der an Silvester 1919/20 die Brüder Robert und Karl Oelbermannt den Bund »Nerother Wandervogel« gründeten. Freudenkoppe ist nur zu Fuß zu erreichen. Parkmöglichkeiten in Neroth (dort auch Gastronomie) oder auf einem Parkplatz an der Straße Neroth-Neunkirchen.

www.neroth.de
www.mausefallendorf.de

Hedwig gewahrte die Sorgen und die flehenden Blicke von Kuno, und sie gelobte ihm Schweigen.

Da fasste Kuno sie an der Hand und ging mit ihr zur Burgkapelle. Dort angekommen, drückte er hinter dem Altar auf eine verborgene Feder. Es öffnete sich eine Falltür. Ängstlich und klopfenden Herzens folgte Hedwig dem voranschreitenden Ritter hinab in einen kleinen, dunklen Gang. Bald gelangten sie in ein Geheimgewölbe. Kuno zündete eine Fackel an, und Hedwig konnte auf Regalen und an den Wänden viele Waffen, Fahnen und Rüstungen erkennen. Auch eine schwere, kunstvoll eisenbeschlagene Truhe stand dort an der Wand. Diese öffnete nun Kuno. Hedwig sah, dass in ihr etliche große mit Geld gefüllte Säcke standen.

Da begann Kuno flüsternd zu sprechen: »Die Blankenheimer waren stets unsere Feinde. Sie sind es auch jetzt noch. Sie haben mit meinem Vater in kriegerischen Fehden gelegen und ihn und seine Familie in die Armut geführt, so dass sein Herz allzu früh brach. Auch mir und meinem Ansehen trachten sie Schaden und Verderb herbeizuführen. Darum habe ich Söldner gedungen und werde gegen Blankenheim ziehen, um an den Feinden meines Geschlechtes Rache zu nehmen und den Glanz unseres Hauses wieder herzustellen. Das gesamte Gold und Geld kann ich jedoch nicht mit zum Feldzug nehmen. Daher möchte ich, dass du, Hedwig, es verwaltest. Du bist erfahrener und besonnener als meine Schwester Mathilde, die mich in ihrem Bemühen, mich von meinem Vorhaben abzubringen, nur behindern würde.«

Hedwig schaute Kuno schwermutsvoll mit ihren dunklen Augen an. Schweigend nickte sie bejahend. Dann sprach Kuno weiter: »Wenn ich Geld brauche, werde ich dir als Boten meinen innigen Freund, Ritter Hans von Hartelstein senden. Er wird in die Linde vor dem Burgtore sein Zeichen einschneiden. Dann händige du ihm so viele Säcke Geld aus, wie Kreuzchen in die Linde eingeritzt sind. Sollten aber – was Gott verhüte – einmal drei querliegende Kreuze zu sehen sein, dann bedeutet dies meinen Tod. Dann, liebe Hedwig, erkläre dies alles schonend meiner Schwester, sage ihr, dass ich nicht anders handeln konnte und wollte, und sorge mit dem verbleibenden Vermögen, dass es euch beiden weiterhin wohl ergehen möge.«

Mit Tränen in den Augen gelobte Hedwig, seine Bitten getreulich zu befolgen.

Anderentags sagte Kuno den Blankenheimern Fehde an, begann zu rüsten und zog alsbald mit einem stattlichen Heer von fünfhundert Söldlingen der gegnerischen Burg Blankenheim entgegen. Oft stürmte er gegen die mächtige Feste an, jedoch vergebens. Sie war kaum zu erobern. Daher stellten sich Kuno und seine Mannen auf längere Belagerung ein.

Auf der Neroburg ging das Leben währenddessen seinen gewohnten Gang. Aber jeden Tag schritt Hedwig hin zur Linde vor dem Burgtor. Nach wenigen Wochen sah sie zwei Kreuzchen eingeritzt in des Baumes Rinde. Zur Mitternachtsstunde erschien sie pünktlich mit dem Gelde, und aus einem Gebüsch kam ihr Hans von Hartelstein entgegen, um die Säcke in Empfang zu nehmen. Er erzählte ihr von der Härte des Kampfes. Seine Stimme klang nicht siegesgewiss, als er Hedwig bat: »Vielleicht sehe ich Euch nicht wieder. Der bevorstehende Kampf wird wohl sehr arg werden, denn der Blankenheimer hat noch den Grafen von Jülich zu Hilfe gebeten. Hedwig, Ihr spürtet gewiss, dass ich Euch in tiefer Liebe zugetan bin. Drum fällt es mir leicht, Euch zu bitten: Wenn ich im Kampfe fallen sollte, dann betet für mich und legt mir einen Strauß Feldblumen ins Grab.«

Hiernach gab er seinem Ross die Sporen und ritt ins Lager Kunos zurück.

Die Kunde vom Herannahen der Soldaten unter dem Grafen von Jülich rief große Bestürzung bei den Truppen des Nerother Kuno hervor. Dieser begann umgehend, sein Heer zu verstärken und neue Söldlinge zu werben. Hans von Hartelstein ritt ein zweites Mal zur Neroburg, um Geld zu holen. Bei heftigem Gewitter und tobendem Sturm kam er an. Nachdem Hedwig die Zeichen in der Linde gesehen, begab sie sich sofort in die Kapelle, um das benötigte Geld der Kiste zu entnehmen. Als sie sich gerade in der unterirdischen Kammer befand, schlug plötzlich wegen des stürmischen Windes die Falltür des Gewölbes zu. Hedwig saß im dunklen Raum gefangen. Alle Bemühungen, die Türe zu öffnen, waren vergebens. Ihre Hilferufe verhallten ungehört.

Hans von Hartelstein wartete inzwischen Stunde um Stunde vergebens auf das Erscheinen von Hedwig. Unverrichteter Dinge kehrte er zu Kuno und erzählte ihm alles. Dieser ahnte Schlimmes, sattelte sein Pferd und jagte im scharfen Galopp zur Neroburg. Dort fand er Hedwig ohnmächtig in der Geheimkammer. Er trug sie ins Tageslicht. Aus der Truhe nahm er sich noch weitere zwei Geldsäcke und ritt,

Mühlsteinhöhle unter der Burgruine Freudenkoppe

ohne etwas zu reden, sofort wieder zurück ins Lager vor Blankenheim. Anderen Tags entbrannte eine heftige Schlacht. Die Übermacht der Gegner war für Kunos kleines Heer zu stark. Es musste eine vernichtende Niederlage einstecken. Der Ritter selbst kämpfte mit Löwenmut, jedoch drang ihm ein feindlicher Speer in den Hals, und er sank tödlich getroffen zu Boden. Daraufhin wandten sich die Nerother zur wilden Flucht und überließen dem Blankenheimer das Schlachtfeld und den Sieg.

Tags darauf fand Hedwig in der Linde vor der Burg drei querliegende Kreuze eingeritzt. Zu Tode betrübt suchte sie Mathilde auf, um sie von dem Tode ihres Bruders zu unterrichten. Ohnmächtig sank diese anderen Tags in die Arme der Freundin, als man die Leiche ihres Bruders zur Burg brachte. Nachdem die beiden Freundinnen den Rest des Geldes geteilt hatten, trat Mathilde als Nonne in das Kloster nach Niederprüm ein. Hedwig fand Gefallen an Hans von Hartelstein und wurde dessen Gemahlin und die Mutter eines stolzen Rittergeschlechtes. Die Neroburg Kunos jedoch hoch oben auf dem Nerother Kopf wurde von den Blankenheimern gänzlich zerstört.

Neuenstein (Wüstung)
Neuenstein

Sanft durchfließt die junge Prüm die Wiesenauen, auf denen sich dereinst die Burg Neuenstein erhob.

Mein ist die Rache

Else aus Kronenburg war ein bildhübsches Mädchen, fleißig und tugendrein. Kein Wunder, dass viele junge Burschen sie gerne als Frau genommen hätten. Aber ihr Herz gehörte nur dem jungen Walter aus Ormont. Ihn hatte sie vor etwas über einem Jahr kennen gelernt, als sie mit ihren Eltern dort auf der Margarethenkirmes war. Walter war ein arbeitsamer Schmied mit kohlrabenschwarzen Haaren, der nach dem Tod seines Vaters dessen Schmiedewerkstatt übernommen hatte und nun sich rührend um seine alte Mutter kümmerte.

Auch Walter war in tiefer Liebe zu Else entbrannt. Ihre Hochzeit sollte noch in diesem Jahr stattfinden, und zwar zwei Wochen nach dem Kirchweihfest, zu dem Walter sie mit ihren Eltern eingeladen hatte. Fröhlich ging es bei dieser Kirmes zu. Zum Festtanze waren alle Erwachsenen hingeströmt. Die Fideln und die Geigen spielten zum Tanze auf. Wie strahlten die Augen von Else, als ihr Walter sie mit fester Hand im Kreise herumwirbelte, und wie glücklich schaute Walter, der bald das hübscheste Mädel weit und breit zum Traualtare führen durfte. Neidvoll schauten die anderen Burschen den beiden zu, besonders aber Ritter Konrad von der Burg Neuenstein, der mit seinen Freunden von der Jagd gekommen war und eben einige Schoppen Wein trinken wollte.

Er konnte seine Augen nicht mehr von der ranken und schlanken Else lassen. Seine Gier wuchs. Er forderte sie zum Tanze auf, doch Else lehnte ab, für sie gab es keinen anderen Mann als ihren Walter.

Da fasste der Neuensteiner einen bösen Plan. In der kommenden Woche ließ er die Else gewaltsam entführen und auf seine Burg bringen. Dort erzählte er ihr, dass er als Graf dazu die Rechte habe. Ihm gehöre alles Land, die Wälder und Felder, die Tiere und Fische, und auch die Leute gehörten ihm als Grundherren. Und außerdem stünde ihm das Recht auf die erste Nacht zu, so wie dies seit Jahrhunderten ungeschriebenes Gesetz sei, und davon wolle er nun Gebrauch machen.

Else war entsetzt. Sie, ihr Herz und ihr Körper gehörten nur ihrem Verlobten Walter, und sonst keinem. Das, was der Graf Konrad da verlangte, das war unmenschlich. Das konnte, durfte und sollte nicht sein.

Gegen Abend drang Konrad in ihr Zimmer ein. Else weinte, bettelte und flehte um Milde und Barmherzigkeit. Konrad antwortete darauf nur mit einem spöttischen Lachen. Als er sich Else näherte und sie packen wollte, entwich sie ihm und flüchtete die Wendeltreppe hoch in den Turm. Konrad eilte ihr nach, wütend, zu allem bereit. Oben im Turmzimmer presste er sie gegen die Wand, gierig griffen seine Hände unter ihr Mieder. Da riss Else voller Verzweiflung das Fenster auf und ließ sich in die Tiefe fallen.

»Walter!«, so gellte ihr letzter verzweifelter Schrei, bevor sie auf hartem Fels aufschlug.

***

Walter hauchte noch einmal einen zarten Kuss auf die kalte Stirn seiner geliebten Else, bevor sie auf dem Ormonter Friedhof zur letzten Ruhe gebettet wurde. Dann verkaufte er seine Schmiede und zog weit fort. In Frankreich trat er als Soldat in die Armee ein. Bald wurden die Offiziere auf ihn aufmerksam, denn selten hatten sie so einen verwegenen, todesmutigen, draufgängerischen und tapferen Soldaten in ihren Reihen gesehen. Es war, als würde Walter weder Tod noch Teufel fürchten, es schien, als würde er die Gefahr suchen, und je wilder und heißer die Kämpfe waren, umso erleichterter schien er zu sein. Es dauerte nicht lange, und Walter wurde zum Anführer einer berittenen Soldatenschar ernannt.

Und wieder brachen unruhige Zeiten aus. Eine Revolution in Frankreich fegte Könige und Adel fort, das Blut floss in Strömen. Die französischen Soldaten marschierten und kämpften, überschritten Grenzen und drangen auch in die Eifel ein. Und wie der Zufall es wollte, erhielt Walter im Jahre 1794 den Marschbefehl, mit seiner Einheit den Weg nach Prüm zu nehmen.

Keiner sah, wie ein Funkeln die dunklen Augen von Walter erhellte, keiner bemerkte seine wache Aufmerksamkeit und keiner ahnte, welche Gedanken in ihm immer greifbarer wurden. Walter richtete den Marsch so ein, dass er über Ormont führte. Dort ließ er seine Truppe nahe der Dorfkirche rasten. Darüber freuten sich seine Soldaten, aber sie fanden keine Erklärung, warum ihr Hauptmann Walter zum Kirchhof schritt und dort recht lange vor einem Grabe stand und warum er feuchte Augen hatte, als er zurückkehrte und zum Aufbruch befahl:

»Unser nächstes Ziel ist Neuenstein. Dort werden wir die Nacht verbringen. Auf!«

Aber noch mehr staunten sie, als bereits nach recht kurzem Marsch erneut Rast befohlen wurde. Die Burg Neuenstein lag vor ihnen. In unmittelbarer Nähe schlugen die Soldaten ihr Lager auf.

Dann ließ sich Walter bei dem Burgherren melden. Unterwürfig führte der Diener ihn zum Burgherren in den Kaminsaal. Und dort im Sessel saß Graf Konrad. Alt war er geworden. Sein Haar bereits grau und schütter. Nun erhob sich Herr Konrad und begrüßte seinen Gast: »Bon soir et bienvenu, Monsieur le capitaine!«

»Lasst uns deutsch reden!« meinte Walter und strich sich seine Uniform mit den goldenen Knöpfen glatt. »Ich kenne diese Sprache, und ich kenne auch Euch! Ihr mich wohl nicht?«

Graf Konrad riss verwundert seine Augen auf, überlegte lange und schüttelte dann verneinend den Kopf.

»Herr Konrad, ihr habt eine schöne Burg«, meinte daraufhin Walter ablenkend. »Herrliche Türme, hübsche Erker, wohl eine traumhafte Aussicht tief ins Land hinein. Ihr würdet mir eine große Freude machen, wenn Ihr mir eure Burg zeigen würdet! Ich werd's Euch auch danken.«

Das machte Graf Konrad froh, hatte er doch insgeheim die Franzosen gefürchtet. Aber dieser hier schien ja recht nett und höflich zu sein. Und so zeigte er dem Offizier Walter seine Rüstkammer, den großen Herrensaal, die Burgkapelle, das Musikzimmer und schritt mit ihm auch die Wendeltreppe hoch in den Turm. Walter öffnete das Fenster und schaute hinaus. »Ist sie nicht rühmenswert, diese karge und doch so herrliche Eifellandschaft, mit ihren Wäldern voll jagdbarem Wild und den Dörfern mit den arbeitsamen Ackerern?« Und als Graf Konrad voller Stolz dies bejahte, fragte Walter unverhofft: »Ist dies das Fenster, aus dem die Jungfrau Else gestürzt ist?«

Konrad erbleichte: »Was bedeutet das? Wer seid Ihr?«

Und Walter antwortete mit fester Stimme: »Ich bin Euer schlechtes Gewissen. Ich bin der, der seit Jahren auf diesen Tag gewartet hat. Ich bin der, dem Ihr das Herz geraubt habt. Von meiner einzigen Liebe wolltet Ihr das Recht der ersten Nacht, von mir bekommt Ihr das Recht auf die letzte Nacht!«

Graf Konrad fiel auf die Knie, zitterte, bettelte und flehte um Gnade und Barmherzigkeit. Walter antwortete darauf nur mit einem spöttischen Lachen. Dann ergriff er Konrad und stürzte ihn ebenfalls aus dem Fenster. Ein dumpfer Aufprall beendete sein Leben.

Walter eilte zu seinen Soldaten zurück und erteilte den Befehl, diese Burg zu plündern und zu zerstören. Seine kampferprobten Soldaten kamen dieser Aufforderung bereitwillig nach. Noch in tiefer Nacht verkündete hell lodernder Feuerschein am Himmel dem ganzen Eifelland, dass es keine Burg Neuenstein mehr gab.

Am anderen Morgen zogen die Franzosen weiter nach Prüm. Was danach geschah, weiß niemand, denn von dem Schmied und Offizier Walter aus Ormont hat niemand mehr je etwas erfahren oder vernommen.

Neuenstein (Ormont-) (54597) · Vulkaneifelkreis · Rhld-Pf
Um 1300 ist ein »Hof Neuenstein« nachweisbar. Vermutlich war vor ihm eine »alte Burg« vorhanden gewesen, aus der dann ein »Neuenstein« wird, die eine »Else, Frau von Neuenstein«, Witwe von Friedrich II. von Blankenheim, 1329 an Arnold I. und Gerhard V. von Blankenheim verkauft.
Um 1365: Ein Angehöriger dieser Familie, Konrad von Schleiden, erbaut auf einem Hügel am linken Ufer des noch recht jungen Flusses Prüm eine kleine Wasserburg, umgeben von Gräben, die aus der Prüm gespeist werden. Mit ihr sichert er wichtige Handelswege, schützt sich aber auch gegen seine Blankenheimer Vettern, mit denen er im Streit liegt.
1370: Neuer Besitzer ist Konrad V. von Schleiden, der sich »Herr von Ormont und Neuenstein« nennt.
1450: Der Besitz Ormont-Neuenstein geht über in den der Herren von Manderscheid.
1473: Graf Friedrich III. von Manderscheid-Blankenheim verweigert dem Herzog Gerhard von Jülich die verlangte Öffnung seiner Burgen und verwüstet darauf selber seine eigene Burg Drimolen (heute eine Mauerruine zwischen Niederehe und Ahütte, Landkreis Vulkaneifel) und bricht ebenfalls die Befestigungen der Burg Neuenstein ab. Herzog Gerhard fordert ihn daraufhin vor sein Lehngericht. Man einigt sich gütlich, und der Jülicher Herzog belehnt Graf Friedrich III. von neuem mit den Grafschaften Blankenheim, Gerolstein, Schleiden und Neuenstein. Er muss aber versprechen, die Burg Neuenstein wieder aufzubauen.
1794: Nach der Besetzung der Eifel durch die französische Revolutionsregierung wird die Burg enteignet, durch Brand verwüstet und auf Abbruch versteigert. Die letzte Besitzerin, Augusta von Manderscheid-Blankenheim (*1744; †1811), flieht mit ihrem Mann, Christian von Sternberg (*1732; †1798), nach Böhmen.
Heute: Von der ehemaligen Burg ist auf den Fluren der kleinen Ortschaft Neuenstein nichts mehr zu sehen.

www.ormont.rheinlandtour.de

Burg Neuerburg
Neuerburg

Magdalena Pirken ist eine Hexe

Die folgende Sage beruht auf einer wahren Begebenheit, die als Kern in vorliegenden Gerichtsakten nachweisbar ist:

Es war im Jahre 1613. Auf der Neuerburger Burg weilten der sechsjährige Max Adam von Leuchtenberg und seine siebenjährige Schwester Elisabeth zu Besuch. Sie waren die Kinder von Wilhelm von

Es war kalt und stürmisch an jenem Wintertag. Wie gepeitschte Hunde jagten die schwarzen Schneewolken über den dichten Tann. Heulend brach sich die eisige Luft in den Nischen und Gewölben der sicheren Burg. Die kleine Elisabeth von Leuchtenberg fühlte sich nicht wohl. Unmittelbar nach dem Abendessen klagte sie über Unwohlsein und zog sich rasch in ihr Schlafzimmer zurück und legte sich zu Bett.

Doch wie entsetzlich war am kommenden Morgen das Erschrecken aller, als ein Schrei durch die

Leuchtenberg, der die Gräfin Erika von Manderscheid geheiratet hatte. Und diese Eltern hielten sich nun, weit entfernt von ihrer heimatlichen Burg in der Oberpfalz, für einige Jahre in der Eifel, in Manderscheid und in Virneburg auf. Ihre zwei Kleinen hatten sie ihren Verwandten auf der Neuerburg zu Besuch und zur höfischen Ausbildung gegeben.

Zimmer und Hallen der Burg gellte: »Das kleine Mädchen Elisabeth von Leuchtenberg ist tot!«

Und wirklich, bleich und starr lag es in seinem Bett unter den dicken weißen Kissen. Weit aufgerissen starrten die gebrochenen Augen zur Zimmerdecke. Sofort eilte der Ortsmedikus hinzu, aber er konnte auch nur mit traurigem Kopfschütteln fest-

Neuerburg (54673) · Kreis Bitburg-Prüm · Rhld-Pf

11. Jh.: Auf einem felsigen Bergsporn am Ufer des Flusses Enz, hoch über der heutigen Stadt, entsteht eine Burg durch die Herren von Neuerburg, deren Namen auf die Stadt übergeht. Dieses Geschlecht stammt ab von der Grafenfamilie von Vianden, unter deren Lehnshoheit, und damit letztlich unter den Herzögen von Luxemburg, es auch verbleibt.

1132: In einer Urkunde des »Theoderich de novo castro« an den Trierer Erzbischofs Albero (1132–1152) findet die »neue Burg« Erwähnung. Die Neuerburger Herrschaft erweitert ihr Gebiet ständig, bis sie letztlich 35 Ortschaften umfasst.

1332: Friedrich IV. von Neuerburg verleiht dem gleichnamigen Ort die Stadtrechte. Als er im gleichen Jahr verstirbt, gehen Burg und Herrschaft an das Geschlecht der Kronenburger über.

1414: Irmgard von Boulay-Useldingen, die Enkelin des letzten Kronenburgers und Erbin von Neuerburg, heiratet den Luxemburger Johann von Rodenmacher, dessen Familie nun neuer Besitzer wird.

1483: Die Virneburger Grafen werden Eigentümer. Als deren männliche Linie 1487 ausstirbt, kommt es zu einer bewaffneten Auseinandersetzung um das Erbe. Graf Kuno von Manderscheid-Blankenheim-Schleiden (1488–1489) gewinnt und gliedert Burg und Herrschaft Neuerburg an das Haus der Grafen von Manderscheid an.

um 1540: Die Burg wird mit Bollwerken verstärkt (Artilleriebastion, Ringmauer).

3.5.1692: Die Festungsanlagen und Stadtmauern werden auf Befehl des französischen Königs Ludwig XIV. (*1638; †1715) gesprengt. »Ist das schloss Neuerburg gesprengt worden von dem Gubernator Harcourt, seyd hero ist Neuwerburg worden eine alte verdorbene bourg« (Pfarrchronik).

1701: Ein Teil der Anlagen wird wieder aufgebaut; ein neues Herrenhaus entsteht aus den Burgruinen.

1794: Das Manderscheider Grafengeschlecht wird durch die napoleonische Regierung enteignet, die auch die Neuerburger Burg-(Schloss-)anlagen versteigern lässt. Für 1000 Franken erwirbt sie die Familie des Ratsherren Honoré aus Luxemburg, die aber Inventar und Gebäude auf Abbruch weiter verkauft.

1819: Nach erfolgtem Wiederaufbau eines Wohngebäudes, erwirbt die Stadt Neuerburg die Anlagen. Der Pallas der Burg dient als Armenhaus, Archiv, Gefängnis und von 1920–1929 als Landwirtschaftsschule.

1930–33: Wiederinstandsetzung und Übernahme vom katholischen Jugendbund »Neudeutschland«.

1937–1945 wird die Burg zwangsenteignet und dient als NS-Schulungsheim (u. a. für die Hitlerjugend).

Heute: Die Burg Neuerburg ist die größte noch erhaltene Burg im Kreis Bitburg-Prüm. In ihr befindet sich eine kleine und sehr schöne Kapelle, in der auch standesamtliche Trauungen vorgenommen werden. Der Bergfried wird als Jugendbildungs- und Jugendfreizeitstätte mit 88 Betten genutzt. Eine Besichtigung des Innenbereiches ist nur nach Voranmeldung möglich, während die Außenanlagen und die Burgkapelle jederzeit frei zugänglich sind.

Parkplätze und Gastronomie genügend in der Stadt Neuerburg

www.neuerburg-eifel.de
www.eifel.de

---

stellen, dass das Leben aus dem jungen Fräulein gewichen war. An was sie gestorben war, wusste er nicht eindeutig zu deuten, aber laut sagte er, so dass ein jeder der im Zimmer harrenden Menschen es deutlich verstehen konnte:

»Das Kind wurde das Opfer eines Anschlags. Es ist vergiftet worden, was man an den blauen Lippen, den verkrampften Fingern und dem getrockneten Speichel in den Mundwinkeln erkennen kann.«

Vergiftet! Das Wort hallte schaurig von den Mauern wider, setzte sich in den Ohren und in den Herzen der Burgbewohner fest, ließ den Herrn von Neuerburg erschauern und schmerzlich ausrufen:

»Wir alle haben die gleichen Speisen zu uns genommen. Sie haben uns gemundet und gesättigt und sind allen von uns wohl bekommen. In ihnen kann nichts Böses gewesen sein! Dieses unschuldige Kind, Gast auf unserer Burg, – ein Opfer hinterlistigen Giftes! Das geht nicht mit rechten Dingen zu. Da können nur teuflische Mächte am Werk sein. Das ist die Tat von Zauberern und Hexen! Schergen, Büttel, alle Diener, Knechte und Mägde, macht euch auf! Sucht mir diesen Unmenschen und bringt ihn vor mein Angesicht, damit ich ihn richte, wie es ihm gebührt!«

Gemunkel, Geraune und Geflüstere setzten nun ein, drangen aus den Burgmauern heraus, eilten durch die engen Gassen der Stadt, erfüllten mit Schrecken und Grausen das Tal mit seinen Einwohnern. Und es dauerte gar nicht lange, da wurde ein geflüstertes Wort zum Satz, wurde zur Rede und zur Anklage:

»Die Hexe, das kann nur die alte Magdalena Pirken sein, die dort etwas außerhalb von Neuerburg in dem kleinen windschiefen Haus wohnt. Die hat man doch schon lange im Verdacht, denn keine kennt sich so gut aus mit all den vielen Pflanzen und Kräutern. Und wie oft hat man sie beobachtet, wie sie laut vor sich hin spricht, nur begleitet von einer schwarzen Katze. Und hatte sie nicht noch vor wenigen Wochen einen großen Korb mit seltsamen Pilzen aus dem Tann nach Hause geschleppt. Und an ihrem Hals kann man deutlich ein schwarzes Mal erkennen. Sicherlich hat der Teufel sie dorthin geküsst. Wahrlich, nur diese Pirkens Len kann die gesuchte Hexe sein! Unmöglich, dass irgend jemand anderer in dem kleinen friedlichen Neuerburg zu einer solchen abscheulichen Tat fähig ist.«

Magdalena Pirken wurde verhaftet. Mit roher Gewalt zerrten sie die Schergen hinauf zur Burg und warfen sie ins dunkle, feuchte Verlies. Bereits wenige Tage später trat das Gericht zusammen. Frau Pirken wurde gefesselt vorgeführt. Schultheiß Dietz war Vorsitzender des Hochgerichts. Mit strengen Worten beschuldigte er sie, mit Hexenkraft und Zaubermacht die blutjunge und hübsche Grafentochter von Leuchtenberg vergiftet zu haben.

Zeugen wurden aufgerufen. Die Nachbarin verleumdete Lena, diese sei neulich an ihrem Stall vorüber gegangen. Danach habe ihre Ziege keine Milch mehr gegeben. Und Trein wusste zu erzählen, Lena habe so seltsam gelacht, als ihre Kuh ein totes Kalb auf die Welt brachte, und Textors Marie jammerte, sie habe von dem Holundersaft der Pirken getrunken und danach ein gar plötzliches Grimmen im Bauch verspürt. Noch etliche andere traten hervor und trugen ihre Anschuldigungen und Verleumdungen vor.

Frau Pirken leugnete alles. Da beantragte der öffentliche Kläger die »peinliche Befragung«. Frau Pirken berief sich auf die Güte Gottes und verneinte alle Anklagen, auch noch, als man ihr die Folterinstrumente zeigte. Sie weinte und schwor bei allen Heiligen, nie in ihrem ganzen Leben habe sie jemals etwas Unrechtes getan oder irgendeinem Lebewesen ein Leid zugefügt. Doch niemand glaubte ihr.

Selbst als man ihr die Daumenschrauben anlegte, stöhnte sie mit schmerzverzerrtem Gesicht: »Ich habe dem gnädigen Fräulein nichts getan. Ich bin keine Hexe, und mein ganzes Herz gehört nur dem gütigen und allmächtigen Vater im Himmel.«

Als man der alten Frau mit den greisen Haaren jedoch die Arme ausrenkte und das glühende Eisen zeigte, brach sie zusammen und gestand alles, was Richter und Schöffen von ihr erfragten: »Ja, vor un-

gefähr vier Jahren ist im nahen Mühlenwald ein fremder, schwarz gekleideter Mann zu mir gekommen. Er hat mich beredet, Gott ab- und dem Satanas zuzuschwören, und mir reichen Lohn und alle Freuden des Lebens versprochen ... Ich ließ mich überreden. Jeden Donnerstag kam mein Buhle und hat mich auf einem schwarzen Bocke zum Schornstein hinaus zur Hexenversammlung geführt. In der Nacht vom 23. Januar haben wir allda in zahlreicher Versammlung beraten und beschlossen, das gräfliche Fräulein zu töten. Wir haben auf dem Kirchhofe der Eligiuskapelle ein neugeborenes und noch nicht getauftes Kindlein ausgegraben und daraus einen Trank bereitet. Die ganze Gesellschaft ist alsdann zum Schloss gefahren und brachte dem Fräulein den tödlichen Trank.«

Und die Richter befragten sie weiter, welche Hexen noch mit ihr zusammen waren, um Unheil über die Menschen zu bringen. Mit gebrochener Stimme wimmerte Frau Pirken: »Niemand, ich kenne und weiß niemanden!« Und schon zerrten die Henkersknechte die Ärmste auf die Streckbank, und als der Richter sie wieder examinierte: »Waren nicht auch die Maria Lanker aus Neuerburg, die Grete vom Wiesenhof, die Bille aus dem Mühlenwald und der Veit vom Weiher mit dir zum Hexensabbat?«, konnte sie nur noch bejahend mit dem Kopf nicken, so peinigten sie Schmerz und Qual.

Der Neuerburger Graf und die Richter waren zufrieden. Sie hatten ihr Geständnis und zudem noch vierzehn weitere Namen von Hexen und Zauberern aus der Stadt und ihrer Umgebung. Jetzt endlich konnten dieses unchristliche Laster und die Machenschaften des Satans ausgerottet werden. Das Urteil war schnell gesprochen: Tod durch Verbrennen.

Alle Neuerburger und viele, viele aus den Nachbarorten waren gekommen. Keiner wollte sich das Schauspiel entgehen lassen. Und als der große Scheiterhaufen hellauf loderte und den Leib der alten Magdalena Pirken erfasste, schrie sie noch einmal schrill und laut: »Ich bin unschuldig!«

Von diesem Jahre an folgte ein Prozess dem anderen. Bis zum Ende des Dreißigjährigen Krieges standen 56 Menschen aus der Herrschaft Neuerburg als Hexen vor dem Hochgericht, zumindest sind nur so viele Akten auffindbar. Von diesen wurden 21 als Hexen verurteilt und verbrannt.

Das Schwarzbildchen

Ida, ein schönes Burgfräulein von Neuerburg, wurde von manchem Ritter umworben. Sie schenkte ihre Hand und ihr Herz dem Ritter Kuno von Falkenstein. Der Ritter von Vianden, der ebenfalls das schöne Fräulein zur Frau begehrte, war darob sehr erzürnt.

Als der Ritter von Falkenstein zur Hochzeit nach Neuerburg reiste, legte sich der Viandener auf der Berghöhe vor Neuerburg auf die Lauer. Es kam zu einem erbitterten Kampf. Die Übermacht des Viandeners war zu groß, und bald lagen die Begleiter des Bräutigams erschlagen am Boden. Ritter Kuno musste fliehen, und da ihm der Weg nach Falkenstein verlegt war, ritt er, so schnell ihn das Ross zu tragen vermochte, gen Neuerburg. Schon hatte er die rettende Burg vor Augen, da brach das Pferd, völlig erschöpft, tot zusammen. Unfern aber hörte er das Rufen und Schreien der Verfolger. In seiner Not betete Ritter Kuno zur Gottesmutter um Hilfe. Sein Gebet wurde erhört. Plötzlich stand vor ihm eine lichte Gestalt und deutete wortlos auf eine alte Eiche. An deren Fuß befand sich ein dunkles Loch, welches in das Innere des hohlen Baumes führte. In diese Höhlung barg sich schnell Ritter Kuno. Schon stürmten die Verfolger heran. Sie fanden das tote Pferd, den Reiter aber suchten sie vergebens. Als die Viandener wütend abgezogen waren, verließ Ritter Kuno das Versteck, dankte Gott für seine Rettung und eilte der Burg zu. Nachdem er mit seiner jungen Frau auf Falkenstein Einzug gehalten hatte, ließ Ritter Kuno zum Dank für seine Errettung ein schön geschnitztes Muttergottesbild in der hohlen Eiche aufstellen. Dort steht es noch heute und ist von Alter und Kerzenrauch fast schwarz gefärbt. Und noch heute tragen die Menschen ihre Not und ihren Kummer zum »Schwarzen Bildchen«. Schon viele sind, wie einst Ritter Kuno, erhört worden. *(nach H. Theis)*

Ruffo und Ulda

Ritter Eitelfried von Neuerburg war mit dem deutschen Kaiser nach Italien gezogen, um ihm mit seinen Mannen beim Kampf am Tiber beizustehen. Zum Glück währte es nicht allzu lange, und die

Oberhalb der Burganlage in einem Tälchen liegt eine vielbesuchte Gebetsstätte. Dort ist in der Nähe der Johanneskapelle aus dem 17. Jahrhundert in einer uralten Eiche eine 46 Zentimeter große Madonna aufgestellt (Nachbildung der Altöttinger Madonna aus dem 17. Jahrhundert, die der Legende nach Graf Kuno von Falkenstein gestiftet hatte). Alter und Kerzenrauch haben das Standbild der Madonna dunkelbraun, fast schwarz gefärbt. Von diesem »Schwarzbildchen« handelt die Sage »Das Schwarzbildchen«.

Ritter kehrten als Sieger auf die heimatlichen Burgen zurück.

So auch Ritter Eitelfried. Mit in seinem Gefolge befand sich der Römer Ruffo. Dieser, ein wahrhaft heldenmütiger Mann, hatte in den Straßen Roms das Leben von Eitelfried gerettet, als er ihn aus den Händen von Meuchelmördern befreite. Eitelfried war darüber so glücklich, dass er Ruffo bat, mit ihm auf seine Burg nach Neuerburg zu ziehen. Er wollte ihn als wahrhaften Freund stets an seiner Seite wissen.

Doch die Seele in Ruffos Brust war nicht so edel und rein wie es den Anschein hatte. Sie war eher schwarz und stets selbstsüchtig, berechnend und auf eigenes Wohlergehen bedacht. Ruffo verstand es meisterlich, sich einzuschmeicheln und kunstvoll zu verstellen.

Er weilte noch nicht lange als Gast auf der Neuerburg, da fand er Gefallen an der bildhübschen schwarzhaarigen Ulda, der einzigen Tochter von Eitelfried, eine im ganzen Land bewunderte Schönheit. Vergeblich versuchte Ruffo immer wieder, sich in das Herz des Burgfräuleins einzuschleichen. Aber Ulda erwiderte nicht dessen Liebeswerben. Ihr Herz gehörte längst dem wackeren Herrn Sibold von Vianden. Und je mehr Ruffo um Ulda schlich und um ihre Gunst bettelte, je mehr er sich ihr in Aufdringlichkeit näherte, umso mehr verbat sie sich dessen plumpe Vertrautheit und wies ihn als unwillkommenen Freier entschieden und mit harschen Worten ab.

Das erfüllte den Abgelehnten mit Rachedurst, und von Stund an wartete Ruffo nur auf eine passende Gelegenheit, wo er ihn stillen konnte.

Nicht fern von der ritterlichen Neuerburg stand auf einer kleinen Anhöhe eine von Gebüsch umgebene Kapelle. Dorthin lenkte Ulda jeden Morgen ihre Schritte, sobald der junge Tag seine ersten goldenen Strahlen leuchten ließ. Hier weihte sie dem Allmächtigen die ersten Gebete des neuen Tages.

Von diesem morgendlichen Gang hatte Ruffo bald erfahren. Eines ganz frühen Morgens eilte er hinaus, hastete den schmalen kurvenreichen Weg hoch und verbarg sich in dem dichten Gebüsch. Dort lauerte er auf Ulda, die hier vorbeikommen musste. Kaum zeigte sich am östlichen Himmel das erste Morgenrot, schritt diese auch ruhig und in frommem Nachdenken versunken den Waldpfad hoch.

Doch welches Entsetzen! Plötzlich stand Ruffo vor ihr und versperrte ihr den Weg. Flucht war nicht möglich, ein Hilferuf wäre an keines Menschen Ohr gedrungen. Gierig und mit bösartiger Leidenschaft blitzten seine dunklen Augen, als er sich ihr lüstern näherte. Mit ängstlicher Stimme rief Ulda: »Ruffo, warum verfolgt Ihr mich? Warum versperrt Ihr mir den Weg und belästigt mich? Bitte, lasst mich in Ruhe und Frieden gehen!«

Doch Ruffo dachte nicht daran: »Nein, Ulda, die Frage ist doch, warum lehnt Ihr mich ab? Habe ich nicht Euren Vater gerettet und damit Eure Gunst und Dankbarkeit verdient? Ihr wisst, dass ich Euch begehre. Seid willfährig und werdet meine Frau!«

Und schon griffen seine Hände nach ihr, um die Schreckensbleiche an sich zu pressen. Ulda aber stieß ihn mit all ihrer Kraft zurück: »Niemals werde ich mich Euch hingeben! Wie kann ich Euch in Eurer Rohheit und unsittlichen Begierde lieben? Da liebe ich eher den Tod!« Und Tränen der Angst rannen ihre blassen Wangen herab, während sie flehentliche Gebete zum Himmel sandte.

»Wenn du den Tod liebst, dann lieb ihn jetzt!«, schrie Ruffo wutentbrannt. Er zog einen spitzen Dolch aus seinem Gürtel und rammte ihn tief in Uldas Herz. Mit einem schmerzlichen Schreckensschrei brach die Gemordete zusammen. Ihr unschuldiges Blut nässte den steinigen Boden, und ihre brechenden Augen sahen die nahe Burg ihrer Eltern nicht mehr.

Ruffo floh wie ein gehetztes Tier tief in die Wälder. Und dort fanden ihn auch die Häscher, deren Hunde seine Fährte erschnuppert hatten. Die Gerichtsverhandlung war kurz, und als der Henker auf dem Marktplatz von Neuerburg dem Römer Ruffo den dicken Strick um den Hals legte, klatschten die Herbeigeeilten Beifall. Wenn einer den Tod am Galgen verdient hatte, dann dieser heimtückische Ruffo, der das unschuldige Leben einer von allen geliebten Grafentochter geraubt hatte.

Aber auch noch nach seinem Tod verfolgte die ruhelose Seele von Ruffo immer noch Menschen. Manch später Wanderer hörte zuweilen einen schauerlichen Weheruf oder begegnete gar zu nächtlicher Stunde dem ruhelosen Sohn der Mitternacht. Wenn der Sturm in Wald und Schluchten raste, mischte sich das Ächzen des Friedlosen in die Stimmen des Orkans.

Das Gebüsch, wo jener unglückselige Mord geschah, wird immer noch »die Jungferhecke« genannt.

Weder Tod noch Teufel

Die Mannen des Grafen von Neuerburg saßen einmal in fröhlicher Runde beisammen und feierten bei Spiel und Becherklang in dem großen Saale der Neuerburg ein frohes Fest. Und je mehr Zeit verstrich, und je häufiger die schweren Humpen mit dem schäumenden Bier und die silbernen Becher mit dem duftenden Wein nachgefüllt werden mussten, umso ausgelassener und kecker wurden ihre Gespräche und Gesänge. Gegen Mitternacht grölten sie alte

Kampflieder, so dass die nahen Bergwände davon widerhallten. Und dann prahlten sie und überboten sich gegenseitig mit ihren verwegenen Erlebnissen, den wilden Kämpfen, ihrem Mut und kriegerischen Erfahrung. Sie berichteten von kühnen Heldentaten in fremden Ländern, ihren errungenen Siegen und von all den vielen schönen Burgfräuleins, deren Herzen nur ihnen in wahrer Minne zugetan waren.

»Ach, was ihr da alles von eurer Kühnheit schildert,« rief da auf einmal ein junger Ritter mit lallender Zunge, »ist zwar große Anerkennung wert, aber mich beeindruckt dies nicht sonderlich. Ich weiß, ich bin der tapferste und mutigste von allen! Ich liebe das gewagte Abenteuer und den heißen Kampf Mann gegen Mann. Wie meine ruhmvollen Ahnen, so fürchte auch ich weder Tod noch Teufel! Ritterliche Mannen, seid froh, dass ihr mich in euren Reihen habt, denn es gibt nichts, was ich nicht wagen würde!« Und dann griff er nach dem Bierkrug und leerte ihn mit einem Zuge.

Höhnend rief ihm darauf ein ergrauter Ritter zu: »Nun hört euch mal diesen Grünschnabel an! Hat noch Muttermilch in den Mundwinkeln, und ein Bart ist ihm auch noch nicht gewachsen! Will es aber mit uns alten Kämpen aufnehmen! Fürchtet nicht Tod noch Teufel! Dass ich nicht lache! Deine ritterlichen Hosen werden sich nässen, wenn du … äh … zum Beispiel nur mal hier hinter unserer Burg den Fels hinaufreiten und von dort oben mit dem Pferd in den Burghof hinabspringen würdest.«

Eine plötzliche Blässe färbte das Gesicht des jungen Rittersmannes und mit schmalen Lippen zischte er: »Ich werde dir beweisen, wer hier ein ‚Grünschnabel' ist! Von wegen Muttermilch!« Und ohne sich lange zu besinnen, schwankte er hin zu seinem Pferd, legte diesem einen Sattel auf und galoppierte in die finstere Nacht den Felsenberg hinauf. Dort hielt der Bursche an und wendete. Dann rief er laut: »Weder Tod noch Teufel!«, hieb seinem Pferd die Sporen in die Flanken, dass es laut wiehernd sich aufbäumte und lospreschte.

Ein schwerer Fall klang aus der Tiefe herauf, ein dumpfer Aufprall hallte aus dem Tal. Entsetzt eilten die Ritter hinab und fanden dort ihren Zechgenossen im Enzbach liegen, dessen Wasser sich blutigrot färbte. Stumm und voller Schuldgefühle verließen die Ritter den Ort, und niemals mehr hörte man sie so unselig prahlen.

Der Ruf der Taube

Einst hatte sich eine Kuh der gräflichen Herde auf dem Weidegang verirrt, und der Hirtenjunge musste am Abend ohne sie zurückkehren. Der Herr zu Neuerburg, dem dies gemeldet ward, war darob sehr erzürnt und befahl dem Jungen, die Kuh bis zur Frühe des nächsten Tages herbeizuschaffen. Komme er ohne das Tier zurück, so werde der Henker seines Amtes walten und ihn auspeitschen.

Die ganze Nacht über irrte der Junge suchend und weinend durch den Busch, über Waldwiesen und Ginsterfelder, durch Feld und Tann, aber nirgends konnte er die Kuh finden. Vor Müdigkeit taumelnd und fast betäubt vor Angst betrat er am Morgen wieder den Schlosshof.

Der Graf aber war ein harter Mann und befahl dem Henker, seine Pflicht zu tun. Nackt und schluchzend stand der Junge an einen Pfahl gebunden auf dem Schlosshof und musste zusehen, wie der Scherge die Lederpeitschen zurechtlegte. In dieser großen Not und Bedrängnis flehte er zu seinem Schutzengel um Hilfe.

Schon hob der Henker die Peitsche, als plötzlich vom Turm des Burgfrieds eine Taube ihr alltägliches Lied rief. Aber alle, die sie hörten, schauten staunend auf. Das war nicht das übliche »Rucke-di-gu«, nein, ganz deutlich vernahm ein jeder in dem Gurren der Taube den Ruf: »Loss d'n Hirt gohn, Kuh kinnt! – Loss d'n Hirt gohn, Kuh kinnt! – Guck!« (Lass den Hirten geh'n! Die Kuh kommt! Guckt nur!)

Und als man vor das Schlosstor eilte, da sah man wirklich, wie die verlorengegangene Kuh den Burgweg hinauf sich ihrem Stalle näherte.

Der Graf erkannte ob dieses seltsamen Geschehens seine Schuld, da selbst die tierische Kreatur mehr Mitleid und Vernunft besaß als er. Bewegt erließ er dem Hirtenjungen die Strafe. Und um sein schändliches Verhalten wieder gutzumachen, nahm er den elternlosen Jungen, der so offenbar unter Gottes Schutz stand, an Kindes statt an. Später wurde der Hirtenjunge selbst ein mächtiger Herr. Aber nie war er hart und unbarmherzig gegen seine Untergebenen, denn der Ruf der Tauben erinnerte ihn immer wieder an seine schwere und angstvolle Stunde.

(nach H. Theis)

Pfalzgrafenburg (Wüstung)
Nickenich

Rettung im letzten Augenblick

Als die Klosterkirche von Laach gebaut wurde, herrschte schon von früher Morgenstunde an am Ufer des großen Laacher Sees reges Leben. Zahlreiche Arbeiter meißelten das Steinwerk zum Bau des Gotteshauses zurecht, und Männer in Mönchskutten leiteten die Arbeit, zeichneten und gaben nötige Anweisungen.

Da trat einmal der greise Abt aus dem Kloster. Neben ihm ein junger Ritter in edlem Junkergewand. Er war der Neffe des Abtes. Nun schritten beide hin zu dem Klosterbau. Der greise Abt zeigte seinem Neffen die Baupläne, erklärte ihm die Bauabschnitte und wies hin auf die vielen Gerüste, auf die Berge von Gestein und das Bauholz. Aber dann meinte er noch tief bedrückt, wie bedauerlich es doch sei, dass der Pfalzgraf dort drüben auf der gegenüberliegenden Seite des Sees dem Werden des Klosters gar nicht wohlwollend zusah. Im Gegenteil, er behindere den Kirchenbau ständig und mache den Bauleuten und den Mönchen Schwierigkeiten in jeder Weise.

Da ertönte plötzlich Hundegebell, Hörnerklang und Pferdegetrappel. Der Jagdzug des Grafen Heinrich erschien auf dem Baugelände. Vorneweg der Jagdherr, mit stolz erhobenem Haupte und wildem, bösen Blick. An seiner Seite ritt seine Tochter, eine anmutige und blonde Jungfrau. Dahinter mehrere Ritter auf ihren prachtvollen Rössern, gefolgt von einer Meute gefleckter Hunde. Doch der Schluss des Zuges bot einen traurigen Anblick. Zwei Bauern in ärmlicher Kleidung waren mit Stricken an die Pferde gefesselt und wurden hinter dem Tross hergeschleppt.

Der Abt besah sich die beiden Unglücklichen genauer und erkannte, dass sie zwei Bauern waren, die in einem Dorf wohnten, das zu seinem Kloster gehörte. Auf seine Frage, was der Grund sei, dass die zwei Gefesselten wie Tiere hinterher geschleift würden, entgegnete der Graf zornig und wütend: »Diese zwei

Unmittelbar am Ufer des Laacher Sees stand dereinst die Burg des Pfalzgrafen Heinrich.

haben in meinen Wäldern gewildert und dafür dürfen sie nachher neben meiner Burg mit einem Strick um den Hals am höchsten Baume baumeln!«

Die beiden Gefangenen beteuerten weinend und Gott um Hilfe anflehend ihre Unschuld. Doch der Graf hörte gar nicht hin, wies ihre Worte als Lügen zurück und hieß sie schweigen.

Mit Entschiedenheit erklärte darauf der Abt: »Herr Graf, diese beiden Männer stammen aus dem Dorf, das sich im Eigentum und unter dem Schutz unseres Klosters befindet. Daher steht auch nur mir als Abt über die Dorfleute die Gerichtsbarkeit zu! Ich bitte daher, lass die beiden frei!«

Schon griff der Graf nach seinem Schwert und wollte zornig auffahren, da riss sich plötzlich das Pferd seiner Tochter los und jagte in sausendem Galopp dem Seeufer zu. Die Tochter rief um Hilfe, zerrte am Zügel, doch das Ross ließ sich nicht anhalten. Sprachlos und reglos vor Schreck starrte Graf Heinrich dem Geschehen zu. Der Neffe des Abtes jedoch, gab rasch entschlossen seinem Pferd die Sporen und ritt im scharfen Galopp dem Burgfräulein nach. Im letzten Augenblick erreichte er das flüchtige Pferd, griff mit Kraft in die Zügel und brachte es zum Stehen. Welch ein Glück, denn das Pferd hatte schon angesetzt zu einem Sprung in die Tiefe, wo in den kalten schwarzen Fluten die einzige Tochter des Grafen den sicheren Tod gefunden hätte.

Dieser war tief bewegt und gerührt. Er erkannte in dem Geschehen das Einwirken des Himmels. Sein steinernes Herz wurde milder gestimmt, und aus Freude über die wundersame Rettung seiner Tochter gab er die Gefangenen frei. Dann stieg er von seinem Ross, reichte dem Abt seine Hand zur Versöhnung und lud ihn und seinen ritterlichen Neffen zu einem Besuch und Dankesmahl auf seine Burg ein.

(nach M. Zender)

Der heimtückische Raubritter

Auf einer Landzunge gegenüber dem Kloster stand vor Zeiten eine Burg mit mächtigen Türmen, Mauern und Zinnen. Darinnen hauste ein Ritter, dem nichts heilig war. Er spottete über die Religion und ihre Diener, plünderte Kirchen und Klöster leer, tat den Jungfrauen, die er auf seinen Streifzügen traf, Gewalt an. Er bedrückte seine Bauern mit harter Arbeit und hohem Zins und nahm den Hirten das Vieh von der Weide weg. Er war der Schrecken der Gegend, und wer sich schon im Geringsten verging, bekam die Peitsche zu spüren.

Da alle Ermahnungen zur Besserung bei diesem Frevler fruchtlos geblieben waren, tat der Papst ihn in den Bann, um ihn so zu seiner Bekehrung zu bewegen. Doch der Ritter dachte nicht daran, sich zu bessern. Im Gegenteil, nun sann er nur noch mehr darauf, wie er sich an den Priestern und Mönchen rächen könnte. Und der Teufel ließ in ihm einen bösen Plan reifen.

Eines Tages in einem sehr strengen Winter, als sogar der große See eine dicke Eisdecke trug, sandte er einen Knappen hin zum Kloster Laach auf der anderen Seite des Sees. Dieser sollte den Mönchen mitteilen, der Ritter liege todkrank in seiner Burg danieder. Jetzt, kurz vor seinem Tode, wünsche er nichts sehnlicher, der Abt des Klosters und seine Mitbrüder mögen zu ihm in seine Burg kommen. Ihn reue sein sündiges Leben und er wolle sich mit Gott und der Welt versöhnen. Der Abt und die Mönche sollen ihm die Beichte abnehmen und für seine arme Seele beten, die bald vor Gottes Gericht erscheinen werde.

Der Abt und die Brüder des Klosters freuten sich über den plötzlichen Sinneswandel des Frevlers, der endlich zur Besinnung und Buße gelangt war. Er ließ einen Schlitten anspannen, mit dem sie über den zugefrorenen See zur nahen Burg fuhren. Als sie am anderen Ufer anlangten, kam ihnen ein braver Stallbursche entgegengelaufen, der aufgeregt den Mönchen verkündete: »Kehret um! Alles, was der Ritter sagte, war Lug und Trug. Er ist kerngesund, und droben im Saal stehen seine Schergen, bereit euch alle zu ermorden. Flieht, aber nehmt mich mit, sonst ist es um mein Leben geschehen!«

Die Mönche wendeten den Schlitten und suchten eiligst wieder, ihr Kloster zu erreichen. Als der Ritter dies von seinem Burgfenster aus sah, rannte er schnell hinunter in den Burghof und rief seine Spießgesellen zusammen. Sie sattelten ihre schnellsten Pferde und verfolgten die Fliehenden mit geschwungenen Schwertern. Fast hatten sie die Mönche erreicht, und schon schwang der Ritter über dem Haupt des Abtes sein Schwert, da erreichte deren Schlitten das feste Ufer. Im gleichen Moment brach dahinter die Eisdecke unter den Rossen der Verfolger. Und der Graf und seine Mordsgesellen versanken mit einem letzten Fluch für immer hinab in die grundlose Tiefe.

(nach J.H. Schmitz)

Versunken bei Blitz und Donner

In grauer Vorzeit stand mitten im Laacher See auf einer Insel eine prachtvolle Burg. In ihr wohnte ein tapferer Ritter, wohl vertraut mit Lanze und Schwert. Auf allen Turnieren ging er als Sieger hervor, und in den Kreuzzügen vollbrachte er große Taten. Aber dort im Morgenland musste er etwas Bewegendes erlebt haben, denn als er aus dem Morgenland zurückgekehrt war, konnte sein Herz keine Ruhe mehr finden. Unruhig und aufgewühlt, gequält von trübsinnigen Gedanken, war er von einer unerklärlichen Traurigkeit erfasst. Ausschweifendes Leben, Prassen und Schwelgen waren ihm zuwider. Er mied die laute Gesellschaft, suchte die Stille und Einsamkeit, und immer mehr zogen sich andere Ritter von ihm zurück. So lebte er nachdenklich und einsam auf seiner Burg. Oft saß er tagelang bis zum späten Abend am Ufer des Sees, grüblerisch in die abgrundlose Tiefe starrend, und sang zu seiner Laute wehmutsvolle Lieder.

Einst, an einem schönen Sommerabend, weilte er wieder am Uferrand. Da zog urplötzlich ein mächtiges Gewitter auf. Riesige, schwefelgelbe Wolken bedeckten den Himmel, hüllten das Tal in ein geheimnisvolles Dunkel. Tiefer und tiefer sanken die Wolken. Himmel und See schienen sich zu vereinen. Da zuckten auch schon die ersten Blitze mit eigentümlichem, dunkelrotem Schein, und gewaltige Donnerschläge erschütterten die steilen Berghänge. Ein gewaltiger Sturm brach los, der Bäume fällte, den See aufwühlte und die Wasser durchfurchte.

Dann ein greller Blitz! Ein fürchterlicher lauter Donnerschlag, wie ihn die ältesten Bewohner der Gegend noch nie gehört hatten. Danach vernahm

Nickenich (56653) · Kreis Mayen-Koblenz · Rhld-Pf
Am Ostufer des Laacher Sees, auf einem Felssporn, im Gemeindegebiet der Ortsgemeinde Nickenich, stand eine namenlose Burg, lediglich »castellum« genannt. Sie war Sitz des rheinischen Pfalzgrafen Heinrich aus dem Haus Luxemburg-Gleiberg, der sich als erster und einziger »Graf von Laach« benennt. Ob es sich dabei um eine Burg im klassischen Sinne handelte oder nur um ein kleineres festes Haus, errichtet auf Fundamenten einer römischen Warte, muss noch erforscht werden.

1093: Pfalzgraf Heinrich II. (1085–1095) beruft aus der Abtei St. Maximin zu Trier Mönche und stiftet am gegenüberliegenden Ufer des Sees ein Kloster, die heutige Abtei Maria Laach.

23.10.1095: Pfalzgraf Heinrich stirbt. Seine Frau Adelheid von Weimar-Orlamünde führt sein begonnenes Werk fort.

28.3.1100: Auf einer Pilgerfahrt nach Rom stirbt Adelheid und wird in Echternach (Luxemburg) begraben. Der Stief- und Adoptivsohn, Pfalzgraf Siegfried von Ballenstedt, erneuert die Klosterstiftung.

1112: Doch bereits zwölf Jahre später lässt er die Burg Laach abbrechen, weil er seine zweite »Burg Rheineck« als Wohnburg bevorzugt (siehe dort).

Heute: Nur sehr geringe Reste, sowie die Flurbezeichnungen »Laacher Burg« und »Alte Burg« weisen hin auf ihre einstige Existenz. Zu erreichen ist die Wüstung nur zu Fuß auf einem befestigten Wanderweg. Kostenpflichtige Parkplätze an der Abtei Maria Laach. Dort auch Gastronomiemöglichkeiten.

www.maria-laach.de

man in der Luft ergreifende Klagegesänge und trauriges Wimmern.

Am nächsten Morgen sahen alle Bewohner mit Schrecken und Angst, dass die Insel mit Burg und Rittern, mit Knechten, Mägden und allem Getier im See versunken waren. Nur noch ein wilder Wasserstrudel und treibende Trümmer bezeichneten die Stelle, wo sie dereinst gestanden hatte.

Noch heute glaubt man am stillen Abend, beim Säuseln des Windes, aus der unergründlichen Tiefe des Sees gar wunderbare, zur gläubigen Seele sprechende Töne zu vernehmen, die der traurige Ritter auf seiner Laute spielt. Auch die Zitterpappel am Ufer rauscht geheimnisvoll und erfüllt das Herz mit ahnungsvollem Grauen.

(nach F. J. Kiefer, in Rheinsagen)

Burg Nideggen
Nideggen

Eine Katze als Geschenk

In der Burg zu Monschau war es allen längst bekannt, dass der junge Graf von Jülich in Gertrud, die hübsche Schwester des Herrn Ludwig von Monschau, verliebt war und nur wegen ihr so oft in die Eifel kam. Doch der Monschauer hatte nichts für den Jülicher übrig. Ihn wollte er auf gar keinen Fall zum

änderte. Da ließ Gertrud eines Tages ihrem Geliebten mitteilen, sie wolle heimlich die Monschauer Burg für immer verlassen. Sobald die Gelegenheit günstig sei, wolle sie nach Nideggen zu ihrem Auserwählten fliehen.

Bald darauf begab sich der Monschauer Graf für längere Zeit auf Reisen. Gertrud ließ dies ihrem Freund mitteilen und ihn bitten, er möge an einem

Schwager haben, waren die beiden Familien doch schon seit langem wegen mancherlei Streitereien verfeindet.

Jahre vergingen, und die Liebe zwischen den jungen Leuten nahm nicht ab, sondern wurde immer stärker. Aber sie konnten nicht zusammenkommen, weil der starrsinnige Monschauer seinen Sinn nicht

bestimmten Tage zu jener Stelle im Burgpark kommen, wo sie sich kennen gelernt hätten. Dort könne er sie in seine Arme schließen und mit zu seiner Burg nehmen.

Rasch und voller Sehnsucht sattelte darauf der Jülicher Graf sein Ross. Hinter Düren ließ er ihm die Hufe mit Lappen umwickeln, ritt über feste Wege und durch dunklen Wald, so dass sein Pferd so gut wie keine Spuren hinterließ. Am Abend des nächsten Tages erreichte er die Burg Monschau. Dort wartete schon seine geliebte Gertrud an der verabredeten Stelle. Herzlich und mit innigen Liebesschwüren begrüßten sie sich. Dann machten sie sich schleunigst auf, denn der Weg zurück zur stolzen Burg Nideggen, hoch über dem Rurtal, war weit.

Das Paar wähnte sich vergebens in einem sicheren Versteck. Schon nach wenigen Wochen rückte der Monschauer mit seinem Heer zur Nideggener Burg, umstellte sie und verlangte die Herausgabe seiner Schwester Gertrud. Doch der junge Graf fühlte sich hinter seinen dicken Mauern sicher und lehnte die Forderung ab: »Wir beide kommen nur heraus, wenn Ihr uns die Heirat erlaubt, allein kehrt Eure Schwester nicht mehr nach Monschau zurück!«

Da erteilte der Monschauer seinen Reitern den Befehl, die Burg zu erstürmen. Doch vergebens rannten sie gegen die starken Mauern an. Da entschied sich der Belagerer, die Burg auszuhungern. Die Wochen vergingen, aber nichts regte sich. Keine weiße Fahne der Verhandlung, keine Anzeichen starker Hungersnot. Dennoch war sich der Monschauer sicher, die in der Burg müssten entsetzliche Not leiden, da bestimmt keine Nahrungsvorräte mehr vorhanden sein könnten. Ebenfalls war es unmöglich, dass Nachschub in die Burg hinein gelangt war, dafür hatten seine aufmerksamen Wachen gesorgt. Und so ließ er, um den Eingeschlossenen den Mund wässerig zu machen, eines Morgens eine gebratene Katze vor das Burgtor legen und rief voller Spott und Hohn: »Nehmt sie zur Speise, ihr armen Schlucker! Von nun an werde ich euch täglich einen Braten zukommen lassen, damit euch der Hunger nicht allzu sehr plagt.«

Doch wie groß war sein Erstaunen, als man ihm kurze Zeit später aus der Burg als Gegengeschenk einen lebendigen Hasen hinauswarf mit der Antwort: »Danke für eure Gabe. Ihr jedoch sollt von uns etwas Besseres erhalten. Gebratene Katzen fressen bei uns nur die Hunde!«

Da wurde der Monschauer nachdenklich. Wer nach so langer Belagerung noch fette Hasen verschenken konnte, der nagte bestimmt nicht am Hungertuch. Und er kam zur Erkenntnis, dass Starrsinn und Belagerung zu keinem guten Ende führen können. So beendete er diese und stimmte endlich der Vermählung seiner Schwester mit dem Jülicher zu,

die bald darauf auch mit großer Freude prunkvoll gefeiert wurde.

Nach dem Hochzeitsmahl zeigte der Jülicher Graf seinem Monschauer Schwager die große Burganlage. Gemeinsam schritten sie über den Burghof, bestiegen Türme, Mauern und Wälle und kamen zu einem unterirdischen Gang. Der Jülicher Graf legte seine Hand auf die mächtigen Steine der Mauer und sprach: »Das Gemäuer hat uns vor Euch geschützt, der unterirdische Gang hier bewahrte uns vor dem Verhungern. Beiden verdanken wir, dass wir jetzt in Glück und Frieden leben.«

Und Graf Ludwig dachte im Stillen: »Wer so wie der Jülicher treu zu seiner Liebe hält, so gründlich Vorsorge für sich und seine Untertanen pflegt und seine Angelegenheiten ohne Krieg regelt, dem kann man vertrauen.«

Und sie reichten sich beide die Hände und blieben von nun an gute Freunde.

Die unheimlichen Ritter

Auf der Burg Nideggen wurde ein großes Maskenfest gefeiert. Während im Rittersaal die Flöten und Geigen erklangen, und der Schein vieler Kerzen durch die Burgfenster in die Dunkelheit fiel, näherten sich auf sonst unüblichen Pfaden zwei vermummte Reiter der Burg. Bevor sie den Festsaal betraten, banden sie noch einmal ihre Masken fest.

Unerkannt und fast unbeachtet mischten sich die beiden Ritter unter die Tanzenden. Alles war eitel Lebenslust und Freude.

Den einen Ritter fragte eine Tänzerin: »Was sind Eure Hände so weich und weiß und fiebrig!«

Doch sie erhielt keine Antwort. Ein Burgfräulein im Arm des andern sagte: »Eure Hände fühlen sich so hart an wie trockenes Gehölz. Und warum klappern Eure Knochen?«

Die Gestalt antwortete: »Bald geht der Tanz zu Ende und die Musik verklingt. Bei der Demaskierung könnt Ihr uns sehen: zwei Ritter jung und schön.«

Dann kam die Demaskierung, und beim hellen Kerzenlicht sah man viele stolze Ritter und schöne Frauen aus dem nördlichen Eifelland. In der fröhlichen Runde standen Adlige aus Reifferscheid, Wildenburg, Blankenheim, Kronenburg, Heimbach,

Nideggen (52385) · Kreis Düren · NRW

1177–91: Bau einer Burg durch Graf Wilhelm II. von Jülich (1176–1207). Mit ihr sicherte sich das einflussreiche Grafengeschlecht, die späteren Herzöge von Jülich, ihren Machtbereich gegen die Interessen der Erzbischöfe von Köln als auch gegen die der Herrschaft Monschau. So sind die ersten Jahrhunderte auch gekennzeichnet durch Streit und Kriegszüge gegen Kurköln. (s. Sagen: »Der brutale Graf Wilhelm« und »Graf Wilhelm im höllischen Feuerschlund«).

1207: Nach dem Tode von Wilhelm II. fallen Burg und Grafschaft an seinen Neffen Wilhelm III., der auch die Burg und Grafschaft Hengebach (= Heimbach) in den Besitz einbringt. Er begründet die jüngere Jülicher Grafenlinie, die bis 1542 in Nideggen residiert.

1242: Der Kölner Erzbischof Konrad von Hochstaden (*um 1200; † 1261) sieht in dem reichen Jülicher Nachbar eine militärische und politische Gefahr, weshalb er ihm mit seinem Heer bei Lechenich angreift. Der Jülicher Graf Wilhelm IV. (*1210; † 1278) ist ihm in seiner Kampfkraft überlegen. Der schwer verwundete Erzbischof wird gefangen genommen, in der Burg Nideggen eingesperrt und nach Zahlung eines sehr hohen Lösegeldes nach neun Monaten wieder freigelassen.

1267: Dessen Nachfolger, Erzbischof Engelbert II. von Falkenburg (*um 1220; † 1274) beginnt ebenfalls einen Rachefeldzug, verliert den Kampf und wird mehr als drei Jahre im »Jenseitsturm« von Nideggen eingekerkert. (s. Sage: »Schluffjahn von Nideggen«)

1276: Der ihm folgende Kölner Erzbischof, Siegfried von Westernburg (*vor 1260; † 1297), zieht ebenfalls gegen den Jülicher Grafen Wilhelm IV. zu Felde. Er verliert, wird aber nicht eingekerkert. Daraufhin verbündet er sich mit den Bürgern der Stadt Aachen. Es kommt in der Nacht zum **17.03.1278** zu einer gewaltsamen Auseinandersetzung. Graf Wilhelm, sein ältester Sohn und viele Jülicher Soldaten kommen im Kampf um (s. unter Aachen die Sage: »Vom Schmied erschlagen«).

1313: Unter Gerhard von Jülich (*vor 1250; † 1328) erhält die Burgsiedlung »Nydeckin« das Stadtrecht. Die Bürger sind nunmehr von Steuern befreit und genießen vielfältige Rechte, wie freie Viehweide, Handels- und Gewerbefreiheit.

ab 1340: Die spätromanische rechteckige Burganlage wird unter Wilhelm V. (*um 1299; † 1361) und seinem Sohn Herzog Wilhelm I. (*um 1325; † 1393) bedeutend ausgebaut und erwirbt im Mittelalter den Ruf, uneinnehmbar zu sein. Besonders mit dem sechsgeschossigen, romanischen Wohnturm, in dessen Inneren sich im Erdgeschoss die Burgkapelle gleich neben dem Verlies befindet, entsteht einer der größten Saalbauten der Hochgotik im Rheinland (61 Meter Länge und 16 Meter Breite).

Burg Nideggen ist der Hauptsitz der Herzöge von Jülich, die sich – infolge von Vererbung – später Herzöge von Jülich und Berg nennen. Sie zählen zu den mächtigsten Territorialherren der Eifel.

1511: Das Jülich-Berg'sche Haus stirbt in männlicher Linie aus und gelangt in den Besitz des Herzogtums Kleve.

1542: Erbstreitigkeiten zwischen dem Haus Kleve unter Herzog Wilhelm V. von Jülich (1539–1592) mit Kaiser Karl V. (1500–1558) um das Herzogtum Geldern lösen den »Geldernschen Erbfolgekrieg« aus (auch bekannt als »Jülicher Fehde«, s. Glossar). Dabei werden Burg und Stadt Nideggen durch kaiserliche Artilleriegeschütze zerstört. Die Burg wird danach nicht wieder vollständig aufgebaut.

1618–48: Im Dreißigjährigen Krieg werden Stadt und Burg erneut gebrandschatzt. Die Burg verfällt zunehmend.

1689: Während des Pfälzischen Erbfolgekrieges werden Burg und Stadt Nideggen von den französischen Truppen Ludwigs XIV. (*1638; † 1715) wiederum ausgeplündert und niedergebrannt. Es erfolgen nur notdürftige Reparaturen.

1755 und 1756: Erdbeben zerstören die Burg in weiten Bereichen. Sie wird zur Ruine und als Steinbruch genutzt.

1794: Französische Revolutionstruppen besetzen das linke Rheinufer. Die Landesherren werden enteignet und fliehen. Das Herzogtum Jülich endet. Nideggen verliert seine städtischen Freiheiten.

1878: Ein erneutes heftiges Erdbeben zerstört die Ruine weiter. Einzelne Gebäudereste werden an verschiedene Personen verkauft oder verpachtet.

1905: Die Bürgerschaft Nideggens. Sie kauft die Burganlage und schenkt sie dem Kreis Düren mit der Auflage, sie zu sichern und vor weiterem Verfall zu bewahren. In ihr ist von 1925–1944 ein Heimatmuseum eingerichtet.

1944: Alliierte Luftangriffe und Artilleriebeschuss verursachen enorme Schäden in der Stadt und an der Bausubstanz der Burg.

ab 1950: Wiederaufbau- und Restaurierungsmaßnahmen beginnen. Die Burgruine wird wieder vorbildlich restauriert.

1979: Der Wohnturm der Burg wird rekonstruiert und erhält ein neues Dach; in ihm wird das erste Burgenmuseum in Nordrhein-Westfalen eröffnet.

Heute: Die Burganlage ist im Besitz des Kreises Düren und Wahrzeichen der Stadt Nideggen. Sie vermittelt mit dem äußerem Burgtor, dem Zwinger und einem sehr tiefen Burgbrunnen, immer noch imposante Eindrücke einer ehedem mächtigen Burg. Im Wohnturm gewährt das Burgenmuseum reiche Informationen. Eine Burggaststätte bietet Erholung. Das Pförtnerhaus wird genutzt von der Sektion Düren des Deutschen Alpenvereins und der Bergwacht Nideggen. Ein Verkehrsleitsystem führt zu Parkmöglichkeiten auf dem Burgflecken; der Weg zur Burg ist gut ausgeschildert;

www.nordeifel.de/nideggen/geschichte-der-burg.html
www.burg-nideggen.de

Herzogenrath und Merode. Viele stolze Mütter mit ihren schönen Töchtern spendeten Applaus. Auch manche Tochter eines Hüttenmeisters aus dem Schleidener Tal und die schöne Ivonne aus dem Roten Haus zu Monschau waren zum Maskenball erschienen.

Und inmitten all der Fröhlichkeit standen nur die beiden unheimlichen Gäste da, ihre Gesichter immer noch mit Masken verhüllt. Voller Unmut rief da die herzogliche Gastgeberin: »Ihr Ritter, wollt Ihr immer noch nicht die Masken lüften? Es ist an der Zeit, Eure Namen kundzutun!«

Eilfertig riss darauf ein Edelfräulein dem einen die Maske ab, wich aber entsetzt zurück und hielt sich taumelnd an einer Säule fest. Das Gesicht des Ritters war bleich und voller Pocken und Narben. Mit zahnlosem Mund und heiserer Stimme rief er in den Saal hinein: »Meinen Namen wollt Ihr wissen? Man nennt mich hier im Land die Pest!«

Der andere Ritter riss sich selbst seine Maske herunter, zeigte sein totenblasses Gebein und rief mit unheimlicher Stimme: »Ich heiße hier im Land der Tod und Ihr alle seid mein!«

Jetzt packte alle Herren und Frauen das Entsetzen. Alles drängte zu den Saaltüren. Kein Ritter suchte sein Schwert, keiner fasste seine Dame, der das Herz im Leibe stehenbleiben wollte, an der Hand.

Wo sich vorher noch voller Freude die Tanzpaare im Kreise gedreht hatten, herrschte nun ein großes Gewirr. Weinkelche entfielen den Händen, Geschirr polterte auf den Boden, Tische und Stühle wurden umgestürzt und Flöten und Geigen lagen umher. Schließlich setzten umgefallene Kerzen die hölzernen Wände in Brand.

In der Eifel ging der Tod um. Mancher Ritter und manche Edelfrau wie auch hörige Bauern wurden sowohl im Nideggener wie auch im Jülicher Land Opfer des »Schwarzen Todes«, der Pest.

(Guthausen, nach Victor Baur)

Schluffjahn von Nideggen

Die ersten Burggrafen von Nideggen waren tatkräftige, aber auch gewalttätige Herrscher. Wehe den Besiegten, die in ihre Hände fielen. Sie wurden in kalte, düstere Kerker eingesperrt, in schwere eiserne Fesseln gelegt, um so monate- oder jahrelang bei kärglicher Nahrung auf ihre Befreiung zu warten. Manche von ihnen erblickten überhaupt nicht mehr das Licht der Sonne. Erst der Tod brachte ihnen Erlösung von den Kerkerleiden.

Besonders schlimm trieb es Graf Wilhelm IV. Nicht nur einfache Untertanen oder arme Bauern mussten Strafen und Kerkerhaft erdulden, sondern auch hochstehende und angesehene Persönlichkeiten, wie zum Beispiel der Herzog Ludwig von Bayern, die Erzbischöfe Konrad von Hochstaden und Engelbert von Falkenburg. Während ersterer durch besonders günstige Umstände nur etwa einen Monat lang in Gefangenschaft blieb, mussten die beiden Bischöfe neun Monate beziehungsweise dreieinhalb Jahre ausharren und wurden zudem einer ausgesucht grausamen und schimpflichen Behandlung unterworfen.

Über die Behandlung des Erzbischofs Engelbert von Köln berichtet eine Chronik: »Der Graf brachte ihn nach Nideggen auf das starke Schloss, sperrte ihn in den Turm und legte ihn in so große und starke eiserne Fesseln und an einen so schlimmen Ort, dass er beinahe durch die Fesseln und die Fäulnis des Kerkers gestorben wäre. Dazu machte man für ihn einen eisernen Kasten wie ein Vogelkäfig draußen an der Mauer der Burg, um ihn zu beschimpfen. Darin musste der Erzbischof so oft und so lange sitzen, wie der Graf es wollte. Wenn dieser sich nachts schlaflos auf seinem Lager hin- und herwälzte, stand er auf, ging zum Kerker des Gefangenen und weckte ihn mit dem Ruf: »Wach' auf! Pfaff! Du sollst nicht schlafen, wenn ich nicht schlafe!« Als der Bischof später wieder gegen ein Lösegeld die Freiheit erhielt, rief er, als er mit seinem Pferd das Burgtor hinausritt, dem Grafen zu: »Nun wird der Pfaff wieder in Ruhe schlafen können. Euch wird der Schlaf jedoch meiden, selbst nach eurem Tode.«

Diese Prophezeiung wurde wahr. Als der Burgvogt gestorben war, fand sein Geist keine Ruhe. In schweren Eisenketten, die er an seinen Füßen hinter sich herschleifte, schlich und schluffte er durch die Gänge der Burg, erschien den Leuten in den Hallen oder sie sahen ihn, langsam und seufzend über die Mauerbrüstung ziehen. Die Leute nennen den unruhigen Geist des Grafen »Schluffjahn« (schleichender Johann).

Ein nächtlicher Wanderer, der keinerlei Furcht zeigte, als Schluffjahn ihm begegnete, wurde sogar von diesem Geist angesprochen:

»Ich komme aus großer Tiefe und muss wandern
        durch Burgverliese,
wo ich gequält so manchen Mann, so sehr, dass ich's
        nicht sagen kann.
Dafür muss ich nun büßen schwer! Ach, wenn es
        doch schon Morgen wär.
Doch mahn' ich dich: Bleib künftig fort von diesem
        grauenvollen Ort,
zu dieser späten Abendstund, da ich muss machen
        meine Rund.
Für diesmal kannst du ziehen frei! Noch einmal
        aber, dann bist du mein!«

Anfang des vorvorigen Jahrhunderts schlug dem
Verfluchten schließlich die Stunde der Erlösung.
Vom Schluffjahn hat niemand mehr etwas gesehen
oder gehört. Jedermann kann nun bei Tag oder
Nacht unbehelligt das ganze Burggebiet betreten;
alles ist friedlich und ruhig.   *(nach A. Drove)*

In diesem eisernen Käfig soll Alveradis entsetzlich gelitten
haben.

Burg Neid-Eck

Über dem Ufer der Rur stand vorzeiten eine
mächtige Burg. Der Fels, auf dem sie gebaut,
ragte hoch auf, und so hatte sie den Namen Bergstein erhalten. Die Ritter, die auf dieser Burg hausten,
waren wegen ihrer Herrschsucht berüchtigt, und sie
hatten ihre Besitztümer durch manche Fehde vergrößert.

Einer der Burgherren hatte zwei Söhne. Auf seinem Sterbebett rief er Wilhelm und seinen Bruder zu
sich und verkündete sein Testament: »Ich vermache
euch beiden gemeinsam meine Burg, meinen ganzen
Besitz, alle Dörfer mitsamt den Untertanen. Geht
sorgsam mit dem Ererbten um, achtet, verwahrt und
mehrt der Väter Gut!«

Doch die brüderliche Eintracht hielt nicht lange. Der Neid des Grafen Wilhelm auf seinen Bruder
wuchs täglich. Er glaubte, dieser habe zum einen
mehr Besitz als er und zum anderen maße er sich
Rechte an, die ihm nicht zustünden. Er sei nicht der
alleinige Herrscher, sondern sie beide sollten gleich
regieren. Diese Missgunst wurde immer schlimmer
und schien bald in Streit und Zweikampf auszuarten.
Letztlich bestieg Graf Wilhelm grimmig sein Ross
und ritt für immer aus dem großen Burgtor hinaus.
Dann ließ er sich auf einem Bergkegel jenseits der

Rur nieder, wo er eine eigene Burg erbaute, noch höher und größer als Bergstein.

Aber selbst auf seiner neuen Burg ließ der Neid
von Wilhelm nicht nach. Im Gegenteil, jeden Tag beobachtete er seinen Bruder auf Bergstein argwöhni-
scher und misstrauischer. Seine Gier auf den gesamten väterlichen Besitz wurde zunehmend schlimmer,
und seine Wut steigerte sich so sehr, dass er eines
Nachts mit einer großen Söldnerschar seinen Bruder
auf Bergstein überfiel, dessen Burg im Sturm eroberte und seinen Bruder im Gefecht tötete. Dann ließ
er alles bis auf die Grundmauern zerstören. Rein gar
nichts mehr wollte er von seines Bruders Burg sehen,
deshalb ließ er sogar die schweren Mauersteine auf
Nideggen bringen. Dort erbaute er einen mächtigen
Bergfried, gewaltiger als alle Burgtürme im gesamten
Eifelland, und gab ihm den Namen »Jenseitsturm«.

Weil der Neid diese Burg hatte entstehen lassen,
wurde sie bald in der ganzen Gegend von Rittersleu-
ten und dem Volk nur Neid-Eck genannt. Aus diesem
Namen entstand später Nideggen.   *(nach K. D'Ester)*

Der brutale Graf Wilhelm

Alveradis war die hübsche und vornehme Tochter des Grafen Albert von Molbach-Nörvenich und seiner Frau Adelheid aus dem Geschlecht der Herrschaft Vianden. Geboren war Alveradis in der prachtvollen Wasserburg Molbach, heute Obermaubach genannt.

Graf Wilhelm von Jülich hatte sie 1176 zur Frau genommen, aber weniger aus Liebe, sondern aus reinem Machtdenken und großer Gier nach Geld und Einfluss heraus, und um an die Besitztümer seiner vermögenden Frau zu gelangen. Durch diese Ehe wurde Wilhelm nicht nur sehr reich, sondern im Kreise der Ritter und Grafen bekannt und erlangte eine hervorragende Stellung.

Aber mit der Zeit wurde er seiner Frau Alveradis gegenüber immer gehässiger und bösartiger. Ständig betrog er sie und behandelte sie schlimmer als der Stallknecht sein Vieh. Er führte ein ruchloses Leben, war grausam, und in seiner Brutalität schreckte er auch nicht zurück, seine eigene Frau zu quälen. Mehr als einmal sperrte er sie ein und ließ sie bewachen wie einen schlimmen Übeltäter.

Gleich wie schlimm er es trieb, Alveradis blieb ihrem Eheversprechen treu und ertrug in großer Gottesgeduld die Misshandlungen und Angriffe, die Schläge und Rohheiten ihres Mannes Wilhelm. Am liebsten wäre es diesem aber gewesen, wenn seine Frau nicht mehr leben würde. Als er eines Tages wieder nach Köln aufbrach, um dort seiner Lust zu frönen, und Alveradis ihm deswegen Vorhaltungen machte und auf Gottes Gebote hinwies, überfiel ihn wieder unbeherrschter Zorn. Er ließ seine Frau Alveradis nackt ausziehen, mit Honig bestreichen und sperrte sie in einen großen eisernen Käfig. Diesen ließ er an der Außenfassade des Wohnturmes aufhängen, in der Hoffnung, dass Bienen und Wespen sie tot stechen würden.

Gräfin Alveradis aber schrie aus Angst und Schmerzen so laut, dass beherzte Frauen der umliegenden Ortschaften voller Mitleid herbeieilten, sie aus ihrer misslichen Lage befreiten und an einen sicheren Ort brachten.

Wenige Zeit später, nach seiner Rückkehr auf Burg Nideggen, erkrankte Graf Wilhelm von Jülich und starb im Jahre 1207.

Alveradis schenkte den Bewohnern jener Orte, die ihr bei der Befreiung geholfen hatten, auf ewige Zeiten die Nutzung des Waldes Mausauel. Gegenüber der Waldkapelle in Mausauel erinnert noch der sogenannte »Alveradis-Gedenkstein« an diese Schenkung. Der entsetzliche eiserne Schandkorb, in dem die arme Gräfin Todesängste litt, ist im Burgmuseum Nideggen zu sehen

Obwohl ihr Mann Wilhelm sie teuflisch behandelt hatte, beschenkte Alveradis großzügig Klöster und Kirchen und machte viele Stiftungen, damit alle um dessen Seelenheil beten und ihn so vor dem ewigen Feuer der Hölle bewahren.

Sie selber trat dann als Nonne ins Kloster Niederprüm ein, wo sie um 1210 segensreich als Äbtissin wirkte. Dort fand sie auch ihre letzte Ruhestätte.

Und von jenem bösartigen Wilhelm sagt man in der Nordeifel bis heute noch, wenn es stürmt und Unwetter tosen: »Der starke Helmes geht um«. Denn dann wütet er, weil er zur Strafe für sein gotteslästerliches Leben zur Ruhelosigkeit verdammt wurde.

Graf Wilhelm im höllischen Feuer

Das Leben jenes Wilhelm von Jülich muss in der Tat wohl so ausschweifend, gottlos und heimtückisch gewesen sein, dass sein Name in vielen Legenden und Erbauungsbüchern nur mit Abscheu genannt und seine Person als abschreckendes Beispiel geschildert wird. So wird jener Graf auch mehrmals bei dem bekannten Kölner Mönch, Chronisten und Verfasser kirchlicher Schriften, Caesarius von Heisterbach (*um 1180 bei Köln; † nach 1240 im Zisterzienserkloster Heisterbach) in dessen berühmter Sammlung »Dialogus miraculorum« erwähnt.

Wie ich gehört habe, führte Graf Wilhelm ein gar schändliches Leben. Jeder Ausschweifung hat er sich ergeben. Kaum einen Dienstmann hatte er gehabt, dessen Frau oder Tochter er nicht schmachvoll behandelt hat. Wie grausam er gegen seine Untertanen und Nachbarn gewesen war, davon weiß das ganze Bistum Köln zu erzählen. Wilhelm hat viel mit dem grausamen Kaiser Maxentius gemein. Dieser hat seine eigene Gattin ermordet, Graf Wilhelm die seinige eingekerkert. Jener hat die Kirche verfolgt, indem er viele wegen ihres Glaubens tötete; Graf Wilhelm hat während des Zwiespalts im römischen Reich die dem Heiligen Stuhl Gehorsame verfolgt, Priester aus

ihren Pfarreien vertrieben, andere verstümmelt und die Güter der Kirche beraubt. Doch der Himmel lässt seiner nicht spotten, und Graf Wilhelm darf die himmlischen Glückseligkeiten nicht genießen.
So wurde mir auch folgendes berichtet:

Graf Wilhelm von Jülich war auf seinem Schloss Nideggen (Nithiecke) äußerst schwer erkrankt. Die Kräfte verließen ihn. Stöhnend lag er auf seinem Krankenlager. Der anwesende Arzt erklärte: »Graf Wilhelm. Der Tod steht vor der Tür, um Euch mit ins Jenseits zu nehmen. Bereitet Eure Seele darauf vor! Bereut Eure Schuld und Verfehlungen! Nehmt meinen Rat an und nehmt Eure von Euch verstoßene Gattin Alveradis wieder in Gnaden auf!«

Doch das Herz des Grafen blieb verstockt und mit lautem Gestöhn antworte er nur: »Nein, das werde ich nicht tun!«

Da bat der Arzt weiter: »Dann gebt doch wenigstens den unschuldig eingekerkerten Ritter frei, der nun schon seit Monaten in Eurem Verliese dahinsiecht!«

»Niemals«, war die Antwort Wilhelms aus wutverzerrtem Munde. »Niemals wird dieser Schurke von Ritter, solange ich am Leben bin, aus seinem Gefängnis herauskommen!«

»Er wird es noch am morgigen Tag verlassen«, entgegnete der Arzt, als er kopfschüttelnd das Krankenzimmer verließ. Wenige Stunden später starb Graf Wilhelm.

In derselben Nacht hatte eine Nonne aus dem Kloster St. Mauritius in Köln eine Vision. Dabei wurde sie von einem himmlischen Geist an den Ort der Strafen entrückt, an den abscheulichen Ort der schlimmen Hölle. Dort sah sie einen schauderhaften Brunnen ganz in Schwefelflammen eingehüllt, der mit einem feurigen Deckel versehen war. Als die Nonne ihren Begleiter befragte, was sich wohl unter dem feurigen Deckel in dem brennenden Brunnen befinde, antwortete dieser: »In diesem Feuerschlund befinden sich nur zwei Seelen, die des Kaisers Maxentius und die des Grafen von Jülich!«

Morgens erzählte die Nonne ihren Mitschwestern diese Vision. Wenige Stunden später drang die Kunde von dem Ableben des Grafen auch ins Kölner Kloster. Da erkannten alle, dass das nächtliche Erlebnis der Nonne eine wahre Erscheinung gewesen war.

(nach Cäsarius von Heisterbach, Dial. VII,5)

Der Lövchesteufel

Zu Ende des 18. Jahrhunderts trieb im Nidegger Schloss allnächtlich in der Mitternachtsstunde ein unruhiger Geist sein Unwesen. Es war der »Lövchesdüvel«. Schlag zwölf Uhr erschien er im Pferdestall, schlug die Decken von den Betten der Knechte, riss ein Pferd aus dem Stall und trieb es im Schlosshof umher oder jagte es den Berg hinunter. Um ein Uhr brachte er das abgehetzte Tier wieder zurück und verschwand. Wer in seinen Bereich kam, wurde ebenfalls den Berg hinunter gejagt. Deshalb sorgte jeder Nidegger, dass er vor Mitternacht zu Hause war. Wehe aber demjenigen, der den unruhigen Geist zu reizen wagte.

Das tat einst ein Mann aus Brück, der etwas zu lange im Wirtshaus geblieben war. Als er im angetrunkenen Zustand seinen Heimweg antrat, schien ihn wohl der Teufel geritten zu haben, denn er rief in seinem Übermut: »Lövchesdüvel, komm heraus!«

Kaum hatte er das gesagt, als er das unheimliche Wesen auch schon heransprengen hörte. Die Funken stoben nur so. Da bekam es der Verwegene jedoch mit der Angst zu tun. So schnell er konnte, rannte er den Berg hinunter auf Brück zu. Aber es ist ihm schlecht dabei ergangen. Der Geist jagte hinter ihm her und hetzte ihn fast zu Tode. Zu Hause brach er zusammen und musste wochenlang in starken Fieberkrämpfen das Bett hüten. Krumm und krank ist er geworden, sein Haar erbleicht und seine Zunge für immer gelähmt. Das einzige, was man ihn ab und zu stammeln hörte, war: »Nee, Lövchesdüvel, nee!«

Viel, viel später hat dann ein Pater aus Nideggen diese ruhelose Seele an einen einsamen Ort verbannt, wo er keinem Menschen mehr schaden konnte.

(nach H. Hoffmann)

Burg (Wüstung)
Nideggen-Rath

Die Rache der Bauern

Auf der Köttenicher Mauer«, ganz in der Nähe des Dorfes Rath, stand in uralter Zeit eine Burg. Der Burgbesitzer war reich. Eine große Anzahl Knappen diente ihm und in seinen Stallungen standen prachtvolle Pferde. Zahlreiche Hunde bellten, wenn er mit seinen Freunden zur Jagd ritt, und die Tische bogen sich unter all den feurigen Getränken und leckeren Speisen. Aber der Burgherr war hartherzig und grausam, ungerecht und mitleidlos. Unter seinem gewaltsamen Herrschen hatten besonders die Bauern viel zu leiden. Nahezu jedes Jahr schickte der Burgherr zur Heuerntezeit seine Knappen nach Rath und in die umliegenden Orte. Dort ließ er mit Willkür und mit Gewalt das Heu der Bauern aufladen und in seine Scheunen karren, ohne sie zu fragen oder ohne ihnen etwas dafür zu zahlen. Jeden Monat befahl er seinen Knechten und Dienern, aus den Scheunen und Speichern der Bauern Korn einzusacken und daraus in seiner Mühle Mehl zu mahlen und für seine Küche Brot zu backen. Und wenn die Bauern dafür Entgelt forderten, lachte er nur hämisch, ließ sie aus seiner Burg prügeln und meinte nur: »Ich bin der Herr und kann tun und richten, wie es mir beliebt.«

So scheute er aich auch nicht, Vieh aus den Ställen oder von der Weide der gequälten Bauern treiben zu lassen. Jahrelang ertrugen die Landleute geduldig und stillschweigend ihr Los, wussten sie doch, dass all ihr Flehen, all ihr Bitten und Weinen das steinerne Herz des Burgherrn nicht erweichten, sondern ihn noch viel wütender und jähzorniger werden ließen.

Doch wie steter Tropfen einen Stein höhlt, so ließen der Schmerz und die Not auch den Friedfertigsten zur Wehr greifen. Eines Tages brach ihr lang verhaltener Zorn los, und für den Zwingherrn schlug die Stunde der Vergeltung.

Das Wahrzeichen von Rath ist die dem Heiligen Antonius von Padua geweihte Kapelle, die mit ihrem ansprechenden Rundbau ihrer Apsis das Gesicht der Hauptdurchgangsstraße mitbestimmt. Erbaut wurde sie 1858 von dem Einsiedler Werner Schuhmacher aus Rath, der sie der Gemeinde schenkte.

Nideggen-Rath (52385) · Kreis Düren · NRW
Rath, heute ein Stadtteil von Nideggen, war bis zur
»Franzosenzeit« ein selbstständiges Dorf, dessen Mit-
telpunkt drei Höfe bildeten, die bis 1804 zur Herrschaft
Drove gehörten.
In der Lehnsurkunde der Herren von Heinsberg und
Blankenheim ist Rath erstmals im Jahre 1307 als »in Royde
iuxta Nideghen« (in Rath neben Nideggen) erwähnt.
Möglicherweise besaß Rath dereinst ein kleines Burghaus,
von deren Existenz nur mehr die Sage kündet:

Es geschah in einer dunklen Nacht. Heimlich trafen sich die Unterdrückten und Rechtlosen. Sie bewaffneten sich mit Dreschflegeln, Äxten, Knüppeln und Beilen. Dann schlichen sie still und vorsichtig hin zur Burg. Dort spannten sie rings um sie herum dünne Drähte und Seile. Danach erhoben sie unter Trommelschlag am Rinkengraben ein weithin vernehmbares Geschrei und Gejohle. Ihr Gebrüll und Lärm drangen in die Burg hinein, waren in den Räumen deutlich zu vernehmen. Der Burgherr, jäh aus dem Schlaf gerissen, wollte nun wissen, was die Ursache für dieses entsetzliche Lärmen war. Zornig und wütend bestieg er mit seinen Knappen die Rosse und jagte den Berg hinunter, um rücksichtslos diese verwegenen Bauern zu bestrafen. Aber kaum hatte er seine Burg verlassen, da verfingen sich die Beine seines Pferdes in den Seilen und Drähten. Das Ross stürzte laut aufwiehernd zu Boden, und der Burgherr flog ihm in hohem Bogen nach. Auch alle Soldaten, Knechte und Knappen, die ihrem Herrn gefolgt waren, stürzten benommen nieder. Sofort eilten die ergrimmten Bauern herbei und machten alle in ihrem Zorn nieder. Danach zogen sie in die Burg ein und zerstörten sie so vollständig, dass kein Stein auf dem anderen blieb. *(nach H. Hoffmann)*

Schloss Niederweis
Niederweis

Der närrische Baron

Der letzte Niederweiser Baron Clemens Wenzeslaus von der Heyden, dessen Grab sich neben der Niederweiser Dorfkirche befindet, hatte einen etwas seltsamen Ruf im Dorf. Ihm werden allerlei Episoden angehängt, die ihn als leicht weltfremden, eingebildeten Kauz darstellen. Seine Interessen bezogen sich eindeutig nicht auf Ackerbau und Viehzucht. Der Weg zu politischen und militärischen Ämtern, den seine Vorfahren gegangen waren, war ihm verbaut.

So war er dereinst, es war so in den 1820-er Jahren, die wenigen Kilometer von Niederweis nach Echternach gefahren und bummelte durch die altehrwürdige Abteistadt. Und als er so an einem Hutladen entlang kam, betrachtete er lange die Auslagen und betrat dann das Geschäft. Der Besitzer eilte hinzu und fragte ihn in bester luxemburgischen Sprache: »Mojen, de Här Musjöh, wat ass eier Begehr?« (Guten Morgen, der Herr, was wünschen Sie?«)

Und Clemens Wenzeslaus: »Ich möchte mir einen Hut kaufen. Bitte zeigen Sie mir Ihre Modelle!«

Ja, das war schon ein seltsamer Kauz, der letzte Baron von Niederweis. Nein, er fügte keinem ein Leid zu, aber sein Verhalten war doch irgendwie anders als das der übrigen Leute. Wen wundert's also, dass viele ihn den »jeckigen Baron von Weis« nannten.

Geschäftig rannte der Hutmacher hin zum Regal, nahm einige Hüte hervor und zeigte sie dem Baron. Dieser probierte einen nach dem anderen und fand schließlich Gefallen an dem grünlichen kecken Hut mit der samtenen Binde. Er passte wie angegossen und stand dem Baron gut zu Gesicht.

»Und was kostet dieser Hut?«

Diensteifrig antwortete der Hutmacher: »Er kleidet Euch wirklich gut. Wenn Ihr mir zwei Mark gebt, dann ist der Hut Euer Eigentum!«

Doch da hättet ihr mal den Baron sehen müssen. Erregt riss er sich den Hut vom Kopf, warf ihn auf den Ladentisch und rief ganz energisch: »Zwei Mark! Was bilden Sie sich ein? Was nichts kostet, taugt auch nichts. So etwas Billiges wagen Sie mir anzubieten? Soll so dies etwa ein würdiger Hut für mich, den Herrn Baron von Niederweis, sein?«

»Ach ja,« sagte da der Geschäftsmann, »da haben Sie wirklich Recht, und ich bitte demütigst um Pardon. Für einen Baron gilt nur das Beste. Für Sie, Herr Baron, habe ich doch dort hinten im besten Regal einen wahrlich fürstlichen Hut!«

Und er schritt ins Nebenzimmer und kam nach wenigen Augenblicken wieder heraus, mit dem gleichen grünlichen kecken Hut in der Hand: »Hier, Herr Baron, etwas ganz Besonderes. Ein Hut, wie für Sie geschaffen. Ein wertvoller Hut, aber auch ein teurer. Für den muss ich schon zwanzig Mark fordern!«

Und Baron von der Heyden nahm den Hut, setzte ihn auf, gab dem Echternacher Kaufmann das Geld und sagte beim Hinausgehen: »Na also, warum nicht gleich so!«
                                        (nach M. Zender)

Das versteckte Geld

Clemens Wenzeslaus von der Heyden, der letzte Baron des Schlosses Niederweis, fühlte das Nahen seines Lebensendes. So vertraute er seinem Freund und Pächter, der in dem alten Forsthaus auf der Prümer Burg wohnte, sehr viel Geld an und bat ihn, damit die anstehenden Kosten seines Schlossanwesens zu begleichen und treu und gewissenhaft dieses Vermögen zu bewahren, damit es nicht abhanden komme oder gestohlen werde.

Dann kam der Tod und nahm Baron von der Heyden am 30. Januar 1840 zu sich. Riesengroß war die Schar der Trauergäste, als die Leiche des Schlossbesitzers neben der Kirche in Niederweis der Erde übergeben wurde. Als aber die Trauerzeit vorüber war, freuten sich die Bewohner von Niederweis sehr, denn nun würde ihre Gemeinde sicherlich Eigentümerin des prachtvollen Schlosses mit all seinen Wiesen, Feldern und Wäldern werden. Doch wie riesig war die Enttäuschung bei ihnen und vor allem bei den Verwandten, als der Notar dann das Testament eröffnete und verkündete: »Meinen Verwandten vermache ich vier Groschen. Der Rest meines Vermögens soll zur Erquickung bedrängter Armer und zur Anstalt und Nutzen der Jugenderziehung im Kreis Bitburg verwendet werden.« *(Diese Stiftung besteht heute noch.)*

Da setzte sich der Gemeinderat von Niederweis zusammen und beratschlagte lange. »Wenn unser Ort schon nicht das Schloss mit seinen Ländereien bekommt, dann steht uns auf jeden Fall das Bargeld zu«, so war die einhellige Meinung des Rates. Und drum beschloss er ferner, notfalls bewaffnet, zur Prümer Burg zu ziehen. Denn dort wohnte ja der Verwalter. Und dass der den großen Geldbetrag des Barons in Verwahrung hatte, das wusste ja schließlich jeder im Ort.

Aber was sie nicht wussten, war, dass ihr Gespräch und ihr Beschluss von einer Magd belauscht worden war, die mit dem Burgverwalter verwandt war. Sofort rannte diese nun hin zur Prümer Burg und berichte-

Niederweis (54668) · Kreis Bitburg-Prüm · Rhld-Pf

1751: Freiherr Franz Eduard Anton Baron von der Heyden lässt mitten in dem kleinen Dorf Niederweis ein zweiflügeliges Schloss mit Mansardendach um einen kleinen Ehrenhof erbauen. Das Wappen der einstigen Herrschaft Niederweis über der Freitreppe des Hauptportals und der Schlussstein mit der Jahreszahl 1751 weisen auf die Erbauungszeit hin. Franz Eduard Anton von der Heyden wurde am 01.11.1693 in Niederweis geboren und wurde Präsident des Provinzialrates von Luxemburg, und damit ranghöchster Beamter des Luxemburger Landes.

1755: Franz Anton Eduard von der Heyden stirbt. Der dritte (Nord)-Flügel für sein Schloss bleibt deswegen unvollendet.

1794: Französische Revolutionstruppen dringen, von Luxemburg kommend, in die Eifel vor. Der letzte Niederweiser Baron, Clemens Wenzeslaus von der Heyden, flieht auf seine österreichischen Besitzungen in der Nähe Wiens. Der Frühmesser, Kaplan Philipp Karl Zender, ein Patenkind des Barons, bezieht Schloss Niederweis, wodurch dieses der Beschlagnahmung durch die Franzosen entgeht. Alle übrigen gräflichen Besitztümer werden verstaatlicht oder gehen in Privateigentum über.

1813: Clemens Wenzeslaus von der Heyden kehrt von Wien aus in sein Schloss nach Niederweis zurück.

30.1.1840 stirbt er in Trier, ledig und ohne Erben. Sein gesamtes Vermögen hinterlässt er dem Kreis Bitburg zur Erziehung verwaister Kinder und Pflege armer älterer Personen. Schloss Niederweis wird in den darauf folgenden Jahrzehnten mehrfach verpachtet. Die Schlossanlage verkommt immer mehr und weist letztlich starke Schäden auf. Etliche Nebenbauten werden teilweise abgebrochen.

1996: Die Verwaltung des Naturparks Südeifel übernimmt Schloss Niederweis.

2005–2008: Familie Matthias Schneider erwirbt das heruntergewirtschaftete Schloss Niederweis von der »Von Heyden und Schütz'schen Stiftung« und restauriert es kunstsinnig und in liebevoller Kleinarbeit. Die Außenfassade erhält wieder nach originalen Farbbefunden einen Neuanstrich. Die Räume werden originalgetreu im Stil des Barock rekonstruiert.

Heute: Nicht nur in der Gemeinde Niederweis mit ihren rund 220 Einwohnern, unmittelbar an der luxemburgischen Grenze, sondern auch für den gesamten Westeifelraum stellt dieses Schloss ein romantisches Kleinod dar. In ihm sind standesamtliche Trauungen jederzeit möglich. An den Wochenenden finden gegen Gebühr geführte Schlossbesichtigungen statt. Die ehemalige »Zehnt«-Scheune wurde ebenso wie die »Tenne« komplett renoviert. Beide sind als Café und Schlossrestaurant, für Veranstaltungen und Theateraufführungen zu nutzen.

Kostenlose Parkplätze vor dem Schloss
www.schloss-niederweis.de

te das Gehörte dem Pächter. Daraufhin nahm dieser in aller Seelenruhe die Geldtruhe und versteckte sie nach Einbruch der Dunkelheit bei Kerzenschein tief drunten in den Kellergewölben der Burgruine, wo dereinst das moderige Gefängnisverlies war.

Am kommenden Morgen trafen dann die Schöffen aus Niederweis ein und verlangten energisch die Herausgabe des Geldes. Doch so sehr sie auch suchten und forschten, rein gar nichts fanden sie von dem Reichtum. Enttäuscht kehrten die Niederweiser wieder in ihr Dorf zurück.

Doch wie es das Schicksal wollte – nicht lange danach erkrankte der Verwalter ebenfalls, legte sich nieder aufs Krankenbett und verstarb. Das Wissen um die vergrabene Geldkiste hat er mit ins Grab genommen. Bis heute noch liegt irgendwo in den verfallenen Kellerräumen der Prümer Burg diese Truhe, reich gefüllt mit blitzblanken Goldtalern. Viele haben bereits nach ihr gegraben und gesucht. Aber bis heute wurde sie noch nicht gefunden.

(nach M. Zender)

Alte Burg (Wüstung)
Nörvenich

Der Himmel straft den Piethan

Auf der Alten Burg im Nörvenicher Wald lebte der Ritter Piethan mit seinen Knappen und Gesellen. Es waren Raubritter übelster Sorte. Ständig hielt einer von ihnen vom höchsten Turm der Burg Ausschau ins weite Land. Wehe, wenn auf dem Heerweg, (heutige Bundesstraße 477), eine Reisegesellschaft oder ein Kaufmann dahinfuhr oder ritt. Dies teilte dann der Wächter dem Raubritter Piethan und dessen Kumpanen mit. Und bereits kurze Zeit später preschten sie auf ihren Pferden im Galopp hinaus, um nach Mord und Totschlag mit reicher Beute zurückzukommen. In den Gewölben der Burg türmten sich unermessliche Vorräte und geraubte Reichtümer.

Und sehr oft hatte Piethan schon edle Ritter oder schöne Frauen grundlos entführt und in sein Verlies geworfen. Und wer nicht das hohe Lösegeld zahlen konnte, musste so lange in dem finsteren, feuchten Kerker auf faulendem Stroh verbringen, bis der Tod sich der Armen erbarmte.

Ritter Piethan trieb es mit seinen Gesellen immer ärger. Niemand war mehr vor ihren Raubzügen sicher. Kaufleute wurden erschlagen, Frauen und Mädchen entführt und vergewaltigt. Ein Saufgelage löste das andere ab. Eines Abends saß man nach erfolgreichem Beutezug wieder im Rittersaal zusammen, und die Weinkanne machte eifrig die Runde. Da meldete einer der Knappen, dass der Wein alle und die Fässer leer seien. Man beratschlagte, wie man am

Als die »Alte Burg« aufgegeben wurde, entstand dieses Schloss Nörvenich. Sammlung Duncker

schnellsten neuen Wein herbeischaffen könne. Da meinte einer der Saufkumpane, dass sicher im Kloster Johannes Junker ein guter Tropfen lagern würde. Kaum war das ausgesprochen, da saßen sie schon auf ihren Pferden, und ab ging es nach Nörvenich zum Kloster. Mit Gewalt verschaffte man sich Einlass. Wer sich von den Mönchen zur Wehr setzte, wurde erschlagen. Die Weinfässer wurden aus dem Keller geholt und auf Fuhrwerke verladen. Der Abt musste sein Pferd besteigen. Gebunden an Händen und Füßen, wurde er mit zur Raubritterburg entführt. Dann steckten die Mordgesellen noch das Kloster in Brand und lachten hämisch, als es in Schutt und Asche sank.

Piethan steckte auf der Burg den Abt in den finstersten Kerker. Dort aber verfluchte der geschundene Mönch den blutrünstigen Ritter, rief eine fürchterliche Verwünschung hinauf und drohte die längst fällige Strafe Gottes an. Piethan und seine Freunde aber verlachten und verspotteten ihn. Dann zogen sie sich in den großen Waffensaal zurück und genossen ihren Beutezug bei wüstem und gotteslästerlichem Gelage. Schon waren alle Ritter trunken, als plötzlich ein Unwetter aufzog. Schwere, schwefelgelbe Wolken füllten das Tal des Neffelbaches. Immer dunkler und unheimlicher wurde es. Plötzlich fuhr ein greller Blitz vom Himmel und zischte in die Burg. Ein unheimlich mächtiger Donnerschlag ließ Mauern erzittern und hallte fürchterlich von den Waldeshängen wider. Die Burg stand sofort in hellen lodernden Flammen. Da gab es kein Entrinnen mehr. War das ein Knistern und Brechen, ein Jammern und Schreien! Das Raubgesindel musste elendiglich verbrennen. Und dann barsten die glühenden Burgmauern und fielen in sich zusammen. Nichts blieb mehr von der einst so stolzen Burg außer einem großen Schutthaufen, den sehr bald Wald und Wiesen unter ihren Wurzeln verbargen. *(nach K.H. Türk)*

Die grüne Juffer

In den Burgruinen der »Alten Burg«, die die Strafe des Himmels dem Erdboden gleichgemacht hatte, spukt auch eine unheimliche Juffer. Zu Lebzeiten war sie die Gefährtin des grausamen Lumpen Piethan. Auch sie kannte kein Mitleid, kein Erbarmen. In ihrer verlogenen Boshaftigkeit und menschenverachtenden Gemeinheit stand sie dem Piethan in nichts

Nörvenich (52388) · Kreis Düren · NRW
1081: Erwähnung eines Ritters Hermann von Saffenberg (1028–1091), Graf von Nörvenich und Vogt in Kornelimünster.
1168: Die Burg nennt sich »Norvenich castrum« und wird heute »Alte Burg« genannt. Sie liegt im Nörvenicher Wald an einem Steilhang des Neffelbaches, etwa 500 Meter nördlich der Gemeinde Nörvenich.
1177: Das Rittergeschlecht derer von Nörvenich stirbt mit Adalbert II. aus. Die »Alte Burg« kommt als Hochzeitsgut von Adalberts Tochter mit Graf Wilhelm von Jülich in den Besitz der Grafenfamilie von Jülich.
Im 15. Jh. wird die »Alte Burg«, bestehend aus Vorburg, Graben und großer Hauptburg, aufgegeben. Der Ministeriale und Amtmann Werner von Vlatten-Merode erbaut dafür den wehrhaften Palas des heutigen »Schloss Nörvenich« (früher »Gymnicher Burg«) in der Ortsmitte.
Heute: Von der frei zugänglichen Burgruine, eine sogenannte Großmotte, mitten im Nörvenicher Wald sind nur Wall, Graben und spärliche Mauerreste vorhanden.

www.noervenich.de/gemeinde/kirchenburgen

nach. Aber auch sie war in dem Feuerinferno ums Leben gekommen und muss seitdem rast- und ruhelos als Geist, den der Himmel nicht will, durch die Wälder geistern. Sie ist ganz in grüne Seide gekleidet. Und wehe dem, der ihr zur mitternächtlichen Stunde begegnet. Der weiß nicht schnell genug nach Hause zu kommen. So hütet sich auch jeder, zu später Stunde dort vorbeizugehen oder zu verweilen.

Und in den versunkenen Kellergewölben tief unter der Erde steht ihre Kutsche, deren Speichen aus purem Gold sind. Viele mutige Männer haben schon versucht, dieses kostbare Gefährt und die anderen versunkenen Schätze zu bergen. Aber die grüne Juffer hütet ihre Schätze; wer danach gräbt, wird von ihr in Tod und Verderben gestürzt.

Zuletzt beschlossen am Anfang des vergangenen Jahrhunderts sieben mutige Burschen aus Düren, den Schatz zu heben. Es war zu nächtlicher Stunde. Der Mutigste der Gesellen schlang sich um seinen Leib ein dickes Seil und ließ sich von den übrigen hinab ins Dunkle der Kellerräume gleiten. Kaum war er unten angelangt, da schrie er markerschütternd: »Zieht mich hoch, Hilfe! Hilfe!«

Aber die Schatzheber dort oben bekamen es nun auch mit der Angst, und heidi – flohen sie in panischer Angst und vergaßen, ihren mutigen Freund wieder nach oben zu ziehen. In großer Verzweiflung gelang es dem Verlassenen, sich aus der Tiefe zu retten und ebenfalls das Weite zu suchen. Seine Haare waren in den wenigen Minuten des Schreckens schneeweiß geworden. Was er unten erlebt und gesehen hatte, weiß niemand. Und jedes Mal, wenn man ihn danach befragte, weiteten sich seine Augen entsetzt. Er begann zu zittern, aber über seine Lippen drang kein Sterbenswörtchen.

Schloss Nörvenich. Sammlung Duncker

Der Schatz der Tempelritter

In dem schrecklichen Krieg, der dreißig Jahre dauerte, und in dem die wilden Soldaten nach Beute und jungen Frauen suchten, flüchteten auch einmal einige Mädchen aus Nörvenich in den Wald, um sich dort vor den gierigen Soldaten zu verstecken. In der Nähe der Burg fanden sie hinter dichtem Strauchwerk eine zugewachsene Öffnung. Als sie sich diese näher anschauten, bemerkten sie dahinter einen langen und schmalen Gang. Dort liefen sie hinein. Der geheimnisvolle Weg führte tief hinab in die Erde. Dann endete er plötzlich in einem großen gewölbten Kellerraum. Mitten darin stand eine eisenbeschlagene Kiste.

Die Mädchen öffneten die Kiste und fanden sie bis zum Rand angefüllt mit Buchen- und Eichenblättern. Sie wühlten in dem raschelnden Laub, konnten sonst aber nichts entdecken. Von den dürren Blättern steckten sie etwas in ihre Schürzentaschen.

Die Stunden vergingen. Der Mond stand hoch über dem Wald. Dann begrüßten die ersten Strahlen der Morgensonne einen neuen Tag. Vorsichtig schlichen sich die Mädchen wieder hinaus ins Tageslicht. Und als sie bemerkten, dass die kriegerische Gefahr vorbei war und die wilden Soldaten weiter gezogen waren, liefen sie so rasch sie konnten nach Hause. Erst dort stellten sie fest, dass die Laubblätter in ihrer Schürzentasche aus Gold und Silber waren. Sie berichteten es ihren Eltern, und alle hasteten nun rasch hinauf zur Ruine, um nach der Schatzkiste zu sehen. Aber so viel sie auch suchten und forschten, keiner fand weder den Eingang noch den geheimnisvollen Gang oder die Kiste mit den Schätzen der einstigen Raubritter.   *(nach K.H. Türk)*

Burg (Wüstung)
Nörvenich-Wissersheim

Vigizo und Eginhard

In der heute gänzlich verschwundenen Burg in Wissersheim wohnten dereinst zwei Brüder. Vigizo hieß der Ältere, und der Jüngere erhielt den Taufnamen Eginhard. Doch die beiden waren alles andere als fleißig, ehrlich und strebsam. Statt wie ihre Vorfahren Hab und Gut zusammenzuhalten, zu pflegen und zu vermehren, ließen sie ihre Äcker verkommen, die Felder versteppen und die Burggebäude immer mehr verfallen. Dafür liebten sie umso mehr die Jagd. Stundenlang streiften sie durch die Wälder auf der Suche nach edlem Wildpret.

Im nahen Nachbardorf Blatzheim hingegen lebte in geordneten und wohlhabenden Verhältnissen ein anmutiges und tugendhaftes Edelfräulein, das Adelgunde gerufen wurde. Und in diese hübsche und junge Frau verliebten sich die beiden Brüder. Schon seit vielen Monaten kehrten sie immer wieder ein in das vornehme Haus, sprachen gar sittsam und machten der Schönen den Hof. Adelgunde war freundlich zu beiden, lächelte beiden zu und fand stets aufmunternde und frohmachende Worte. Gegen Ende des Jahres jedoch baten die beiden Brüder Adelgunde, sich nun endlich zu entscheiden, wen sie von ihnen zum Ehemann nehmen würde.

Adelgunde errötete, gab dann aber mit zarter und leiser Stimme zur Antwort, sie habe sich für den jungen und blonden Eginhard entschieden, mit dem sie gerne die Ehe eingehen würde.

Danach machten sich die beiden Brüder zusammen auf den Heimweg nach Wissersheim. Und da geschah es, dass Vigizo seine Enttäuschung und Wut wegen der Ablehnung nicht mehr länger zurückhalten konnte. Wütend und zornig machte er seinem jüngeren Bruder Vorwürfe. Der Streit wurde immer heftiger. Schließlich zog Vigizo sein Schwert und erschlug seinen Bruder Eginhard. Am nächsten Morgen wurde die Leiche des Ermordeten aufgefunden und

Ludwig der Fromme schenkte seinem Freund Hruotbert Wissersheim, wo dieser wohl ein Burghaus bewohnte. Gemälde im Versailler Schloss

Nörvenich-Wissersheim (52388) · Kreis Düren · NRW
Wissersheim, seit 1969 Stadtteil von Nörvenich, wird
erstmals am 13. Januar 836 in einer Schenkungsurkunde
Ludwig des Frommen (778–840) erwähnt. Damals erhielt
sein getreuer Hruotbert Grundgüter in »Wistrikisheim«
(Wissersheim), die er aber später an die Abtei Prüm weiter-
gab.
Nur die Sage weiß von einer Burg in Wissersheim zu berichten, die in der ehemaligen »Burgstraße«, die heute den
Namen »Nievenheimer Straße« trägt, gestanden haben
soll.

in der Flur »am Dörnchen« beerdigt. Jeder Mann und jede Frau in weitem Umkreis wusste sofort, der Mörder war Vigizo. Alle suchten ihn, die Schöffen und Schergen, die Ritter auf den Nachbarburgen und sogar der König wies seine Wachen und Soldaten an, den Vigizo aufzuspüren und der Gerechtigkeit zuzuführen. Doch die Tat musste ungesühnt bleiben. Vigizo wurde nicht gefunden. Jahrzehntelang blieb er verschwunden. Niemand hat ihn mehr lebend gesehen. Seine Burg verfiel in Trümmer, die Steine verbauten die Bauern in ihren Häusern. Doch irgendwann nach vielen, vielen Jahren fand man eine Leiche im »Galgenmaar«. Schwarz und unkenntlich war sie, aber an der ritterlichen Kleidung erkannte man, das war dereinst der Ritter Vigizo gewesen, der heimtückisch zum Mörder seines Bruders wurde. Bei seiner nächtlichen Flucht muss er in diesen heimtückischen Sumpf geraten und ertrunken sein, gar nicht weit von der Stelle, wo er Eginhard erschlagen hatte.

(nach K.H. Türk)

Nürburg
Nürburg

Zeichen aus dem Jenseits

Auf der Kuppe eines Vulkankegels im gebirgigen Eifelland stehen die Ruinen der Nürburg. Hier lebte dereinst Ulrich von Are, Herr auf Nürburg. Er war ein edler und gottesfürchtiger Mann, gütig und milde gegen alle seine Untertanen, die ihn liebten und verehrten, weil er so gerecht und mutig war. Alle lebten im Schatten der Nürburg sicher und gut, denn alle wussten, der tapfere Graf Ulrich würde sie im Kampfe beschützen.

Doch die Zeit des Alterns geht auch an einem Grafen nicht vorbei. Eines Tages erkrankte Ulrich sehr und fühlte selbst sein Ende nahen. Eine große Trauer befiel sein Volk. Bittgebete sandten sie gen Himmel, und Ulrichs Familie und Freunde umstanden sein Krankenbett und sorgten sich sehr.

Da sprach einer von ihnen: »Edler Graf und Herr Ulrich, woran sollen wir erkennen, ob du nach deinem Hinscheiden das Ziel deines christlichen Lebens erreicht hast. Bitte gib uns nach deinem Tod ein Zeichen, an dem wir erkennen können, ob du in die ewige Seligkeit eingegangen bist oder nicht. Es wird uns ein Trost sein.«

Der Graf schlug mit Mühe seine müden Augen auf und flüsterte mit stockenden Worten: »Ich habe kein großes Unrecht getan. Ich vertraue auf Gottes Gnade und Barmherzigkeit. Wenn meine Seele meinen Körper verlassen hat, nehmt meinen Schild, den ich so oft im Kampfe gegen Feinde und Ungerechtigkeit ergriff, und hängt ihn an den Ast jener dicken Eiche im Burghof. Und wenn er drei Tage nach meinem Tod, unberührt von eines Menschenhand, herunterfällt, so seid sicher, dass ich im Angesicht Gottes weile. Hängt jedoch der Schild nach drei Tagen noch immer an dem Baum, so ist dies ein Zeichen, dass mein Leben nicht gottgefällig war.«

Kaum hatte Graf Ulrich dies gesprochen, brach sein Auge, und der Tod nahm ihn in seine Hand.

Eingang zur Nürburg mit Wappen des Johann von Nürburg

groß, ob ihr geliebter Herr wohl Gnade vor Gottes Richterstuhl gefunden hatte.

Am Morgen des dritten Tages jedoch, löste sich der schwere Schild und fiel mit dumpfem Klang herab auf das Gestein. Jedermann in der Burg vernahm den Aufprall und wusste nun – Graf Ulrich weilt im Ewigen Frieden Gottes.

Mit Tränen in den Augen hängte dann Ulrichs Sohn den großen Schild, der schon manche Kerbe und Schramme aufwies, an den Ast der Eiche. Zwei Tage waren bereits vergangen, ohne dass der Schild sich bewegte. Die Erwartung aller im Lande war

Nürburg (-Adenau) (53518) · Bad Neuenahr-Ahrweiler · Rhld-Pf

Die Nürburg ist in der Vulkaneifel die wohl bekannteste Burg, nicht zuletzt weil sie der Rennstrecke Nürburgring ihren Namen gibt. Errichtet wird sie vor dem 12. Jahrhundert auf einem 678 Meter hohen Basaltkegel, den bereits die Römer als Signalstation zur Sicherung einer wichtigen Römerstraße nutzten. Als Erbauer gilt das Geschlecht derer »von Are«, Ministeriale der Kölner Erzbischöfe und des Stauferkaisers.

1116: Erstmals urkundlich erwähnt wird sie als »Noureberg« oder »Mons Nore« (= Schwarzer Berg) in Verbindung mit Graf Ulrich von Are. Dessen Nachfahren nennen sich Herren von Nürburg.

1202: Erwähnung einer romanischen, einschiffigen Burgkapelle.

1290: Die Gipfelburg ist mit Bergfried und einer Ringmauer erweitert. Das Geschlecht derer von Nürburg ist ausgestorben. Die Burg geht in den Besitz Kurkölns über, das fortan (bis 1793) Amtmänner zur Verwaltung einsetzt. Strategisch ist sie von Bedeutung, da sie sich bestens zur Sicherung der südlichen Territorialgrenzen (Köln/Trier) eignet.

1340–69: Ausbau in mehreren Bauabschnitten (Kernburg, Zwingermauern, Ringmauern).

1530/45: Die Burg befindet sich in einem sehr schlechten Zustand. Es werden daraufhin mehrfach Restaurierungsarbeiten vorgenommen.

1587: Niederländische Soldaten plündern die Nürburg.

1633: Während des Dreißigjährigen Krieges erobern Schweden unter General Feldmarschall Wolf Heinrich von Baudissin (1579–1646) die Nürburg, plündern und beschädigen sie sehr.

1689: Im Pfälzischen Erbfolgekrieg wird die Burg durch französische Soldaten endgültig zerstört. Der erhaltene Bergfried dient noch einige Jahrzehnte als Gefängnis. Die Burgruine wird als Steinbruch genutzt.

1818: Die ruinöse Burganlage wird vom preußischen Staat übernommen, der umfangreiche Bestandssicherungen veranlasst. Besonders der Bergfried wird restauriert, da er als trigonometrischer Punkt dient.

1949: Die Nürburg wird Eigentum des Landes Rheinland-Pfalz, das sie danach der Betreuung durch die Verwaltung der staatlichen Schlösser Rheinland-Pfalz (heute: Burgen, Schlösser Altertümer Rheinland-Pfalz) überträgt. Ab 1954 werden (zuletzt 1988/89) mehrfach Arbeiten zur Freilegung verschütteter Bauteile sowie Sicherungs- und Restaurierungsarbeiten vorgenommen.

Heute: Die Burg kann gegen Entgelt besichtigt werden und bietet einen guten Überblick in die Vulkaneifel und über den Aufbau einer Ritterburg. Erhalten sind noch die Hauptburg mit mächtigem rundem Bergfried, Umfassungsmauern, Zwinger mit Rundtürmen, Reste der Kapelle in der Vorburg. Gastronomie und kleiner Parkplatz vor dem Aufgang zur Burg; Montags und im Dezember geschlossen; Parkmöglichkeiten unterhalb der Nürburg

www.nuerburg.de

Schloss Oberkail
Oberkail

Der geteilte Ring

Das wohl bekannteste Baudenkmal in Oberkail ist die Wallfahrtskapelle Frohnert auf einer Hochfläche nördlich des Ortes. Graf Philipp Dietrich von Manderscheid-Kail (1613–1653) ließ sie 1649 von Werkleuten des Klosters Himmerod als Grabkapelle erbauen. Möglicherweise ist ihr Bau auf ein Versprechen während des Dreißigjährigen Krieges und den Pestzeiten zurückzuführen. Die Volkssage allerdings benennt einen anderen Grund und verlegt den Kapellenbau in die Zeit der Kreuzzüge.

Vor langer, langer Zeit zog ein Graf von Oberkail mit anderen Kreuzrittern ins Morgenland. Beim Abschied ließ er sich von seiner Gattin den Trauring geben. Er brach ihn in zwei Stücke und reichte die eine Hälfte der Gräfin und bat sie, ihn wohl zu bewahren. Die andere Hälfte ließ er sich in den Ärmel seines Wamses nähen.

Im Morgenland aber wurde der Graf von den Türken gefangen genommen und weit ins Hinterland verschleppt. Lange Zeit hörte niemand mehr etwas von ihm. Allerdings war da ein Ritter, der die hübsche Gräfin heiraten wollte, um auch so in den Besitz von Oberkail zu gelangen. Deshalb verbreitete er allüberall die Lügennachricht, der Graf sei qualvoll in der Gefangenschaft verstorben. Schließlich erreichte er es, dass die Oberkailer Gräfin mit einer Heirat einverstanden war und der Hochzeitstag festgesetzt wurde.

In Wirklichkeit aber hatte der Graf in der Gefangenschaft das Gelübde gemacht, zu Ehren der Vier-

zehn hl. Nothelfer ein Kirchlein erbauen zu lassen, falls er seine geliebte Heimat wiedersehe. Und der Himmel erhörte sein frommes Flehen. Eines Morgens beim Erwachen fand sich der Graf nicht mehr im Morgenland, sondern er lag ledig aller Fesseln in einem Wald nahe seiner Burg. Noch ganz verstört und ungläubig fragte er einen Hirten, der dort seine Schafe hütete, wo er sich befinde, und erhielt von diesem die Antwort: »Ihr seid in der Nähe von Oberkail.«

»Gibt es da nicht eine Burg, und wohnt darin nicht ein Graf?« fragte er weiter.

Darstellung der Burg und Schlossanlage um 1700

Der Hirte, der jenen Fremden in den zerlumpten Kleidern nicht erkannte, gab Auskunft: »Ja, eine Burg ist da, aber der Graf ist ins Heilige Land gezogen und dort in der Gefangenschaft gestorben. Lange trauerte seine junge Witwe. Doch nun heiratet sie

Oberkail (54533) · Kreis Bernkastel-Wittlich · Rhld-Pf

1201 wird als erster Herr zu Kail ein Mann namens Folkold erwähnt, der wohl mit dem Bau eines »Hofes zu Keyle« innerhalb einer befestigten Anlange begann.

1267: Der Hof zu Kail gelangt unter die Lehnsoberhoheit von Trier.

1339: Wilhelm V. von Manderscheid trägt dem König Johann von Böhmen (1296–1346) als Herzog von Luxemburg auch Kail zu Lehen an. Mit Erzbischof Balduin von Trier (1307–1354) schließt er einen Vertrag, nach diesem seine Burg in Kail nicht höher als 32 Fuß werden solle und ein »gestutztes Dach« haben müsse. Erlaubt sei ein Graben um die Burg, aber keine Zugbrücke, kein Erker mit Brustwehr oder andere Befestigungswerke.

1339: Dieser offenbar nicht befestigte Hof in der Ortsmitte wird durch die Herren von Kail zu einer Burg ausgebaut. Der wohl Berühmteste, der je Oberkail und seine Burg bewohnt hat, war der bekannte Gelehrte und Kardinal Nikolaus von Kues (*1401; † 1464), der hier eine Zeitlang Kammerdiener war, bevor er seine Studien in Deventer, Heidelberg und Köln begann.

Ende 15. Jh.: Die Grafschaft Manderscheid-Kail entsteht; Oberkail wird ihr zentraler Verwaltungsort.

1625: Die Anlage wird ausgebaut und völlig umgestaltet. Ein Herrenhaus mit Seitenflügeln, barockem Säulenportal und Torbogen entsteht neu.

um 1700: Die quadratische Burganlage wird durch Anfügung zweier weiterer Flügel zu einem Wasserschloss erweitert.

1762: Der letzte Oberkailer Graf und seine Gemahlin sterben ohne Nachkommen. Ihre Grafschaft fällt an das Haus Manderscheid-Blankenheim.

1794: Französische Revolutionstruppen beenden die feudale Herrschaft. Burg und Schloss werden zum Nationaleigentum erklärt, verkauft und ab 1809 größtenteils abgerissen. Die einstigen Flügel werden zu kleinen Wohnhäusern oder Wohnungen umgebaut.

Heute: Einige wenige Teile der Ecktürme und der südlichen und nördlichen Umfassungsmauern des Schlosses sind erhalten.

Gastronomie und kostenlose Parkmöglichkeiten sind im Ort genügend vorhanden.
www.pfarrei.oberkail.de
www.oberkail.de

---

einen anderen Ritter. Und heute ist der Hochzeitstag.«

Darauf bat der Graf den Hirten: »Bitte begleite mich zur Burg. Es soll dein Schaden nicht sein, auch wenn es im Augenblick nicht so aussieht.« Der Hirte sah keinen Grund, warum er diesem Fremden nicht den Gefallen tun sollte. Eine kräftige Suppe von der reich gedeckten Hochzeitstafel würde allemal auch für ihn abfallen. So vertraute er seine kleine Herde seinem Sohn und dem folgsamen Hund an und schritt mit dem Grafen rasch hin zum Schloss in Oberkail. Dort angekommen, schickte der Graf den Hirten zur Gräfin mit dem Auftrag: »Richte ihr aus, hier draußen stehe jemand, zurückgekommen aus dem Morgenland. Dieser habe eine bedeutsame Botschaft, bevor sie zur Kirche gehe.«

Der Hirte tat, wie ihm geheißen. Und die Gräfin bat den Fremden zu sich, als sie die Botschaft des Hirten vernommen hatte. Als der Graf vor seiner geliebten Frau stand, erkannte diese ihn nicht. So verändert sah er aus. Ausgehungert und mit vielen Sorgenfalten, das Haar ergraut und die Kleider in Fetzen. Mit leiser Stimme erkundigte sich der Graf nach der Hälfte ihres Trauringes. Erstaunt antwortete sie: »Den mir anvertrauten Teil des Ringes habe ich bis zur Stunde als das wertvollste Kleinod bewahrt.« Und sie griff in ihr Geschmeidekästchen und nahm die Hälfte des Ringes heraus. Da legte der Graf seine Hälfte dazu. Mit einem Jubelschrei erkannte darauf die Gräfin ihren geliebten und heiß erwarteten Mann wieder. Und mit lautem Jubel verkündeten auch alle Bewohner und Diener die Rückkehr ihres Grafen.

Der nun überflüssige Bräutigam und seine verwandten Hochzeitsgäste hatten nichts Eiligeres zu tun, als möglichst schnell die Burg Oberkail zu verlassen.

Der Graf aber erfüllte, was er gelobt hatte, und ließ die Weihekapelle in Frohnert bauen.

(nach J.H. Schmitz; eine fast gleiche Sage wird auch von einem Ritter des Schlosses Hamm erzählt)

Die rühmlichen Eigenschaften

Der mächtige Graf von Oberkail hatte nur eine einzige Tochter. Sie hieß Cäcilia und war wegen ihrer Schönheit und Herzensgüte weit und breit bekannt.

Viele angesehene Ritter warben um ihre Hand. Das Mädchen aber wies alle Anträge zurück, weil ihr Herz dem Ritter Lothar von Winneburg zugetan war. Dieser war mit sieben Jahren auf die Burg Oberkail gekommen, hatte dem Grafen als Page und Knappe treu gedient, der ihn dann, als er in sein mannbares Alter kam, zum Ritter schlug. Auch Lothar liebte die junge Gräfin. Aber da er nicht sehr vermögend war, getraute er sich nicht, den reichen und mächtigen Oberkailer um die Hand seiner Tochter zu bitten.

Denn ein jeder wusste, dass der Graf sehr darauf bedacht war, für seine Tochter einen Mann zu finden, der eine große Burg sein eigen nenne. Und um den rechten Freier zu finden, ließ er deshalb in jenem Frühjahr alle Bewerber seiner Tochter zu einem Turnier einladen. Und das war schon eine große Anzahl, die in ihren wimpelgeschückten Zelten vor der Burg lagerte. Feurige Rosse stampften, und die Ritter harrten nun mit ihren glänzenden Rüstungen, den prächtigsten Helmen und bunten Wappenschilden auf den Beginn des Turniers. Dann bliesen die Herolde in ihre Fanfaren. Der Graf von Oberkail trat vor und verkündete:

»Edle Ritter, die ihr hier zusammen gekommen seid, um meine Gunst und die Hand meiner Tochter zu erringen, seid zu diesem ritterlichen Turniere gegrüßt. Wie ihr alle wisst, ist meine über alles geliebte Frau, Gräfin Edelgunde, vor etlichen Jahren gestorben. Doch kurz vor ihrem Tode hat sie mir ein verdecktes Leinenbild ausgehändigt und mitgeteilt, sie habe darauf drei rühmliche Eigenschaften aufgestickt, die jener Mann haben muss, der unsere Tochter vor den Traualtar führt. Ich bin mir sicher, dass es die Worte: ›hübsch, reich, vornehm‹ sind. Darum lasst uns nun mit dem Turnier beginnen, damit am Ende der hübscheste, reichste und vornehmste als Sieger meine Tochter als Gattin heimführen darf.«

Paarweise ritten daraufhin all die jungen Ritter auf den Turnierplatz. Was war das für ein Reiten und Rennen, ein Geschrei und Geklirre! Begeistert klangen Bravorufe und Beifallgeklatsche bei Sieger und enttäuscht das Gemurmel und Gestöhn bei Unterlegenen, die den Kampfplatz verließen. Lanzen splitterten und Schilde dröhnten aneinander. Stunden vergingen, und immer mehr fielen aus dem Sattel auf den staubigen Boden. Zuletzt rang nur noch ein Paar in heißem Streit um den Sieg. Da – ein wuchtiger Stoß, und der schwarze Ritter mit dem blauen Löwen auf dem Schild fiel mit einem leisen Aufschrei vom

Pferde. Jubel brandete auf, als alle den Sieger grüßten. Der ritt vor den Grafen, hob seinen Schild, den drei Muscheln zierten, und zog sein Visier hoch. Da erkannten alle, es war Lothar von Winneburg, der sich so seine Braut erkämpft hatte. Da nahm der Graf seine Tochter Edelgunde an der Hand und gemeinsam mit Lothar schritten sie hin zum Ahnensaal, um den Schleier von dem Leinenbild zu entfernen. Und dann konnten alle die mit zierlicher Naht gestickten rühmlichen Eigenschaften lesen: ›jung, fromm, tapfer‹.

Staunend, und die Klugheit seiner Gattin bewundernd, las sie der Graf. Und da der siegreiche Ritter Lothar von Winneburg wirklich diese Vorzüge besaß, wurde noch am gleichen Abend die Verlobung gefeiert.

Ein junger Graf als Schweinehirt

Vor langer Zeit residierte auf der Burg Oberkail eine verwitwete Gräfin. Ihr Mann war im Kampf gegen Söldner des Trierer Kurfürsten von einem tödlichen Schwertschlag getroffen worden.

Die Gräfin hatte zwei Söhne, aber es war kein leichtes Los mit den beiden. Der eine war ein friedlicher Mann, voller Herzlichkeit und Güte zu seiner geliebten Mutter; auch zu den Untertanen auf der Burg und zu den Bauern auf den gräflichen Feldern verhielt er sich freundlich und zuvorkommend. Der Bruder aber war ein hartherziger, grober und rücksichtsloser Geselle gegen seine Mutter, gegen seinen Bruder, aber auch gegen alle Untergebenen. Bei jeder Gelegenheit suchte er Streit und Kampfhändel, und es war beinahe aussichtslos, einen Tag mit ihm in Frieden zu verbringen.

Es kam der Tag, da konnte der liebenswürdige Grafensohn die Streitereien mit seinem Bruder nicht länger ertragen. Ohne ein einziges Abschiedswort verließ er heimlich bei Nacht die Burg Oberkail und zog in Richtung Himmerod. Er hatte sich in erbärmliche Lumpen gehüllt, damit ihn niemand erkennen sollte. So klopfte er an die Pforte des Klosters Himmerod und bat um Aufnahme bei den Brüdern. Er wolle gern die niedrigsten Arbeiten verrichten, wenn nur sein Wunsch erfüllt werde. Fortan hütete er die Schweine des Klosters auf den umliegenden Feldern, Wiesen und im Wald.

Die Gräfin war über das unerwartete Verschwinden ihres geliebten Sohnes entsetzt. Sie schickte Suchtrupps aus, um nach ihm zu suchen, aber alle Bemühungen blieben ohne Erfolg. Dann verbrachte sie ihre Tage voller Trauer und in tiefem Herzeleid.

Drei Jahre waren vergangen. Der junge Graf hatte als frommer Mönch seine Tage im Kloster und bei den Schweinen verbracht. Doch plötzlich befiel ihn eine schwere, unheilbare Krankheit und er spürte, dass sein Tod nicht mehr fern war. Da bat er eines Tages den Krankenbruder: »Lass den Prälaten zu mir kommen, ich muss ihm eine wichtige Mitteilung machen!« Als anstelle des Prälaten ein anderer Pater kam, schickte der junge Graf ihn weg und bestand da-

Schloss Oberkail im 18. Jh.

rauf, den Prälaten zu sprechen. Als dieser am nächsten Tag ans Krankenlager trat, sagte der Kranke: »Ich bin der Sohn der Gräfin von Burg Kail. Ich will meine Mutter noch einmal sehen, bevor ich sterbe. Ruft sie schnell, denn meine Stunden sind gezählt!«

Der Prälat eilte zur Burg. Die Gräfin war außer sich vor Freude, nach so langer Zeit ein Lebenszeichen von ihrem geliebten Sohn zu erhalten. Als sie von der schweren Krankheit hörte, ließ sie auf der Stelle die Kutsche anspannen und fuhr zum Kloster Himmerod.

An der Klosterpforte hörte sie das Läuten des Totenglöckleins. Der Krankenbruder führte die Gräfin in die Mönchszelle ihres Sohnes. Dieser lag im Tode still und blass auf der kargen Bettstatt. In tiefem Schmerz jammerte sie: »Warum bist du gegangen, ehe ich mit dir sprechen konnte? Nun will auch ich bald sterben und bei dir im Jenseits sein. «

Die Gräfin machte dem Kloster ein großes Waldstück zum Geschenk, wo ihr verschollener Sohn drei Jahre lang die Schweine gehütet hatte. Der Wald er-

hielt den Namen »Minneforst«, weil dort der geliebte Sohn so viele Stunden mit den Schweinen verbracht hatte.

(R. Wagner)

Biederburg (Wüstung)
Oberöfflingen

Oberöfflingen (54533) · Kreis Bernkastel-Wittlich ·
Rhld-Pf

Westlich von Oberöfflingen und östlich des Ortes Karl,
unmittelbar am steilen Ufer der vielgewundenen Lieser,
schiebt sich ein sehr schmaler, spitz zulaufender Schiefer-
grat ins Liesertal vor. Zwei steile gegenüberliegende Felsen
ragen auf einem Bergsporn in die Höhe, im Volksmund
als Burgberg und Biederburg bekannt. Funden nach zu
urteilen, stand an jener Biederburgstelle mit ihren senk-
rechten Schieferwänden und Felsklippen ein größeres
Gebäude, das in die römische Zeit hinein reicht. Heute
sind von dieser sehr kleinen Anlage nur mehr geringe
Wall- und Grabenreste erkennbar. Möglicherweise war
die »Burg« aber auch der Sitz eines Adelsgeschlechtes
von Öfflingen, das mehrfach im 14. Jahrhundert erscheint
und an das noch Oberöfflinger Junkerhäuser erinnern.

Nur die Sage kennt das Schicksal der Biederburg:

Ein schlimmes Geschenk

Damals, in jenen fernen Zeiten, hatte auf jedem
Felsen eine stolze Burg gestanden. Die beiden
Ritter, die darin wohnten, lagen seit Menschenge-
denken in ärgster Feindschaft, und einer trachtete
dem anderen nach dem Leben, wo immer sich eine
Gelegenheit dazu bot.

So war der Ritter von der Biederburg hoch erstaunt, als eines Tages zwei Burgknechte vom feindlichen Burgberg ans Schlosstor klopften, um im
Auftrag ihres Herrn die Hand zur Versöhnung zu reichen. Als Zeichen ihrer ernsten Absichten hatten die
beiden ein Fuderfass vom besten Wein mitgebracht,
das rollten sie in den Burghof hinein. Der Herr der
Biederburg war über das köstliche Friedensgeschenk
hocherfreut und glaubte fest daran, dass endlich nach
Jahren erbitterter Feindschaft Frieden in seine Burgmauern einkehre.

Kaum lag das große Fuderfass im Burghof, da lud
der Ritter von der Biederburg alle Edelleute, Knap-

pen und Söldner ein, sich an dem köstlichen Tropfen
zu laben. Aber aus einem Becher wurden zwei, aus
zwei wurden drei, und zu guter Letzt lag die ganze
Hofgesellschaft stockbetrunken über den Burghof
verstreut.

Ja, auf diese Gelegenheit hatte der Ritter vom
Burgberg, ein hinterlistiger Bursche, lange Zeit gewartet. Denn in der einen Hälfte des Fuderfasses waren, durch eine Zwischenwand vom Wein getrennt,
zwei Männer versteckt. Die krochen still und leise
aus dem Fass heraus und öffneten das Burgtor sperrangelweit. Mit vorgestreckten Speeren und Säbeln
drangen die Mannen vom Burgberg ein und fielen
über die hilflos Betrunkenen her. Auch der Burgherr
und alle Edelleute büßten ihr Leben ein. Nachdem
das grausige Gemetzel ein Ende hatte, legte man an
allen Ecken Feuer, so dass im Nu die ganze Burg in
Flammen stand und bis auf die Grundmauern nie-
derbrannte.

(nach J.H. Schmitz)

Burg Olbrück
Oberzissen

Benno, der schwarze Fuchs

Zur Zeit der Kreuzzüge hatte ein Bote des Kaisers Barbarossa an der Burg Olbrück angeklopft und den beliebten Grafen Otto aufgefordert, dem Beispiel der vielen anderen Eifeler Ritter zu folgen und mit ins Heilige Land zu ziehen, um es von den Türken zu befreien.

Vor seinem Abschied hatte Otto die Verwaltung seiner Herrschaft Olbrück in die Hände seines Burg-

Hartherzig und unnachgiebig, bedrückte und drangsalierte er das arme Landvolk und verdoppelte den Frondienst.

Die Bauern mussten auch dann ihren Zehnten aufbringen, wenn Missernten und Viehkrankheiten ihnen selbst kaum das Nötigste zum Leben ließen. Wer nicht pünktlich abliefern konnte, verschwand im Verlies. Der Vogt aber und seine Spießgesellen lebten in Saus und Braus, während unten in den feuchten dunklen Kerkerräumen die Unterdrückten stöhnten

vogtes Benno gelegt, den er für treu und edel hielt. Unterwürfig und demutsvoll versprach Benno auch, alles im Sinne und zur Zufriedenheit seines Herrn zu regeln.

Kaum aber hatte der Ritter mit seinem Gefolge die Burg verlassen, als im Zissener Land eine Schreckensherrschaft anbrach. Benno verhielt sich, als sei er selbst Herr der Burg und des gräflichen Besitzes. Er war fest überzeugt, dass Burggraf Otto nicht mehr aus dem fernen Morgenland zurückkehren würde.

und jammerten. Dann spottete Benno, und höhnend sagte er dann zu seinen Spießgesellen: »Hört ihr, wie meine Füchse bellen!«

Je mehr Zeit ins Land schritt, umso unerträglicher wurden die Schandtaten des Burgverwalters. Ja, er schreckte nicht einmal vor Mord, Totschlag und offenem Raub zurück. Das geknechtete und gequälte Landvolk hielt es nicht mehr länger aus und sann auf Rache. So trafen sich eines Tages einige herzhafte Männer, die der Willkür von Benno ein Ende bereiten wollten. Unter ihnen war auch ein Schneider aus Niederdürenbach, den sie zu ihrem Anführer bestimmten.

Nach gründlicher Beratung waren sich die Männer einig, dass die gut gesicherte und mit starker Besatzung ausgerüstete Burg nicht mit Waffengewalt, sondern nur mit einer List eingenommen werden konnte. Es galt nur, den richtigen Augenblick abzuwarten.

Der Schneider war ein sehr guter Flötenspieler. Als eines Abends wieder ein wüstes Gelage auf der Burg gefeiert wurde, näherte er sich dem Burgtore und ließ lustige Weisen erklingen. Nach einiger Zeit öffnete ihm der Torwächter das Burgtor und bat ihn im Namen von Benno, doch in dem großen Rittersaal die fröhlich feiernde Gesellschaft mit seinen lustigen Weisen zu erfreuen und zum Tanze aufzuspielen.

So tat der Schneider. Nach Stunden, als die meisten der Ritter und ihre Kumpane müde und volltrunken in tiefem Schlaf lagen, und sich keiner mehr um ihn kümmerte, gelang es ihm, heimlich das Burgtor zu öffnen. Nun konnten die draußen harrenden Bauern in die Burg hineinstürmen und Benno und seine Zechgenossen überwältigen.

Benno wurde gefangen genommen und bis zur Rückkehr des Burggrafen Otto ins Verlies gesperrt. Der kluge Schneider verwaltete von nun an die Burg, das Dorf, die Ländereien und die Wälder. Er war gerecht, und alle Untertanen schätzten ihn und seine Entscheidungen.

Als Burggraf Otto nach langer Zeit in seine Heimat zurückkehrte, berichtete ihm der Schneider wahrheitsgemäß, wie gemein und blutsaugerisch sich Benno verhalten hatte. Daraufhin hielt der Graf Gericht über seinen treulosen Vogt, sprach ihn schuldig und ließ ihn am anderen Tage aufhängen. Nun hatte das gequälte Volk Ruhe, nicht aber die schwarze Seele des Unholds. Als Strafe für seine Untaten und seinen wüsten Spott umkreist der ungetreue Verwalter noch heute zu mitternächtlicher Stunde laut heulend den Burgberg, Viele haben ihn schon gesehen. Als schwarzer Fuchs erscheint er den Menschen. Nie mehr wird er seine Seelenruhe finden, und so jagt er noch heute den Ängstlichen im Volke Furcht und Schrecken ein. Sie bekreuzigen sich und flüstern leise: »Hört ihr, wie Fuchs Benno wieder heult!«

(nach W. Jansen in: JbAW 1927)

Die Schweden zerstören Olbrück

Im Jahre 1632 zogen kriegerische Truppen kreuz und quer durchs Eifelland. Wer von den armen und gequälten Bauern konnte oder wollte noch sagen, wer von diesen Freund, wer Feind war. Sie erlebten nur Drangsal, Gewalt und Raub. So drangen in diesem Jahr vom Rhein her erneut schwedische Truppen in die stillen Eifeltäler. Sie überfielen die Burgen, plünderten sie aus und steckten sie beim Abzug in Brand. Auch Olbrück sollte zerstört werden, damit von ihr keine kriegerische Gefahr mehr ausgehen konnte. So erteilte General Baudissin einem Offizier seiner Truppe den Befehl, die Burg niederzubrennen.

Rasch marschierte dieser mit seiner Söldnertruppe los, erreichte gegen Abend die Burg Olbrück und schlug vor ihr sein Lager auf. Anderentags wollte er mit dem Angriff beginnen. Noch am gleichen Abend jedoch schickte der Vogt der belagerten Burg Olbrück seinen Unterhändler zu dem schwedischen Offizier und bot ihm sehr viele Goldgulden an, 365 – einen für jeden Tag eines Jahres, wenn er die Burg verschone. Das war dann doch ein zu verlockendes Angebot für den Offizier. Mehr Geld als er je in vielen Jahren als Sold bekommen würde, wenn überhaupt. So nahm dieser das Angebot an, steckte das Geld in seine Tasche und zog mit seinen Soldaten ab, ohne der Burg Schaden zu bereiten.

Auf Olbrück herrschte große Freude. Alle glaubten, der Gefahr entronnen zu sein. Doch ihr Glück währte nicht allzu lange, denn das Unglück wollte es, dass der Schwedengeneral Baudissin selber mit seinen Truppen vorüberzog. Er kam von Ahrweiler, das er geplündert und in Brand gesteckt hatte, und war nun auf dem Marsch nach Mayen. Als er nun die Burg Olbrück unversehrt vor sich sah, entdeckte er den Betrug. Wütend erteilte er den Vernichtungsbefehl für die Burg. Ohne Gnade und Barmherzigkeit wurde sie nun geplündert und angezündet. Dann zog der Burgenvernichter mit reicher Beute weiter, hinter sich die rauchenden Trümmer einer einstigen stolzen Burg lassend. Sein nächstes Ziel war Andernach. Dort wütete er schrecklich und ließ die Stadt plündern, weil man seinen Parlamentär erschossen hatte.

Der Schmied von Niederdürenbach

Vor vielen Jahren lebten übel beleumundete Ritter auf der Burg Olbrück. Was ihnen fehlte, das wussten sie sich durch Raub zu beschaffen. Angst und Schrecken verbreiteten sie, und die Untertanen stöhnten unter deren Untaten, die selbst vor Mord nicht zurückschreckten. Händler, Bauern und Kaufleute waren schon oft ausgeplündert worden. Besonders häufig fielen die Raubritter in die Gebiete der Burgbrohler und Rheinecker Ritter ein. Diese aber schworen, nicht eher zu ruhen, bis sie den Übeltätern ihr räuberisches Handwerk gelegt und sie gefesselt in ihren Kerkern hätten.

Bereits mehrmals hatten die Grafen von Rheineck und Burg Brohleck versucht, Olbrück zu erobern. Aber es war ihnen nie gelungen. Viel zu stark war sie gesichert, nicht zu ersteigen oder zu untergraben. Die Burgwachen und die Soldaten auf den Zinnen hielten aufmerksam Ausschau und wussten jeden Angriff frühzeitig und erfolgreich abzuwehren.

Die Gegner erkannten, Olbrück war nur zu erobern, wenn die Herren der Olbrück abwesend waren, sich auf Beutezug befanden oder auf der Jagd vergnügten. Deswegen hatten sie Späher und Spione ausgeschickt, die die Burg peinlich genau beobachten und sofort mitteilen sollten, wenn die Ritter die Burg verließen. Aber unter den Auskundschaftern befand sich ein Verräter, der diesen Plan den Herren auf der Olbrück gegen einen Beutel Goldtaler Geld verriet.

Nun wandten die Bassenheimer auf Olbrück ihrerseits eine List an. Um ihre Verfolger zu täuschen, ritten sie zu einem Schmied nach Niederdürenbach. Er musste die Hufeisen den Pferden verkehrt herum aufnageln und einen heiligen Eid schwören, davon keinem Menschen je ein Sterbenswörtchen zu erzählen, falls er nicht am Galgen sein Leben beschließen wolle.

Der Schmied, ein redlicher und frommer Mann, litt sehr. Diese furchtbare Drohung brachte ihn fast um den Verstand. Auch er hätte gerne gesehen, wenn diese räuberischen Spießgesellen dingfest gemacht wären. Aber der vor Gott abgelegte Eid band ihn an sein Wort. So zermarterte er seinen Kopf, war voller Angst und fand keine Ruhe mehr.

So war es auch in jener klaren Nacht, als der Schmied nach getaner Arbeit im Nachbardorf sich auf dem weiten Nachhauseweg befand. Unruhig quälten ihn Gedanken und so setzte er sich rastend auf einen Stein. Und weil er keinem Menschen etwas verraten durfte, erzählte er sein Geheimnis nun diesem Felsklotz und sprach halblaut vor sich hin:

> »Diesem Stein sag' ich's allein:
> reiten sie ein, so reiten sie aus;
> reiten sie aus, so reiten sie ein,
> das sind die Ritter von Bassenheim.«

Diese Worte hörte aber zufällig einer der Kundschafter, die die Olbrück beobachteten. Eilends lief er zu seinem Herrn und berichtete ihm von dem Gehörten. Nach kurzem Überlegen wusste dieser die Worte

Vermutlich sah so die unzerstörte Burg Olbrück aus. Zeichnung auf Infotafel nahe Burgeingang

Oberzissen (56651) · Kreis Ahrweiler · Rhld-Pf

Um 1050 wird der Bau der Burg Olbrück vermutet, errichtet auf einem 470 Meter hohen Vulkankegel, inmitten des heutigen Vulkanparks Brohltal/Laacher See. Als ihre Erbauer gilt das Geschlecht der Herren von Olbrück.

1093: In einer Stiftungsurkunde der Abtei Maria Laach wird ein Burghardus von Ulbrucke (Burkhard von Olbrück) erwähnt. Historiker bewerten sie als Fälschung, während die Urkunde von

1112, in der ebenfalls die Rede ist von einem Burghardus de Oreburch, als gesicherter Nachweis gilt, dass eine Adelsfamilie die Burg Olbrück bewohnt.

Um 1150 stirbt das Geschlecht der Familie von Olbrück aus. Die Burg gelangt in den Besitz der Familie der Grafen von Wied.

1244: Die Hauptlinie der Familie zu Wied erlischt. Olbrück fällt zur Hälfte an Bruno von Isenburg-Braunfels, und die andere an Gottfried von Epp(en)stein.

1271: Olbrück ist ganz im Besitz des Ritters Peter I. von Eich aus der Linie Eppenstein, herstammend aus dem gleichnamigen Ort Eich bei Andernach.

1306: Olbrück ist im Eigentum des Grafen Ruprecht II. von Virneburg. Späteres Aufteilen unter mehrere Erben lässt sie zur Ganerbenburg werden, um deren Besitzverhältnisse sich in den kommenden Jahrhunderten mehr als ein Dutzend Adelsgeschlechter streiten.

1329: Agnes von Virneburg heiratet Wilhelm I. von Isenburg-Braunsberg und erhält von ihm die Burg als Hochzeitsgeschenk. Nun ist sie wieder in Virneburger Besitz.

Ab 1345 erfolgt der umfangreiche Um- und Ausbau der Anlage durch die Herren von Eich.

1555: Nach familiären Kleinkriegen und gerichtlichen Prozessen wird die Familie Waldbott von Bassenheim alleiniger Besitzer. Die Burg bildet den Mittelpunkt einer kleinen Herrschaft, die letztlich zehn Dörfer umfasst.

1632: Olbrück wird während des Dreißigjährigen Krieges von schwedischen Truppen unter Wolf Heinrich von Baudissin (1579–1646) eingenommen und verwüstet. Im darauffolgenden Jahr wird sie von spanischen und kurkölnischen Truppen zurückerobert. Die argen Beschädigungen werden ausgebessert.

3.5.1689: Der französische General Marquis Henri de Sourdis († 1712) zerstört mit seinen 2000 Kriegssöldnern während des Pfälzischen Erbfolgekrieges die Burg Olbrück ein weiteres Mal. Im darauf folgenden Jahr (1690) wird mit dem Wiederaufbau und mit Erweiterungsbauten begonnen. Aus jener Bauzeit stammen die Kapelle und der repräsentative Palas, von denen heute noch Teile erhalten sind.

1797: Olbrück wird endgültig als Wohnsitz aufgegeben. Es wird vermutet, dass die Burganlage seinerzeit nicht mehr den gehobenen Wohnansprüchen ihrer Besitzer entsprach.

1804: Franzosen beschlagnahmen Burg Olbrück und verkaufen sie auf Abbruch. Danach häufig wechselnde Besitzverhältnisse.

1878: Freiherr von Eckesparre erwirbt die Ruine vom preußischen Staat, der sie seit 1855 besaß.

1980: Die Burganlage wird unter Denkmalschutz gestellt.

1998–2001: Die Verbandsgemeinde Brohltal pachtet die Ruine und das umliegende Gelände und bindet sie ein in das Konzept des »Vulkanparks Brohltal/Laacher See«. Mit erheblichen finanziellen Mitteln zur Erhaltung und Sicherung der Ruine werden Restaurierungsarbeiten am Bergfried vorgenommen.

Heute: Von der mittelalterlichen Burg Olbrück sind noch Überreste von Wohn- und Wirtschaftsgebäuden sowie der Ringmauer erhalten und gegen Eintritt für die Öffentlichkeit zugänglich. Ihr weithin sichtbarer, 34 Meter hoher Wohnturm ist das Wahrzeichen des Brohltals. Er ist begehbar; seine Aussichtsplattform bietet einzigartige Blicke über die Vulkaneifel. In der Anlage sind ein Kinderspielplatz in Form einer alten Ritterburg, besucherfreundliche Infostände, die sowohl über die allgemeine Ritterzeit als auch über Sehenswürdigkeiten in der Umgebung berichten.

Öffnungszeiten: 1. März – 1. November,
täglich 10–18 Uhr (außer montags);
kostenfreie Parkmöglichkeiten am Fuße der Burg;
Burgschänke »Olbrücker Kastellaney« vorhanden

www.burg-olbrueck.de
www.kastellaney.de

richtig zu deuten und erkannte die List. Sofort alarmierte er seine Truppen und setzte sich mit ihnen in Marsch. Und als sie frische Hufabdrücke im weichen Boden erkannten, die zur Burg hin gerichtet waren, wussten sie, Olbrück ist nicht mehr besetzt, kaum einer wird anwesend sein, der Widerstand leisten kann. Der Sturmangriff begann, und schnell war sie erobert. Als die Olbrücker zurückkehrten, erwartete sie eine böse Überraschung. Sie wurden alle festgenommen, als Raubritter und Spießgesellen verurteilt und in finstere Kerker geworfen.

(nach H. Stötzel, vergleiche auch die Sagen Schloss Roth, Der Tempelhof bei Löf, Ruine Hartelstein)

Burg Wernerseck
Ochtendung

Der letzte Templer auf Wernerseck

Als die Tempelritter in Frankreich verfolgt wurden, flohen viele hin nach Deutschland und suchten dort Schutz und Sicherheit. Der damalige Kurfürst von Trier gewährte auch etlichen von ihnen Erlaubnis, in seinem Land zu verweilen oder auf seinen Burgen zu wohnen. Darunter war auch ein ruhmreicher Templer, von dessen Kämpfen und Taten im Kampf gegen die Heiden im Heiligen Land man schon gehört hatte. Gar manches rühmende Loblied über ihn wurde von fahrenden Sängern gesungen. Deshalb bot der Kurfürst ihm seinen Schutz an und ließ ihn in seiner Burg Wernerseck wohnen.

Dort aber vergaß der Templer immer mehr seine frommen Gelübde als Ordensritter. Mit seinem Geld und seinen Schätzen, und davon hatte er sehr viel aus dem Morgenland mitgebracht, lebte er auf Wernerseck in Saus und Braus. Müßiggang bestimmte seinen Tagesablauf. Statt täglich zu beten, wurde gesungen, gezecht und gottfern gelebt. Statt den himmlischen Herrn im täglichen Gottesdienst zu loben und zu preisen, flossen Bier und Wein in Strömen, und lockere Damen tanzten auf den Tischen. Die arme Landbevölkerung rund um Wernerseck und im Tal der Nette wurde geplagt. Wer nahm schon Rücksicht auf sie, wenn die wüsten Tempelritter auf ihrer Jagd mit ihren Pferden die Felder der Bauern verwüsteten?

Da geschah es zu jener Zeit, dass der deutsche Kaiser ins Heilige Land wallfahrtete. Seine prachtvolle Kleidung und seine Kaiserkrone hatte er abgelegt, denn er wollte als schlichter und frommer Pilger am Grabe unseres Erlösers die Fürsprache des Himmels erflehen und um einen guten Tod beten. Doch das Heilige Land erreichte er nicht, denn kurz vor der reichen und prächtigen Stadt Konstantinopel wurde er von muslimischen Soldaten überwältigt und vor den Sultan vorgeführt. Der Kaiser gab sich als fränkischer Ritter aus, bot ein hohes Lösegeld an und bat um Freilassung.

Doch der Sultan auf seinem goldenen Thron, den drei Halbmonde mit glitzernden Diamanten schmückten, lächelte nur und meinte mit sanften Worten: »Mich führst du trotz deines schlichten Pilgergewandes nicht hinters Licht! Ich weiß, dass du der mächtige deutsche Kaiser bist. Deine ach so treuen Ritter, auf die du dich so vertrauensvoll verlässt, haben mir von deiner Reise berichtet. Es bedurfte nicht vieler Goldstücke, um ihre Zungen gesprächig zu machen. Jedoch gedenke ich, dich

Ochtendung (56299) · Kreis Mayen-Koblenz · Rhld-Pf
1401: Bau einer Burg durch den Trierer Erzbischof Werner von Falkenstein (1388–1418) auf einem von der Nette umflossenen Felsgrat zwischen Plaidt und Ochtendung. Sie trägt den Namen ihres Erbauers. Als Grenzfeste gegen die Erzbistümer Mainz und Köln und die Grafen von Virneburg errichtet, dient sie aber hauptsächlich als Verwaltungssitz. Als jüngste Eifelburg ist sie ein ausgezeichnetes Beispiel spätgotischer Befestigungstechnik. Die fünfeckige Hauptburg ist auf drei Seiten mit runden Schalentürmen bewehrt. Der 22 Meter hohe Wohnturm mit seinen Geschossen und erhöhtem Zugang hat gleichzeitig die Aufgaben eines Bergfrieds (Donjon). In ihm befindet sich auch die Burgkapelle.
1412 wird Konrad Kolbe von Boppard als erster Amtmann zu Wernerseck genannt
16.–19. Jh.: Die Burg – im Dreißigjährigen Krieg mehrfach verwüstet – ist an die Herren von Eltz verpfändet, die sie bis ins 19. Jahrhundert besitzen. Sie bauen den Torbau im Nordwesten der Anlage aus. Dennoch verfällt die Anlage immer stärker.
1815 wird die stark verfallene Anlage veräußert.
1794: Enteignung durch die napoleonische Revolutionsregierung und Verkauf,
Heute: Von der ehemaligen spätmittelalterlichen und fünfeckigen Burg Wernerseck sind noch Mauerreste erhalten. Sie ist im Besitz der Gemeinde Ochtendung und nur in ihren Außenanlagen zu besichtigen. Der Wohnturm mit seinen ungewöhnlich dicken Mauern (2,5 m) wurde in den Jahren 2006/07 auf Betreiben eines Fördervereins gesichert und renoviert.

Kostenlose Parkplätze in Ochtendung, ca. 30 min Fußweg zur Burg. Gastronomie und Übernachtung auf der Burg nicht möglich
www.osteifel-aktiv.de

freizulassen, wenn du mir meine Bitte erfüllst. Wenn nicht, dann betrachte dich bitte als meinen lebenslänglichen Gast, dem dann aber in seinem einsamen Zimmer die Freuden des Orients nicht mehr zuteil werden.«

»Lass deinen Wunsch hören und mich prüfen, ob er erfüllbar ist«, erwiderte ihm der Kaiser mit furchtloser Stimme.

Und der Sultan forderte: »Wenn du in dein Reich zurückgekehrt bist, lass die Orden der Templer auflösen und vertreibe deren Ritter. Sie tragen zwar ein Kreuz auf ihrem Gewande, aber sie folgen nicht der Botschaft jenes Mannes, der an diesem Kreuz sein Leben ließ. Statt den Nächsten zu lieben, den Armen zu helfen, die Notleidenden zu unterstützen, Witwen und Waisen das Leben zu erleichtern, überfallen, morden und plündern sie nur in meinem Land. Ihre Wege sind mit Blut gezeichnet, unsägliches Leid und Schmerz hinterlassen sie, wenn sie nach Raub, Diebstahl und Erpressungen wieder heimwärts ziehen! Dieser Orden missbraucht die Worte »Tempel« und »Kreuz«. Verbiete ihn!«

Nachdenklich und betrübt wiegte der Kaiser sein Haupt. Dann willigte er ein. Als er wieder in seiner Heimat war, erteilte auch er den Befehl, die Orden der Tempelritter aufzulösen und ihre Anhänger des Landes zu verweisen.

Aber nicht alle Templer befolgten seine Anordnung. Viele versteckten sich und blieben ihrem räuberischen Treiben treu. Einer der letzten Templer weit und breit war der Ritter auf Burg Wernerseck. Er dachte nicht daran, freiwillig die Burg und das sichere Nettetal zu verlassen oder sich in die Gnade des Kaisers zu begeben. Immer wieder konnte er seinen Verfolgern und Häschern entkommen, wenn sie sich der Burg näherten. Denn es bedurfte schon längerer Zeit, bis die kaiserlichen Schergen und Büttel lange Leitern gefertigt hatten, um mit ihnen zu dem Eingang zu gelangen, der sich sehr hoch droben am Wohnturm befand. So blieb dem Ritter stets genügend Zeit, um durch einen unterirdischen Gang mit geheimen Ausgang tief unten im Tal der Nette zu entkommen und in den dichten Wäldern Versteck zu finden. So gelang es keinem Häscher, ihn zu fangen.

Doch irgendwann wurde der Ritter nicht mehr gesehen. In und um die Burg Wernerseck war es still. Alle Räume waren offen und leer; keine Diener, Knechte und Mägde mehr in Küche, Stallungen und im Burghof. Der Templer in Wernerseck blieb unauffindbar, und niemand hat je mehr etwas von ihm gehört. Nur ein alter Pferdeknecht berichtete, er habe gesehen, wie der Burgherr in der Halle mächtig viele Schätze aufgehäuft hatte. Um diese stand er mit seinen Freunden in einem Halbkreis, und alle hätten einen unheimlichen Singsang hören lassen. Dann seien sie des Nachts mit all ihrem Reichtum und den Geheimnissen verschwunden. Und nur Gott wisse, wohin.

Die Dukatenkörner

Aber noch mehr Menschen erzählen bis heute, der Teufel habe sich die Seele dieses letzten Tempelritters gekrallt, und dessen sagenhafte Schätze seien noch bis heute sicher in dem geheimen Gang der Burg Wernerseck verborgen.

Nur in der Heiligen Nacht könnten sie gehoben werden, wenn ein Mutiger sich dazu findet. Doch ab und zu kommen die Schätze auch an das Licht der Sonne. Das hat der Schäfer Theis aus Ochtendung wirklich erlebt. Er hat es mir selber berichtet. Und weil Schäfer Theis ein durch und durch ehrlicher Mann ist, kann man ihm getrost glauben.

Burg Wernerseck 1894. Olgemälde von Fritz von Wille

Er hütete dereinst seine kleine Herde dort oben auf den Höhen von Wingertsborn. Und wie er so sinnend dort stand, den Kopf auf seine Schippe gestützt und tief hinab ins Tal der Nette schaute, sah er dort unten hinter der Burg große weiße Tücher ausgebreitet, auf den irgendetwas Gelbes lag, das in der abendlichen Sonne golden glänzte und leuchtete. Als er dann gegen Abend mit seiner Herde heimwärts zog und sich den ausgelegten Tüchern näherte, sah er auf

ihnen große Haufen des schönsten goldgelben Weizens liegen. Da wunderte er sich doch sehr, warum der Besitzer des Kelterhäuserhofes dort unten, denn nur dem konnte der Weizen gehören, eine so schöne und reiche Ernte hier liegen ließ, unbeaufsichtigt und ungeschützt. Und dort hinten, vom Rhein her, stiegen bereits dicke, dunkle, schwere Gewitterwolken auf. Wenn diese sich über der Ruine Wernerseck entladen würden, wäre diese herrliche Ernte gänzlich verloren.

So steckte Schäfer Theis sich eine Handvoll Weizenkörner in die Tasche und trieb seine Herde ins Tal. Rasch betrat er den Kelterhäuserhof und forderte den Bauer auf, seinen Weizen vor dem Regen zu schützen. Der lachte den Schäfer aus und meinte, er hätte zwar dort oben ein fruchtbares Weizenfeld, hätte auch eine gute Ernte gehabt, aber er sei doch wirklich nicht so dumm und einfältig, die Frucht dort auszulegen. Eifrig griff Theis in seine Westentasche, um dem Bauern die Weizenkörner als Beweis vorzuzeigen, und siehe da, es waren keine Körner, es waren blanke goldene Dukaten! Nun liefen sie beide, so schnell es Atem und Berghöhe zuließen, hin zur Burg.

Jedoch Tücher und Weizen waren verschwunden und wurden nie wieder bemerkt, so eifrig auch der Schäfer und der Kelterhäuserbauer danach suchten.

Kasselburg
Pelm

Der Türmer von der Kasselburg

Stolz und an vergangene Zeiten erinnernd erhebt sich aus dem Gemäuer der Ruine Kasselburg der wehrhafte Turm. Er bietet einen herrlichen Ausblick über die Vulkankegel der Umgebung. In dem Raunen und Rauschen der Baumriesen hallt es wider von Ritterherrlichkeit und Verfall.

Vor Jahrhunderten lebte dort der Wächter Harterad. Jung und lebensfroh war er und zugleich Sänger und Spielmann. Treu versah er seinen Dienst. Lustige Melodien entlockte er seiner Laute und dem Wachthorn. War er auch arm an irdischen Gütern, so waren Zufriedenheit und Frohsinn für ihn ein großer Reichtum. Burgherr und Gesinde sahen ihn gern, erfreute er sie doch stets mit seinen heiteren Klängen und frohen Gesängen.

In einem blütenumrankten Häuschen am gegenüberliegenden Berghang lebte ein frommes, sittenhaftes Mädchen, das dem schwarzgelockten Harterad von Herzen zugetan war. Wenn das traute Dörflein im Abendfrieden lag und das Glöcklein der Dorfkapelle den Feierabend eingeläutet hatte, ertönten vom Burgturm Harterads muntere Weisen. Der Wind trug die Abendgrüße hinab ins Tal, und die Bewohner kehrten heiter summend in ihre Wohnungen. Ein flatterndes Tüchlein, gewunken von zarter Mädchenhand, zeigte dem Spielmann jedoch, dass seine musikalischen Liebesgrüße verstanden worden waren und das Herz der blonden Schönen erreicht hatten. Kaum waren die letzten Klänge verhallt, so ging ein Knarren durchs Geäst der alten Eichen, und die schlanken Föhren raunten von Lieben und Scheiden. Wenn dann im fernen Osten der neue Tag erwachte, ertönte des Türmers Morgengruß über Tal und Höhen. Sein Lied verkündete den Talbewohnern, dass neue Arbeit ihrer harrte. Jubelnd stieg die Lerche zum Himmel. Überall in Berg und Tal erwachte die Natur zu neuem Leben. Auch in der Burg wurde es lebendig, und Ritter und Knappen begannen ihr Tagewerk.

Es war zur Herbsteszeit. Die Wälder hatten ihr maigrünes Sommerkleid mit einem gelbroten Herbstgewand vertauscht. Da durcheilte das Land eine Schreckenskunde, die vom menschenmordenden Tod berichtete. Der schwarze Sensenmann, die Pest, forderte schreckliche Opfer – und in seinem Gefolge gierten Hunger und Tod. Etliche Orte sollten schon ausgestorben sein. Die geängstigten Talbe-

wohner flehten zum Himmel. Am Eingange des Dorfes stellten sie Pestkreuze auf. Viele suchten Schutz in Wäldern und Höhlen, um verschont zu bleiben. Die sonst so gastfreundliche Kasselburg verschloss ihre Tore. Der Burgherr hatte strengen Befehl erteilt, keinen Fremden in sie hinein und niemanden aus ihr hinaus zu lassen. Handel und Wandel auf der sonst so belebten Kyllstraße erstarben. Kein Wagenzug durchzog mehr das Tal.

Jeden Morgen und jeden Abend eilte Harterard die vielen Stufen der steilen Wendeltreppe hinauf zu des Turmes Zinnen und blies seine Melodien, die nunmehr gedrückter und trauriger klangen. Mit einem Herz voll Angst und Sorge hielt er Ausschau ins Dorf, suchte sehnsuchtsvoll jenes kleine Häuschen, in dem seine Angebetete wohnte. Wie erleichtert atmete er dann auf, wenn sich das Fenster öffnete und die Geliebte ihr Tüchlein schwenkte. Dann wusste er, dass die Pest wenigstens sie verschont hatte, obwohl der grausige Tod bereits viele Opfer in dem kleinen Ort gefordert hatte.

Doch dann kam ein stürmischer Herbstabend. Wieder ließ der Türmer Harterad von des Turmes Zinnen sein Abendlied erklingen. Sanft und schwermütig verklangen die Weisen im Tal und in den nahen Wäldern. Harterad wartete, schaute hin zu dem Haus seiner Liebe, über das sich langsam die Schatten der Nacht legten. Doch es öffnete sich kein Fensterchen, kein Tuchschwenken war zu erkennen. Jähe Angst befiel den Spielmann. Wieder griff er zu seinem Wachthorn und blies ein Lied. Laut und einfühlsam. Es war ein heißer Bittruf zu Gott, dem Lenker aller Geschicke, er möge seine jugendfrische Geliebte verschonen. Gespensterhaft huschten kleine Wolken am Himmel dahin. Vom nahen Gemäuer ertönte der heisere Ruf eines Steinkauzes: Kuwitt – komm mit – komm mit!

Mit wartendem Auge schaute Harterad hinab. Stumm rief er den Namen seines Mädels. Und dann sah er einen kleinen Lichtschein über dem Häuschen aufleuchten. Kurz, aber deutlich zu erkennen in der Dunkelheit der Nacht. Entsetzen ergriff den flehen-

---

Pelm (54570) · Vulkaneifelkreis · Rhld-Pf

12. Jh.: Auf einem 490 Meter hohen Felsrücken mit besten Aussichten auf Handelsstraßen und in das Tal des Flusses Kyll lassen die Herren von Blankenheim eine kleinere Kernburg mit Bergfried erbauen.

1291 wird sie unter dem Namen »Castilburg« und 1314 als »Castelberch« urkundlich erwähnt.

1335: Das eindrucksvolle, 37 Meter hohe Doppeltor wird als Wohnturm mit beheizbaren (!) Wohnräumen von Gerhard V. von Blankenheim erbaut. Er ist der Begründer der Linien Blankenheim-Kasselburg bzw. Blankenheim-Gerolstein, denen auch die Burg Gerolstein gehört.

1406: Mit Graf Gerhard VII. stirbt diese Linie der Blankenheimer aus; die Anlage gelangt durch Heirat an Wilhelm I. von Loen zu Heinsberg.

1426: Besitzer sind die Herren von der Mark.

1452: Dem Trierer Erzbischof, Gegenspieler der Blankenheimer und Manderscheider Grafen, gelingt es, sich die Burg anzueignen.

1514: Graf Dietrich von Manderscheid kauft die Burg zurück, muss sich aber dazu verpflichten, sie »wehrlos« zu machen. Diese Vertragsklausel wird jedoch nicht eingehalten.

1674: Die Kasselburg wird gerichtlich dem Herzog von Arenberg zugesprochen. Die Burggebäude dienen als Kaserne für die Arenbergische Artillerie, danach als Sitz eines Arenbergischen Försters. Der Verfall der Bausubstanz schreitet fort.

1744: Die Kasselburg ist bereits ruinös.

1794: Die Franzosen beschlagnahmen feudalen Besitz und besetzen die Kasselburg.

1815: Die Burgruine wird preußischer Besitz und verfällt weiter.

1902–13: Auf Anregung des Königs Friedrich Wilhelm IV. von Preußen führt die Staatliche Denkmalpflege eine Sanierung der Anlage durch.

1976–86: Rheinland-Pfalz veranlasst grundlegende Restaurierung und Sanierung des Palas, der Mauern und des Hauptturms.

Heute: Die weithin sichtbare Ruine der Kasselburg, in Betreuung durch den Landkreis Vulkaneifel und unter Obhut der Verwaltung »Burgen, Schlösser, Altertümer Rheinland-Pfalz«, ist noch immer ein wertvolles Zeugnis der mittelalterlichen Burgenbaukunst. Erhalten sind der Bergfried als ältester noch erhaltener Baubestandteil, der Wohn- bzw. Torturm und die Umfassungsmauern. Innerhalb der Burganlage befindet sich seit 1971 der »Adler- und Wolfspark Kasselburg«, der gegen Eintrittsgebühr besichtigt werden kann, (die Burg ist Teil dieses Tierparkes).

Öffnungszeiten: 1. März bis 31. Oktober täglich 10.00–18.00 Uhr (außer montags); kostenlose Parkplätze in Nähe der Burg; Gaststätte im Tierpark;
Übernachtung auf der Burg nicht möglich.
www.adler-wolfspark.de
www.kasselburg.de

Unser Sohn wurde entführt

Diese tragische Schilderung beruht auf einer wahren Begebenheit, erzählt von Karl Reichert, Birresborn, in: Heimatjahrbuch Kreis Daun 1987:

Um 1766 war mein Ur-Ur-Ur-Großvater Stoll als Förster bei dem Herzog von Arenberg angestellt, dem die Kasselburg bei Pelm gehörte. Eines Tages durchstreifte er mit seinem treuen Hund Karo das große Waldrevier. Den ganzen langen Tag war er unterwegs gewesen. Nun näherte er sich der Burg, wo seine Frau und seine Kinder auf ihn warteten. Endlich hatte er die Wohnung erreicht. Die Hunde schlugen an, aber von Frau und Kindern war nichts zu sehen. Als er bangen Herzens die Wohnung betrat, empfing ihn seine Frau laut weinend. Sie berichtete ihm schluchzend, dass der Sohn August von Zigeunern geraubt worden sei. Was sich zugetragen hatte, ist wie folgt überliefert: Die Mutter hatte die beiden Jungen in den Wald zum Köhler geschickt, um Holzkohlen zu bestellen. Unweit des Forsthauses hatte der Köhler seinen Meiler. Nach etwa einer Stunde kam der dreijährige Nikolaus nach Hause gelaufen und stammelte ganz aufgeregt: »Da war ein schwarzer Mann. Der hat den August geholt.«

Anfangs dachte die Mutter, Hans, des Köhlers Sohn und bester Freund von August, habe den Jungen zurückgehalten. Als aber der Abend sich näherte, und das Kind immer noch nicht nach Hause gekommen war, eilte die besorgte Mutter selbst zum Köhler. Hier aber wusste man nichts über den Verbleib des Jungen. Wohl hatte man einen Zigeunerwagen gesehen, der nach Pelm fuhr, darauf einen Jungen, der dem vermissten August sehr ähnlich sah. Die »braunen Gesellen« hatten es sehr eilig gehabt. Deshalb vermutete man, dass sie den Jungen entführt hatten.

Die Verfolgung der Zigeuner blieb erfolglos, da diese einen großen Vorsprung hatten. Keiner wusste zu sagen, in welche Richtung sie gezogen waren, und die Verkehrsverhältnisse waren zu der damaligen Zeit undenkbar schlecht. Der Knabe blieb verschollen.

den Türmer. War es ein Todeszeichen oder Irrlicht? Sein Mund verstummte. Und wiederum war da das Licht zu sehen. Groß und blutrot, wie ein Feuerstrahl, drang es aus dem kleinen Haus, drang aus dem Dach und erhob sich hinauf in den nächtlichen Himmel, wo es eins wurde mit den vielen funkelnden Sternen.

Da wurde es Harterad zur Gewissheit, dass der grausige Tod ein hoffnungsvolles Leben vernichtet hatte. Kein Klagelaut entrang sich seinem Munde. Tränenleer blieb sein Auge. Er griff zur Laute. Schmerzvoll und klagend ertönten die Weisen. Ein Abschiedslied für seine über alles Geliebte. Es klang so wehmütig in die Herbstnacht hinaus, dass selbst die Natur verstummte. Als die letzten Töne schluchzend sich im Tal der Kyll verloren, zerschmetterte Harterad seine Laute an den steinernen Zinnen der Burg, warf sein güldenes Horn tief hinab in den dunklen Tann. Nie mehr ward der Türmer gesehen, so viel man ihn auch suchte. Die Kyll nur allein weiß, wo er geblieben.

Prümerburg
Prümzurlay

Das Graulskreuz

Ganz in der Nähe der Burg, wenn man sich auf den steilen Weg abwärts begibt, befindet sich im Wald ein altes steinernes Schaftkreuz. Es trägt die Jahreszahl 1748 und die Inschrift: »DIESES CREX HAT DER EHRSAMER GEORGIUS THOMAS SAMBT SEINER HAVSFRAWEN VND SINE KINDER SVR EHREN GOTTES ERRICHTET. 1748.« Das Reliefbild zeigt den heiligen Georg beim Bezwingen des Drachens, den Namenspatron des Stifters. Lange lag es zerbrochen zu Boden, bis es 1931 wieder zusammengefügt wurde. In dem uralten Sockel ist noch zu lesen: »CRVCIFIXVM ADORA VIATOR« (= Wanderer, bete den Gekreuzigten an).

Dies alles gab den Leuten Anlass, Historie und Sage eng mit einander zu verflechten und dieses Kreuz das »Graulskreuz« zu nennen.

Einst hatten die Raubritter der Prümerburg einen Edlen aus einer der Nachbarburgen gefangen genommen und in das enge Verlies ihrer Burg geworfen, hoch auf der steilen, felsigen Lay über dem rauschenden Prümfluss. Das Kerkerloch befand sich in einem schmalen, dunklen und feuchten Turm, der dort stand, wo sich heute das steinerne Kreuz erhebt. In diesem Kerker, aus dem es kein Entrinnen gab, nahmen die Henkersknechte an den Gefangenen viele qualvolle Torturen vor. Alle Menschen in weitem Umkreis empfanden bereits tiefe Furcht, wenn sie den grauen Turm nur von weitem sahen. Aus diesem Grunde nannten sie ihn auch den »Graulturm« oder »Graulert« (graulen = fürchten).

Und in diesem modrigen Dunkel des Gefängnisses lag nun der arme, gefangene Ritter. Er litt nicht nur die Qualen des Hungers und der Kälte, nein, er stand ebenfalls große Ängste aus, denn er hatte entsetzliche Angst vor den Geistern und unglücklichen Seelen, die in diesem Verlies spukten. Er fürchtete sich sehr. Es graulte ihn.

Dieser Ritter hatte einen Sohn, der zum Glück rechtzeitig den erobernden Händen der Feinde entkommen konnte. Obwohl er noch recht jung war, gelang es ihm, die Hilfe mehrerer befreundeter Ritter zu gewinnen. Diese kleine Kriegsschar eilte nach Prümzurlay. Dort gelang es ihr, mit List in die Burg einzudringen, die Raubritter zu vertreiben und den Gefangenen zu befreien. Dieser ließ, dem Himmel zum Dank, den dunklen und unheimlichen Graulturm abreißen und an dessen Stelle ein großes Holzkreuz errichten. Jeder, der an dieser Stelle vorbeikam, sprach ein »Gelobt sei Jesus Christus« und bat den Himmel um Schutz und Beistand.

Von der ehemaligen Prümerburg ist nur eine Giebelwand des ehemaligen Palas erhalten. Der fünfeckige Wehrturm aus dem 12.–13. Jh. kann wieder erstiegen werden.

Viele Jahre später schritt ein Mann von Prümzurlay den windungsreichen Weg hinauf zur Burg. Da näherte sich ihm ebenfalls ein Ritter, der zu Pferde saß. Als sie beide nun in der Biegung des Weges das Kreuz erblickten, meinte der Landmann: »Herr, hier vor diesem Kreuz müsst Ihr den Hut ziehen und Euch verbeugen!«

Ach wie höhnisch bemerkte darauf der Ritter: »Ich, ein edler Ritter, beuge vor nichts und niemandem meine Knie, es sei denn, es wäre der Kaiser.«

Da fiel aber fiel sein Pferd auf die Knie und senkte sein Haupt. Der Ritter zog und zerrte am Zaumzeug, doch das Tier war nicht zu bewegen. Da erkannte der Hochmütige seinen Frevel. Er stieg ab vom Pferde und beugte ebenfalls Knie und Haupt.

Sein Hochmut tat ihm nun leid, und als Sühne und Mahnung ließ er anstelle des alten Holzkreuzes das jetzige Steinkreuz errichten. Und wer genau hinsieht, erkennt die Darstellung eines Ritters, dessen Pferd sich vor einem Kreuze neigt. Seit dieser Zeit suchten viele Leute von Nah und Fern Zuflucht bei diesem Kreuz, um dort himmlische Kräfte zu bitten, ihrem Kinde bei der Überwindung übertriebener Furcht und Ängstlichkeit, dem sogenannten »Graulen«, beizustehen.

Prümzurlay (54668) · Kreis Bitburg-Prüm · Rhld-Pf
12./13. Jh.: Auf einer steilen, 60 Meter tief abfallenden Felsklippe (Lay) über dem Eifelfluss Prüm erbaut Matfried, ein Paladin Karls des Großen, einen bewohnbaren Wehrturm, der
1337 erstmalig als »Burg zur Layen« erwähnt wird. Die Anlage ist im Besitz der Grafen und Herzöge von Luxemburg.
Im 16. Jh.: Ausbau des Palas
1658: Im Französisch-Spanischen Krieg wird die Burg niedergebrannt und zerstört. Seitdem ist sie Ruine.
seit 1905 finden regelmäßige Sicherungsarbeiten statt.
Heute: Der Weg zur Burg führt über den ehemaligen Graben. Die restaurierte rechteckige Ruine mit den Resten eines fünfeckigen Bergfrieds aus dem 12.–13. Jahrhundert (heute wieder ersteigbar) und Giebelteile des Palas sind ganzjährig frei zugänglich. Eine Treppe führt zum tonnengewölbten Keller.

Kostenfreie Parkplätze nahe der Burgruine; keine Gastronomie oder Übernachtungsmöglichkeiten auf der Burg
www.roscheiderhof.de
www.irrel.de/tourismus

Burghaus (Wüstung)
Pützfeld

Muttergottes, ich gelobe

Vor vielen, vielen Jahren ritt einmal ein Ritter in der Nacht über die Berge bei Pützfeld. In der Dunkelheit war er jedoch vom sicheren Weg abgekommen und stürzte von einem Felsen in die Tiefe.

ahnte, die langsam an ihm emporkriechende Kälte und der Blutverlust würden sein Lebensende bedeuten. In seiner Angst und Not flehte er zum Himmel um Erbarmen und gelobte, bei Rettung aus dieser Lebensgefahr hier auf diesem Felsen zu Ehren der himmlischen Muttergottes eine Kapelle zu erbauen.

Es war ein schlimmer Fall. Schwer verwundet lag er neben seinem toten Pferd unten im Gestrüpp. Seine beiden Beine waren gebrochen, und er konnte sich nicht mehr bewegen. Als er wieder etwas zur Besinnung gekommen war, rief er laut gellend um Hilfe. Doch vergebens. Niemand hörte ihn. Der Ritter

Als er nun abermals mit letzter Kraft um Hilfe rief, hörte dies zufällig ein Bauer aus Pützfeld, als er nach seinem Vieh im Stall sehen wollte. Er eilte hin zum Felsen und konnte den schwer verletzten Ritter retten. Monate noch dauerte es, bis dieser ganz genesen war. Aber dann hielt er sein Gelübde, kaufte das Land auf dem Felsen und ließ dort eine Marienkapelle erbauen.

Ihre Fertigstellung war im September 1681. Eine alte Inschrift im Deckengewölbe verkündet: »Zu Ehren und zum Gedächtnis der glorwürdigen, allzeit unbefleckten Jungfrau Maria haben Werner Dietrich, Freiherr zu Pützfeld, und die Freifrau Maria Magdalena Elisabeth Schnifdorf von Merode diese Kirche aus eigenen Mitteln erbaut«.

Eine zweite Sage verlegt die Erbauung der Kapelle in die Zeit der Kreuzzüge.

Ein Ritter von Pützfeld nahm unter Kaiser Barbarossa teil am dritten Kreuzzug. Doch im gelobten Land kamen sie nie an. Kaiser Barbarossa ertrank im Fluss Saleph. Dann brachen auch noch Krankheiten und Seuchen im Kreuzfahrerheer aus und rafften viele durch Pest, Hunger und Durst dahin. Wieder andere Ritter fielen durch das Schwert der Türken oder gerieten in Gefangenschaft. Nur ein kleiner Teil des so großen Heerzuges überlebte und machte sich nun auf die Heimreise. Darunter auch der Ritter von Pützfeld, der bisher glücklich allen Gefahren entgehen konnte. Nun befand er sich auf einem Schiff, das ihn mit wenigen seiner Gefährten durchs Mittelmeer in die Heimat bringen sollte.

Da brach auf hoher See ein gewaltiger Sturm los. Haushohe Wellen schlugen gegen das Schiff und drohten, es zu zerschmettern. In höchster Lebensgefahr machte der Ritter ein Gelöbnis, falls er glücklich an Land und in seine Heimat käme, in Pützfeld seiner Burg gegenüber auf der linken Ahrseite eine Kapelle erbauen zu lassen. Bald darauf legte sich der Sturm. Der Ritter und das Schiff wurden gerettet.

Als er nun wieder die Heimat erreicht hatte, vergaß er sein Gelübde. Aber sein eigenes Vieh sollte ihn daran erinnern.

Der Burghirte meldete eines Morgens seinem Herrn: »Herr Graf! Gar Seltsames, um nicht zu sagen Unheimliches, geschieht in den letzten Tagen mit eurem Vieh. Ich weiß mir keinen Rat mehr. Wie sonst immer, treibe ich die Herde auf die saftigen, schattigen Weideplätze dort unten in den Talauen der Ahr. Aber kaum sind sie dort angelangt, gibt's kein Halten mehr. Wie von unsichtbarer Kraft getrieben, waten die Rinder durch den Fluss und steigen dann am gegenüberliegenden Ufer den steilen Berghang am Katzberg zur Biebelsley hoch. Und ich haste

Pützfeld (Ahrbrück-) (53506) · Kreis Ahrweiler · Rhld-Pf
893: Pützfeld wird im Prümer Urbar als »Buzzinvelt (= Feld des Buzzin) erwähnt.
1222: Urkundlich wird nachgewiesen, dass am Westeingang dieses Ortes das Geschlecht der Ritter von Pützfeld ein Burghaus als Stammsitz besitzt. Es handelt sich um eine mit Wassergräben umgebene Niederungsburg, die der Grafschaft Are untersteht.
Im 16. Jh. ist die Familie von Friemersdorf, genannt von Pützfeld, Besitzer des Burghauses.
1681: Werner Dietrich Freiherr von Friemersdorf zu Pützfeld und seine Ehefrau Maria Magdalena Scheiffardt von Merode errichten eine Marienkapelle. Sie wird mehrfach zerstört, aber immer wieder aufgebaut. In den kommenden Jahrhunderten wechseln die Besitzverhältnisse mehrmals.
1851: Die Burggebäude werden auf Abbruch verkauft und dienen Bauerngehöften als Baumaterial.
Heute: Von dem Burghaus ist außer verbauten Mauerresten nichts mehr erkennbar. Sehenswert jedoch die an steile Felsenwand geduckte Marien-Wallfahrtskapelle zu Pützfeld aus dem 17. Jahrhundert, um die sich folgende Erzählungen ranken.

www.gemeinde-ahrbrueck.de

dann hinterher, nicht begreifend was das Vieh dort will, denn nur dürftiges Gras bedeckt den bergigen Fels. Und dann, o Herr, glaubt mir, denn es ist wahr, knien sich alle Tiere eurer Herde nieder. Nein nicht um zu grasen, sondern sie verharren still, heben nur ihre Köpfe und schauen hoch zum Himmel!«

Da wurde der Ritter sehr nachdenklich. Dann fiel ihm sein nicht erfülltes Gelübde ein. Er schämte sich, dass unvernünftiges Vieh ihm zeigen musste, was Dankbarkeit und ein gegebenes Wort bedeuten. Sofort erteilte er die Anordnung, an dem Orte, wo seine Tiere dem Herrn die Ehre gaben, eine Kapelle zu bauen.

Schweßburg (Wüstung)
Remagen

Die untergegangene Schweßburg

In der Remagener Gemarkung, dort wo es heute noch >auf der Schweißberger Höhe< heißt, stand vor vielen, vielen hundert Jahren eine Burg. Der Burgherr war ein edler Ritter von Sweßburg. Dieser zog mit vielen anderen in den Dreißigjährigen Krieg und kam nicht wieder. Er fand den Tod in einer Schlacht. Als die Kunde davon zu seiner Familie kam, da war der Schmerz um den Toten gar groß, und die Trauer wollte kein Ende nehmen. Die Witwe schickte ihr Töchterchen täglich zu der nahen Martinskapelle, um für den toten Vater zu beten.

Als das Mädchen zu einer blühenden Jungfrau herangereift war, befolgte es den Wunsch der Mutter immer weniger. Es war ihr gar zu langweilig, immer nur in den harten Bänken zu knien und Gebete für ihren Vater zu sprechen, den sie ja fast überhaupt nicht kannte. Viel lieber ging sie an der Kirche vorbei und erfreute sich an der großen lebendigen Stadt, genoss das bunte Treiben auf dem Markte und fand auch errötend Gefallen daran, wenn sehnsüchtige Blicke junger hübscher Männer ihr nachschauten. Die nichtsahnende Mutter glaubte natürlich, ihre Tochter weile fromm in der Kirche.

Eines Tages, als das Burgfräulein wieder nach Remagen gegangen war, zog ein schweres Gewitter von Westen heran. Schwefelgelbe Wolken hingen tief über dem Walde und den Höhen von Remagen. Grelle Blitze zuckten zischend zur Erde, und die Donner

Remagen (53424) · Kreis Ahrweiler · Rhld-Pf
Der Volksüberlieferung nach, soll am Fuße des Schweß-berges in Remagen dereinst eine kleine Burg namens Schweßburg gestanden haben, die angeblich im 8. Jahr-hundert erbaut wurde, aber von der bis heute weder Urkunden noch Bodenfunde entdeckt wurden. Lediglich eine Sage kündet von ihr. Möglicherweise ist mit der Schweßburg das »Schloss auf dem Apollinarisberg« ge-meint, an deren Stelle neue Häuser neben der Wallfahrts-kirche errichtet wurden.

rollten über die Berge, gerade als ob die Hölle ihre Tore geöffnet hätte. Die Burgherrin bangte um ihr einziges Kind, ihres Lebens einzige Freude und Hoff-nung. Schon wollte sie sich aufmachen, um nach ihr zu suchen, als ein greller Blitzstrahl in die Burg ein-schlug. Ein fürchterliches Krachen und Dröhnen. Zerberstend und polternd brachen die Mauern ausei-nander. Wände und Decken stürzten zusammen und begruben die Burgherrin und alles Lebende unter sich. Nur ein wüster Schutthaufen blieb von der stol-zen Burg übrig. Und dann öffneten die Himmel all ihre Schleusen. Regenschwere Wolken ergossen sich, Quellen sprangen aus der Erde hervor, und im Nu verwandelten sich Rinnsale in reißende Bäche. Trü-be Wassermassen schossen zu Tale, alles mitreißend, was sich ihnen in den Weg stellte. Die Trümmer der Burg wurden von den tosenden Fluten weggespült und ins Tal hinuntergeschwemmt.

Nachdem das Unwetter sich verzogen hatte, kehr-te das Fräulein ahnungslos und frohgemut der elter-lichen Burg zu. Aber obwohl sie den Wald kreuz und quer, auf und nieder absuchte, sie fand die Burg nicht wieder. Nur ein großer Weiher deckte die Stelle, wo sie dereinst gestanden.

Seit diesen Tagen irrt sie in mondhellen Näch-ten, angetan mit einem bunten Kopftuch, einer roten Schürze und ein Licht in der Hand tragend, im Walde umher, um ihr Vaterhaus und ihre verschollene Mut-ter zu suchen.

(nach H. Stötzel)

Schloss Marienfels
Remagen

Der Teufel mag das Schloss nicht

Wenn der Teufel selbst es nicht mehr in der untersten Hölle bei seiner abscheulichen Großmutter aushielt, flüchtete er in eine große Höhle, die sich in dem Felsen befand, wo heute das bilderbuchschöne Schloss steht. Dort wollte er seine Ruhe haben. Und dann hauste er teuflisch wild in ihr, erschreckte Frauen und Kinder und trieb schrecklichen Unfug. Wehe, wenn einer dieser Höhle zu nahe kam, dann fauchte und rumorte es in ihr. Schwefelgestank und Qualm drangen aus ihr hervor, und im Höhleninneren sah man Feuer glühen und Blitze sprühen.

Dort ein Haus, geschweige denn ein Schloss, zu erbauen, hätte der Höllenfürst mit allen Mitteln zu verhindern versucht. Doch der Bauherr war klüger als der langschwänzige Satan. Er ließ nahe bei der teuflischen Höhle in einer Felsspalte eine halbrunde Grotte bauen. Dort hinein stellte er eine geweihte Muttergottes-Figur mit Kind. Das war dem Teufel zuwider. Diesen Anblick hielt er nicht mehr aus. Und so verschwand er unter Fauchen und Schreien weit weg von dieser Stelle. Noch tagelang soll es im Rheintal und in Remagen ganz fürchterlich nach Teufelsdreck gestunken haben. Seitdem muss der Teufel weite Umwege gehen, wenn er jemanden in Remagen verführen will. Dem Schloss aber wurde der segensreiche Namen »Marienfels« gegeben.

Remagen (53424) · Kreis Ahrweiler · Rhld-Pf

14.5.1859: Der Kölner Ingenieur-Oberst Karl Schnitzler legt den Grundstein von Schloss Marienfels. Auftraggeber ist der Uerdinger Zuckerfabrikant Eduard Frings, der diesen Neubau oberhalb von Remagen als Zweitwohnsitz nutzt.

August 1860: Die Residenz wird bezogen.

1874: Das Schloss mit seinen Außenanlagen ist fertig.

1907: Marienfels geht in das Eigentum des Kölner Industriellen Otto von Guilleaume über.

1936: Der Türenfabrikant Otto Becher kauft das Schlossgebäude und errichtet zur Rheinseite hin eine große Terrasse.

Nach 1945 dient es als »Klinik Sanatorium Schloss Marienfels«.

1975: Neuer Besitzer ist Paul Spinat, der dem Schloss auf der Südseite einen einstöckigen Anbau anfügt.

14.3.1988: Die 1936 gebaute Terrasse gerät ins Rutschen. Erhebliche Sicherungsarbeiten durch Einbau von Betonträgern beginnen.

1989–92: Neuer Besitzer ist der Bauunternehmer Herbert Hillebrand. Er lässt das Schloss renovieren und vermietet es bis 1999 als Botschaftsgebäude an die Republik Kasachstan.

16.11.2004: Fernsehmoderator Thomas Gottschalk kauft Schloss Marienfels.

Heute: Das zweigeschossige fünfachsige romantische Schloss mit Turm und großem bewaldeten Park ist in Privatbesitz und der Öffentlichkeit nicht zugänglich.

Rolandseck (Rolandsbogen)
Remagen-Rolandswerth

Treu bis in den Tod

Der Stoff folgender Sage ist oft in europäischer Literatur zu finden. Die dichterische Fantasie der rheinischen Romantik beflügelte auch die Malerei (z. B. William Turner) und die Musik (z. B. Franz Liszt).

Schon von Weitem sieht man den Rolandsbogen über Rolandseck. Er erinnert an Roland und Hildegunde, zwei Liebende, die aber ihre Liebe in dieser Welt nicht erleben durften.

Es ist schon über tausend Jahre her. Auf einer stolzen Burg hoch über dem Rheintal wohnte der junge Ritter Roland von Angers. Er liebte das Burgfräulein Hildegunde, die Tochter des Grafen Heribert vom Schloss Drachenfels. Und diese hübsche Maid erwiderte seine Liebe. Da auch ihr Vater nichts gegen eine Verbindung seiner Tochter mit dem Ritter Roland einzuwenden hatte, wurde eines Tages die festliche Verlobung gefeiert.

Doch bevor die Vermählung des Brautpaares erfolgen konnte, erging an die Ritter ein Aufruf zum Kampf gegen Hunnen und Heidenscharen, die im Osten das Reich bedrohten. Auch der getreue Roland zog mit seinem Herrn Karl dem Großen in den Krieg. Mit Tränen in den Augen nahm das Brautpaar voneinander Abschied.

Beim Kampf mit den Feinden bewährte sich Ritter Roland durch unermüdliche Tapferkeit und erfolgreiche Taten. Ja, ihm war es zu verdanken, dass das Christenheer den entscheidenden Kampf gewann. Die erfreuliche Kunde davon kam bald an den Rhein und auf den Drachenfels und weckte dort große Freude. Dann aber verging eine lange Zeit, ohne dass irgendeine Nachricht von Roland in die Heimat gelangte. Aber eines Tages ging es von Mund zu Mund: Auf dem Rückweg führte Roland die Nachhut der Truppen Karls des Großen. Am 15. August 778 geriet er im Tal von Roncesvalles in einen Hinterhalt der Basken. Alle seien bis auf den letzten Mann nie-

Remagen-Rolandswerth (53424) · Kreis Ahrweiler · Rhld-Pf

1122: Hundert Meter über dem Rhein bei Rolandseck wird auf Veranlassung des Kölner Erzbischofs Friedrich I. (1100–1131) eine Zollburg errichtet, die der Sicherung der südlichen Grenze des Erzstiftes Köln dient. Sie soll aber auch das Frauenkloster Nonnenwerth schützen, das zur gleichen Zeit unterhalb der Burg auf einer Insel im Rhein erbaut wird.

1302 Erzbischof Wikbolt (1297–1304) verpflichtet sich dem deutschen König Albrecht (1298–1308) gegenüber, die Burg abzureißen und keinen Neubau zuzulassen, weil sie wegen ihrer Nähe zum Reichsbesitz den deutschen Königen hätte gefährlich werden können, im Falle dass Feinde sie als Stützpunkt nutzen.

1326: Erzbischof Heinrich von Virneburg (1304–1332) setzt sich über das Gelöbnis seines Vorgängers hinweg und errichtet ein nahezu quadratisches Burghaus mit mehreren Türmen, das er seinem Dekan Johann von Bonn überträgt. Dieser lässt die Anlage erheblich erweitern und die Mauern verstärken. Nach seinem Tod ist sie Sitz verschiedener Erzbischöfe.

1475: Im Krieg gegen Karl den Kühnen (1433–1477), Herzog von Burgund, wird die Burg durch kaiserliche Truppen erstürmt Ruine zerstört. Die Nonnen von Oberwerth nutzen die Ruine als Steinbruch für ihr Kloster.

1631: Während des Dreißigjährigen Krieges wird die Burg von schwedischen Truppen unter General von Baudissin (1579–1646) besetzt und weiter verwüstet.

1673: Bei einem Erdbeben stürzen restliche Burgteile zusammen. Als einziges bleibt ein letztes Burgenfenster stehen, der sogenannte Rolandsbogen.

1794: Beschlagnahmung und Säkularisation durch die Franzosen. Sie verkaufen die ruinöse Anlage als Steinbruch. Der Abbruch ist nahezu vollständig. Übrig bleibt schließlich nur noch der heute so berühmte Rolandsbogen. Dieser wird bei Romantikern und Bonner Studenten zum beliebten Wanderziel und zum Inbegriff für Rheinromantik.

Die gefühlvolle Sage von der unerfüllten Liebe zwischen Ritter Roland auf der Rolandsburg und seiner geliebten Hildegunde macht den Rolandbogen in ganz Deutschland bekannt.

28.12.1839: Während eines heftigen Wintersturmes stürzt der berühmte Rolandbogen ein.

1840: Auf Initiative des Dichters Ferdinand Freiligrath (*1810; † 1876) aus dem benachbarten Unkel erfolgt ein Wiederaufbau des Bogens durch den Kölner Dombaumeister Ernst Zwirner. Allerdings wird der neue Fensterbogen nicht am ursprünglichen Standort mit Blick auf die Insel Nonnenwerth hin ausgerichtet, sondern in Richtung des Drachenfels. Zum Andenken wurde dem Romantiker Freiligrath ein Denkmal gewidmet, das am historischen Aufstieg (historischer Postweg) zum Rolandsbogen steht.

1929: Ein kleiner Getränkekiosk wird durch den Neubau eines Restaurants ersetzt.

1965: Rund um den Rolandsbogen und die Gaststätte »Restaurant Rolandsbogen« wird ein kleiner Weinberg angelegt.

2008: Der Bonner Unternehmer Jörg Haas erwirbt den Berg mit der Burgruine und lässt das Restaurant renovieren.

2010: Beginn von Sanierungsarbeiten am Freiligrath Denkmal, dem einsturzgefährdeten und efeubewachsenen Rolandsbogen, den Burgmauern sowie dem Treppenaufgang zur Burg.

Heute: Die Ruine ist ganzjährig frei zugänglich. Ein steiler Fußweg führt von der Ortschaft Rolandswerth hinauf zum Rolandsbogen. Die Anlage bietet traumhafte Ausblicke auf das Rheintal, das Siebengebirge und auf die Insel Nonnenwerth. Das Restaurant mit Gourmetküche ist montags und dienstags geschlossen; es bietet keine Übernachtungsmöglichkeit; einige Parkplätze sind vor der Anlage.

www.rolandsbogen.de
www.rolandsbogen.de
www.rolandswerth.de

dergemacht worden. Auch Roland sei dort in Spanien nach tapferem Kampf gefallen.

Da herrschten auf dem Drachenfels großes Leid und Wehklagen. Hildegunde verging fast vor Kummer und Gram. Sie zog sich in ihre Kammer zurück und war durch nichts zu trösten. Dann trat sie vor ihren Vater und das Burggesinde und verkündete allen: »Das Liebste auf Erden wurde mir genommen. Das weltliche Leben, Putz und Prunk können mir nichts mehr geben. Irdisches Glück und Freude sind mir zuwider. Ein Leben ohne Roland kann ich mir nicht vorstellen. Darum werde ich zu den Klosterschwes-

tern auf Nonnenwerth gehen. Ich will den Schleier nehmen und in Gott und im Gebete leben, bis der Tod mich im Jenseits mit meinem Verlobten wieder vereint.«

Alle Versuche des Vaters, Hildegunde von ihrem Vorhaben abzubringen, schlugen fehl. Schweren Herzens ließ er sie ziehen. Auch der Bischof von Köln, ein Verwandter von Hildegunde, erlaubte ihr den Eintritt ins Kloster und erließ ihr sogar das Probejahr. Bereits einen Monat später legte sie das Gelübde ewiger Entsagung ab, wurde als Nonne eingekleidet und war nun der Welt für immer entrückt.

Die Sicht vom Rolandsbogen zum Siebengebirge und ins Rheintal ist romatisch beeindruckend.

Einsam und weltabgeschieden lebte Ritter Roland wie ein Einsiedler, Tag um Tag und Jahr um Jahr hinabblickend. Früh, wenn die Glocke zur Messe rief, stand er auf von seinem Lager und ging hinaus, den Chorgesang der Jungfrauen zu hören, und oft meinte er, Hildegundens Stimme zu vernehmen. Spät in der Nacht, wenn er noch ein einsames Licht in einer Zelle schimmern sah, glaubte er, es sei Hildegunde, die für ihn bete. Roland war beseelt von dem einzigen Wunsch, dass bald der Tod die beiden Liebenden einen möge.

Dieser Wunsch ging in Erfüllung. Als eines Tages Totenglocken von Nonnenwerth heraufklangen und er einen Leichenzug sah, der unter Trauergesängen eine Nonne zu Grabe trug, spürte und wusste er, seine über alles geliebte Hildegunde war aus dem irdischen Leben geschieden und zum ewigen Frieden eingegangen.

Da blieb auch Rolands Herz stehen. Als man ihn fand, war sein Gesicht dem Kloster zugewandt, die Hände hatten sich wie zum Gebet geschlossen und sein bleicher Mund lächelte friedselig. Er war seiner Liebsten dahin nachgegangen, wo sich alle liebenden Seelen im Schoß der ewigen Liebe wiederfinden.

Held Roland aber war nicht tot. Im Kampf mit den Sarazenen war er wohl schwer verwundet worden und lag wie tot zwischen zahlreichen Gefallenen Rittern und Feinden. Doch wurde er gefunden und war nach langer Zeit wieder genesen. Er hatte eine Botschaft nach Drachenfels gesandt, aber der Bote war nie auf der Burg erschienen.

Im kommenden Frühjahr bestieg er sein Ross und ritt, voller Liebessehnsucht, durch das Frankenreich hin zur Burg Drachenfels, dem Heim seiner geliebten Braut Hildegunde. Doch wie erschrak er, als man ihm mitteilte: »Hildegunde weilt nicht mehr in dieser Burg. Sie hat der Welt entsagt und ist für immer und ewig eine Braut des Himmels, eine Nonne.«

Schrecklich war, was Roland empfand. Er war bis ins Herz getroffen. Stumm vor Schmerz verließ er den Drachenfels und ritt auf jenen Felsen hinauf, der seitdem Rolandseck heißt. Dort erbaute er sich eine Klause, von wo aus er zum Kloster Nonnenwerth hinunterschauen konnte, wo er seine Geliebte wusste.

Mielenburg (Wüstung)
Remagen-Unkelbach

Zerstörerische Eifersucht

Graf Edmund von der Mielenburg und Georg Brunkfeld vom »Schlagdorf« waren gute Freunde. Beide waren auch leidenschaftliche Jäger. Gemeinsam verlebten sie viele schöne Stunden bei ihren Pirschgängen. Georg hatte noch eine Schwester Klara, eine lebenslustige, hübsche junge Frau, die zunehmend das Gefallen des Grafen Edmund fand. Immer häufiger kehrte er ein ins Haus seines Freundes Georg, nur um sie zu sehen, einen flüchtigen Blick von ihr zu erhaschen oder ihr anmutiges Lachen zu vernehmen. Vor kurzem hatte Edmund sich ihr offenbart und seine Liebe gestanden. Und wie froh war er, als Klara ihm freudig ihr Jawort und einen innigen Kuss gab. Deshalb hatte Edmund bereits die Zeit bestimmt, wann er Klara als seine Gemahlin und Gräfin auf seine Burg führen wollte.

Remagen-Unkelbach (53424) · Kreis Ahrweiler · Rhld-Pf
13. Jh.: Graf Robert von der Mielen beginnt mit dem Bau der Mielenburg, zu der die Güter »Grafenhof«, nahe der Dorfkirche Unkelbach, sowie das mittelalterliche »Schlagdorf«, heute eine Wüstung, gehören. Als er im Jahre 1292 plötzlich stirbt, wird sein Besitz mehrmals geteilt. Sohn Edmund von der Mielen vollendet den Bau der kleinen Burg (30 mal 40 Meter; gesichert durch Graben und Mauern). Die Burg besteht nicht lange. Eifersucht und zwischenmenschliche Beziehungen führen zu ihrem Ende (s. Sage).
Nach dem Aussterben des Geschlechts der »Mielenburger« fällt deren Besitz im 15. Jahrhundert an das Kloster Heisterbach.
1618–48: Das »Schlagdorf« wird im Dreißigjährigen Krieg geplündert, gebrandschatzt und vernichtet. Die Überlebenden siedeln neu im heutigen Unkelbach.
Heute: Von der einstigen Burganlage auf einer Bergzunge westlich von Unkelbach ist außer wenigen Fundamentresten und den Flurnamen »Auf der Burgmauer« oder »Alte Burg« nichts mehr vorhanden.

Was er aber nicht wissen konnte, Klara wurde noch von einem zweiten Mann begehrt. Das war Stefan Brämel, ein reicher Bauernsohn, aber grob und jähzornig. Seine herrische Art gefiel der zarten Klara ganz und gar nicht, weswegen sie sein Freien auch abgelehnt hatte. Aber als Stefan nun vernahm, dass Graf Edmund seine Klara heiraten wollte, schoss ihm sein hitziges Blut in den Kopf und grimmiger Zorn brach aus. Nie und nimmer würde er dies zulassen! Wenn er die Klara schon nicht zur Frau bekäme, der Edmund sollte sie erst recht nicht sein Eigen nennen! Bloß, weil der sich Graf nannte, hatte er auch nicht mehr Rechte als er, der reiche Bauernsohn! Stefan kochte vor Wut! Deshalb suchte er all sein Geld zusammen und erkaufte sich eine Räuberbande. Mit diesem Gesindel plante er, seinen Rivalen zu vernichten.

Es war in einer dunklen Nacht. Wieder saß Stefan Brämel mit dem Räuberpack in der »Bengenschenke«, die am Wege von Birresdorf nach Nierendorf lag, und besprach sein Vorhaben. Er wusste, dass Graf Edmund sich im »Grafenhof« aufhielt und noch diese Nacht zu seiner Mielenburg reiten wollte. Das war jetzt wohl die beste Gelegenheit, ihn zu überfallen und umzubringen. Die Bande machte sich auf zu ihrem schändlichen Werk.

Von diesem mörderischen Plan hatte aber auch Klara erfahren. Voller Unruhe und in tiefer Sorge bat sie ihren Bruder Georg, ihrem Verlobten und seinem Freund Edmund entgegenzueilen und ihm schützend zur Seite zu stehen. Sofort griff Georg zu seinen Waffen und ritt ins Dunkle hinaus. Gerade noch zur rechten Zeit traf er ein, denn Stefan Brämel war bereits mit den anderen Halunken aus dem Dickicht hervorgesprungen, hatte Edmund umzingelt und drang auf ihn ein. Mit lautem Geschrei sprang nun Georg hinzu, und vereint konnten sie die Räuber nach blutigem Gefecht in die Flucht schlagen. Allerdings wurde Edmund bei diesem Scharmützel schwer verwundet und zurück in Klaras Haus gebracht.

Der ganze Ort war in heller Empörung wegen dieses hinterhältigen Verbrechens. So machten sich am anderen Morgen etliche Schlagdorfer auf, um Stefan und seine Bande dingfest zu machen. Als sie jedoch zur Mielenburg kamen, war ihr Erschrecken sehr groß. Denn noch in gleicher Nacht waren die Räuber in die Burg eingedrungen und hatten sie gänzlich verwüstet und in Brand gesetzt. Graf Edmunds Schwester Rosina war nur mit Mühe und verletzt dem Flammentod entkommen. Der verwundete Edmund selber benötigte noch Wochen, bis er, dank der unermüdlichen und liebevollen Pflege seiner Geliebten, wieder völlig genesen war.

Wie diese Liebesgeschichte endete, was das Schicksal noch mit dem Mordbrenner Stefan und seiner Bande vorhatte, verschweigt jede Chronik und so bleibt es im Dunkel der Geschichte verhüllt.

(nach Albrecht Carl-Heinz, in JBAW 1980)

Noch liegt die Wiege dort

Auch das Dorf Unkelbach schmückte vor vielen Jahren eine stolze Burg. Ihre Mauern waren stark und ihre Gräben tief. Der Graf, der diese Burg besaß, war reich an Geld und Gut. Er hatte eine holde Gemahlin, mit der er glücklich und in Frieden lebte. Sie gingen fast alle Tage in die Burgkapelle und baten Gott, er möge ihnen doch einen Sohn schenken. Endlich ward ihr Gebet erhört.

Als der Graf auf der Jagd war, brachte ein Diener ihm die Botschaft, Gott habe ihm einen Sohn geschenkt. Sofort eilte er zur Burg zurück. Er ließ von seinem Schatzmeister Gold aus seinem Schatzkeller holen und davon eine Wiege anfertigen. Als das Söhnchen älter geworden war, wollte er die Wiege in den Garten stellen lassen. Doch führte der Weg zu dem Garten einen steilen Hang hinab. Die Diener verloren die Gewalt über die Wiege, und sie stürzte den Hang hinunter und versank in der Erde. Groß war die Trauer des Grafen und seiner Gemahlin. Bald darauf starb das Geschlecht aus, und die Burg zerfiel.

Nach langer Zeit erinnerten sich die Leute vom Nachbardorfe der goldenen Wiege. Da gingen vier goldgierige Männer hinauf, um die Wiege auszugraben. Es durfte aber während dieser Arbeit kein Wort gesprochen werden. Mancher Tropfen Schweiß wurde dabei vergossen. Endlich, als sie die Wiege fast herausgeschafft hatten, konnte sich einer der Männer vor Freude nicht mehr halten und sagte: »Nun haben wir's geschafft«, und sofort sank die Wiege wieder in die Tiefe. Die Männer mussten nun tiefbetrübt und unverrichteter Sache wieder nach Hause gehen. Seitdem ist auch nicht mehr nach der goldenen Wiege gegraben worden.

(nach H. Stötzel; vgl. Insul, Tomburg u. a.)

Tomburg
Rheinbach-Wormersdorf

Gold in Hülle und Fülle

Auf der Tomburg lebten einst ein Graf und eine Gräfin. Diese hatten ein wunderschönes Kind. Ihre Liebe zu ihm war so groß, dass sie ihm eine goldene Wiege machen ließen. Eines Tages jedoch wurde es krank und lag bald trotz sorgfältigster Pflege tot in seinem Bettchen. Der Schmerz der Mutter war natürlich unermesslich. Sie saß stundenlang an der leeren Wiege und weinte.

Um dem Leid ein Ende zu machen, ließ der Graf heimlich die kostbare Wiege in den Burgbrunnen versenken; denn durch die Wiege, so merkte der Graf, wurde die Gräfin immer wieder an ihren toten Liebling erinnert. So heilte dann nach und nach die Zeit diese schwere Wunde.

Das Kleinod aber liegt noch immer in dem recht gut erhaltenen Brunnen, der, ähnlich wie der Burgbrunnen in Nideggen, von schauerlicher Tiefe ist.

Viele haben schon den Versuch unternommen, die goldene Wiege aus dem Brunnen heben. Aber noch keiner hat dies bis heute fertig gebracht, denn beim Bergen dieses Schatzes darf kein menschlicher Laut über die Lippen des Schatzsuchers kommen. Und das ist bis heute noch keinem gelungen.

Nicht nur die goldene Wiege liegt auf dem Grunde des Brunnens, sondern auch der Schlüssel, durch den es möglich wird, die Schätze des letzten Ritters von Tomburg zu sehen. Mit ihm öffnet sich die Tür, die sich in der Höhle des Tomberges befindet. Und hinter dieser stehen in einem großen gewölbten Raum zwei schwere, eisenbeschlagene Kisten, in der alle Kostbarkeiten der Tomburg gesammelt sind. Sie sind durch kräftige Schlösser verriegelt, die mit dem Schlüssel ge-

öffnet werden können. Aber auf jeder Truhe sitzt ein großer schwarzer Hund, dessen feurige Augen unheimlich durch das Dunkel leuchten. Sie hüten die Schätze, und kein Sterblicher darf es wagen, die Truhen zu berühren. Die wütenden Hunde würden ihn zerreißen. Wenn aber ihr Herr, der letzte Ritter, noch einmal erscheint, um seine Burg wieder aufzubauen, dann kriechen sie ihm freudig zu Füßen, belecken seine Hände und werden ihm in alter Treue dienen.

(nach Pesch J.)

Herzogin Sophia wird beleidigt

Auf der Tomburg wohnte dereinst Ritter Friedrich von Sombreff, in Saus und Braus, in Unrecht und Gewalt. Er war sehr kriegerisch und fortwährend in Fehden verwickelt. Sein Bruder war rechtmäßiger Erbe von Kerpen. Dies war Friedrich gleichgültig. Rücksichtslos raubte er ihm diese Herrschaft. Und niemand weit und breit wagte ihm zu sagen, dass er seinem Ritterstand alle Unehre bereitete. In der gesamten Umgebung war er gefürchtet, da er auf seinen Raubzügen Land und Leute behelligte

und sie ausplünderte. Wer sich zu Wehr setzte, wurde kurzerhand niedergeschlagen und verletzt liegen gelassen.

Doch im Jahre 1470 trieb er es zu bunt. Mit seinem prahlenden Lästermaul und hochmütigen Gerede, mit seiner eitlen Angeberei und verlogenen Behauptungen erregte er den Zorn von Wilhelm und Adolf von Jülich.

Was war geschehen? Herzogin Sophia, aus dem Hause Sachsen-Lauenburg, war seit 1444 mit dem Jülicher Herzog Gerhard verheiratet. Doch leider war dieser seit 1460 nicht mehr gesund. Immer mehr

siechte er dahin. Seine körperlichen Kräfte schwanden zunehmend, und seine Vergesslichkeit und die Störungen seines Geistes nahmen zu. Bald war er nicht mehr in der Lage, verantwortungsvoll seine Herrschaft zu regieren. Die Regierungsgeschäfte übernahm dafür seine Frau Sophia so lange, bis ihr erstgeborener Sohn volljährig werden würde.

Und statt still zu schweigen und Mitleid mit dem kranken Herzog zu haben, konnte es Friedrich von Sombreff nicht unterlassen, allüberall zu erzählen, wie geisteskrank und behindert Herzog Gerhard sei. Er machte sich lustig und prahlte zudem noch, dass die lebenslustige Sophia in ihrer Sehnsucht nach Liebe und Zärtlichkeit sich bereits von ihrem kranken Mann abgewendet habe und die Minne und die Männlichkeit bei ihm, dem Ritter Friedrich, suche. Ja, sie liebe ihn bereits mehr als ihren vertrottelten Ehemann und begehre ihn im Bett, wo er ihr zeige, zu was ein kräftiger Ritter fähig ist.

All dies machte Wilhelm und Adolf, die Söhne des Jülicher Herzogs, mehr als wütend. Diese Schande, diese lügenhaften Verleumdungen, diese unbeschreiblichen Beleidigungen ihrer Mutter wollten sie nicht auf sich beruhen lassen. Es galt. den ehrbaren Ruf der Familie zu verteidigen. So rüsteten die beiden und zogen 1473 mit starker Streitmacht vor die Tomburg und belagerten sie acht Wochen lang. Friedrich von Sombreff zeigte keine Angst. Er wähnte sich sehr sicher und bestens gerüstet. Mit seinen Verbündeten verteidigte er seine Burg tapfer. Es kam zu harten Fehden, die Verletzte und Tote forderten.

Friedrich von Sombreff erkannte jedoch rasch, dass er der überlegenen Streitmacht der Jülicher auf Dauer nicht wirklich standhalten konnte. So floh er am 8. September 1473 zusammen mit zwei Begleitern von der Burg. Noch am selben Tage kapitulierte die Burgbesatzung. Die Jülicher nahmen die Burg ein und zerstörten sie vollkommen. Nie wieder wurde sie aufgebaut. Der ehrlose Raubritter Friedrich, der in Schimpf und Schande von seiner Burg geflohen war, verlor nicht nur seine Ehre, sondern musste auch laut Schiedsspruch des Erzbischofs von Trier seinen Anteil an der Tomburg und seiner Herrschaft dem Herzoge von Jülich abtreten. Diese Niederlage hat Friedrich wohl nicht verkraftet, denn er starb im darauffolgenden Jahr 1474.

Die Eroberung der Tomburg forderte noch ein unschuldiges Leben. Erst dreizehn Jahre jung war Adolf von Jülich, geboren am 1. August 1457, als er

Rheinbach-Wormersdorf (53359) · Rhein-Sieg Kreis · NRW

Um 900: In der Ortschaft Wormersdorf, nahe Rheinbach, erhebt sich ein 316 Meter hoher Basaltkegel mit Namen Tomberg, damals auf dem Gebiet des Flamersheimer Königshofes. Dort entwickelt sich aus einem Herrensitz in den folgenden Jahrhunderten die Tomburg (Doneburch, Toyneburch). (Siedlungsspuren aus dem 4. Jh. auf diesem Berg lassen auf eine Nutzung durch die Römer schließen.) Burgherr Ehrenfried soll in der Ungarnschlacht auf dem Lechfelde (955) so tapfer gewesen sein, dass ihn der Kaiser mit der Tomburg belehnte. Sein Sohn Ezzo heiratet Mathilde, die Schwester des deutschen Kaisers Otto III. (Der Sage nach soll er sie bei einem Schachspiel mit dem Kaiser gewonnen haben.) Durch diese Ehe wird der nach seinem Tod selig gesprochene Ezzo zu einem äußerst mächtigen und einflussreichen Pfalzgrafen. Ihre Tochter Richeza wird Königin von Polen. (Als sie später nach Deutschland zurückkehrt, erbaut sie das Kloster Klotten an der Mosel.)

1012: Urkundliche Erwähnung der Tomburg (»castrum nomine Toncburg«), in der Ezzo den Herzog Dietrich von Oberlothringen gefangen hält.

1047: Ezzos Sohn, Pfalzgraf Otto (*um 998; † 1047), Herzog von Schwaben, stirbt auf der Tomburg.

(Erzbischof Anno II. von Köln (*um 1010; † 1075) besiegt den letzten Pfalzgrafen der Tomburg, Heinrich den Wütenden, der im Zorne seine Gemahlin tötete. Erzbischof Anno belagert ihn in seiner Burg zu Cochem und übergibt ihn dem Kloster zu Echternach, wo er 1060 stirbt (siehe unter ›Cochem‹.)

um 1090: Nach dem Aussterben des Geschlechtes der Ezzonen kommt die Tomburg in den Besitz der Grafen von Kleve, die die Befestigungsanlagen ausbauen.

1230: Eine Burgkapelle wird erwähnt. Die Besitzer sind nun die Herren von Müllenark, die sich fortan »von Tomburg« nennen. In ihrem Bündnisverhalten betreiben sie eine »Schaukelpolitik«, mehrmals wechselnd zwischen den Herren von Jülich und dem Erzbischof von Köln. Das führt zu heftigen Fehden und Belagerungen und letztlich zum Untergang der Tomburg und ihres Reiches.

1311: Konrad II. von Tomburg ist ein gefürchteter Raubritter, ebenfalls sein Sohn und Nachfolger, Werner von Müllenark-Tomburg.

1339: Werner von der Tomburg ist in Geldnot und verpfändet deshalb seine Burg dem Kölner Erzbischof Walram (1332–1349) für 1000 kleine Gulden.

1360: Die Herren von der Tomburg sind in totaler Abhängigkeit vom Kölner Kurfürsten und finanziell in größten Schwierigkeiten. Sie betätigen sich als Raubritter. Deswegen wird Werner von der Tomburg von seiner Burg verjagt.

1375: Die Tomburg ist bedeutungslos geworden. Die Brüder Konrad und Friedrich von der Tomburg geben ihre Burg als Wohnsitz auf.

1435: Die Burg verfällt. In einer Urkunde heißt es, »dat Tomburg ser wuist is, und ein deil hinten in der oversten Burg zumal abgefallen sei.«

1467: Friedrich von Sombreff, durch seine Raubzüge in die Umgebung gefürchtet, wohnt auf der Tomburg.

1473: Bei der Auseinandersetzung zwischen Köln und Jülich, der sogenannten Kölner Stiftsfehde, gerät Friedrich von Sombreff zwischen die Fronten. Im Zuge einer Strafaktion belagern die Jülicher die Tomburg. Am 08.09.1473 kapituliert die Burgbesatzung. Die Jülicher nehmen die Burg ein und zerstören sie vollkommen. Die Tomburg wird nie wieder aufgebaut.

1794: Die französische Regierung verkauft Anteile der Tomburg, die als Steinbruch genutzt werden.

Heute: Eigentümerin der jederzeit frei zugänglichen Ruine (Stumpf des dreigeschossigen, runden Bergfrieds; 46 Meter tiefer Burgbrunnen, auf den die Sage Bezug nimmt,) ist die Stadt Rheinbach. Genügend kostenfreie Parkplätze am Fuße des Tomberges; keine Gastronomie oder Übernachtungsmöglichkeit innerhalb der Tomburgruine.

www.schnebele.de
www.wormersdorf.de

mit seinem älteren Bruder Wilhelm in den Kampf gezogen war, um die Ehre ihrer Mutter zu retten. Ein von dem Grafen von Neuenahr geschleuderter Speer durchbohrte seinen Leib. Schrecklichen Kummer und großen Schmerz löste die schlimme Verwundung des Prinzen aus. Das Herz seiner Mutter brach, als ihr geliebter Sohn sterbend auf einer Bahre nach Hause gebracht wurde. Am 9. September 1473 hauchte Mutter Sophia ihr Leben aus, und zehn Tage später folgte ihr Sohn Adolf. Bis heute ruhen ihre Leiber nebeneinander in Nideggen.

Burg Pyrmont
Roes

Jutta von Pyrmont

Auf der herrlichen, mit Türmen und Zinnen gekrönten Burg von Pyrmont inmitten herrlich grüner Wälder, lebte dereinst das Edelfräulein Jutta. Ihre Schönheit und ihr Liebreiz waren so strahlend, dass die Hofschreiber rings im Lande von einer »holden Rose« schrieben und nicht Worte genug finden konnten, ihre Anmut zu loben. Von überall her ka-

Es war eine Ehe, wie man sie nicht allzu oft findet. Gegenseitig in inniger Liebe zugetan, achteten und ehrten sie sich. Ein jeder trachtete danach, seinem Gegenüber jeden Tag Freude zu bereiten.

Dann aber hatte Konradin von Hohenstaufen den Pyrmonter Friedrich aufgefordert, ihm Waffendienste zu leisten in einem Feldzug nach Süditalien. Mit kummervollem Herzen nahm er im August 1267 Abschied von Pyrmont und seiner heiß geliebten Jutta,

men die edelsten und stolzesten Rittersöhne herbei, um die Gunst dieses schönen Fräuleins zu gewinnen.

Jutta hatte ihr Herz einem der edelsten Ritter seiner Zeit, dem tapferen Friedrich von Baden, geschenkt und freudig ‚Ja' gehaucht, als er um ihre Hand anhielt. Die Hochzeit wurde festgesetzt und mit großem Prunk auf der Burg Pyrmont gefeiert.

die auf dem hohen Söller stand und ihm mit einem weißen Tüchlein so lange Grüße zuwinkte, bis er drunten im engen Tal der rauschenden Elz ihren Augen entschwand.

Friedrich zog mit seinem Herrn Konradin und einem großen kampfbereiten Heer nach Sizilien, um dieses Königreich, das der Franzose Karl von Anjou

Roes (56754) · Kreis Cochem-Zell · Rhld-Pf

1225: Die beeindruckende Burg, auf einem steilen Schieferfelsen hoch über einem Wasserfall des Eifelflusses Elz, wird erstmals als »castrum Pirremont« erwähnt. Sie steht auf pfalzgräflichem Gebiet und ist der Familie von Schönberg (heute in Belgien) als Lehen gegeben. Kuno II. von Schönberg nennt sich als erster »Herr zu Pyrmont«. Verheiratet ist er mit der Adligen Aleidis von Ulmen.

1495: Heinrich VI. von Pyrmont wird durch Kaiser Maximilian I. (1486/1508–1519) in den Stand eines Reichsfreiherren erhoben. Er heiratet Margarethe Waldbott von Bassenheim.

1524: Ihre gemeinsame Tochter Elisabeth erbt den Pyrmonter Besitz, da das Geschlecht von Pyrmont im Mannesstamm erloschen ist. Sie ist mit Philipp von Eltz verheiratet. Somit geht die Burg in den Besitz dieses bedeutenden Grafengeschlechtes über, deren Burg Eltz in Sichtweite liegt.

1652: Die Freiherren Waldbott von Bassenheim erwerben einen Teil der Burg und werden nun in den Reichsgrafenstand berufen.

1710: Die Familie Waldbott von Bassenheim kauft auch den Eltzer Teil.

1712: Die Burg wird umgebaut zu einem repräsentativen dreigeschossigen barocken Schloss.

1794: Pyrmont wird zum französischen Nationaleigentum erklärt und die Familie Waldbott enteignet.

30.08.1810: Die Franzosen versteigern die Burg mit sieben Hektar Land für 4550 Franken (etwa 1210 Reichstaler) als Steinbruch an den Bauunternehmer Georg Severus Weckbecker, der sie systematisch zerstört.

1818: Graf Friedrich Karl Waldbott von Bassenheim kauft die Ruine Pyrmont von Weckbecker zurück.

1862: Pyrmont wird zwangsversteigert und geht in den Privatbesitz von drei Landwirten über. In den folgenden Jahrzehnten wechseln die Eigentümer noch häufig. Der Verfall der Ruine schreitet aber ständig fort.

1963: Die Düsseldorfer Architekten Helmut Hentrich und Hubert Petschnigg erwerben die Burg und beginnen mit dem Wiederaufbau.

Heute: Die Burg ist seit 1967 im alleinigen Besitz der Familie Petschnigg und seit 1990 gegen Eintritt zu besichtigen (Ostern bis 1. November von Mittwoch bis Sonntag sowie an Feiertagen von 10:00–17:00 Uhr). In der wieder errichteten Vorburg ist ein Restaurant während den Besuchszeiten geöffnet. Kostenlose Parkplätze direkt vor der Burg; Zum Übernachten stehen Gästezimmer in der Burg oder eine Ferienwohnung im Torhaus zur Verfügung.

www.burg-pyrmont.de

---

an sich gerissen hatte, wieder für die Staufer zurückzugewinnen. Es kam zu einem erbitterten und sehr verlustreichen Kampf bei Tagliacozzo, den Konradin verlor. Über viertausend Männer lagen erschlagen dort unten in dem heißen Süden auf dem staubigen Boden. Karl von Anjou brach nach der Schlacht den letzten Widerstand gegen seine Herrschaft mit äußerster Härte und ließ die Gefolgsleute Konradins gnadenlos jagen und hinrichten. Und auch – die Feder sträubt sich, es niederzuschreiben, – Konradin von Hohenstaufen und Friedrich von Pyrmont gerieten in die Hände der französischen Häscher. Ohne Mitleid befahl Karl, sie hinzurichten. Mit Triumphgeschrei führten die Schergen die beiden gefesselt hin auf den Marktplatz von Neapel, wo der junge Ritter Friedrich aus dem stillen Eifeltal sich mit entblößtem Oberkörper vor den Richtklotz knien musste. Noch einmal hob er sein blondes Haupt und rief laut in die gaffende Menge: »Jutta!« Dann sauste das scharfe Beil des Henkers nieder und trennte ihm den Kopf vom Rumpf. Dann musste auch der Hohenstaufer Konradin sich niederknien. Das geschah am 29. Oktober 1268.

Als diese schauerliche Kunde auch nach Pyrmont drang, ließ sie Jutta in tiefe Ohnmacht fallen. Die junge Gräfin war verzweifelt. Nie mehr sah man sie lachen oder hörte sie liebliche Lieder zu den zarten Klängen ihrer Laute singen. Sie wollte keinen Menschen mehr sehen, mied ritterliche Feste oder gesellige Feiern. Still zog sie sich in ihre Gemächer zurück. Sie schenkte alle ihre Güter dem nahegelegenen Kloster Rosenthal und bat die Mutter Oberin um Aufnahme in deren Gemeinschaft. Dort lebte sie still und zurückgezogen im Gebet und im Gedenken an ihren geliebten Mann, bis sie nach vielen Jahren aus diesem Leben schied.

Doch ihr Geist kehrte nach dem Tod an die schöne Stätte ihrer Jugendzeit zurück, in die Burg Pyrmont, wo sie in tiefer Liebe und innigem Glück mit ihrem Friedrich gelebt hatte. Selbst in graue Schleier verhüllt, erkennt man die zarte, schlanke Gestalt, die mit einem kleinen, weißen Tüchlein winkt. Doch wissen die Leute auch, dass es dem nicht gut ergeht, dem sie mehrmals erscheint! Wem sie sich dreimal zeigt, dem legt sie den grauen Schleier um und nimmt ihn mit ins Reich der Toten.

Ein Schwan als Lebensretter

1460 wurde eine dreischiffige spätgotische Hallen-kirche erbaut, die den Namen »Schwanenkirche« trägt. Dieses Kleinod wurde am 25. September 1944 bei einem Luftangriff zerstört. Gerettet wurde nur das Vesperbild aus dem 15. Jahrhundert, bis heute Ziel vieler Beter und Wallfahrer. 1950/52 entstand der heutige Neubau, äußerlich seiner Vorgängerin gleich. Die Sage deutet den Grund ihrer Erbauung und ihren seltsamen Namen.

Zieh, du verdammter Christenhund!« rief der türkische Bauer. Und dann ließ er mit Schwung seine Peitsche auf den gekrümmten Rücken des un-glücklichen Sklaven niedersausen. Dieser war vor einen Pflug gespannt, mit dem er Furche um Fur-che durch den sandigen und steinigen Boden zog. Vernarbt der Rücken, gequält vor Durst, verbrannt von der unbarmherzigen Sonnenglut, der gepeinigte Mann konnte sich kaum noch weiterschleppen.

Es war dies Ritter Kuno von der Burg Pyrmont. Mit seinem Nachbarn, Ritter Gunther von Eltz, und einem großen Heer war er mit Kaiser Barbarossa ins Heilige Land gezogen, um dort die Ungläubigen von den heiligen Stätten zu vertreiben. Doch Kuno wur-de von den Sarazenen gefangen genommen und auf dem Sklavenmarkt an einen Bauern verkauft.

Seit vielen Jahren ging es ihm nun so. Tag für Tag musste er wie geschundenes Vieh dienen und knech-ten. Erst wenn die Sonne sank, fand der gefangene Kreuzritter für einige Stunden Ruhe vor seinem Pei-niger. Dann schmachtete er in seiner jämmerlichen Hütte auf faulem Stroh, an schwere Ketten gefesselt, gequält von Sehnsucht nach Freiheit, verzehrt vom Heimweh nach den fernen Eifelbergen. All seine Hoffnung setzte er einzig auf die Hilfe des Himmels, wusste er doch, eine Flucht war unmöglich und ein Ertragen der beispiellosen Qualen ebenso. Kuno war an Leib und Seele gebrochen. Er fühlte, seine Tage waren gezählt. Der Tod hatte seine Schrecken verlo-ren, konnte für ihn nur mehr Erlösung sein.

Als Ritter Kuno wiederum nach harter Feldarbeit an einem heißen Sommertag des Nachts in der küh-len Ecke seiner Hütte kauerte, flehte er zum Himmel:

»O mein Gott, erbarm dich meiner in dieser Not! Eine Kirche soll dir bei unserer Burg Pyrmont entste-hen, lässt du mich noch einmal meine Lieben in der Heimat wieder sehen.« Dann sank er erschöpft in tiefen Schlaf, der ihm alsbald einen herrlichen Traum schenkte.

Er sah einen großen weißen Schwan, der in seine Zelle schwebte und sich vor ihn niedersenkte. Ehe Kuno wusste, wie ihm geschah, fühlte er sich empor-gehoben. Er sah sich auf dem Rücken des großen Vo-gels sitzen, der ihn mit kräftigem Flügelschlag durch die Lüfte davontrug, über Land und Meer, über dich-te Wälder und schneebedeckte Berge. Endlich ließ der Schwan sich sanft auf die Erde nieder, setzte sei-nen Reiter ab und verschwand in den Wolken.

Als Ritter Kuno freudig erwachte, stellte er er-regt fest, das war kein Traum, das war kaum fassbare Wirklichkeit. Er lag nicht auf dem faulen Stroh sei-ner Hütte, sondern auf weichem Waldboden. Da war nicht mehr die heiße sengende Sonnenglut, sondern der milde Duft grünender Bäume in den wohlbe-kannten Eifelbergen.

Er stieß einen Freudenruf aus, denn vor ihm ragte die Burg Pyrmont empor, seine Heimat, in der all die wohnten, die er so liebte und die sich jahrelang nach der Rückkehr ihres Ritters Kuno sehnten.

Voll innigen Dankes kniete Kuno nieder und ge-lobte: »Himmlischer Vater, du hast meine Tränen ge-sehen, meine Rufe vernommen und mein Sehnen er-hört. Hier, wo der Schwan, den der Himmel schickte, mich niedergesetzt hat, soll sich eine Kirche erheben, in deren Mauern dir ewig Lob gepriesen wird.«

Kuno hielt sein Versprechen. Noch heute steht das der Gottesmutter Maria gewidmete Kirchlein auf der Höhe eines Berges, nahe der Burg Pyrmont. Ein Wallfahrts- und Zufluchtsort in guten und bösen Zeiten ist es geworden. Seine Turmspitze krönt statt des Hahnes ein Schwan, und es wird noch immer im Gedenken an die wunderbare Rettung »Schwanen-kirche« genannt. (vergleiche ähnliche Befreiungs-sage bei Schloss Hamm)

Schloss Roth
Roth an der Our

Stein, dir sag ich es allein

Einst wohnten auf dem Schloss bei Roth die Tempelherren. Sie waren gefürchtet im ganzen Land, denn sie verbreiteten Angst und Schrecken allüberall, wo sie erschienen. Sie raubten den Bauern das Vieh, den Handelsleuten das Geld und den Armen die Kinder. Als der Ruf ihrer Untaten immer lauter wurde, verbot der Papst den Orden, und der Kaiser ließ die Raubritter aus dem Land vertreiben.

Die Tempelherren in Roth aber gaben ihre Burg nicht auf, sondern verteidigten sich hinter starken Mauern. Daraufhin zog der Graf von Vianden mit seinen Truppen vor die Burg und belagerte sie, um die Templer auszuhungern und zur Übergabe zu zwingen. Jedoch die Tempelherren waren hinterlistig und gerissen schlau. Sie nahmen ihren Pferden die Hufeisen ab und nagelten sie verkehrt herum wieder an. Und jeder, der nun ihren Spuren folgte, suchte die Ritter vergeblich in der falschen Richtung. Ungehindert betrieben die Herren von Roth auch weiterhin ihr räuberisches Handwerk, erschienen unerwartet in den Dörfern, plünderten sie aus und ließen Tränen und Schmerz zurück. Schließlich gab der Viandener die lange und vergebliche Belagerung auf und zog sich zurück.

»Das geht nicht mit rechten Dingen zu«, flüsterten die Leute in den Dörfern ringsumher und waren sich sicher, die Templer halten es mit dem Teufel. Auch wollten viele es ganz sicher wissen, dass vom Rother Schloss ein unterirdischer Gang unter dem Dorf Roth hindurch bis hin nach Körperich führe. Den Berg dort, wo der Ausgang gewesen sein soll, heißt heute noch »Auf den Tempelherren«.

Eines Tages jedoch beobachtete ein auf seinem Feld arbeitender Bauer aus Roth zufällig, wie die Tempelherren von einem Beutezug zurückkamen und durch einen geheimen Gang in ihre Burg hineinritten. Als er erstaunt näher schritt, wurde er entdeckt und von den Rittern festgehalten. Zuerst wollten sie ihn töten. Aber der Bauer flehte unter Tränen um Gnade und bat um des lieben Gottes Willen um Schonung, denn er habe zu Hause eine kranke Frau und vier unmündige Kinder. Da ließen die Templer ihn einen heiligen Eid schwören, keinem Menschen etwas von dem geheimen Gang zu erzählen, wenn ihm sein Leben lieb wäre und er nicht wolle, dass man seine Familie als Sklaven verkaufe. Der brave Bauer versprach es und wurde dann frei gelassen.

Er hielt sich an sein Versprechen. Doch zunehmend geriet er in arge Gewissensnot, weil die Herren auf der Rother Burg es immer ärger trieben und keiner sie fassen und ergreifen konnte. Er war ja der einzige, der deren Versteck kannte und das Land von der Plage befreien konnte. Aber er war ja an seinen Schwur gebunden. Und doch fand er eine Lösung.

An einem Sonntag, als das feierliche Hochamt zu Ende war und die Menschen das Gotteshaus ver-

ließen, stellte sich der Bauer vor einen dicken Stein, der neben der Kirche lag und sprach zu diesem, aber so laut, dass die Umstehenden es deutlich verstehen konnten: »Lieber Stein, ich habe bei Gott geschworen, keinem Menschen etwas zu sagen. Diesen Schwur werde ich auch halten, aber du bist ja ein Stein, und dir sage ich es allein: sie haben am Berg einen Gang, ganz geheim, doch jetzt sind sie in ihrem Schloss wieder daheim!«

Kurze Zeit später wusste es auch bereits der Graf von Vianden, der im Eilmarsch mit seinen Mannen herbeieilte, durch den unterirdischen Gang in die Burg eindrang und die Templer festnehmen konnte. Ihnen wurde öffentlich der Prozess gemacht, und danach hatte auf dem Marktplatz von Vianden der Henker viel Arbeit.

(vergleiche Templersage von »Burg Wernerseck«)

Roth an der Our (54675) · Kreis Bitburg-Prüm · Rhld-Pf
Um 1228: Graf Heinrich I. von Vianden (*1210; †1252) schenkt dem Templerorden eine neu erbaute Pfarrkirche und ein daneben liegendes befestigtes Wohnhaus. Beide stehen auf einem Bergsporn in Roth, hoch über dem heutigen Grenzfluss Our. Dort richtet der Orden eine Komturei/Kommende ein. Er besitzt das Zehntrecht und nutzt die Einkünfte aus umfangreichen Ländereien, um seinen Ordensverpflichtungen in Palästina nachzukommen.
1314: Der Templerorden wird 1312 von Papst Clemens V. (1305–1314) aufgelöst, nachdem dieser aufgrund eines Beschlusses des französischen Königs Philipp der Schöne (1285–1314) dazu gezwungen wurde. Die Kommende mitsamt dem Ordensbesitz in Roth übernimmt die Komturei des Johanniterordens zu Trier, später auch »Malteser« genannt.
1634: Die Malteser nehmen bedeutende Anbauten und Instandsetzungsarbeiten am Kommende-Gebäude vor.
1733: Da das aus dem 13. Jahrhundert stammende Wohngebäude baufällig geworden ist, errichtet der Johanniterorden (unter Komtur Jakob Duding) als Neubau das heutige Schloss Roth in barockem Stil mit seinem sechseckigen Turm und einer kunstvoll gestalteten Treppenspindel.
1794: Die französische Revolutionsregierung hebt den Orden auf, säkularisiert dessen Eigentum, das dann ab 31.12.1797 von dem letzten Ordensverwalter, Notar und Bürgermeister von Vianden, Julian Louis André (1773–1859), zum Preis von 206 000 Livres aufgekauft wird. Die Nachkommen der Familie André leben bis zum Ausbruch des Zweiten Weltkriegs auf Schloss Roth.
1815: Die Gemeinde Roth wird auf dem Wiener Kongress vom (Groß-)Herzogtum Luxemburg (Grafschaft Vianden) abgetrennt und zur preußischen Rheinprovinz zugeordnet.
Ende 1944: Das Schloss (= Kommende) brennt während der Eifel-Ardennen-Offensive des Zweiten Weltkrieges bis auf die Umfassungsmauern aus. Notwendige Finanzmittel für den Wiederaufbau des Schlosses fehlen, das in den darauffolgenden Jahren immer mehr zerfällt.
23.10.1958: Verkauf an die Familie Hubert Joseph und Gertrud Eggen, die die starken Kriegsschäden beseitigt und das Schloss wieder originalgetreu aufbaut.
Heute: Das Schloss, im Herzen des deutsch-luxemburgischen Naturparks, einen Steinwurf vom malerischen Burgstädtchen Vianden entfernt, besitzt noch Keller (13. Jahrhundert), einen sechsseitigen Treppenturm (16. Jahrhundert) und ein quadratisches Torhaus (17. Jahrhundert) mit steilem Walmdach sowie Teile der Ringmauer. Der Besitzer Ton Eggen führt das Lebenswerk seiner Eltern fort und bietet Teile des Schlosses Roth als Ferienwohnungen an. Das sogenannte »Kaminzimmer« steht der Verbandsgemeinde Neuerburg als Trauraum zur Verfügung. Eine öffentliche Besichtigung ist nicht möglich.

Kostenlose Parkplätze sind vor dem Schloss vorhanden; keine Gastronomie im Schloss.
www.schloss-roth.de
www.vg-neuerburg.de

Schloss Dreiborn
Schleiden-Dreiborn

Wer zuletzt lacht ...

Ein ziemlich reicher Gutsherr, dem der Herr von Dreiborn seinen Besitz neidete und ihm deshalb seit Jahren mit Böswilligkeiten und Nachstellungen das Leben schwer machte, wurde erneut wegen eines kleinen Vergehens angezeigt. Sein Hütejunge hatte nicht aufgepasst, und eine seiner Kühe hatte sich unerlaubterweise auf der herrschaftlichen Wiese satt geweidet. Nun stand der Gutsherr vor Gericht und wurde zur Zahlung von tausend Goldgulden verurteilt. Das war furchtbar viel Geld. Eine ganze Kuhherde hätte man davon kaufen können. Aber was nutzte dies alles. Gegen das herrschaftliche Gericht und den streitsüchtigen Burgherren konnte der einfache Mann nicht ankommen. So ging er erbittert nach Zülpich zum Schatzamt und ließ sich die ganze Summe in einzelne kleine Kupfermünzen umwechseln. Mehrere volle und schwere Säckchen waren das

schließlich, die der Beklagte zur Burg Dreiborn schicken ließ. Sollten sie dort genau nachzählen, ob vielleicht nicht doch eine Münze fehlte. Stunden würden verstreichen, bis der Schatzmeister das Ergebnis haben würde.

Die Herren von Dreiborn waren gar nicht froh über dieses Schelmenstück. Sie ärgerten sich recht fürchterlich, und ihre Entrüstung war gewaltig. So einfach gedachten sie, den Bauern nicht aus dieser Sache zu lassen und sie wollten ihn verhaften lassen, um dessen »freche und unerhörte Dreistigkeit«, wie sie es nannten, hart zu strafen.

Doch der Gutsherr entzog sich ihrer Rachsucht, verkaufte all sein Hab und Gut und wanderte aus der Herrschaft Dreiborn aus. In Gemünd zog er über die Urft und erbaute sich auf Jülicher Gebiet ein neues Hofgut.

Als im kommenden Jahr der Herr von Dreiborn seinen gräflichen Freund, den Schlossherrn in Eicks

Schloss Dreiborm. Sammlung Duncker

Breite Wassergräben und hohe Burgwälle vermitteln noch heute den wehrhaften Charakter jener rheinischen Wasserburg.

besuchen wollte, führte sein kürzester Weg durch das Anwesen seines früheren Untertanen, des Gutsbesitzers. Dieser stand nun breitbeinig an seiner Grundstücksgrenze, hatte in seinem Arm eine geladene Flinte und drohte: »In dem Augenblick, Herr von Dreiborn, wo Ihr oder Euer Pferd mein Eigentum betretet, werde ich Euch wegen räuberischem Landfriedensbruch erschießen. Und glaubt mir, ich halte, was ich sage!«

Mochte der Dreiborner auch schimpfen und fluchen so viel er wollte, es blieb ihm nichts anderes übrig, als umzukehren und einen riesigen Umweg nach Eicks einzuschlagen.

Der Besitz auf der rechten Urftseite wurde seit dieser Zeit nur mehr die »Trotzburg« genannt.

(nach M. Zender)

Schleiden-Dreiborn (53937) · Kreis Euskirchen · NRW
Um 1300: Erbauung einer Burganlage außerhalb des Ortes.
1334: Erwähnung des Schlosses »Troys Fontainez« (= Drei Quellen, also Drei Born). König Johann von Böhmen (1296–1346) aus dem Hause Luxemburg überträgt es als Lehen an Grafen Wilhelm V. von Jülich. Zu dieser Jülicher Unterherrschaft gehören neben dem Schloss noch ein Dutzend Dörfer.
1505: Arnold von Harff (*1471; †1505), Herr auf Burg Dreiborn, verfasst ein reich bebildertes Reise-Tagebuch über seine Pilgerfahrten.
1586: Besitzer von Dreiborn sind die Herren von Harff, die sich nunmehr von Harff-Dreiborn nennen. Sie ist eine zweiteilige Wasserburg, durch doppelte Wassergräben und Wall geschützt, die die beiden Gebäude, ursprünglich getrennt als Vorburg und Hauptburg auf je einer eigenen Insel, umschließen. Damit ist Dreiborn mit 540 Meter die höchstgelegene Wasserburg im Rheinland.
1650: Die wohlhabende Familie von Harff wird in den Freiherrenstand erhoben; ihre Grablege ist in der Pfarrkirche Olef.
1680–95: Das zweigeschossige Herrenhaus mit abgewalmtem Dach, der anstoßende Eckturm und die beiden Längstrakte im Wirtschaftshof werden ausgebaut.
19.Jh.: Ausbau des Ostflügels
1982: Judith von Harff-Dreiborn stirbt kinderlos als letzte Freifrau der Burg. Neuer Burgbesitzer wird ihr Neffe Maximilian Freiherr Raitz von Frentz.
Heute: Die im Rheinland höchstgelegene Wasserburg Dreiborn ist im Privatbesitz der Familie von Harff und kann nicht besichtigt werden.

www.schleiden.de

Schloss Schmidtheim
Schmidtheim

Der Hunnenkönig

Es war an einem milden Vorfrühlingstag, als der Scheffer Matheis aufgeregt seine Nachricht in den heiligen Frieden der Johanniter-Kommende »im Wann« warf. In seiner Angst hatte er nichts Besseres zu tun gewusst, als auf dem schnellsten Wege zum Kloster zu laufen und seinen Lehnsherren das Schreckliche brühwarm mitzuteilen.

»Ehrwürdige Herren! Ich habe sie gesehen! Gott steh mir bei! Es ist schrecklich!«, stammelte er aufgeregt und mit angstverzerrtem Gesicht. »Oben auf der alten Römerstraße hielten sie. Alles fremde Män-

ner mit schmutzigen Pelzmützen. Die Haare hingen ihnen wild und in Strähnen in die braunen Gesichter. Viele hatten lange Zöpfe. Und auf kleinen, struppigen Pferden saßen sie. Mindestens fünfzig Mann waren es. Krumme Schwerter und lange Messer hatten sie genug. Sie sind die Straße aufwärts geritten, dann wieder abwärts. Dabei haben sie ständig gesprochen und sich zugerufen. Aber ich konnte nichts verstehen. Es waren raue, fremde Laute. Mit feurigen Blicken aus ihren sonderbar kleinen Schlitzaugen haben sie die Gegend besehen und mit dem Finger auf Häuser und Orte gezeigt. Dann sind sie plötzlich im Galopp im Waldesdickicht verschwunden. Was

Schmidtheim (53949) · Kreis Euskirchen · NRW

1198: Die edlen Herren »Heinrich und Godfried van smydeheim« werden in einer Urkunde als Zeugen erwähnt. Sie bewohnen ein festes Haus, eine ursprüngliche Wasserburg, vermutlich errichtet auf den Resten eines ehemaligen römischen Gutshofes. Die Herren von Schmidtheim, seit 1340 Lehnsherren und Dienstmannen von Blankenheim, bewohnen ihre Burg bis zum Aussterben ihres Geschlechtes im Mannesstamm im Jahre

1511. Danach übernimmt durch Einheirat das Adelsgeschlecht der »Beissel von Gymnich« die Burg Schmidtheim als Lehen.

Um 1590 werden größere Umbau- und Erweiterungsmaßnahmen an der Burg vorgenommen.

1597/1603: Reinhard Beissel von Gymnich (*1562; †1637) der Jüngere veranlasst eine erste Welle zahlreicher Hexenprozesse in und um Schmidtheim. Zwölf Todesurteile sind aktenkundig.

1626–28: Die Burg wird zu einem Schloss umgebaut. Kernstück und ältester Teil der Burganlage ist der mächtige viergeschossige Wohnturm. Mit ihm entstehen eine Dreiflügelanlage in der heutigen Form und eine Vorburg mit einem Wirtschaftshof.

1630–31: Bertram Beissel von Gymnich (*1591; †1648) setzt die Hexenprozesse fort. Rund 50 Verhandlungen führen zu 42 Todesurteilen, nahezu zehn Prozent der Dorfbevölkerung.

1800: Als Folge der napoleonischen Herrschaft wird Schmidtheim Teil der französischen Republik. Die Herren von Schmidtheim verlieren ihre Privilegien, behalten aber ihren Besitz und sind unter Napoleon Mitglied im Generalrat des Rur-Departements in Aachen.

1816: Die Eifel wird dem Königreich Preußen zugeteilt. Franz Ludwig Beissel von Gymnich erhält den Grafentitel und vergrößert in den folgenden Jahren den Grundbesitz.

1890: Brand der Vorburg, die anschließend wieder hergestellt wird. Dabei werden die ehemaligen Wassergräben zugeschüttet.

Heute: Das heutige Schloss hat relativ unbeschadet die Wirren der Jahrhunderte (Französische Revolutionskriege, Erster und Zweiter Weltkrieg) überstanden. Es ist im Privatbesitz der Familie Beissel von Gymnich und zählt mit zu einem der besterhaltenen Schlösser der Eifel. Sehenswert ist die öffentliche und frei zugängliche Parkanlage mit uralten Bäumen, Tor und Pavillon. Die Burgkapelle vor der Südostecke der Vorburg ist die heutige Pfarrkirche von Schmidtheim. In den Vorgebäuden ist eine Ferienwohnung und der Gewölbekeller für private Feiern mietbar. Standesamtliche Trauungen können im »Delfter Zimmer« vorgenommen werden.

Freie Parkplätze in Schmidtheim vorhanden
keine öffentliche Besuchsmöglichkeiten
keine Gastronomie im Schloss
www.castlewelt.com/schmidtheim
www.schmidtheim.de

für ein Glück für mich, dass sie mich nicht gesehen haben. Es wäre sicher mein Tod gewesen. Aber in meiner Not hatte ich mich hinter einer dicken Eiche versteckt.«

Während der Bruder Fidelis mit einer Kanne schäumenden Bieres die Aufregung des armen Matheis zu beruhigen suchte, traf drüben im Refektorium der Prior inmitten seiner Ordensbrüder die notwendigen Maßnahmen. Niemand von ihnen zweifelte einen Augenblick daran, dass die fremden Männer der Vortrupp der Hunnen waren. Der Ruf von deren Wildheit und Grausamkeit war ihnen schon vorausgeeilt auf dem Raubzug, den sie bereits vor einigen Monaten angetreten hatten. Jetzt war Eile angesagt. Es schien zwecklos, das ungeschützte Kloster gegen die Übermacht zu verteidigen. Da blieb nichts anderes übrig, als alles, was wertvoll war, in die ferne starke Kronenburg zu bringen. Alles andere wollte man getrost der Vorsehung Gottes überlassen.

Zunächst aber mussten Benedikt und Johannes, die am Morgen nach Blankenheim zum Grafen geritten waren, benachrichtigt werden. Auch war es besser, dass die beiden nicht allein den gefährlichen Rückweg durch den Wald machten. So begaben sich noch drei Brüder wohlgerüstet auf den Weg, während die übrigen in aller Eile die Kostbarkeiten der Kirche, Bücher und wertvolle Handschriften auf Wagen luden und zur Kronenburg brachten.

Die Vesper war bereits zu Ende, als die fünf Johanniter von Blankenheim aus den Heimweg antraten. Um etwaige Verfolger irrezuführen, hatten sie den Pferden die Hufeisen verkehrt aufgeschlagen, obgleich der Ritt dadurch bedeutend langsamer und beschwerlicher wurde.

Ungefährdet erreichten sie die Höhe von Schmidtheim und bogen eben nach »Eichholz« ein, als hinter den Bergen von Kronenburg die Sonne unterging. Da stolperte, wohl wegen des ungewohnten Beschlages, das Pferd Benedikts. Als es wieder auf den Füßen stand, hinkte es schwer. Immer langsamer wurde sein Gang, immer größer der Abstand Benedikts von seinen Gefährten, die bald in der stärker werdenden Dunkelheit nicht mehr zu sehen waren.

Da hörte Benedikt auf einmal vor sich auf der Straße lautes Schreien und Gepolter. Erschrocken hielt er sein Pferd an und lauschte. Bald erkannte er die Gefahr. Es waren Hunnen, die sich da näherten. Eilig sprang er von seinem lahmen Pferd und floh vom Wege ab ins Gebüsch. Es war keinen Augenblick zu früh. Schon waren die Feinde zur Stelle und drangen ebenfalls in das Dickicht ein, voran ein starker, schwarzbärtiger Geselle, den Dolch in der Faust, hinter ihm noch weitere wilde Gestalten. Die übrigen umringten auf der Straße mit erregten Rufen das reiterlose Pferd.

In hastigen Sprüngen eilte Benedikt durch das Gebüsch den Hang hinab und versuchte durch allerlei Schliche, seine Verfolger von sich abzuschütteln. Es gelang ihm aber nicht. Schon zog er sein Schwert, um sein Leben so teuer wie möglich zu verkaufen. Gerade sah er noch, wie ein Hunne seinen Speer hob und ihn mit Kraft gegen Benedikt schleuderte. Er sandte noch ein Stoßgebet gen Himmel und empfahl seine Seele dem gnädigen Gott. Da hörte er hinter sich einen dumpfen Fall und einen wilden Schrei, dann war es still. Nur der Wind rauschte in den Kronen der Bäume. Trotz der Gefahr blieb der Mönch, hinter einem Strauch verborgen, stehen.

Auf dem Boden krümmte sich unter heftigem Röcheln der schwarzbärtige Hunne. Eine Speerstange ragte lang aus seinem Nacken. Sie hatte Benedikt verfehlt und stattdessen den Anführer der wilden Horde getroffen. Seine Gefährten knieten neben ihm und versuchten schweigend, die Waffe aus der blutsprudelnden Wunde zu ziehen.

Leise und vorsichtig schlich Benedikt die Höhe hinab, die noch heute »Lanzenkopf« heißt. Er erreichte glücklich den Talgrund, wo er sich an einer Quelle, heute »Pfaffenborn« genannt, zunächst von seinem Schrecken erholte. Dann suchte er vorläufig Schutz auf dem Schloss des Grafen in Schmidtheim.

Unterdessen legten die Hunnen ihren toten Anführer, der durch ihre eigene Hand gefallen war, auf seinen Schild und trugen ihn schweigend zu ihrem Lagerplatz an dem »Wahlbach«. Hier begruben sie ihn im vollen Schmuck seiner Waffen und hoch zu Ross. Seine Schätze aber, Münzen, Halsketten, Armreifen und Halsspangen, Becher und Kelche, Raubgut aus so vielen Beutezügen, nähten sie in eine Kuhhaut und gaben sie dem Toten mit ins Grab, damit er auch in den dunklen Gefilden des Schattenreiches wieder König sei inmitten der toten Männer seines Volkes.   *(nach K. Guthausen)*

Schönecken (Bellacosta)
Schönecken

Yolanda als Gefangene

Yolanda wurde um 1231 als Tochter des luxemburgischen Grafen Heinrich I. und Margarethe von Courtenay in Vianden geboren. Der Legende nach war sie sehr fromm. Als sie einmal als Neunjährige ihre Tante besuchte, die als Äbtissin ein Zisterzienserkloster leitete, war sie von

te ihre Macht und ihren Einfluss tief in den Norden ausgedehnt und lange Friedensjahre zwischen den beiden Grafenhäusern begründet.

Außerdem war man der Meinung, das Grafenhaus Vianden habe der Kirche schon genügend Mitglieder gestellt, denn Onkel Konrad sei Erzbischof in Köln und Yolandas Bruder Heinrich wirke als Dompropst in Köln und als Bischof in Utrecht.

dem Ordensleben so begeistert, dass sie ebenfalls, und am liebsten sofort, Nonne werden wollte. Doch das lehnte ihre Familie ab. Sie hatte ganz andere Pläne mit ihr. Yolanda sollte mit dem Grafen Walram von Monschau verheiratet werden, mit dem sie bereits als Zwölfjährige verlobt worden war. Das hätte den Viandenern Ruhm und Ehre gebracht, hät-

Doch Yolanda ließ nicht ab von ihrem Wunsch, die weltliche Kleidung mit dem gottgegebenen Schleier zu tauschen. Fest entschlossen teilte sie mit, sie habe sich für das Kloster Marienthal entschieden. Und wieder protestierten die Eltern aufs heftigste. Wenn schon ein Kloster, dann eher das reiche Zisterzienserkloster in Salines (Bretagne), aber auf gar keinen Fall

Schönecken (54614) · Kreis Bitburg-Prüm · Rhld-Pf

1218–45: Auf einem vorspringenden Bergsporn mit einem breiten, zum Eifelfluss Nims abfallenden Bergrücken, erbauen die Grafen von Vianden – wahrscheinlich auf Anordnung der Abtei Prüm – eine Schutzburg, der sie den Namen »bella costa« oder »clara costa« geben. In ihrer Größe (ca. 120 m Länge und 60 m Breite) ist sie wohl eine der größten Wehranlagen in der gesamten Westeifel. Auf ihr regieren als Vögte (Schirmherren) die Grafen von Vianden, die sich später auch Herren von Schönecken nennen. Eine ihrer Aufgaben ist es, die Südgrenze des Territoriums der Fürstabtei Prüm und die durch das Tal führende Handelsstraße Bitburg-Prüm zu sichern.

1247: Albertus Magnus (*um 1200; † 1280) und der Kölner Erzbischof Konrad von Hochstaden (1238–1261) weilen auf der Burg

1264: Heinrich von Vianden bestimmt die Burg als seinen Wohnsitz und nennt sich fortan »Herr von Schönecken«.

1288: Gerhard von Schönecken tötet im Streit zwei Prümer Mönche.

1352: Hartard von Schönecken fällt im Kampf für Balduin von Trier (1307–1354).

1370: Johann, der letzte Herr von Schönecken stirbt.

1384: Erzbischof Kuno von Falkenstein (1362–1388) erwirbt die Burg für Kurtrier und lässt sie weiter ausbauen. Sie dient später als Stützpunkt der Erzbischöfe bei ihren militärischen Auseinandersetzungen mit der Abtei Prüm.

Nach 1576: Die Abtei Prüm wird endgültig dem Kurstaat Trier einverleibt. Die Burg Schönecken verliert ihre strategische Bedeutung und verfällt zunehmend.

1643: Während des Dreißigjährigen Krieges wird sie von feindlichen Truppen erobert.

1802: Ein Brand zerstört Burg und Ort Schönecken.

1804: Die Franzosen lassen die beschlagnahmte Burg auf Abbruch versteigern.

1848: Der preußische Staat wird Eigentümer der Ruine.

1906: Erste Restaurierungs- und Baumaßnahmen der Burg durch den Staat Preußen.

Um 1920: Dr. Schreiber verhindert den endgültigen Abbruch der Ruine.

1970–1975: Sanierung der Wehrtürme und Wehrmauern durch die rheinland-pfälzische Schlösserverwaltung.

1982–1985: weitere Sanierungs- und Sicherungsmaßnahmen.

Heute: Die Ruine der Schönecker Burganlage, im Eigentum des Landes Rheinland-Pfalz, ist jederzeit frei zugänglich. Von der Talseite her wirken die Burgfassaden sehr imposant; jedoch sind von der Hauptburg nur noch die Umfassungsmauern mit mehreren großen Türmen übriggeblieben. Dennoch ist sie das markante Wahrzeichen des Ortes, die eindrucksvolle Blicke auf Schönecken und ins Tal der Nims zulässt.

Kostenlose Parkplätze direkt vor der Burg; keine Gastronomie oder Übernachtungsmöglichkeiten auf der Burg.
www.schoenecken-eifel.de/burg.htm
www.schoenecken.com/html/bellacosta.htm

»Marienthal«, ein bedeutungsloses Kloster ohne Rang und Namen, fernab von Vianden, jämmerlich klein im Tal der Eisch, nordöstlich von Ansembourg. Das war kein standesgemäßes Haus für adlige Damen, nein, dieser Bettelorden war eher eine Zufluchtsstätte für Dienstmädchen und Arme-Leute-Kinder.

Yolanda blieb unbeirrbar ihrem Entschluss treu, war bereit, sofort ihr Elternhaus zu verlassen und Gottes Ruf zu folgen. Die Eltern waren wütend und fest entschlossen, den jugendlichen Willen ihrer Tochter zu brechen und ihre eigenen politischen Pläne durchzusetzen. So ordneten sie an, ihre Tochter zu »entführen«, auf ihre Burg nach Schönecken zu bringen und sie dort wie eine Gefangene unter Hausarrest zu stellen. Sicherlich würde sie dort, fernab von Vianden, zur Einsicht und Vernunft gelangen. So geschah es.

Wochen und Monate schritten ins Land. Kein weltliches Fest, kein Prunk und keine Freier, keine Drohungen oder Schmähungen hielten Yolanda von ihrem Wunsch ab, Nonne zu werden und ihr Leben Gott und den Nächsten zu weihen. Der einzige, der zu ihr hielt, sie mehrmals in der Schönecker Burg aufsuchte und seelisch betreute, war ihr Bruder Heinrich, der Kölner Dompropst. 1247 wurde eine Familienberatung abgehalten, der sogar der berühmte Albertus Magnus von Köln beiwohnte. Dieser gab den Eltern den Rat, den Willen ihrer Tochter nicht mit Gewalt zu brechen, fühle sie sich doch von Gott berufen.

Erst nach vielen Verzögerungen, Einwänden und Schwierigkeiten gaben die Eltern im kommenden Jahr dem Wunsche ihrer Tochter Yolanda nach und erteilten ihre elterliche Erlaubnis. Yolanda trat in den Orden der Dominikanerinnen und ins Kloster Marienthal ein. Dort wirkte sie 35 Jahre lang und brachte als Priorin die Abtei zur Blüte. Unter ihrer Führung ließ sie eine große fünfschiffige Kirche erbauen und

Steinskulptur der seligen Yolanda in der Kathedrale von Luxemburg

ebenfalls die Klostergebäude erheblich erweitern. Als ihr Vater 1252 starb, trat auch ihre Mutter Margarete – überzeugt von dem tugendsamen und christlichen Vorbild ihrer Tochter – ins Kloster Marienthal ein.

Yolanda selbst starb am 17.12.1283. Heute wird sie in ihrer luxemburgischen Heimat als Selige verehrt. Ihr Schädel befindet sich als wertvolles Reliquiar in der Trinitarierkirche Vianden.

Krieg zwischen Schönberg und Schönecken

Es war im Jahre 1323. In Schönberg hatte es in jenem Jahr eine sehr schlechte Ernte gegeben, wodurch großer Mangel an Frucht entstand. Deshalb entsandte Otto, der gräfliche Herr in der Schönberger Burg, seine Lanzenknechte nach Schönecken, um dort Frucht zu kaufen.

Doch der Schönecker Graf Hartard duldete dies nicht. Hartherzig und geizig war er und befahl seinen Knappen, die Eindringlinge aus seiner Burg und dem Ort Schönecken zu vertreiben. Vierzig seiner Mannen führten diesen Befehl sofort aus und schlugen die Schönberger in die Flucht. Als Otto diesen erlittenen Schimpf erfuhr, setzte er sich am folgenden Tage an die Spitze von hundert Mann, zog vor Hartards Schloss und belagerte dasselbe, um Genugtuung zu erhalten. Als Hartard die feindliche Absicht Ottos merkte, hüllte er sich in das Gewand eines glitzernden Hofnarren und rief Otto durch eine Mauerlücke voller Hohn und Spott zu: »Mich fruit Herr Otto dat sei mich besouchen« (= Mich freut's, Herr Otto, dass Sie mich besuchen.)

Graf Otto antwortete mit mächtiger Stimme: »Der Tuifel kricht dich uff der Erden, hahn langs gewardt dich zu strofen, miene Knechte seynd kine Frauwen, koum herous, da schmakst du die Knechte!« (= Der Teufel kriegt dich auf dieser Erden noch. Ich habe lange genug auf die Gelegenheit gewartet, dich zu strafen. Meine Soldaten sind keine feigen Frauen. Komm heraus, du sollst sie schmecken lernen!)

Als Hartard sah, dass Otto vor Wut schäumte und auf Kampf drängte, zog er sich zurück und bereitete sich ebenfalls zum Gefechte vor.

Die Schönecker stürzten heraus und ein fürchterliches Gemetzel entstand. Da wankten bereits die ersten Schönberger. Sie und ihre Pferde waren vom eiligen Ritte ermattet. Graf Otto blies zum Rückzug, und alle flüchteten. Die Schönecker, siegesgewiss, nahmen die Verfolgung auf und rannten ihnen nach bis vor die Tore des Schönberger Schlosses.

Damit hatte Otto gerechnet. Er hatte nämlich alle Posten besetzen lassen und war sich der Hilfe seiner Untertanen sicher. Nun gab er seinen Soldaten das Zeichen zum Angriff. Diese wandten sich kampfbereit den heranstürmenden Schöneckern zu. Mit einem Hagel von Steinen wurden diese empfangen. Die Pfeile zischten durch die Luft, die Lanzenreiter drangen auf die Schönecker ein. Nach einem halbstündigen Kampfe mussten nunmehr die Schönecker die Flucht ergreifen.

Der Sohn des Hartard blieb blutend und besinnungslos auf dem Kampfplatz vor der Burg liegen. Ein schweres Wurfgeschoss hatte ihn am Kopf getroffen. Nun wurde er mit Siegesgeschrei von den Schönberger Frauen in Fetzen zerschnitten und den Hunden vorgeworfen. Otto verfolgte seinen Feind bis vor

Schönecken. Hier stellten sich die beiden Truppen wieder und schlugen sich, dass die Funken von den Panzern flogen.

Otto suchte im Kampf die Gelegenheit, an Hartard heran zu kommen, und beide fochten gegeneinander. Dabei spaltete Otto mit einem gewaltigen Hieb den Helm von Hartard und versetzte ihm eine Wunde in den Kopf. Blutend gab der Schönecker seinem Pferde die Sporen und flüchtete eilends hinter die schützenden Mauern seiner Burg. Alle seine Landsknechte folgten ihm.

Otto belagerte das Schloss so lange, bis Hartard, der fast seine ganze Mannschaft verloren hatte, dem Sieger Otto hundert schwere Gulden versprach, wenn er friedlich abziehen würde. Otto willigte in den Vergleich und zog nach erhaltenem Gelde auf sein Schloss zurück.

(nach Anton Hecking, Geschichte der Herren von Schönberg in der Eifel, St. Vith 1884)

Aus dem Kerker befreit

Es war im Jahre 1447. Da gerieten zwei Brüder aus Schönecken, der eine hieß Wyrich Wulff und der andere Walraf, in Gefangenschaft und wurden in einen dicken Turm in den Kerker eingesperrt, wo sie unter schlimmen Bedingungen streng bewacht und schlecht behandelt wurden. Sehr häufig baten sie um ihre Freilassung oder boten sich an, für sie Bürgen zu stellen. Aber alles Flehen war vergebens. Im Gegenteil, sie mussten noch größere Misshandlungen, Schmutz und Qualen in ihrem Verlies erdulden.

Da sie einsahen, bei den Menschen keine Barmherzigkeit erwarten zu können, suchten sie Zuflucht in der unendlichen Güte Gottes. Und je mehr sie sich ihm zuwandten, umso mehr vergaßen sie ihr Leid, und ihre Seelen fanden fromme Ruhe. Sie erflehten genau so inbrünstig die Fürsprache der Jungfrau Muttergottes von Klausen, sich ihrem Leid und ihrer seelischen Trübsal anzunehmen und zu helfen, aus dieser trostlosen Gefangenschaft befreit zu werden.

Und wie sie so ständig und eindringlich beteten und flehten, bemerkten sie auf einmal in ihrer Kerzerzelle einen länglichen Gegenstand, den sie dort vorher noch nie gesehen hatten. Es war ein Stück harten Eisens. Dieses nahmen sie rasch an sich und begannen damit, im Namen der himmlischen Jungfrau Maria die Kerkerwand anzubohren. Nach und nach lockerten sie mit Hilfe dieses Werkzeuges einen Stein nach dem anderen. Schließlich gelang es ihnen, nach mühevoller Arbeit die Mauer zu durchbrechen, die mindestens neun Fuß dick war. Sie zwangen sich durch die Öffnung, kletterten die Felsmauern hinab und konnten dann im Schutz der Dunkelheit aus dem Gefängnis entfliehen.

Mit tiefer Dankbarkeit und großer Freude im Herzen lobten und priesen die beiden Brüder die Gottesmutter und berichteten allen Menschen von deren Wohltat und wundertätigen Hilfe bei ihrer Befreiung.

(nach Klausener Wunderbüchlein)

Hartelstein
Schwirzheim

Der Hartelsteiner und der Neuensteiner

Im Nordosten des Prümer Raumes befanden sich ehedem zwei Ritterburgen. Eine davon hieß Hartelstein, die andere Neuenstein, von der aber nichts mehr zu sehen ist. Aber als sie sich noch stolz auf ihren Berggipfeln erhoben, und ritterliches Leben Säle

heimlich und unerwartet seinen Feind zu überfallen. Die Burg aber ließ er hell erleuchten. Kurz vor dem Ausritt hatte er sämtlichen Rossen die Hufeisen verkehrt aufsetzen lassen.

Zur selben Zeit schlich sich ebenso unbemerkt und klammheimlich der Hartelsteiner mit seinen Leuten an die Burg seines Gegners heran. Als er die

und Burghöfe erfüllten, lebten dereinst in jeder Burg Ritter, die in beständiger Fehde miteinander lagen. Einst wandte der Neuensteiner eine gut durchdachte List an, um den stärkeren Hartelsteiner in seine Hand zu bekommen. Es war zur Winterzeit, frischer Schnee war gefallen. Da ritt der Neuensteiner mit seinen Kriegsmannen aus, tief in den dunklen Wald, um

hell erleuchtete Burg Neuenstein sah, freute er sich. Schon glaubte er, den nichtsahnenden Neuensteiner im eigenen Nest gefangen zu haben. Er war sich seiner Sache vollends sicher, wiesen doch auch die Hufspuren der Rosse in dem frischgefallenen Schnee zur Burg hin. Sein Gegner saß sicherlich gemütlich vor dem flackernden Kamin.

Schwirzheim (54597) · Kreis Bitburg-Prüm · Rhld-Pf

10. Jh.: Der Ort Schwirzheim wird urkundlich erstmals 943 als »villa suerdesheim« erwähnt. Es wird vermutet, dass Mönche der Abtei Prüm diese auf einem Dolomitkegel am Nordostrande des Ortes Schwirzheim erbauen ließen, als Schutz und zur Kontrolle eines Handelsweges zwischen Hillesheim und Prüm.

1279: Urkundliche Erwähnung.

1340: Neubau unter Graf Hartard von Schönecken; von ihm soll der Burgname »Hartelstein« abgeleitet sein. Die Burg verbleibt im Lehnsbesitz der Herren von Schönecken. In ihr wird der verdienstvolle Kurfürst Johann VII. von Schönenberg (1581–1599) geboren.

1712: Nach mehreren Besitzwechseln wird sie vom Kurfürstentum Trier erworben.

Im 18. Jh.: Gänzlicher Verfall; Steine werden als Baumaterial in umliegenden Ortschaften verbraucht.

Heute: Von der ehemaligen langgestreckten Burganlage sind nur mehr wenige Mauerreste erhalten. Sie ist frei zugänglich und gewährt beeindruckende Blicke auf die Gemeinde und in die Prümer Kalkmulde.

Kostenlose Parkplätze nahe des Burgberges
keine Gastronomie auf der Ruine
www.schoenecken.com
www.pruem.de

Als er bereits im Begriffe war, die Burg zu besetzen, sprengte plötzlich der Neuensteiner mit seinen Mannen aus dem Hinterhalte hervor. Die angewandte List hatte dem Hartelsteiner einen bösen Streich gespielt. Nun war er, der doch den Neuensteiner gefangensetzen wollte, selbst dessen Gefangener geworden und musste für lange Zeit im finsteren Kerker darben. Der Klügere hatte den Stärkeren überwunden.

Der gebrochene Eid

Der Ritter von Hartelstein war ein sehr vermögender Burgherr. Aber trotz seines Reichtums hielt er sein Geld und sein Vermögen zusammen. Er war ein sehr sparsamer und ein rechtschaffener, ein kluger und haushälterischer Herr.

Doch sein einziger Sohn und Erbe war das genaue Gegenstück seines Vaters. Er liebte den Aufwand und den Prunk. Sparen kannte und wollte er nicht.

Er lebte in Saus und Braus und ließ es sich mitsamt seinen zweifelhaften Trink- und Spielkumpanen auf Kosten des Vaters gut gehen. Das Geld rann dem verschwenderischen Burschen wie Wasser zwischen den Fingern hindurch.

Darüber grämte sich der Vater gar sehr. Und als er im hohen Alter spürte, dass sein Tod ganz nahe war, bat er seinen Sohn zu sich an sein Sterbebett. Dort nahm er sein Sterbekreuz, hielt es seinem Jungen hin und sagte mit leiser und schwacher Stimme: »Sohn, ich fühle die Hand des Todes bereits an meinem Herzen. Ich bin bereit, meine Seele dem Schöpfer zurück zu geben. Dann wirst du der Herr hier auf Hartelstein sein und ein stolzes Erbe antreten. Lege deine Hand auf dieses Kreuz und schwöre bei dem Blute Christi, dass du gut zu deiner Dienerschaft sein und gerecht über deine Untertanen herrschen wirst. Vor allem, bewahre das väterliche Gut, gehe sorgsam damit um und sei sparsam. Meide übertriebenen Aufwand, Völlerei und Schwelgerei. Vergeude nicht, was alle deine Vorfahren mühsam erworben.«

Der Sohn legte seine Hand auf das Kreuz, und mit Tränen in den Augen sprach er die Worte seines Vaters nach und legte vor Gott und der Welt diesen Schwur ab. Doch kaum hatte der alte Hartelsteiner seine Augen für immer geschlossen, kaum waren die letzten Trauerfeierlichkeiten vorüber, da wollte der treulose Sohn nichts mehr von seinem Eid wissen. Die Trauermusik wandelte sich in ausgelassene Tanzmusik, Karten kreisten, Wein und Schnaps flossen in Strömen. Mit Schmuck und Gold wurden lockere Weibsbilder belohnt, und der junge Burgherr lebte wie eine Made im Speck, ohne Gedanken, ohne Gewissen.

Und es kam, wie es kommen musste. Es war noch nicht einmal eine Handvoll Jahre verstrichen, da waren Kisten und Truhen leer, herrliche Wälder und fruchtbare Felder versteigert und verschleudert. Tanz, Spiel und Schwelgereien verschwanden aus den Mauern der Burg, genauso wie sich auch keine Freunde und Kumpane mehr bei dem völlig Verarmten einfinden wollten.

Der junge Hartelsteiner musste bei Nacht und Nebel seine Burg verlassen, um nicht von den Häschern in den Schuldturm geführt zu werden. Noch längere Zeit sah man ihn, aller Habe bar, sich an den Türen seiner einstigen Untertanen das Brot erbetteln. Danach verlieren sich alle Spuren, und niemand kann sagen, wie und wo der Meineidige endete.

Burg Seinsfeld
Seinsfeld

Das Jungfernkreuz

Aus der Burg Seinsfeld ertönte Saitenspiel und holder Minnesang. Ein heiteres Fest neigte sich seinem Ende zu. Zwei vornehme Brüder, die Grafen von Kesselstatt, weilten dort im kerzenerleuchteten Prunksaal, gaben sich höfisch und galant und warben um die Gunst der beiden jungen Edelfräulein. Eine

davon war Maria Adolfa. Sie war bildschön, strahlte wie der liebliche Maienschein, war der umschwärmte Mittelpunkt bei jedem Feste. Ihre Schwester, Anna Johanetta, war nicht so wohlgestaltet. Still und weniger beachtet, verbrachte sie ihr Leben auf der Burg. So hatten sich die Grafensöhne von Kesselstatt auch beide in die hübsche Maria Adolfa verliebt, und beide begehrten sie als Braut. Der jüngere Bruder gewann die Gunst der Schönen, und sie gab ihm zu verstehen, dass sie ihm gerne im kommenden Jahr das Jawort als seine Braut geben würde. Das erweckte natürlich Eifersucht und schürte das Feuer der Leidenschaft in

dem älteren Bruder. Neid und Missgunst wuchsen. Wortgeplänkel wurden immer häufiger, Blicke drohender.

Eines Abends, als die beiden Brüder nach einem Besuch auf der Burg wieder nach Hause zurückreiten wollten, gaben die Schwestern den beiden Brüdern noch eine kurze Strecke das Geleit. Aber bereits nach kurzer Zeit gerieten die zwei Grafensöhne in einen heftigen Wortwechsel. Doch dabei blieb es nicht. Im Nu waren die Schwerter gezogen, und vor den Augen der erstarrenden Schwestern kämpfte Bruder gegen Bruder. Da – einer der Kämpfer sinkt, vom Schwert des Bruders durchbohrt, tot zu Boden. Hohnlachend steht der ältere daneben, das blutige Schwert noch in Händen.

Seine Geliebte Maria Adolfa geriet darüber so in Verzweiflung, dass sie wehklagend zur Burg zurücklief, all ihr Hab und Gut zusammenraffte und es mitsamt ihrem eigenen jammervollen Leben vernichten wollte. Nur mit Mühe konnte Anna Johanetta die Unglückliche beruhigen und vor der Selbsttötung bewahren. Jedoch kehrten Ruhe und Frieden nicht mehr in die Burg Seinsfeld. Leid und Kummer waren so übermächtig, dass die beiden Schwestern den stillen Frieden des nahegelegenen Klosters St. Thomas an der Kyll suchten, um dort als Nonnen für sich Trost und Ergebung zu finden und für das Seelenheil der beiden Kesselstattbrüder zu beten.

An der Stätte des Unheils aber, an der der Grafensohn durch die Hand seines Bruders starb, errichtete seine Geliebte Maria Adolfa von Lontzen, genannt Roben, ihm ein hohes Schaftkreuz mit einer Kreuzigungsgruppe. Am unteren Ende ist über ihrem Lontzen-Wappen eine Pieta eingemeißelt, die Schmerzhafte Muttergottes, die ihren getöteten Sohn im Schoße hält.

Noch heute steht dieses Mahnmal am Ende des kleinen Burgweges, kurz vor der Einmündung auf die vielbefahrene Bundesstraße. Es trägt die Jahreszahl 1645 und wird bei allen Leuten »Das Jungfernkreuz« genannt.

Seinsfeld (54655) · Kreis Bitburg-Prüm · Rhld-Pf
8.11.1325: In dieser bisher ältesten Urkunde überträgt der blinde König Johann von Böhmen (1296–1346) die Burg Seinsfeld an den Grafen Arnold von Blankenheim. Erbaut ist sie nördlich der Ortsgemeinde Seinsfeld als eine der wenigen Wasserburgen der Eifel.
24.2.1461: Graf Wilhelm II. von Blankenheim verpfändet sein Haus »Synsfeld« in der Eifel an den Ritter Johann von Kettge, genannt von Ringsheim.
Um 1483: Johann von Lontzen, genannt Roben, erwirbt Seinsfeld für 2.200 Gulden und wird von den Grafen von Manderscheid, denen mittlerweile die Blankenheimer Besitzungen gehören, mit dem halben Schloss Seinsfeld belehnt. In der Lontzen-Familie verbleibt es nun für Generationen.
1629: Pfarrei und Burg Seinsfeld werden durch schwedische Truppen ausgeplündert und verwüstet.
Um 1680: Nach den verheerenden Jahren des Dreißigjährigen Krieges werden große Teile der Burg neu erbaut. Es entsteht eine nahezu kreisrunde Anlage, deren Hof nach Süden hin offen ist.
1726: Durch Einheiraten gelangt die Burg in den Besitz der Familie von Berg.

1794: Nach dem Einmarsch der Franzosen verkauft der von Schloss Seinsfeld vertriebene Freiherr Ernst von Berg sein Anwesen an den Notar Lothar München aus Dudeldorf.
1812 erwirbt sie Herr Duvain.
1817 besitzen Carl Leist und Heinrich Carl Hellermann aus Meisenheim die Burg. Zu dieser Zeit wird sie auch Schloss Hellermannsfeld genannt. In den kommenden Jahrzehnten wechseln die Burgbesitzer noch mehrmals.
1890: Der Westflügel der Burg wird abgerissen.
1920: Ein Nachkomme der Meisenheimer Familie Leist, Heinrich Josef Leist, erwirbt die Burg vom Herzog von Arenberg.
Um 1935 und 1949: Der abgerissene Westflügel wird durch einen Neubau ersetzt, der nach 1945 für viele Jahre als Kindererholungsheim dient.
Heute: In ihrer relativ vollständigen Erhaltung ist die Burg Seinsfeld für die rheinische Burgenkunde von Bedeutung. Der Wassergraben, der sie umgibt, ist etwa sechs Meter tief und 17 Meter breit. Die Anlage ist in Privatbesitz und nur von außen zu besichtigen. Keine Übernachtung oder Gastronomie auf der Burg.

www.roscheiderhof.de

Jäger Hermann

Im Schloss zu Seinsfeld wohnte in früheren Zeiten der Freiherr Wolfgang von Berg. Dieser hatte einen Jäger namens Hermann. Das war der beste Waidmann und Schütze weit und breit. Keiner kam ihm an Treffsicherheit gleich. Er lieferte seinem Herrn stets so viel Wild, als der nur wollte.

Als Herr von Berg eines Tages sein Namensfest feierte und nach der Tafel mit seinen zahlreichen Gästen im Schlosshofe lustwandelte, erzählte er allen von der hohen Kunst seines Jägers Hermann. Ja, er wagte sogar die Aussage, dass es wohl in dem großen, weiten Reich des mächtigen Trierer Kurfürsten keinen Schützen gäbe, der nur annähernd an Hermanns Kunst heranreiche.

Als der Seinsfelder Freiherr allerdings etliche Zweifelnde den Kopf schütteln sah und ungläubiges Lächeln in Gesichtern bemerkte, wollte er alle von der Wahrheit seiner Behauptung überzeugen. Suchend schweiften seine Augen umher, und als er ganz da hinten, man konnte sie kaum erkennen, eine kleine Schwalbe auf dem Schlossdach sitzen sah, rief er den Jäger Hermann zu sich und forderte ihn auf: »Schieße den Vogel ab!«

»Wie Ihr befehlt«, entgegnete Hermann, legte sein Gewehr an, zielte nur kurz und drückte ab. Und tatsächlich, die kleine Schwalbe rutschte das steile Dach hinab und fiel tot zu Boden.

Doch, Allgütiger, was war das? Alle hatten Jäger Hermann gesehen, wie er angelegt und abgedrückt hatte. Doch niemand hatte Feuer gesehen, keiner Pulverdampf gerochen oder einen Knall gehört, obschon es das Leben des kleinen Vogels kostete.

Erschrocken ließ der Herr von Berg das Gewehr des Jägers untersuchen. Die Schrotladung fand sich noch in ihm vor, und das Pulver lag ungezündet auf der Pfanne. Da erkannten alle, dass Hermann wohl mit dem leibhaftigen Teufel einen Pakt geschlossen haben musste, denn mit menschlichem Verstande war das nicht mehr zu erklären.

Und erbost und wütend erteilte der Schlossherr den Befehl: »Hermann, von heute an bist Du aus meinem Brot. Scher dich so rasch du kannst aus meinem Reich, denn sollte ich dir nochmals je begegnen, werde ich dich eigenhändig auf den Scheiterhaufen führen, damit du bereits hier auf Erden das höllische Feuer zu spüren bekommst, das auf dich nach deinem Tode wartet!«

Schloss Sinzig
Sinzig

Liebe macht blind

Wie eine Insel liegt heute das Schloss Sinzig in einem breiten und tiefen Graben, dereinst mit Wasser gefüllt, der die Burg umwallte und gegen feindliche Angriffe schützte. Zwei Brücken führten darüber, wenn man von dem Schloss aus in die Stadt oder an die Ahr wollte. Trotz seiner vier mächtigen und stolzen Türme und seiner festen Mauern fiel die Burg eines Tages doch den Kriegsstürmen zum Opfer.

Als einmal, vor langer, langer Zeit, Feinde das Schloss belagerten, fand das junge und hübsche Schlossfräulein Gefallen an einem feurigen Hauptmann, der jeden Tag auf seinem stolzen schwarzen Ross das Schloss umritt. In ihrer Liebe zu ihm fiel sie auf dessen schmeichelnde und hinterlistige Worte herein. Allzuoft hatte er dem Fräulein eingeflüstert, wie verliebt auch er sei, und wenn sie ihm und seinen Mannen die Schlosstore öffne, dann würde er um ihre Hand anhalten. Die Belagerung sei dann zu Ende, und bei einem frohen und heiteren Fest würde man mit allen Bewohnern Sinzigs den Frieden feiern.

In ihrer törichten Unschuld händigte das verblendete Schlossfräulein dem Offizier den Torschlüssel aus. Auf diesen Verrat hin drangen die Feinde ein, eroberten im Nu das Schloss und verwandelten es in einen Schutthaufen. Mit Spott und Hohn machte sich der Offizier lustig über die Dummheit der jungen Frau und deren einfältigen Glauben. Das brach das Herz des Mädchens. Es siechte dahin und starb kurze Zeit später.

Sinzig (53489) · Kreis Ahrweiler · Rhld-Pf

12.–14. Jh.: Sinzig ist Sitz einer Kaiserpfalz; Deutsche Kaiser und Könige halten sich mehrmals in der Stadt auf. Kaiser Friedrich I. (Barbarossa; 1155–1190) weilt mindestens dreimal hier in seiner königlichen Pfalz, weswegen sich die Stadt auch heute mit dem Titel »Barbarossastadt« schmückt.

1337: Kaiser Ludwig der Bayer (1314–1347) erlaubt dem Markgrafen Wilhelm I. von Jülich (1328–1361) den Bau einer Burg. Es entsteht eine Wasserburg mit vier Ecktürmen, die ab 1569 erheblich ausgebaut wird.

1583: Beim Abschießen von Gewehren anlässlich des Pfingstfestes kommt es durch Unachtsamkeit zu einer Brandkatastrophe, bei der die ganze Stadt Sinzig mit Häusern und Höfen, Schuppen und Ställen abbrennt.

1620: Im Verlauf des Dreißigjährigen Krieges besetzen spanische Truppen unter dem spanischen Heerführer Ambrosio Spinola (*1569; † 1630) Stadt und Burg Sinzig,

1632 werden Sinzig und die Burg von schwedischen Truppen erneut geplündert. Es erfolgen Instandsetzungsarbeiten und

1646 ein weiterer Ausbau der Verteidigungsanlagen.

1688 wird das ehemalige herzogliche Schloss von französischen Truppen besetzt und ein Jahr später in Brand gesetzt und in die Luft gesprengt.

1794: Die französische Revolutionsregierung besetzt Sinzig und enteignet die Herzöge von Jülich-Berg, zu deren Territorium Sinzig und die Burgruine gehören, und lässt

1806 die gesamte Burganlage an die Bürger J. Peter Broicher und Franz-Joseph Hertgen versteigern.

1850 erwirbt der Kölner Kaufmann und Kunstmäzen Gustav Bunge und seine Ehefrau Adele die ruinöse Burganlage.

1854/56: Sie lässt das heutige neugotische Schloss mit Schlosspark unter Einbeziehung der mittelalterlichen Burgreste im Stil der Rheinromantik errichten. Architekt ist der Kölner Baurat Vincenz von Statz.

1944: Luftangriffe während des Zweiten Weltkrieges zerstören das Gärtnerhaus sowie weitere Schlossanlagen.

1952: Die Kurbad GmbH erwirbt das Schloss und baut es um.

1954 kauft die Stadt Sinzig die Schlossanlagen und richtet in den Räumlichkeiten das städtische Heimatmuseum und Archiv, Repräsentationsräume und im Turmzimmer ein Standesamt ein.

1988 werden Schloss und Park unter Denkmalschutz gestellt.

April 1992: Ein heftiges Erdbeben richtet starke Schäden an; eine umfangreiche Sanierung wird notwendig.

Heute: In dem neogotischen, mit vier Ecktürmen bewehrten und in einem breiten Graben liegenden Schlossbau sind noch Reste der einstigen Wasserburg erhalten. In dem imposanten Schloss sind das Heimatmuseum und die Stadtverwaltung untergebracht.

Die Öffnungszeiten sind samstags und sonntags 14 bis 17 Uhr sowie donnerstags 10 bis 12 Uhr; ausreichende Park- und Gastronomiemöglichkeit in der Stadt Sinzig; keine Übernachtungsmöglichkeit im Schloss
www.sinzig-info.de
www.museum-sinzig.de

Aber nach dem Tod fand es keine Ruhe in seinem Grab. Die kommenden Jahrhunderte wandelte diese arme Seele stöhnend und seufzend in den Schlosstrümmern umher. Bald schwarz, bald weiß gekleidet, so ist sie von vielen gesehen worden. In der rechten Hand trug sie einen schweren klirrenden Schlüsselbund, und mit der linken winkte sie den Vorübergehenden freundlich zu. Oft hörte man ein leises Klagen und Wimmern aus dem Innern der Burg. Gute Menschen hatten nichts von ihr zu befürchten. Böse und schlechte Menschen wurden aber auch in geheimnisvolle Gänge und in die Gewölbe der zerstörten Burg gelockt. Stets kamen sie später wieder mit schreckgeweiteten Augen aus dem Gemäuer, geschüttelt vor Entsetzen. Jedoch hat nie einer verraten, was ihm dort widerfahren ist.

Die Jungfrau zeigte sich sehr oft, wenn ein großes Ereignis oder Unglück dem Sinziger Land bevorstand. Sie schwebte dann von einer der Brücken, die zur Stadt führten, um die Weiher herum und durch den alten Schlossgarten und verschwand wieder auf der anderen Brücke.

Kinder, die im Schlossgarten spielten, wurden von ihr geschützt und gewarnt, wenn sie sich dem Weiher näherten. Einmal wurden sogar drei Kinder, als sie ein fürchterlicher Sturm beim Spiel außerhalb der Stadt überraschte, von ihr aufgehoben, über die Stadtmauer getragen und hier sanft niedergelegt. Ein anderes Mal, als zwei Jungen auf dem zugefrorenen Wassergraben rund um das Schloss durch die dünne Eisdecke gebrochen waren und bereits mit dem Tode kämpften, erschien sie als weißer Nebelhauch, streckte den beiden Knaben einen langen dürren Ast entgegen, mit dem sie heil ans sichere Land gelangten.

Jetzt hat man sie schon lange nicht mehr gesehen, deshalb sind auch alle überzeugt, die arme Seele des unglücklichen Schlossfräuleins ist erlöst, weil sie ihren Frevel gebüßt hat.

Schloss Ahrenthal
Sinzig-Ahrenthal

Der Speerwurf auf das Kreuz

Von der mittelalterlichen Wasserburg Ahrenthal hatte sich ein Turm erhalten, der bei dem Neubau des heutigen Schlosses abgerissen wurde. In ihm lebte aber dereinst der Burgvogt, ein wüster und wilder Geselle, der vor nichts Ehrfurcht und Achtung hatte. Besonders wenn der Burgherr auf Reisen war, spielte sich der angeberische Verwalter auf, als

sei er der Herr. Unnachgiebig und streng peinigte er die Leute, war hartherzig gegenüber jedem Notleidenden, peitschte die Bedürftigen roh und wild vom Burghof, während er selbst mit seinen Freunden prasste und schlemmte, verschwenderisch und prunksüchtig war.

So geschah es damals in jenem schicksalhaften Jahr erneut. Ritter Rollmann war mit seinem Kaiser und dessen Heer fern auf einem Fehdezug in fremden Landen. Und auf der Burg wütete wieder der gefürchtete Vogt. Er kannte kein Erbarmen, achtete weder Gottes Gebote noch befolgte er die Bitten

des Burggeistlichen, doch die Gottesdienste in der Kapelle aufzusuchen. Wenn die Glocke zum Gebete rief, sprengte er mit seinen Gesellen hinaus zur blutigen Jagd. Wenn die Frommen flehend ihre Gebete zum Himmel sandten, verspottete der Vogt sie, fluchte zum Gotterbarmen und schwelgte bis tief in die Nächte bei Spiel und Festgelagen. Keiner wagte, seinem gotteslästerlichen Treiben Einhalt zu gebieten, aus Angst vor seiner jähzornigen Wut. Selbst der Sohn des Grafen, der blonde Junker, beugte sich zähneknirschend seiner Macht. Er, wie auch das ganze Burggesinde, sehnten so sehr die Rückkehr des milden und gutmütigen Burgherren herbei.

Da sprengte eines Tages ein reitender Bote mit seinem Rappen hinein in den Burghof und brachte allen die frohe Kunde: »Graf Rollmann mit seinen Treuen kehrt zurück! Noch gegen Abend wird er wieder in seiner Burg sein. Öffnet Küche und Keller, schmückt Säle und Zimmer, lasst frohe Musik erklingen und richtet alles zum festlichen Empfang!«

Reges und geschäftiges Leben und Treiben setzten sein. Überall herrschte große Freude. Die Ritter sattelten ihre Pferde, griffen nach dem flatternden Burgwimpel und ritten dem Burgherren entgegen, um ihn willkommen zu heißen. Vorneweg der Vogt mit mürrischem Gesicht und innerlich voll argem Groll, dass er nun nicht mehr das alleinige Sagen hatte. Ihm zur Seite der Junker, voller Freude, dass sein Vater und mit ihm wieder Güte und Gerechtigkeit in die Burg einkehren. Und dort oben an dem äußeren Waldrand, wo drei Wege sich treffen und drei Kreuze an ihrem Rand standen, hielt die Reiterschar an, um an dieser Stelle den Grafen zu empfangen. Der Vogt ließ mitgebrachte Speisen austeilen und die kleinen

Fässer mit Wein öffnen, um die Wartezeit angenehmer genießen zu können. Der Humpen kreiste Runde um Runde, und bald ging es bei diesem Festgelage wieder wild und unbeherrscht zu.

»He, ihr Ritter, lasst uns die Zeit mit ritterlicher Kunst vertreiben«, grölte der Vogt. »Zeigt, wie meisterlich eure Waffenkunst ist! Greift zur Lanze und lasst sehen, wer der beste Schütze ist. He, Junker Graf, beweise deinem Vater, welch tapferes Blut in deinen Adern kreist. Siehst du dort das schmale Kreuz? Wirf den Speer und offenbare uns dein zielendes Auge!«

Erschrocken erwiderte der Junker: »Herr Vogt! Mäßigt euch in eurem Hohne. Lasst ab von solcher Freveltat und entweiht nicht das Bild des Gottessohnes!« Der Vogt höhnte: »Schaut, wie der Junge seine Nase bläht! Große Worte, doch dahinter nichts als Leere. Dumme Ausreden sind's, weil er ahnt, dass er sein Ziel verfehlt. Nicht seine Achtung vor dem kleinen Bild von Holz ist es, nein, unritterliche Furcht als Herrensohn richtigen Männern zu unterliegen«.

Und taumelnd stand der Vogt auf, griff nach einem Speer und schleuderte ihn mit wilder Kraft auf das mittlere Kreuz. Der Speer traf, durchbohrte das Haupt des hölzernen Jesusbildes und blieb wippend im Querbalken stecken. Da konnten alle sehen, wie aus dem Haupte des Erlösers frisches, rotes Blut austrat, das Kreuz hinunterfloss und im grünen Moos versickerte.

»Welch ein Meisterwurf!« kreischte der Vogt. »Nun mach mir das mal nach, Junkerlein. Triffst du auch so gut wie ich, soll es dein Schaden nicht sein!«

Weiß wie Schnee, griff der Junker nach dem Speer und schleuderte ihn mit starkem Arm! Surrend durchschnitt die Waffe die Luft und traf – den Burgvogt mitten in der Stirn. Röchelnd stürzte er nieder, der Kopf durchbohrt, und alle sahen, wie rotes Blut hervorquoll und grünes Moos dunkel färbte.

Im gleichen Augenblick traf der Burgherr mit seinem Gefolge ein, und als er den toten Vogt sah, in dessen Stirn der Speer noch wippte, schaute er fragend seinen Sohn an. Und dieser sprach mit leisen Worten: »Gelobt sei Jesus Christ, der Herr des Himmels, der meinen Arm so lenkte.«

(nach G. Reiff, in JBAW 1956)

Sinzig-Ahrenthal (53489) · Kreis Ahrweiler · Rhld-Pf
um 1330: Etwa drei Kilometer südwestlich von Sinzig, am Oberlauf des Harbachs, entsteht auf dem Gut Boevendorf, dem Eigentum des Sinziger Ritter Rollman, eine Wasserburg.
1331: Urkundliche Erwähnung der Anlage unter der Bezeichnung »Burg Bovenberg«, die nach ihrer Fertigstellung dem Erzbischof Heinrich von Virneburg von Köln (1304–1332) zu Lehen gegeben wird. Dann wandelt sich der Name um in Ahrenthal (oder Ahrendahl), abgeleitet von Aar (=Adler), dem Wappentier seines Erbauers. Später sind die Herzöge von Jülich Lehnsherren, ehe Ahrenthal (oder Ahrendahl) schließlich als reichsunmittelbare Herrschaft geführt wird.
1380: Rollmann II. (1362–1380) findet ein tragisches Ende, als er an Weihnachten in Godesberg in Gegenwart des Erzbischofs von Johann von Rheineck erstochen wird. (siehe dazu unter Burg Rheineck in Bad Breisig die Sage: »Der jähzornige Graf Johann«)
1512: Nach dem Aussterben der Herren Rollmann von Sinzig zu Ahrenthal gelangt die Burg durch Einheiraten an die Freiherren und spätere Grafen von Hillesheim in der Eifel.
13.01.1651: Ein großer Teil der ruinösen Anlage stürzt ein.
1728: Franz Caspar Wilhelm Graf von Hillesheim beginnt mit dem Wiederaufbau. Es entsteht eine dreiflügelige Vorburg mit Parkanlage.

1785: Die männliche Linie der Familie von Hillesheim stirbt aus. Die Hofanlage Arenthal wird 1804 an die Familie der Grafen von Spee vererbt, in deren Eigentum sie noch heute ist.
1890: Wilhelm Reichsgraf von Spee lässt das heutige Schloss errichten.
1920: Ein Großbrand vernichtet die Gebäude der Vorburg gänzlich. Sie werden zwar wieder errichtet, wobei auf den Innenausbau der Hofgebäude und die Wiederherstellung der ursprünglichen Dachkonstruktion verzichtet wird.
1973: Der östliche Eckturm der Vorburg stürzt ein und wird **1981** wieder aufgebaut.
2004: Das Haupthaus (Schloss) ist wieder von Dominik Reichsgraf von Spee und seiner Familie bewohnt.
Heute: Von der mittelalterlichen Wasserburg sind nur mehr verlandete Wassergräben und ein Teil der Vorburg zu erkennen. Das Schloss ist in Privatbesitz und ein landwirtschaftlicher Betrieb, der nicht öffentlich zugänglich ist; einige Räume (u. a. die Schlosskapelle an der Rückfront des Hauses) können für Festlichkeiten und Hochzeitsfeiern angemietet werden.

Kostenfreie Parkmöglichkeiten sind vor dem Schloss vorhanden; keine öffentliche Gastronomie oder Führungen im Schloss.
www.portal.spee.de

Burg Stolberg
Stolberg

Die Stolberger Stal-Burg

Die Sage erzählt, Karl der Große sei bei einer seiner vielen Jagden an jenem Felsen angelangt, von wo aus er das Vichttal und die Handelsstraßen übersehen konnte. Begeistert von den landschaftlichen Schönheiten und der strategischen Bedeutung jenes Felsens, habe er den Befehl erteilt: »Hier an diesen von Gott begnadeten Ort will ich ein Jagdschloss erbauen. Fest wie Stahl ist dieser Berg und ebenso fest soll diese Burg werden, allen Wettern und Feinden zum Trotz.« Des Kaisers Wunsch wurde erfüllt, und es entstand die »Stal-Burg«, aus dem dann später Stolberg wurde.

(vgl. Entstehungssage von Monschau)

Ein tödlicher Kampf

In einem mörderischen Straßenkampf am 17. März 1278, den der Jülicher Graf Wilhelm gegen die Stadt Aachen und den Kölner Erzbischof Siegfried von Westernburg führte, war auch der Stolberger Graf Wirich von Frentz beteiligt. Was er Schreckliches erleben musste, berichtet die Sage »Vom Schmied erschlagen« (s. unter Aachen).

Stolberg (52222) · Kreis Aachen · NRW

Nach 1100: Die Herren von Stolberg (»Renardus von Stalburg«, 1118) erbauen auf einem mächtigen Kalksteinfelsen über der Stadt und oberhalb des Vichttales ihren Stammsitz. Die starken Mauern sind so kunstvoll in dem Felsen verankert, dass die ganze Burganlage wie aus dem Gestein herausgewachsen erscheint. »Stal« soll »fest, standhaft« bedeuten, die »Stalburg« demnach »feste Burg«. Daraus entwickelte sich der heutige Stadtname Stolberg.

Nach 1237 gelangt jener befestigte Wohnhof an Wilhelm, Harper und Wirich I. von Frentz. (Letzterer findet in der folgenden Sage »Tödlicher Kampf« Erwähnung.)

Ab 1300 wird dieser Hof durch Mechthild von Reifferscheid zu einer Burg ausgebaut.

1364: Die Burg ist in schlechtem baulichem Zustand. Burgverwalter Ritter Edmund von Barmen verpflichtet sich, 400 Gulden zu verzimmern und zu verbauen.

1375: Burg Stolberg wird als Raubritterburg Reinhard II. von Schönforst zerstört.

ab 1448: Die »Staelburg uf der Veicht« wird von den Jülicher Herzögen, die mittlerweile Besitzer der Herrschaft Stolberg sind, an die Herren von Nesselrode verpfändet. Diese bauen sie auf den Ruinen als Offenhaus aus und versehen sie mit einem etwa 150 Meter langen Stollensystem unter der Burganlage, das bei Gefahren als geheime Fluchtwege für die Burgbewohner dient.

1542: Während des Geldernschen Erbfolgekrieges werden Burg und Stadt durch den Fürsten von Oranien, René de Chalon, angegriffen, teilweise zerstört und in Brand gesetzt.

1548: Burgherr Hieronymus von Efferen lässt diese Schäden beheben und Erweiterungsbauten vornehmen.

1606: Im Verlauf des Achtzigjährigen Krieges besetzen im Dezember spanische Söldner unter Oberst Don Gaston die Burg für sechs Wochen und plündern sie.

1756: Die Burganlage wird bei einem Erdbeben erheblich zerstört.

1777: Der Besitz der Adelsfamilie von Frentz wird geteilt. Stolberg kommt an die Familie der Grafen von Kesselstatt.

1794: Die Burg Stolberg wird von der französischen Revolutionsregierung enteignet. Bei einer Pulverexplosion wird der Bergfried zerstört.

1815: Stadt und Burg Stolberg fallen infolge des Wiener Kongresses an das Königreich Preußen, das die Burg den Grafen von Kesselstatt zurückgibt. Die Gebäude werden immer baufälliger und dienen letztlich bedürftigen Leuten und Handwerkern als Unterkunft und Werkstätten.

1863: Joseph Franz von Kesselstatt veräußert die Burg für 4000 Mark an die Eheleute Richard und Maria Katharina Welter.

1888: Die Erben Welter verkaufen das baufällige Gebäude dem Stolberger Metallfabrikanten Moritz Kraus, der es zu einem Schloss im romantisierenden Stil ausbauen lässt und es

1909 der Stadt Stolberg als unveräußerliches Eigentum schenkt. Es erfolgen ständige Renovierungs- und Sicherungsarbeiten.

21.9.1944: Amerikanische Truppen erobern während des Zweiten Weltkriegs nach harten Kämpfen die schwer beschädigte Burganlage.

1949 beginnen erste Sicherungsmaßnahmen von Seiten der Stadt.

Am 02.06.1950 gründet sich der Stolberger Burgverein, auf dessen Initiative die Anlage wiederhergestellt und auf die Bausubstanz des 15. Jahrhunderts wieder zurückgeführt wird.

Heute: Die Burg inmitten der Altstadt ist mit ihrer gut erhaltenen Kirche von 1325, den Rundtürmen und dem dreigeschossigen Palas mit Rittersaal, (der für Veranstaltungen gemietet werden kann), das weithin sichtbare Wahrzeichen von Stolberg. Der untere und obere Burghof sind (außer montags) frei zugänglich. Burg Stolberg dient kulturellen Veranstaltungen und beherbergt neben der Gemäldesammlung der Stadt im Torbogen ein Heimat- und Handwerksmuseum sowie einen gastronomischen Betrieb mit bestimmten Öffnungszeiten.

www.stolberg-altstadt.de
www.museums-info.de

Burg Pfalzel
Trier-Pfalzel

Die Nonne und der Erzbischof

Das uralte Städtchen Pfalzel war von jeher der Zufluchtsort der Trierer Erzbischöfe und Kurfürsten, wenn sie dem unruhigen Geist der Bürger in der Hauptstadt nicht trauten. Sie gewährten ihm viele Vorrechte, sicherten und befestigten es mit wehrhaften Mauern und Zinnen, wovon man noch heute mancherlei Spuren findet. Um das Jahr 700 wurde von einer frommen Frau mit Namen Adele

hier ein Frauenkloster gestiftet. Sie war sehr begütert und stattete die Stiftung mit reichen Gaben aus. Das Kloster wurde immer berühmter, aber je wohlhabender es wurde, umso mehr verfielen aber auch Sitten und Moral.

Als Erzbischof Poppo sich im Jahre 1027 in Pfalzel aufhielt und mehrmals das Kloster besuchte, entbrannte eine der Nonnen mit Namen Medea in heftiger Liebe zu dem hohen geistlichen Herrn. Doch der erwiderte ihre Zuwendungen und schmachtenden Blicke nicht. Von dem Liebeswerben der Nonne schien er nichts zu merken. Darauf ging sie hin zum Erzbischof und erbat sich bei ihm die Erlaubnis, ihm ein prachtvolles Gewand als Geschenk fertigen zu dürfen. Der geistliche Fürst Poppo willigte ein. Da machte sich die liebestolle Nonne sofort ans Werk und flocht zu mitternächtlicher Stunde mit Hilfe böser Geister reizende Stoffe hinein, die des Erzbischofs Sinne erregen und ihn verführen sollten. Nach drei Tagen trat sie dann Demut heuchelnd vor ihn und überreichte ihm ihrer Hände Arbeit. Poppo dankte freundlich, und weil ihm das Gewand außerordentlich gut gefiel, zog er es auch sofort an. Doch wie wurde ihm da? Sein Blut begann schneller und immer schneller in den Adern zu kreisen. Triebe und unreine Gedanken wurden in ihm wach. Als er das Gewand wieder auszog, legten sich ebenfalls Gier und Verlangen. Ihm kam gleich der Gedanke, dass die Nonne Medea Ursache dieser Sinneslust gewesen sein könnte. Um diese aber nicht vorschnell und möglicherweise zu Unrecht zu verdächtigen, befahl er den anwesenden geistlichen Herren, sich ebenfalls nacheinander in jenes Gewand zu hüllen. Alle aber, die es sich anzogen, warfen es so schnell wie möglich von sich und verstummten vor Scham und Entsetzen. Dies war dem Bischof Beweis genug. Er erkannte die teuflische List der Nonne und sein Zorn ließ alle verstummen. Nicht allein jene schändliche Nonne, sondern alle ihre Mitschwestern wurden vertrieben, da sie ebenfalls sehr unsittlich lebten und sich weigerten, statt der weißen Ordenstracht ein schwarzes Gewand zu tragen. Seit dieser Zeit stehen die gottgeweihten Räume leer und verödet.   *(nach Fr. Menk)*

Trier-Pfalzel (54293) · Trier · Rhld-Pf

Um 700: Als Adula, eine Tochter des Königs Dagobert II. (*652; † 679) ein Kloster für adelige Damen gründet, wird in einer Urkunde der Ort »Palatiolum« sowie ein königliches Haus erwähnt, dessen Reste im neuen Klosterbau Verwendung finden. Der lateinische Namen »palatiolum« (= kleine Pfalz), aus dem sich das heutige Pfalzel ableitet, ist die ursprüngliche Bezeichnung für eine palastartige Burganlage aus dem 4. Jahrhundert, die sehr wahrscheinlich in engem Bezug zum römischen Kaiserhof in Trier stand.

1027: Wegen Verfall der klösterlichen Zucht hebt Erzbischof Poppo (1016–1047) das Kloster auf, wandelt es um in ein Kanonikerstift und ergänzt es mit Torhaus, Kreuzgang, Kapellen und Wirtschaftsgebäuden.

Um 1140: Unter Erzbischof Albero von Montreuil (1131–52) wird über dem Südflügel des römischen Palatioliums und unter Verwendung bedeutender Teile dieses Mauerwerkes eine Burg erbaut. Sie dient den Trierer Erzbischöfen als Sommerresidenz und – bei Auseinandersetzungen mit der Bürgerschaft der Stadt Trier – als Ausweichort.

1146: Heinrich von Namur, Graf von Luxemburg (*1112; † 1196) versucht vergeblich, die Burg niederzubrennen.

1260–86: Nach erheblichen Erneuerungen dient die Burg den Trierer Erzbischöfen ständig als Sommerresidenz.

1370: Erzbischof Kuno von Falkenstein (1362–1388) errichtet in der Burg eine Zollstelle. Burg und Stift werden mit einer bis heute erhaltenen Wallmauer umgrenzt.

1552: Albrecht II. von Brandenburg (*1522; † 1557) erobert in seinem Kampf gegen Erzbischof Johann IV. (*1492 in Pfalzel; † 1547 in Koblenz), die Burg und die Stadt Pfalzel und brennt sie nieder. Es erfolgt ein Wiederaufbau.

1673: Während der Kriegszüge Ludwigs XIV. (*1638; † 1715) beschädigen französische Truppen die Wehranlagen sehr stark.

1678: Burg und Stadt Pfalzel werden von den Franzosen vollständig niedergebrannt. Sie und die Festungsanlagen werden nicht wieder aufgebaut.

1802: Bei der Säkularisation wird das Stift aufgehoben und dessen Besitztum verkauft.

Heute: Von jener Kloster-Burg-Anlage sowie der Stadtbefestigung sind noch bedeutende und besuchenswerte Überreste vorhanden und frei zugänglich (Stiftskirche über der Südostecke des Palatoliums, Reste der bischöflichen Burg mit Torturm in Befestigungsanlagen, ehemaliges Nonnenkloster, später Kanonikerstift).

Kostenfreie Parkplätze und Gastronomie in Pfalzel
www.pfalzel.de
www.moseltouren.de

Burg Ulmen
Ulmen

Der Maarhecht mit der Schelle.

Das Ulmener Maar gilt als das jüngste aller Eifelmaare. In dem Rund des Kratersees spiegeln sich der blaue Himmel, die grünen Wälder, die graue Burgruine und das Maardorf mit seinem ragenden Kirchturm. Wenn im Frühling die Eisdecke über dem Wasserspiegel auftaut und das Maar dann beim Bersten der Schollen wie ein entfesselter Riese donnernd brüllt, erzählt man in Ulmen, die Eifelmaare seien unergründlich tief und ständen nicht nur untereinander, sondern auch mit den Ozeanen in unterirdischer Verbindung.

Zur Zeit des edlen Ritters Boemund von der Unterburg, der aus dem Geschlecht der Walpottritter stammte, fing der Burgfischer im Ulmener Maar einen jungen Hecht, und er brachte ihn hin zu Ritter Boemund. Dem war just am gleichen Tag sein erster Sohn geboren worden. In seinem Vaterglück meinte er: »Ach, dieser Hecht ist so zart und klein, wie mein Neugeborener. Es wäre ein Jammer, ihm heute an diesem Jubeltag sein Leben zu nehmen!«

Frohgemut nahm er einen goldenen Ring und streifte ihn über den schuppigen Leib des Hechtes und band daran eine kleine Silberschelle. Dann warf er den Fisch eigenhändig ins Maar zurück und sprach dabei feierlich unter dem Jubel seiner Gäste und der Dorfleute. »Wachse und schwimme, solange das Geschlecht der Walpottritter von Ulmen blüht und gedeiht!«

Längst dachte am Eifelmaar niemand mehr an den Ritterhecht, und längst lag schon die Burg derer von

Walpott in Trümmern, da zog ein Klosterbruder am Lacher See staunend einen drei Schritt langen Riesenhecht aus seinem Netz, der ein Silberglöckchen an einem dehnbaren Goldreif um seinen grünbemoosten Schuppenleib trug.

Fisch – Vorbote des Todes

Der Baseler Humanist und Kosmograph Sebastian Münster schrieb 1542 in seinem berühmten Werk »Cosmographia« neben einen Holzschnitt folgenden Text, der sich auf Ulmen bezieht: »Item zwen namhaftiger See sind in dieser Eyfel / einer bey dem Schloß Ulmen / und der ander bey dem Closter zum Laich (= Maria Laach) / die sind sehr tief / haben keinen eynfluß / aber viel außfluß / die nennt man Mahr / und sind Fischreich. Im Mahr zu Ulmen ist ein Fisch / wie dann viel gesehen habe / auff dreissig Schuch lang / und ein and' auff zwölf Schuh lang / die habe Hecht gestalt. Und so sie sich lassen sehen / stirbet gewißlich ein Ganerb des Hauß Ulmen / es sey Mann oder Fraw / ist offt bewart und erfahren worden. Diese Mahr ligen gemeinlich auff hohen Bergen. Man hat das zu Ulmen wollen ersuchen in seiner Tieffe / und nach dem man daz Bley dreyhundert Clafftern tieff hinab gelassen / hat man kein Grund mögen finden.

Riesenfisch Ulmen. Holzschnitt, Sebastian Münster, 1542

Ritter Kuno von Ulmen kehrt von der Jagd heim, von einem Hornstoß des Burgwarts empfangen. Der Alte reitet vorneweg und ihm zur Seite sein Freund und Raubgenosse Ritter Schils von Daun. Jedoch jagte Ritter Kuno nicht mehr bestes Wildbret in den dichten Forsten, die Landstraßen sind sein Jagdrevier geworden und seine Beute die Trosswagen der Kaufleute. In seiner Burg am Maar häufen sich die geraubten Schätze.

Immer wieder erfindet Ritter Kuno neue Schliche, um den ständigen Ermahnungen und Drohungen des Trierer Erzbischofes Balduins auszuweichen. So hat er heute Morgen nicht nur die kostbarsten Truhen aus dem Mainzer Kaufmannszug mitgenommen, sondern gleich den ganzen Wagen. Gestohlen war es so oder so, warum sollte er nicht einen möglichst großen Profit daraus ziehen.

Heute Abend hat Ritter Kuno alle seine Freunde und Ritter von den Nachbarburgen zu sich geladen zum Zechen und um neue Kriegs- und Raubpläne zu schmieden. Ein Fässchen süßer Falernerwein steht auf dem schweren Eichentisch im Saal, aus dem Becher auf Becher gefüllt die durstigen Kehlen nässt.

Es gibt zwei Dinge, an die Ritter Kuno glaubt: das ist der Wein aus dem Süden und der Fisch aus dem Maar. Den Wein aus dem Süden haben alle seine Vorfahren getrunken, und er ist stets wohl bekommen – und der Fisch – ja jedesmal, wenn einer starb, so hat man am Tage vorher den Fisch gesehen, der dreißig Fuß lang war und den keiner fangen konnte. Der Fischerklaus, der seit fünfzig Jahren die Fische für den Tisch des Schlosses besorgt und außerdem das Erscheinen des Riesenfisches mit den glühenden Augen meldet, behauptet sogar, dass der Fisch Menschen fräße, was er aber nicht beweisen kann. Ritter Kuno jedoch glaubt ihm.

Das Fässchen Falerner ist noch nicht halb geleert und die Nacht noch nicht recht angefangen, da stolpert der Fischerklaus in den Rittersaal, dreht die Kappe in den Händen und schlottert vor Angst um den gehabten

Schreck. Er hat gegen Abend, als er die letzten Netze einholte, einen sehr großen Fisch gesehen. Doch es war nicht derselbe, der damals gekommen war, als anderen Tages Ritter Heinrich von Ulmen nicht mehr vom Raubzug zurückkehrte. Diesmal war er kleiner, nicht mehr als fünfzehn Fuß, vielleicht sogar noch etwas kleiner. Und mit Verlaub, er wolle es nur melden, aber, wenn die Herren gestatteten, er sei der Meinung, dass dieser Fisch sicherlich keiner sei, der Unglück melde. Wahrscheinlich habe dies alles nichts zu bedeuten.

Auch Ritter Kuno nimmt die Nachricht nicht sehr ernst – und alle streiten, ob der Fisch nun Prophezeiung bedeute oder nicht. »Morgen werden wir es ja wissen!«, lallte Kuno. »Doch jetzt, meine Freunde, lasst den Becher kreisen!«

Nur schwach ist der Widerstand der Burg zu Ulmen, als die Truppen des Trierer Erzbischofs sie am anderen Morgen anrennen. Und bevor noch die trunkenen Ritter vollends begriffen hatten, was sich in der Burg ereignete, war sie bereits erobert. Noch tagelang kündeten rauchende Trümmer allen im weiten Eifelland von der Zerstörung einer Raubritterbehausung. Ritter Kuno hat beim Fischerklaus einen Unterschlupf gefunden. Auf seine Burg wird er nicht mehr zurückkehren, und an Raubzüge ist nicht mehr

zu denken seit dem strengen Friedensvertrag, den er dem Trierer unterschreiben musste.

(nach Robert Krämer)

Der Jungfernweiher

In längst vergangenen Zeiten lebte auf der Burg zu Ulmen ein gar strenger und stolzer Burgherr. Er hatte eine Tochter, die ganz das Gegenteil ihres Vaters war. Leutselig gegen jedermann, war sie auch von allen geliebt. Falschen Stolz kannte sie nicht.

Ihre Schönheit lockte manchen Freier zur Burg, doch alle mussten sie wieder erfolglos weiter ziehen. Ihre Liebe und ihr Herz hatte sie einem andren geschenkt, dem Knappen Konrad. Dieser hübsche, schwarzgelockte Bursche, dessen Augen so keck blitzten! Und wenn er lachte, strahlten seine weißen Zähne vor jugendlichem Glück. Mit Konrad ritt sie öfters hinaus, und fern am entlegenen Waldessaum stiegen sie vom Pferde und banden diese an einen Baum. Und auf grünem Rasen, ungestört und ungesehen von aller Welt, verbrachten sie süße Stunden im tändelnden Liebesspiel. All dies musste heimlich geschehen, denn der Vater hätte niemals den beiden

---

Ulmen (56766) · Kreis Cochem-Zell · Rhld-Pf
Die Ulmener Burganlage besteht aus zwei Burgen: die Unterburg, 1292 als Erweiterungsbau einer kleineren bereits bestehenden Anlage errichtet, von der heute nichts mehr zu sehen ist, und die Burg Ulmen, auf die im Folgenden eingegangen wird.
Um 1000: Die Herren von Ulmen erbauen sich als Stammsitz eine Burg an einem Hang eines vulkanischen Kraterwalles oberhalb des Ulmener Maares.
1121: Der bisher älteste schriftliche Beleg für Ulmen benennt einen Walter von Ulmen als Augustinerchorherr von Springiersbach.
1203: Ritter Heinrich von Ulmen nimmt an dem Vierten Kreuzzug (1202 bis 1204)und der Belagerung von Konstantinopel teil. Von dort aus bringt er kostbare Schätze mit nach Ulmen, unter anderem die berühmte Staurothek, die heute noch in der Schatzkammer des Limburger Domes besichtigt werden kann.
1490: Die Burg wird Teil eines kurtrierischen Amtes.
1689: Zerstörung durch französische Truppen unter Sonnenkönig Ludwig XIV. (*1638; †1715); danach erfolgt ein Wiederaufbau.

1794: Einfall französischer Revolutionstruppen; die Burg Ulmen mit ihren Gütern wird beschlagnahmt.
1815: Ort und Burg gelangen auf dem Wiener Kongress zum Königreich Preußen, das die Burg 1822 an einen Cochemer Bürger zur Nutzung als Steinbruch verkauft.
1831: Nach einer Feuersbrunst in Ulmen bauen die Bürger ihre Häuser mit Steinen der Burg wieder auf.
1852: Die Gemeinde Ulmen erwirbt die Burgruine und lässt sie 1913 unter Denkmalschutz stellen.
1967–69: Sicherungsarbeiten.
Heute: Von der jederzeit frei zugänglichen Ruine der Burg Ulmen sind noch Reste des ehemaligen kurtrierischen Amtshauses, eine Zisterne und Ringmauern erhalten.
Auf ihrem Gelände finden kulturelle Veranstaltungen statt, unter anderem jährlich am zweiten Wochenende im Juli ein Burgfest.

Kostenlose Parkplätze im Ort unterhalb der Burg
Gastronomie und Übernachtung auf der Burg nicht möglich
www.verkehrsverein-ulmen.de
www.stadt-ulmen.de

seine Zustimmung gegeben. Ein Knappe kann kein Mann für eines Grafen Tochter sein. Arm und ohne Stand! Nein, niemals! Außerdem gedachte er, seine Tochter dem Ritter von Virneburg zur Frau zu geben. Dass dieser ein alter, gichtiger Witwer war, das durfte kein Hinderungsgrund sein, denn schließlich würden ja zwei mächtige Burggeschlechter eins werden.

An einem schönen Herbsttage ritten Knappe Konrad und das Burgfräulein wieder aus. Am Saume des alten und großen Buchenwaldes setzten sie sich nieder und überließen sich ganz ihren Gefühlen. Das beobachtete ein Ritter der Nachbarschaft, den die schöne Grafentochter dereinst abgewiesen hatte. Als er den Knappen Konrad erkannte, an dessen Brust die Schöne ihr Haupt lehnte, da gab er seinem Pferd die Sporen und sprengte in wilder Eile zur Burg Ulmen, wo er empört sein Gesehenes dem Grafen berichtete. Dieser geriet in furchtbare Wut, ersann eine fürchterliche Strafe. Der Knappe Konrad wurde gepeitscht und gezüchtigt und dann des Landes verbannt. Für seine Tochter ließ er an jener Stelle, wo die Liebenden sich zu süßem Liebesspiel vereinigt hatten, einen Turm bauen, den er rings herum von einem breiten Wassergraben umgeben ließ. Dort hinein verbannte er seine »missratene« Tochter, ließ sie streng bewachen und nur mit notdürftiger Nahrung versehen. So siechte die Unglückliche dahin, bis der Tod sie aus ihrer Haft im Turm befreite.

Die Trümmerreste eines runden Turmes sind noch heute in einer sumpfigen Wiese nordöstlich von Ulmen zu erkennen, die bei den Leuten »Juffernweiher« genannt wird.

(Diese Sage, schriftlich erstmals bei Pfarrer Schmitz zu finden, dichtete auch Peter Zirbes in Reimform; ähnliche Sagen von »nicht standesgemäßer Liebe« werden auch von der Burg Neublankenheim und Burg Manderscheid erzählt.)

Erlösende Liebe

Als Philipp Hausten von Ulmen, dessen Burg seit Jahrhunderten neben dem tiefen Maar stand, mit anderen Eifelrittern dem Ruf der Kreuzfahrer folgte, stieg seine Frau manche Nacht auf den Turm und sang zu wunderbarem Harfenspiel ein Lied, das sehnsüchtig in die Ferne stieg. Wie aber Jahr um Jahr verging, ohne dass der Graf heimkehrte, nahm sie ihre Harfe und zog im Pilgerkleide, begleitet von ihrem Hündchen Fulla, den Rhein hinauf, über die Donau, durch Ungarn ins Morgenland; denn eine heimliche Stimme sagte ihr, dass er noch lebe und leide.

Nach Monden mühsamer Wanderung durch Sonne, Staub und Regen fand sie ihn schließlich, vom Burghund zuerst verbellt, auf dem Felde eines vornehmen Sultans. Der hatte ihn, während er nach hartem Kampfe abseits vom Lager neben seinem Hengste schlief, gefangen und ihm die Finger- und Fußspitzen abgeschlagen. Seit sie vernarbt waren, musste er täglich, gleich einem Vieh, des Sultans Pflug ziehen und wurde darüber vor der Zeit grau und alt. Die Frau aber erkannte ihn trotz der Lumpen, die ihn hüllten, rief jedoch nicht, sondern verbarg sich bis zum Abend.

Dann ging sie vor das große Haus und sang und spielte so schön, dass der Sultan kam, sich ihr zu Füßen warf und sie bat, weiterzuspielen. Sie tat es, da er versprach, ihr jeden Wunsch zu gewähren, worauf dann ihr Lied das abendstille Haus umspann, als glitten von allen Sternen klingende Strahlen.

Auch der Graf vernahm es und erkannte die Stimme seiner Frau. Er hätte aufspringen mögen, hielt aber an sich und hörte, als die letzten Töne verhallten, wie sie den Sultan bat, ihn freizugeben. Der Verstümmelte sei ihr Mann, den sie seit vielen Monaten mit Spiel und Lied suche! Der Sultan hielt sein Wort, ließ ihn holen und gab ihn der Frau, die seine Narben küsste und gleich mit ihm der kühlen Nacht zuschritt.

Sie wanderten zum Heiligen Grab, immer begleitet von dem treuen Hündlein Fulla, dankten Gott, banden geweihte Erde in ein Säcklein und kamen nach einem Jahr, glücklich wieder auf die Ulmener Maarburg, wo sie den Rest ihrer Tage voll Eintracht verlebten.

Auf einer Höhe, die so weit von der Pfarrkirche wie der Kalvarienberg von Jerusalem entfernt ist, gruben sie die geweihte Erde ein und errichteten über ihr ein Kreuz, das länger stand als die Burg. Heute heißt es »Antoniuskreuz« und kündet dem Eifellande weithin die Liebe Gottes und der Menschen.

(nach www.ursula-buchholz.com)

Burg (Wüstung)
Ürzig

Die heute völlig unbekannte Burg ist im 11. Jahrhundert ins Licht der Geschichte gerückt, wegen eines politischen Mordes, dem der designierte Erzbischof von Trier, Kuno von Pfullingen, im Jahre 1066 zum Opfer fiel.

Erzbischof Kuno wird ermordet

In Trier war am 15. April 1066 Erzbischof Eberhard gestorben. Nach damaligem Recht wollten nun die Trierer Bürger, adlige Dienstmannen und Ministerialen der Stadt einen Nachfolger wählen. Doch zu wählen gab es nichts mehr, denn noch bevor die Trierer sich zur Wahlberatung zurückgezogen hatten, traf bereits ein kaiserlicher Bote ein, der ihnen allen ein Schreiben des Herrschers zur Kenntnis gab. Darin stand, dass Kaiser Heinrich IV. dem Vorschlag und dem Wunsch des Kölner Erzbischofs Anno II. nachgekommen sei und dessen Neffen, den Dompropst von Köln, Kuno von Pfullingen [Schwaben], als Bischof von Trier bestimmt und ihm bereits Bischofsstab und –ring übergeben habe. Nun bäte er darum, diesem die Huld und Ehre zu erweisen und ihn würdig zu empfangen, denn er sei bereits in Begleitung des Bischofs Einhard von Speyer auf dem Wege nach Trier, um dort den bischöflichen Stuhl zu besetzen.

Dieses Schreiben erboste die Trierer aufs äußerste. Noch nie hatte es einer gewagt, ihnen ihr Wahlrecht zu nehmen oder sie bei einer Entscheidung zu übergehen. Und dass der Kaiser, ohne Absprache mit ihnen, einfach einen zum Bischof bestimmte, das war schon ein Skandal. Zudem auch noch ein Verwandter des Kölner Erzbischofs, der den Trierern gegenüber sowieso nicht gerade freundlich gesinnt war! All dies steigerte den Grimm und ließ sie von Bestechung und Vetternwirtschaft und Machtmissbrauch reden. Niemals würden sie den Kuno von Pfullingen als ihren rechtmäßigen Bischof von Trier ansehen und ihm huldigen. Er brauche erst gar nicht bis nach Trier zu kommen. Am besten, er wendet um und kehrt in die Kölner Lande zurück.

So beratschlagten sie und beschlossen schließlich, Kuno und seinem Reisezug ihren Trierer Burggrafen und Vogt, Graf Theoderich von Luxemburg, entgegenzuschicken. Der solle ihn überzeugen, dass dessen weitere Reise zwecklos sei und er niemals den Bischofsstuhl in Trier besetzen würde.

Vogt Theoderich sammelte eine Schar bewaffneter Soldaten um sich und ritt dem Kuno von Pfullingen entgegen. Bei Bitburg trafen sie sich. Dort hatten Bischof Einhard von Speyer und Erzbischof Kuno am 17. Mai 1066 ihr Nachtlager aufgeschlagen. Am kommenden Morgen kam es zur Auseinandersetzung. Die Argumente der Trierer erkannte Kuno nicht an. Er bestand darauf, als der vom Kaiser bestimmte und rechtmäßig ernannte Bischof seine zukünftige Residenz in Trier in Besitz zu nehmen. Daraufhin griffen Theoderich und seine Mannen zu den Waffen. Das gesamte Gepäck des Speyerer Bischofs nahmen sie als Kriegsbeute, setzten den notdürftig Bekleideten auf einen alten Esel und schickten ihn mit

Holzfigur des ermordeten Erzbischofs Kuno an einem Wachtturm bei Ürzig

Spott in sein Bistum zurück. Den Erzbischof Kuno hatten sie ebenfalls rasch überwältigt und gefesselt. Dann brachten sie ihn nach Ürzig, wo er erst einmal in der Burg eingekerkert wurde.

Der Erzbischof von Köln kochte vor Wut. Der Kaiser drohte mit Kriegshandlungen. Die Trierer wollten verhandeln. Die Zeit drängte. Die Gefahr eines schlimmen Rachekrieges wurde immer größer, solange Bischof Kuno lebte oder als Gefangener in Ürzig weilte. Das Beste würde sein, Kuno würde verschwinden.

So erteilte der Trierer Vogt Theoderich den Befehl: »Führt Kuno hinauf auf den großen Urlayfelsen. Von dort kann er noch einmal das Trierer Land anschauen, das er niemals regieren wird. Und dann schmeißt ihn hinunter!«

Und so geschah es am 1. Juni 1066. Vier Kriegsknechte führten Kuno, den mit auf den Rücken gefesselten Händen, den steilen mit Bäumen bewachsenen Berg hinauf und stießen ihn dann von einem Vorsprung den Fels hinab. Doch wie groß war das Erstaunen der Männer, als sie feststellen mussten, Bischof Kuno hatte den Sturz unversehrt überstanden. Noch zweimal schleppten sie ihn hoch, und noch zweimal warfen sie ihn in die Tiefe. Als er danach immer noch am Leben war, griffen sie zum Schwert und enthaupteten ihn an der Michelsley. Seinen Leichnam ließen sie einfach dort liegen, nur mit Gesträuch und Dornengestrüpp bedeckt. Erst dreißig Tage später fanden mitleidige Bauern des Dorfes Lösnich den Gemordeten und sorgten für eine würdige Bestattung vor ihrer Kirche in Lösnich.

Die Kunde von dem schändlichen und heimtückischen Mord drang wie von starkem Wind getriebenes Feuer durchs ganze Reich. Auf Betreiben Bischof Theoderich von Verdun wurde bereits wenige Tage später Kunos Leib in die Klosterkirche der Benedik-

Ürzig (54539) · Kreis Bernkastel-Wittlich · Rhld-Pf
1066 wird eine Burg erwähnt mit dem Namen Urcich oder Urcecha (»castrum cui nomen Urcich«). Der Überlieferung nach, soll sie der Stammsitz der Herren von Ürzig gewesen sein und mitten im Ort gestanden haben. Diese Familie wird höchstwahrscheinlich früh erloschen sein, denn nach der Nennung von Theoderich Urcecha im Jahre 1103 und von Friedrich de Urcecha im Jahre 1158 in Trierer Bischofsurkunden findet sie danach urkundlich nirgends mehr Erwähnung. Möglicherweise war deren Burg auch nur ein befestigtes »Haus« gewesen, das
1620 in einem Visitationsbericht über die Pfarrkirche als »Urtzburg« bezeichnet wird. Vermutlich ist es danach in den Wirren des Dreißigjährigen Krieges so gänzlich zerstört worden, dass von diesem Burghaus nichts mehr erhalten ist.

www.uerzig-mosel.de/uerzig-frueher.htm

tinerabtei Tholey im Saarland überführt und dort am 10. Juli 1066 beigesetzt. Zahlreiche Wunder ereigneten sich fortan an diesem Grab. Deswegen veranlasste auch Erzbischof Siegfried von Mainz, dass der ermordete Kuno I. heilig gesprochen und seine Mörder exkommuniziert wurden. Eine weitere Bestrafung der Stadt Trier oder der Mörder, weder von der weltlichen noch von der geistlichen Obrigkeit, erfolgte nicht. Der Kaiser wollte es wohl nicht, denn er war dem machtbesessenen und ungerechten Kölner Erzbischof Anno nicht mehr gewogen und misstraute ihm. Auf gar keinen Fall wollte er sich von ihm unter Druck setzen lassen oder dessen Befehlsempfänger sein.

Der gewalttätige Vogt und Graf Theoderich von Luxemburg, der so eigenmächtig handelte, wurde geächtet und aus dem Trierer Land verbannt. Und die Überlieferung will wissen, dass er sich einem Kreuzzug ins Heilige Land anschloss. Und dort soll er bei der Überfahrt von Latakia nach Palästina nach einem viertägigen Sturm am 17. Februar 1073 mit dem gesamten Schiff untergegangen und im Mittelmeer ertrunken sein.

Im 18. Jahrhundert setzten die Ürziger jenem unglücklichen Bischof Kuno ein Denkmal. An einen Wachtturm, der in der Nische eines ausgehöhlten Felsen angebracht und der mit der ältesten Sonnenuhr im Moseltal geschmückt ist, brachten sie eine lebensgroße Holzfigur des ermordeten Erzbischofs an.

Burg Neublankenheim
Üxheim-Ahütte

Grausamer Vater

Unmittelbar an der Landesgrenze Rheinland-Pfalz zu Nordrhein-Westfalen und zur Gemarkung Üxheim-Ahütte, steht oberhalb des Ahbachtals auf einem hohen Felssporn einsam und verlassen die Burgruine Neublankenheim. Kaum jemand ahnt, was sich einst in diesen alten Mauern, in denen jetzt Vögel nisten, zugetragen hat.

In längst vergangenen Zeiten lebte auf dieser Burg ein gar strenger und stolzer Burgherr. Er hatte eine überaus schöne Tochter, die ganz das Gegenteil ihres Vaters war. Leutselig gegen jedermann, war sie auch von allen geliebt. Falschen Stolz kannte sie nicht. Sie war bekannt als kühne Reiterin. Kein Ross war ihr zu wild, kein Graben zu breit, um nicht den Sprung darüber zu wagen. Und alle Leute, die sie so auf schnaubendem Pferde dahinfliegen sahen, das aufgelöste dunkle Haar im Winde flatternd, waren angetan von ihrer Schönheit, ihrem Mut und ihrer fröhlich machenden Freundlichkeit.

Ihr Liebreiz lockte manche edle Freier hin zur Burg, die um ihre Hand anhielten. Doch alle mussten sie unverrichteter Dinge wieder weiter ziehen. Keiner fand bei ihr Erhörung. Sie tat dies aber nicht, weil sie sich etwa dem Gefühl der Liebe verschlossen hätte, nein, ganz andere Gründe bewogen sie hierzu. Sie hatte ihr Herz unbekümmert an einen jungen, aufrechten Knecht in Ahrdorf verschenkt. Dieser hübsche und ehrbare Mann hatte es verstanden, das schöne Burgfräulein in Liebe zu gewinnen. Mit ihm ritt sie öfters hinaus, und fern am entlegenen Waldessaum stiegen sie von den Pferden, banden diese an einen Baum, und auf grünem Rasen, ungestört und ungesehen von aller Welt, verbrachten sie süße Stunden im zärtlichen Liebesspiel.

Doch es ist nichts so fein gesponnen, es kommt einst an die Sonnen. So kam es auch hier. An einem schönen Herbsttage waren der Knecht und das Burgfräulein wieder hinaus gewandelt zum Saume des schönen Buchenwaldes. Dort saßen sie in wogendem Grase und überließen sich ganz ihren Gefühlen.

Üxheim-Ahütte (54579) · Vulkaneifelkreis · Rhld-Pf
Ende des 13. Jh. wird unmittelbar an der heutigen Landesgrenze Rheinland-Pfalz zu Nordrhein-Westfalen und im Tal des Ahbaches durch die Grafen von Blankenheim eine Burg erbaut. Sie dient der Grenzsicherung am Schnittpunkt der Großterritorien Köln, Jülich, Luxemburg und Trier.
28.6.1341: In einer Urkunde wird erwähnt, dass Markgraf Wilhelm von Jülich dem Gerhard V. von Blankenheim »... sine nuwe burch Blankenheym und sine stat Geroltzsteyne)« als Erblehen übertragen hat. Höchstwahrscheinlich ist mit der »neuen Burg« die Burg Neublankenheim gemeint, da nirgends zu erkennen ist, dass eine »alte« Burg in Blankenheim zerstört oder baufällig gewesen wäre.
1371: Die Burg ist im Besitz Konrads V. von Schleiden, der den Kurfürsten von Köln und Trier verspricht, »... aus der vesten Nuwenblanken, die ich itz und ynne han ...« keinen Schaden zuzufügen. Wenige Jahre später ist sie wieder in Blankenheimer Besitz.
1470: Nach dem Erlöschen der Blankenheimer Linie gelangt die Burg mit ihren Besitzungen an die Grafen von Manderscheid.
1521: Neublankenheim ist zerstört. Warum und durch wen ist noch nicht erforscht. Dietrich von Mirbach bittet jedoch den Grafen Johann von Manderscheid um Hilfe beim Wiederaufbau der zerstörten »Burg« Neublankenheim.

1569 verkaufen die Mirbacher das »Haus« Neublankenheim dem Grafen Hans-Gerard von Manderscheid-Gerolstein-Neublankenheim. Wegen ihrer abgeschiedenen Lage verliert die als baufällig bezeichnete Burg immer mehr an Bedeutung, wird nicht mehr instand gehalten und verfällt.
17. Jh.: Wahrscheinlich in den Wirren des Dreißigjährigen Krieges und der folgenden unruhigen Jahrzehnte wird sie zur Ruine zerstört.
1794: Die feudale Herrschaft der Blankenheimer endet. Kartographen vermerken Neublankenheim nur mehr als Wüstung.
1815: Nachdem die Eifel dem Königreich Preußen zugeteilt wurde, wird Neublankenheim an Privatleute verkauft.
Heute: Die noch stattlichen Reste der Burg Neublankenheim (im Volksmund Burg Blankenheim genannt) mit Teilen der Burgtürme befinden sich im Eigentum des Landkreises Vulkaneifel. Die frei zugängliche Anlage wurde 2005/06 aufwändig saniert und somit vor dem endgültigen Verfall bewahrt.

Kostenfreie Parkplätze vor der Burgruine
dort keine Gastronomie oder Übernachtungsmöglichkeit.
www.von-burg-blankenheim.de

Das beobachtete ein Ritter aus der Nachbarschaft, dessen Liebeswerben dereinst von der schönen Jungfrau nicht erhört worden war. Neugierig schlich er näher, um heimlich auszukundschaften. Er traute seinen Augen kaum, als er den Knecht erkannte, an dessen Brust das edle Fräulein sein Haupt lehnte. Und als er sah, wie jener das schwarzgelockte Mädchen küsste, da wallte sein Blut auf und böse Gedanken bemächtigten sich seiner. Rasch schwang er sich auf sein Pferd, drückte ihm die Sporen ein, dass es schmerzvoll wiehernd sich aufbäumte und sprengte in wilder Eile hin zur Burg Neublankenheim. Dort überbrachte er dem gestrengen Vater die Nachricht von dem schändlichen Gebaren seiner Tochter. Da geriet der Graf in furchtbare Wut. Das konnte und wollte er nicht zulassen. Niemals sollte seine Tochter unter ihrem Stand heiraten, niemals sollte sie die Frau eines Knechtes werden. Welch Schande für das hohe Geschlecht derer von Blankenheim! Welche Schmach im Lande und beim König! Keine Strafe schien ihm hart genug, um die Sünderin den Fehltritt büßen zu lassen, die den Namen und die Ehre seines Hauses so schmählich befleckte.

Voll Zorn ersann der Vater eine fürchterliche Bestrafung. Er ließ seine Tochter in einen Turm der Burg Neublankenheim sperren, hoch oben, hinter einer fest verschlossenen Tür und mit keinerlei Aussicht auf irgendeine Flucht. Karge Nahrung ließ er ihr reichen, und so siechte die Unglückliche hin, gebeugt und gebrochen durch die Leiden des Körpers und der Seele, bis der Herrgott eines Tages Erbarmen hatte, und ihre leidende Seele zu sich nahm.

Wenn heutzutage nachts der Uhu seine Kreise um die Ruinen der Burg Neublankenheim dreht, und seine dunklen Rufe durch die Wipfel der Bäume dringen, sagen die Leute: »Hört nur, wie verzweifelt der Knecht nach seiner Liebsten ruft!«

(weitere Sagen von eingemauerten Grafenkindern bei Manderscheid, Ulmen, Winneburg)

Haus Dreimühlen (Wüstung)
Üxheim-Ahütte

Über Bäume und Hecken

Nur wenige Schritte entfernt vom Wasserfall Dreimühlen, der sein sauberes Nass in den Ahbach ergießt, versteckt sich zwischen Bäumen und Gesträpp am einstigen Bahnhang und jetzigem romantischen Radweg ein altes Gemäuer. Es ist der beklagenswerte Rest der ehemaligen Burg Dreimühlen.

Nur eine alte Hexe hauste noch in der Burg, schlurfte mit gekrümmtem Buckel durch die kahlen Räume und hielt Zwiesprache mit ihren Katzen und den Krähen, die um den zerbröckelnden Bergfried flatterten.

Aber jeden Monat einmal, am Abend des Vollmondes, wenn der Tag leise und sanft aus dem Tal wich und die Nacht Einzug hielt, kehrte Leben in

Lange, lange ist es her. Kein Rittersmann lebte mehr in dem zerfallenden Gehäuse, kein Minnelied drang mehr aus den glaslosen Fenstern hinaus ins Tal, und weder Hundebellen noch Pferdegetrappel unterbrachen die Stille jener einsamen Landschaft.

die Dreimühlenburg. Dann setzte ein Rauschen und Brausen ein, ein Zischen und Schwirren. Frauen aus dem nahe Orte Nohn sammelten sich dann jedes Mal dort oben auf einer steinreichen Wiese mit dem Namen »auf Rechert«, setzten sich auf Besenstiele und

Üxheim-Ahütte (54579) · Vulkaneifelkreis · Rhld-Pf

1218: Nahe am Ahbach, oberhalb der bekannten touristischen Einmaligkeit des Wasserfalls Dreimühlen (fälschlich auch »Nohner Wasserfall« genannt) und zwischen den Orten Nohn, Ahütte und Niederehe, lebt in einem Burggebäude das Geschlecht von Dreimühlen, das in diesem Jahr in einer Urkunde des Kölner Erzbischofs Engelbert I. (*1185; † 1225) erwähnt wird. In ihr wird Oda von Drimollen als Wohltäterin des benachbarten Nonnenklosters Niederehe bezeichnet.

1241: Leonius und Balduin von Drimolen werden als Zeugen in einer Urkunde des Klosters Niederehe aufgeführt.

1273: Petrissa, die Witwe Dietrichs von Drimolen, und ihre Söhne Dietrich und Hermann stiften dem Kloster Himmerod Geld.

1282: Leonius von Drimmolen und seine Frau Jutta verkaufen ihrem Verwandten, Herrn Gerhard IV. von Blankenheim (1273–1308), für 60 kölnische Mark ihr »Schloss Drimollen« und erhalten es als Lehen zurück. Aus diesem Verkaufspreis ist ersichtlich, dass dieses »Schloss« eher ein kleineres Burghaus war. Ritter Leonius besitzt jedoch ein eigenes Wappen.

1343: Das »feste Haus Dreimühlen« geht als Blankenheimer Lehen in den Besitz des Ritters Bernhard von der Lippe über. Er überträgt es als Heiratsgut seiner Gemahlin, Gräfin Richarda von der Mark. Beide geloben den Blankenheimer Lehnsherren, das Haus Dreimühlen nicht zu veräußern.

1400: Werner von Dreymüllen erhält das »Schloss« (Burghaus Dreimühlen) als Lehen von Graf Arnold V. von Blankenheim († 1405). Nach Werners Tod zieht Blankenheim Haus Dreimühlen als erledigtes Lehen ein.

1431: Graf Gerhard von Blankenheim schenkt seiner Frau Margareta, Gräfin von Mors, »Schloss Dreimölen« als Hochzeitsgabe.

1468: Dietrich III. von Manderscheid (1453–1488) erbt durch seine Frau Elisabeth von Schleiden-Blankenheim die Burg Dreimühlen.

1473: Dietrich III. von Manderscheid lässt in der sogenannten Jülicher Fehde seine eigene Burg Dreimühlen zerstören, damit sie nicht in die Hände seines Kontrahenten, Herzog Gerhard von Jülich, fällt. Das »verbrant und verwoist« Haus Dreimühlen wird nicht wieder aufgebaut.

1674: Die Ruine Dreymüllen, seit 1506 im Besitz der Herrschaft Manderscheid-Kerpen, geht nach einem langwährenden Erbprozess zwischen den Grafen von der Mark und den Herzögen von Arenberg durch Urteil des Reichskammergerichts in arenbergischen Besitz über.

Um 1740: Diese lassen auf der Ruinenstelle ein zweistöckiges Haus aus Hausteinen erbauen. Dieses »Maison de Dreymühlen«, früher vom arenbergischen Rentmeister (censier), jetzt von einem Oberförster bewohnt, wird allerdings schon 1774 als in schlechtem Zustand und kurz vor dem Zusammenstürzen beschrieben, bei dem eine Reparatur zwecklos sei.

1807: Das gänzlich verfallene Haus Dreimühlen wird von der französischen Regierung als ehemaliger Adelsbesitz versteigert und um 1825 abgebrochen.

Heute: Von der einstigen Burg und dem »festen Haus Dreimühlen« auf einem Tuffklotz ist nur mehr ein Mauerrest zu sehen, der unmittelbar neben einem Wander- und dem Kalkeifel-Radweg frei zugänglich ist. Eine direkte Zufahrt zur Ruine oder dem reizvollen Wasserfall ist nicht möglich. Gastronomie und Parkmöglichkeiten in den benachbarten Ortschaften.

www.uexheim.de

---

fuhren dann in rascher Fahrt über Feld und Flur hinab zur Burg.

Dort trafen sie sich mit der alten Hexe, tranken scharfes Gebräu, kicherten und wisperten, spannen Wolle zu Garn, berichteten von Erlebtem, von Schelmenstücken und derben Streichen, die sie unerkannt ausübten, hielten Rat und bereiteten auch manches Zaubermittel zu.

Stieg dann der volle Mond immer höher und beleuchtete mit seinem fahlen Schein die taunassen Wiesen am Bach, dann fiedelte die alte Hexe mit ihren knochigen Fingern eine schwarze Geige, und alle Frauen begannen zu tanzen. Immer im Kreise herum, immer wilder und ausgelassener, immer toller und rasender. Noch heute kann man deutlich in der Wiese einen Kreis erkennen von großem Durchmesser, auf dem Pflanzen und Gesätes nur ganz kümmerlich gedeihen. Harter Boden ist es, der vom vielen Treten und Tanzen zusammengestampft wurde.

Wenn sich dann aber die Mitternacht näherte, wurde es Zeit für die Nohner Frauen, wieder ins Dorf zurückzukehren. Wie auf ein geheimes Zeichen hin, hockten sie sich wieder auf ihre Besenstiele. Dann rief die alte Hexe von Dreimühlen: »Der Tanz ist aus! Ab nach Haus! Auf eure Stecken! Über Zäune und Hecken!«

Und schon erhoben sich die Besen mitsamt den Frauen, stiegen hoch, und dann ging der wilde Ritt wie Sturmgebraus hinauf nach Nohn, wo sie alle sanft wieder auf »Rechert« landeten.

Allerdings fiel doch eines Tages einem braven Ackersmann aus Nohn auf, dass seine Frau häufiger abends aus dem Hause abwesend war, dann erst in tiefer Nacht in die Schlafkammer zurückkehrte und stets todmüde und mit wunden Füßen in tiefen Schlaf fiel. So nahm er sich vor, zukünftig genauer auf seine Frau zu achten. Als diese dann im kommenden Monat sagte, sie träfe sich mit ihrer Nachbarin zum gemeinsamen Wirken, machte er sich ebenfalls heimlich auf, um nachzusehen, welches Geheimnis wohl seine Frau umgab. Endlich gelangte er nach langem Fußmarsch ins Ahbachtal. Da bemerkte er flackernden Feuerschein auf der Wiese vor der Burg. Vorsichtig schritt er näher und beobachtete wohlverborgen hinter einem dicken Baum das seltsame Treiben. In der Mitte der Burgwiese stand die bucklige Gestalt der alten Hexe wie auf Bocksfüßen und angetan mit einem langen, schwarzen Überrock. In ihrer linken Hand hielt sie eine Geige, die unaufhörlich seltsame und wundersame Melodien spielte, obwohl die Alte sie gar nicht mit dem Bogen strich. Und in ihrer rechten Hand schwang sie ein silbern leuchtendes Zepter. Damit dirigierte sie die Schar der Frauen, die jauchzend und schreiend mit rasender Schnelligkeit im Kreise herumsprang und hopste. Bangen und Grauen ergriff den Mann beim Anblick dieses ungewöhnlichen Schauspiels, und erst recht, als er mitten unter den Tanzenden seine Frau bemerkte. Sie war eine der wildesten Tänzerinnen. Sie machte hohe Luftsprünge und hüpfte so wild, dass ihre roten Haare nur so flogen als seien sie feurige Flammen. Und dann hörte er genau den mitternächtlichen Spruch der Hexe: »Der Tanz ist aus! Ab nach Haus! Auf eure Stecken! Über Zäune und Hecken!«

Als im kommenden Monat der Mond sich erneut rundete, machte sich der mutige Bauersmann aus Nohn rechtzeitig auf den Weg hinab zur Burgruine. Und wirklich, er brauchte nicht lange zu warten, da rauschte es in der Luft, als flöge ein großer Schwarm Vögel herbei. Und schon landeten die Frauen auf der Wiese, erwartet von der alten Hexe, die Geige in der Hand haltend. Und als sie dann nach einiger Zeit zum wilden Tanz aufspielte und die rothaarige Frau des Bauern sich wieder als die wildeste und stürmischste Tänzerin zeigte, hielt es dieser nicht mehr aus. Laut brüllte er hinter seinem Baum hervor: »Macht euch ab durch Hecken und Zäune!«

Ach, war das ein Erschrecken, ein schrilles Kreischen, böses Keifen und scharfes Zischen. Wie der Blitz schwangen sich alle sogleich auf ihre Besen. Aber weil der Zauberspruch nicht richtig gesprochen, fuhren sie nicht über, sondern durch die Hecken und Zäune. Das spitze Gehölz der Bäume, die scharfen Dornen der Hecken, die harten Latten der Zäune peinigten die Frauen und ließen sie vor Schmerzen wimmern und schreien. Mit blutigen Wunden, mit Schrammen und Beulen, mit blauen Flecken und zerfetzten Kleidern landeten sie auf »Rechert«, ihrem Sammelplatz, von wo aus sie mit großen Qualen stöhnend nach Hause humpelten.

Von diesem Abend an wagte nie mehr eine Nohner Frau, wieder hinab zu der Alten auf die Burg zu fahren. Und wie man sich erzählt, soll diese auch kurze Zeit später auf Nimmerwiedersehen verschwunden sein.

Burg (Wüstung)
Vettweiß-Frangenheim

Der Küster und der Schatz

In Frangenheim, das seinen Namen von der Siedlung eines edlen Franken mit Namen Franco ableitet, stand in alter Zeit eine feste Ritterburg. Es lebten in ihr jedoch ganz arge Raubritter, vor denen kein Reisender, kein Händler und auch keine der Nachbarburgen sicher waren. Riesige Schätze hatten sie angehäuft, die sie in ihren großen Kellerräumen versteckt hielten.

Doch dann brach ein schrecklicher Krieg aus, der dreißig Jahre lang wütete, und dem Menschen und Tiere, Städte, Dörfer und Burgen zum Opfer fielen. Auch die Burg in Frangenheim wurde erobert, und wer von den Bewohnern nicht rechtzeitig geflohen war, wurde rücksichtslos erschlagen. Dann stürmten die Feinde durch alle Räume, raubten und stahlen, verwüsteten und zerstörten alles. Aber den versteckt liegenden Eingang zu den Kellerräumen mit der Schatzkammer fanden sie nicht, soviel sie auch suchten. Wütend steckten sie schließlich die Burg in Brand. Hellauf loderten die Flammen, und dann brachen zerberstend die Mauern zusammen und begruben alles unter sich.

Doch bis heute weiß noch jeder, tief unten in der Erde liegt in einer mächtigen Kiste sehr viel Geld und Gold, Silber und Geschmeide, Edelsteine und wertvolle Pracht begraben. Allerdings wird die Schatztruhe von einem großen schwarzen Hund bewacht.

Doch den Eingang zu jenem unterirdischen Gang unter all dem Trümmergestein und der überwucherten Wiese zu finden, das ist schwer und schier unmöglich. Und dennoch zeigt sich der Schatz selber an. Alle sieben Jahre brennt in einer bestimmten Nacht an jener Stelle ein kleines Feuer. Viele Leute haben es schon leuchten sehen. Das bestätigen diese auch, geben aber auch zu, tiefe Furcht vor dem unheimlichen Hund zu haben, der so fürchterlich seine großen, scharfen Zähne bleckt. Wer aber das Glück hat, in jener Nacht, wenn das Feuer wieder brennt, einen gesegneten Rosenkranz darauf zu werfen, der

hat Gewalt über Hund und Schatz und kann ihn gefahrlos heben.

Davon wusste auch der Küster von Vettweiß. Sehr oft hatte er seine Eltern und all die vielen anderen Leute aus dem Ort und der Umgebung davon reden hören. Und seine Gier nach dem unterirdischen Reichtum wuchs stetig und damit auch seine wilde Entschlossenheit, ihn auszugraben. So überredete er zwei seiner Freunde, und dann machten diese sich eines Tages auf, ihren Plan in die Tat umzusetzen. Von den übrigen Dorfbewohnern unbemerkt, gingen sie hin zu der Trümmerstätte, die unter Hecken und Gebüsch verborgen lag. Dort begann der Küster sofort, mit seinen Händen Unrat und Steine wegzuscharren. Aber auf einmal stieß er einen schrillen Schmerzensschrei aus. Ohne, dass er etwas sah, hatte er einen ungeheuren Schlag auf seine Hände bekommen, so als ob der Teufel ihn mit einer eisernen Rute geschlagen hätte. Seit dieser Zeit war die linke Hand ganz gelähmt, und die Finger an der rechten Hand sind bis zu seinem Lebensende krumm geblieben. Auch den zweiten Schatzgräber hatte es arg erwischt. Er schrie und wand sich auf dem Boden. Sein Bein war gänzlich zerschmettert, und das Blut rann ihm in dickem Strahl in den Schuh. Der dritte stand stumm und sprachlos. Mit vor Schreck weit aufgerissenen Augen stand er dort und zeigte mit seinem Finger ständig auf seinen Mund. Er versuchte zu sprechen, aber nur

Vettweiß-Frangenheim (52391) · Kreis Düren · NRW
In Frangenheim, einem Ortsteil von Froitzheim in der Gemeinde Vettweiß, soll eine Burg bestanden haben, von der heute absolut nichts mehr erhalten oder nachzuweisen ist. Der Volksüberlieferung nach, sollen um 1800 noch ein tiefer Wassergraben und eine meterhohe Mauer erkennbar gewesen sein. Alles andere sei bereits niedergerissen, eingeebnet und zu Gärten umgewandelt gewesen. Erstaunlicherweise sind von dieser Burg recht viele Sagen lebendig, die in Variationen alle von vergrabenen Schätzen handeln.

ein gurgelndes Lallen war zu hören. Ihm war für immer die Sprache genommen.

Seit dieser Zeit getraute sich niemand mehr, nach dem verborgenen Schatz zu graben.

Du darfst kein Wort sprechen!

Doch, halt! Der Pastor von Vettweiß wagte es noch einmal. Ihm war ebenfalls sehr oft von jener Raubritterburg berichtet worden, von den unterirdischen Gängen und der großen, mit schmuckvollen Zierbändern verschlossenen Geldtruhe. Auch von den Teufeln, die die Schätze bewachen, hatte er erfahren. Doch all dies schreckte ihn nicht. Er fürchtete nicht den Teufel, denn er war ja eine geweihte Person, an die sich nie ein höllischer Bewohner wagen würde. Und das viele Geld würde er dringend brauchen können, zum Wohle der Kirche, aber auch zu seinem eigenen Wohlergehen. Außerdem wisse er genau – das habe er in seinen Studienbüchern gelesen – den Schatz könne jedermann bergen, der sich um die Mitternachtsstunde furchtlos der Kiste nähere und dabei in völliger Stille verharre und keine Silbe spreche.

So überredete er seinen Küster, ihm bei der Bergung des Schatzes behilflich zu sein. Es würde sein Schaden nicht sein, im Gegenteil, sein Lohn würde groß sein, nicht nur im Himmel, nein, bereits hier auf der Erde. In einer Prozession würden sie hin zu der untergegangenen Burg schreiten, mit Gesang und Gebet. Drum sollten auch unbedingt zwei Messdiener mitziehen, mit Kerzen und den kleinen silbernen Glöckchen in der Hand.

Und so geschah es auch in jener mondhellen Nacht zur mitternächtlichen Stunde. Der Priester hatte sein rotes Messgewand angezogen, der Küster trug Hacken und Spaten, und die zwei Messdiener hielten Kerzen und Weihwasser in ihren Händen und schritten ängstlich zitternd hinterdrein.

Sie fanden rasch den Eingang. Unter einem großen Stein tat sich eine Öffnung auf. Stufen führten hinab, und von dort ein langer, schmaler Gang tief in die Erde. Und der endete vor einer mächtigen schwarzen Eichentür. Stumm und starr besprengte sie der Pastor mit geweihtem Wasser und öffnete sie. Ein großer Raum zeigte sich. Und in dem flackernden Licht der Kerzen erkannten sie in seiner Mitte eine große schwere Kiste mit gewölbtem Deckel. Und darauf saßen zwei teuflische Gesellen mit wirrem Haar und schwefligen Augen.

Mutig näherte sich der Pastor der Kiste, die Bibel in hochgehobenen Händen. Hinter ihm der Küster, mit fester Hand die Hacke haltend, und an der Eingangstüre drückten sich die beiden Messdiener angstvoll an die feuchtkühle Mauer.

Und dann vernahm ein jeder ganz deutlich in die dunkle Stille hinein die Frage des ersten Teufels: »Welchen soll ich mir denn als ersten packen?«

Und schon schepperte die Antwort des zweiten: »Den mit dem roten Kamisol!« und zeigte auf den Pastor in seinem roten Messgewand.

Doch da schrie dieser entsetzt auf: »Nein! Im Namen des Dreieinigen Gottes! Mich nicht!«

Da holperte und polterte es. Die Erde zitterte und wackelte. Es gab einen fürchterlichen Knall, und mit einem mächtigen Plumps versank die schwere Schatztruhe über zwanzig Klafter tiefer in die Erde hinein. Und wiederum ein zweiter heftiger Donnerschlag, und alle vier Schatzgräber fanden sich draußen in dornigen Hecken und stacheligem Gestrüpp wieder. Rasch sammelten die Messdiener noch Weihwasserkessel, Glöckchen und Kerzenhalter ein und rannten dem Küster nach. Der Pastor war schon längst in seiner Kammer angelangt, wo er sich mit seinem roten Gewand zitternd und wimmernd unter dem dicksten Federbett versteckte.

Seit dieser Zeit wagte es niemand mehr, dort zu suchen. Und so ist der Schatz noch heute dort. Ob du der Mutige bist?

Virneburg
Virneburg

Wasche dich siebenmal

Vor dem Dorfe Siebenbach an der Hohen Acht saß in der Abenddämmerung ein Dorfgeist und hielt Wache. Da kam auf einsamem Wege ein zartes Jungfräulein daher. Es war sehr schön, hatte goldschimmernde Haare und braune Augen. Zaghaft blieb es vor dem Dorfgeiste stehen und sagte: »Ich bin eine Königstochter aus einem fernen Land. Niemals mehr kann ich heim zu meinem Vater; denn der Herr in der Virneburg hält mich mit seiner Zauberkunst in Gefangenschaft. Nie darf ich länger ausbleiben als sein Schlaf dauert. Nun schläft er; aber wehe, wenn er aufwacht und ich bin nicht in der Burg, dann setzt er seine drei großen Hunde auf meine Spur. Die finden mich überall und bringen mich zurück zum Burggrafen, der mich dann arg bestraft. O, ich habe so großes Heimweh nach meinem Vater!«

»Du dauerst mich«, sagte der Dorfgeist freundlich, »darum will ich dir einen Rat geben. Geh dort an den kleinen Bach und wasche dich siebenmal, sodann schöpfe mit der hohlen Hand das Wasser und trinke siebenmal! Hast du das getan, so gehe durch den großen Wald jenseits des Dorfes. Manches wird dir begegnen, was dich ängstigt, aber sei guten Mutes und eile munter weiter. Raffe aber deine goldenen Haare zusammen und binde sie unters Kinn, damit kein frecher Waldgeist daran raufen kann. Hinter dem Walde wartet ein Reitknecht. Frage ihn nichts, sondern besteige eines der schnellen Pferde, und bald wirst du bei deinem Vater sein!«

Virneburg (56729) · Kreis Mayen-Koblenz · Rhld-Pf
1042: Mit »Bernhardus de Virneburch« findet die Virneburg als Stammsitz des gleichnamigen Grafengeschlechtes in einer Urkunde des Erzbischofs Poppo von Trier (1016–1047) Erwähnung. Erbaut auf der Höhe einer Schieferkuppe über dem kleinen Eifelfluss Nitz, dient sie der Sicherung der Handelsstraße von Mayen über Adenau nach Aachen. Sprachforscher deuten die Vorsilbe »Virne« als keltisches Wort, gleichbedeutend mit »hoch gelegen«.
1192: Die Brüder Gottfried und Friedrich von Virneburg übertragen ihre Burg und Grafschaft »Vernenburgh« dem Erzstift Trier zum Lehen.
1304: Heinrich II. von Virneburg wird Erzbischof in Köln (bis 1332). (Weitere Virneburger bekleiden Bischofsämter in Münster und Utrecht.)
1339: Der Trierer Erzbischof Balduin von Luxemburg (1307–1354) übernimmt die Burg von den gänzlich überschuldeten Grafen von Virneburg und lässt den Torbau ausbauen.
1545: Mit Kuno, Graf von Virneburg, stirbt das Geschlecht der Herren von Virneburg aus, und die Grafschaft gelangt in den Besitz der Grafen von Manderscheid-Schleiden.
1600: Nunmehr im Eigentum des bedeutenden Grafengeschlechtes von Löwenstein-Wertheim, wird die Virneburg (Palas) schlossartig mit neuem Wehrgang ausgebaut.

1618–48: Im Dreißigjährigen Krieg erleidet die Virneburg erhebliche Schäden, so dass sie bereits 1663 als sehr baufällig bezeichnet wird.
1670: Der baufällige Bergfried wie auch die verfallene Ringmauer werden niedergelegt und im folgenden Jahr neu errichtet.
1689: Im Pfälzischen Erbfolgekrieg sprengen die Franzosen die Schlossanlage, zerstören den Bergfried gänzlich und verbrennen die Wohngebäude. Eine Ruine bleibt zurück.
1794: Der Einmarsch französischer Revolutionstruppen beendet die Herrschaft der Grafen von Löwenstein-Wertheim.
1910: Der rheinische Verein für Denkmal- und Heimatschutz erwirbt die Ruine. Seitdem werden Sanierungs- und Sicherungsarbeiten vorgenommen.
Heute: Die Ruine mit ihren mächtigen Umfassungsmauern und dem Eckturm (Bergfried in Fundamentteilen) ist jederzeit frei zugänglich.

Kostenlose Parkplätze im Dorf unterhalb der Burg; keine Gastronomie oder Übernachtung auf der Burg möglich.
www.virneburg-eifel.de

Die Prinzessin dankte freudigen Herzens ihrem Retter und tat, wie ihr aufgetragen ward. Durch Nacht und Nebel, durch fremde Städte und Länder trug sie das windschnelle, nimmermüde Ross, bis ihr der stumme Begleiter im aufleuchtenden Morgenrot die Zinnen des väterlichen Schlosses zeigte. Kaum aber war sie am Ziel dem Sattel entstiegen, da waren Ross und Knecht verschwunden.

(Heinz Müller, in: Heimat zwischen Rhein und Mosel, Mayen 1963)

Karo Sieben gewinnt

Die heutigen Dörfer Arbach, Bereborn, Kolverath, Lirstal, Mannebach, Oberelz und Retterath, in der Verbandsgemeinde Kelberg, gehörten um 1200 als Siedlungen dem Erzbischof von Trier. Im Jahre 1270 sind sie jedoch alle im Besitz des Grafen von Virneburg. Die Sage bietet eine Deutung:

Der Graf von Virneburg liebte es sehr, mit seinen befreundeten weltlichen und geistlichen Nachbarn Karten zu spielen. Manches Goldstück wechselte hin zum Gewinner, und die großen Kelche mit süffigem Wein ließen solche Kartenabende zu feuchtfröhlichen Erlebnisstunden werden. Einst ging es wieder sehr hoch her. Der Trierer Erzbischof und Kurfürst hatte bereits viel Gold und Geld verspielt, da erhielt er in der letzten Runde Karten ausgeteilt. Sie erschienen ihm so gut, dass er siegessicher war, sein gesamtes bisher verlorenes Geld zurückzugewinnen. Er reizte hoch und höher. Verflixt noch einmal, der Virneburger Graf hielt mit, bot sogar mehr. Der kurfürstliche Herr freute sich. Er würde dieses Spiel mit Sicherheit gewinnen. So bot er seinen gesamten

Besitz in und um den Pfarrsprengel Retterath an! Einen derart hohen Preis, den würde der Virneburger nicht überbieten können. Doch der Virneburger Graf behielt in diesem Glücksspiel nicht nur die stärkeren Nerven, sondern er spielte auch dermaßen geschickt, dass er mit seiner letzten Karte mit dem geringsten Wert, der Karo Sieben, das Spiel gewann. Der Fluch, der aus des Erzbischofs Munde drang, war alles andere als christlich, aber er blieb seinem Wort treu und übertrug die Retterather Pfarrei dem Virneburger. Und dieser führte seit dieser Zeit in seinem Wappen die »Karo Sieben« als glückbringendes Zeichen.

(Erich Mertes liefert dazu den geschichtlichen Hintergrund:

Dieser Besitzwechsel findet seine Erklärung in den damaligen politischen Verhältnissen. Zu dieser Zeit war Theoderich II. von Wied (*um 1170 in Koblenz; † 28. März 1242 in Trier) – Erzbischof und Kurfürst von Trier. Reichspolitisch stand er fest auf staufischer Seite. Dadurch zog er sich die Gegnerschaft der Erzbischöfe und Kurfürsten von Mainz und Köln zu, die auf Seiten der Welfen waren. Es kam zu kämpferischen Auseinandersetzungen, wobei der Trierer bereits am Anfang seiner Amtszeit für zwei Jahre in Gefangenschaft des Grafen von Nassau geriet und ein anderes Mal auf einer Rückreise von Mainz sogar einem Mordanschlag entging.

Es ist demnach denkbar, dass Theoderich zur Gewinnung von Verbündeten auch die Freundschaft der Virneburger Grafen suchte und ihnen als Gunstbeweis den Besitz in Retterath übertrug. Um auf seine Rechte nicht ganz zu verzichten, behielt er den Kurtrierischen Hof.)

Burg Falkenstein
Waldhof-Falkenstein

Die Vatermörderin

(In folgender Sage wird die Stolzemburg erwähnt. Sie ist eine Burg in der kleinen luxemburgischen Gemeinde Stolzebuerg an der Our und nur wenige Kilometer von Vianden entfernt. Auch sie fiel 1679 den Belagerungstruppen Ludwig XIV. von Frankreich zum Opfer. Um 1898 wurde sie zu einem schlossähnlichen Wohnhaus umgebaut und ist heute in Privatbesitz.)

Die Burg Falkenstein bewohnte einst ein wohlhabender und angesehener Ritter. Seine einzige Tochter Euphrosine wurde von vielen ebenbürtigen Freiern umworben. Herr Kuno von Bitburg, der Freund und Waffenbruder des Vaters, erhielt von

Burg Falkenstein. Bild Verbandsgemeinde Neuerburg

diesem die Hand des Burgfräuleins zugesagt. Euphrosine fügte sich dem Wunsch ihres Vaters, und die Verlobung wurde mit einem glänzenden Burgfest gefeiert.

Kurze Zeit nachher folgte Euphrosine ihrem Vater auf einem Jagdzug durch die Eifelwälder. Dabei verirrte sie sich und geriet immer tiefer in die Schluchten eines Gebirgszuges hinein. Plötzlich trat aus dem dichten Gebüsch ein fremder, schmucker, noch jugendlicher Ritter hervor und bot sich mit vollendeter Höflichkeit zum Führer an. Gewandt und sicher leitete der Junker das Ross durch die Wirrnisse auf den rechten Weg und unterhielt dabei das Fräulein mit solch bestrickender Liebenswürdigkeit und Geistesschärfe, dass Euphrosine unwillkürlich Vergleiche zwischen ihrem Verlobten und dem ritterlichen Begleiter anstellte. Seufzend musste sie sich gestehen, dass sich ihr Herz mehr und mehr dem Fremden zuneigte. Sie lud ihn ein, ihr auf das Schloss zu folgen, um sich nach der langen Wanderung zu stärken. Doch der Junker wollte ein Zusammentreffen mit dem Ritter von Falkenstein vermeiden. Er stellte sich dem nichtsahnenden Fräulein als ein Edler von der Stolzemburg vor und erzählte ihr, dass die Stolzemburger seit langer Zeit in tödlicher Feindschaft mit den Falkensteinern lebten.

Trotz allem gewährte Euphrosine dem Stolzemburger häufig geheime Zusammenkünfte und gewann ihn täglich lieber.

Ihrem Vater war das Liebesverhältnis seiner Tochter mit einem Spross aus dem Haus der Stolzemburger nicht verborgen geblieben. Er geriet darüber in großen Zorn und untersagte seiner Tochter strengstens weitere Zusammentreffen mit dem Geliebten.

Als dieser sie dennoch wieder einmal traf, willigte das Mädchen nach langem Drängen

Waldhof-Falkenstein (54673) · Kreis Bitburg-Prüm · Rhld-Pf

1173: In Urkunden wird die Burg Falkenstein als Besitz eines »Ludovicus de Falcunstein« erwähnt; mit ihrer dreieckigen Gestalt erhebt sie sich auf einem steilen Bergsporn hoch über dem deutsch-luxemburgischen Grenzfluss Our. Sie ist eine von rund dreißig Burgen, die die Herrschaft Vianden schützen.

1236: Das Falkensteiner Geschlecht stirbt im Mannesstamme aus. Graf Heinrich von Grandpré (bei Namur, Belgien), wird durch Einheirat Herr von Falkenstein, verkauft die Burg jedoch an Heinrich V. von Luxemburg, der sie seinem Burgmann Theobald von Marlières und Neufchâteau zu Lehen gibt.

Im 14. Jh. erbauen die Grafen von Manderscheid einen Wohnturm und vergrößern die Burganlage.

1679: Zerstörung der Burg Falkenstein durch Truppen des französischen Königs Ludwig XIV.

1777: Falkenstein wird im Luxemburger Ortsverzeichnis noch als Pfarrei bezeichnet.

1794: Infolge der Französischen Revolution endet die selbständige Herrschaft Falkenstein, die bis dahin der Mittelpunkt einer winzigen luxemburgischen Unterherrschaft war. Deren Bedeutung war gering, was auch häufiger Besitzerwechsel dokumentiert.

1815: Auf dem Wiener Kongress wird die Burganlage mit der Gemeinde Waldhof-Falkenstein, die nur aus sehr wenigen Häusern besteht, dem Königreich Preußen zugeteilt.

1886: Auf den Burgruinen, an eine Privatfamilie verkauft, entsteht ein schlichterer Neubau. Anstelle des Halsgrabens wird an der Ostseite ein Felsenweiher angelegt.

1936: Wiederaufbau der Burgkapelle.

Heute: Die immer noch sehr beeindruckende und teilweise bestens erhaltene Burg Falkenstein mit Burgtor, Teilen der Schildmauer, Wohnturm (aus dem 14. Jh.), Wohnhaus und romanischer Kapelle (aus dem 14. Jh.) befindet sich im Privatbesitz und kann nicht besichtigt werden; dahingegen sind die Außenanlagen ganzjährig zugänglich, aber nur von einem Wanderweg (K) aus zu erreichen. Sie gewähren bezaubernd schöne Blicke über die Westeifel und den im Ourtale liegenden Stausee inmitten des Deutsch-Luxemburgischen Naturparks. Keine öffentliche Gastronomie oder Übernachtungsmöglichkeit auf der Burg.

www.vg-neuerburg.de
www.eifel.de

---

ein, mit ihm die Flucht zu ergreifen. Um Mitternacht sattelte sie heimlich ihr Pferd und verließ geräuschlos das Heimatschloss. Unten im Ourtal wartete der Junker auf sie in schwarz verhüllter Waffenrüstung. Aber ihre Flucht war nicht unbemerkt geblieben. Der argwöhnische Vater und der eifersüchtige Kuno hatten Leute aufgestellt, die den Fluchtweg verrieten. Beide sprengten nun auf schnellen Rossen den Fliehenden nach, und bald standen diese den Verfolgern gegenüber.

Der Junker drückte der Geliebten rasch sein Kurzschwert in die Hand und forderte sie auf, mit ihm auf die Verfolger einzuschlagen.

Inzwischen hatten schwarze Gewitterwolken das Tal überzogen. Ringsum hallten die Berge wider vom Rollen des Donners, und grelle Blitze zuckten durch die schauerliche Nacht.

Erschreckt gehorchte Euphrosine willenlos ihrem Geliebten und schlug mit aller Kraft auf den ersten der verfolgenden Reiter ein. Da erscholl ein schrecklicher Schrei … O Schrecken! Sie hatte das Haupt ihres Vaters getroffen.

Ein jäher Blitz zeigte ihr sein von Blut überströmtes Antlitz im Todeszucken. Der Stolzemburger kämpfte mit Kuno von Bitburg, als ein unmenschlicher Schrei aus dem Munde der Geliebten an sein Ohr traf, der ihm zum Verhängnis wurde. Kuno nutzte die Ablenkung und durchbohrte seinen Gegner mit dem Schwert.

Euphrosine kniete wie betäubt neben dem sterbenden Vater. Als Kuno ihr das Wort »Vatermörderin!« entgegenschleuderte, wurde ihr völlig die Größe ihrer Schuld bewusst. Vom Irrsinn gepackt, eilte sie zur Our und stürzte sich in die Fluten des angeschwollenen Flusses.

Wehklagend durchstreift fortan der Geist des Burgfräuleins allnächtlich die einsamen Burgtrümmer und schleppt eine schwere Kette hinter sich. Sie sucht ihren Vater und findet ihn nicht. So muss sie weiter suchen bis zum Ende der Zeiten; denn eine Vatermörderin findet hienieden keine Erlösung.

(nach Zender; nach Nikolaus Gredt (Sagenschatz des Luxemburger Landes) fand kein Vatermord statt, sondern die beiden Verliebten sprangen bei ihrer Flucht so hastig in einen bereitstehenden Kahn, dass dieser umschlug und die zwei in den Fluten der hoch angeschwollenen Our ihren Tod fanden.

Grausame Rache

Seit Generationen hatten die Herren auf Falkenstein Krach mit den Grafen von Vianden. Um jeden Baum, um jeden Acker wurde sich gestritten. Böse Worte und Verleumdungen waren schon etwas Alltägliches. Und immer wieder ließ der Falkensteiner seine Soldaten ins Land der Viandener eindringen und plündern. Und auch der Viandener scheute nicht zurück, Reisende im Land des Falkensteiners auszuplündern oder dessen Untertanen gefangen zu nehmen. Erst gegen Zahlung eines Lösegeldes durften sie in die Heimat zurückkehren. Beide hassten sich sehr. Doch eines Tages hatte es der Falkensteiner in seiner Wut übertrieben.

Er befand sich auf der Jagd in den dichten und wildreichen Wäldern an dem Ufer der Our. Und als er gerade mit seinem Ross droben auf einem hohen Felsen rastete und hinunter ins Tal schaute, sah er auf dem Uferweg eine Handvoll Reiter gemächlich des Weges ziehen. Die Fahne flatterte voran und auf ihr erkannte der Falkensteiner das Wappen derer von Vianden. Dort unten ritt also sein Feind, keine Gefahr ahnend, frohgemut hin zu seinem stolzen Schloss.

Die Gelegenheit schien dem Falkensteiner Ritter mehr als günstig. Rasch versammelte er seine Jagdgenossen und Soldaten um sich. Dann pirschten sie sich leise an den Viandener Grafen heran, überfielen ihn mit wüstem Geschrei und führten ihn gefesselt zur Burg Falkenstein. Triumphierend und hasserfüllt lachend, hatte der Falkensteiner sich eine grausige Rache einfallen lassen. Seinen gefangenen Grafen ließ er nackt ausziehen und ihn dann mit Honig bestreichen. Dann steckte er ihn in einen eisernen Käfig, den er an Burgmauer so aufhängen ließ, dass der Viandener seine Heimatburg sehen konnte. Dann kamen die Bienen und Westen, die Mücken und Fliegen. Entsetzliche Schmerzen musste der Gefangene erdulden. Stunden hallten sein Schreien, Wimmern und Stöhnen von der Burgmauer hinein in Wälder und Täler, bis die Stimme im Sterben brach.

Diesen feigen und heimtückischen Mord duldeten nun aber nicht die anderen Grafen und Herren auf den Nachbarburgen und Schlössern. So schlossen sich die Heere der Viandener, der Stolzenburger, der Neuerburger, der Reuländer und noch andere zusammen. Sie zogen mit starker Macht gegen Falkenstein, erstürmten die Burg und zerstörten sie. Alle wurden erschlagen oder in die Gefangenschaft weggeführt.

Nur ein Falkensteiner konnte durch einen unterirdischen Geheimgang fliehen und durch den schwarzen Bach entkommen.   *(nach M. Zender; vgl. Maubach)*

Welchenhausen (Wüstung)
Welchenhausen

Die heilige Luzia und der »Augentrost«

Mutter Sieglinde von Welchenhausen saß im Erker am Fenster ihres großen Zimmers. In ihrem Schoß lag ein seidenes Tüchlein, in das sie mit Goldbrokat zarte Blumenranken gestickt hatte. Im Moment ruhte sie mit ihrer Arbeit und schaute gedankenvoll hinab ins Tal. Dort floss ruhig und bedächtig die Our. Und über die Brücke zog der Schäfer mit seiner kleinen Herde. Ein friedliches Bild – und doch plagten Kummer und Sorge die Mutter. Tiefe Falten des Leides hatten sich um ihre Mundwinkel eingegraben. Und ihre Gedanken schweiften wie immer ab zu ihrem Töchterchen Mechthild.

Es war ein fröhliches Kind mit hell gelocktem Haar, das so anmutig spielte, und mit dem alle Bediensteten und alle Bewohner des kleinen Ortes zu Füßen der Burg so froh waren, ein wahrer Sonnenschein. Doch dann pochte das Unglück an die Pforten der Burg und drang unbarmherzig ein. Es war im letzten Winter. Hoch lag der Schnee. Mechthild bat die Mutter, in der weißen Pracht spielen zu dürfen. Warm angezogen, hüpfte und tollte es im Burggarten, warf mit zarter Hand Schneebälle nach den Eiszapfen, die am Eingangstor herunterhingen, schlitterte auf dem glatten Weg hinab ins Dorf und jauchzte vor Freude. Doch als das Mädchen am späten Nachmittag, als bereits die Dämmerung sich ins Tal senkte, immer noch nicht nach Hause zurück gekehrt war, sandte die Mutter voller Sorge ihre Dienerin aus, die Kleine zu suchen und nach Hause zu bringen. Doch wo war sie? In den kleinen Gassen des Dorfes war sie nicht zu fin-

den, und dass man sie gesehen hatte, war auch schon vor längerer Zeit gewesen. Aufgeregt beteiligten sich nun alle Einwohner des Ortes an der Suche. Nicht lange dauerte es, da rief man bereits um Hilfe. Mechthild war gefunden. Sie lag am Ufer der Our, mit ihrem Gesichtchen im Schnee. Ohnmächtig war sie. Wahrscheinlich auf dem blanken Eis ausgerutscht und mit dem Kopf aufgeschlagen. Wie lange sie so im kalten Schnee gelegen hatte, wusste man nicht. Aber sie lebte. In warme Tücher eingehüllt, kam sie bald wieder zu sich. Welche Freude im Dorf und in der Burg. Doch diese währte nicht lange, denn bereits am folgenden Tag merkte jeder, Mechthild war erblindet. Der frostige Schnee hatte ihr das Augenlicht geraubt.

Die besten Ärzte wurden gerufen und um helfenden Rat gebeten. Aber hilflos mussten alle wieder die Burg verlassen. Mechthild sah nichts mehr. Ihre trübweißen Augen starrten hoffnungslos, und mit ihren kleinen Händchen suchte sie tastend Halt und Wege durch die Räume der Burg.

An der Our, zu Füßen der einstigen Burg Welchenhausen, blühten die Blumen, die dem blinden Grafenkind halfen.

Welchenhausen (-Lützkampen) (54617) · Kreis Bitburg-Prüm · Rhld-Pf

14. Jh.: Eine Ritterfamilie von Welchenhausen wird erwähnt, die eine Burg auf dem Felsrücken (»Lay«) über der Our hat. Der heutige Ortsname Welchenhausen leitet sich von diesem Geschlecht ab. Mitglieder dieser Familie stiegen zu hohen Amtsträgern der luxemburgischen Herzöge auf. Historiker vermuten, das Geschlecht Welchenhausen stamme aus der Propstei Bastogne und wird im Französischen (in welscher Sprache) »Vaux« genannt.

1350: Dietrich von Welchenhausen ist bei der Abfassung des Burgfriedens von Kronenburg gegenwärtig.

1364: Heinrich von Welchenhausen ist Seneschall des Herzogtums Luxemburg.

1394: Heinrich von Welchenhausen ist mit dem Edelgeschlecht derer von Aremberg verbündet. In der Fehde, welche Johann und Eberhard von der Mark, die Herren von Aremberg, gegen den Trierer Erzbischof Werner von Falkenstein (1388–1418) führen, wird die Burg Welchenhausen von bischöflichen Truppen eingenommen, geschleift und Heinrich selbst gefangen genommen.

Nachfolger Pontz von Welchenhausen heiratet gegen Ende des 14. Jahrhundert die Tochter des Ritters Mäs von Holset (Thomas d'Hollace). Er erwirbt dadurch Schloss und Erbvogtei Lontzen und gibt diesem den Namen Welchenhausen.

seit 1495: Das Geschlecht der von Welchenhausen ist in männlicher Linie ausgestorben. Der Besitz der Familie gelangt an fremde Feudalherren. Die letzte Feudalherrschaft ist Dasburg bis 1794, jenem Jahr, in dem die Französische Revolution alle feudalen und kirchlichen Strukturen im Eifelraum änderte.

Heute: Von der ehemaligen Burg ist nichts mehr zu erkennen.

Mutter Sieglinde wischte sich Tränen ab, die ihr auch jetzt wieder die Wangen nässten. Es schmerzte sie so sehr, ihr Liebstes so hilflos zu sehen. Das Leid quälte sie wahrscheinlich mehr als es ihre Tochter bedrückte. Denn diese hatte ihr fröhliches Wesen nicht verloren. Hell und fröhlich, wie die warmen Strahlen einer Frühlingssonne, drangen ihr Lachen und ihr kindliches Scherzen durch Zimmer und Säle.

Und als die Mutter nun so sinnend am Fenster im Erker saß, öffnete sich die Zimmertür und herein kam Mechthild. Vorsichtig tastend eilte sie zur Mutter und erzählte ganz aufgeregt:

»Mutter, jetzt hatte ich bereits zum zweiten Male einen besonderen Traum. Er war so schön und will mir nicht mehr aus dem Kopf. Ich sah ein Strahlen und ein helles Licht. Und mitten in diesem Glanz stand eine ganz liebe Frau in einem langen weißen Kleid. Sie winkte mir zu. Als ich zu ihr ging, zeigte sie mit ihren zarten Fingern auf einen großen Bach. Der sah aus wie die Our. Und da standen viele Bäume am Ufer, und da war auch ein großer Stein, um den viele kleine Blumen wuchsen. Sie hatten ganz weiße Blüten mit gelblichen Streifen. Und dann meinte die Frau noch, ich solle diese Blumen auf meine Augen tun. Und als sie das sagte, konnte ich wunderschöne Musik hören. Alles war so hübsch und so herrlich. Es war schade, als ich dann wach wurde.«

Mutter Sieglinde drückte ihr Kind an ihre Brust. Dieser Traum schien ihr doch von Bedeutung zu sein. Sie rief nach ihren Dienern und bat sie, hinunter zur Our zu eilen und dort nach Bäumen zu schauen, zwischen denen ein dicker Stein liegt, um den herum Blumen blühen.

Die Abendglocke hatte noch nicht zur Nachtruhe geläutet, da kehrten die Diener bereits zurück mit einem Weidenkorb, angefüllt mit weiß blühenden Blumen. Sofort wies die Mutter an, von diesen einen Tee zuzubereiten und eine Salbe zu erstellen. Den Tee gab sie ihrer Tochter zu trinken und auf die erblindeten Augen strich sie dick die wohlduftende Creme.

O, welch ein Wunder! Am kommenden Morgen konnte Mechthild bereits hell und dunkel unterscheiden, und am Abend sah sie alles klar und deutlich. Ihre Augen erstrahlten in reinem Glanz wie ehedem.

Mit tiefer Dankbarkeit und voller Freude betraten daraufhin Mutter und Tochter die kleine Burgkapelle. In der Hand hielt Sieglinde eine große armdicke Kerze, die sie dem Himmel zum Dank opfern wollte. Fromm schritt Mechthild mit gefalteten Händen hin zur Nische neben dem Altar. Aufgeregt zeigte sie plötzlich auf eine Holzfigur: »Mutter, wer ist das?«

»Das ist die heilige Luzia«, erhielt sie als Antwort.

Und ehrfürchtig kniete Mechthild nieder und flüsterte: »Mutter, das war die liebe Frau, die in meinem Traum zu mir kam und mir die Blumen zeigte.«

Schellenburg (Wüstung)
Wershofen

Brot für die Armen

Die Burg Schellenburg gehörte in damaliger Zeit zur Pfarrei Wershofen. Die Herren der Burg besaßen hier viele Ländereien, von denen sie den Zehnten erhielten. Da aber die Bewohner arm waren und die Burgherren ein mildtätiges Herz hatten, luden sie alljährlich am Himmelfahrtstag die Einwohner von Wershofen ein und bewirteten sie. Später verzichteten die Ritter auf der Schellenburg ganz auf den Zehnten. Aber den Brauch, den armen Untertanen jedes Jahr am Himmelfahrtstag Brot zu schenken, hielten sie bei.

Noch heute pilgern in großer Prozession singend und betend die Einwohner von Wershofen am Himmelfahrtstag zur Kottenborner Kapelle und denken daran, dass diese Prozession ihre Entstehung den Rittern der Burg Schellenburg verdankt.

Goldtaler für die Glocke

Auf der Schellenburg lebte dereinst eine edle und fromme Herrin. Sie war ihren Untertanen gegenüber freundlich und gütig. Als sie erfuhr, dass in Wershofen eine neue Glocke gegossen werden sollte,

Wershofen (-Adenau) (53518) · Kreis Bad Neuenahr-Ahrweiler · Rhld-Pf
Auf einem bewaldeten Sporn kurz hinter Fuchshofen ist eine Burgwüstung, in der sich nur mehr geringe Steinhaufen finden. Es sollen dies die Reste der verschwundenen Scheilenburg oder Schellenburg sein, die noch ihrer Erforschung und Datierung harrt. Es ist nicht bekannt, wann sie zerstört wurde. Bisher unentdeckt sind auch schriftliche Belege über die Burg. So bleibt zu vermuten, dass diese möglicherweise frühmittelalterliche Anlage bereits vor dem 15. Jahrhundert nicht mehr bestand. Von der Schellenburg künden nur Sagen:

eilte sie herbei und warf eine Schürze voll Goldtaler in den Gussbrei. Deshalb rief die Glocke mit einem besonders schönen und reinen Klang fromme Menschen zum Gottesdienst.

Mord an den Schellenburgern

Vor langer Zeit lebten drei Ritter auf der Schellenburg. Ganz anders als ihre Vorfahren waren sie hartherzig und liederlich. Mit vollen Händen verprassten sie Gelder, die sie wieder unbarmherzig von den Bauern und ihren Untertanen einforderten. Statt christliche Gebote zu halten und fromm dem Gottesdienst zu folgen, zogen sie die Sünde vor und verspotteten alles Heilige.

Ihrer Burg gegenüber erhob sich auf dem rechten Ufer der Ahr ein Kloster. Auch die Nonnen in ihm übten sich nicht in christlichen Tugenden und hatten ihre Ordensgelübde längst vergessen. Völlerei und Trunksucht gefielen ihnen mehr als Fasten und Demut. Auch lebten sie nicht mehr in Keuschheit, wie es ihrem Stand entsprochen hätte, sondern sie vergnügten sich in unerlaubter Beziehung zu den drei Rittern auf der Schellenburg. Ihr Treiben und Tun blieb nicht im Geheimen. Es erregte bald überall Zorn und Empörung. Brave Leute wandten sich an den Erzbischof und baten um ein Machtwort. Dieser ließ schließlich, um dem sündigen Treiben ein Ende zu machen, die unwürdigen Ordensfrauen aus dem Land vertreiben und das Kloster auflösen. Die drei Ritter von der Schellenburg fand man kurze Zeit später erdrosselt in ihren Betten. Wer sie umgebracht hatte, wurde niemals bekannt. Aber auffallend war doch, dass der Bischof und die Richter im Lande niemals eine Untersuchung anordneten.

Burg Eltz
Wierschem

Der durchlöcherte Harnisch

Die Burg Eltz besitzt eine bemerkenswerte Waffenkammer mit sehr vielen Rüstungen und Kriegsgeräten aus allen Jahrhunderten. Aber im fraulichen Komtesszimmer der Burg findet sich ein kindlicher Brustpanzer, der eigentlich gar nicht dorthin gehört. Und dieser Harnisch weist an der Stelle des

Als der nun herangewachsen und im rechten Heiratsalter war, besuchten die beiden Familien sich mehrmals, damit die Kinder sich näherkommen und die Eheverträge besprechen sollten. Jedoch konnte die hübsche Jungfrau keinen Gefallen an ihrem Verlobten finden, und je öfter sie sich sahen, umso mehr lehnte ihr Herz den Braunsberger ab. Es war noch nicht mal so sehr das Aussehen des jungen Ritters,

Herzens ein Loch auf und soll dereinst einer Tochter aus dem Hause Eltz gehört haben.

Dieses Burgfräulein mit Namen Agnes, so erzählt die Sage, wurde bereits in der Wiege, so wie es damals Brauch war, mit einem Jungen aus adligem Geschlecht verlobt. Es war dies der Junker von Braunsberg.

es waren vielmehr dessen Hochmut und Hartherzigkeit, seine kalten Augen und seine mitleidlose Habgier, die keine Zuneigung in der sanften und bescheidenen Agnes aufkommen ließen.

Sie würde ihn niemals heiraten können. Nein, eher würde sie den klösterlichen Schleier nehmen, als sich freiwillig in eine unglückliche Ehe zu begeben.

Wierschem (56294) · Kreis Mayen-Koblenz · Rhld-Pf

1157: In einer Schenkungsurkunde des römisch-deutschen König und Kaisers Friedrichs I. Barbarossa (1155–1190) wird die Burg Eltz erstmalig erwähnt. »Rudolphus de Elze« ist in ihr als Zeuge benannt. Eltz wird in strategisch günstiger Lage im malerischen Tal des Flusses Elz und an einer Handelsstraße erbaut, die die Mosel mit der Eifel und dem fruchtbaren Maifeld verbindet. Sie gilt mit ihren Fachwerktürmen, Gauben und Giebeln sowie den steilen Schieferdächern bis heute als eine der schönsten Burgen Deutschlands.

Vor 1268: Durch die Besitzaufteilung der Burg Eltz unter drei Brüdern entwickelt sie sich zu einer Ganerbenburg (ab 1354 unter trierischer Oberhoheit) mit den späteren Hauptlinien Rübenach, Kempenich und Rodendorf. So ragen um einen engen Innenhof ineinandergefügte Burghäuser sechs und sieben Stockwerke steil in die Höhe.

Gemeinsam mit Schloss Bürresheim bei Mayen ist sie die einzige Anlage in der Eifel, die niemals erobert oder verwüstet wurde. In den Reunions-Kriegen Ludwig XIV. (*1638; †1715), in denen alle Burgen und Befestigungen der Eifel zum Opfer fallen, wird Burg Eltz verschont, da einer der Herren von Eltz als Offizier in der französischen Armee dient.

1794–1815: Auch die Wirren der Französischen Revolution werden unversehrt überstanden.

1815: Alleinige Besitzer sind die Grafen von Eltz.

1845–88: Umfangreiche Restaurierungsmaßnahmen durch Graf Karl zu Eltz.

1920: Ein Großbrand zerstört bedeutende Gebäudeteile und Einrichtungen, die 1930 wiederhergestellt werden.

Heute: Die sehenswerte Burg, ein lebendiges Museum mittelalterlicher Wohnkultur, ist für die Öffentlichkeit zugänglich und befindet sich seit über 800 Jahren noch immer im Besitz der Familie Eltz-Kempenich.

Die Burg ist am besten zu erreichen mit dem PKW über Münstermaifeld in Richtung Wierschem. Der Weg zur Burg ist gut ausgeschildert.

Kostenpflichtige Parkplätze; die Burg ist zu Fuß (15 Minuten) oder auch mit einem Shuttle erreichbar; Besichtigung (April bis Oktober täglich) nur mit Führung möglich; Gastronomie auf der Burg, aber keine Übernachtungsmöglichkeiten. www.burg-eltz.de

---

Mit dieser Ablehnung gab sich jedoch der rohe Junker von Braunsberg nicht zufrieden. Ihm gefiel die hübsche Agnes. Außerdem würde sie ein großes Vermögen mit in den Ehestand bringen. Nein, er würde nicht auf sie verzichten, denn schließlich war er ja mit ihr verlobt.

Eines Tages war der Braunsberger Junker mit seiner Familie wieder zu einem Fest auf die Burg Eltz geladen. Und erneut spürte er die Ablehnung von Agnes. Da brachen in dem Burschen Gier und Wut, Herrschsucht und Hochmut aus. Statt sittsam sich zu betragen und zart zu werben, wurde er roh und fordernd. Mit Gewalt wollte er nun Liebe erzwingen und rief so mit weingetränktem Atem laut in die Runde der im großen Saal versammelten Familien: »Agnes, wir sind miteinander verlobt. Und ich als dein zukünftiger Ehemann habe Recht auf Minne und darum fordere ich von dir hier und jetzt einen Verlobungskuss!«

Plötzliche Stille erfüllte den Saal. Alle Blicke wandten sich hin zu den beiden, gierten nach dem, was nun geschehen würde. Das Fräulein von Eltz errötete vor Scham, senkte betroffen ihr schwarzgelocktes Haupt und verließ augenblicklich mit Tränen in den Augen den Saal und die versammelte Festgesellschaft. Verdutzt stand der Junker nun dort, blamiert und nicht begreifen wollend.

Kaum war die schwere Eichentür ins Schloss gefallen, da erhob sich ein Kichern und Lachen, ein Tuscheln und Höhnen. Onkeln und Tanten, Freunde, Ritterburschen und adlige Damen, viele von edlem Rang und mit hehren Namen flüsterten und verspotteten laut den bloßgestellten Burschen.

Dieser konnte kaum mehr seine Wut und seinen Zorn unterdrücken. Mit finsterem Gesicht und Flüchen auf den Lippen verließen er und seine Spießgesellen die Burg Eltz. Am kommenden Tag kündigte er die Verlobung auf und schickte dem Eltzer einen Fehdebrief, kündete Rache und Krieg. Immer und immer wieder kam es nun zu Scharmützeln und Überfällen, zu Hinterlist, Lug und Trug.

Viel Leid hatten sich die beiden Burgherren bereits angetan, da verließ der Eltzer Graf eines Tages seine Burg, um moselaufwärts am festlichen Turnier seines Freundes teilzunehmen. Das erfuhr der Braunsberger. Heimlich drang er des Nachts in den Burgfrieden von Eltz ein, wo ihm so gut wie keine Gegenwehr entgegentrat. Türen und Tore waren rasch gesprengt, Waffengeklirr erfüllte den engen Burghof und riss die edle Jungfrau von Eltz aus ihrem

Die bleierne Kugel hatte den Harnisch durchschlagen und das Herz getroffen.

Als man das Visier öffnete und in das leichenblasse Gesicht der toten Agnes schaute, erschraken alle. Wie weinten und klagten ihre Freunde und Burgbewohner, wie still und entsetzt flohen die Braunsberger von der Burg Eltz.

Die Eltzer forderten Genugtuung und blieben schließlich Sieger in dieser leidvollen Fehde. Der Junker von Braunsberg, der seine eigene Braut erschossen hatte, und nunmehr allüberall im ganzen Land verachtet und geächtet wurde, verzog von seiner heimatlichen Burg weit fort in die Welt. Was aus ihm wurde, weiß wohl nur der Wind.

Schlaf. Agnes schaute durch ihr grünliches Butzenfenster und erkannte im Mondenschein den frechen Eindringling, der mit roher Gewalt Leid und Tod brachte. Der Gedanke, jetzt schutzlos in die Hände des erbosten Junkers zu fallen, erfüllte sie mit Grauen und einer beherzten Entscheidung.

Mutig entschlossen griff sie in der Waffenkammer nach dem Prunkharnisch ihres Bruders, zwängte sich in diesen hinein, zog einen Helm mit Visier über, griff nach einem scharfen Schwert und trat furchtlos an der Spitze weniger Soldaten und Diener dem Eindringling entgegen. Es kam zu heftigem Handgemenge und entschiedener Gegenwehr. Von dem zarten Jüngling im silbernen Harnisch und mit geschlossenem Visier schien eine Kraft auszugehen, die zum Siege führen konnte. Da griff der Braunsberger zu einer Pistole, zielte und drückte los. Ein schrecklich lauter Knall brach sich an den Mauern des engen Hofes. Als der Pulverrauch sich verzogen hatte, sah man den tapferen Kämpfer auf dem Boden liegen.

Trutzeltz (Baldeneltz, Balduineltz)
Wierschem

Graf Johann von Eltz

Jahrelang lagen die Herren von Eltz in Fehde mit dem Trierer Erzbischof Balduin, bis dieser ihnen gegenüber schließlich die Burg Trutzeltz hinbaute und sie zwang, seine Lehnsleute zu werden. Dann schloss der bischöfliche Kurfürst Frieden mit dem

waren sie auf der Höhe von Wallersheim oberhalb der Moselmündung, als die beiden Grafen in ein hitziges Wortgefecht gerieten. Äußerst erregt warf der Virneburger dem Eltzer vor, er habe die Gräfin von Kleve, Frau zu Monreal, von der Mayener Feste aus gebannt und gebrandschatzt. Nun war es an der Reihe des Johann von Eltz, sich fürchterlich aufzu-

Eltzer Graf Johann, der aber sein ganzes Leben lang ein aufbrausender Hitzkopf blieb. So kam es auch schon bald nach dem Eltzer Frieden wieder zu einem Zwischenfall, der leicht einen neuen Krieg hätte bedeuten können.

Am 2. August 1345 fuhr Johann von Eltz mit dem Kurfürsten Balduin und dem Grafen Adolph von Virneburg auf einem Schiff den Rhein abwärts. Soeben

regen und jähzornig zu reagieren. Eine alte Urkunde dokumentiert es: Johann von Eltz sprach: »›ir lüget als eyn Bosewyt und ich sage war‹, grif dan mit der rechten Hant in sin Messer, mit der lingeten in sin Swert und trat vorwerter…« (»›Ihr lügt wie ein Bösewicht, aber ich spreche die Wahrheit!‹ Dann griff er mit der rechten Hand nach seinem Messer und mit der linken sein Schwert und trat vorwärts.«)

Wierschem (56294) · Kreis Mayen-Koblenz · Rhld-Pf
1331: In Trier regiert Erzbischof und Kurfürst Balduin (1307–1354). Sein ehrgeiziges Bestreben ist es, den Trierer Kurstaat bis nach Koblenz hin zu vergrößern, Grenzen abzusichern und die freien Burgherrschaften in seine Abhängigkeit zu bringen. Dieser Macht- und Territorialpolitik widersetzen sich die Ritter der Burgen Eltz, Ehrenburg, Waldeck und Schöneck. Sie schließen am 15. Juni 1331 ein Schutzbündnis. Dies veranlasst Balduin, kriegerisch gegen die Verbündeten, er nennt sie »Isenköppe«, vorzugehen, was in der Geschichtsschreibung als »Eltzer Fehde« bezeichnet wird. Um die Burg Eltz zu erobern und zur Aufgabe zu zwingen, lässt der Trierer Kurfürst in kürzester Zeit in etwa 230 Meter Luftlinie nördlich der Burg Eltz und 40 Meter höher auf einem steil ansteigenden Berghang eine Belagerungsburg (Trutzburg) erbauen, die seinen Namen trägt (Balduin- oder Baldeneltz). Sie besteht aus einem rechteckigen zweigeschossigen Wohnturm mit Wehrgang, einem Doppeltor und Zwinger nach drei Seiten. Von dieser Burg aus schneidet er die Versorgungswege ab und zwingt durch Katapult-Beschuss mit Steinkugeln und einer zweijähriger Belagerung im Jahre 1333 die Burg Eltz zur Aufgabe.

Daraufhin sehen die drei übrigen Verbündeten auf der anderen Moselseite ihre Chancenlosigkeit ein. Am 9. Januar 1336 lösen sie das Schutzbündnis auf und schließen den »Eltzer Friede«. Balduin übt keine Rache an seinen Widersachern, sondern setzt sie als trierische Vasallen und Lehensherren auf ihren eigenen Burgen ein. So auch Johann von Eltz.
1345: Kurfürst Balduin erhält die Burg Eltz von König Karl IV. zum Lehen. Damit sind die einst freien Reichsritter von Eltz fortan kurtrierische Lehensleute. Trutzeltz wird nicht mehr als Belagerungsburg benötigt und den Herren von Eltz übergeben. Da sie nicht als Wohnburg geplant und gebaut ist, wird sie aufgegeben und dem Verfall preisgegeben.
1453 steht in einer Urkunde zu lesen, dass Trutzeltz »bysher vnbewohnet und dadurch verwüstet und vergenklich« ist.
Heute: Die Ruine, (vorhanden sind die noch gut zehn Meter hoch aufragenden Reste des Wohnturms sowie weitere Grundmauern), ist wegen Einsturzgefahr nicht mehr zugänglich, aber von ihrem Standort aus hat man herrliche Aussichten auf die Burg Eltz und in das romantische Elztal.

Da schritt Kurfürst Balduin ein, packte Johann von Eltz an der Schulter und »hiss er in halden, umb den Frevel, den er da begangen hatte.« Nur mit Mühe gelang es dem Trierer Balduin, den Wütenden zu beruhigen und so ein Blutvergießen zu verhindern.

Der Streit wurde zwar beigelegt, und am 4. August bescheinigen auch Heinrich, Landgraf von Hessen, die Grafen Siegfried von Wittgenstein, Philipp von Solms und die Ritter Craft von Hohenfels und Guntram von Hatzfeld in einer Urkunde, dass die beiden nach dem vorgefallenen Wortstreit nun wohl Frieden halten wollen. Aber die Spannung zwischen den beiden aufbrausenden Hitzköpfen dauerte noch lange fort.

Auch untereinander zankten und stritten sich die Eltzer Familien heftig. Die beengten Wohnverhältnisse in der Burg Eltz erschwerten oft ein friedvolles Zusammenleben. Da sich mehrere Zweige der Familie zu Eltz die Ganerbenburg teilten, mussten sie den Burgfrieden streng einhalten und beschwören. Der Burgkaplan diente allen Familien. Zur Bestreitung der Baukosten musste jede Familie jährlich drei gute Kaufmannsgulden in die gemeinsame Baukasse zahlen. Wer säumig wurde, musste aus der Burg Eltz ausziehen und in der Herberge zu Münstermaifeld

Wohnung nehmen. Auch Handgreiflichkeiten wurden streng geahndet. Wer einen Burgbewohner mit der Faust schlug, hatte für sechs Wochen die Burg zu verlassen, und bei einer Beleidigung bereits für einen Monat. Derjenige aber, der seine Frau, seinen Bruder oder sein Kind so schlug, dass es lahm oder schwer verletzt war, der hatte sein Wohnrecht in der Burg Eltz ganz verloren.

Burg Veynau
Euskirchen-Wisskirchen

Der unterirdische Gang von Wisskirchen zur Burg Veynau

Burg Veynau um 1860. Sammlung Duncker

Frau Foemer, die seit Jahrzehnten in der Vorburg der Veynau wohnt, erzählte mir, dass immer wieder Jugendliche nach einem unterirdischen Gang suchen, der von der Burg Veynau aus nach Wisskirchen führen soll. Gefunden hat diesen aber nie einer.

Dennoch hält sich diese Sage seit Jahrhunderten in Wisskirchen. Und in der Literatur fand ich tatsächlich zwei Belege, die diesen Gang erwähnen.

Im Jahre 1422 residierte der wehrhafte Balduin von Monyardin auf Veynau. Als er »vergaß« bei seinem neuen Landesherrn Herzog Adolf von Berg um eine neue Belehnung mit der Burg nachzusuchen, machte der kurzen Prozess und belagerte sie. Jedoch war Veynau eine solche starke Festung, dass eine Einnahme im Sturm nicht möglich war. So wurde sie sehr lange belagert. Die Veynauer wussten sich zu helfen und gruben einen unterirdischen Gang in Richtung Wisskirchen. Durch diesen Gang versorgten sich die Belagerten aus den Vorräten ihres Gutshofes, den sie in Wisskirchen hatten. Doch schließlich wurde der Gang entdeckt, und als die Nahrungsmittel in der Burg verbraucht waren, ergab sie sich und dem Burgherrn wurde das Lehen entzogen.

Euskirchen-Wisskirchen (53881) · Kreis Euskirchen · NRW
Die Burg Veynau entlehnt ihren Namen von dem Veybach, an dessen unmittelbarer Nähe sie sich befindet.

1340: Der Truchsess Dietrich Schinman von Auwe (= Kreuzau bei Düren), auch von Aldenhoven (= bei Jülich) genannt, erhält vom Markgrafen von Jülich die Wasserburg Veynau als Lehen, eine der stärksten Burganlagen der Euskirchener Niederung und auch gleichzeitige Kontrollburg über die wichtige Handelsstraße von der Euskirchener Ebene in die Höhenzüge der Eifel.

1351 erklärt der Besitzer die Burg dem Erzbistum Köln gegenüber als Offenhaus.

1355: Burgherr Dietrich liegt in Fehde mit dem Markgrafen, der gerade die Stadt Euskirchen geerbt hatte. Dabei wird Veynau stark beschädigt und danach neu aufgebaut. Sie geht in jülischen Besitz über.

1381: Dietrichs Schwiegersohn Balduin von Monyardin (auch: Monjardin) erhält die Burg als Lehen. Dieser verweigert 1422 den neuen Landesherrn Herzog Adolf von Berg zu bitten, ihm auch weiterhin die Burg Veynau als Lehen zu überlassen. Erzürnt zieht dieser nun kriegerisch gegen die Burg, belagert und erobert sie und entzieht dem Balduin von Monyardin das Lehen.

1447: Heinrich von Geisbusch erwirbt zunächst eine Hälfte der Burg, später auch die zweite. Als er 1451 verstirbt, verkauft seine Witwe die Burg an Dietrich I. von Bourscheidt. Dieser lässt die Burg zu ihrem heutigen Aussehen umbauen. Sein Wappen ist über dem äußeren Tor zu erkennen.

1542–43: Während der Jülicher Fehde wird die Burg von kaiserlichen Truppen angegriffen und belagert, kann sich aber erfolgreich verteidigen.

1618–48: Während des Dreißigjährigen Krieges erleidet Veynau starke Beschädigungen, die in den Jahren 1661 bis 1664 wieder behoben werden.

1708: Französische Truppen unter General Lacroix brennen die Burg nieder. Das imposante Herrenhaus wird danach aufgebaut.

1722: Schloss Veynau kommt durch Heirat ins Eigentum des kurpfälzischen Generalfeldmarschalls Maximilian Carl von Martial. Er baut den Westteil des Herrenhauses neu aus.

1743: Sein Schwiegersohn Joseph Anton Freiherr Beissel von Gymnich erbt die Burg.

1805: Die Französische Revolutionsregierung beschlagnahmt Schloss Veynau und versteigert es. Seine Bedeutung als Repräsentationsschloss geht verloren.

1843 erwirbt Herzog Prosper Ludwig von Arenberg das reparaturbedürftige Schloss als Landgut.

1951: Ein schweres Erdbeben beschädigt das Anwesen stark.

1973: Landwirt Theodor Bamberg kauft die Burg von den Arenbergern.

1988: Prof. Dr. Harald Freiherr von Elmendorff erwirbt die Burg Veynau und restauriert und renoviert sie mit Unterstützung des Landes Nordrhein-Westfalen. Bis heute vermittelt sie einen authentischen Eindruck von einer prächtigen gotischen Ritterburg.

Heute: Burg Veynau liegt an der BAB1, Ausfahrt 111 Wisskirchen. Seit 1985 steht sie unter Denkmalschutz und zählt mit zu den eindrucksvollsten und bedeutendsten Wasserburgen der Eifel. Von der sehr weitläufigen Burganlage sind noch die äußere und innere Vorburg mit zwei runden Schalentürmen erhalten. Die Hauptburg (mit Palas und zwei Ecktürmen), umgeben von einem Wassergraben, wird privat als Wohn- und Geschäftssitz genutzt (seit 2004: Clausen+Reitsma GmbH mit ihrem »MedienLabor«).

Gastronomie und Übernachtung auf der Burg sowie eine öffentliche Besichtigung sind nicht möglich; Außenanlagen sowie Teilbereiche im Inneren sind frei zugänglich.
www.burgenwelt.de; Freunde und Förderer des Stadtmuseums e.V.

Burg Veynau. Wikipedia, Venetianer 2004

Ob dieser Gang wirklich existiert hat, das konnte man bisher nicht nachweisen. Vermutlich gab es wohl einen, der der Flucht hätte dienen können, aber mit Sicherheit führte er nicht bis nach Wisskirchen.

(nach: Hans Peter Balduin
www.eu-wisskirchen.de)

Marienburg
Zell-Kaimt

Die Seelenmörderin

Ein Mädchen aus Briedel schnitt Gras an einem Abhang der Marienburg. Da erschienen ihm zwei Nonnen und winkten ihm, es solle folgen. Das Mädchen folgte und ward in ein unterirdisches Gewölbe geführt, wo zwei eiserne Kisten standen. Auf einer lag eine feurige Schlange, die einen Schlüsselbund im Maul hatte. Die Nonnen forderten das Mädchen auf, mit seinem Mund den Bund Schlüssel zu nehmen, dann wäre die eine mit Gold gefüllte Kiste sein eigen, aber die andere Kiste müsse es den Armen opfern. Zweimal versuchte das Mädchen, den Schlüsselbund zu nehmen, aber jedesmal, wenn es mit seinem Gesicht der Schlange zu nahe kam und in deren kalte Augen sah, wich es entsetzt zurück, und dann lief es weg. Die Nonnen aber riefen ihm nach: »Seelenmörderin!«

(nach K. Hessel)

Zell-Kaimt (56856) · Kreis Cochem-Zell · Rhld-Pf

1127: Auf einem markanten, dreiseitig von der Mosel umflossenen Bergrücken (Petersberg), zwischen den Gemeinden Alf und Pünderich, nahe den Orten Bullay und Zell, wird an der Stelle einer älteren Kurtrierer Burganlage ein Klösterchen als »castrum Mariae« (= Marienburg) erwähnt, dem Schenkungen durch den Pfalzgraf von Baden und Birkenfeld zuteil werden.

22.04.1143: Papst Innozenz II. (1130–1143) überträgt die Pfarr-Rechte der Marienburger Kirche Kirche mit den Filialen Merl, Zell, Kaimt, Pünderich der Abtei Springiersbach.

1145/46: Abt Richard von Springiersbach (vor 1100–1158) lässt diese baufällig gewordene St. Peterskirche abreißen und als Marienkirche neu erbauen. Neben ihr ist ein Frauenkloster für adlige Nonnen, die nach der Augustinerregel leben und dem jeweiligen Abt von Springiersbach unterstehen.

18.10.1157: Feierliche Einweihung der neuen Klosterkirche durch den Trierer Erzbischof Hillin (1152–1169). Allerdings gehen deren Pfarr-Rechte 1220 auf die Peterskirche in Zell über.

Um 1250: Unter Erzbischof Arnold von Trier (1242–59) wird das Kloster mit Prämonstratenserinnen besetzt.

um 1280: Erzbischof Heinrich II. von Finstingen (1260–1286) lässt zur Verteidigung des Erzstiftes und zum Schutz des Klosters die Befestigungen verstärken. Die Marienburg leidet sehr durch häufige kriegerische Auseinandersetzungen.

6.10.1515: Erzbischof Richard von Greiffenklau (1511–1531) löst das Frauenkloster auf, weil die Vermögensverhältnisse sehr zerrüttet, die Nonnen angeblich disziplinlos sind und sie die lutherischen Reformationsideen angenommen hätten. Papst Leo X. (1513–1521) bestätigte am 20.12.1515 die Auflösung. Die zwölf Nonnen werden in das an der Mosel liegende Kloster Stuben eingewiesen. Die Klosterkirche Marienburg bleibt als Pfarrkirche mit einem Priester besetzt. Die Klosterbauten werden aus militärstrategischen Gründen festungsmäßig umgebaut.

1618–48: Während des Dreißigjährigen Krieges wird die Marienburg mit ihren Befestigungsanlagen mehrmals belagert, umkämpft, erobert und von bayrischen und schwedischen Soldaten bewohnt und 1650 durch französische Truppen teilweise stark zerstört.

1679: Franzosen planen den Ausbau der Marienburg zu einer starken Festung, verfolgen ihre Absicht aber nicht weiter und erbauen stattdessen die Festung Montroyal bei Traben-Trarbach.

1703: Die Kirche Marienburg befindet sich in desolatem Zustand. Burg und Kirche werden teilweise im Barockstil restauriert.

1792: Letzter Gottesdienst in der Klosterkirche durch die betreuende Pfarrei Bullay.

1794: Einfall der Franzosen in Eifel und Moselraum; Gebäude und Besitz des ehemaligen Klosters Marienburg werden zu französischem Nationaleigentum erklärt und 1803 versteigert. Die Kirche verfällt und liegt bald in Trümmern. Die Klostergebäude werden zu Privatwohnungen und einem Restaurationsbetrieb umgebaut. Die Marienburg erlebt mehrere wechselnde Eigentümer.

1945: Deutsche Truppen lagern auf der Marienburg; heftige Kriegsgefechte beschädigen die Ruinen noch mehr.

1950: Das Bistum Trier erwirbt von der letzten Besitzerin, Frau Gertrud Weinbach, die ehemalige Klosteranlage und baut sie 1952 zu einer Jugendbegegnungsstätte aus. Eine daneben liegende Gaststätte bewirtet die zahlreichen Besucher.

08.09.1957: Der Trierer Bischof Matthias Wehr (1951–1966) weiht die gänzlich neu aufgebaute Marienkirche ein.

1962/63: Die Bildungsstätte Marienburg wird durch ein zweites Haus mit Tagungsräumen, Bibliothek, Seminarräumen und Sälen erweitert.

1998: Die Bewirtschaftung der Jugendbildungsstätte Marienburg wird der Trägergesellschaft Bistum Trier übergeben.

2000: Die Marienburg mit allen Räumlichkeiten wird gänzlich saniert.

Heute: Die Jugendbildungsstätte Marienburg, ein Tagungshaus für Jugendliche und Erwachsenen mit 112 Betten in Zimmern mit unterschiedlicher Ausstattung, ist mit Bussen und Pkw erreichbar. Kostenfreie Parkplätze vorhanden. Gastronomie im Café Restaurant Marienburg

www.pfarreiengemeinschaft-zeller-hamm.de

Landesburg Zülpich
Zülpich

Der Turnierpreis

Der Burgherr von Zülpich kehrte zornig und mit finsterer Miene von einem Turnier aus Nideggen zurück. Er war wütend und gekränkt und fühlte sich in seiner Ehre beleidigt. Und das war so gekommen:

In den vergangenen Jahren hatte er dort bei den großen und festlichen Ritterspielen jedes Mal den Siegerpreis errungen. Nur in diesem Jahr nicht. Da war der Preis dem jungen Theobald von Lechenich zugeteilt worden. Was hatten die Zuschauer dem jungen Held zugejubelt, wie strahlten die Augen der hübschen Damen, wie wohlwollend hatte ihm Graf Wilhelm von Nideggen den Pokal mit dem Siegestrunk gereicht. Ausgerechnet der Theobald von Lechenich, der sein zukünftiger Schwiegersohn werden sollte. Erst vor wenigen Tagen hatte er allen die Verlobung seiner Tochter Theolinde mit Theobald verkündet. Und nun hatte dieser ihm den ritterlichen Sieg im Turnier abgerungen, hatte ihn damit gekränkt.

Als Theolinde ihren übelgelaunten Vater begrüßen wollte, fuhr dieser sie an: »Dein Verlöbnis ist gelöst! Ich will keinen Schwiegersohn, der nicht weiß, was sich geziemt und was er meiner Ehre schuldig ist! Wie konnte dieser hergelaufene Lechenicher es wagen, mir den Preis des Herzogs streitig zu machen. Was wird jetzt wohl die Ritterschaft von mir denken!«

»Dann wird er eben der bessere Kämpfer und dir überlegen gewesen sein«, verteidigte Theolinde ihren Verlobten.

»Schweig und versuche nicht, ihn zu verteidigen«, polterte der Vater. »Dieser grünschnäbelige Hänfling hat die Ehre aller Zülpicher verletzt und das wird er büßen müssen. Sobald er von seiner Siegesfeier nach Lechenich zurückgekehrt ist, werde ich ihm den Fehdehandschuh vor die Füße werfen. Es wird zum Kampf kommen und dann wird sich zeigen, wer der Bessere ist!«

Theolinde war zutiefst beunruhigt. Sie wusste, ihr sturer Vater würde sich nicht mehr eines anderen besinnen. Als wenige Tage später der Fehdehandschuh nach Lechenich gebracht wurde, war sie überzeugt, dass damit zwischen ihr und dem Ritter Theobald von Lechenich alles zu Ende sein würde.

Wochen vergingen und nichts geschah. Schon dachte Theolinde, der Streit sei zu Ende und alles wende sich zum Guten, als eines Abends ein fremder Minnesänger an die Tore der Burg Zülpich pochte und um ein Nachtlager bat. Als er bemerkte, wie traurig Theolinde war, wollte er sie mit lustigen Weisen aufmuntern. Er betrat den Burgsaal und verbeugte sich höflich vor den vielen Anwesenden. Dem Burgherrn kam der Sänger trotz seines Bartes und wappenloser Kleidung bekannt vor; seine Gestalt, seine Gesten erinnerten ihn an einen Mann. Wo hatte er ihn bloß gesehen? Als der junge Sänger jedoch seine Klampfe erklingen ließ und ein fröhliches Ritterlied anstimmte, da fiel es dem Zülpicher wie Schuppen von den Augen. Das war der Ritter von Lechenich, mit dem er in Fehde lag! Seinen Mut musste er zwar bewundern, aber dennoch unterdrückte er seinen aufsteigenden Zorn nur mit großer Mühe. Er blickte zu seiner Tochter hinüber und fand in ihrem erregten und geröteten Gesicht seine Vermutung bestätigt. Auch sie hatte den Verkleideten erkannt.

Als der Sänger die Gesellschaft lange genug unterhalten hatte, bedankte sich der alte Graf, reichte dem lockigen Sänger einen Krug duftenden Weines und forderte ihn auf, reichlich von seiner Tafel zu speisen. Dann schlich sich der Graf heimlich fort, um kurze Zeit später mit einer Schar bewaffneter Männer in den Saal zu stürmen. Laut gellten seine Befehle, und ehe die Gäste recht begriffen hatten, was sich dort ereignete, war der Sänger überwältigt, gefesselt und lag zu Boden. Der falsche Bart und die wallende Lockenperücke wurden ihm abgerissen. Nun erkannte ein jeder den Ritter Theobald von Lechenich. Mit wutverzerrter Stimme schrie der Burgherr: »Da ist ja der Hänfling! Doch das war sein letztes Lied, das er gezwitschert. Bringt ihn hinauf auf den Bergfried und lasst ihn fliegen!«

Theolinde warf sich ihrem Vater weinend zu Füßen und flehte ihn an um Gnade. Auch die Gäste versuchten, den Burgherrn von seinem Vorhaben abzubringen. Doch der Alte war nicht zu besänftigen oder umzustimmen: »Ihr habt meinen Befehl gehört! Führt ihn aus!«

Noch einmal beschwor Theolinde ihren Vater: »Vater, habt Erbarmen! Lasst ab von dieser himmelschreienden Ungerechtigkeit! Diese schwere Sünde fordert den Zorn des Himmels heraus!«

Alles Flehen und Bitten waren vergeblich. Der Befehl wurde ausgeführt und Theobald von des Turmes Zinne gestoßen. Laut gellte sein Schrei »Theolinde!«, bevor sein Körper auf hartem Stein zerprallte. Der Zülpicher Graf frohlockte und zechte die ganze Nacht hindurch. Am kommenden Morgen ritt er mit seinen bewaffneten Mannen nach Lechenich, wo er deren Burg erstürmte und plünderte.

Nach zwei Tagen kehrten sie siegestrunken und mit reicher Beute auf die Zülpicher Burg zurück. Und dort herrschten Trauer und Wehklagen. Das Burggesind stand mit verweinten Augen und stumm im Burghof. Und als der alte Graf näher schritt, traten alle zur Seite. Mitten im Burghof sah er sie liegen, von brennenden Kerzen umgeben, aufgebahrt und mit wächsernen Gesichtern: der tote Ritter Theobald von Lechenich und neben ihm die Leiche seiner Tochter Theolinde. Sie hatte den gewaltsamen Verlust ihres Geliebten nicht länger ertragen und war ihm freiwillig in den Tod gefolgt.

Still und von entsetzlichen Gewissensbissen gemartert, stand nun auch der Graf vor den entseelten Körpern der beiden jungen Menschen. In allen Eh-

Zülpich (53909) · Kreis Euskirchen · NRW

953: Herzog (von Sachsen) Otto, der spätere Kaiser Otto der Große (*912; †973), belehnt den Kölner Erzbischof mit Zülpich, dereinst eine römische Siedlung mit Namen Tolbiacum.

12. Jh.: Jülicher Grafen erbauen eine Burg, wahrscheinlich auf den Fundamenten eines ehemaligen römischen Kastells und einer späteren fränkischen Königspfalz, die während der Normanneneinfälle 881 zerstört worden war.

1230 wird die Burg während einer Fehde mit Herzog Heinrich von Limburg (*um 1200; †1246) zerstört.

Ab 1255: Kurköln lässt die Stadt und ihre Burg neu befestigen.

1278: Der Kölner Erzbischof Siegfried von Westernburg (*vor 1260; †1297) beginnt zur Sicherung seiner Stadt mit dem Bau einer großen, fast regelmäßigen Burganlage. Auf einem hohen Erdwall steht sie, verstärkt mit mächtigen Rundtürmen. Des Weiteren sichert er die Stadt Zülpich durch neue Stadttore und Mauern sowie zusätzlich mit Gräben entlang der Stadtmauer. Bei kriegerischen Auseinandersetzungen um den Besitz der Stadt Zülpich zwischen den Kölner Erzbischöfen und den Grafen und späteren Herzögen von Jülich werden die Stadt und ihre Befestigungsanlagen mehrfach zerstört und wieder neu errichtet.

1299: Kurköln verpfändet Burg und Stadt an den Jülicher Grafen Gerhard V. (*vor 1250; †1328) Dieser lässt die alte Befestigungsanlage niederlegen und

um 1350 an gleicher Stelle eine neue errichten.

um 1390: Kurköln löst sein Pfand ein und ist wieder im Besitz von Burg und Stadt Zülpich. Weil die Burganlage aber seitens der Jülicher Grafen widerrechtlich entstanden war, lässt Erzbischof Friedrich III. von Saarwerden (1370–1414) sie wieder abreißen und an ihrer Stelle eine »Landesburg« mit umlaufenden Mauern und vier Stadttoren in ihrer heutigen Form neu errichten.

1618–48: Während des Dreißigjährigen Krieges erleidet die Burg schwere Beschädigungen.

1689: Während des Pfälzischen Erbfolgekrieges unter Ludwig XIV. (*1638; †1715) setzen französische Truppen die Landesburg in Brand und lassen sie zur Ruine werden.

1761: Das Kölner Erzbistum veräußert die Ruine an ihren in Zülpich ansässigen Kellner und Schultheißen Josef Eberhard Wachendorff, der Teile der Burg zu Wohngebäuden im barocken Stil umbaut.

1794: Die französische Revolutionsregierung enteignet das Erzbistum Köln und gibt die säkularisierte Landesburg zum Verkauf frei.

1847: In der Burg, nunmehr durch Einheirat der Erbtochter Margaretha Katharina Wachendorff im Besitz der ortsansässigen Fabrikantenfamilie Sieger, wird eine Branntweinbrennerei eingerichtet, die einige Jahre später durch einen, bis heute erhaltenen Anbau an die Nordostwand der Burg erweitert wird. Die Brennerei produziert bis in die 1980-er Jahre.

24.12.1944: Bei Bombenangriffen werden die Burg und große Teile der Kernstadt schwer beschädigt.

Nach 1950: Außenmauern und Türme, Gesimse und Friese werden in vereinfachten Formen saniert und wieder hergestellt. Es entstehen im Burghof Fabrikationsgebäude für eine Kornbrennerei.

1979: Die Familie Sieger verkauft Burg und Brennerei. Allerdings bleibt die Anlage leer und ungenutzt. Die Anwesen verfallen weiter.

2003: Die bisherigen Besitzer, Familie May aus Erftstadt, verkaufen die Burg an neue Eigentümer, die das bestehende Areal sichern und als moderne Wohn- und Arbeitsstätten nutzen.

Heute: Die ehemaligen Landesburg Zülpich ist in Privatbesitz und nicht zu besichtigen. In ihr sind Gewerbe- und Dienstleistungsbetriebe angesiedelt. Im Erdgeschoss ist eine »Geschichtswerkstatt« des örtlichen Geschichtsvereines eingerichtet sowie ein Infopoint für Touristen.

www.zgv.zuelpich.de
www.zuelpich.net

ren ließ er die beiden Toten in der Burgkapelle neben dem Grab der Burgherrin bestatten. So waren die zwei Liebenden wenigstens im Tode vereint. Der Graf aber zog ins Heilige Land, um dort am Grabe des Erlösers seine schwere Schuld zu sühnen.

Glossar

Achtzigjähriger Krieg Wird auch Spanisch-Niederländischer Krieg genannt. Er dauerte von 1568 bis 1648 und war der Aufstand der Republik der Sieben Vereinigten Niederlande gegen den spanischen König. Es war zwar kein dauerhafter Krieg, sondern er bestand aus vielen einzelnen Aufständen und Kämpfen, die sich über einen Zeitraum von achtzig Jahren erstreckten. 1648 beendete schließlich der Westfälische Friede nicht nur den Dreißigjährigen Krieg, sondern auch diesen mit dem Ergebnis, dass die »Republik der Vereinigten Niederlande« (mit Ausnahme der Frankreich zugesprochenen Gebiete) ihre Unabhängigkeit erlangte.

Afterlehen »After« als eine Ableitung von »aber«, bedeutet »wiederum, abermals«. Demnach also ein ▸ Lehen, das der Lehnsgeber selbst von einem höher gestellten ▸ Lehnsherren empfangen hat und es dann an einen untergeordneten Lehnsnehmer (= »Aftervasall«) weitergibt.

Allodial, Allod, Allodium Im Gegensatz zum ▸ Lehen bezeichnete ein Allodial den Besitz (Grundbesitz mit dazugehörigen Gebäuden), über den der Eigentümer frei verfügen konnte.

Altan Lateinisch »altus« = hoch; vergleichbar mit Söller, jedoch wesentlich größer. Er ist eine freie, große Terrasse, die auf Mauern oder freien Stützen ruht. Diese ins Freie führende Plattform findet sich, im Unterschied zur Terrasse, meist im oberen Geschoss eines ▸ Schlosses.

Amtmann Ein durch Adel oder Kirche angestellte Person zur Verwaltung von Gütern (Burgen, Dörfer usw.), der meist dem niederen oder mittleren Adel abstammt. Er nimmt die Rechte seines ▸ Grundherrn wahr, ist sozusagen dessen Stellvertreter und somit auch Gerichtsherr in seinem Amtsbereich. Dafür erhielt er eine steuerfreie Besoldung und sonstige Privilegien.

Angstloch Lateinisch »angustus« = eng; Bezeichnung für eine Deckenöffnung, einen engen Zugang zu einem darunter liegenden ▸ Verlies oder ▸ Kerker, meist in einem ▸ Bergfried.

Archidiakon Auch: ›Erzdiakon‹; = erster Diakon; Stellvertreter eines Bischofs mit weitreichenden Befugnissen; beaufsichtigte vor allem die Priester.

Arkade Lateinisch »arcus« = Bogen; Bezeichnung für die Verbindung eines steinernen Bogens, getragen von Säule oder Pfeiler. Gänge, die an einer Seite von mehreren nebeneinander liegenden Arkaden begrenzt sind, werden ebenfalls Arkade oder auch Bogengang genannt.

Ausfallpforte Heimlicher Ausgang zum überraschenden Angriff auf Belagerer.

Außenwerk, Vorwerk Vorgeschobener Wehrbau einer Burg, einer Befestigungsanlage oder Festung, der die zurückliegenden Mauern, Wälle und Gräben zu sichern hatte.

Balustrade Französisch »balustre« = Geländersäulen; Bezeichnung für ein Geländer aus gereihten, niedrigen, profilierten Trägersäulchen. Eine einzelne Säule aus Stein wird Baluster genannt. Balustraden finden sich an Treppen, Terrassen, Brücken, Balkonen. Ihr Material besteht meist aus Holz, Naturstein, heute aus Beton.

Bastion, Bastei Italienisch »bastia«; Bezeichnung für den äußeren Teil einer Festung, die als Verteidigungsstellung dient; oft ein kreisrunder Turm, der meist mehrere Meter dicke Mauern hat. Angreifer können direkt, von der Seite oder von hinten beschossen werden; auch Bollwerk genannt.

Bergfried, Bergfrit, Berchfrit Oft fälschlich auch Burgfried genannt. Es ist ein stark befestigter, unbewohnter Hauptturm, ein meist quadratischer oder rechteckiger Wehrturm, der stets eine Burg überragt. Er besitzt nur wenige schmale Fenster und ist häufig nur über einen hochgelegenen Turmeinstieg oder eine einholbare Leiter erreichbar. Meist steht er auf der Angriffsseite der Burg, und bietet so Schutz für die dahinter liegenden Bereiche der Burg. Der obere Abschluss ist häufig mit ▸ Brustwehr oder Mauer mit ▸ Scharten versehen. Er diente ebenfalls als letzte Zufluchtsstätte für die Bewohner einer Burg.

Bering, Zingel Lateinisch »cingulum« = Gürtel; gleichzusetzen mit Ringmauer. Sie umschließt die Burg und schützt sie somit vor Angriffen. Auf ihr ist stets ein ▸ Wehrgang mit ▸ Zinnen. Mit der Mauer baulich verbunden, sind oft verschiedene Bauten oder Gebäulichkeiten der Burg.

Bollwerk ▸ Bastion

Brustwehr Hüft- bis mannshohe Mauer zur Deckung für Verteidiger; auch Brüstung genannt.

Burg Bezeichnung für einen wehrhaften Wohnsitz oder einen bewohnbaren Wehrbau des Mittelalters. Ein älteres Wort dafür ist ▸ Feste oder Veste. Auch frühgeschichtliche Wallanlagen (Wallburg) oder befestigte Gebäudekomplexe (z. B. Kirchenburg und Klosterburg) werden mit Burg bezeichnet.

Eine Burg diente ihren Eigentümern nicht nur als Schutz, sondern sie sollte auch die Macht und den Einfluss des jeweiligen Burgherrn symbolisieren.

Burgfreiheit Wohnhäuser, die von den Mauern einer Burganlage umschlossen sind. Die Bewohner genossen in dieser »Freiheit« besonderen Schutz oder Rechtssicherheit.

Burgfried ▸ Bergfried

Burgfriede In einem genau festgelegten Bereich um eine Burg waren Streit oder ▸ Fehden verboten. Friede und Sicherheit wurden garantiert und Verfolgten stand Asylrecht zu. Der Bruch des Burgfriedens wurde bestraft.

Burghut »Hüter der Burg«; Herrscherrecht (Befehlsgewalt) über eine Burg, das der Territorialherr durch ▸ Ministerialen ausüben ließ.

Burgkapelle Ein geweihter Raum in der Burg für kirchliche Handlungen. Die Kapelle konnte eine einfache Altarnische in einem Wohngemach sein bis hin zu einem selbständigen kleinen oder zweigeschossigen Gotteshaus.

Burgmann Angehöriger des niederen Adels, der gegen Vergütung eine Burg bewachte und im ▸ Fehde- oder Kriegsfall zu verteidigen hatte.

Burgvogt ▸ Amtmann auf der Burg

Donjon Lateinisch »dominationem« = Herrschaft; Bezeichnung für den Turm einer Burg, der sowohl als ▸ Wohnturm (Hauptturm), aber auch als Wehrturm dauerhaft genutzt wurde, im Gegensatz zum ▸ Bergfried, der nicht dauerhaft bewohnt wurde.

Dreiflügelanlage ▸ Schlossanlage des 17./18. Jahrhunderts. Zentraler Mittelpunkt ist das Hauptgebäude (▸ Herrenhaus), an das sich rechtwinkelig freistehende oder mit dem Hauptgebäude verbundene Seitenflügel anschließen.

Dreißigjähriger Krieg Krieg in Mitteleuropa, besonders auf dem Gebiet von Deutschland, von 1618 bis 1648. Er wurde wegen konfessioneller und ständischer Interessenskonflikte geführt und in Böhmen (Prag) durch einen Aufstand überwiegend protestantischer Adliger gegen die habsburgischen katholischen Landesstände ausgelöst.

Tatsächlicher Grund war das Machtstreben der einzelnen Herrschaftshäuser in Europa. Die ursprünglich religiösen Motive des Krieges rückten in den Hintergrund, und die politischen Spannungen zwischen den Großmächten Habsburg, Frankreich und Schweden traten in den Vordergrund. Jeder versuchte, aus den Wirren des Krieges territoriale Vorteile zu gewinnen und die entsprechende politische Vormachtstellung in Europa auszubauen.

Dieser Krieg setzte sich aus vier verschiedenen Kriegsphasen zusammen.

1. Böhmisch-Pfälzischer Krieg (1618–1623)
2. Niederländisch-Dänischer Krieg (1625–1629)
3. Schwedischer Krieg (1630–1635)
4. Schwedisch-Französischer Krieg (1635–1648)

Der Krieg endete 1648 mit dem Westfälischen Frieden in Münster. Hauptsächlich deutsche Gebiete waren entsetzlich verwüstet, ganze Landstriche bevölkerungsleer. Frankreich war nun das bevölkerungsreichste Land Europas, wodurch es nun zur politischen, wirtschaftlichen und militärischen Großmacht aufstieg.

Dynast, Dynastengeschlecht Abgeleitet aus dem Griechischen, bedeutet es »Machthaber, Herrscher, Regent, kleiner ▸ Fürst«. Im Mittelalter auch Bezeichnung für ▸ Grafen und (Frei-)Herren im Besitz eines eigenen reichsfreien Territoriums.

Eigenleute Unfreie Zinsbauern, Leibeigene

Erker Meist ein Obergeschossausbau an der Fassade oder Gebäude-Ecke eines Wohnhauses. Der Erker kragt vor, ruht zumeist auf Konsolen und ist reich verziert. Er gilt als Ausdruck einer gehobenen Wohnkultur.

Fehde Ein »kleiner Krieg«; meist eine militärische Auseinandersetzung von Adeligen oder Reichsstädten untereinander, um Rechtsansprüche durchzusetzen. Die Fehde musste angesagt werden (Fehdebrief; Hinwerfen eines Fehdehandschuhs). Gegen Ende des 15. Jahrhunderts wurden Reichskammergerichte eingerichtet und Fehden offiziell verboten.

Felsenburg, Höhlenburg, Grottenburg Burg in und auf dem gewachsenen Felsen. Typisch sind die in den Felsen geschlagenen Räume und Gänge.

Feste, Festung, Veste, Fort Bezeichnung für ▸ Burg, abgeleitet von dem Adjektiv »fest«. Durch das Aufkommen von Geschützen und einer veränderten Kriegsführung sicherten sich Burgen verstärkt mit Gräben, Wällen und Bollwerken. Eine Vielzahl von Soldaten konnten in ▸ Kasematten aufgenommen werden.

Festes Haus Eine »Miniburg«, meist ein massives Steinhaus, das von einer Wehrmauer umgeben und oft zusätzlich durch einen Graben gesichert war. Ein solches Haus (ohne ▸ Bergfried) diente nicht nur als Wohnung, sondern auch der Repräsentation.

Flankierungsturm Ein Turm, der aus der Burgmauer hervorragt. Er ermöglichte so der Burgbesatzung, die Gegner von der Seite her zu beschießen.

Französische Revolution Mit der Erstürmung der Bastille durch Pariser Volksmassen am 14. Juli 1789 begann die Französische Revolution, die die politischen und gesellschaftlichen Strukturen in Frankreich und im übrigen Europa umwälzte. Sie schuf die Voraussetzungen für die bürgerliche Gesellschaft des 19. Jahrhunderts und verhalf dem Gedanken des Nationalstaats zum Durchbruch. Das Ergebnis war die Abschaffung aller Feudalrechte, Verkündigung der Menschen- und Bürgerrechte, Aufhebung der Klöster und Orden, Einziehen des Kirchengutes, Verstaatlichung der Schulen und Einführung der Zivilehe.

Die Revolution beschränkte sich jedoch nicht auf Frankreich allein, sondern revolutionäre französische Truppen besetzten ebenfalls viele Länder Europas und unterwarfen sie der französischen Revolutionsregierung. Unter dem späteren Kaiser Napoleon Bonaparte (*15.8.1769 in Ajaccio/Korsika; † 5.5.1821 auf der Insel Sankt Helena) wurden Belgien, der linksrheinische Raum – mitsamt der Eifel – durch Frankreich annektiert.

Die Völkerschlacht bei Leipzig (16. bis 18. Oktober 1813; verbündete Truppen Österreich, Preußen, Russisches Reich und Schweden gegen die Truppen Kaiser Napoleons) und die Schlacht bei Waterloo (18. Juni 1815) beendeten die Herrschaft Napoleons und der Franzosen in der Eifel. Beim Wiener Kongress 1815 wurde die Eifel Teil Preußens.

Französisch-Spanischer Krieg (1635–1659) Dieser militärische Konflikt zwischen den Königreichen Spanien und Frankreich fand zum großen Teil parallel zum ▸ Dreißigjährigen Krieg statt.

Frankreich war 1635 auf Betreiben des regierenden Ministers Kardinal Richelieu auf Seiten Schwedens gegen Spanien in den Krieg eingetreten. Französische Armeen drangen unter anderem in die Spanischen Niederlande ein.

Der Kriegszustand Spaniens mit Frankreich dauerte jedoch noch nach dem Westfälischen Frieden (1648) an, da sich Spanien weigerte, die französische Forderung nach einer Abtretung ganz Kataloniens zu erfüllen. 1653 brach der Krieg wieder offen aus, und nach 1655 trat auch England unter Oliver Cromwell auf Seiten Frankreichs gegen Spanien in den Krieg ein. 1658 blieben die Franzosen in der Schlacht bei Dünkirchen siegreich, weswegen schließlich am 7. November 1659 mit dem sogenannten Pyrenäenfrieden der Kriegszustand beendet wurde. Frankreich erhielt territoriale Zugeständnisse in den spanischen Niederlanden und in Italien. Die europäische Vorherrschaft Spaniens war nun gebrochen und die von Frankreich begann.

Fron Mittelhochdeutsch »vrôn« = Herr; Bezeichnung für persönliche Dienstleistungen (= Frondienst) von Bauern für ihre ▸ Grundherren.

Fronhof Haus oder Hof, der einem ▸ Grundherrn gehörte, aber von diesem an einen Verwalter zur Bewirtschaftung übergeben wurde. Dieser hatte gleichzeitig die Aufsicht über weitere zu diesem Fronhof gehörigen Höfe oder Güter.

Fürst Althochdeutsch »furisto« = der Erste); Bezeichnung für einen zum Hochadel gehörenden geistlichen oder weltlichen Landesherren. Rangmäßig steht er zwischen ▸ Graf und ▸ Herzog. Sein Herrschaftsgebiet wird als Fürstentum bezeichnet.

Gaden Abgeschlossener Raum oder Stockwerk einer Burg oder Wehrkirche, um dort in Notzeiten Menschen und Vieh unterzubringen.

Ganerbenburg Innerhalb des Burggeländes wohnten mehrere Eigentümer oder verschiedene Erben eines ▸ Rittergeschlechtes mitsamt ihren Familien. Sie teilten sich die Stammburg oder errichteten im ▸ Bering weitere Wohnkomplexe. Das Zusammenleben der Parteien wurde durch Burgfriedensverträge geregelt. (Beispiel: Burg Eltz an der Mosel).

Geldernscher Erbfolgekrieg ▸ Jülicher Erbfolgekrieg

Geschützturm, Batterieturm Turm mit dicken Wandstärken; eingerichtet zur Verteidigung mit Geschützen; ab dem 16. Jh. gebräuchlich.

Graf Althochdeutsch »grafio« = Befehlender; ein Graf war zuständig für die Verwaltung der jeweiligen Grafschaft, war in ihr urteilender Richter und im Kriegsfalle Anführer eines militärischen Aufgebotes.

Grenzburg Burg, an den Grenzen eines Herrschaftsgebietes gelegen, um territorialen Besitz zu sichern.

Grundherr Großgrundbesitzer, der seinen Boden an Bauern vergibt und dafür Abgaben und Dienstleistungen erhält.

Hals Enge Stelle eines Bergrückens vor einer Burg.

Halsgraben Ein künstlich angelegter tiefer Graben an einer Burganlage, um sie so unzugänglich zu machen. Er ist ein wichtiger Bestandteil des Wehrsystems einer Burg und kommt besonders häufig bei ▸ Spornburgen oder ▸ Hangburgen vor.

Hangburg Sie ist nach ihrer Lage im Gelände benannt und liegt als eine Art ▸ Höhenburg am Hang eines Berges unterhalb des Gipfels.

Da sie deswegen von dem Berggipfel aus für Angriffe erheblich gefährdeter ist, ist die Burg zur Verteidigung mit einer ▸ Schildmauer und/oder einem ▸ Bergfried verstärkt.

In der gebirgigen Eifel befinden sich zahlreiche Hangburgen; ebenso an Mosel, Rhein und an Bach- und Flusstälern, wo sie, nahe an Handelswegen, oft die Funktion einer ▸ Zollburg hatten.

Hauptburg, Kernburg, Hochburg Zu dieser gehören vor allem der ▸ Palas und der ▸ Bergfried. Um diese sind alle übrigen Gebäude, der Burghof, die Ringmauer mit Torbauten und der Graben angeordnet.

Haus In der Feudalzeit werden die Begrifflichkeiten ▸ Schloss, ▸ Burg und Haus häufig parallel verwendet. Nahezu alle meinen jedoch damit die adeligen Wohn- und Wehrbauten im späten Mittelalter.

»Haus« ist der am weitesten verbreitete Ausdruck für jedes befestigte und gegen Angriffe gesicherte Haus des Mittelalters und meist identisch mit Burg. Ein »Haus« war meist der Mittelpunkt einer kleinen Herrschaft, einer »Herrlichkeit«, die bedeutende Rechte besaß und oft sogar eine eigene Gerichtsbarkeit und Steuerhoheit.

Herrenhaus Das herrschaftliche Wohngebäude oder der Wohntrakt eines ▸ Schlosses.

Herzog »Der vor dem Heer zieht«; ein vom König verliehener Adelstitel für einen Herrscher über bestimmte, räumlich oft zerrissene Territorien.

Höhenburg Eine Burganlage, die auf Bergen und Anhöhen errichtet wurde, und von daher bereits bessere natürliche Befestigungs- und Verteidigungsmöglichkeiten bietet. Sie werden unterschieden in Gipfel-, Hang- und ▸ Spornburgen und sind das Gegenteil von ▸ Niederungsburgen.

Jülicher Erbfolgekrieg, Jülicher Fehde Dieser Krieg, auch »Dritter Geldernscher Erbfolgekrieg« genannt, fand statt in den Jahren 1542/43. Die Herzogtümer Jülich-Kleve-Berg setzten sich mit Kaiser Karl V. von Habsburg um den Besitz des Herzogtums Geldern auseinander.

Vorfahren des Jülicher Grafen Wilhelm V., der zugleich auch ▸ Herzog von Kleve und Berg und ▸ Graf von Mark und Ravensberg war, hatten in das Haus Geldern eingeheiratet. Als dort der letzte Graf ohne männlichen Erben im Jahre 1538 verstarb, übernahm Wilhelm V. auch das Herzogtum Geldern. Auf dieses machte ebenfalls Kaiser Karl V. vertragliche Ansprüche geltend und sah es als Teil des burgundischen Erbes an. Zudem befürchtete er, die vereinigten Herzogtümer Jülich-Kleve-Berg mit Geldern würden eine überregional zu bedeutende Macht im Reich werden. Als Wilhelm sich zudem noch mit Frankreich verbündete und seine Truppen mit denen der Franzosen vereinigte, lösten diese Spannungen am 16. Juli 1542 einen Krieg aus, der, von den kaiserlichen Niederlanden ausgehend, bald auch die Eifel mit einbezog. Karl V., auf seinem Kriegszug in die Niederlande, belagerte mit 61 000 Soldaten die Stadt Jülich, in der sich 3 000 Bewohner sowie Jülicher Truppen befanden. In zweitägigen Kämpfen starben 16 000 Menschen, darunter 2 500 Verteidiger. Die als uneinnehmbar geltende Stadt sowie viele Dörfer der Umgegend wurden erobert und geschleift. Das gleiche Schicksal ereilte die zum Herzogtum Jülich-Kleve-Berg gehörende Burg Nideggen. Enorme Schäden erlitten auch Düren und Monschau. Am 7. September 1543 wurde in Venlo Frieden geschlossen. Wilhelm V. musste auf seine Ansprüche an das Herzogtum Geldern verzichten, das schließlich Teil der Spanischen Niederlande wurde. Außerdem musste Wilhelm, der der Reformation anhing, wieder katholisch werden und zukünftig die Reformation bekämpfen.

Kaiser Oberster Herrscher eines großen Reiches, dem alle weltlichen wie geistlichen Fürsten unterstanden.

Kämmerer Schatzmeister; »Finanzminister« (Schatzkammer); verantwortlich auch für die Aufsicht über adlige Gemächer (Kammern) und Garderobe.

Kanzler Lateinisch »cancellarius«; Titel des obersten Beamten als Leiter der Hofkanzlei; er war zuständig für die Ausfertigung der königlichen, (herzoglichen, gräflichen …) Urkunden.

Kasematte Italienisch »casamatta« = »Erdklüfte«; Bezeichnung für einen schusssicheren Raum, ein Festungsgewölbe oder in Fels gehauene Kammern zum Schutz vor Bombardements. Kasematten bieten sichere Unterkunft für die Mannschaft, dienen als Vorratsräume für Kriegsmaterial und Vorräte.

Kastell Lateinisch »castellum, castrum« = Lager; ursprünglich Bezeichnung für ein befestigtes römisches Lager. Im Mittelalter auch Begriff für eine Burg oder eine befestigte Stadt.

Keller, Kellner Lateinisch »cellarius« = Kellermeister) Bezeichnung für einen (kleinadligen) Beamten (einer ▸ Burg, eines ▸ Schlosses oder Amtes), der für die Verwaltung, Gerichtsbarkeit und Steuern verantwortlich war.

Kemenate Lateinisch »caminata« = heizbarer Raum; Bezeichnung für alle Wohnräume einer Burg, vor allem Frauengemächer, die durch einen Kamin oder einen Kachelofen beheizbar waren.

Kerker Lateinisch »carcer« = Gefängnis; die alte Bezeichnung für Gefängnis (▶ »Verlies«).

Kernburg ▶ Hauptburg

Knappe, Schildknappe Ein junger Adliger, der ab dem 14. Lebensjahr (meist bis zum 21. Lebensjahr) an einem fremden Hof diente, um dort zum ▶ Ritter »ausgebildet« zu werden. Da er seinem Herrn häufig den Schild nachtrug, wurde er auch »Schildknappe, -träger« genannt. Durch die »Schwertleite« (später »Ritterschlag« genannt) wurde er in den Ritterstand erhoben.

Kommende Geistliche Ritterorden bezeichnen ihre Niederlassungen als »Kommende« oder »Komturei«; in Frankreich sind sie unter dem Namen »Commanderie« bekannt. Es sind Verwaltungseinheiten (beim Johanniterorden und beim Deutschen Orden), die einem geistlichen Ordensritter, einem »Komtur«, unterstehen. Dieser hat die Aufgabe, den Konvent zu leiten und den Besitz und die Einkünfte des Hauses zu verwalten. Unterstellt ist er dem Landkomtur (Bailli). Mehrere Kommenden sind in einer Ballei (= Ordensprovinzen) zusammengeschlossen.

Komturei ▶ Kommende

Kurfürst Abgeleitet vom Wort »küren«, war dies ein Landesherr, der den König oder Kaiser wählen (= küren) durfte. Im Deutsch-römischen Reich gab es sieben Kurfürsten: der König von Böhmen, der Pfalzgraf bei Rhein, der Herzog von Sachsen, der Markgraf von Brandenburg (später im Wechsel der Herzog von Bayern), sowie die Erzbischöfe von Trier, Köln und Mainz. Macht und Einfluss der Kurfürsten waren oft größer als die des gewählten Königs oder Kaisers.

Lehen Der Eigentümer von Besitz (= Grund-, Landesherr oder Lehnsgeber) verleiht, vermietet, verpachtet dem Lehnsmann (Lehnsnehmer, -empfänger) als Dank oder Lohn für Treue, Gehorsam oder eine Dienstleistung (oft Kriegsdienste), Ämter, Rechte oder Teile seines Eigentums, das dieser dann für sich nutzen konnte. Dieses Lehen, zunächst persönlich vergeben auf Lebenszeit, wurde später erblich und ging vielfach in Eigenbesitz (= Allod) über. Eine Liste aller Lehnsgüter eines ▶ Lehnsherrn wird Lehnsverzeichnis genannt.

Lehensburg, Feudalburg Burgen, die der ursprüngliche Besitzer seinen Anhängern als ▶ Lehen gab, gegen bestimmte Rechte oder Abgaben »vermietete«.

Lehnsherr Person mit der Berechtigung, ▶ Lehen zu vergeben (Kaiser, König, Hochadel u. a.)

Limburger Staurothek Die Limburger Staurothek (griechisch »staurós« = Kreuz, Pfahl und »théke« = Behältnis, Kiste) ist eine Lade mit Schubdeckel, die Holzpartikel vom Kreuz Jesu Christ birgt. Ihre Entstehung darf man in den Jahren 964/965 vermuten. Eine Inschrift auf der Kreuzfassung sagt aus, dass die kostbare Reliquienfassung von den byzantinischen Kaisern Konstantin VII. und Romanos II. gestiftet wurde.
Am 12. April 1204 wurde Konstantinopel auf dem vierten Kreuzzug von dem christlichen Kreuzfahrerheer unter Hinterlassung einer fürchterlichen Blutspur »erobert« und geplündert. Dabei kam die Staurothek neben vielen anderen Stücken der byzantinischen Schatzkunst in den Besitz des Ritters Heinrich von Ulmen, der vom Grafen Balduin von Flandern zum »praefectus imperatoris« (Stadtkommandant) von Konstantinopel ernannt worden war. Dieser schenkte sie 1208 nach seiner Heimkehr dem Augustinernonnenkloster Stuben an der Mosel, in dem seine Schwester Äbtissin war. Nach der Auflösung des Klosters gelangte das Reliquiar in den Besitz des Fürsten von Nassau-Weilburg. Dieser schenkte es im Jahre 1835 dem neugegründeten Bistum Limburg, wo es heute im Dommuseum aufbewahrt wird.
Die Staurothek gilt weltweit als eines der bedeutendsten Reliquiare byzantinischer Goldschmiedekunst.

Mannlehen Ein ▶ Lehen, das nur an männliche Nachkommen bzw. Nachfolger vererbt werden konnte.

Mannloch Kleine Tür oder Pforte im Burgtor, durch die gerade mal ein Mann passte.

Marschall Stallmeister; Kommandeur der Reiterei; verantwortlich für den ▶ Marstall (Pferdehaltung eines Adligen) und der berittenen Soldaten.

Marstall Der »Stall einer Mähre«; ein eigenes Bauwerk, ein Stall für Pferde, aber auch Abstellplatz für Pferdegeschirre, Kutschen und Wagen. Es waren oft repräsentative Bauten, da dies alles als Symbol für Macht, Reichtum, Ansehen stand. So waren dem Marstall häufig ein Hof, eine Reitbahn oder eine Reithalle angegliedert.

Ministeriale Ein meist unfreier Dienstmann, eingesetzt von seinem ▶ Grundherrn zu Verwaltungs- oder Kriegsdiensten. Er konnte ebenfalls mit einer besonderen Funktion betraut werden, wie zum Beispiel Leitung und Verwaltung eines Hofes, eines festen Hauses, einer Burg oder zur Führung einer Kanzlei. Ab dem 11. Jahrhundert entwickelten Ministeriale sich weiter zu ▸ Rittern und hohen Beamten, die selbst eine eigene Herrschaft sowie politischen Einfluss besaßen.

Motte Französisch »motte« = »Klumpen«, »Erdscholle«); Bezeichnung für einen kleinen Burgtyp mit Wohn- und Wehrturm auf einem künstlich aufgeschütteten Erdhügel (Turmhügel oder Erdhügelburg), gesichert durch Palisaden- oder Mauerring.

Mundschenk Beamter an adligen Höfen, verantwortlich für die Getränke, vor allem für Wein.

Niederungsburg Tiefenburg, Tiefburg Im Gegensatz zu einer ▸ Höhenburg ist dieser Burgtyp oft in flachem Gelände als Wasserburg angelegt, entweder auf einer Insel oder umgeben von einem Wassergraben.

Öffnungsrecht, Offenhaus Das Recht eines mittelalterlichen ▸ Lehnsherrn, ihm im Kriegs- oder ▸ Fehdefall die unentgeltliche Nutzung eines festen ▸ Hauses, einer ▸ Burg, eines ▸ Schlosses oder sogar einer Stadt zu gewähren und ihm mit ▸ Rittern und Soldaten bewaffnet zur Seite zu stehen. Auf diese Art besaß der Lehnsherr zum einen Schutz und zum anderen einen militärischen Stützpunkt.

Palas, Pallas Lateinisch »palatium« = Palast; Bezeichnung für den Hauptwohnbau einer Burg, zumeist zweigeschossig. Im Obergeschoss befindet sich ein repräsentativer Saal, bevorzugt für Empfänge und Feste, mit Fensterbänken und Sitzbänken unter den Fenstern.

Palisade, Palisadenwand Lateinisch »palus« = Pfahl; Bezeichnung für einen Zaun mit nach oben gespitzten, oft drei bis vier Meter hohen Pfählen, der zur Abwehr von wilden Tieren und Feinden dient.

Pechnase ▸ Wehrerker

Pellenz Abgeleitet von ▸ »Pfalz« als ehemaliger Besitz rheinischer Pfalzgrafen; Name für einen Landschaftsteil in der Vordereifel (zwischen Andernach und Mayen), zum Teil ein Stück des Maifeldes umfassend.

Pfalz Lateinisch »palatium« = Palast; Bezeichnung für die Residenz oder den Stützpunkt eines herumreisenden Königs oder Kaisers im Früh- und Hochmittelalter. Der Prunk-, Fest- und Versammlungsraum in Pfalzen, in denen Reichsversammlungen stattfanden, der Palassaal, wird auch »aula regia« genannt.

Pfalzgraf Amtsträger und Vertreter des Königs oder Kaisers. Ab dem Spätmittelalter gehörte er dem Reichsfürstenstand an und war im Rang einem ▸ Herzog gleich.

Pfälzischer Erbfolgekrieg auch Reunionskrieg genannt, der von 1688 bis 1697 stattfand.

1685 verstarb Kurfürst Karl II. ohne Nachkommen. Seine Schwester Elisabeth Charlotte von Orléans (Liselotte von der Pfalz) war mit dem Franzosenkönig Ludwig XIV. verheiratet. Nun erhob dieser als Schwager willkürlich und unberechtigt Erbansprüche auf die deutschen Gebiete und ließ im gleichen Jahr französische Truppen in die Pfalz einmarschieren und weite Teile des Landes erobern. 1688 formierte sich der Widerstand gegen diese Besitznahme. Die »Augsburger Allianz« (Deutsches Reich, Kaiser, Niederlande, England, Savoyen, Spanien, Schweden) kämpften erfolgreich gegen die Franzosen, die sich schließlich wieder aus der Pfalz zurückzogen. Auf ihrem Rückzug allerdings hinterließen sie eine schreckliche Spur der Verwüstung und der Zerstörung. Nahezu alle Eifelburgen fielen dabei in Trümmer. 1697 wurde in Rijswijk Frieden geschlossen, unter großen Einschränkungen für Frankreich. Unter anderem musste Frankreich auf alle rechtsrheinischen Eroberungen, auf die Pfalz und Lothringen verzichten, ausgenommen das Elsass mit Straßburg.

Propst, Probst (Lateinisch »praepositus« = Vorgesetzter, Vorsteher); Titel eines kirchlichen Amts- und Würdenträgers; Vorsteher eines kleinen Klosters oder Stellvertreter des Abtes; Schwerpunkte der Amtstätigkeit liegen meist in der Verwaltung geistlicher Güter oder der Ausübung der Gerichtsbarkeit.

Prümer Urbar Name für ein Güterverzeichnis der Abtei Prüm. In ihm wurden im Jahre 893 alle Rechte und Einkünfte aus den zahlreichen Besitzungen des Klosters eingetragen. Das Original ging verloren. Eine Abschrift von 1222 befindet sich im Landeshauptarchiv in Koblenz.

Reichsburg Eine Burg, die auf Veranlassung eines Königs (oder Kaisers) erbaut wurde. Sie war aber nicht dessen ständiger Wohnsitz oder Aufenthaltsort, sondern wurde von Reichs▸ ministerialen bzw. Burgmannen verwaltet.

Reichsdeputationshauptschluss Bei der Reichsdeputation vom 25.2.1803 (= dem Reichstag des Heiligen Römischen Reichs Deutscher Nation, bestehend aus Kurmainz, Böhmen, Sachsen, Preußen, Pfalz-Bayern, Württemberg, Hessen-Kassel) in Regensburg, wurde die Anzahl der deutschen Staaten reduziert; dagegen wurden Baden, Bayern, Preußen und Württemberg gestärkt, sowie auf die Abtretung der linksrheinischen Gebiete an Frankreich gebilligt und dafür eine anderweitige Entschädigung der ▸ Fürsten festgesetzt.

Reichsunmittelbarkeit Im Spätmittelalter und in der frühen Neuzeit waren dies Personen und Körperschaften im Heiligen Römischen Reich, die direkt und unmittelbar nur dem Kaiser und dessen Rechtsprechung unterstanden (Reichsgraf, Reichsabtei, Reichsstadt oder Reichsburg).

Ritter Ein von einem König oder Adligen angestellter Gefolgsmann, der selber dem Adel angehören konnte und bewaffnet war (= »mittelalterlicher Berufssoldat«). Er war von seinem Herrscher oder einem anderen Adligen in einem feierlichen Akt (Schwertleite oder Ritterschlag) zum Ritter erhoben worden. Als schwer gerüsteter Reiter zog er für seinen Herrn in den Krieg.
Mit seinem Stand verbunden war ein Ehrenkodex, wie: Tapferkeit, Treue gegen seinen Lehnsherrn, Schutz von Witwen und Waisen und eine christliche Lebensführung.
Daraus entwickelten sich im 12. Jahrhundert auch Ritterorden, die mönchische Ideale nachahmten (Johanniter, Deutscher Orden, ▸ Templer).

Säkularisation Darunter wird die widerrechtliche Enteignung, Einziehung und Überführung von Bistums- oder Klosterbesitz in staatliche Hände und die Umwandlung geistlicher Herrschaftsbereiche in weltliche verstanden. Die bekanntesten Säkularisationen in Deutschland sind die während der Reformationszeit und während des Napoleonischen Zeitalters (1794–1813). Bei letzterer wurden linksrheinisch Schlösser, Burgen, feudale Herrschaften mitsamt ihren Besitzungen, nicht reichsständische Abteien, Klöster und Stifte und Kirchenschätze enteignet, was zu tiefsten Einschnitten in der Geschichte des Adels und des deutschen Katholizismus führte. Geregelt wurde dies durch den sogenannten ▸ »Reichsdeputationshauptschluss« vom 25.2.1803.

Scharte, Schießscharte Öffnung innerhalb einer Mauer, die dem Verteidiger den Gebrauch von Schießwaffen (Bogen, Armbrust, Handfeuerwaffen, Geschütze) erlaubte, während er selbst dahinter besten Schutz hatte.

Schildmauer, Hoher Mantel, Mantelmauer Sie ist die höchste, stärkste und sehr massiv gebaute Mauer auf der Angriffsseite der Burg, die bei Angriffen besonders gefährdet war und geschützt werden musste.

Schloss Großes, künstlerisch gestaltetes Gebäude oder Gebäudeensemble eines adeligen Besitzers, der es als repräsentativen und komfortablen Wohnsitz nutzte. Schlösser, die so gut wie nie wehrhafte Bauelemente besitzen, entwickelten sich ab Mitte des 14. Jahrhunderts durch Umbauten ehemaliger mittelalterlicher Burgen. Dabei prägte weniger das Aussehen der Gebäude, als vielmehr deren Funktion den Begriff.

Seneschall ▸ Truchsess

Söller Lateinisch »solarium« = Ort unter der Sonne; Bezeichnung für einen dekorativ gestalteten Balkon, der gute und weite Ausblicke gewährt.

Spanisch-Niederländischer Krieg ▸ Achtzigjähriger Krieg

Spornburg Burganlage auf einem Bergrücken (Sporn), der mindestens nach zwei Seiten steil über einem Tal abfällt.

Stammburg Stammsitz und namensgebende Hauptburg eines adeligen Hauses.

Templer ▸ Templerorden

Templerorden Auch Templer, Tempelritter oder Tempelherren genannt. Ein geistlicher Ritterorden, 1119 gegründet zum Schutz der Jerusalempilger. Sein Ordensgelübde bestand aus Keuschheit, Gehorsam, Armut, Pflege von Kranken und Kampf gegen Ungläubige. Damit war er der erste Orden, der die Ideale des Rittertums mit denen der Mönche vereinte, sich aber während der Kreuzzüge zu einer militärischen Eliteeinheit entwickelte.
Die oberste Ordensleitung war der Großmeister, der anfänglich seinen Sitz in Jerusalem, später auf Zypern hatte. Der Orden gelangte rasch zu großem Reichtum und zahlreichen Gütern. Dies erweckte den Neid vieler Herrschenden, besonders der in Frankreich, die den Orden der ketzerischen Geheimlehren und homosexueller Handlungen anklagten.
Der damalige Papst Clemens V., vom französischen König Philipp IV. abhängig, wurde 1307 gezwungen, diesem die Erlaubnis zu erteilen, alle Templer ohne Ausnahme zu verhaften und ihre Besitztümer und bewegliche Habe zu beschlagnahmen. Am 22. März 1312 löste Papst Clemens V. den Orden auf. Der letzte Großmeister des Templerordens, Jacques de Molay, und viele weitere Tempelritter wurden öffentlich verbrannt.
(Seit dieser Zeit wurden die Templer zum Inhalt sehr vieler Sagen, in denen sie sich zu hinterlistigen Raubrittern und Götzenanbetern wandeln und unermessliche Schätze vergraben haben.)
Im Jahre 2007 erlaubte der Vatikan die öffentliche Einsicht in archivierte Templerakten. Die bisherige Auswertung durch Historiker ergab, dass die Vorwürfe gegen die Templer unberechtigt waren.

Tor, Torturm Mächtige Tore gewährten Einlass in eine Burg oder verwehrten sie. Die meisten Tore bestanden aus Holz und waren daher leicht mit Rammböcken oder Feuer zu überwinden. Häufig waren über dem Burgtor oder am Torturm Pechnasen angebracht, durch die auf den Angreifer etwas geschüttet oder geworfen werden konnte. Zusätzlich angebracht waren Fallgatter (Balkenrost mit Eisenspitzen) und über den davor liegenden Burggraben eine Zugbrücke (Fallbrücke). In der viele Meter hohen, zweiflügeligen Pforte befand sich stets das sogenannte »Nadelöhr«, eine kleine Schlupfpforte, auch Mannloch genannt.

Truchsess auch »Seneschall« genannt (= »alter Knecht = erfahrenster oder vornehmster Diener); hohes einflussreiches Hofamt; Vorgesetzter des Trosses; auch verantwortlich für die Hofhaltung; oberster Küchenmeister oder Aufseher über die fürstliche Tafel.

Trutzburg, Belagerungsburg, Gegenburg Keine ständig bewohnte Burg, sondern eigens zu Belagerungszwecken errichtet, um Machtansprüche zu sichern oder andere Burgen zu erobern.

Turmburg Eine Burg, die nur aus einem ▸ Wohnturm besteht und eventuell noch von einer Ringmauer umgeben ist.

Vasall Lateinisch »vassus« (= Knecht); ein Gefolgsmann, der sich freiwillig in den Dienst eines ▸ Lehnsherrn begab, ihm Treue, Dienste und militärischen Einsatz versprach, und dafür ein ▸ Lehen bekam.

Verlies Das Verlies ist das Gefängnis der Burg, das sich zumeist im untersten, dunklen Raum des ▸ Bergfrieds befand. Fast nie hatte es Fenster, Türen oder eine Treppe. Es konnte nur durch das »Angstloch« erreicht werden (▸ »Kerker«)

Veste ▸ Feste

Vogt, Vogtei Bezeichnung für einen meist adeligen, staatlichen Beamten des Mittelalters und der frühen Neuzeit. Er galt als Stellvertreter kirchlicher Würdenträger oder Institutionen und vertrat diese in weltlichen Angelegenheiten, da sie selbst keine weltlichen Aufgaben wahrnehmen durften. Der Amtssitz eines Vogtes wurde Vogtei genannt.

Vorburg, Abschnittsburg Gebäude innerhalb einer Burganlage, die für die wirtschaftliche Versorgung der Burgbewohner nötig sind, aber von der Haupt- und Kernburg getrennt sind.

Warte Auch Wartturm; nahezu immer identisch mit ▸ Bergfried als dem höchsten Gebäude der Burg, von dessen Obergeschoss oder der Wehrplattform aus das Vorfeld und das Umland der Burg beobachtet werden konnten (Beobachtungsturm).

Wasserburg, Wasserschloss Eine ▸ Niederungsburg (-schloss), die ganz oder größtenteils von Wasser oder Wassergräben umgeben ist.

Wehrerker Ein nach unten offener ▸ Erker an der Außenseite einer Burgmauer oder eines Torgebäudes. Durch ihn konnten Angreifer von oben mit Gegenständen beworfen (Wurferker) oder mit Flüssigkeiten begossen werden (Gusserker oder Pechnase).

Wehrgang Oberer Abschluss einer Wehrmauer oder eines Wehrturms in Form eines hölzernen oder steinernen Gangs für Verteidiger einer Burganlage. Der Wehrgang ist mit einer ▸ Brustwehr, mit ▸ Zinnen und Schießscharten versehen.

Wohnturm ▸ Donjon

Wüstung Untergegangene, verschwundene, abgegangene Siedlung (oder Burg).

Zingel ▸ Bering

Zinne Althochdeutsch »zin« = Stab; Bezeichnung für einen meist mannshoch gemauerter Aufsatz auf einer ▸ Brustwehr. Sie bietet dem dahinter stehenden Verteidiger Deckung gegen feindliche Angreifer. Die zwischen den Zinnen liegenden Lücken (=▸ Scharten) erlauben dahingegen den Verteidigern Sicht auf das freie Schussfeld außerhalb der Burg.

Zisterne In Stein gehauene Sammelbecken bzw. gemauerter Wasserbehälter für Regenwasser. Für Burgen, die keine Brunnen hatten, war die Zisterne lebensnotwendig.

Zitadelle Italienisch »cittadella = kleine Stadt; Bezeichnung für eine Festungsanlage mit Kasernen. Meist befindet sie sich am Rande einer Stadtfestung.

Zollburg Eine Burganlage, die im Mittelalter und der Frühen Neuzeit eine Zollstation sichern und überwachen sollte. Sie stand deshalb immer in der Nähe wichtiger Handelsstraßen, an Grenzübergängen, Flussquerungen oder Bergpässen.

Zugbrücke Hölzerne Brücke über den Graben zum Eingang in eine wehrhafte Anlage, die mittels Ketten vor das Tor gezogen werden konnte, um so das Überqueren des Grabens unmöglich zu machen.

Zwingburg Volkstümlicher Ausdruck für die Burg einer Fremdherrschaft

Zwinger Der Zwischenbereich zwischen der äußeren und inneren Ringmauer einer Stadt- oder größeren Burgbefestigung. Der Angreifer wird »gezwungen«, sich in einer Richtung mit erschwerten Angriffsbedingungen zu bewegen. In kleineren Burgen befand sich im Zwinger der Kräutergarten oder er diente zum Schutz von Vieh oder geflüchteten Untertanen.

Literatur und Quellen

1200 Jahre Prümzurlay, Chronik eines Eifeldorfes, Prümzurlay 1998

Antz, August: Rheinlandsagen, Wittlich 1950

Backes, Magnus: Burgen und Stadtwehren der Eifel

Backes, Magnus: Staatliche Burgen, Schlösser und Altertümer in Rheinland-Pfalz, Landesamt für Denkmalpflege, Mainz 1991

Baur, Viktor: Eifelballaden, Eifelverein1965

Becker, Karl: Das Kyllburger Land, Kyllburg 1977

D'Ester, Karl: Rheinsagen, Stuttgart 1927

Dronke, Ernst: Die Matthias-Kapelle bei Kobern an der Mosel, 1837

Eifelvereinsblatt/Die Eifel ab 1900

Eifelvereinskalender ab 1926

Endres, Albert/Schneider, Matthias: Chronik von Dorf und Schloss Niederweis, Niederweis 2010

Engels, Franz: Der Freischütz von Haus Verken, in: Heimatjahrbuch Kreis Düren, Jg. 1964

Friderichs, Alfons/Gilles, Karl Josef: Klotten an der Mosel mit Burg Coraidelstein, Rheinische Kunststätten Heft 120

Gondorf, Bernhard: Die Burgen der Eifel, Köln 1984

Grimm, Jacob und Wilhelm: Deutsche Sagen, Berlin 1905

Guthausen, Karl: Sagen und Legenden aus Eifel und Ardennen, Bd. 1– 3, Aachen 1992–96

Henssen, Gottfried: Sagen, Märchen und Schwänke des Jülicher Landes, Bonn 1955

Hessel, Karl: Sagen und Geschichten des Moselthals, Kreuznach 1896

Heydinger, J. B. W.: Die Eifel, Koblenz 1853

Hocker, N.: Des Mosellandes Geschichten und Legenden, Trier 1852

Hoffmann, Heinrich: Sagen aus dem Indegebiet, Eschweiler 1914

Hoffmann, Heinrich: Sagen aus dem Rurgebiet, Eschweiler 1911

JbKAW = Heimatkalender für den Kreis Ahrweiler, div. Jahrgänge

Kaufmann, Karl Leopold: Hexenwesen in einer kleinen Eifelherrschaft, in Eifelkalender 1929

Kiefer, Franz Josef: Rheinsagen, München 1979

Kinkel, Gottfried: Die Ahr. Landschaft, Geschichte und Volksleben, Bonn 1858

Klein, Hans-Georg: Sagen und Legenden von der Ahr bis zur Mosel, Aachen 1996

Kordel, Matthias: Die schönsten Schlösser und Burgen in der Eifel, Wartberg Verlag 1999

Losse, Michael: Burgen, Adelssitze, Schlösser und Festungen in der VG Adenau, Jahrbuch Adenau 1995

Mayer, Alois: Sagen-haft & Wunder-bar, Sagen und Erzählungen aus dem Altkreis Prüm, Geschichtsverein Prümer Land 2010

Mayer, Alois: Sagenhafter Eifelsteig, Helios-Aachen 2008

Menk, Fr.: Des Moselthals Sagen, Legenden und Geschichten, Koblenz 1840

Müller, Heinz: Zwischen Hoher Acht und Laacher See – Aus der Geschichte des Kempenicher Ländchens, Kempenich 1993

Pauly, Michael: Perlen aus dem Sagenschatz des Rheinlandes, Köln 1917

Pertz, Dietmar: Die Tomburg bei Rheinbach. In: Rheinische Kunststätten. Heft 504, Köln 2008

Pesch, Joseph: Die Vordereifel, Geschichtliches und Wanderungen, Euskirchen 1901

Pracht, Hans-Peter: Sagen und Legenden der Eifel, Köln 1983

Reumont, A.: Rheinlands Sagen, Köln/Aachen 1837

Ruland, Wilhelm: Rheinsagen, Bonn 1989

Sagenbuch des Kreises Wittlich, Wittlich 1965

Schannat, Johann Friedrich: Eiflia Illustrata, 1852

Schell, Otto: Sagen des Rheinlandes, Leipzig 1922

Schlipköter, G./Pferdmenges, F.: Das rheinische Sagenbuch, Leipzig o. J.

Schlundt, Rainer: Sagen aus Rheinland-Pfalz, München

Schmitz, Johann Hubert: Sagen des Eifellandes, Trier 1847

Schmitz, Johann Hubert: Sitten und Sagen des Eifeler Volkes, Trier 1858

Simrock, Karl: Rheinsagen, Bonn o. J.

Spülbeck, Paul: Lommersdorfer Chronik, Lommersdorf 1950

Stötzel, Heinz: Die Sagen des Ahrtals, Bonn 1953

Theis, Hans: Neuerburger Sagen und Geschichten, Neuerburg 1966

Thon, Alexander/Ulrich, Stefan: Von den Schauern der Vorwelt umweht…. Burgen und Schlösser an der Mosel, Regensburg: Schnell & Steiner 2007

Trog, Carl: Rheinlands Wunderhorn, 11 Bde. Essen o.J. (1883)

Türk, Karl Heinz: Beiträge zur Geschichte des Nörvenicher Landes, Geschichts- und Heimatverein Nörvenich 1980

Türk, Karl Heinz: Kirchen und Burgen in der Gemeinde Nörvenich bei Düren, Rheinische Kunststätten, Heft 285, 1983

von Damitz, Karl, Die Mosel mit ihren Ufern und Umgebungen von Koblenz aufwärts bis Trier, Köln 1838

von Eynatten, Karola: Eifelsagen, Trier o.J. (1890)

von Stramberg, Christian: Denkwürdiger und nützlicher Rheinischer Antiquarius, Koblenz 1853

Wagner, Herbert: Haus Dreimühlen, in Jahrbuch Kreis Daun, 1984

Wagner, Reinhold: Ritter, Räuber, Heilige, Wittlich 1991

Weitershagen, Paul: Eifel und Mosel erzählen, Köln 1982

www.burgendaten.de

www.burgeninventar.de

www.burgenwelt.de

www.roscheiderhof.de (Datenbank der Kulturgüter in der Region Trier)

Zaunert, Paul: Rheinland Sagen, Düsseldorf 1969

Zender, Matthias: In Eifel und Ardennen, Bonn 1936

Zender, Matthias: Sagen und Geschichten aus der Westeifel, Bonn 1966

Zirbes, Peter: Auswahl seiner Gedichte, Wittlich 1976

Alexander Duncker (1813–1897) veröffentlichte fast 1000 farbige Lithographien mit Ansichten von Schlössern und Rittersitzen in Preußen, die seitens der Zentral- und Landesbibliothek Berlin in digitalisierter Form zur Verfügung gestellt sind.

Register